Berufspraxis: Ernährung

Die Buchreihe *Berufspraxis: Ernährung* richtet sich an alle Fachkräfte, die sich in ihrem täglichen Berufsalltag mit verschiedensten Aspekten der Ernährung befassen. Die themenspezifischen Einzelbände dieser Reihe bieten fachlich fundiertes Wissen für die praktische Arbeit rund um das weit gefasst Tätigkeitsfeld Ernährung. Die Reihe zeichnet sich durch einen hohen Praxisbezug aus und berücksichtigt neben grundlegenden Inhalten auch aktuelle Forschungsergebnisse.

Ob Sie im klinischen Bereich in der Ernährungstherapie oder als Diätassistent*in tätig sind, eine eigene Ernährungsberatungspraxis führen oder als betriebliche Gesundheitsmanager*in Unternehmen beraten: *Berufspraxis: Ernährung* bietet Ihnen das nötige Knowhow, um Sie optimal für die Herausforderungen Ihres beruflichen Alltags vorzubereiten.

Die Reihe legt einen hohen Anspruch auf die inhaltliche Qualität der einzelnen Bände, wobei der Praxisbezug besonders im Fokus steht. Die Autor*innen und Herausgeber*innen engagieren sich in Berufsverbänden, arbeiten selbst in der Wissenschaft und Praxis und überzeugen durch ihre Expertise in der Weiterentwicklung dieses Berufsfelds.

Annegret Flothow · Silke Lichtenstein ·
Almut Feller
Hrsg.

Betriebliche Gesundheitsförderung für Ernährungsfachkräfte

Gesund genießen am Arbeitsplatz

Hrsg.
Annegret Flothow
HAW Hamburg
Fakultät Gesundheit
Hamburg, Deutschland

Silke Lichtenstein
Mannheim, Deutschland

Almut Feller
Stellvertretende VDOE
Arbeitskreisleiterin BGF/BGM
Dreieich, Deutschland

Berufspraxis: Ernährung
ISBN 978-3-662-70048-8   ISBN 978-3-662-70049-5 (eBook)
https://doi.org/10.1007/978-3-662-70049-5

Die Deutsche Nationalbibliothek verzeichnet diese Publikation in der Deutschen Nationalbibliografie; detaillierte bibliografische Daten sind im Internet über https://portal.dnb.de abrufbar.

© Der/die Herausgeber bzw. der/die Autor(en), exklusiv lizenziert an Springer-Verlag GmbH, DE, ein Teil von Springer Nature 2025

Das Werk einschließlich aller seiner Teile ist urheberrechtlich geschützt. Jede Verwertung, die nicht ausdrücklich vom Urheberrechtsgesetz zugelassen ist, bedarf der vorherigen Zustimmung des Verlags. Das gilt insbesondere für Vervielfältigungen, Bearbeitungen, Übersetzungen, Mikroverfilmungen und die Einspeicherung und Verarbeitung in elektronischen Systemen.
Die Wiedergabe von allgemein beschreibenden Bezeichnungen, Marken, Unternehmensnamen etc. in diesem Werk bedeutet nicht, dass diese frei durch jede Person benutzt werden dürfen. Die Berechtigung zur Benutzung unterliegt, auch ohne gesonderten Hinweis hierzu, den Regeln des Markenrechts. Die Rechte des/der jeweiligen Zeicheninhaber*in sind zu beachten.
Der Verlag, die Autor*innen und die Herausgeber*innen gehen davon aus, dass die Angaben und Informationen in diesem Werk zum Zeitpunkt der Veröffentlichung vollständig und korrekt sind. Weder der Verlag noch die Autor*innen oder die Herausgeber*innen übernehmen, ausdrücklich oder implizit, Gewähr für den Inhalt des Werkes, etwaige Fehler oder Äußerungen. Der Verlag bleibt im Hinblick auf geografische Zuordnungen und Gebietsbezeichnungen in veröffentlichten Karten und Institutionsadressen neutral.

Planung/Lektorat: Ken Kissinger
Springer Spektrum ist ein Imprint der eingetragenen Gesellschaft Springer-Verlag GmbH, DE und ist ein Teil von Springer Nature.
Die Anschrift der Gesellschaft ist: Heidelberger Platz 3, 14197 Berlin, Germany

Wenn Sie dieses Produkt entsorgen, geben Sie das Papier bitte zum Recycling.

Geleitwort

Betriebliche Gesundheitsförderung (BGF) und Betriebliches Gesundheitsmanagement (BGM) sind nicht erst seit Inkrafttreten des Präventionsgesetzes 2015 zu einem attraktiven Handlungsfeld für Ökotropholog*innen und Ernährungswissenschaftler*innen geworden. Durch die starke Fokussierung der Gesundheitsförderung auf die betrieblichen Lebenswelten haben sich viele neue Ansatzpunkte für Aktivitäten in diesem Bereich ergeben.

Hinzu kommt der immer größere Fachkräftemangel, aus dem die Notwendigkeit resultiert, Arbeitsplätze attraktiv zu gestalten, um die Chancen im Wettbewerb um die besten Köpfe zu optimieren. Hierzu leistet ein gutes BGM einen unschätzbar wertvollen Beitrag.

Gerade im Zusammenhang mit der Fachkräfterekrutierung sowie der sich verändernden Arbeitswelt sind BGF-Programme Teil der Lösung für die Aufrechterhaltung der Leistungsfähigkeit in der Belegschaft, für ein besseres Miteinander, für Motivation und nicht zuletzt für bessere Lebensstile im beruflichen und im privaten Umfeld.

Als BerufsVerband Oecotrophologie e. V. (VDOE) beobachten wir die Entwicklung des Handlungsfeldes BGF/BGM mit Freude. Wir möchten unsere Mitglieder einladen und gleichzeitig dabei unterstützen, den Weg in dieses spannende und verantwortungsvolle Arbeitsfeld einzuschlagen. Gut ausgebildete Ernährungsfachkräfte werden von Unternehmen oder anderen Organisationen immer häufiger nachgefragt, um BGF-Programme aufzusetzen oder aktiv zu begleiten, sowohl als selbstständige Dienstleister*innen als auch angestellt als Führungskräfte oder Mitarbeiter*innen im Human Resource Management.

Mit diesem Buchprojekt ist es erstmalig gelungen, das facettenreiche Tätigkeitsfeld „Betriebliche Gesundheitsförderung (BGF)" bzw. „Betriebliches Gesundheitsmanagement (BGM)" aus verschiedenen Perspektiven und speziell für Ernährungsfachkräfte zu beleuchten.

Daher möchte ich ein großes Dankeschön, Kompliment und Lob an alle Autor*innen für die geleistete Arbeit und die wertvollen Beiträge aussprechen! Ich bin absolut beeindruckt von dem Ergebnis und freue mich insbesondere für unsere Kolleg*innen, dass aus diesem Kooperationsprojekt jetzt ein Fachbuch entstanden ist! Ein herzliches Dankeschön auch an die Herausgeber*innen, die sich seit sehr vielen Monaten mit den Manuskripten beschäftigt und abgestimmt haben!

Die Qualifikation, Aus- und Weiterbildung sowie das „lebenslange Lernen" sind wichtiger denn je, um den Arbeits- und Alltagssituationen gut und professionell zu begegnen sowie resilient zu sein bzw. die Widerstandsfähigkeit zu trainieren. Das gilt sowohl für die Lehrenden als auch für die Lernenden.

Der BerufsVerband Oecotrophologie e. V. (VDOE) setzt sich seit über 50 Jahren als berufspolitische Vertretung für alle ein, die Ökotrophologie, Ernährungs-, Haushalts-, Lebensmittelwissenschaften oder ein vergleichbares Studium abgeschlossen haben oder eines dieser Fächer studieren. Ziel ist, dass seine Mitglieder nicht nur gut ausgebildet sind, sondern auf dem Arbeitsmarkt entsprechend als Expert*innen wahrgenommen und honoriert werden.

Es gibt bereits seit vielen Jahren immer wieder spannende Vorträge und Beiträge sowie VDOE-Fortbildungen und Seminare mit Kooperationspartnern, die das Thema BGF/BGM speziell für diese Berufsgruppe beleuchten. Seit 2016 gibt es unter der Leitung von Prof. Dr. Annegret Flothow und der Co-Leitung von Almut Feller den VDOE-Arbeitskreis BGF/BGM, der sich mit weiteren Expert*innen konkret mit diesem wichtigen Arbeitsfeld, den Chancen und den Aus- und Weiterbildungsmöglichkeiten beschäftigt. 2019 wurde das gleichnamige Netzwerk für Mitglieder gegründet, die in diesem Handlungsfeld tätig sind oder zukünftig aktiv werden möchten. Sowohl die Qualifizierung für das Thema BGF/BGM als auch die Anerkennung der Expertise unserer Mitglieder liegen uns sehr am Herzen.

Ich bin überzeugt davon, dass dieses Buch dazu beitragen wird, dass wir in diesem Arbeitsfeld noch professioneller auftreten können. Darüber hinaus wollen wir noch mehr Kolleg*innen ermutigen, in diesem Bereich tätig zu werden, da sich das Engagement im BGF/BGM nicht nur lohnt, sondern auch viel Freude und Inspiration für die gesamte Arbeit bringt. Wir danken dem Verlag Springer Nature für die Möglichkeit, das Thema in dieser Form präsentieren zu können.

Dr. Andrea Lambeck, VDOE

Vorwort der Herausgeberinnen

Als uns über den BerufsVerband Oecotrophologie e. V. (VDOE) die Anfrage des Springer-Nature-Verlags weitergeleitet wurde, ein Fachbuch für Ernährungsfachkräfte zur BGF zu erstellen, war sehr schnell klar: „Wir machen das!". Nach einer kurzen Literaturrecherche war erkennbar, dass es bislang keine deutschsprachige Publikation gab, die das Handlungsfeld Ernährung im Rahmen der BGF fokussierte.

Nachdem in Gesprächen mit Vertreter*innen des BerufsVerbands Oecotrophologie e. V. (VDOE), des Springer-Nature-Verlags, Krankenkassen, Betrieben sowie Unternehmensberatungen deutlich wurde, dass es einen hohen Bedarf für ein Fachbuch zur BGF für Ernährungsfachkräfte gibt, haben die VDOE-Arbeitskreise „AK Betriebliche Gesundheitsförderung/Betriebliches Gesundheitsmanagement" und „AK Versorgung" in vielen (Video-)Konferenzen Vorschläge für Themen und mögliche Autorinnen und Autoren gemacht. Allmählich kristallisierten sich ein erster Gliederungsentwurf, eine Zielgruppenbeschreibung und ein Arbeitstitel heraus.

Auf der Basis dieser Diskussionen ist das vorliegende Fachbuch entstanden. Es besteht aus vier Teilen: Grundlagen der BGF (Teil I), Ernährung (Teil II), Verpflegung (Teil III) und Good Practice (Teil IV). Teil I und Teil II werden von Prof. Dr. Annegret Flothow verantwortet, Teil III von Dr. Silke Lichtenstein und Teil IV von Almut Feller. Das Fachbuch umfasst insgesamt 40 Kapitel. Je nach Qualifizierung und Interesse der Leser*innen können die Teile bzw. Kapitel auch einzeln gelesen werden. Es ist zu beachten, dass bei der Vielzahl an relevanten Quellen (z. B. Gesetze, Studien und Leitlinien) in den Bereichen der BGF bzw. der Ernährungswissenschaften regelmäßig Aktualisierungen erscheinen. Daher bitten wir unsere Leser*innen darum, selbst zu prüfen, inwieweit die zitierten Quellen zum Zeitpunkt des Lesens noch aktuell und gültig sind.

Die vorliegende, von versierten Autor*innen gestaltete Publikation will einen Beitrag leisten, das breite Aufgabenspektrum der BGF (nicht nur) für Ernährungsfachkräfte aufzuzeigen. Es richtet sich damit in erster Linie an Ökotropholog*innen, Ernährungswissenschaftler*innen und Diätassistent*innen. Ernährungsfachkräften, die sich neu mit diesem Thema beschäftigen, soll der Einstieg in dieses Tätigkeitsfeld erleichtert werden und erfahrene Ernährungsfachkräfte sollen die Möglichkeit zur Professionalisierung erhalten. Aufgrund der Breite der in den einzelnen Kapiteln aufgezeigten Themen ist dieses Fachbuch allerdings nicht nur für Ernährungskräfte interessant, sondern auch für innerbetriebliche Akteur*innen, wie Betriebsärzt*innen, Fachkräfte für Arbeitssicherheit, Betriebs- und Personalrät*innen, Führungskräfte und Geschäftsführer*innen. Zur Umsetzung von Maßnahmen zur Gesundheitsförderung im Betrieb bedarf es in der Regel eines interdisziplinären Teams. Deshalb können auch andere Berufsgruppen, z. B. aus Medizin, Psychologie, Physiotherapie, Sport-, Arbeits- und Gesundheitswissenschaften, von der Lektüre profitieren!

Wir sind sehr stolz, dass es uns gelungen ist, namhafte Autor*innen unterschiedlicher Institutionen zu gewinnen. Die Vielzahl der beteiligten Institutionen, wie z. B. Hochschulen (FH Münster, HAW Hamburg, Hochschule Fulda, Hochschule Osnabrück, SRH Hochschule Berlin, Hochschule für Technik und Wirtschaft, Berlin, Victoria Hochschule), Fachgesellschaften (Deutsche Gesellschaft für Ernährung), Ministerien (Bundesministerium für Landwirtschaft, Ernährung und Heimat), Betriebe (Ferrero Deutschland, Rebional), Berufsverbände (BerufsVerband Oecotrophologie e. V.), wissenschaftliche Institute (Deutsches Institut für Sporternährung e. V.), Stiftungen (Dr. Rainer-Wild-Stiftung) und Unternehmensberatungen (Dr. Ambrosius e. V., essenZ e. V., Kraaibeek GmbH) macht die Mehrperspektivität des Themas deutlich.

Unser großer Dank gilt allen Autor*innen, die trotz hoher Arbeitsbelastungen ein oder mehrere Kapitel geschrieben und diese Publikation mit hochwertigen und innovativen Beiträgen möglich gemacht haben. Ebenfalls möchten wir der Geschäftsführerin des BerufsVerbandes Oecotrophologie e. V., Dr. Andrea Lambeck, unseren Dank für die uneingeschränkte Unterstützung aussprechen. Ebenso gilt unser Dank den Mitgliedern des AK Betriebliche Gesundheitsförderung/Betriebliches Gesundheitsmanagement und AK Versorgung des BerufsVerbands Oecotrophologie e. V., Den beiden Lektor*innen vom Springer-Nature-Verlag, Meike Barth und Ken Kissinger, möchten wir zunächst für die Idee, die Initiative und das Vertrauen danken. Die Zusammenarbeit war zu jeder Zeit hilfreich, wertschätzend, konstruktiv und angenehm – auch dafür unser herzliches Dankeschön!

In diesem Sinne hoffen wir, viele Ernährungsfachkräfte und weitere BGF-/BGM-Verantwortliche für das spannende, vielfältige und innovative Arbeitsfeld der BGF inspirieren und begeistern zu können!

Hamburg, Deutschland	Annegret Flothow
Heidelberg, Deutschland	Silke Lichtenstein
Dreieich, Deutschland	Almut Feller
Oktober 2024	

„Mahlzeit!" – Eine Einleitung

Die heutige Arbeitswelt ist geprägt von tiefgreifenden Veränderungsprozessen. Zur Bewältigung der damit verbundenen technologischen, organisationalen und demografischen Herausforderungen sind gesunde, leistungsfähige und leistungsbereite Beschäftigte notwendig. Der Erhalt, die Förderung bzw. Wiederherstellung von Gesundheit am Arbeitsplatz erhält daher eine immer stärkere Bedeutung. Damit dies gut gelingen kann, bedarf es eines strategischen Betrieblichen Gesundheitsmanagements (BGM), welches Maßnahmen des Arbeits- und Gesundheitsschutzes und des Betrieblichen Eingliederungsmanagements mit Angeboten zur Betrieblichen Gesundheitsförderung (BGF) und medizinischen Leistungen der Prävention verknüpft und diese Aktivitäten mit den Unternehmenszielen verbindet.

Mehr als drei Viertel der Menschen im Alter zwischen 15 und 65 Jahren in Deutschland sind erwerbstätig. Der Arbeitsplatz stellt daher einen zentralen Zugangsweg dar, um einen großen Teil erwachsener Menschen in der Gesellschaft mit Angeboten der Gesundheitsförderung zu erreichen. Insbesondere Menschen mit geringeren Gesundheitskompetenzen kann im Betrieb ein niedrigschwelliger Zugang zu einer verbesserten Gesundheitskompetenz ermöglicht werden.

Mit der BGF lassen sich nachweislich Erkrankungsrisiken senken, Gesundheitskompetenzen verbessern, die Arbeitszufriedenheit steigern und die Arbeits- und Leistungsfähigkeit bis zur Rente langfristig erhalten. Darüber hinaus trägt sie zur Erhöhung der Arbeitgeberattraktivität („Employer Branding") bei.

Gesundheitsfördernde Maßnahmen sollten in Form eines strukturierten Prozesses, möglichst unter Nutzung evidenzbasierter Konzepte, umgesetzt werden. Handlungsfelder ergeben sich in den Bereichen „Beratung zur gesundheitsförderlichen Arbeitsgestaltung" (z. B. gesundheitsfördernde Führung, bewegungsfreundliche Umgebung, gesundheitsgerechte Verpflegung), „gesundheitsfördernder Arbeits- und Lebensstil" (z. B. Stressbewältigung, gesundheitsgerechte Ernährung) und „überbetriebliche Vernetzung und Beratung" (z. B. für kleine und mittlere Unternehmen).

Ernährung hat eine zentrale Bedeutung sowohl für den Erhalt der Gesundheit als auch bei der Entstehung bestimmter Erkrankungen, wie z. B. Krankheiten des Herz-Kreislauf-Systems oder Stoffwechselerkrankungen. Allerdings entspricht das Essverhalten der meisten Menschen in Deutschland nicht den Empfehlungen der Fachgesellschaften: Während die Deutsche Gesellschaft für Ernährung eine pflanzenbetonte Ernährungsweise empfiehlt, ist das tatsächliche Essverhalten eher durch einen hohen Verbrauch von industriell erzeugten und energiedichten Lebensmitteln tierischen Ursprungs gekennzeichnet. Neben den Risiken für die individuelle Gesundheit kommt es auch zu Folgeschäden in ökologischer Hinsicht, z. B. durch hohe Treibhausemissionen und einen höheren Verbrauch von Düngemitteln. Individuelles Essverhalten am Arbeitsplatz ist vor allem von der Verfügbarkeit eines Verpflegungsangebots im Betrieb abhängig. Maßnahmen zu einer gesundheitsfördernden Ernährungsweise bzw. einem bedarfsgerechten Verpflegungsangebot haben daher ein hohes Potenzial für die Förderung der individuellen und planetaren Gesundheit. Neben gesundheitlichen und ökologischen Aspekten sind auch soziokulturelle Gesichtspunkte von hoher Bedeutung. Essen und Trinken im Betrieb bedeutet mehr als Nahrungsaufnahme zur Bedarfsdeckung. Essen und Trinken sind identitätsstiftend und bedeuten Genuss, Kommunikation und soziale Gemeinschaft. Daher ist im Rahmen der BGF nicht nur relevant, WAS gegessen wird, sondern auch WIE! Die Esskultur kann die Betriebskultur beeinflussen und umgekehrt. Die Entwicklung hin zu einer gesundheitsförderlichen Esskultur sollte im Betrieb nicht nur „Top down" von Menschen mit Expertise umgesetzt, sondern auch und vor allem gemeinsam mit den Beschäftigten partizipativ „Bottom up" gestaltet werden.

Die Bereiche der gesundheitsfördernden Ernährung/Verpflegung in den Betrieben im Rahmen der BGF systematisch zu gestalten, kann folglich als *WIN-WIN-WIN-Strategie* gelten: Für die *Beschäftigten*, die an einem gesundheitsförderlich gestalteten Arbeitsplatz Erkrankungen vorbeugen und zentrale Gesundheitskompetenzen erwerben können; für die *Betriebe*, die krankheitsbedingte Fehlzeiten reduzieren, Arbeitszufriedenheit der Beschäftigten steigern, Arbeits- und Leistungsfähigkeit auch im höheren Lebensalter der Beschäftigten erhalten und bei der Arbeitgeberattraktivität punkten können; und last but not least für die *Gesellschaft*, in der mehr Menschen mit hoher Gesundheitskompetenz leben, was Auswirkungen auf die Steigerung der Anzahl „gesunder Lebensjahre" und die Senkung der Sozialversicherungsbeiträge haben könnte.

Aufgrund ihrer umfassenden Ausbildung sind Ernährungsfachkräfte mit einer entsprechenden Weiterbildung prinzipiell sehr gut geeignet, im Rahmen der BGF tätig zu werden. Diese „Profis mit Profil" benötigen neben guten fachlichen Kenntnissen umfangreiche methodische, soziale und personale Kompetenzen, wie z. B. Kommunikations-, Moderations- und Durchsetzungsfähigkeit. Tätigkeiten im Bereich der BGF ergeben sich für Ernährungsfachkräfte sowohl in der Beratung zur ausgewogenen Verpflegung als auch zur gesundheitsfördernden Ernährung im Arbeitsalltag der Beschäftigten. Bei entsprechender Zusatzqualifikation können Ernährungsfachkräfte auch Aufgaben in der gesundheitsbezogenen Organisationsentwicklung bzw. dem gesundheitsbezogenen Projektmanagement übernehmen. Für Ernährungsfachkräfte ist der BGF-Bereich auch wirtschaftlich ein attraktives Aufgabengebiet.

In der vorliegenden Publikation werden im *Teil I* die *Grundlagen des Betrieblichen Gesundheitsmanagements (BGM) und der Betrieblichen Gesundheitsförderung (BGF)* (siehe Kap. 1), digitale Formate der Gesundheitsförderung mit dem Schwerpunkt Ernährung (siehe Kap. 2), die Bedeutung von Führung und Gesundheit im Rahmen der BGF (siehe Kap. 3), Möglichkeiten des Marketings für Ernährungsfachkräfte (siehe Kap. 4), die besonderen Herausforderungen des BGM für kleine und mittlere Betriebe (siehe Kap. 5) und gesellschaftliche Veränderungen im Hinblick auf das BGM (siehe Kap. 6) aufgezeigt.

Teil II thematisiert das Handlungsfeld *Ernährung im Rahmen der Betrieblichen Gesundheitsförderung (BGF)*. Zunächst werden Ernährungstrends (siehe Kap. 7), aktuelle Entwicklungen in der Ernährungspolitik (siehe Kap. 8), Daten zur Ernährungsepidemiologie (siehe Kap. 9) und Grundlagen zum Essen am Arbeitsplatz „Jobfood" (siehe Kap. 10) erläutert. Im Anschluss werden pragmatische Empfehlungen zur Umsetzung von Interventionen im Ernährungsbereich gegeben: zum Einsatz von Bioimpedanzanalysen (BIA) (siehe Kap. 11), zur Ernährungsberatung (siehe Kap. 12) bzw. zur Ernährungsbildung (siehe Kap. 13). Abschließend wird Ernährung im Zusammenhang mit Leistungsfähigkeit thematisiert (siehe Kap. 14), Aspekte des achtsamen Essens „Mindful eating" (siehe Kap. 15), der Ernährung in der Schicht- und Nacharbeit (siehe Kap. 16) und der Ernährung zum Zusammenhang mit „New Work" (siehe Kap. 17) erläutert.

Teil III beschäftigt sich mit dem Themenbereich der *Verpflegung in der Arbeitswelt*. Einleitend wird die Rolle gesundheitsbezogener Trends aufgezeigt (siehe Kap. 18). Danach werden Grundlagen der Gemeinschaftsgastronomie (siehe Kap. 19) bzw. der Betriebsgastronomie (siehe Kap. 20) dargelegt und Zielgruppen der Betriebsgastronomie (siehe Kap. 21) bzw. BGF-Programme für die Betriebsgastronomie (siehe Kap. 22) vorgestellt. Weitere Kapitel beschäftigen sich mit rechtlichen Aspekten und gesetzlichen Rahmenbedingungen (siehe Kap. 23), mit Information und Kennzeichnung (siehe Kap. 24), mit dem Qualitätsmanagement (siehe Kap. 25), mit Aspekten von Gesundheit und Nachhaltigkeit (siehe Kap. 26), mit innovativen Ansätzen (siehe Kap. 27) und mit dem Nudging im Rahmen der Betriebsgastronomie (siehe Kap. 28).

Im *Teil IV* werden *Handlungsempfehlungen* für an der BGF interessierten Ernährungsfachkräfte (siehe Kap. 29) und Möglichkeiten der Qualifizierung (siehe Kap. 30) aufgezeigt. *Good-Practice-Projekte* für die BGF in der Gemeindeverwaltung (siehe Kap. 31), im lebensmittelverarbeitenden Unternehmen (siehe Kap. 32), im Pflegebereich (siehe Kap. 33), in der Gemeinschaftsgastronomie (siehe Kap. 34) und in Bildungseinrichtungen für Kinder (siehe Kap. 37) werden beschrieben. Ergänzt werden diese Themen mit pragmatischen Empfehlungen zur Gestaltung von Gesundheitstagen (siehe Kap. 38) und zum Nudging in der Betriebskantine (siehe Kap. 39). Abschließend wird ein digitales Praxisprojekt zur Gesundheit in der Betriebsgastronomie vorgestellt (siehe Kap. 40).

Inhaltsverzeichnis

Teil I   Betriebliche Gesundheitsförderung

1 **Grundlagen des Betrieblichen Gesundheitsmanagements und der Betrieblichen Gesundheitsförderung** 3
Annegret Flothow

2 **Digitale Formate** 21
Hanna-Kathrin Kraaibeek und Maren Stamm

3 **Führung und Gesundheit** 33
Tanja Maier

4 **Marketing in der Betrieblichen Gesundheitsförderung** 55
Petra Ambrosius

5 **Betriebliche Gesundheitsförderung in kleinen und mittleren Unternehmen (KMU)** 63
Petra Ambrosius

6 **Wie Betriebliches Gesundheitsmanagement (BGM) Organisationen stärkt: Herausforderungen, Chancen und Good Practice** 71
Anabel Ternès von Hattburg

Teil II   Ernährung

7 **Megatrend Gesundheit und Ernährungstrends** 83
Silke Lichtenstein

8 **Ernährungspolitik** 97
Melanie Kirk-Mechtel, Birgit Jähnig, Vera Larisch und Eva Zovko

9 **Ernährungsepidemiologie** 109
Melanie Kirk-Mechtel, Birgit Jähnig, Vera Larisch und Eva Zovko

10	Jobfood – Gut essen bei der Arbeit 119
	Melanie Kirk-Mechtel, Birgit Jähnig, Vera Larisch und Eva Zovko
11	Ernährungsassessment: BIA-Messung in der Betrieblichen Gesundheitsförderung 129
	Heike Niemeier und Lydia Wilkens
12	Ernährungsberatung, -coaching und -therapie im Betrieb............... 141
	Heike Niemeier und Lydia Wilkens
13	Ernährungsbildung im Betrieb 149
	Lydia Wilkens, Heike Niemeier, Barbara Kaiser und Mareike Daum
14	Ernährung und Leistungsfähigkeit.................................... 165
	Uwe Schröder und Alicia Faust
15	Mindful eating – achtsam essen....................................... 177
	Melanie Kirk-Mechtel, Birgit Jähnig, Vera Larisch und Eva Zovko
16	Ernährung in der Schicht- bzw. Nachtarbeit........................... 187
	Jasmin Geppert und Susanne Leitzen
17	New Work und Ernährung am Arbeitsplatz 199
	Christina Steinbach und Petra Ambrosius

Teil III Verpflegung

18	Food- und Ernährungstrends in der Betriebsgastronomie............... 211
	Silke Lichtenstein
19	Gemeinschaftsgastronomie 223
	Stephanie Hagspihl, Holger Pfefferle und Heide Preuße
20	Betriebsgastronomie.. 235
	Susanne Leitzen und M. Ernestine Tecklenburg
21	Zielgruppen der Betriebsgastronomie 245
	Heide Preuße, Holger Pfefferle und Stephanie Hagspihl
22	BGF-Programme für die Betriebsgastronomie 259
	Susanne Leitzen
23	Rechtliche Aspekte und Rahmenbedingungen......................... 267
	Silke Lichtenstein
24	Information und Kennzeichnung..................................... 279
	Silke Lichtenstein

25	Qualitätsmanagement in der Betriebsgastronomie als Beitrag zur Betrieblichen Gesundheitsförderung
Ulrike Pfannes	289
26	Gesundheit und Nachhaltigkeit in der Betriebsgastronomie
Melanie Speck, Lynn Wagner und Gabriele Börries	301
27	Innovative Ansätze
Guido Ritter	317
28	Nudging – die gesunde und nachhaltige Wahl einfach einfacher machen!
Gertrud Winkler	327

Teil IV Good Practice

29	Leitfaden aus der Praxis für die Praxis
Lydia Wilkens	341
30	Qualifizierung von Ernährungsfachkräften
Almut Feller	351
31	Betriebliche Gesundheitsförderung in der Gemeindeverwaltung
Susan Türpe	357
32	Betriebliche Gesundheitsförderung in einem lebensmittelproduzierenden Unternehmen (Verwaltung, Produktion, Vertrieb)
Theresa Bickeböller und Ortwin Schuchardt	369
33	Betriebliche Gesundheitsförderung im Pflegebereich: Modellvorhaben POLKA
Hanna-Kathrin Kraaibeek	379
34	Betriebliche Gesundheitsförderung in Hotellerie und Gastronomie – der Biogastronom Rebional
Diana Nienaber und Daniela Kirsch	389
35	*Betriebliche Gesundheitsförderung bei der Polizei – das health.pro.fit-Projekt*
Heike Englert, Corinna Anand und Nora Schoch	397
36	Die Kommune als Dachsetting der Betrieblichen Gesundheitsförderung: das Healthy Lifestyle Community Program
Heike Englert, Ragna-Marie Weber und Carmen Kettler	407
37	Gesundheitsförderung in Bildungsbereich (Kita, Hort, Schule)
Susan Türpe	419

38	**Gesundheitstag – von A wie Anfrage bis Z wie Zahlung** 431
	Christina Steinbach
39	**Nudging in der Betriebsgastronomie – systematisch einführen** 437
	Ulrike Pfannes und Sibylle Adam
40	**Digital Health in der Betriebsgastronomie** 449
	Kevin Röhl und Jan Wirsam

Stichwortverzeichnis 459

Herausgeber- und Autorenverzeichnis

Über die Herausgeberinnen

Prof. Dr. Annegret Flothow lehrt seit 2011 als Psychologin im Department Ökotrophologie an der Hochschule für Angewandte Wissenschaften (HAW) Hamburg. Im Rahmen ihrer Tätigkeiten für Krankenkassen und Berufsgenossenschaften konnte sie umfangreiche Erfahrungen in der Betrieblichen Gesundheitsförderung (BGF) sammeln. Seit 2016 engagiert sich Prof. Flothow als Leiterin des VDOE-Arbeitskreises BGF/BGM und in der VDOE-Weiterbildung.

Dr. Silke Lichtenstein begleitete als Ökotrophologin und Gastronomie-Betriebswirtin Betriebe bei der Neuausrichtung ihrer Speisenkonzepte, in Rechtsfragen und der Zertifizierung nach den DGE-Qualitätsstandards. An der Hochschule Fulda sowie an der Universität Hohenheim lehrte sie die Umsetzung der BGF im Rahmen betrieblicher Verpflegung. Seit 2014 engagiert sie sich im Vorstand des VDOE e. V.

Almut Feller verfügt als Ökotrophologin über umfangreiche, langjährige Erfahrungen in der Konzeption und Umsetzung von BGF-Programmen. Seit 2004 engagiert sie sich für den VDOE e. V. u. a. in den Bereichen Gesundheitsförderung, Nachhaltigkeit, lebenslanges Lernen sowie Weiterbildung und ist seit 2016 stellvertretende Leiterin des VDOE-Arbeitskreises BGF/BGM.

Autorenverzeichnis

Sibylle Adam HAW Hamburg, Hamburg, Deutschland

Petra Ambrosius Wiesbaden, Deutschland

Corinna Anand FH Münster, Fachbereich Oecotrophologie • Facility Management, Münster, Deutschland

Theresa Bickeböller Ferrero Deutschland, Institutional Affairs & Sustainability, Frankfurt/Main, Deutschland

Gabriele Börries Hochschule Osnabrück, Fakultät Agrarwissenschaften und Landschaftsarchitektur, Osnabrück, Deutschland

Alicia Faust Deutsches Institut für Sporternährung e. V., Bad Nauheim, Deutschland

Heike Englert FH Münster, Fachbereich Oecotrophologie • Facility Management, Münster, Deutschland

Almut Feller Stellvertretende VDOE Arbeitskreisleiterin BGF/BGM, Dreieich, Deutschland

Annegret Flothow HAW Hamburg, Hamburg, Deutschland

Jasmin Geppert Deutsche Gesellschaft für Ernährung e. V. (DGE), Bonn, Deutschland

Mareike Daum Bundeszentrum für Ernährung (BZfE), Bundesanstalt für Landwirtschaft und Ernährung, Bonn, Deutschland

Stephanie Hagspihl Hochschule Fulda, Fulda, Deutschland

Birgit Jähnig Bundeszentrum für Ernährung, Bundesanstalt für Landwirtschaft und Ernährung, Bonn, Deutschland

Carmen Kettler FH Münster, Fachbereich Oecotrophologie • Facility Management, Münster, Deutschland

Melanie Kirk-Mechtel Ernährungskommunikation & mehr, Bonn, Deutschland

Daniela Kirsch Rebional GmbH, Qualitäts- und Hygienemanagement, Herdecke, Deutschland

Hanna-Kathrin Kraaibeek Kraaibeek GmbH, Pinneberg, Deutschland

Vera Larisch Bundeszentrum für Ernährung, Bundesanstalt für Landwirtschaft und Ernährung, Bonn, Deutschland

Susanne Leitzen Deutsche Gesellschaft für Ernährung e. V. (DGE), Bonn, Deutschland

Silke Lichtenstein Mannheim, Deutschland

Tanja Maier VICTORIA Internationale Hochschule, Berlin, Deutschland

Heike Niemeier essenZ, Hamburg, Deutschland

Diana Nienaber Organisationsentwicklung und systemisches Coaching, Kamen, Deutschland

Ulrike Pfannes HAW Hamburg, Hamburg, Deutschland

Holger Pfefferle Deutsche Gesellschaft für Ernährung e. V. (DGE), Bonn, Deutschland

Heide Preuße Justus-Liebig-Universität Gießen, Gießen, Deutschland

Guido Ritter FH Münster, Institut für Nachhaltige Ernährung, Münster, Deutschland

Kevin Röhl Hochschule für Technik und Wirtschaft Berlin (HTW Berlin), Berlin, Deutschland

Nora Schoch FH Münster, Fachbereich Oecotrophologie • Facility Management, Münster, Deutschland

Uwe Schröder Deutsches Institut für Sporternährung e. V., Bad Nauheim, Deutschland

Ortwin Schuchardt Stadtallendorf, Deutschland

Melanie Speck Hochschule Osnabrück, Fakultät Agrarwissenschaften und Landschaftsarchitektur, Osnabrück, Deutschland

Maren Stamm Hamburg, Deutschland

Christina Steinbach DR. AMBROSIUS® – Ernährungsberatung, Soest, Deutschland

M. Ernestine Tecklenburg Deutsche Gesellschaft für Ernährung e. V. (DGE), Bonn, Deutschland

Anabel Ternès SRH Hochschule Berlin, Berlin, Deutschland

Susan Türpe projecDo GmbH, Chemnitz, Deutschland

Lynn Wagner Hochschule Osnabrück, Fakultät Agrarwissenschaften und Landschaftsarchitektur, Osnabrück, Deutschland

Ragna-Marie Weber FH Münster, Fachbereich Oecotrophologie • Facility Management, Münster, Deutschland

Lydia Wilkens essenZ, Hamburg, Deutschland

Gertrud Winkler Holzkirchen, Deutschland

Jan Wirsam Hochschule für Technik und Wirtschaft Berlin (HTW Berlin), Campus Treskowallee, Berlin, Deutschland

Eva Zovko Bundeszentren für Landwirtschaft und Ernährung, Bonn, Deutschland

Teil I
Betriebliche Gesundheitsförderung

In Teil I werden die Grundlagen des Betrieblichen Gesundheitsmanagements (BGM) und der Betrieblichen Gesundheitsförderung (BGF) (siehe Kap. 1), digitale Formate der Gesundheitsförderung mit dem Schwerpunkt Ernährung (siehe Kap. 2), die Bedeutung von Führung und Gesundheit im Rahmen der BGF (siehe Kap. 3), Möglichkeiten des Marketings für Ernährungsfachkräfte (siehe Kap. 4), die besonderen Herausforderungen des BGM für kleine und mittlere Betriebe (siehe Kap. 5) und gesellschaftliche Veränderungen im Hinblick auf das BGM (siehe Kap. 6) aufgezeigt.

Grundlagen des Betrieblichen Gesundheitsmanagements und der Betrieblichen Gesundheitsförderung

Annegret Flothow

Im folgenden Kapitel werden die gesetzlichen Grundlagen des Betrieblichen Gesundheitsmanagements (BGM) aufgezeigt und zentrale Strukturen und Prozesse der Betrieblichen Gesundheitsförderung (BGF) als Teil des BGM zur Förderung einer gesunden Arbeitsgestaltung im Betrieb bzw. einer gesunden Arbeits- und Lebensgestaltung der Beschäftigten erläutert. Ernährungsfachkräfte können bei der Beratung zur gesundheits- und bedarfsgerechten Verpflegung im Arbeitsalltag bzw. im Rahmen der Ernährungsberatung und -bildung der Beschäftigten zur Förderung einer gesundheits- und bedarfsgerechten Ernährung einen wichtigen Beitrag leisten. Darüber hinaus werden Forschungsergebnisse zur Evidenz und Möglichkeiten zur Finanzierung der BGF im Handlungsfeld Ernährung dargestellt.

1.1 Gesunde Betriebe – gesunde Beschäftigte

Gesundheit gilt als das wichtigste Gut des Menschen und ist eine wesentliche Grundlage für Leistungsfähigkeit und Wohlbefinden.

Das BGM verfolgt das Ziel, Rahmenbedingungen, Strukturen und Prozesse in privaten und öffentlichen Betrieben so zu entwickeln, dass Arbeit und Organisation gesundheitsförderlich gestaltet und die Beschäftigten zu einem gesundheitsförderlichen Verhalten be-

A. Flothow (✉)
HAW Hamburg, Hamburg, Deutschland
E-Mail: annegret.flothow@haw-hamburg.de

© Der/die Autor(en), exklusiv lizenziert an Springer-Verlag GmbH, DE, ein Teil von Springer Nature 2025
A. Flothow et al. (Hrsg.), *Betriebliche Gesundheitsförderung für Ernährungsfachkräfte*, Berufspraxis: Ernährung, https://doi.org/10.1007/978-3-662-70049-5_1

fähigt werden. Dadurch können gesundheitsrelevante Belastungen gesenkt und gesundheitliche Ressourcen gestärkt werden. Alle Maßnahmen sollen den Beschäftigten und dem Unternehmen gleichermaßen zugutekommen.

Unter dem Dach des BGM[1] werden

- für Arbeitgebende verpflichtende Maßnahmen zum Arbeits- und Gesundheitsschutz gemäß dem Arbeitsschutzgesetz (ArbSchG), dem Arbeitssicherheitsgesetz (ASiG) bzw. dem Sozialgesetzbuch VII (SGB VII),
- für Arbeitgebende verpflichtende Maßnahmen zum Betrieblichen Eingliederungsmanagement (BEM) gemäß § 167 SGB IX,
- für Arbeitgebende und Arbeitnehmende freiwillige Angebote zur BGF gemäß §§ 20b und 20c SGB V,
- für Arbeitgebende und Arbeitnehmende freiwillige Angebote zu medizinischen Leistungen zur Prävention gemäß § 14 SGB VI und
- ggf. weitere Maßnahmen (z. B. Betriebssport, Sucht- und Sozialberatung, Vereinbarkeit von Familie/Privatleben und Beruf)

koordiniert (GKV-Spitzenverband, 2024) (Siehe Abb. 1.1).

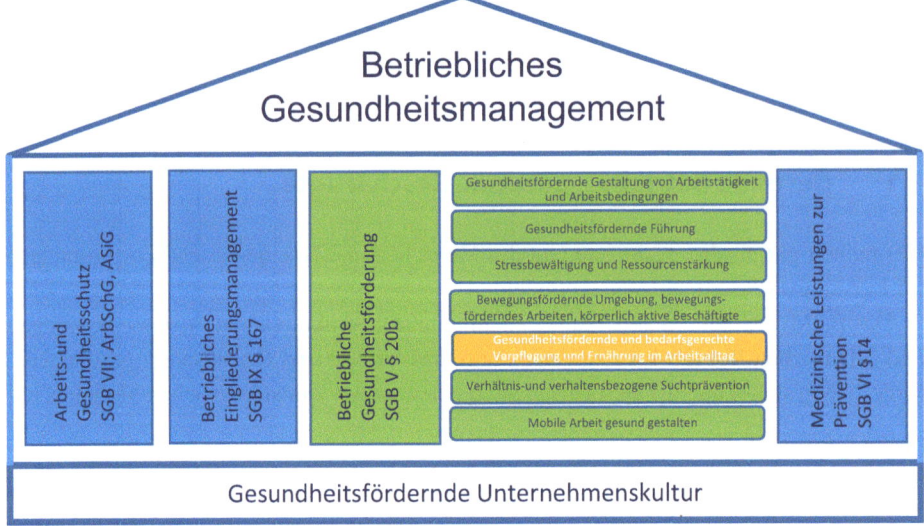

Abb. 1.1 Handlungsfelder in der BGF im Rahmen des BGM. (Quelle: eigene Darstellung)

---

[1] Die einzelnen in diesem Kapitel aufgeführten Gesetzestexte werden vom Bundesministerium für Justiz bzw. vom Bundesamt für Justiz in der jeweils aktuellen Fassung hier veröffentlicht: https://www.gesetze-im-internet.de/.

1.1.1 Die Pflicht: Arbeits- und Gesundheitsschutz und betriebliches Eingliederungsmanagement (BEM)

Betriebe sind gemäß § 3 ArbSchG, SGB VII bzw. DGUV-Vorschrift 1 verpflichtet, die Sicherheit und Gesundheit der Beschäftigten während der Arbeit zu gewährleisten (DGUV-Spitzenverband, 2013). Bei der Erfüllung der gesetzlich vorgeschriebenen Maßnahmen im Rahmen des Arbeits- und Gesundheitsschutzes werden sie gemäß der DGUV Vorschrift 2 von den zuständigen Unfallkassen bzw. Berufsgenossenschaften, von Fachkräften für Arbeitssicherheit und durch die Betriebsärzteschaft unterstützt (DGUV-Spitzenverband, 2012).

Zu den wichtigsten Pflichtaufgaben der Arbeitgebenden im Rahmen des Arbeits- und Gesundheitsschutzes zählen folgende Maßnahmen:

- Einrichtung eines vierteljährlich tagenden Arbeitsschutzausschusses (ASA) der für die Sicherheit und Gesundheit zuständigen Personen zur Diskussion und Festlegung entsprechender Maßnahmen im Rahmen des Arbeits- und Gesundheitsschutzes (§ 11 ASiG).
- Regelmäßige Identifikation und Beseitigung von möglichen Gefährdungen an jedem Arbeitsplatz mittels Gefährdungsbeurteilungen (§ 5 ArbSchG).
- Regelmäßige Unterweisungen der Beschäftigten zum Thema Arbeitsschutz (§ 12 ArbSchG).
- Organisation der Ersten Hilfe (§ 10 ArbSchG).
- Angebot einer Arbeitsmedizinischen Vorsorge (ArbMedVV) zur Prävention von Infektionen.

Wenn Betriebe arbeitsschutzrechtliche Vorgaben missachten, kann dies Schadensersatzansprüche, Regressforderungen der Berufsgenossenschaft und die Verfolgung als Ordnungswidrigkeit durch die Aufsichtsbehörden nach sich ziehen (z. B. ArbSchG, ASiG, ArbZG, SGB VII, Lärm-VibrationsArbSchV). Darüber hinaus haben die Beschäftigten eine Mitwirkungspflicht, d. h. sie müssen im Rahmen ihrer Möglichkeiten Sorge für ihre Sicherheit und Gesundheit tragen, Weisungen befolgen, auf Gefährdungen hinweisen und durch eine Überlastungsanzeige auf Missstände hinweisen, die ihre eigene Sicherheit und Gesundheit gefährden könnte (§§ 15–17 ArbSchG).

Sind Beschäftigte innerhalb eines Zeitraums von zwölf Monaten bei einer Fünftagewoche mehr als 30 Tage arbeitsunfähig, sind Betriebe gesetzlich verpflichtet, den Betroffenen ein Verfahren zur betrieblichen Eingliederung (BEM) anzubieten (§ 167 Abs. 1 SGB IX). Das BEM verfolgt die Ziele, erkrankte Beschäftigte wieder in den Betrieb einzugliedern, einer erneuten Arbeitsunfähigkeit vorzubeugen und bei langfristigen Erkrankungen den Arbeitsplatz der/des Beschäftigten zu erhalten.

Die Teilnahme am BEM-Verfahren ist für berechtigte Beschäftigte freiwillig und kann nur mit ihrer Zustimmung durchgeführt werden. Das BEM unterliegt dem Mitbestimmungsrecht; betriebliche Interessenvertretungen sind daher zu beteiligen (DGUV-Spitzenverband, 2022).

1.1.2 Die Kür: Betriebliche Gesundheitsförderung (BGF) und medizinische Leistungen zur Prävention

Das Angebot von Maßnahmen zur BGF ist sowohl für Betriebe als auch für Beschäftigte freiwillig. Die gesetzlichen Krankenkassen (GKV) sind gemäß § 20b SGB V gesetzlich verpflichtet, ihre Mitgliedsbetriebe sowohl beim Aufbau gesundheitsfördernder Strukturen und Prozesse als auch bei der Durchführung gesundheitsfördernder Maßnahmen zu unterstützen (GKV-Spitzenverband, 2024). Im 2015 in Kraft getretenen Präventionsgesetz ist festgelegt, dass die gesetzlichen Krankenkassen einen jeweils jährlich festgelegten Betrag für die BGF ausgeben müssen. Im Jahr 2022 waren dies laut Präventionsbericht insgesamt 257 Mio. €. Damit wurden mehr als 26.000 Betriebe erreicht und knapp 2 Mio. Beschäftigte mit BGF-Angeboten der gesetzlichen Krankenversicherung versorgt (MD Bund/GKV-Spitzenverband, 2023). Qualitätsgesicherte Maßnahmen, die von den gesetzlichen Krankenkassen finanziell unterstützt werden, werden im GKV-Leitfaden Prävention beschrieben (GKV-Spitzenverband, 2024). Ziele der BGF sind zum einen die Verbesserung der betrieblichen Rahmenbedingungen zur gesundheitsförderlichen Arbeitsgestaltung („Verhältnisprävention") und zum anderen die Stärkung der gesundheitlichen Ressourcen und Kompetenzen der Beschäftigten zum Erhalt bzw. Aufbau eines gesundheitsförderlichen Arbeits- und Lebensstils („Verhaltensprävention"). Dazu werden evidenzbasierte Maßnahmen von qualifizierten Fachkräften mit unterschiedlichen Schwerpunkten angeboten (siehe Abb. 1.1).

Der jährlich erscheinende Präventionsbericht (MD Bund/GKV-Spitzenverband, 2023) gibt einen Überblick über das BGF-Angebot bzw. die durchgeführten BGF-Maßnahmen in den einzelnen Handlungsfeldern, die im jeweils vergangenen Jahr von den gesetzlichen Krankenkassen finanziert wurden. Die Ergebnisse aus dem Berichtsjahr 2022 zeigen, dass verhältnispräventive Interventionen zur Verbesserung des Verpflegungsangebots (17 %) weit hinter anderen Angeboten zurückbleiben, wie z. B. Angebote zur gesundheitsgerechten Führung (37 %) bzw. zur Gestaltung einer bewegungsfördernden Umgebung (33 %). Auch bei verhaltenspräventiven Interventionen liegen Angebote zur Bewegungsförderung (63 %) bzw. zur Stressbewältigung und Ressourcenstärkung (49 %) deutlich vor den Angeboten zur Förderung einer gesundheitsgerechten Ernährung im Arbeitsalltag (30 %)[2] (MD Bund/GKV-Spitzenverband, 2023).

Im Hinblick auf die hohe Bedeutsamkeit einer gesundheitsförderlichen Ernährung für Gesundheit, Wohlbefinden und Leistungsfähigkeit der Beschäftigten hat das Handlungsfeld Ernährung viel Potenzial. Insbesondere in den Bereichen „Gesundheitsgerechte Verpflegung

---

[2] Mehrfachnennungen möglich.

im Arbeitsalltag" (siehe Kap. 18, 19, 20, 21, 22, 23, 24, 25, 26, 27 und 28) und „Gesundheitsgerechte Ernährung im Arbeitsalltag" (siehe Kap. 7, 8, 9, 10, 11, 12, 13, 14, 15, 16 und 17) können Ernährungsfachkräfte einen wesentlichen Beitrag im Rahmen der BGF leisten.

Über die Angebote der BGF hinaus können Beschäftigte mit einem besonderen Risikoprofil, bei denen noch kein Rehabilitationsbedarf besteht, sogenannte „Medizinische Leistungen zur Prävention" der Rentenversicherung gemäß § 14 SGB VI nutzen. Diese werden meist berufsbegleitend durchgeführt. Dazu werden nach der Erfassung des individuellen Gesundheitsstatus und Risikoprofils Trainingspläne erstellt und praxisorientiert Strategien zum erfolgreichen Selbstmanagement in den Bereichen Ernährung, Bewegung und Resilienzbildung/Stressbewältigung angeboten (Deutsche Rentenversicherung Bund, o. J.).

1.2 Gesundheitsförderliche Strukturen und Prozesse im Betrieb

Viele Betriebe bieten heute schon Maßnahmen zur BGF, wie z. B. Yoga-Kurse oder kostenfreies Obst, an. Diese häufig nur temporär durchgeführten Einzelmaßnahmen bleiben allerdings meist wirkungslos. Um im Hinblick auf gesundheitliche und ökonomische Aspekte erfolgreich zu sein, bedarf es nach § 20b SGB V einer strategischen Herangehensweise im Sinne einer gesundheitsförderlichen Organisationsentwicklung (Lobnig et al., 2024).

Wie andere betriebliche Managementsysteme folgt das BGM dabei einer prozessorientierten Vorgehensweise. Dazu werden nachhaltige Strukturen aufgebaut und ein kontinuierlicher Verbesserungsprozess implementiert (siehe Abb. 1.2). Wesentliche Erfolgsfaktoren im Hinblick auf die Akzeptanz und Nachhaltigkeit der Maßnahmen sind prozess-

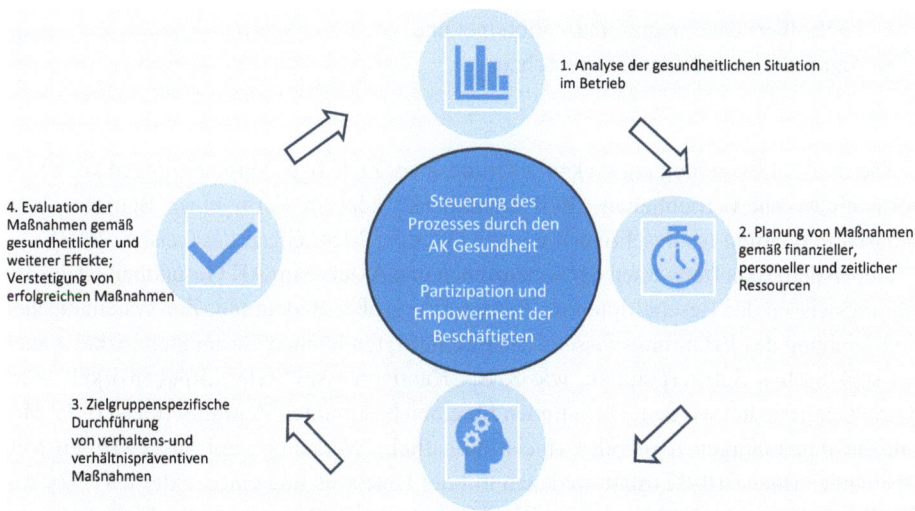

Abb. 1.2 Gesundheitsfördernde Strukturen und Prozesse. (Quelle: eigene Darstellung)

schrittübergreifend die kontinuierliche Sensibilisierung, Partizipation und das Empowerment der Beschäftigten und die regelmäßige interne Öffentlichkeitsarbeit (GKV-Spitzenverband, 2024).

Ein Überblick über die BGF-Prozesse wird in der entsprechenden Fachliteratur gegeben (Uhle & Treier, 2015; Faller, 2016). Im Folgenden werden diese mit den Schwerpunkten „Ernährung und Verpflegung im Betrieb" aufgezeigt.

1.2.1 Den Prozess steuern: Aufbau von Strukturen

Zu Beginn des Gesundheitsförderungsprozesses ist es sinnvoll, alle mit der Gesundheit der Beschäftigten befassten Akteure (z. B. Geschäftsführung, Betriebsärzteschaft, Vertretende des Betriebs-/Personalrats, der Personalabteilung bzw. der Krankenkassen) in einem Steuerungsgremium „Arbeitskreis Gesundheit" (AK Gesundheit) zu vernetzen. Dieses Gremium sollte möglichst mit bestehenden Strukturen, etwa dem gesetzlich vorgeschriebenen Arbeitsschutzausschuss, koordiniert und von einer verantwortlichen Person („BGM-Koordinatorin" bzw. „BGM-Koordinator") moderiert und nach innen und außen vertreten werden.

Der AK Gesundheit

- steuert den Gesamtprozess,
- legt die Ziele fest,
- entscheidet über verhaltens- und verhältnispräventive Maßnahmen,
- beteiligt die Beschäftigten,
- kontrolliert das Finanz- und Zeitbudget und
- organisiert die Öffentlichkeitsarbeit.

Die im AK Gesundheit entwickelten Grundsätze, Ziele bzw. Vereinbarungen können in Form eines innerbetrieblichen „BGF-Leitfadens" oder in Form einer Betriebs- bzw. Dienstvereinbarung festgeschrieben werden (W.A.F., 2024; Giesert & Geisler, 2003).

Neben dem Expertenwissen der Akteurinnen und Akteure im AK Gesundheit ist das Erfahrungswissen der Beschäftigten im Betrieb von großer Bedeutung. Zur systematischen Einbeziehung des Erfahrungswissens der Beschäftigten können Gesundheitszirkel – auch mit spezifischen Schwerpunkten, wie z. B. „Kantinenzirkel" oder „Rückenzirkel" – im Betrieb eingerichtet werden. Dazu finden für einen bestimmten Zeitraum (meist 6–12 Monate) in regelmäßigen Abständen (meist monatlich) Workshops mit ausgewählten Mitarbeitenden (meist 10–12) statt, in denen mit der Unterstützung einer (externen) Moderation Ressourcen und Belastungen im Betrieb analysiert und pragmatische Verbesserungsmöglichkeiten entwickelt werden. Diese Lösungsansätze werden dem AK Gesundheit vorgetragen, der über die Durchführung und Finanzierung entscheidet (Haufe, 2021).

1.2.2 Ohne Diagnose keine Therapie: Analyse der gesundheitlichen Situation im Betrieb

Ziel dieser Phase ist die Analyse der gesundheitlichen Ressourcen und Belastungen im Betrieb, möglichst mittels Kennzahlen. „Harte" Kennzahlen zu Fehlzeiten (z. B. zum Gesundheitszustand, zur Anzahl der Arbeitsunfähigkeitstage und -fälle, zu Diagnosen, zum Alter und Geschlecht der Erkrankten, zu den Ausgaben für die Entgeltfortzahlung oder Krankengeldbezug) und zur Fluktuation liegen entweder der Personalabteilung, der Betriebsärzteschaft oder den Krankenkassen vor. Diese Kennzahlen sind absolut vertraulich zu behandeln. „Weiche" Kennzahlen (z. B. zur subjektiven Einschätzung des Gesundheitszustandes, von gesundheitlichen Beschwerden oder zur Zufriedenheit mit den bestehenden Angeboten) lassen sich im Rahmen von standardisierten, schriftlichen (Online-)Mitarbeiterbefragungen, vertraulichen Einzelinterviews oder moderierten Analyseworkshops ermitteln. Die Ergebnisse der (anonymen) Analyse können in einem betrieblichen Gesundheitsbericht zusammengestellt werden. Dabei unterstützen die gesetzlichen Krankenversicherungen.

Gesundheitsbezogene Daten sind privat und dürfen nur unter strengster Berücksichtigung des Datenschutzes, anderer rechtlichen Grundlagen zur (ärztlichen) Schweigepflicht und unter Einbeziehung des Betriebs-/Personalrats anonymisiert erhoben, ausgewertet und kommuniziert werden.

Bei der Analyse sollten „Daten für Taten" erhoben werden, d. h. es muss vorab geklärt werden, zu welchem Zweck welche Daten von welcher Zielgruppe in welcher Form erhoben werden sollen. Ein empfehlenswerter erster Schritt ist die Durchführung einer gesetzlich vorgeschriebenen Gefährdungsbeurteilung (Kittelmann et al., 2021). Auf der Basis dieser Ergebnisse können sich weitere Analyseverfahren anschließen (Faller, 2016; Uhle & Treier, 2015).

Zur Analyse von verpflegungs- und ernährungsbezogenen Daten bieten sich folgende Instrumente an:

- Analyse der bestehenden Verpflegungsangebote in eigenen Gastronomiebetrieben bzw. fremdbewirtschafteter Gastronomie (Betriebsrestaurants, Cafeterien, Vending-Automaten, Foodtrucks, Lieferdienste, Wasserspender, gastronomische Angebote in der Nachbarschaft etc.).
- Analyse der bestehenden Verpflegungsinfrastruktur im Hinblick auf Teeküchen, Pausenräume (VBG, 2022), Pausenzeiten (§ 4 ArbZG), räumliche und zeitliche Erreichbarkeit von Verpflegungsangeboten, insbesondere bei Schicht-, Nacht- und Wochenendarbeit.
- (Online-)Mitarbeiterbefragungen („Employee Listening"), z. B. zum Gesundheitszustand, zum Gesundheits- und Essverhalten, zur Zufriedenheit mit den Verpflegungsangeboten bzw. zu Wünschen zur Optimierung der Ess- bzw. Verpflegungssituation.

- Screenings oder Check-ups zur Erhebung des individuellen Gesundheitsstatus in Kooperation mit der Betriebsärzteschaft (z. B. Body-Mass-Index (BMI), Körperzusammensetzung, Blutdruck, Harnzucker, Blutzucker). Die Ergebnisse dieser Untersuchungen können auf Wunsch mit dem einzelnen Beschäftigten unter Berücksichtigung des Datenschutzes besprochen und Handlungsempfehlungen zur Gesundheitsförderung abgeleitet werden.
- Analyseworkshops zur Bedarfsermittlung von gesundheitsförderlichen Angeboten.
- Ernährungsprotokolle und anonymisierte Auswertungen in Kooperation mit einer Ernährungsfachkraft.

1.2.3 Den Prozess aktiv gestalten: Planung

Der AK Gesundheit leitet auf der Basis der erhobenen Analyseergebnisse Ziele und Zielgruppen ab, erstellt einen Zeit- und Maßnahmenplan unter Berücksichtigung der verfügbaren personellen, zeitlichen und finanziellen Ressourcen und legt Verantwortlichkeiten und Prioritäten fest. Bei der Planung von Maßnahmen ist Folgendes zu berücksichtigen:

- die betrieblichen Rahmenbedingungen, etwa im Hinblick auf Betriebsgröße, Art der Tätigkeit (physische oder psychische Herausforderungen), Schichtarbeit, Pausen- und Essenszeiten, bestehende gastronomische Angebote;
- das Wissen und die Erfahrung aus dem Expertenkreis (z. B. Ernährungs- und Bewegungsfachkräfte);
- die Bedarfe und Bedürfnisse der Beschäftigten (partizipativer Ansatz);
- die Ergebnisse wissenschaftlicher Studien zur Evidenz von Maßnahmen zur BGF (Barthelmes et al., 2019).

1.2.4 „Mahlzeit": Durchführung von Interventionen

Im Rahmen der BGF ist neben der Vermeidung von Mangel- und Fehlernährung bzw. Übergewicht auch der Erhalt und die Förderung der Leistungsfähigkeit am Arbeitsplatz von Bedeutung (siehe Kap. 10 und 14). Bedarfsgerechtes Essen während der Arbeits- und Freizeit kann dazu einen wichtigen Beitrag leisten. Dabei sind unterschiedliche Rahmenbedingungen in verschiedenen Branchen (siehe Kap. 31, 32, 33, 34, 35, 36 und 37), wie z. B. Schicht- und Nachtarbeit (siehe Kap. 16) bzw. mobiles Arbeiten (siehe Kap. 17), zu berücksichtigen.

Ein gesundheitsförderndes Ess- und Trinkverhalten im Berufsalltag ist von strukturellen Voraussetzungen, wie Verfügbarkeit und Akzeptanz eines qualitativ hochwertigen sowie ansprechend präsentierten Verzehrangebots („Verhältnisprävention") und entsprechenden Ernährungskompetenzen der Beschäftigten („Verhaltensprävention"), abhängig.

Im Rahmen der *Verhältnisprävention* (vgl. Kap. 7, 8, 9, 10, 11, 12, 13, 14, 15, 16 und 17) beraten Ernährungsfachkräfte Führungskräfte und/oder die Leitung des Betriebsrestaurants hinsichtlich einer ausgewogenen und bedarfsgerechten Kantinen-, Pausen- und Meetingverpflegung auf der Basis der D-A-CH-Referenzwerte (DGE, 2018, akt. 2024) und der Empfehlungen des DGE-Qualitätsstandards für die Verpflegung in Betrieben, Behörden und Hochschulen (DGE, 2023). Dabei finden rechtliche Rahmenbedingungen (siehe Kap. 23 bzw. 24), Aspekte des Qualitätsmanagements (siehe Kap. 25) und der Nachhaltigkeit (siehe Kap. 26) Berücksichtigung. Darüber hinaus könnten Ernährungsfachkräfte ihre Expertise dem AK Gesundheit zur Verfügung stellen, das Personal des Betriebsrestaurants schulen, einen „Kantinenzirkel" moderieren oder zu innovativen Verpflegungsangeboten (siehe Kap. 27) beraten.

Das Portal „JOB & FIT – Mit Genuss zum Erfolg" (siehe Kap. 10) unterstützt mit Rezeptdatenbanken und Speiseplänen die Gestaltung der Verpflegung im Betriebsrestaurant und am Arbeitsplatz (inform, 2024). Neue Impulse gehen von dem Konzept des „Nudging" aus (Eichhorn & Ott, 2019). Betriebliche Verpflegungsangebote sind nach diesem Ansatz so zu gestalten, dass die „gesündere" Wahl die wahrscheinlichere ist (siehe Kap. 28 bzw. 39).

Wie das Essen und Trinken im Betrieb gestaltet werden, hängt auch von der Gestaltung von Pausenzeiten und Pausenräumen ab:

Ruhepausen am Arbeitsplatz dienen der Regeneration. Nach § 4 des Arbeitszeitgesetzes müssen Beschäftigte nach sechsstündiger Arbeit eine Ruhepause von mind. 30 Minuten einlegen (§ 4 ArbZG). Die Ruhepausen können in Zeitabschnitte von jeweils mindestens 15 Minuten aufgeteilt werden. Ruhepausen werden nicht vergütet. Im Rahmen der Gesundheitsförderung ist es wichtig, dass Beschäftigte die Möglichkeit haben, sich ungestört in den Pausen zu erholen. Dazu sollte die Pausenzeit bedarfsgerecht gestaltet werden: Wer viel sitzt, sollte sich bewegen und z. B. einen Spaziergang machen; wer körperlich arbeitet, sollte sich hinsetzen bzw. hinlegen können; wer allein arbeitet, sollte die Pause in Gesellschaft verbringen und wer beruflich ständig kommuniziert, sollte sich Ruhe gönnen (Wendsche & Lohmann-Haislah, 2018). In den Ruhepausen sollten die Beschäftigten die Möglichkeit haben, sich bedarfsgerecht zu verpflegen und ihre Mahlzeit in Ruhe bzw. ungestört einzunehmen.

Laut der Arbeitsstättenverordnung sind Arbeitgebende von Betrieben mit mindestens zehn Beschäftigten gehalten, einen möglichst störungsfreien und gut erreichbaren Pausenraum zur Verfügung zu stellen (Ausnahme: Vorhandensein von störungsfreien (Büro-)Arbeitsplätzen) (BAuA, o. J.; VBG, 2022). Im Rahmen der BGF sollte darauf geachtet werden, dass der Pausenraum so gestaltet ist, dass eine ausreichende Erholung möglich ist (s. o.) und gesundheitsförderliche Verpflegungsangebote zur Verfügung stehen.

Ziel der *Verhaltensprävention* ist die Stärkung der Handlungskompetenz der Beschäftigten, sich auf der Basis der DGE-Empfehlungen (DGE, 2018, 2024) bedarfsgerecht und ausgewogen am Arbeitsplatz zu ernähren („Ernährungskompetenz").

▶ Unter Ernährungskompetenz „(…) versteht man die Kombination aus Ernährungswissen und der Fähigkeit, dieses Wissen und die Erfahrungen sowie die praktischen Fertigkeiten gesundheitsförderlich im Ernährungsalltag anzuwenden" (MRI, 2021).

Zum einen wird über gesundheitliche, klimarelevante und gesellschaftliche Aspekte des Essens aufgeklärt, um informierte Entscheidungen treffen zu können; zum anderen werden Zubereitungskompetenzen gestärkt.

Geeignete verhaltenspräventive Interventionen wären (GKV-Spitzenverband, 2024):

- Vorträge, Seminare, (Online-)Kurse, (Koch-)Workshops bzw. digitale Angebote zur Information und Stärkung der Handlungskompetenz bei der Umstellung zu einer gesundheitsförderlichen Ernährungsweise bzw. zum Gewichtsmanagement (Kraaibeek, 2024; siehe Kap. 3 bzw. 13).
- Aktionswochen, Gesundheitstage zur Sensibilisierung der Beschäftigten für eine bedarfsgerechte Ernährungsweise (Die GesundheitsManager, 2020; siehe Kap. 38).
- Erstellung von individuellen Gesundheitsprofilen, z. B. Körperzusammensetzung, Gewicht, Bluthochdruck, Diabetes mellitus, Fettstoffwechselstörungen, metabolisches Syndrom (Die GesundheitsManager, 2020; siehe Kap. 11).
- Ernährungsberatung und/oder Ernährungscoaching (siehe Kap. 11 und 12).
- Maßnahmen zur Erhöhung der Akzeptanz und Inanspruchnahme gesundheitsförderlicher und bedarfsgerechter Verpflegungsangebote, z. B. Verkostungen, Nudging-Angebote (siehe Kap. 22 bzw. 28).

Essen und Trinken zählen zu den häufigsten sozialen Aktivitäten von Menschen. Wichtig ist daher, bei den o. g. Angeboten nicht nur zu berücksichtigen, **was** die Beschäftigten essen, sondern auch **wie** sie essen. Dazu bieten Ansätze zum „Mindful eating" wichtige Impulse (siehe Kap. 15).

Essen im Betrieb ist mehr als reine Nahrungsaufnahme zum Erhalt von Gesundheit und Leistungsfähigkeit. Das Ernährungshandeln am Arbeitsplatz ist sowohl eine individuell getroffene Entscheidung auf der Basis von Ernährungs- und Zubereitungskompetenzen als auch eine soziale und kulturelle Handlung in Abhängigkeit von den betrieblichen Rahmenbedingungen.

Wie Beschäftigte ihre Entscheidungen treffen, was, wann, wie, wo und mit wem sie essen, hängt daher nicht nur von der Verfügbarkeit von Angeboten oder dem Hunger ab, sondern ist abhängig von einer Vielzahl von soziokulturellen Determinanten, wie z. B.:

- Welche Ernährungstrends sind zurzeit individuell, betrieblich bzw. gesellschaftlich von Bedeutung (siehe Kap. 7)?
- Welches „Mindset" (z. B. „Hauptsache gesund" oder „Hauptsache lecker") haben die Beschäftigten selbst bzw. haben Personen aus dem Kollegenkreis und Vorgesetzte (Techniker Krankenkasse, 2023)?

- Was sagt ein bestimmter Ernährungsstil, wie z. B. eine vegane Ernährungsweise, über den/die Beschäftigte jeweils aus? Welches Bild macht sich das Kollegium bzw. Vorgesetzte von dieser Person (BGF-Institut, 2023)?
- Welche Esskultur (Hirschfelder & Pollmer, 2018) ist für den Betrieb prägend; z. B. gibt es Verabredungen zum Mittagessen oder wird gemeinsam etwas eingekauft bzw. zubereitet? Wird (allein) am Arbeitsplatz gegessen oder im Pausenraum bzw. in der Kantine? Welche Bedeutung wird Themen, wie Nachhaltigkeit, Gesundheit oder Genuss beim Essen, eingeräumt?

Im GKV-Leitfaden Prävention wird in den Grundsätzen zur Anbieterqualifikation festgelegt, dass (krankenkassenfinanzierte) Maßnahmen im Handlungsfeld Ernährung ausschließlich von Fachkräften mit einem staatlich anerkannten Berufs- bzw. Studienabschluss in den Bereichen Diätassistenz, Oecotrophologie bzw. Ernährungswissenschaft durchgeführt werden dürfen (GKV-Spitzenverband, 2024).

1.2.5 Hat es sich gelohnt? Evaluation der Maßnahmen und nachhaltige Verankerung

Angesichts begrenzter Ressourcen sind Nachweise zum gesundheitlichen Nutzen der durchgeführten BGF-Maßnahmen auch in Relation zu den Kosten nötig (GKV-Spitzenverband, 2024). Durch die Auswahl passender Indikatoren, die Datenerhebung, -auswertung und -interpretation können Empfehlungen zur Verbesserung oder Anpassung der BGF/BGM-Strategien abgeleitet werden. Kriterien für die Evaluation zum (gesundheitlichen) Nutzen sind beispielsweise Daten zur Teilnahmefrequenz, Befragungen zur Zufriedenheit mit den Angeboten und/oder zu Veränderung von gesundheitsbezogenen Parametern (z. B. BMI bzw. Körperzusammensetzung), Kennzahlen zum Krankenstand und zur Veränderung des gesundheitsbezogenen (Ess- und Trink-) Verhaltens (Mohokum & Weststein, 2021; Waldherr, 2021).

Es ist sinnvoll, Mess- bzw. Befragungsinstrumente, die zur Analyse eingesetzt werden (siehe Abschn. 1.2.2) ggf. in modifizierter Form für die Evaluation im Sinne einer Vorher-Nachher-Befragung zu nutzen. Beispielsweise können vor und nach Interventionen zur Verbesserung des Verpflegungsangebots Befragungen zur Zufriedenheit bzw. Messungen zur Nutzung des (gesundheitsförderlichen) Angebots durchgeführt werden, um Rückschlüsse auf den Erfolg der Intervention zu ziehen. Darüber hinaus können die im Handbuch „Evaluation von Betrieblicher Gesundheitsförderung" beschriebenen Instrumente eingesetzt werden (GKV-Spitzenverband, 2014; Arbeitsgemeinschaft der Spitzenverbände der Krankenkassen, 2008).

Die beschriebenen Prozesse der Analyse, Planung, Durchführung und Evaluation sollten als Lernzyklus im Betrieb verstetigt werden (siehe Abb. 1.2).

1.3 Evidenz: Wirksamkeit und Nutzen gesundheits- und ernährungsbezogener Maßnahmen

Es ist unbestritten, dass eine bedarfsgerechte Ernährungsweise eine zentrale Bedeutung sowohl für die Erhaltung der Gesundheit hat bzw. eine wenig bedarfsgerechte Ernährungsweise die Entstehung bestimmter Krankheiten wahrscheinlicher macht (Schienkiewitz et al., 2022). Ziele von ernährungsbezogenen Maßnahmen zur BGF sind zum einen die Förderung einer bedarfsgerechten Ernährungsweise und zum anderen die Etablierung eines geeigneten Verpflegungsangebots im Betrieb zur Vermeidung von Fehl- und Mangelernährung bzw. von Übergewicht. Damit soll der Entstehung von ernährungsmitbedingten Erkrankungen, wie z. B. Diabetes mellitus, Bluthochdruck oder Fettstoffwechselstörungen, vorgebeugt werden (Hauner & Wirth, 2024).

Bislang liegen nur wenige systematische Übersichtsarbeiten ausreichender Qualität zur Evidenz von ernährungsbezogenen Maßnahmen in der BGF vor (Barthelmes et al., 2019). Untersucht wurden Effekte verhältnispräventiver Maßnahmen (z. B. Menükennzeichnung mittels einer Lebensmittelampel, bessere Verfügbarkeit von Obst und Gemüse, reduzierte Kosten für gesunde Essensalternativen). Einer der Reviews weist für 13 der insgesamt 22 vorgefundenen Studien signifikante Effekte hinsichtlich ernährungsbezogener Outcomes, wie Steigerung des Obst- und Gemüsekonsums, aus (Allan et al., 2017).

In einem Review, das das Gesundheitsverhalten bei Beschäftigten in Schichtarbeit untersuchte, konnten drei Studien eine signifikante Verbesserung des Essverhaltens nachweisen (Lassen et al., 2018).

▶ Die Ergebnisse zeigen deutlich, dass eine Kombination von verhältnis- und verhaltenspräventiven Maßnahmen wirksamer ist, als die alleinige Durchführung verhältnispräventiver Programme (Geaney et al., 2013).

Neben Ergebnissen zum gesundheitlichen Nutzen sind Ergebnisse zum ökonomischen Nutzen von Maßnahmen der BGF interessant (Barthelmes et al., 2019). Dieser wird mit der Kennzahl ROI (Return on Investment, Kapitalrendite) beschrieben. Der ROI ist ein Maß für die Rentabilität einer Investition. Er gibt das Verhältnis zwischen den Kosten einer Investition (z. B. für Ernährungsworkshops) zu den daraus resultierenden Gewinnen (z. B. durch Steigerung der Produktivität) bzw. Einsparungen (z. B. geringere Ausgaben für Lohnfortzahlungen) an.

Fehlzeiten
Wie die Berichte der Bundesanstalt für Arbeitsschutz und Arbeitsmedizin (BAuA) zeigen, steigen die volkswirtschaftlichen Ausgaben im Krankheitsfall seit Jahren deutlich an. Die durchschnittliche Arbeitsunfähigkeit je Arbeitnehmenden betrug im Jahr 2022 21,3 Tage. Dies sind insgesamt 888,9 Mio. Arbeitsunfähigkeitstage. Die BAuA schätzt die volkswirtschaftlichen Produktionsausfälle auf insgesamt 118 Mrd. € bzw. den

> Ausfall an Bruttowertschöpfung auf 207 Mrd. € (BAuA, 2023). Die meisten Arbeitsunfähigkeitstage (AU-Tage) kamen im Jahr 2022 aufgrund der Diagnosegruppen „Krankheiten des Atmungssystems" (179,6 Mio. AU-Tage) bzw. „Krankheiten des Muskel-Skelett-Systems und des Bindegewebes" (161,8 Mio. AU-Tage), gefolgt von „Psychische und Verhaltensstörungen" (129,8 Mio. AU-Tage) und „Verletzungen, Vergiftungen und Unfälle" (76,4 Mio. AU-Tage) zusammen. Auch durch die Ernährung mitbedingte Erkrankungen, wie „Krankheiten des Kreislaufsystems" (34,7 Mio. AU-Tage) und „Krankheiten des Verdauungssystems" (31,1 Mio. AU-Tage), führen zu beträchtlichen Fehlzeiten im Betrieb.

Wie die Ergebnisse der (vor allem US-amerikanischen) Studien zum ROI zeigen, ist der ROI meist positiv, d. h. die getätigten Investitionen rentieren sich auch finanziell für die Betriebe. Der mittlere ROI über alle Branchen und Länder wird mit 2,7:1 angegeben, d. h. für jeden investierten Euro/US-Dollar bekommen die Unternehmen 2,7 Euro/US-Dollar zurück. Bei 85 % der Betriebe ist der berechnete ROI größer als eins. Damit ist der ökonomische Nutzen höher als die Ausgaben, die im BGF-Programm entstanden sind (Barthelmes et al., 2019).

In den Studien zum ökonomischen Nutzen wurden die untersuchten Maßnahmen meist als Mehrkomponentenprogramme erbracht. Studien zum ökonomischen Nutzen, die ausschließlich Maßnahmen im Handlungsfeld Ernährung/Verpflegung untersuchen, liegen derzeit kaum vor (Barthelmes et al., 2019).

Es darf jedoch geschlussfolgert werden, dass – bei aller Vorsicht bei der Übertragung der Ergebnisse der US-amerikanischen Studien auf deutsche Verhältnisse – die Wahrscheinlichkeit hoch ist, dass sich Investitionen der BGF auch finanziell für die Unternehmen lohnen. Außerdem werden qualitätsgesicherte Maßnahmen von den Krankenkassen bezuschusst.

Obwohl Gesundheitsangebote für Unternehmen nicht gesetzlich vorgeschrieben sind, sehen viele Betriebe zahlreiche Gründe, warum es sich lohnt, in die Gesundheit der Mitarbeitenden zu investieren (Bundesministerium für Gesundheit, 2024; Barthelmes et al., 2019; Kolthoff, 2021).

> **Vorteile der Betrieblichen Gesundheitsförderung**
> *Beschäftigtengesundheit und Wohlbefinden*: Gesunde Mitarbeitende sind seltener krankheitsbedingt abwesend und meist produktiver. Dies kann zu einer Steigerung der Arbeitszufriedenheit, zu einer Verringerung der Fluktuation und zu einem besseren Umgang mit demografischen Herausforderungen führen.
> *Betriebsklima und Arbeitsumfeld*: Maßnahmen zur BGF leisten einen Beitrag zu einem positiven Betriebsklima und einem gesundheitsförderlichen Arbeitsumfeld. Dies kann die Kommunikation und die Zusammenarbeit im Team verbessern sowie das Risiko von Konflikten und mentalen Belastungen reduzieren.

> *Attraktivität als Arbeitgeber („Employer Branding")*: Unternehmen, die sich aktiv um die Gesundheit und das Wohlbefinden ihrer Mitarbeitenden kümmern, werden als attraktive Arbeitgeber wahrgenommen. Dies kann dazu beitragen, qualifizierte Fachkräfte zu gewinnen und sie langfristig an das Unternehmen zu binden. Auch die Identifikation mit dem Unternehmen steigt (Kolthoff, 2021).
>
> *Langfristige Kostenersparnis*: Obwohl die Durchführung von Maßnahmen zur BGF zunächst zeitlicher, finanzieller und personeller Ressourcen bedarf, können sich diese Investitionen durch die Reduzierung von Krankheitsausfällen, die Steigerung der Produktivität und die Senkung der Fluktuationsrate langfristig auszahlen.

1.4 Wer bezahlt? Finanzierung betrieblicher Maßnahmen zur Gesundheitsförderung

„Gesundheit kostet Geld, Krankheit ein Vermögen." (o. V.)

1.4.1 Eigenfinanzierung

Betriebe können die Kosten für die BGF aus eigenen Mitteln finanzieren und die Kosten für die Analyse, Planung, Durchführung und Evaluation der gesundheitsfördernden Maßnahmen direkt tragen. Wie die Studien zum ROI zeigen, kann dies aus finanzieller Sicht durchaus eine lohnende Investition sein. Arbeitgebende können sich aber auch indirekt engagieren, indem sie für die Teilnahme an gesundheitsfördernden Aktivitäten Arbeitszeit zur Verfügung stellen.

1.4.2 Kofinanzierung durch die gesetzlichen Krankenkassen

Die gesetzlichen Krankenversicherungsträger sind nach den Paragrafen 20, 20b und 20c SGB V gesetzlich verpflichtet, sich in der (betrieblichen) Prävention und Gesundheitsförderung finanziell zu engagieren. Im Rahmen des Präventionsgesetzes ist festgelegt worden, dass Krankenkassen eine jährlich zu bestimmende Summe für die BGF ausgeben müssen. Im Jahr 2022 lag der Mindestausgabewert für die BGF bei 3,33 € pro Versicherten. Nach Angaben des jährlich erscheinenden Präventionsberichts haben die Krankenkassen im Jahr 2022 mehr, nämlich 3,50 € je Versicherten, ausgegeben. Dies entspricht Gesamtausgaben von insgesamt 257.421.055 € für BGF-Aktivitäten. Die Ausgaben sind im Vergleich zum Vorjahr um 4 % leicht gestiegen (MD Bund/GKV-Spitzenverband, 2023). Über die GKV dürfen nur evidenzbasierte Angebote, die von qualifizierten Fachkräften durchgeführt werden, (ko-)finanziert werden. Diese Angebote werden im „GKV-Leitfaden Prävention" beschrieben (GKV-Spitzenverband, 2024).

1.4.3 Steuerbegünstigte Leistungen und Benefits

Das Einkommensteuergesetz (EStG) und das Sozialgesetzbuch (SGB) ermöglichen es Unternehmen, die Kosten für BGF-Maßnahmen steuerlich geltend zu machen. Seit 2020 können Arbeitgebende gemäß § 3 Nummer 34 des Einkommensteuergesetzes (EStG) jährlich bis zu 600 € pro Beschäftigten für qualitätsgesicherte Maßnahmen zur BGF aufwenden, ohne dass die Beschäftigten diese Zuwendungen als geldwerten Vorteil versteuern müssen. Aufwendungen von Arbeitgebenden für Leistungen „zur Verhinderung und Verminderung von Krankheitsrisiken und zur Förderung der Gesundheit in Betrieben, die hinsichtlich Qualität, Zweckbindung, Zielgerichtetheit und Zertifizierung den Anforderungen der § 20 und 20b des Fünften Buches Sozialgesetzbuch genügen", sind einkommensteuerfrei.

Benefits sind zusätzliche Leistungen und Vergünstigungen, die Betriebe ihren Beschäftigten anbieten. Damit soll meist die Bindung zum Unternehmen gestärkt bzw. die Arbeitszufriedenheit, das Engagement und die Produktivität der Mitarbeitenden positiv beeinflusst werden. Das Angebot reicht von materiellen Vorteilen, wie z. B. Rentenplänen, bis hin zu immateriellen Aspekten, wie flexiblen Arbeitszeiten, Homeoffice und Weiterbildungsmöglichkeiten (Brückner, 2023).

Im Bereich der Verpflegung gibt der Staat Betrieben die Möglichkeit, ihren Beschäftigten nach § 8 Abs. 2 EStG bzw. § 40 Abs. 2 S. 1 Nr. 1 EStG steuerbegünstigt und sozialversicherungsfrei Zuschüsse zu arbeitstäglichen Mahlzeiten („Essenszuschuss") zu gewähren. Im Jahr 2024 konnten bis zu 7,23 € pro Tag und Mitarbeitenden steuerfrei erstattet werden. Das ergibt ein zusätzliches Netto-Einkommen von 1300 € im Jahr pro Mitarbeitenden. Damit spart der Betrieb indirekt jeden Monat Lohnnebenkosten ein. Während herkömmliche (analoge) Essensmarken bzw. Restaurantgutscheine mit einem hohen Verwaltungsaufwand für Arbeitgebende verbunden und nur an bestimmten Akzeptanzstellen nutzbar waren, können sogenannte *digitale Essensmarken* per Smartphone in jedem Restaurant, Café, Supermarkt, Lieferdienst oder Foodtruck eingelöst werden. Dazu müssen die Ausgabenbelege von den Beschäftigten über eine App hochgeladen werden. Die steuerfreie Erstattung wird mit dem nächsten Gehalt über einen Dienstleister automatisch an den Mitarbeitenden über die Gehaltsabrechnung ausgezahlt.

1.5 Fazit

Im Hinblick auf die hohe Bedeutsamkeit einer gesundheitsförderlichen Ernährung für die Gesundheit und das Wohlbefinden der Beschäftigten einerseits und die bislang geringe Anzahl an betrieblichen Angeboten (siehe Abschn. 1.1.2) andererseits, hat das Handlungsfeld Ernährung im Bereich der BGF noch viel Potenzial. Insbesondere in den Bereichen „Gesundheitsgerechte Verpflegung im Arbeitsalltag" (siehe Kap. 18, 19, 20, 21, 22, 23, 24, 25, 26, 27 und 28) und „Gesundheitsgerechte Ernährung im Arbeitsalltag" (siehe Kap. 7, 8, 9, 10, 11, 12, 13, 14, 15, 16 und 17) können Ernährungsfachkräfte einen wesentlichen

Beitrag im Rahmen der BGF leisten. Dazu sollten sie über die nötigen fachlichen, methodischen, persönlichen und sozialen Kompetenzen verfügen (siehe Kap. 29) und sich gezielt im Bereich der BGF weiterbilden (siehe Kap. 30). Insbesondere zu Beginn einer Tätigkeit im BGF-Bereich wird eine Zusammenarbeit mit erfahrenen Personen von Unternehmensberatungen und Krankenkassen empfohlen. Darüber hinaus bietet sich auch eine Vernetzung mit Fachkräften anderer Disziplinen an, vor allem aus Medizin, Psychologie bzw. Gesundheits-, Sport- und Bewegungswissenschaften.

Für Ernährungsfachkräfte ist der Bereich der BGF auch finanziell ein attraktives Aufgabengebiet (siehe Kap. 29).

Literatur

Allan, J., Querstret, D., Banas, K., & de Bruin, M. (2017). Environmental interventions for altering eating behaviours of employees in the workplace: A systematic review. *Obesity Reviews, 18*(2), 214–226.

Arbeitsgemeinschaft der Spitzenverbände der Krankenkassen. (2008). *Handbuch Evaluation von Betrieblicher Gesundheitsförderung.* https://www.gkv-spitzenverband.de/media/dokumente/krankenversicherung_1/praevention__selbsthilfe__beratung/praevention/praevention_evaluation/betriebl_gesundheitsfoerderung/Praev_Eva_Handbuch_2_BGF_2008-06.pdf. Zugegriffen am 16.04.2025.

Barthelmes, I., Bödeker, W., Sörensen, J., Kleinlercher, K.-M., & Odoy, J. (2019). *iga.Report 40. Wirksamkeit und Nutzen arbeitsweltbezogener Gesundheitsförderung und Prävention. Zusammenstellung der wissenschaftlichen Evidenz 2012 bis 2018.* iga. https://www.iga-info.de/fileadmin/redakteur/Veroeffentlichungen/iga_Reporte/Dokumente/iga-Report_40_Wirksamkeit_und_Nutzen_Gesundheitsfoerderung_Praevention.pdf. Zugegriffen am 16.04.2025.

BAuA. (2023) Volkswirtschaftliche Kosten durch Arbeitsunfähigkeit 2022. Bundesanstalt für Arbeitsschutz und Arbeitsmedizin. https://www.baua.de/DE/Themen/Monitoring-Evaluation/Zahlen-Daten-Fakten/Kosten-der-Arbeitsunfaehigkeit#:~:text=Mit%20einer%20durchschnittlichen%20Arbeitsunf%C3%A4higkeit%20von,insgesamt%20128%20Milliarden%20Euro%20bzw. Zugegriffen am 17.06.2025.

BAuA (o. J.) Informationen zur Arbeitsstättenverordnung (ArbStättV). https://www.baua.de/DE/Themen/Arbeitsgestaltung/Arbeitsstaetten/Arbeitsstaettenverordnung Zugegriffen am 16.04.2025.

BGF-Institut. (2023). *Mindful eating – Wieviel Psychologie steckt in unserer Ernährung?* https://bgf-fit4work.podigee.io/18-new-episode. Zugegriffen am 16.04.2025.

Brückner, F. (2023). *Erfolgsfaktor MitarbeiterBenefits. 44 Ideen mit Praxistipps für Arbeitgeber und Arbeitnehmer.* Springer Gabler.

Bundesministerium für Gesundheit. (2024). *Betriebliche Gesundheitsförderung.* https://www.bundesgesundheitsministerium.de/themen/praevention/betriebliche-gesundheitsfoerderung.html. Zugegriffen am 16.04.2025.

DGE. (2023). *DGE-Qualitätsstandard für die Verpflegung in Betrieben, Behörden und Hochschulen* (6. Aufl.). Deutsche Gesellschaft für Ernährung e. V. https://www.dge.de//fileadmin/dok/gemeinschaftsgastronomie/dge-qualitaetsstandards/2023/231023-DGE-QST-Betriebe-DE.pdf. Zugegriffen am 16.04.2025.

DGE. (2024). *Gut essen und trinken – die DGE-Empfehlungen.* Deutsche Gesellschaft für Ernährung e. V. https://www.dge.de/gesunde-ernaehrung/gut-essen-und-trinken/dge-empfehlungen/. Zugegriffen am 16.04.2025.

DGE – Deutsche Gesellschaft für Ernährung e. V., Österreichische Gesellschaft für Ernährung, Schweizerische Gesellschaft für Ernährungsforschung, Schweizerische Vereinigung für Ernährung. (Hrsg.). (2018; aktualisiert 2024). *Referenzwerte für die Nährstoffzufuhr* (2. Aufl., 5. akt. Ausgabe).

DGUV-Spitzenverband. (2012). *DGUV Vorschrift 2. DGUV Vorschrift 2. Betriebsärzte und Fachkräfte für Arbeitssicherheit.* Deutsche Gesetzliche Unfallversicherung e.V. https://publikationen.dguv.de/regelwerk/dguv-vorschriften/1195/betriebsaerzte-und-fachkraefte-fuer-arbeitssicherheit?c=13. Zugegriffen am 16.04.2025.

DGUV-Spitzenverband. (2013). *DGUV Vorschrift 1. Grundsätze der Prävention.* Deutsche Gesetzliche Unfallversicherung e.V. (DGUV). https://publikationen.dguv.de/widgets/pdf/download/article/2909. Zugegriffen am 16.04.2025.

DGUV-Spitzenverband. (2022). *Betriebliches Eingliederungsmanagement – BEM Orientierungshilfe für die praktische Umsetzung.* Deutsche Gesetzliche Unfallversicherung e.V. https://publikationen.dguv.de/widgets/pdf/download/article/3818. Zugegriffen am 16.04.2025.

Die Gesundheitsmanager. (2020). *Gesundheitsförderung im Unternehmen.* https://www.gesundheitsmanagement24.de/. Zugegriffen am 16.04.2025.

Deutsche Rentenversicherung Bund (o.J.). *Präventionsleistungen der Rentenversicherungsträger.* Deutsche Rentenversicherung. file:///C:/Users/abf168/Downloads/broschuere_praeventionsleistungen_rv_traeger%20(1).pdf. Zugegriffen am 16.04.2025.

Eichhorn, D., & Ott, I. (2019). *iga.report 38. Nudging im Unternehmen. Den Weg für gesunde Entscheidungen bereiten.* https://www.iga-info.de/fileadmin/redakteur/Veroeffentlichungen/iga_Reporte/Dokumente/iga-Report_38_Nudging_im_Unternehmen.pdf. Zugegriffen am 16.04.2025.

Faller, G. (2016). *Lehrbuch Betriebliche Gesundheitsförderung* (3. Aufl.). Hogrefe.

Geaney, F., Kelly, C., Greiner, B. A., Harrington, J. M., Perry, I. J., & Beirne, P. (2013). The effectiveness of workplace dietary modification interventions: A systematic review. *Preventive Medicine, 57*(5), 438–447.

Giesert, M., & Geisler, H. (2003). *Betriebs- und Dienstvereinbarungen betriebliche Gesundheitsförderung: Analyse und Handlungsempfehlungen.* Bund. https://www.boeckler.de/fpdf/HBS-002833/p_mbf_bvd_betriebl_gesundheits.pdf. Zugegriffen am 16.04.2025.

GKV-Spitzenverband. (2014). *Gemeinsame und einheitliche Evaluationsverfahren der gesetzlichen Krankenkassen zu § 20 SGB V. Anwenderhandbuch Evaluation Teil 1: Evaluation des individuellen Ansatzes: Kursmaßnahmen in den Handlungsfeldern Bewegungsgewohnheiten, Ernährung und Stressmanagement.* https://www.gkv-spitzenverband.de/media/dokumente/krankenversicherung_1/praevention__selbsthilfe__beratung/praevention/praevention_evaluation/individualansatz_kurse/Praev_Handbuch-1-Individualansatz-2014-01.pdf. Zugegriffen am 16.04.2025.

GKV-Spitzenverband. (2024). *Leitfaden Prävention. Handlungsfelder und Kriterien nach § 20 Abs. 2 SGB V zur Umsetzung der §§ 20, 20a und 20b SGB V vom 21. Juni 2000 in der Fassung vom 19. Dezember 2024.* https://www.gkv-spitzenverband.de/media/dokumente/krankenversicherung_1/praevention__selbsthilfe__beratung/praevention/praevention_leitfaden/2024-12-19_GKV-Leitfaden_Praevention_barrierefrei.pdf. Zugegriffen am 16.05.2024.

Haufe. (2021). *Was ist ein Gesundheitszirkel?* https://www.haufe.de/arbeitsschutz/gesundheitumwelt/gesundheitszirkel-warum-und-wozu_94_456312.html. Zugegriffen am 16.04.2025.

Hauner, H., & Wirth, A. (Hrsg.). (2024). *Adipositas. Ätiologie, Folgekrankheiten, Diagnostik, Therapie* (5. Aufl.). Springer.

Hirschfelder, G., & Pollmer, P. (2018). Ernährung und Esskultur. *Kulturwissenschaftliche Perspektiven. Aktuelle Ernährungsmedizin, 43,* 41–55.

inform. (2024). *Job & Fit – Mit Genuss zum Erfolg.* https://www.in-form.de/netzwerk/projekte/gefoerderte-projekte/jobfit-mit-genuss-zum-erfolg. Zugegriffen am 16.04.2025.

Kittelmann, M., Adolph, L., Michel, A., Packroff, R., Schütte, M., & Sommer, S. (Hrsg.). (2021). *Handbuch Gefährdungsbeurteilung.* Bundesanstalt für Arbeitsschutz und Arbeitsmedizin. https://

www.baua.de/DE/Themen/Arbeitsgestaltung/Gefaehrdungsbeurteilung/Handbuch-Gefaehrdungsbeurteilung/Gefaehrdungsbeurteilung_node.html. Zugegriffen am 16.04.2025.

Kolthoff, J.-F. (2021). *Gesunde Arbeit als Teil des Employer Brand*. https://www.humanresourcesmanager.de/recruiting/gesunde-arbeit-als-teil-der-employer-brand/. Zugegriffen am 16.04.2025.

Kraaibeek GmbH. (2024). *Portfolio*. https://kraaibeek.de/bgm-bgf/portfolio-unsere-zielgruppen-themen-und-formate/. Zugegriffen am 16.04.2025.

Lassen, A. D., Fagt, S., Lennernäs, M., Nyberg, M., Haapalar, I., Thorsen, A. V., et al. (2018). The impact of worksite interventions promoting healthier food and/or physical activity habits among employees working ‚around the clock' hours: A systematic review. *Food & Nutrition Research, 62*, 1115.

Lobnig, H., Dietscher, C., Metzler, B., & Pelikan, J. M. (2024). Organisationsentwicklung als Methode der Gesundheitsförderung. In Bundeszentrale für gesundheitliche Aufklärung (BZgA) (Hrsg.), *Leitbegriffe der Gesundheitsförderung und Prävention. Glossar zu Konzepten, Strategien und Methoden*. https://doi.org/10.17623/BZGA:Q4-i083-3.0. Zugegriffen am 16.04.2025.

MD Bund/GKV-Spitzenverband. (2023). *Präventionsbericht 2023. Leistungen der gesetzlichen Krankenversicherung: Primärprävention und betriebliche Gesundheitsförderung. Berichtsjahr 2022*. Medizinischer Dienst Bund/GKV-Spitzenverband. https://www.gkv-spitzenverband.de/media/dokumente/krankenversicherung_1/praevention__selbsthilfe__beratung/praevention/praeventionsbericht/2023_GKV_MD_Praventionsbericht_barrierefrei.pdf. Zugegriffen am 16.04.2025.

Mohokum, M., & Weststein, A. (2021). Evaluation und Assessmentverfahren in der betrieblichen Gesundheitsförderung. In M. Tiemann & M. Mohokum (Hrsg.), *Prävention und Gesundheitsförderung*. Springer.

MRI. (2021). *Ernährungskompetenz in Deutschland*. Max-Rubner-Institut. https://www.mri.bund.de/fileadmin/MRI/Institute/EV/210428_Bericht_Ernaehrungskompetenz.pdf. Zugegriffen am 16.04.2025.

Schienkiewitz, A., Kuhnert, R., Blume, M., & Mensink, G. B. M. (2022). Übergewicht und Adipositas bei Erwachsenen in Deutschland – Ergebnisse der Studie GEDA 2019/2020-EHIS. *Journal of Health Monitoring, 7*(3), 23–31.

Techniker Krankenkasse. (2023). *Iss'was, Deutschland. TK-Ernährungsstudie 2023*. https://www.tk.de/resource/blob/2033596/0208f5f5844c04abbbcbb1389872ee01/iss-was-deutschland-data.pdf. Zugegriffen am 16.04.2025.

Uhle, T., & Treier, M. (2015). *Betriebliches Gesundheitsmanagement. Gesundheitsförderung in der Arbeitswelt – Mitarbeiter einbinden, Prozesse gestalten, Erfolge messen* (3. Aufl.). Springer.

VBG. (2022). *ASR A4.2 Pausen – und Bereitschaftsräume*. Verwaltungsberufsgenossenschaft. http://regelwerke.vbg.de/vbg_tasr/tasra4-2/tasra4-2_1_.html. Zugegriffen am 16.04.2025.

W.A.F. Institut für Betriebsräte-Fortbildung. (2024). *Betriebsvereinbarung zur betrieblichen Gesundheitsförderung*. https://www.betriebsrat.com/musterbetriebsvereinbarung/147/393487/betriebliche-gesundheitsfoerderung. Zugegriffen am 16.04.2025.

Waldherr, K. (2021). Evaluation und Assessmentverfahren in der ernährungsbezogenen Prävention und Gesundheitsförderung. In M. Tiemann & M. Mohokum (Hrsg.), *Prävention und Gesundheitsförderung*. Springer.

Wendsche, J., & Lohmann-Haislah, A. (2018). *Arbeitspausen gesundheits- und leistungsförderlich gestalten*. Hogrefe.

Digitale Formate

Hanna-Kathrin Kraaibeek und Maren Stamm

2.1 Digitalisierung im Überblick

Die Digitalisierung von analogen Abläufen hat in den letzten Jahrzehnten eine starke Entwicklung durchlaufen. Besonders seit Beginn der Corona-Pandemie gab es einen Umschwung hin zur Umstellung auf technische Alternativen – auch in der Arbeitswelt. Home-Office war zuvor eine Arbeitsform, die vereinzelt in Unternehmen angewendet wurde, aber nicht sonderlich verbreitet war (Statista, 2022). Durch den Pandemiebeginn musste jedoch innerhalb von kürzester Zeit auf digitale Arbeitsformen umgestellt werden. Die Digitalisierungsprozesse betrafen dabei auch die digitale Gesundheitsförderung. Knapp die Hälfte aller Berufstätigen in Deutschland war laut einem Bericht der Allgemeinen Ortskrankenkassen (AOK) zumindest teilweise im Home-Office tätig (Allgemeine Ortskrankenkasse [AOK], 2022). Auch nach Ende der Pandemie hat sich der Home-Office-Trend gehalten, sodass weiterhin viele Mitarbeitende teilweise oder in Vollzeit im Home-Office arbeiten (vgl. Kap. 17). Da auch diese Mitarbeitenden durch Angebote der Betrieblichen Gesundheitsförderung (BGF) erreicht werden sollen, mussten Online-Angebote zur Prävention und Gesundheitsförderung geschaffen werden.

H.-K. Kraaibeek (✉) M. Stamm
Kraaibeek GmbH, Pinneberg, Deutschland
E-Mail: info@kraaibeek.de

2.2 Digitale Präventions- und Gesundheitsförderungsangebote im GKV-Leitfaden Prävention

Seit dem Jahr 2020 wurden digitale Präventions- und Gesundheitsförderungsangebote in den Leitfaden Prävention, der vom Spitzenverband der gesetzlichen Krankenversicherungen (GKV) herausgegeben wird, aufgenommen. In diesem werden in Zusammenarbeit mit den Krankenkassen auf Bundesebene inhaltliche Handlungsfelder und qualitative Kriterien festgelegt, die bei der Leistungserbringung der Krankenkassen in der Primärprävention und der Gesundheitsförderung berücksichtigt werden müssen. Auf Basis des Leitfadens wird ebenso entschieden, welche Maßnahmen, die Versicherte dabei unterstützen, Krankheitsrisiken vorzubeugen sowie auch gesundheitliche Potenziale und Ressourcen zu stärken, eine Bezuschussung erhalten (GKV-Spitzenverband, 2023).

2.2.1 Merkmale digitaler Anwendungen nach dem Leitfaden Prävention

Digitale Anwendungen im Bereich der Primärprävention und Gesundheitsförderung zeichnen sich durch verschiedene Merkmale aus. Das wohl eindeutigste ist, dass elementare Funktionen einer Kursleitung von digitalen Technologien übernommen werden. Dabei kann auch eine künstliche Intelligenz (KI) oder maschinelles Lernen angewendet werden, um die Funktion zu besetzen. Es muss jedoch berücksichtigt werden, dass nicht nur die Vermittlung von Lerninhalten zu den Aufgaben der Kursleitung gehört, sondern auch die Motivation zum Lernen, die Reflexion des Gelernten sowie die Individualisierung von digitalen Elementen (GKV-Spitzenverband, 2023, S. 148).

Wie auch analoge Formate sollen digitale Anwendungen die Nutzenden zu einer Lebensführung motivieren und befähigen, die sich durch gesunde und Störungen sowie Erkrankungen verhindernde Verhaltensweisen auszeichnet (GKV-Spitzenverband, 2023, S. 148).

Die Anwendungen richten sich an einzelne Versicherte, welche durch die Krankenkassen mit Leistungen zur Förderung digitaler Gesundheitskompetenzen bei der Nutzung unterstützt werden können. Eine Individualisierung für einzelne Nutzende ist dabei eher möglich als bei nicht digitalen Kursangeboten, da selbst gewählte Schwerpunkte gezielter behandelt werden können (GKV-Spitzenverband, 2023, S. 148).

2.2.2 Digitale Formate im Leitfaden Prävention

Zu den digitalen Anwendungen, die im Leitfaden Prävention benannt sind, zählen Internetinterventionen, mobile Anwendungen sowie hybride Anwendungen, welche eine Mischung aus den beiden vorher genannten Maßnahmen darstellen. Ebenso wie bei Maßnahmen, die in analogen Formaten durchgeführt werden, ist das Ziel der digitalen Anwendungen, Krankheitsrisiken zu minimieren und ein selbstbestimmtes, gesundheitsorientiertes Handeln der Versicherten zu steigern (GKV-Spitzenverband, 2023, S. 149 f.).

Internetinterventionen (auch: Online-Gesundheitstraining)
Hierbei handelt es sich meist um (kognitiv-) verhaltensorientierte Trainingsmaßnahmen, welche angepasst wurden, um im Internet bereitgestellt zu werden. Die Trainingsprogramme umfassen meist vier bis zehn Einheiten, welche typischerweise am Laptop, Desktopcomputer oder am Tablet durchgeführt werden. Die Interventionen sind in der Regel stark strukturiert, personalisiert und interaktiv gestaltet. Es wird eine Unterstützung durch Online-Coaches bereitgestellt, die mehr oder weniger intensiv gestaltet sein kann und auf effektiven Methoden aus Face-to-Face-Trainingsmaßnahmen beruht. Um die Inhalte der Lerneinheiten abwechslungsreich zu gestalten, können Grafiken, Animationen, Audios oder Videos zum Einsatz kommen. Eine Rückmeldung zum Trainingsstand soll durch die Programme ermöglicht werden (GKV-Spitzenverband, 2023, S. 149).

Mobile Anwendungen (Apps)
Diese Anwendungen folgen zumeist einem Trainingskonzept, das darauf angelegt ist, durch regelmäßige, häufige Einübung eines umschriebenen Gesundheitsverhaltens dieses zu verstetigen. Durch die Wiederholung der Übungen soll eine nachhaltige Verankerung im Lebensalltag stattfinden, welche kein vordefiniertes Ende gesetzt hat. Eine Strukturierung nach Übungseinheiten ist dabei selten vorzufinden. Häufig werden regelmäßige Beobachtungen oder Messungen des Gesundheitszustandes, z. B. in Form von Tagebüchern oder Sensordaten, genutzt. Diese dienen dazu, gewisse Verhaltensweisen zu motivieren, indem Ziele gesetzt werden und motivierende Rückmeldungen oder Belohnungen bei der Erreichung von Zielen erfolgen (GKV-Spitzenverband, 2023, S. 149 f.).

Hybride Trainingskonzepte
Bei diesen Trainingskonzepten werden Internetinterventionen, die typischerweise thematisch breit angelegt sind und eine längere Nutzungsdauer innehaben, mit mobilen Anwendungen kombiniert. Letztere zeichnen sich dadurch aus, dass sie thematisch fokussiert und auf eine kürzere Nutzungsdauer ausgelegt sind. In der Praxis bedeutet dies, dass Lerneinheiten, die sich über mehrere Wochen erstrecken, mit kurzen, täglichen Übungen ergänzt werden. Für die Nutzung werden sowohl Laptops, Desktopcomputer oder Tablets, als auch Smartphones genutzt (GKV-Spitzenverband, 2023, S. 150) (Abb. 2.1).

2.2.3 Anforderungen an förderfähige digitale Formate

Um ein förderfähiges Angebot in der digitalen Prävention und Gesundheitsförderung zu schaffen, werden durch den Leitfaden Prävention Anforderungen festgelegt, die es zu erfüllen gilt (GKV-Spitzenverband, 2023, S. 151 f.):

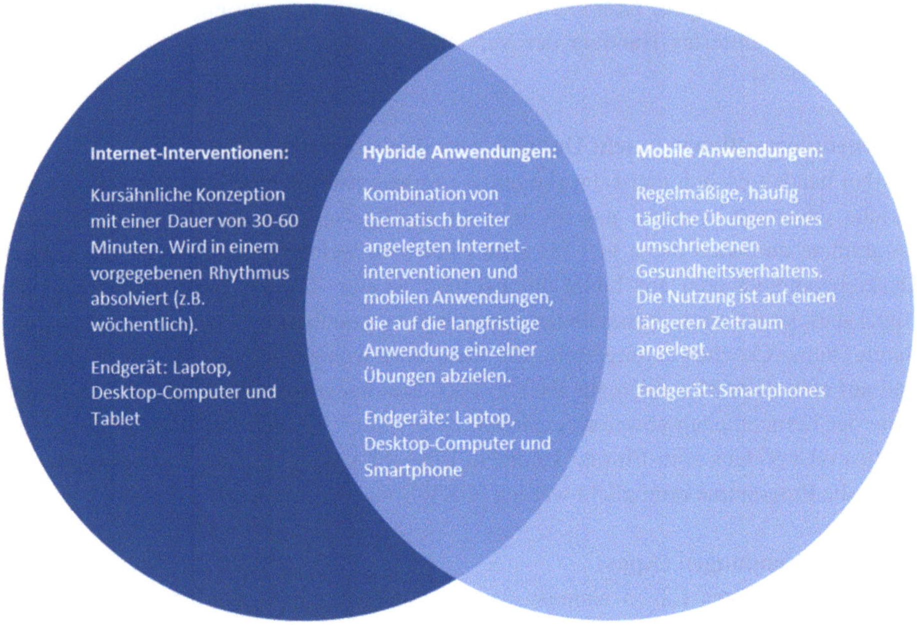

Internet-Interventionen:

Kursähnliche Konzeption mit einer Dauer von 30-60 Minuten. Wird in einem vorgegebenen Rhythmus absolviert (z.B. wöchentlich).

Endgerät: Laptop, Desktop-Computer und Tablet

Hybride Anwendungen:

Kombination von thematisch breiter angelegten Internetinterventionen und mobilen Anwendungen, die auf die langfristige Anwendung einzelner Übungen abzielen.

Endgeräte: Laptop, Desktop-Computer und Smartphone

Mobile Anwendungen:

Regelmäßige, häufig tägliche Übungen eines umschriebenen Gesundheitsverhaltens. Die Nutzung ist auf einen längeren Zeitraum angelegt.

Endgerät: Smartphones

Abb. 2.1 Charakteristika digitaler Präventions- und Gesundheitsförderungsangebote. (Quelle: eigene Darstellung)

- Abgrenzung von Angeboten im Präsenzformat
- Prüfung und Berücksichtigung gesetzlicher Regelungen und weiterer Anforderungen
- Strukturqualität (Verfügbarkeit individueller Unterstützung, z. B. durch E-Coaches; Qualifikation dieser Personen; Informationen der Versicherten, soziale Funktionalitäten)
- Konzept und Planungsqualität, dazu gehören:
  - Definition der Zielgruppe
  - Erstellung des Trainingskonzepts und -inhalts
  - Manuale für Unterstützungspersonen
  - Gestaltung der digitalen Gesundheitsförderungsangebote ➔ Nutzerfreundlichkeit und Usability
  - Kulturelle bzw. zielgruppenspezifische Adaption
  - Erleichterte Inanspruchnahme durch sozial benachteiligte Gruppen
  - Inanspruchnahme des Angebotes durch Menschen mit Behinderung
- Festgelegte Nutzungsdauer
- Ausschlusskriterien
- Nachweis und finanzielle Förderung der Nutzung
- Nachweis eines gesundheitlichen Nutzens

Um ein Angebot in der digitalen Prävention und Gesundheitsförderung zu schaffen, muss der gesundheitliche Nutzen für Versicherte als Individuum ODER eine definierte Gruppe von Versicherten belegt werden. Dafür muss eine aussagekräftige wissenschaftliche Studie erbracht werden, die ebendiesen Nutzen belegt. Wenn bisher keine Studie durchgeführt wurde, die zur definierten Zielgruppe passt, muss diese selbst initiiert werden (GKV-Spitzenverband, 2023, S. 154 f.).

Zum Schutz der Versicherten muss bei digitalen Angeboten ein besonderes Augenmerk auf den Datenschutz gelegt werden. Dazu gibt es eine Reihe rechtlicher Grundlagen, die erfüllt werden müssen, um ein digitales Präventions- und Gesundheitsförderungsangebot von den Krankenkassen fördern zu lassen (GKV-Spitzenverband, 2023, S. 153 f.):

- Verpflichtung des Anbietenden, gesetzliche Regelungen zu identifizieren und einzuhalten.
- Es müssen die Europäische Datenschutzgrundverordnung (EU-DSGVO), das Bundesdatenschutzgesetz (BDSG), das Telemediengesetz (TM) und das Sozialgeheimnis des ersten Sozialgesetzbuches (SGB I) berücksichtigt werden. Bei Jugendlichen unter 16 Jahren müssen außerdem die Bestimmungen des Art. 8 DSGVO beachtet werden.
- Es muss eine detaillierte Folgenabschätzung nach Art. 35 EU-DSGVO zum Schutz der Versicherten stattfinden, welche zusätzlich belegt wird.
- u. v. m.

2.3 IKT-basierte Kurse bei der Zentralen Prüfstelle Prävention (ZPP)

Um ein Angebot durch Krankenkassen fördern zu lassen, müssen diese zertifiziert werden. Die Zentrale Prüfstelle Prävention (ZPP) prüft und zertifiziert Kursangebote von Anbietenden nach den Vorgaben des Leitfadens Prävention. Dabei handelt die Prüfstelle im Auftrag der Kooperationsgemeinschaft gesetzlicher Krankenkassen, um Präventionskurse nach § 20 Abs. 1 SGB V zu zertifizieren. Die Grundlage bildet dabei ein Standardverfahren, welches die gesetzlichen Qualitätsvorgaben enthält. Da alle gesetzlichen Krankenkassen der Kooperationsgemeinschaft angehören, bedeutet die Zertifizierung eines Kurses durch die ZPP auch die Anerkennung des Angebotes bei allen gesetzlichen Krankenkassen. Doppelprüfungen von Präventionsangeboten sind somit nicht notwendig (Verband der Ersatzkassen e.V. [vdek], 2022).

Seit 2016 können neben Präsenzkursen auch digitale Angebote bei der ZPP zertifiziert werden. Dabei handelt es sich um informations- und kommunikationstechnologiebasierte (IKT-basierte) Angebote. Zuerst wurden nur Online-Seminare, Online-Kurse und Blended-Learning-Formate zertifiziert. Seit dem Jahr 2021 können jedoch auch mobile Anwendungen geprüft werden (Dold & Seifert, 2022). Alle Inhalte der IKT-basierten Kurse unterliegen den formalen und inhaltlichen Anforderungen, die der Leitfaden Prävention vorgibt (Zentrale Prüfstelle Prävention, 2022).

Zu den IKT-basierten Kursen zählen jene Programme, die schon im Abschn. 2.2.1, „Digitale Formate", genannt wurden. Eine Erläuterung der verschiedenen förderfähigen Formate findet sich auf der Website der ZPP (www.zentrale-pruefstelle-praevention.de).

2.4 Anwendung digitaler Formate in der Praxis

In der Praxis finden sich viele unterschiedliche Formen von digitalen Angeboten. Neben den Formaten, die im Leitfaden Prävention benannt und somit förderfähig durch Krankenversicherungen sind, gibt es eine Vielzahl von Formaten, die im Rahmen der BGF ohne finanzielle Förderungen Anwendung finden.

Durch die vermehrte Anfrage von Kunden in der BGF werden analoge Formate auch zunehmend als digitale Versionen angeboten.

Häufig vertretene Formate, wie Vorträge, Seminare oder Live-Cookings, lassen sich online über Videokonferenzplattformen realisieren. Über das Mikrofon oder eine Chatfunktion können die Teilnehmenden Fragen stellen und in den Austausch gehen. Der bzw. die Referierende hat dabei eine Moderatorenfunktion inne, in der vorab definiert werden kann, welche Interaktionsmöglichkeiten die Teilnehmenden haben (Mikrofon, Chat, etc.).

Sogenannte Breakout-Rooms, welche in einigen Plattformen möglich sind, sind zusätzliche digitale Räume in einer Online-Konferenz und können genutzt werden, um für einen definierten Zeitraum in kleineren Gruppen zu diskutieren oder Aufgaben zu bearbeiten (Abb. 2.2).

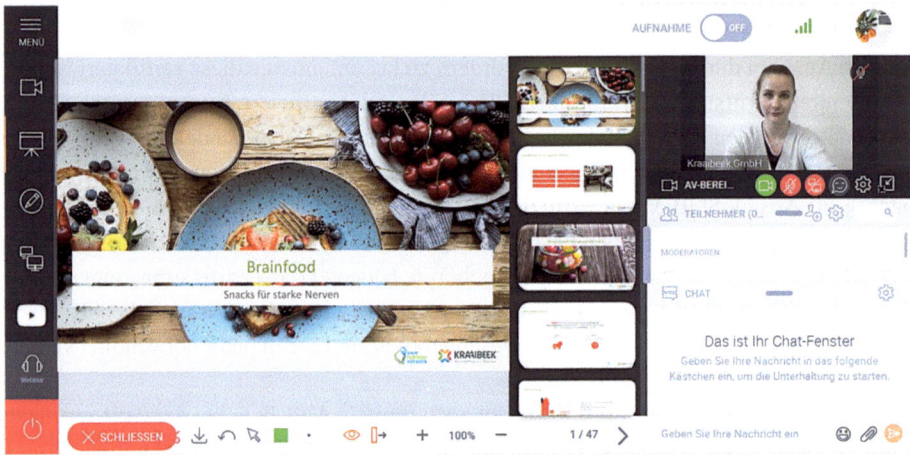

Abb. 2.2 Beispiel eines Online-Vortrags auf einer digitalen Plattform. (Quelle: Kraaibeek GmbH 2023)

Präventionskurse können nach dem Aufbau des GKV-Leitfadens „Prävention" als Internetintervention gestaltet oder als digitaler Live-Kurs aufgebaut werden. Dabei wird nach Absprache mit dem Kunden die Länge, die Häufigkeit und der Turnus der Kurse (z. B. wöchentlich) festgelegt. Typisch sind vier Kurseinheiten mit einer Dauer von 90 min bis acht Einheiten, die jeweils 60 min dauern.

Auch Challenges lassen sich digital realisieren. Teilnehmende erhalten eine Aufgabe, die über mehrere Wochen ausgeführt werden soll. Dazu wird eine Online-Plattform benötigt, über die die Challenge-Aufgabe vermittelt wird und sich Tagebücher oder Ergebnisse einpflegen lassen. Die Auswertung kann dann ebenfalls online stattfinden.

Es gibt neben den Formaten, die von analogen in digitale Formate umgewandelt werden können, auch Formate, die mit der Digitalisierung neu entstanden sind. Dazu zählen Apps, Podcasts und Videos on demand.

Apps können in vielfältiger Weise genutzt werden. Sie eignen sich zum Tracken eines Gesundheitsverhaltens, zur Wissensvermittlung und zur Dokumentierung von Fortschritten. Der Vorteil dieser Anwendung ist, dass Nutzende die Anwendung individuell ihrem Gesundheitsverhalten anpassen können. Da die Entwicklung einer eigenen App jedoch mit hohen Kosten verbunden ist, empfiehlt es sich, bereits bestehende Apps zu nutzen, um diese mit Challenges oder Präventionskursen zu verbinden.

Podcasts sind Audioformate, die nach Bedarf heruntergeladen und abgespielt werden können. Podcasts bestehen meist aus mehreren Teilen und werden als Serie angeboten. Die Länge der Audiosequenzen kann frei gewählt werden. In der BGF eignen sie sich dazu, ähnlich wie ein Vortrag, Wissen zu vermitteln. Dabei können die Zuhörenden frei wählen, wann sie sich den Podcast anhören möchten.

Da Podcasts kein Live-Format sind und vorproduziert werden, können sie beliebig häufig für verschiedene Kunden eingesetzt werden.

Es entstehen Kosten bei der Anschaffung der Technik und eines Schnittprogramms. Nach der Produktion des Podcasts entstehen jedoch keine weiteren Kosten.

Ähnlich wie Podcasts werden auch *Videos on demand* im Vorfeld aufgezeichnet. Es kann sich dabei um Vorträge, animierte Videos, die im Stream abrufbar sind oder heruntergeladen werden können, handeln. Auch hier besteht ein Vorteil in der häufigen Nutzung eines Videos nach der Produktion. Die Kosten der Erstellung unterscheiden sich je nach Qualität des Videos. Es kann sich um eine Low-Budget-Produktion handeln, in der ein Vortrag über eine Konferenzplattform aufgezeichnet wird, oder um eine aufwendig gestaltete Produktion, die ein Schnittprogramm, eine hochwertige Kamera und einen Greenscreen oder eine ansprechende Kulisse erfordert. Letzteres kann hohe Kosten mit sich bringen, welche mit dem verfügbaren Budget und dem voraussichtlichen Ertrag abgeglichen werden müssen. Zudem müssen die Rahmenbedingungen mit den Wünschen des Kunden abgeglichen werden.

Digitale Anwendungen können auch miteinander kombiniert und ergänzt werden. Dies hängt von den Kundenwünschen und vom Bedarf der Zielgruppe ab. Es sollte bei der Auswahl des Formats stets in Betracht gezogen werden, welche finanziellen Mittel zur Verfügung stehen, da die technische Ausstattung unterschiedlich hohe Kosten verursachen kann. Digitale Formate, wie Online-Vorträge, Seminare, Videos on Demand und Präventionskurse, lassen sich jedoch auch mit einem geringeren Budget realisieren. Weitere Merkmale, wie die Dauer und der Interaktionsgrad, finden sich in der folgenden Abbildung (Abb. 2.3).

\	Unsere digitalen Formate – Ein Überblick	
	Format	**Erläuterung**
	Online-Vorträge	• Dauer: 45 – 60 Minuten • Teilnehmendenzahl: 5-30 • Interaktionsgrad: Mittel (Teilnehmende können zu definierten Zeitpunkten Fragen an die Referentin stellen)
	Online-Workshops	• Dauer: 90-120 Minuten • Teilnehmendenzahl: 5-15 • Interaktionsgrad: Hoch (Stetiger Austausch)
	Online-Live-Cooking	• Dauer: 60-120 Minuten – je nach Absprache • Teilnehmendenzahl: 5-15 • Interaktionsgrad: Hoch (Stetiger Austausch)
	Online-Präventionskurse	• Dauer: Nach Absprache, z.B. 8 x 60 Minuten • Teilnehmendenzahl: 5-15 • Interaktionsgrad: Hoch (Stetiger Austausch)
	Challenges	• Die Teilnehmenden erhalten über mehrere Wochen eine Aufgabe und führen dabei ein Protokoll / ein Tagebuch. • Im Anschluss erfolgt eine Auswertung und Reflexion und ggf. die Verleihung eines Preises (in Rücksprache)
	App	• User*innen können selbstständig und beliebig ihr Verhalten tracken. Die von uns erstellten Inhalte und Wissensvermittlungen können individuell stattfinden – die User*innen entscheiden selbst, wann möchte ich „lernen". • Die User*innen können das Thema selbst wählen. • Die App umfasst Module, ein Tagebuch, Gewohnheiten zum Tracken, Blogeinträge sowie eine Rezeptdatenbank.
	Podcasts	• Den Teilnehmenden werden Podcasts zu jeweils passenden Themen bereitgestellt. Die Dauer der Podcasts kann je nach Thema variieren.
	Videos on Demand	• Bereitstellung auf Abruf über Online-Plattform oder per Mail • Dauer: Nach Absprache 2-20 Mintuen • Interaktionsgrad: Niedrig (eigenständiges Schauen der Videos)

Abb. 2.3 Übersicht digitaler Formate in der Praxis. (Quelle: Kraaibeek GmbH, 2023)

Abb. 2.4 Themenauswahl digitaler Formate. (Quelle: Kraaibeek GmbH, 2023)

2.5 Mögliche Themen aus der Praxis – Kraaibeek GmbH

Die digitalen Angebote können zu vielfältigen Themen gestaltet werden. Dabei kann der Kreativität freien Lauf gelassen werden, wie sich die Umsetzung der Themen gestalten soll.

Jedoch sollen die Themen den Anforderungen des GKV-Leitfadens Prävention entsprechen. In diesem ist vorgegeben, dass alle Maßnahmen im Bereich Ernährung stattfinden und im Kontext der BGF stehen, zu einer gesundheitsgerechten Ernährung und der gesundheitsgerechten Verpflegung im Arbeitsalltag beitragen sollen (GKV-Spitzenverband, 2023, S. 122). In der folgenden Darstellung finden sich Beispiele, welche Themen in digitalen Maßnahmen des BGF umgesetzt werden können (Abb. 2.4).

2.6 Best Practice: Ernährungsapp *NuBaLi*

Um eine digitale Anwendung im Bereich Ernährung zu schaffen, wurde seit dem Jahr 2022 die Nubali-App (Nutrition, Balance and Lifestyle) von der Kraaibeek GmbH entwickelt. Der Initiator für die Entwicklung waren vermehrte Anfragen von Kostenträgern, die sich Gesundheitsförderung in dieser Form angepasst an die voranschreitende Digitalisierung wünschten. Durch die App sollten außerdem mehr Menschen erreicht werden, da vor allem in strukturschwachen Regionen die Präventionsangebote im Bereich Ernährung gering seien.

Die App wurde von Fachleuten der Diätassistenz und Oecotrophologie in Zusammenarbeit mit einem Dienstleister für digitale Angebote im Bereich Gesundheit entwickelt. Die Inhalte und Empfehlungen basieren auf wissenschaftlichen Erkenntnissen, welche verständlich aufbereitete Ernährungsinformationen für fachfremde User bereithalten. Die Quellen zu den Informationen sind einsehbar und beruhen auf Empfehlungen von führenden Fachgesellschaften, wie der Deutschen Gesellschaft für Ernährung (DGE) und des Bundeszentrums für Ernährung (BZfE), sowie auf wissenschaftlichen Leitlinien. Damit wird für den Nutzenden der App die Transparenz zur Informationsbeschaffung gegeben. Die Erfüllung der Datenschutzrichtlinien wird durch einen externen Dienstleister für digitale Angebote gewährleistet.

Die Benutzeroberfläche der App wurde einfach zugänglich und übersichtlich gestaltet, um eine hohe Nutzerfreundlichkeit zu erzielen. Zudem zeichnet sie sich durch eine alltagstaugliche Anwendung aus. Es findet nicht nur eine Vermittlung von Ernährungswissen statt, da der User durch viele interaktive Anwendungen selbst aufgefordert wird, aktiv zu werden. Zu diesen Anwendungen zählen das Führen von Ernährungsprotokollen, Checklisten, Gewohnheitsremindern, Challenges, kurze Videos, Rezepte, Quizze und Reflexionsfragen. Dokumente, die in der App ausgefüllt werden, sind jedoch nicht nur in dieser verfügbar; sie werden auch per E-Mail exportiert, um sie auch außerhalb der App nutzen zu können.

NuBaLi kann vielfältig im Betrieblichen Gesundheitsmanagement (BGM) bzw. in der BGF eingesetzt werden, z. B. indem sie in BGF-Interventionen integriert wird. Diese können in Form von individuellen Einzelberatungen, biologische Impedanzanalysen (BIA) (vgl. Kap. 11), Workshops, Challenges, Reflexionen stattfinden. Dabei sind auch Kombinationen aus digitalen Interventionen und der App denkbar, wie sie in Kap. 7 des Leitfadens Prävention beschrieben sind (GKV-Spitzenverband, 2023, S. 145 ff.). Auch bei Speedberatungen kann die App zum Einsatz kommen, da sie bei der Umsetzung der Handlungsempfehlung hilfreich sein kann. In der Vor- und Nachbereitung von Gesundheitstagen liefert die App ebenfalls Input. Während der Teilnahme an Vorträgen können die Zuhörenden Gewohnheitsreminder, Ziele und neue Impulse in der App festhalten.

Um die Anwendung in der BGF nutzen zu können, findet vorab ein Informationsgespräch mit dem Auftraggebenden statt, um die Zielgruppe zu analysieren und die Bedürfnisse festzustellen. Danach erfolgt die Lizenzvergabe. Die User bekommen einen Link zur eigenständigen Registrierung per E-Mail. Die App soll durch digitale oder analoge Interventionen ergänzt werden. Die Laufzeit der Apps und Interventionen ist für sechs Monate angesetzt. In einem Abschlussgespräch findet eine Analyse und Besprechung der Interventionen und Maßnahmen statt, um bei Bedarf weitere Maßnahmen zu planen (Abb. 2.5).

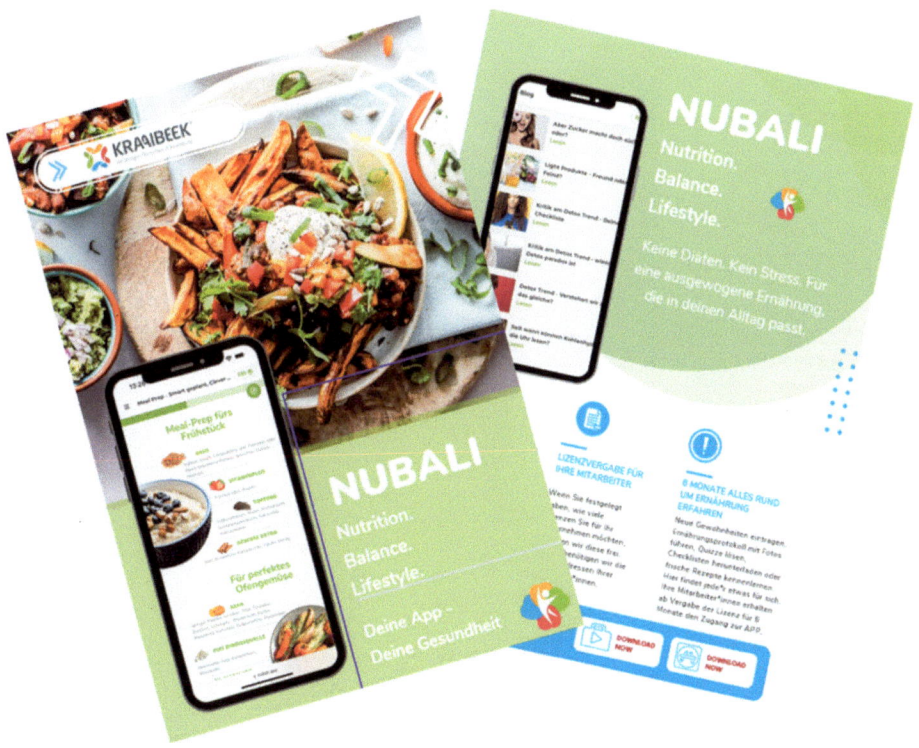

Abb. 2.5 Anmeldeflyer NuBaLi-App. (Quelle: Kraaibeek GmbH, 2023)

Literatur

Allgemeine Ortskrankenkasse (AOK). (2022, Juli 06). *Chancen der Digitalisierung für BGF und BGM*.

Dold, M., & Seifert, K. (2022, Juni 16). Deutlicher Anstieg von digitalen Präventionskursen. *ersatzkasse magazin.*, S. 16–17.

GKV-Spitzenverband. (2023). *Leitfaden Prävention*. Von GKV-Spitzenverband. https://www.gkv-spitzenverband.de/krankenversicherung/praevention_selbsthilfe_beratung/praevention_und_bgf/leitfaden_praevention/leitfaden_praevention.jsp. Zugegriffen am 15.03.2023.

Statista. (2022, April 1). *Anteil der im Homeoffice arbeitenden Beschäftigten in Deutschland vor und während der Corona-Pandemie 2020 und 2021*. Von statista.de. https://de.statista.com/statistik/daten/studie/1204173/umfrage/befragung-zur-homeoffice-nutzung-in-der-corona-pandemie/. Zugegriffen am 20.03.2023.

Verband der Ersatzkassen e.V. (vdek). (2022, Oktober 27). *Zentrale Prüfstelle Prävention*. Von vdek – Die Ersatzkassen. https://www.vdek.com/vertragspartner/Praevention/zentrale_pruefstellepraevention.html. Zugegriffen am 20.03.2023.

Zentrale Prüfstelle Prävention. (2022, Oktober 18). *Information für Anbieterinnen und Anbieter von IKT-Angeboten nach § 20 SGB V– Stand 18.10.2022*. Zentrale Prüfstelle Prävention.

Führung und Gesundheit

Tanja Maier

3.1 Führen in der VUCA-Welt

Die volatilen Umweltbedingungen von Organisationen stellen für das Management und die Mitarbeiterführung von Organisationen eine erhebliche Herausforderung dar. Die Umwelt lässt sich als „VUCA-Welt" (Akronym für volatility, uncertainty, complexity, ambiguity) beschreiben, die einen großen Einfluss auf Organisationen ausübt. Sich ändernde Umweltbedingungen (z. B. internationale Konkurrenten, Lieferengpässe, veränderte Kundenerwartungen) beeinflussen die Arbeitsbedingungen (z. B. Verdichtung und Schnelllebigkeit von Arbeitsabläufen) und haben häufig Organisationsentwicklungen zur Folge, um die Existenz der Organisation langfristig sichern zu können. Die Arbeitswelt lässt sich insbesondere durch die Arbeitsintensivierung, die Flexibilisierung sowie die Kommunikationsverdichtung charakterisieren. Hierdurch entstehen Belastungen, die auf die Mitarbeitenden sowie die Führungskräfte einwirken (Franke et al., 2015; Struhs-Wehr, 2017). Daraus resultiert, dass Organisationen einem starken Veränderungs- und Innovationsdruck unterliegen, verbunden mit hohen (psychischen) Belastungen und Stress seitens der Führungskräfte und Mitarbeitenden (Buchholz & Knorre, 2017; Graf & Lowiec, 2017). Studien belegen eine Zunahme psychosozialer Risikofaktoren am Arbeitsplatz, welche eine besondere Rolle der Führungskräfte im Hinblick auf die Gesundheit der Mitarbeitenden erfordert (Efimov et al., 2021). Führungskräfte sind herausgefordert, ihre Mitarbeitenden bestmöglich in die notwendigen Veränderungsprozesse einzubinden und

T. Maier (✉)
VICTORIA Internationale Hochschule, Berlin, Deutschland
E-Mail: Tanja.Maier@victoria-hochschule.de

gleichzeitig ihre Gesundheit zu erhalten (Buchholz & Knorre, 2017; Graf & Lowiec, 2017). Ein erfolgreicher Umgang mit den volatilen Umweltbedingungen und den daraus resultierenden Belastungen für Mitarbeitende ist nur möglich, wenn Organisationen insbesondere Führungskonzepte und -strategien auf eine gesundheitsgerechte Führung ausrichten und diese im Managementsystem integrieren. Durch die Schlüsselrolle der Führungskräfte sind entsprechende Führungskräfteentwicklungsmaßnahmen im Hinblick auf eine gesundheitsförderliche Führung zu konzeptionieren und zu realisieren. Eine erfolgreiche Mitarbeiterführung kann das Betriebsergebnis positiv beeinflussen (Badura et al., 2008).

3.2 Definitorische Grundlagen von Führung und Gesundheit

In diesem Kapitel werden zunächst die Termini „Gesundheit", „Führung" und „gesundheitsförderliche Führung" definiert, da diese für das Verständnis der folgenden Kapitel die Grundlage bilden.

3.2.1 Definition Gesundheit

Die World Health Organization (WHO) hat bereits im Jahre 1943 in der Präambel ihrer Verfassung Gesundheit definiert als ein „[…] state of complete physical, mental and social well-being and not merely the absence of disease or infirmity." (World Health Organization, 2009).

Zunächst ist darauf hinzuweisen, dass es keine eindeutige Definition von Gesundheit gibt. Gesundheit stellt ein sozial verhandeltes Konstrukt dar, das vom jeweiligen kulturellen, gesellschaftspolitischen und ökologischen Kontext beeinflusst wird und sich im Laufe der Zeit verändert (Hafen, 2016).

Die WHO-Definition ist die am häufigsten verwendete Definition und wird als multidimensional angesehen. Die Gesundheit beinhaltet körperliche, psychische und soziale Aspekte, die sich gegenseitig beeinflussen. Die psychische Gesundheit ist somit integraler Bestandteil der Gesundheit (Struhs-Wehr, 2017). Die Gesundheit wird aktiv vom Individuum hergestellt, aber durch zahlreiche Einflussfaktoren (z. B. Alter, Geschlecht, Bildung, sozioökonomischer Status, äußere Lebensumstände) beeinflusst (Franke et al., 2015).

Die Gesundheit hat im organisationalen Kontext einen relevanten Einfluss auf die Lebensqualität, die Leistungsfähigkeit und das Wohlbefinden der Mitarbeitenden und Führungskräfte in Organisationen. Weiterhin spielt die Gesundheit im Zuge des Strukturwandels der Arbeitswelt (z. B. Schnelllebigkeit, ständige Erreichbarkeit) und den damit verbundenen Konsequenzen (z. B. Zunahme an psychischen und physischen Belastungen) eine Rolle (Badura, 2017).

3.2.2 Definitionen Führung und gesundheitsförderliche Führung

Definitionen Führung

„Führung ist die bewusste und zielbezogene Einflussnahme auf Menschen." (von Rosenstiel & Nerdinger, 2011).

„Führung dient dazu, andere Menschen individuell und gezielt zu beeinflussen, zu motivieren und/oder in die Lage zu versetzen, zum Erreichen kollektiver Ziele in Organisationen beizutragen." (Kauffeld, 2019).

Der Führung (Leadership) kommt eine besondere Bedeutung in Organisationen zu, da sie maßgeblich zum Organisationserfolg beiträgt. Während das Management die Gestaltung der organisationalen Wertschöpfung im Rahmen einer VUCA-Umwelt beinhaltet, fokussiert die Mitarbeiterführung die direkte kommunikative Einwirkungsmöglichkeit der Führungskräfte auf das Denken und Handeln der Mitarbeitenden (Rüegg-Stürm & Grand, 2020). Eine zentrale Aufgabe der Führungskräfte besteht darin, dass ein Beitrag zur Erreichung der Organisationsziele (z. B. Wachstum, Umsatz, Produktivität, Gewinn, Mitarbeiterzufriedenheit) sichergestellt ist (Nerdinger et al., 2019). Weiterhin haben Führungskräfte durch ihre besondere Vorbildfunktion Verantwortung für ihre Mitarbeitenden. Im Kontext gesundheitsförderlicher Führung sind sie Vorbilder, wie mit den eigenen Belastungen und Ressourcen sowie der eigenen Gesundheit umgegangen wird (Ducki & Felfe, 2011).

Definition gesundheitsförderliche Führung

Die gesundheitsförderliche Führung beschreibt das Verhalten einer Führungskraft, welches die Gesundheit der Mitarbeitenden berücksichtigt und fördert. Charakteristisch für eine gesundheitsförderliche Führung ist, dass die Führungskraft Verantwortung für die Gesundheit ihrer Mitarbeitenden (StaffCare) übernimmt, Gesundheitsthemen aktiv kommuniziert, Maßnahmen Betrieblicher Gesundheitsförderung (BGF) unterstützt und ihre Mitarbeitenden motiviert, an diesen teilzunehmen (Gurt et al., 2011). Die Führungskraft hat somit eine Vorbild- und Unterstützungsfunktion gegenüber ihren Mitarbeitenden. Der Umgang der Führungskraft mit dem Thema Gesundheit im Allgemeinen und der eigenen Gesundheit im Speziellen hat einen bedeutenden Einfluss auf das Verhalten der Mitarbeitenden (Franke & Felfe, 2011).

3.3 Theoretische Grundlagen der Führung

Das primäre Ziel der Führung ist der *Führungserfolg* und kann anhand der ökonomischen (z. B. Arbeitsleistung, Problemlösungskompetenz, Innovationsfähigkeit, Produktivität, Umsatz) und der sozialen Effizienz (z. B. Arbeitszufriedenheit, Commitment, selbstgesteuertes Lernen, teamorientiertes Verhalten) gemessen werden. Die folgende Abbildung zeigt das Rahmenmodell der Führung (siehe Abb. 3.1). Der Führungserfolg ist durch die Führungsperson, deren Führungsverhalten, die geführten Mitarbeitenden sowie die

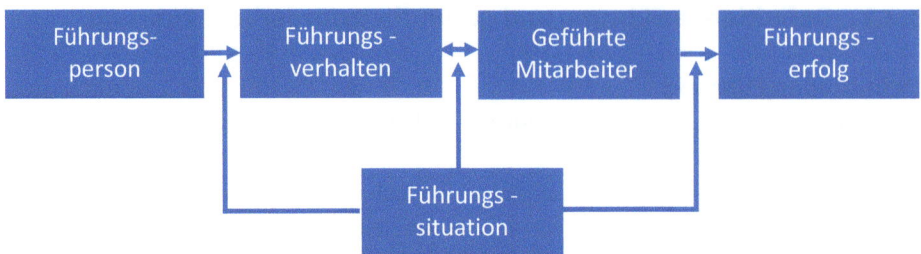

Abb. 3.1 Rahmenmodell der Führung. (Aus Nerdinger et al., 2019)

Führungssituation determiniert. Eine erfolgreiche Führung kann demzufolge durch eine geeignete Personalauswahl, die Entwicklung effektiven Führungsverhaltens und die Gestaltung der Führungssituation sichergestellt werden (Jung, 2017; Nerdinger et al., 2019).

Die *Führungsperson* wird durch ihre Persönlichkeit und ihre Eigenschaften als Führungskraft determiniert. Die Attribute einer Führungsperson (z. B. charismatische Führungskraft) werden nicht unmittelbar durch die Mitarbeitenden wahrgenommen. Letztere können jedoch das Verhalten der Führungsperson beobachten und dieses bewerten. Das *Führungsverhalten* lässt sich in die Dimensionen Aufgabenorientierung und Mitarbeiterorientierung untergliedern. Ein *mitarbeiterorientiertes Führungsverhalten* hat den Fokus auf den persönlichen Bedürfnissen, dem Wohlergehen und der Zufriedenheit der Mitarbeitenden. Die Interessen der Mitarbeitenden werden berücksichtigt. Ein *aufgabenorientiertes Führungsverhalten* zielt darauf ab, dass die Mitarbeitenden Leistung erbringen, um die Ziele der Organisation zu erreichen. Die Führungskraft beeinflusst in beiden Dimensionen des Führungsverhaltens einzelne Mitarbeitende oder ein Team im Hinblick auf die Erreichung der Organisationsziele (Nerdinger et al., 2019). Empirische Daten weisen darauf hin, dass die Kombination zwischen starker Aufgabenorientierung und geringer Mitarbeiterorientierung ein erhebliches Gesundheitsrisiko für die Mitarbeitenden darstellt (vgl. bspw. Schmidt, 1993; Rowold & Heinitz, 2008), während eine gute Balance zwischen Aufgaben- und Mitarbeiterorientierung mit geringen Stress- und Burn-out-Risiken einhergeht (vgl. z. B. Nyberg et al., 2005; Kuoppala et al., 2008). Der *Mitarbeitende* löst wiederum durch sein Verhalten ein bestimmtes Verhalten der Führungskraft aus. So können Mitarbeitende beispielsweise mittels der Anwendung von Einflusstaktiken (z. B. sachliche Überzeugung, Druck ausüben) die Führungskraft beeinflussen. Die *Führungssituation* (z. B. organisationale Rahmenbedingungen, Organisationsstruktur und -kultur, Führungskultur, Ziele der Organisation) beeinflusst sowohl das Verhalten der Führungskräfte als auch der Mitarbeitenden (Nerdinger et al., 2019). Damit eine gesundheitsförderliche Führung erfolgreich realisiert werden kann, sind die oben genannten Aspekte im Zuge einer Ist-Analyse der Organisation zu erfassen. Hierfür eignet sich der Health-oriented Leadership (HoL)-Ansatz (vgl. Abschn. 3.4.1).

3.3.1 Ausgewählte führungstheoretische Ansätze

Im Zuge der führungstheoretischen Ansätze wird untersucht, aufgrund welcher Gegebenheiten eine Person als Führungskraft geeignet ist und/oder wie eine effektive Führung sichergestellt werden kann (Jung, 2017). Die folgende Tabelle enthält eine Übersicht relevanter führungstheoretischer Ansätze (siehe Tab. 3.1).

Im Folgenden werden die transformationale und transaktionale Führung beschrieben. Beide Ansätze sind den interaktionstheoretischen Ansätzen zuzuordnen und spielen im Kontext einer gesundheitsförderlichen Führung eine wichtige Rolle.

Interaktionstheoretische Ansätze

Das Forschungsinteresse dieser Ansätze ist darauf gerichtet, wie sich die Qualität und die besonderen Merkmale der Interaktionen zwischen Führungskräften und Mitarbeitenden auf die Produktivität der Zusammenarbeit und die Mitarbeiterzufriedenheit auswirken. Als relevante Einflussfaktoren auf den Führungserfolg konnten die Persönlichkeit der Führungskraft und der Mitarbeitenden (z. B. Bedürfnisse, Erfahrungen, Intelligenz), die

Tab. 3.1 Übersicht ausgewählter führungstheoretischer Ansätze. (Kauffeld, 2019; Nerdinger et al., 2019)

Führungstheoretische Ansätze	Beispiele
Eigenschaftstheoretische Ansätze Diese Ansätze gehen davon aus, dass zeitlich stabile und situationsunabhängige Persönlichkeitseigenschaften für den Erfolg einer Führungskraft verantwortlich sind.	• Charismatische Führung nach House • Great-Man-Theorie von Carlyle • Fünf-Faktoren-Modell von Costa & McCrae
Verhaltenstheoretische Ansätze Diesen Ansätzen liegt die Annahme zugrunde, dass Führungsverhalten gelernt und verändert werden kann. Im Fokus des Forschungsinteresses steht, welcher Führungsstil sich am günstigsten auf die Leistung und die Zufriedenheit der Mitarbeitenden auswirkt.	• Führungsstile nach Tannenbaum & Schmidt; Lewin; Weber • Managerial Grid von Blake & Mouton • 3D-Modell von Reddin
Situationstheoretische Ansätze Im Zuge dieser Ansätze werden situative Faktoren der Führung berücksichtigt. Der Führungserfolg wird durch die Passung individueller Verhaltensweisen der Führungskräfte auf die jeweilige Situation in der Organisation determiniert.	• Reifegradmodell von Hersey & Blanchard • Kontingenztheorie von Fiedler • Entscheidungstheorie von Vroom & Yetton
Interaktionstheoretische Ansätze Im Rahmen dieser Ansätze stehen die Interaktionen zwischen Führungskräften und Mitarbeitenden im Fokus.	• Transaktionale Führung von Burns; Avolio & Bass • Transformationale Führung von Burns; Avolio & Bass • Full Range of Leadership Model von Bass & Riggio

Struktureigenschaften und Funktionen eines Teams (z. B. Normen, Rollenverständnis) und die aktuelle Situation (z. B. organisationale Rahmenbedingungen, Teamklima) identifiziert werden (Jung, 2017; Kauffeld, 2019).

Die *transformationale Führung* ist einer der am meisten untersuchten positiven Führungsansätze. Sie weist positive Zusammenhänge mit Wohlbefinden und psychischer Gesundheit sowie negative Zusammenhänge mit Stresserleben und Burn-out der Mitarbeitenden auf (Felfe, 2006).

Definition transformationale Führung

„Führungsstil, bei dem die Geführten Vertrauen, Loyalität und Bewunderung gegenüber der Führungskraft empfinden und dadurch überdurchschnittliche Leistungen erbringen." (Kauffeld, 2019).

„Transformationale Führung setzt an den Zielen, Werten, Einstellungen und Wünschen der Mitarbeitenden an und versucht, diese dauerhaft zu wandeln, d. h. sie gleichsam auf eine ´höhere´ Stufe zu transformieren." (Nerdinger et al., 2019).

Da im Rahmen der transformationalen Führung die Interaktion zwischen der Führungskraft und den Mitarbeitenden im Fokus steht, ist der *Leader-Member-Exchange (LMX)-Ansatz* von Bedeutung. Dieser besagt, dass eine qualitativ hochwertige Austauschbeziehung zwischen Führungskraft und dem jeweiligen Mitarbeitenden nur durch gegenseitiges Vertrauen, gegenseitigem Respekt und gegenseitiger Verpflichtung möglich ist. Des Weiteren kann eine Führungskraft nicht mit allen Mitarbeitenden die gleiche Beziehungsqualität haben und beeinflusst infolgedessen das Mitarbeiterverhalten unterschiedlich. Im Rahmen der dyadischen Austauschbeziehung werden Ressourcen zwischen den Beteiligten ausgetauscht. Die Ressourcen der Führungskraft sind beispielsweise Informationen, soziale Unterstützung und Aufmerksamkeit. Die Ressourcen der Mitarbeitenden umfassen beispielsweise Commitment, Loyalität und Arbeitseinsatz. Die Mitarbeitenden bewerten das Verhalten ihrer Führungskraft. Wird das Verhalten der Führungskraft positiv erlebt, hat dies einen positiven Effekt auf die Arbeitszufriedenheit der Mitarbeitenden und die Zufriedenheit mit ihrer Führungskraft und führt zu einem hohen Commitment sowie positivem Verhalten am Arbeitsplatz und hoher Arbeitsleistung (Schyns & Knoll, 2015; Kauffeld, 2019; Nerdinger et al., 2019).

Neben der Beziehungsqualität verfügt die Führungskraft im Kontext der transformationalen Führung über folgende vier Basisstrategien, um das Verhalten der Mitarbeitenden zu beeinflussen (Nerdinger et al., 2019):

1) *Idealisierter Einfluss (Charisma):* Die Führungskraft fördert das Vertrauen der Mitarbeitenden und kann eine Vorbildfunktion einnehmen, indem sie bestimmte Verhaltensweisen (z. B. Übernahme ethischer Verantwortung, klare Positionierung bei kritischen Themen) vorlebt.

2) *Inspirierende Motivierung:* Die Führungskraft vermittelt realistische, inspirierende Visionen und entwickelt gemeinsam mit den Mitarbeitenden Ziele, um insbesondere die intrinsische Motivation ihrer Mitarbeitenden zu erhöhen.

3) *Intellektuelle Stimulierung:* Die Mitarbeitenden werden durch die Führungskraft stimuliert, neue Ideen und Denkweisen anzuwenden, um hierdurch ihr kreatives und innovatives Potenzial zu fördern. Die Mitarbeitenden sollen weiterhin angeregt werden, organisationale Gegebenheiten (z. B. Prozesse) zu analysieren und Lösungsansätze für Probleme zu entwickeln.
4) *Individualisierte Behandlung:* Durch die Fokussierung auf den jeweiligen Mitarbeitenden, kann die Führungskraft auf individuelle Bedürfnisse und Fähigkeiten eingehen und diese gezielt einsetzen bzw. weiterentwickeln. Hierbei nimmt die Führungskraft die Rolle eines Coaches mit dem Ziel ein, das Selbstvertrauen und die Selbstwirksamkeit der Mitarbeitenden zu stärken.

Durch die vier Basisstrategien werden sowohl kognitive als auch emotionale Aspekte der Mitarbeitenden angesprochen. Dies wirkt sich positiv auf die Mitarbeitermotivation und -zufriedenheit aus, sodass diese bereit sind, die erwarteten Leistungen zu übertreffen. Entscheidend für den Erfolg ist das authentische, transformationale Verhalten der Führungskraft. Damit der Führungserfolg durch die transformationale Führung sichergestellt werden kann, ist auch die transaktionale Führung zu berücksichtigen (s. Abb. 3.2). Bei der transaktionalen Führung stehen faire Austauschprozesse zwischen der Führungskraft und den jeweiligen Mitarbeitenden im Fokus (Contingent Reward). Die Aufgabe der Führungskraft soll im Rahmen der transformationalen Führung durch die „Transformation" von Werten und Einstellungen der Mitarbeitenden die Motivation und Leistung steigern (Felfe, 2003).

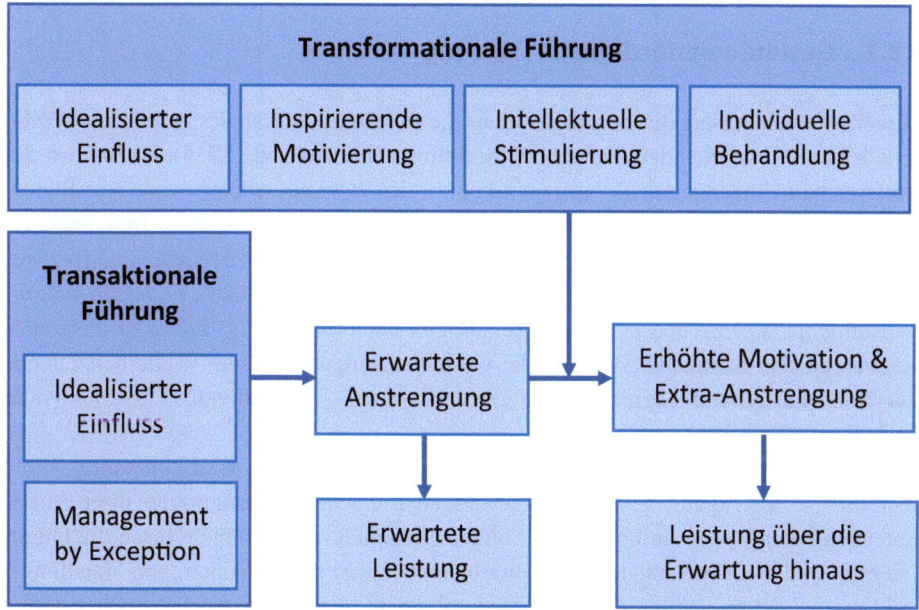

Abb. 3.2 Transaktionale und transformationale Führung. (Aus Nerdinger et al., 2019 in Anlehnung an Neuberger, 2002)

Die *transaktionale Führung* basiert auf dem lerntheoretischen Prinzip der Verstärkung. Zu den transaktionalen Führungsstrategien zählen das Prinzip der bedingten (kontingenten) Belohnung und das Management by Exception. Das *Prinzip der bedingten (kontingenten) Belohnung* beinhaltet, dass die Mitarbeitenden für genau definierte Leistungen eine Gegenleistung in Form von beispielsweise Entgelt, Lob oder Aufstieg erhalten. Hierdurch soll ein Anreiz für die Mitarbeitenden gesetzt werden, eine entsprechende Leistung zu erbringen. *Management by Exception* (Führen nach dem Ausnahmeprinzip) besagt, dass die Mitarbeitenden innerhalb ihres Handlungsspielraums selbstständig entscheiden können. Die Führungskraft greift nur ein, wenn das Arbeitsergebnis negativ von den Vorgaben abweicht oder „kritische Situationen" (Ausnahmefälle) eintreten. Es werden insbesondere materielle Bedürfnisse der Mitarbeitenden adressiert. Über eine formelle Belohnung (z. B. Prämie, Bonus) erhalten die Mitarbeitenden für erwartete oder besondere Leistungen eine Belohnung. Hierdurch wird extrinsische Motivation erzeugt. Die transformationale Führung setzt an den erwarteten Leistungen der Mitarbeitenden an (Kauffeld, 2019; Nerdinger et al., 2019).

Im Kontext der transformationalen Führung sind auch *kritische Aspekte* zu berücksichtigen. Es ist darauf zu achten, dass durch diesen Ansatz keine negative Abhängigkeit der Mitarbeitenden von den Führungskräften entsteht, weil sich diese zu sehr mit den Führungskräften identifizieren. Mögliche Risiken, die daraus resultieren können, sind beispielsweise negative Auswirkungen auf die Kreativität der Mitarbeitenden oder unethisches Verhalten der Mitarbeitenden (z. B. kein Ansprechen von Missständen) zugunsten der Organisation (Kauffeld, 2019; Nerdinger et al., 2019).

3.3.2 Gesundheitsförderliche Führung

Aktuelle Forschungsergebnisse zeigen, dass die Führungsqualität Gesundheit und Wohlbefinden der Mitarbeitenden maßgeblich beeinflusst (Franke et al., 2015). Im Kontext des erfolgreichen Umgangs mit Belastungen kommt den *Ressourcen* eine besondere Bedeutung zu. Ressourcen sind Kompensations- und Schutzkomponenten, die es Individuen ermöglichen, eigene Ziele zu verfolgen und unangenehme Einflüsse zu reduzieren, trotz vorliegender Risikofaktoren (Udris et al., 1992; Richter & Hacker, 2008). Es lassen sich *organisationale, soziale* und *personale Ressourcen* unterscheiden (s. Tab. 3.2). Personale Ressourcen sind habitualisierte, flexible, gesundheitserhaltende und -wiederherstellende Handlungsmuster und kognitive Überzeugungssysteme von Individuen (Struhs-Wehr, 2017; Kauffeld, 2019).

Im Kontext der Ressourcen fungieren Führungskräfte als *Ressourcenmanager*, die über die zur Verfügung gestellten Ressourcen die Arbeitsbedingungen ihrer Mitarbeitenden beeinflussen und gestalten können. Beispielsweise können durch die Qualifizierung und die Unterstützung der Mitarbeitenden und das Gewähren von Handlungs- und Entscheidungsspielräumen Ressourcen aufgebaut werden, die das Gesundheitsrisiko

Tab. 3.2 Klassifikation von Ressourcen im Arbeitsprozess. (Udris et al., 1992)

Organisationale Ressourcen	Soziale Ressourcen	Personale Ressourcen
Grundlage: Gewährleistung von zeitlichen und inhaltlichen Freiheitsgraden		Kognitive Kontrollüberzeugungen
• Aufgabenvielfalt • Tätigkeitsspielraum • Qualifikationsnutzung • Lernmöglichkeiten • Partizipationsmöglichkeiten	Unterstützung durch: • Vorgesetzte • Arbeitskollegen • Lebenspartner • Andere Personen • Mitarbeiterorientierter Führungsstil	Handlungsmuster: • Optimismus • Zukunftsorientierung • Kohärenzerleben • Selbstwirksamkeit • Positive Selbstinstruktionen • Aktive und flexible Bewältigungsstile • Akkommodative Flexibilität • Selbstregulationsfähigkeit • Unterstützung der Erholungsfähigkeit

für die Mitarbeitenden deutlich mindern (Franke & Felfe, 2011). Die Ressourcen können eine direkte, indirekte oder puffernde Wirkung entfalten. Bei der *direkten Wirkung* haben die Ressourcen einen direkten positiven Einfluss auf die Gesundheit der Mitarbeitenden, unabhängig von gleichzeitig vorhandenen Belastungen. Eine *indirekte Wirkung* besteht, wenn die Ressource dem Entstehen von Belastungen entgegenwirkt oder die Belastung minimiert. Eine *puffernde Wirkung* liegt vor, wenn bei dem Individuum ausreichend Ressourcen vorhanden sind, um die Belastungen zu kompensieren und dadurch gesundheitliche Risiken zu minimieren (Kauffeld, 2019).

3.4 Ausgewählte praxisrelevante Maßnahmen der gesundheitsförderlichen Führung

Im Folgenden werden praxisrelevante Maßnahmen zur gesundheitsförderlichen Führung erläutert. Zunächst sind jedoch notwendige *organisationale Rahmenbedingungen* zu beachten. Damit Maßnahmen für eine gesundheitsförderliche Führung erfolgreich sind, ist das Thema Gesundheit im Managementsystem der Organisation zu verankern. Die Geschäftsleitung spielt eine wesentliche Rolle im Umgang mit dem Thema Gesundheit, insbesondere in der Gestaltung des strategischen (z. B. Gesundheitsstrategien der Beschäftigten) und normativen Managements (z. B. Umgang mit Gesundheit im Rahmen der Organisations- und Führungskultur, Verankerung in der Unternehmensverfassung und im Unternehmensleitbild). Die BGF gelingt nur dann, wenn die Geschäftsleitung und die Führungskräfte Gesundheit als Organisationsziel begreifen und sich diese Einstellung auch in ihren Verhaltensweisen widerspiegelt (Franke et al., 2011). Die Gesundheit sollte auch Teil von betrieblichen Zielvereinbarungen sein. Die Führungskraft kann gemeinsam mit dem jeweiligen Mitarbeitenden Ziele zur Förderung der Gesundheit (StaffCare) vereinbaren und diese mit entsprechenden Personalentwicklungsmaßnahmen (z. B. Gesundheitscoaching, Ernährungsberatung) verknüpfen. Des Weiteren ist ein funktionierendes Kommunikations- und Informationssystem eine essenzielle Voraussetzung für eine gesundheitsförderliche Führung (Verwaltungs-Berufsgenossenschaft, 2018).

Das Thema Gesundheit kann in das *Betriebliche Gesundheitsmanagement (BGM)* einer Organisation integriert werden (vgl. Kap. 1). Im Rahmen des BGM werden organisationale Strukturen und Prozesse analysiert und festgelegt, um die gesundheitsförderliche Gestaltung von Arbeit und Organisation sowie die Befähigung zum gesundheitsfördernden Verhalten der Mitarbeitenden sicherzustellen (Badura et al., 2010). Die Auswirkungen der Gesundheit aller Mitarbeitenden auf die organisationale Wertschöpfung können anhand von Kennzahlen dargestellt werden (z. B. krankheitsbedingte Arbeitsausfälle). Aufgrund der bereits mehrfach diskutierten Rolle der Führungskräfte sind im Anschluss an die Integration des Themas Gesundheit in das Managementsystem einer Organisation Maßnahmen der Führungskräfteentwicklung zu konzipieren und umzusetzen. Erst danach kann ein Personalentwicklungskonzept (z. B. Trainingskonzept) für die Mitarbeitenden entwickelt werden (Franke & Felfe, 2011).

Das folgende Fallbeispiel bildet die Ausgangslage, um Maßnahmen exemplarisch abzuleiten. Zunächst wird das Instrument Health-oriented Leadership (HoL) sowie der damit verbundene Ansatz vorgestellt. Das Stärken- und Ressourcentraining (SRT) für Führungskräfte beleuchtet eine praxisrelevante Maßnahme der Führungskräfteentwicklung. Das Gesundheitscoaching wird aus Sicht der Mitarbeiterperspektive beschrieben, um den Umgang mit betrieblichen und privaten Belastungen und Stressoren zu erlernen. Die genannten Maßnahmen sind den Personalentwicklungsmaßnahmen zuzuordnen. Es sei explizit darauf hingewiesen, dass die Transfersicherung des Gelernten und Erlebten sowie die Evaluation der Maßnahmen zu gewährleisten sind. Hierdurch können die Geschäftsleitung und das Personalmanagement Rückschlüsse ziehen, in welchem Ausmaß die durchgeführten Maßnahmen Wirkungen auf das Arbeitsfeld und die Tätigkeiten der Mitarbeitenden und Führungskräfte haben und welche einen hohen Wirkungsgrad aufweisen (Nerdinger et al., 2019).

Fallbeispiel
Frau Mustermann (34 Jahre) ist eine ehrgeizige und zielstrebige Personalleiterin. Sie hat ein Team von 20 Mitarbeitenden. Frau Mustermann stellt hohe Ansprüche an sich und ihre Mitarbeitenden. Dabei bringt sie die Wertschätzung gegenüber ihren Mitarbeitenden selten zum Ausdruck. Aufgrund der vielfältigen Arbeitsaufgaben in der Personalabteilung nimmt sie sich wenig Zeit für Pausen und arbeitet immer öfter länger und auch am Wochenende. Ihre Mitarbeitenden erhalten zunehmend außerhalb der Arbeitszeiten E-Mails mit entsprechenden Arbeitsanweisungen. Die Teammeetings finden statt, ausreichend Zeit für einen Austausch hinsichtlich der Belange

und Bedürfnisse der Mitarbeitenden (z. B. Belastungen) bleibt jedoch nicht. Arbeitsrelevante Probleme werden zwar diskutiert, jedoch häufig nicht ergebnisorientiert. Eindeutige Zielvorgaben und eine Priorisierung der Tätigkeiten erfolgen durch Frau Mustermann nicht. Die aktuelle Situation wirkt sich negativ auf die Zufriedenheit und Motivation ihrer Mitarbeitenden aus. Hinzu kommt, dass Frau Mustermann nahezu keine Zeit für persönliche Gespräche mit ihren Mitarbeitenden findet. Seit geraumer Zeit erhöht sich die Zahl der Krankmeldungen in ihrem Team und das Teamklima ist merklich angespannt. Ihre Mitarbeitenden sind gestresst, angespannt und unmotiviert. Frau Mustermann kann seit einiger Zeit nicht mehr ruhig schlafen und hat Herzklopfen. Zudem fühlt sie sich ständig müde und überfordert. Eine gesunde Ernährung und ausreichend Bewegung sind Frau Mustermann grundsätzlich wichtig. Aufgrund der hohen Arbeitsbelastung rücken diese jedoch zusehends in den Hintergrund.

3.4.1 Health-oriented Leadership (HoL)

Die Bedeutung der gesundheitsförderlichen Führung im Kontext moderner Arbeitsbedingungen wurden bereits erläutert. Für die Praxis wird daher ein Instrument gewählt, welches diesen Anforderungen Rechnung trägt und Lösungsansätze für bestehende organisationale Probleme bietet. Es kann ebenfalls im Rahmen des Fallbeispiels angewendet werden.

Inhalte des Health-oriented Leadership (HoL)

Wie bereits erwähnt, nimmt die Führungskraft eine besondere Rolle im Kontext der Gesundheitsförderung in Organisationen ein. Sowohl die eigene *Gesundheit der Führungskräfte (SelfCare)* als auch die *Gesundheit der Mitarbeitenden (StaffCare)* wird im Zuge des HoL berücksichtigt. Dies ist dadurch begründet, dass beide Perspektiven hinsichtlich einer erfolgreichen gesundheitsförderlichen Führung nicht separat betrachtet werden können und sich gegenseitig beeinflussen. Die Führungskraft hat Einfluss auf die Arbeitsbedingungen innerhalb ihres Tätigkeitsfeldes, auf die ihr unterstellten Mitarbeitenden sowie auf die Organisations- und Führungskultur. Führungskräfte können in ihrer Rolle als Ressourcenmanager soziale, personale und organisatorische Aspekte der Arbeit beeinflussen und gestalten (Franke & Felfe, 2011).

Franke et al. (2015) erklären den starken Einfluss von Führungskräften auf das Wohlbefinden und die Gesundheit der Mitarbeitenden anhand folgender vier Wirkungsmechanismen (Franke et al., 2015):

- *Direkter Einfluss*: Die Führungskraft beeinflusst die Gesundheit ihrer Mitarbeitenden unmittelbar durch ihr Verhalten und ihre Kommunikation. Studien belegen, dass ein mitarbeiterorientiertes Führungsverhalten (z. B. Feedback, Wertschätzung, offene

Kommunikation, Fairness, freundschaftliches Verhältnis, Fürsorge) von den Mitarbeitenden als Unterstützung wahrgenommen wird. Es besteht ein negativer Zusammenhang zwischen mitarbeiterorientiertem Führungsverhalten und Irritation, emotionaler Erschöpfung sowie psychosomatischen Beschwerden bei Mitarbeitenden (vgl. z. B. Dormann & Zapf, 1999; Halbesleben, 2003).

Frau Mustermann hat keine Zeit mehr für Gespräche mit ihren Mitarbeitenden, um Ihnen Feedback zu geben und ihre Bedürfnisse zu eruieren. Ihr negativer emotionaler Zustand überträgt sich auf ihr Team und führt zu einer Unzufriedenheit und sinkender Motivation.

- *Indirekter Einfluss:* Durch die Gestaltung der Arbeitsbedingungen der Mitarbeitenden (z. B. Rollenklarheit, Entwicklungsmöglichkeiten, Bedeutsamkeit der Tätigkeit, hoher Entscheidungsspielraum, abwechslungsreiche Aufgaben, Partizipation, Zielvorgaben, Arbeitszeitregelung, Kooperationsmöglichkeiten) übt die Führungskraft einen indirekten Einfluss auf die Arbeitsbelastung und die Gesundheit ihrer Mitarbeitenden aus. Bewerten die Mitarbeitenden die Arbeitsgestaltung positiv, weisen sie ein höheres Wohlbefinden auf und kommen besser mit psychischen Beanspruchungen zurecht.

  Frau Mustermann gestaltet die Arbeitsbedingungen nicht optimal. Anstatt Erholungsphasen für sich selbst und ihre Mitarbeitenden einzuhalten, arbeitet sie immer häufiger am Wochenende. Sie nutzt die Teambesprechungen nicht, um Ziele und Aufgaben zu besprechen und bei Bedarf neue Prioritäten festzulegen. Stattdessen erfolgen ihrerseits gegenüber ihren Mitarbeitenden immer mehr Arbeitsanweisungen, die umzusetzen sind und damit zu einer Einschränkung der Handlungs- und Entscheidungsspielräume führen.

- *Eigene Betroffenheit:* Die Führungskraft ist selbst Herausforderungen, Stressoren und Belastungen ausgesetzt. Diese können sowohl negative Effekte auf die eigene Gesundheit der Führungskraft als auch Übertragungseffekte (Crossover-Effekte) auf das Wohlbefinden ihrer Mitarbeitenden haben. Dies bedeutet, dass Führungskräfte ihren Stress auf ihre Mitarbeitenden übertragen können, indem betroffene Führungskräfte ein destruktives Verhalten gegenüber Mitarbeitenden zeigen (z. B. keine Geduld, weniger Unterstützung, weniger Engagement) (Elprana et al., 2013).

  Der Crossover-Effekt ist bei dem Fallbeispiel gegeben. Aufgrund der eigenen Überforderung ändert Frau Mustermann ihr Verhalten (z. B. Reduktion der persönlichen Gespräche) und löst dadurch ein negatives Verhalten ihrer Mitarbeitenden (z. B. Absentismus) aus.

- *Vorbildfunktion:* Führungskräfte fungieren als Vorbilder und Rollenmodelle in Bezug auf die Leistung und das Verhalten der Mitarbeitenden sowie deren Gesundheit. Die Vorbildfunktion von Führungskräften beinhaltet das präventive Arbeitsschutz- und Sozialverhalten sowie das wahrnehmbare Ernährungs-, Bewegungs- und Entspannungsverhalten am Arbeitsplatz (Schmidt & Wilkens, 2009). Nur wenn das Verhalten der Führungskräfte aus der Perspektive der Mitarbeitenden als authentisch wahrgenommen und gesundheitsförderliche Führung gelebt wird, können Führungskräfte das Gesundheitsverhalten ihrer Mitarbeitenden positiv beeinflussen und motivieren. Lebt eine Führungskraft ungesunde Verhaltensweisen vor (z. B. ungesunde Ernährung, ständige Erreichbarkeit, keine ausreichende Bewegung), dann kann hieraus ein ungesundes Verhalten der Mitarbeitenden resultieren. Ebenfalls können Führungskräfte auch im Kontext von Einstellungen als Vorbilder wirken.

Auch in ihrer Rolle als Vorbild wird Frau Mustermann durch ihre Mitarbeitenden nicht positiv wahrgenommen. So ernährt sie sich nicht mehr gesund, macht wenig Sport und hält notwendige Pausen nicht ein.

Die oben genannten vier Wirkungsmechanismen wurden in den HoL-Ansatz integriert. Dieser beinhaltet die gesundheitsförderliche Selbstführung (SelfCare), die gesundheitsförderliche Mitarbeiterführung (StaffCare) sowie die gesundheitsbezogene Achtsamkeit und Wichtigkeit (Franke & Felfe, 2011; Franke et al., 2015). Die *SelfCare* der Führungskraft prägt die Gestaltung der gesundheitsförderlichen Mitarbeiterführung (*StaffCare*) und wirkt als Vorbild, wie die Mitarbeitenden mit ihrer eigenen Gesundheit umgehen (*SelfCare der Mitarbeitenden*). Es besteht die Annahme, dass mit diesen drei Aspekten ein besserer Gesundheitszustand und ein höheres Wohlbefinden der Mitarbeitenden und Führungskräfte bei gleichzeitig niedrigeren Auswirkungen von Stress und gesundheitlichen Beschwerden assoziiert sind (Franke et al., 2015). Die einzelnen Aspekte sind im „Haus gesundheitsförderlicher Führung" dargestellt (siehe Abb. 3.3)

Abb. 3.3 Haus gesundheitsförderlicher Führung. (Aus Franke, 2012)

Der HoL-Ansatz legt die Annahme zugrunde, dass die SelfCare der Führungskraft die SelfCare der Mitarbeitenden positiv über die StaffCare beeinflusst. SelfCare und StaffCare beinhalten jeweils die drei Dimensionen Wichtigkeit, Achtsamkeit und Verhalten (Franke & Felfe, 2011; Franke et al., 2015):

- Die *Wichtigkeit* („value") beschreibt, welchen Stellenwert die eigene Gesundheit (SelfCare) sowie die gesundheitsförderliche Führung der Mitarbeitenden (StaffCare) für eine Führungskraft besitzt und welche Priorität die Führungskraft der aktiven Gesundheitsförderung (z. B. Arbeitsplatzgestaltung) einräumt. Der Stellenwert der Gesundheit (Gesundheitsvalenz) stellt somit eine wichtige emotional-motivationale Komponente dar. Die Führungskräfte sollten motiviert sein, sich mit gesundheitsförderlichen Bedingungen (z. B. eigene Gesundheit, Verhalten) zu beschäftigen, da die gesundheitsbezogenen Einstellungen und Wertorientierung der Führungskräfte das Verhalten der Mitarbeitenden beeinflussen.
- Das gesundheitsorientierte *Verhalten* („behavior") beschreibt das Ausmaß der persönlichen Aktivität von Führungskräften und Mitarbeitenden im Hinblick auf gesundheitsrelevante Handlungen und Verhaltensweisen. Führungskräfte können ihre Mitarbeitenden zu gesundheitsförderlichem Verhalten motivieren, indem sie entsprechende Ressourcen (z. B. Handlungsspielraum, Unterstützung) zur Verfügung stellen und eine adäquate Arbeitsgestaltung (z. B. Reduktion von Belastungen durch Verbesserungen der Arbeitsorganisation) sicherstellen. Aus dem gesundheitsrelevanten Führungshandeln in einer Organisation können entsprechende gesundheitsspezifische Handlungsempfehlungen abgeleitet werden.
- Die gesundheitsbezogene *Achtsamkeit* („awareness") umfasst die bewusste Wahrnehmung des eigenen Gesundheitszustandes und Stresserlebens bzw. der Mitarbeitenden und den Anzeichen und Bedingungen, die dieses Erleben beeinflussen. Ein gesundheitsbezogenes Verhalten ist nur erfolgreich, wenn sich die Führungskraft mit der eigenen Gesundheit und gesundheitlichen Risiken bewusst auseinandersetzt und Veränderungen des Befindens wahrnimmt.

Frau Mustermann muss zunächst den Stellenwert der eigenen Gesundheit für sich klären und sich im Zuge der Achtsamkeit bewusst werden, in welcher Situation sie sich aktuell befindet. Anschließend kann sie entsprechende Maßnahmen ergreifen und ihr Verhalten ändern. So kann sie sich z. B. trotz stressigem Arbeitsalltag gesund ernähren, indem sie auf die Auswahl der Mahlzeiten im Rahmen von Geschäftsessen und der Betriebsverpflegung achtet und veranlasst, dass es in ihren Meetings eine gesunde Verpflegung (z. B. Obstkorb) gibt. Des Weiteren kann sie bewusst Pausen einplanen und die gesundheitsförderlichen Angebote ihrer Organisation nutzen (z. B. Check-ups; Ernährungscoaching). Konkret könnte Frau Mustermann an einem Stärken- und Ressourcentraining (SRT) teilnehmen, um ihre gesundheitsförderliche Selbstführungskompetenz zu fördern (vgl. Abschn. 3.4.2). Des Weiteren kann Frau

> Mustermann die StaffCare positiv beeinflussen, indem sie die transformationale Führung lebt und für gesunde Arbeitsbedingungen sorgt (z. B. Thematisierung von „Gesundheit" in den Meetings; geeigneter Sozialraum für ihre Mitarbeitenden). Die dyadische Beziehung zwischen ihr und ihren Mitarbeitenden ist ebenfalls von entscheidender Bedeutung. So kann Frau Mustermann bei Verdacht auf psychischen und physischen Belastungen bei einzelnen Mitarbeitenden individuelle Gespräche führen (z. B. Thematisierung von Absentismus, Erschöpfung, Minderleistung), um gemeinsame Lösungen (z. B. Einzelcoachings, Nutzung des Betrieblichen Wiedereingliederungsmanagement bei Langzeiterkrankung) zu finden. Da ihr gesamtes Team sich durch die aktuelle Arbeitssituation gestresst fühlt, könnte Frau Mustermann auch ein Gesundheitscoaching für alle Teammitglieder veranlassen (vgl. Abschn. 3.4.3).

Anhand der folgenden Abbildung sind die Wirkungszusammenhänge zwischen Selfcare und StaffCare dargestellt (s. Abb. 3.4). Dem Modell liegt die Annahme zugrunde, dass Führungskräfte, die sich im Arbeitsalltag gesundheitsbewusst verhalten (SelfCare), auch eher gesundheitsförderlich führen, da für sie das Thema Gesundheit bedeutend ist, sie bewusst auf Risiken und Ressourcen achten und bei Bedarf entsprechende Maßnahmen ergreifen (Felfe et al., 2017).

Instrument Health-oriented Leadership (HoL)
Das Instrument HoL ist praxisorientiert und branchenunspezifisch. Anhand von Fragebögen werden zunächst konkrete gesundheitsbezogene Einstellungen und Verhaltensweisen der Mitarbeitenden einer Organisation erhoben. Hierbei werden u. a. die Interaktion mit Mitarbeitenden, die Gestaltung gesundheitsförderlicher Arbeitsbedingungen sowie die Vorbildwirkung der Führungskraft erfasst, die bereits im „Haus gesundheitsförderlicher Führung" dargestellt wurden. Im Zuge der gesundheitsbezogenen Selbstwirksamkeit wird untersucht, inwieweit sich die Führungskräfte mit gesundheitsförderlichen Verhaltensweisen und Maßnahmen auskennen und sich zutrauen, diese im jeweiligen Kontext anzuwenden. Weiterhin werden die gesundheitsförderliche Selbstführung (Self-

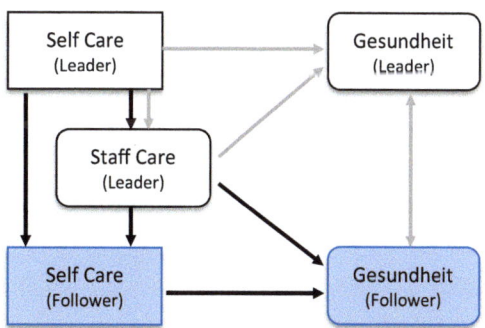

Abb. 3.4 Wirkungsmodell gesundheitsförderlicher Führung (Aus Felfe et al., 2017)

Care) und Mitarbeiterführung (StaffCare) aus der Perspektive der Führungskräfte und der Mitarbeitenden (Selbst- vs. Fremdeinschätzung) analysiert. Die Durchführungszeit der Befragung beträgt ca. 10 bis 15 Minuten für die Führungskraft respektive die Mitarbeitenden. Aus der Analyse der erhobenen Daten können spezifische Handlungsempfehlungen abgeleitet werden. Die Selbstreflexion der Führungskraft und das Feedback der Mitarbeitenden können direkt gegenübergestellt werden. Üblicherweise führt zunächst ein Coach ein persönliches Coachinggespräch mit der Führungskraft durch. Anschließend findet ein Auswertungsworkshop mit der Führungskraft und ihren Mitarbeitenden statt (Franke & Felfe, 2011; Elprana et al., 2013).

> Die Befragung ist ein probates Mittel für Frau Mustermann, um eine Teamdiagnose durchzuführen und entsprechende Handlungsempfehlungen abzuleiten. Durch das vorgelagerte Coachinggespräch könnte sie zunächst ihre eigenen Defizite identifizieren und sich gezielt – gemeinsam mit dem Coach – auf den Auswertungsworkshop (z. B. Vorbildfunktion, gesundheitsförderliche Arbeitsgestaltung) vorbereiten.

Tab. 3.3 zeigt den Aufbau des Instruments HoL mit entsprechenden Beispielaussagen. Die Mitarbeiterführung kann entweder durch die Führungskraft oder durch die Mitarbeitenden beurteilt werden.

Tab. 3.3 Aufbau und Beispielaussagen des Instruments Health-oriented Leadership (HoL). (Franke & Felfe, 2011)

	Selbstführung Führungskraft	Mitarbeiterführung	
	Umgang der Führungskraft mit der eigenen Gesundheit (SelfCare)	Selbsteinschätzung durch die Führungskraft (StaffCare)	Fremdeinschätzung durch die Mitarbeiter
Gesundheitsbezogene Achtsamkeit	Ich merke sofort, wenn mit mir gesundheitlich etwas nicht stimmt.	Ich merke sofort, wenn mit meinen Mitarbeitern gesundheitlich etwas nicht stimmt.	Mein Vorgesetzter merkt sofort, wenn mit mir gesundheitlich etwas nicht stimmt.
Gesundheitsvalenz	Es ist mir wichtig, die gesundheitlichen Belastungen an meinem Arbeitsplatz zu mindern und Risiken abzubauen.	Es ist mir wichtig, die gesundheitlichen Belastungen an den Arbeitsplätzen meiner Mitarbeitenden zu mindern und Risiken abzubauen.	Es ist meinem Vorgesetzten wichtig, die gesundheitlichen Belastungen an meinem Arbeitsplatz zu mindern und Risiken abzubauen

(Fortsetzung)

Tab. 3.3 (Fortsetzung)

	Selbstführung Führungskraft	Mitarbeiterführung	
	Umgang der Führungskraft mit der eigenen Gesundheit (SelfCare)	Selbsteinschätzung durch die Führungskraft (StaffCare)	Fremdeinschätzung durch die Mitarbeiter
Gesundheitsbezogene Selbstwirksamkeit	Ich weiß, wie ich übermäßiger Belastung vorbeugen kann.	Meine Mitarbeitenden wissen, wie sie übermäßiger Belastung vorbeugen können.	
Gesundheitsverhalten	Ich versuche, meine Belastungen zu reduzieren, indem ich die eigene Arbeitsweise optimiere (z. B. Prioritäten setzen, für ungestörtes Arbeiten sorgen, Tagesplanung).	Ich sorge durch Verbesserungen im Bereich Arbeitsorganisation dafür, dass die Belastungen meiner Mitarbeitenden reduziert werden (z. B. Prioritäten setzen, für ungestörtes Arbeiten sorgen, Tagesplanung).	Mein Vorgesetzter sorgt durch Verbesserungen im Bereich Arbeitsorganisation dafür, dass meine Belastungen reduziert werden (z. B. Prioritäten setzen, für ungestörtes Arbeiten sorgen, Tagesplanung).

Einsatzmöglichkeiten des HoL

Der HoL-Ansatz ermöglicht eine differenzierte Diagnostik gesundheitsförderlicher Führung in Organisationen. Wichtige Anwendungsfelder sind die Organisationsdiagnostik, die Teamdiagnostik sowie die Diagnose von einzelnen Führungskräften im Rahmen des BGM. Die Ergebnisse der Befragungen der Führungskräfte und Mitarbeitenden können als Grundlage für die Konzeption gesundheitsförderlicher Maßnahmen herangezogen werden. Interventionen setzen an den Dimensionen Wichtigkeit, Achtsamkeit und Verhalten an. Führungskräfte können im Zuge der *Führungskräfteentwicklung* (z. B. Einzelcoachings, Workshops) hinsichtlich des Themas Gesundheit sensibilisiert werden. Mittels *Achtsamkeitstrainings* können Techniken im Umgang mit der eigenen Gesundheit (SelfCare) und der Gesundheit der Mitarbeitenden (StaffCare) vermittelt werden. Auf der Verhaltensebene kann aufgezeigt werden, welche Rolle die Führungskraft in Bezug auf die eigene Gesundheit und die Gesundheit der Mitarbeitenden ausübt. So kann der transformationale Führungsstil genutzt werden, um positiv auf die Gesundheit der Mitarbeitenden einzuwirken (z. B. Stärkung von Ressourcen, Abbau von Stress) (Franke & Felfe, 2011; Franke et al., 2015).

3.4.2 Gesundheitsförderliche Selbstführungskompetenz: Stärken- und Ressourcentraining (SRT) für Führungskräfte

Die veränderten Arbeitsbedingungen in Organisationen führen häufig dazu, dass die Mitarbeitenden und Führungskräfte die Anforderungen aufgrund fehlender Ressourcen, Bewältigungsstrategien und Kompetenzen nicht erfüllen. Organisationen müssen hier Maßnahmen der *Verhältnisprävention* (Schaffung von gesundheitsförderlichen Arbeitsbedingungen, z. B. gesundheitsgerechte Verpflegungsangebote, kostenlose Wasserspender) und der *Verhaltensprävention* (z. B. Ernährungscoaching, Gesundheitscoaching, Informationsbroschüren und Workshops zum Thema Sport, Bewegung und Ernährung, Stressmanagement) anbieten, damit alle Beschäftigten in der Lage sind, die aktuellen und zukünftigen Herausforderungen bewältigen zu können. Im Rahmen des Stärken- und Ressourcentrainings (SRT) ist der Fokus auf Führungskräfte gerichtet. SRT ist somit der Verhaltensprävention zuzuordnen. Als Rahmen eignet sich das BGM. Die Maßnahmen zur Entwicklung der gesundheitsförderlichen Selbstführungskompetenzen von Führungskräften können im Zuge der BGF umgesetzt werden. Die gesundheitsförderliche Selbstführungskompetenz wurde bereits im HoL-Ansatz als *SelfCare* beschrieben. StaffCare und SelfCare stellen wichtige Kompetenzen und Ressourcen im Arbeitsalltag dar (Krick & Felfe, 2020). Empirische Daten zeigen, dass Mitarbeitende und Führungskräfte mit höherer SelfCare gesünder, weniger gereizt sind und weniger Beschwerden aufweisen (vgl. z. B. Franke et al., 2014; Kranabetter & Niessen, 2017).

> Frau Mustermann ist Belastungen, wie Termin- und Leistungsdruck, Multitasking, Störungen und Unterbrechungen, hohes Arbeitstempo, ausgesetzt. Dies führt zu Stress im Arbeitsalltag. Im Zuge der SelfCare sollte Frau Mustermann in der Lage sein, die Belastungen und Stressoren zu identifizieren und entsprechende Bewältigungsstrategien zu entwickeln. Gleichzeitig sind die Stärkung und der Aufbau von Ressourcen und Kompetenzen entscheidend für eine erfolgreiche SelfCare. Gemäß dem Haus der gesundheitsförderlichen Führung sollte Frau Mustermann die Komponenten Wichtigkeit (Welcher Wert wird der eigenen Gesundheit beigemessen?), Achtsamkeit (Inwieweit werden gesundheitliche Warnsignale wahrgenommen?) und Verhalten (Welche konkreten Verhaltensweisen eignen sich, mit denen eigene Belastungen reduziert und Ressourcen gefördert werden können?) im Kontext der SelfCare analysieren und bewerten. Das Fallbeispiel verdeutlicht, dass insbesondere die Achtsamkeit Defizite aufweist.

Ein möglicher Lösungsansatz für Frau Mustermann im Umgang mit der aktuellen Situation stellt das *achtsamkeitsbasierte Stärken- und Ressourcentraining (SRT)* im Zuge der Stressprävention dar. Die Ziele des Trainings sind die Aktivierung und Erweiterung individueller Stärken und Ressourcen, die Förderung von Konzentration und Aufmerksamkeit, die aktive Nutzung positiver Gedanken und Gefühlen sowie der Umgang mit schwierigen Gefühlen und störenden Gedanken. Das SRT umfasst sechs wöchentliche Termine von jeweils 90 min. Die Ressourcenstärkung findet auf der körperlichen Ebene (z. B. Bewegungsübungen aus der Rückenschule, Yoga, Wahrnehmung des eigenen Körpers) und der kognitiv-emotionalen Ebene (z. B. Positive Psychologie, Akzeptanz-Commitment-Therapie, Wahrnehmung eigener Ressourcen und Stärken) statt. Weiterhin werden an jedem Termin Achtsamkeitsübungen (z. B. Atemübungen, BodyScan) durchgeführt. Bei allen Übungen wird auf den Transfer in den Arbeitsalltag geachtet. So kann Frau Mustermann beispielsweise Atem- oder Selbstwirksamkeitsübungen durchführen, wenn sie sich gestresst fühlt. Den Abschluss eines jeden Termins bildet die Reflexionsrunde, in der konkrete Erfahrungen in der Übung, Schwierigkeiten und Erfolgserlebnisse thematisiert werden. Zwischen den Terminen gibt es einen Wochenarbeitsauftrag, um die Inhalte zu verfestigen. Für das eigenständige Erproben und Erlernen der Inhalte werden Audio- und Videomaterialien sowie Handouts zur Verfügung gestellt. Hierdurch kann Frau Mustermann für sich die richtigen Bewältigungsstrategien entwickeln und bei Bedarf Rücksprache mit dem Coach halten. Um das SRT erfolgreich umzusetzen, ist sicherzustellen, dass die Unterstützung durch die Geschäftsleitung und die Führungskräfte sowie eine Berücksichtigung der organisationalen Rahmenbedingungen erfolgt (Krick & Felfe, 2020).

3.4.3 Gesundheitscoaching

Eine Möglichkeit, den Bedürfnissen der Mitarbeitenden von Frau Mustermann zu begegnen, stellt das Gesundheitscoaching dar. Durch das Gesundheitscoaching wird die individuelle Weiterentwicklung der Mitarbeitenden gefördert. Hierfür kommen unterschiedliche Gesprächstechniken und selbstreflexive Methoden zum Einsatz. Die Mitarbeitenden sollen dazu befähigt werden, souverän und selbstbestimmt mit ihren Belastungen und Beanspruchungen umzugehen, bei gleichzeitiger optimaler Nutzung ihrer Ressourcen. In diesem Kontext kommt der Selbststeuerung eine besondere Bedeutung zu. Die gecoachte Person lernt, ihre Gesundheit aktiv zu beeinflussen. Wichtige Aspekte sind hierbei die Definition eigener Gesundheitsbedürfnisse, der eigene Lebensstil, das Gesundheitsbewusstsein sowie die eigene Stärkung und Aktivierung (Kauffeld, 2019). Im Rahmen des Coachings werden zunächst persönliche Ziele und Ressourcen analysiert. Anschließend sind das individuelle Wertesystem und das Gesundheitsverhalten sowie Arbeitsbelastungen und der individuelle Umgang mit Stress zu analysieren. Aus den Ergebnissen können gecoachte Personen ein neues Gesundheitsbewusstsein und einen gesundheitsbewussten Lebensstil (z. B. gesunde Ernährung, ausgewogene Work-Life-Balance, Erhöhung der Leistungs- und Belastungsfähigkeit) entwickeln (Ostermann, 2010). Das Gesundheitscoaching lässt sich in der BGF integrieren und ist für die StaffCare geeignet.

3.5 Fazit

Die Bedeutung von gesundheitsförderlicher Führung zur langfristigen Gesunderhaltung der Führungskräfte und Mitarbeitenden in Organisationen ist durch zahlreiche Studien belegt. Der HoL-Ansatz leistet einen wichtigen Beitrag für eine gesundheitsförderliche Führung. Der Ansatz setzt an der transformationalen Führung an und erweitert diese um gesundheitsrelevante Fragestellungen. Damit wird erstmals das Thema Führung und Gesundheit in einem Ansatz verknüpft. Mittels Befragungen erfolgt eine Ist-Analyse der aktuellen Situation im Hinblick auf das Thema Gesundheit. Durch die Mitarbeitenden- und Führungskräfteperspektive können Schwächen und Stärken identifiziert sowie organisationsspezifische Handlungsempfehlungen abgeleitet werden. Die explizite Berücksichtigung der Rolle der Führungskräfte im Kontext der SelfCare und StaffCare leitet gezielt insbesondere verhaltenspräventive Maßnahmen ein. Auch die Rolle der Geschäftsleitung sowie die Gestaltung bzw. Situationsanalyse der organisationalen Rahmenbedingungen sind wichtige Faktoren, damit eine gesundheitsförderliche Führung in Organisationen gelebt und somit das Verhalten aller Mitarbeitenden positiv beeinflusst wird.

Literatur

Badura, B. (2017). *Arbeit und Gesundheit im 21. Jahrhundert: Mitarbeiterbindung durch Kulturentwicklung* (1. Aufl.). Springer Gabler.

Badura, B., Greiner, W., Rixgens, P., Ueberle, M., & Behr, M. (2008). *Sozialkapital: Grundlagen von Gesundheit und Unternehmenserfolg* (1. Aufl.). Springer.

Badura, B., Walter, U., & Hehlmann, T. (2010). *Betriebliche Gesundheitspolitik: Der Weg zur gesunden Organisation* (2. Aufl.). Springer.

Buchholz, U., & Knorre, S. (2017). *Interne Kommunikation in agilen Unternehmen: Eine Einführung.* Springer Gabler.

Dormann, C., & Zapf, D. (1999). Social support, social stressors at work, and depressive symptoms: Testing for main and moderating effects with structural equations in a three-wave longitudinal study. *Journal of Applied Psychology, 84*(3), 874–884.

Ducki, A., & Felfe, J. (2011). Führung und Gesundheit: Überblick. In I. B. Badura, A. Ducki, H. Schröder, J. Klose, & K. Macco (Hrsg.), *Fehlzeiten-Report 2011: Führung und Gesundheit* (S. VII–XII). Springer.

Efimov, I., Harth, V., & Mache, S. (2021). Gesundheitsförderung in virtueller Teamarbeit durch gesundheitsorientierte Führung. *Präv Gesundheitsf, 13*(3), 249–255.

Elprana, G., Felfe, J., & Franke, F. (2013). Gesundheitsförderliche Führung diagnostizieren und umsetzen. In I. J. Felfe & R. van Dick (Hrsg.), *Handbuch Mitarbeiterführung: Wirtschaftspsychologisches Praxiswissen für Fach- und Führungskräfte* (1. Aufl., S. 143–153). Springer.

Felfe, J. (2003). Transformationale und charismatische Führung – Stand der Forschung und aktuelle Entwicklungen. *Zeitschrift für Personalpsychologie, 5*(4), 133–173.

Felfe, J. (2006). Transformationale und charismatische Führung – Stand der Forschung und aktuelle Entwicklungen. *Zeitschrift für Personalpsychologie, 5*(4), 163–176.

Felfe, J., Pundt, F., & Krick, A. (2017). Gesundheitsförderliche Führung = Ressource für Beschäftigte – Belastung für Führungskräfte? In C. Busch, A. Ducki, J. Dettmers, & H. Witt (Hrsg.),

Der Wert der Arbeit. Festschrift zur Verabschiedung von Eva Bamberg (S. 241–255). Augsburg, München: Rainer Hampp.

Franke, F. (2012). *Leadership and follower health: The effects of transformational and health-oriented leadership on follower health outcomes.* Helmut-Schmidt-Universität Hamburg.

Franke, F., & Felfe, J. (2011). Diagnose gesundheitsförderlicher Führung – Das Instrument „Health-oriented Leadership". In B. Badura, A. Ducki, H. Schröder, J. Klose, & K. Macco (Hrsg.), *Fehlzeiten-Report 2011* (S. 3–14). Springer.

Franke, F., Vincent, S., & Felfe, J. (2011). Gesundheitsbezogene Führung. In I. E. Bamberg, A. Ducki, & A.-M. Metz (Hrsg.), *Gesundheitsförderung und Gesundheitsmanagement in der Arbeitswelt. Ein Handbuch* (S. 371–392). Hogrefe.

Franke, F., Felfe, J., & Pundt, A. (2014). The impact of health-oriented leadership on follower health. *Zeitschrift für Personalforschung, 28*(1–2), 139–131.

Franke, F., Ducki, A., & Felfe, J. (2015). Gesundheitsförderliche Führung. In J. Felfe (Hrsg.), *Trends der psychologischen Führungsforschung* (S. 253–234). Hogrefe.

Graf, N., & Lowiec, D. (2017). Synergetische Führung – Führen von Teams in der VUCA-Welt. In P. F.-J. Niermann & A. M. Schmutte (Hrsg.), *Managemententscheidungen. Methoden, Handlungsempfehlungen, Best Practices* (S. 183–194). Springer.

Gurt, J., Schwennen, C., & Elke, G. (2011). Health-specific leadership: Is there an association between leader consideration for the health of employees and their strain and well-being? *Work & Stress, 25*(2), 108–127.

Hafen, M. (2013). Of what use (or harm) is a positive health definition? *Journal of Public Health, 24*, 437–441.

Hafen, M. (2016). Of what use (or harm) is a positive health definition? *Journal of Public Health 24*, 437–441.

Halbesleben, J. R. (2003). Sources of social support and burnout: A meta-analytic test of the conservation of resources model. *Journal of Applied Psychology, 93*(1), 1134–1145.

Jung, H. (2017). *Personalwirtschaft* (10. Aufl.). De Gruyter.

Kauffeld, S. (2019). *Arbeits-, Organisations- und Personalpsychologie für Bachelor.* Springer.

Kranabetter, C., & Niessen, C. (2017). Managers as role models for health: Moderators of the relationship of transformational leadership with employee exhaustion and cynicism. *Journal of Occupational Health Psychology, 22*(4), 492–502.

Krick, A., & Felfe, J. (2020). Die gesundheitsförderliche Selbstführungskompetenz – das Stärken- und Ressourcentraining. *Organisationsberatung, Supervision, Coaching (OSC), 27*(1), 51–34.

Kuoppala, J., Lamminpää, A., Liira, J., & Vainio, H. (2008). Leadership, job well-being, and health effects – A systematic review and a meta-analysis. *Journal of Occupational and Environmental Medicine, 50*(8), 904–915.

Nerdinger, F. W., Blickle, G., & Schaper, N. (2019). *Arbeits- und Organisationspsychologie* (4. Aufl.). Springer.

Neuberger, O. (2002). *Führen und führen lassen: Ansätze, Ergebnisse und Kritik der Führungsforschung* (5. Aufl.). UTB.

Nyberg, A., Bernin, P., & Theorell, T. (2005). *The impact of leadership on the health of subordinates* (National Institute for Working Life and author). Elanders Gotab.

Ostermann, D. (2010). *Gesundheitscoaching.* Springer VS.

Richter, P., & Hacker, W. (2008). *Belastung und Beanspruchung. Stress, Ermüdung und Burnout im Arbeitsleben* (2. Aufl.). Asanger.

von Rosenstiel, L., & Nerdinger, F. W. (2011). *Grundlagen der Organisationspsychologie* (7. Aufl.). Schäffer-Poeschel.

Rowold, J., & Heinitz, K. (2008). Führungsstile als Stressbarrieren: Zum Zusammenhang zwischen transformationaler, transaktionaler, mitarbeiter- und aufgabenorientierter Führung und Indikatoren von Stress bei Mitarbeitern. *Zeitschrift für Personalpsychologie, 7*(3), 129–140.

Rüegg-Stürm, J., & Grand, S. (2020). *Das St. Galler Management-Modell: Management in einer komplexen Welt* (2. Aufl.). Haupt.

Schmidt, A., & Wilkens, U. (2009). Betriebliches Gesundheitsmanagement im Aufgabenfeld von Führungskräften. In L. von Rosenstiel, E. Regnet, & M. E. Domsch (Hrsg.), *Führung von Mitarbeitern* (3. Aufl., S. 590–300). Schäffer-Poeschel.

Schmidt, K. H. (1993). Wahrgenommenes Vorgesetztenverhalten, Fehlzeiten und Fluktuation. *Zeitschrift für Arbeits- und Organisationspsychologie, 40*(2), 54–32.

Schyns, B., & Knoll, M. (2015). LMX – Leader-Member Exchange. In J. Felfe (Hrsg.), *Trends der psychologischen Führungsforschung: Neue Konzepte, Methoden und Erkenntnisse* (S. 55–33). Hogrefe.

Struhs-Wehr, K. (2017). *Betriebliches Gesundheitsmanagement und Führung*. Springer.

Udris, I., Kraft, U., Muhheim, M., Mussmann, C., & Riemann, M. (1992). Ressourcen der Salutogenese. In H. Schröder & K. Reschke (Hrsg.), *Psychosoziale Prävention und Gesundheitsförderung* (S. 85–103). Roderer.

Verwaltungs-Berufsgenossenschaft. (2018). *Gesund und erfolgreich führen: Informationen für Führungskräfte*. BC GmbH Verlags- und Mediengesellschaft.

World Health Organization. (2009). *Basic documents* (47. Aufl.). WHO Press.

Marketing in der Betrieblichen Gesundheitsförderung

4

Petra Ambrosius

4.1 Einführung

Die American Marketing Association sieht Marketing als eine Aktivität, die auf die Schaffung und den Austausch von Angeboten ausgerichtet ist, die für Kunden, Partner und die Gesellschaft insgesamt einen Wert haben (AMA.org). Andere Autoren betrachten Marketing als eine wissenschaftliche Methode zur Unternehmensführung, die darauf abzielt, Strukturmerkmale für die Wettbewerbsfähigkeit zu schaffen (Meffert et al., 2019). Das Dienstleistungsmarketing ist eine Teildisziplin in der Marketingwissenschaft (Meffert et al., 2015). Im Gegensatz zu Sachgütern haben Dienstleistungen besondere Eigenschaften. Sie erfordern permanentes Engagement des Anbieters und eine verstärkte Einbindung des Kunden in die Leistungserstellung. Zudem sind Dienstleistungen meist immateriell. Diese Herausforderungen machen das Vermarkten von Dienstleistungen zu einer anspruchsvollen Aufgabe. Der Grundgedanke des Marketings besteht darin, das Unternehmen konsequent auf die Bedürfnisse des Marktes auszurichten. Anstatt lediglich Produkte oder Dienstleistungen zu produzieren, sollten Unternehmen fortwährend ihre Produkte und Dienstleistungen im Kontext der Bedürfnisse der Kunden betrachten (AMA.org). In der folgenden Ausarbeitung wird der Schwerpunkt auf die Besonderheiten des Dienstleistungsmarketings gelegt, da die meisten Angebote für die Mitarbeitenden im Rahmen der Betrieblichen Gesundheitsförderung (BGF) den Dienstleistungen zugeordnet werden können. Dies erfordert eine unternehmerische Denkhaltung und eine Verpflichtung, die Bedürfnisse und Verhaltensmuster der Kunden zu analysieren (Kotler & Keller, 2016).

P. Ambrosius (✉)
Ernährungsberatung DR. AMBROSIUS, Wiesbaden, Deutschland
E-Mail: info@dr-ambrosius.de

Erfolgreiche Unternehmen erkennen frühzeitig Marktveränderungen und Bedürfnisverschiebungen, um sich an veränderte Bedingungen anzupassen und ihre Marktanteile zu sichern.

4.1.1 Marketing in der BGF

Eine gesunde Arbeitsumgebung ist von unschätzbarem Wert, denn Gesundheit und Wohlbefinden der Mitarbeitenden eines Unternehmens führen letztendlich zu produktiveren Arbeitsergebnissen und einer höheren Zufriedenheit bei den Mitarbeitenden. Um sicherzustellen, dass diese Programme wirksam sind, ist es wichtig, ein gutes Marketing zu betreiben. Unternehmen sollten daher nicht nur dafür Sorge tragen, dass die Mitarbeitenden ein sicheres Arbeitsumfeld haben, sondern auch Programme anbieten, die ihre Gesundheit und ihr Wohlbefinden fördern. Marketing in der BGF bezieht sich auf die Strategien und Taktiken, die Unternehmen verwenden, um ihre Gesundheits- und Wohlbefindenprogramme (Health- & Wellbeing Programme) an die Mitarbeiterschaft zu kommunizieren und zur aktiven Teilnahme zu ermutigen (Haufe Akademie, o. J.). Es geht darum, das Bewusstsein für diese Programme zu schärfen, deren Vorteile hervorzuheben und eine Kultur des Gesundheitsbewusstseins und Wohlbefindens am Arbeitsplatz zu fördern. Ein gut durchdachtes Marketing kann also dazu beitragen, die Gesundheit und das Wohlbefinden der Mitarbeitenden eines Unternehmens zu verbessern. Letztendlich kann das zu einem produktiveren Arbeitsplatz und einer höheren Zufriedenheit bei den Mitarbeitenden führen (vgl. Kap. 2).

4.1.2 Besonderheiten von Dienstleistungen

Angebote im Rahmen der BGF stellen besondere Herausforderungen gegenüber physischen Produkten dar. Grund hierfür ist, dass Maßnahmen, wie Kurse, Gesundheitstage, Coachings, nicht greifbar sind. Anders als Produkte, wie z. B. Müsliriegel, Smoothies, Eiweißshakes oder Ingwer-Shots, können die Maßnahmen nicht vor dem Kauf oder vor der Teilnahme berührt, angesehen oder getestet werden. Erst wenn die Mitarbeitenden an der Maßnahme teilnehmen, können Aussagen über die Qualität und den Nutzen des Angebots getroffen werden. Zudem sind Angebote und Services in der Regel weniger standardisiert und konsistent als Produkte, da sie von Menschen erbracht werden und von unterschiedlichen Einflussfaktoren abhängen können. Dies erfordert Strategien zur Gewährleistung und Kommunikation der Qualität und Konsistenz des BGF-Angebots. Ein weiterer Unterschied zwischen den BGF-Angeboten und Produkten besteht darin, dass diese nur gleichzeitig produziert und konsumiert werden, d. h. der Mitarbeitende ist direkt an der Erbringung beteiligt, was Möglichkeiten zur Verbesserung der Teilnahmeerfahrung und zur Schaffung von mehr Zufriedenheit bietet. Schließlich können BGF-Maßnahmen, wie Kurse, Gesundheitstage oder Coachings, nicht auf Lager gehalten werden und müssen

4 Marketing in der Betrieblichen Gesundheitsförderung

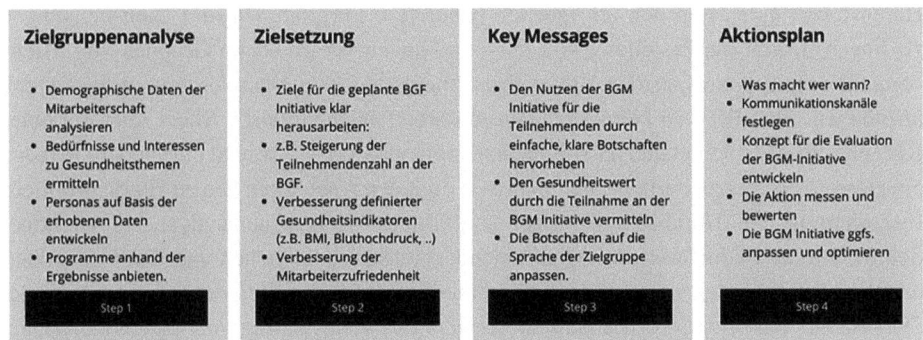

Abb. 4.1 Vier Steps der Marketingstrategie in der BGF. (Quelle: eigene Darstellung)

daher zum Zeitpunkt der Nachfrage verfügbar sein. Dies erfordert eine sorgfältige Planung und Flexibilität, um sicherzustellen, dass die Nachfrage stets erfüllt werden kann (Meffert et al., 2015; Haller & Wissing, 2022, S. 283 ff.).

4.1.3 Marketingstrategie und Marketing-Mix in der BGF

In der BGF spielen sowohl die Marketingstrategie als auch der Marketing-Mix eine bedeutende Rolle. Die Marketingstrategie ist der umfassende Plan, der auf der Basis einer ausführlichen Analyse der Zielgruppe, des Marktes und der Unternehmensziele entworfen wird (s. Abb. 4.1). Sie gibt vor, wie das Unternehmen seine Gesundheitsförderungsprogramme positionieren und bewerben möchte, um seine vordefinierten Ziele zu erreichen. Der Marketing-Mix, auch bekannt als die 4Ps des Marketings (Produkt, Preis, Platz, Promotion), steht für die spezifischen Taktiken und Aktionen, die eingesetzt werden, um die Marketingstrategie in die Tat umzusetzen. Im Dienstleistungsmarketing kommen dann noch weitere Ps, wie Personen, Prozess und physische Evidenz, hinzu. Zusammengefasst ist die Marketingstrategie für das „Was" und „Warum" zuständig, während der Marketing-Mix das „Wie" definiert. Erst im Zusammenspiel der Faktoren können BGF-Initiativen im Unternehmen erfolgreich sein. (Kotler & Keller, 2016, S. 50 ff.).

4.2 Module der Marketingstrategie in der BGF

4.2.1 Die Zielgruppenanalyse

Eine gezielte Analyse kann dabei helfen, die Bedürfnisse und Interessen der Mitarbeitenden besser zu verstehen. Umfragen oder Interviews, um Informationen über Alter, Geschlecht, Position im Unternehmen, Arbeitszeit und Standort zu sammeln, gehören zu den *demografischen Tools*. Es ist auch wichtig, nach aktuellen Gesundheitsgewohnheiten,

Herausforderungen und den am meisten benötigten Programmen und Dienstleistungen zu fragen. Durch die Erstellung von Persona können verschiedene Gruppen von Mitarbeitenden repräsentiert werden, um maßgeschneiderte Gesundheitsförderungsprogramme anzubieten. Eine Persona könnte ein Büromitarbeitender mittleren Alters sein, der unter Rückenschmerzen leidet und an Yoga-Kursen interessiert ist, während eine andere Persona eine junge Schichtarbeiterin ist, die mehr von digitalen Angeboten von zu Hause profitiert. Insgesamt ist die Durchführung einer sorgfältigen Zielgruppenanalyse ein wichtiger Schritt, um die Bedürfnisse der Mitarbeitenden besser zu verstehen und ihre Gesundheit und Wohlbefinden zu steigern. Im Zusammenhang mit der Zielgruppenanalyse ist der *Datenschutz* ein wichtiges Element. Besonders die Verarbeitung von Gesundheitsdaten zur Zielgruppenanalyse oder der Evaluation von BGM-Maßnahmen (z. B. im Rahmen der Marketingstrategie) fällt unter besondere Kategorien personenbezogener Daten gemäß Art. 9 Abs. 1 DSGVO und § 46 Nr. 14 BDSG (https://dsgvo-gesetz.de/). Dabei kann es zu einem Konflikt zwischen den Arbeitgebenden und den Mitarbeitenden bei der Preisgabe sensibler Krankheits- oder Gesundheitsdaten kommen. Der *Betriebsarzt* bzw. die *Betriebsärztin* kann hierbei eine wichtige Rolle spielen, da er bzw. sie nur die notwendigen Informationen anonymisiert weitergeben wird. Denn grundsätzlich sind alle Informationen zur gesundheitlichen Situation der Mitarbeitenden am Arbeitsplatz relevant für die BGF. Insgesamt ist also ein sensibler Umgang mit den Gesundheitsdaten der Mitarbeitenden und des Teilnehmenden im Besonderen unerlässlich. Eine BGF-Initiative kann eine zielführende Möglichkeit sein, um Mitarbeitende in Bezug auf ihre Arbeitsfähigkeit und Gesundheit zu unterstützen. Wenn jedoch im Rahmen der BGF Gesundheitsdaten erhoben werden, die nicht zur Beurteilung der Arbeitsfähigkeit dienen, sondern darüber hinausgehende Maßnahmen umfassen, die z. B. die Bewegung oder Ernährung der Mitarbeitenden betreffen, dann muss eine Einwilligung zur Datenverarbeitung eingeholt werden. Dies erfordert hohe Sensibilität und Absicherung im Umgang mit Datenschutzbestimmungen, um die Anforderungen der verschiedenen Gesetze in Einklang zu bringen. *Es ist wichtig, sowohl den Datenschutz zu beachten als auch die gesetzlichen Anforderungen in Bezug auf Gesundheit und Arbeitsschutz (gemäß DSGVO) einzuhalten.*

4.2.2 Die Zieldefinition

Ziele definieren – das ist der entscheidende Schritt, um erfolgreiche BGF-Initiativen auf den Weg zu bringen. Dabei geht es darum, *klare und messbare Ziele* zu formulieren, die einen Nutzen für die Gesundheit und das Wohlbefinden der Mitarbeitenden bringen. Ganz gleich, ob es um eine gesteigerte Teilnahme an Gesundheitsprogrammen, um die Verbesserung von Gesundheitsindikatoren, wie z. B. Bluthochdruck, oder um eine höhere Mitarbeiterzufriedenheit geht: Nur, wer seine Ziele klar definiert, kann auch gezielt darauf hinarbeiten. Dadurch lassen sich Erfolge im Bereich der BGF erzielen, die nicht nur positive Auswirkungen auf die Gesundheit und das Wohlbefinden der Beschäftigten haben, sondern auch für das Unternehmen von Nutzen sind.

4.2.3 Aktionsplanung und -durchführung

Ein erfolgreicher Aktionsplan für die Umsetzung der BGF im Unternehmen erfordert *klare Zuständigkeiten* und *klare Handlungsanweisungen*. Es ist wichtig, dass alle Beteiligten im Unternehmen wissen, was er oder sie zu tun hat und wann dies geschehen soll. Um eine reibungslose Umsetzung zu gewährleisten, müssen auch geeignete Kommunikationskanäle festgelegt werden. Ebenso ist die Entwicklung eines Konzepts für die Evaluation der BGF-Initiative von Bedeutung, um den Erfolg der Aktion messen und bewerten zu können. Schließlich sollte die BGF-Initiative ggf. angepasst und optimiert werden, um zu erreichen, dass sie den Bedürfnissen und Anforderungen des Unternehmens entspricht.

4.2.4 Kommunikation

Um sicherzustellen, dass die BGF-Programme die gewünschten Ergebnisse erzielen, sollten klare und überzeugende *Kernbotschaften* („key messages") entwickelt werden. Diese Botschaften heben den Nutzen und den Wert der BGF-Programme hervor und sind auf die Bedürfnisse und Interessen der Zielgruppe im Unternehmen zugeschnitten. Insbesondere ist es wichtig, den Teilnehmenden den Gesundheitswert durch die Teilnahme an der BGF-Initiative zu vermitteln: Je nach Abteilung und bevorzugtem Informationsverhalten der Mitarbeitenden (inkl. Führungskräfte), benötigt man verschiedene Kanäle und Formen der Ansprache (analog/digital; Board-Sitzungen, Management-Meetings, Schwarzes Brett, persönlicher Brief, E-Mail, Intranet, Bildschirmschoner, Poster …). Die in einer einfachen und klaren Sprache (möglichst barrierefrei) verfassten und auf die jeweilige Zielgruppe angepassten Botschaften erzielen eine maximale Wirkung. Durch die Entwicklung der richtigen „key messages" kann der Erfolg der BGF-Programme unterstützt werden.

4.3 Der Marketing-Mix in der BGF

Die Implementierung von Maßnahmen der BGF ist ein wichtiger Schwerpunkt für Unternehmen, die Wert auf das Wohlbefinden ihrer Mitarbeitenden legen. Ein Marketing-Mix für die Umsetzung dieser Maßnahmen kann helfen, dass Mitarbeitende davon erfahren und sie in Anspruch nehmen. Der traditionelle Marketing-Mix besteht aus den 4Ps: Produkt, Preis, Platz (Distribution) und Promotion. In der BGF kann der Mix jedoch etwas anders aussehen, da das „Produkt" eigentlich die Gesundheit der Mitarbeiterschaft ist. Der Preis kann die Zeit sein, die in Maßnahmen zur Organisation investiert wird bzw. auch die Arbeitszeit, die von den Mitarbeitenden für die Teilnahme benötigt wird, und der „Platz" sind die Räumlichkeiten, in denen die Programme durchgeführt werden. Bei der Promotion geht es darum, dass Unternehmen und Mitarbeiterschaft über die Bedeutung von Gesundheit am Arbeitsplatz informiert werden.

4.3.1 4P: Produkt

Das Produkt, um das es in der BGF geht, sind die gesundheitsfördernden Maßnahmen und Programme, die das Unternehmen anbietet. Dabei handelt es sich um qualifizierte Dienstleistungen, die für die physische und mentale Gesundheit der Mitarbeitenden entwickelt wurden. Ob Fitnesskurse, Ernährungsberatung, Stressmanagementseminare oder Gesundheitsscreenings – es ist entscheidend, dass diese Angebote auf die individuellen Bedürfnisse und Interessen der Mitarbeiterschaft des anbietenden Unternehmens zugeschnitten sind, um maximale Effektivität zu erzielen. Das Unternehmen versteht, dass eine gesunde Belegschaft nicht nur das Wohlbefinden der Mitarbeiter fördert, sondern auch den Unternehmenserfolg steigert.

4.3.2 4P: Preis

Die Kosten für die Entwicklung, Planung und Durchführung von BGF im Unternehmen können aufgrund mehrerer Faktoren variieren, einschließlich der Anzahl der Mitarbeitenden, der Dauer und Häufigkeit der Durchführung, dem Standort des Unternehmens und der spezifischen Dienstleistungen, die angeboten werden (vgl. Kap. 2). Eine Möglichkeit für das Unternehmen ist es, die Kosten für die durchzuführenden Maßnahmen vollständig zu übernehmen. Dies kann als Teil des betrieblichen Gesundheitsförderungsprogramms gesehen werden. Wenn das Unternehmen beschließt, die Kosten nicht vollständig zu übernehmen, könnten die teilnehmenden Mitarbeitenden einen Teil der Kosten selbst tragen. Dies könnte entweder durch eine *Co-Pay-Struktur* erfolgen, bei der die Teilnehmenden einen festen Betrag pro Maßnahme zahlen, oder durch eine *Cost-Sharing-Struktur*, bei der die Kosten zwischen dem Unternehmen und den Teilnehmenden und durch Bezuschussung der Krankenkassen aufgeteilt werden (Lier et al., 2019). Es gibt zudem Möglichkeiten, die Teilnahme der Mitarbeitenden zu fördern. Unternehmen bieten Anreize, wie flexible Arbeitszeiten, Prämien oder subventionierte Dienstleistungen, und können so ihren Mitarbeitenden zeigen, dass sie ihre Gesundheit schätzen und unterstützen. Die Investition in die BGF ist daher eine Investition in die Mitarbeiterzufriedenheit sowie in die Gesundheit und Leistungsfähigkeit des Unternehmens und gehört zu den grundlegenden Überlegungen bei der Entwicklung eines geeigneten Marketing-Mixes.

4.3.3 4P: Platz

Einen wichtigen Teil des Marketing-Mixes nimmt die Durchführung der BGF ein. Ein Unternehmen, das seinen Mitarbeitenden Gesundheitsprogramme anbieten möchte, hat verschiedene Möglichkeiten, diese zugänglich zu machen. Neben persönlichen Workshops, Kursen und Beratungen vor Ort im Unternehmen, gibt es auch Online-Möglichkeiten, wie Webinare, E-Learning-Kurse und digitale Gesundheitsangebote (vgl. Kap. 3). Eine weitere Möglichkeit ist die Zusammenarbeit mit lokalen Fitnessstudios oder Gesundheitsdienstleistern. Wichtig ist hierbei, dass die Bedürfnisse der Mitarbeitenden in den Vordergrund gestellt werden und die Distribution der Gesundheitsprogramme an ihre Bedürfnisse angepasst wird. Denn nur so können Unternehmen eine erfolgreiche BGF umsetzen.

4.3.4 4P: Promotion

Um das Bewusstsein für die Gesundheitsprogramme zu erhöhen und die Teilnahme zu fördern, gibt es verschiedene Möglichkeiten. Zum Beispiel können regelmäßig E-Mails oder Newsletter mit Informationen über die Programme und Erinnerungen an bevorstehende Veranstaltungen versendet werden. Auch Poster und Flyer in den Büros aufzuhängen sowie Informationen und Updates über die Gesundheitsprogramme mittels Unternehmensintranet oder in sozialen Medien zu teilen, kann die Mitarbeitenden effektiv erreichen und motivieren. Zudem ist die persönliche Ansprache durch Vorgesetzte oder Personen, die Gesundheitsbotschaften vermitteln, im Unternehmen besonders sinnvoll und authentisch.

4.3.5 7P: Person, Prozess, physische Evidenz

Die Menschen spielen eine entscheidende Rolle im Dienstleistungsmarketing, da die Interaktion zwischen Anbieter des BGM-Services (z. B. mittels eines externen Dienstleisters) und den Teilnehmenden oft ausschlaggebend ist. Daher ist es wichtig, die Anbieter des BGF-Angebots sorgfältig auszuwählen, zu schulen sowie zu motivieren, um eine optimale Qualität für die durchzuführenden Maßnahmen zu gewährleisten. Der Prozess, auf dem die Dienstleistung basiert, hat ebenfalls einen großen Einfluss auf den Erfolg der Gesundheitsförderungsmaßnahme. Von den Schritten, die die Mitarbeitenden durchlaufen, um die Dienstleistung BGM zu erhalten, bis hin zu den Systemen und Prozessen, die zur Erbringung der Leistung verwendet werden, muss alles reibungslos und effektiv gestaltet sein. Auch physische Evidenzen spielen eine wichtige Rolle, da Mitarbeitende häufig nach visuellen Hinweisen suchen, um die Qualität des BGM-Angebotes zu beurteilen. Man denke nur an die Qualität der Umgebung, in der die Dienstleistung erbracht wird, oder an einzelne physische Elemente, die Teil des Angebots sind (z. B. die Qualität der eingesetzten Beratungsunterlagen oder der bei Gesundheitstagen verwendeten Tools und Medien wie Infoboards, Rezepte, Rollups, Handouts, digitale Begleitung usw.). Des Weiteren könnten Erfahrungsberichte durch Testimonials das jeweilige Gesundheitsprogramm unterstützen und die Inhalte aus der Sicht der Teilnehmenden konkret vermitteln (Meffert & Bruhn, 2002).

4.4 Fazit

Wenn es um die Implementierung von BGF-Initiativen in Unternehmen geht, ist eine effektive und ansprechende Gesundheitsförderungs- bzw. Marketingstrategie unerlässlich. Eine effektive Marketingstrategie muss sowohl eine sorgfältige Analyse der Zielgruppen als auch eine klare Zielsetzung beinhalten. Darüber hinaus ist es sinnvoll, „key messages" zu definieren, um die Botschaften zielgerichtet an die gewünschte Zielgruppe zu bringen (vgl. Kap. 27). Doch bei dieser Vorgehensweise darf der Datenschutz nicht außer Acht gelassen werden. Die DSGVO bildet die Grundlage für die strategische Planung und Umsetzung. Die Anwendung des Marketing-Mixes in der BGF kann dabei helfen, die Strategien erfolgreich zu gestalten. Die Beispiele zeigen, wie verschiedene Faktoren, wie Produktpolitik, Preisgestaltung und Kommunikation, zusammenwirken, um eine attraktive und effektive Gesundheitsförderungsstrategie zu entwickeln. Doch diese Faktoren reichen nicht aus, um BGF-Initiativen erfolgreich zu machen. Es erfordert auch die Zusammenarbeit und das Engagement der Mitarbeitenden sowie das Commitment und die aktive Unterstützung durch die Führungskräfte, um eine nachhaltige und erfolgreiche Gesundheitskultur im Unternehmen zu etablieren.

Literatur

Haller, S. & Wissing, C. (2022). *Dienstleistungsmanagement*, 9. Aufl. SpringerGabler.

Haufe Akademie. (o.J.). https://health-made-bgm.de/betriebliches-gesundheitsmanagement/thema-bgm/#:~:text=Um%20das%20betriebliche%20Gesundheitsmanagement%20erfolgreich%20zu%20gestalten%2C%20ist,S%C3%A4ulen.%20Die%20Verhaltenspr%C3%A4vention%2C%20die%20Verh%C3%A4ltnispr%C3%A4vention%20sowie%20die%20Systempr%C3%A4vention. Zugegriffen im April 2024.

https://dsgvo-gesetz.de/. Zugegriffen im April 2024.

https://www.ama.org/the-definition-of-marketing-what-is-marketing/. Zugegriffen im April 2024.

https://www.cbpp.org/sites/default/files/archive/5-31-05health2.pdf. Zugegriffen im April 2024.

Kotler, P., & Keller, K. L. (2016). *Marketing management* (15. Aufl.). Pearson.

Lier, L. M., Breuer, C., & Dallmeyer, S. (2019). Organizational-level determinants of participation in workplace health promotion programs: A cross-company study. https://doi.org/10.1186/s12889-019-6578-7.

Meffert, H., & Bruhn, M. (2002). Wettbewerbsüberlegenheit durch exzellentes Dienstleistungsmarketing. In *Exzellenz im Dienstleistungsmarketing*. Gabler. https://doi.org/10.1007/978-3-322-82393-9_1

Meffert, H., Bruhn, M., & Hadwich, K. (2015). *Dienstleistungsmarketing* (8. Aufl.). Springer (Lehrbuch).

Meffert, H., Burmann, B., Kirchgeorg, M., & Eisenbeiß, M. (2019). *Marketing Grundlagen marktorientierter Unternehmensführung*. Springer (Lehrbuch).

Betriebliche Gesundheitsförderung in kleinen und mittleren Unternehmen (KMU)

Petra Ambrosius

5.1 Kleine und mittlere Unternehmen (KMU) in Deutschland

5.1.1 KMU als tragende Säulen der Wirtschaft

Das Bundesministerium für Wirtschaft und Klimaschutz (BMWK) sieht kleinere und mittlere Unternehmen, die als KMU abgekürzt werden, als einen wichtigen Teil der deutschen Wirtschaft. KMU sind darüber hinaus zu einem integralen Bestandteil vieler Volkswirtschaften geworden, da sie eine wichtige Rolle bei der Schaffung von Beschäftigung und Wachstum spielen. Deutschland ist bekannt für seine starke Ausrichtung auf kleine und mittlere Unternehmen (KMU).

Nach Angaben des Statistischen Bundesamtes (Destatis, o.J.) waren im Jahr 2020 insgesamt rund 3,5 Mio. Unternehmen in Deutschland ansässig, von denen 99,6 % KMU waren. Von diesen KMU haben schätzungsweise 99 % weniger als 250 Beschäftigte und einen Jahresumsatz von weniger als 50 Mio. €. Von noch größerer Bedeutung ist, dass 90 % dieser KMU weniger als 10 Beschäftigte haben, was zeigt, dass die Mehrheit der Unternehmen in Deutschland kleine Unternehmen oder Start-ups sind.

Es liegt auf der Hand, dass die deutschen Investitionen in KMU eine dauerhafte Grundlage für den Unternehmenserfolg sowohl im Inland als auch im Ausland bilden. Das Statistische Bundesamt definiert KMU in Anlehnung an die Empfehlung der Europäischen Kommission nach Umsatz und Beschäftigten (Abb. 5.1).

P. Ambrosius (✉)
Ernährungsberatung DR. AMBROSIUS, Wiesbaden, Deutschland
E-Mail: info@dr-ambrosius.de

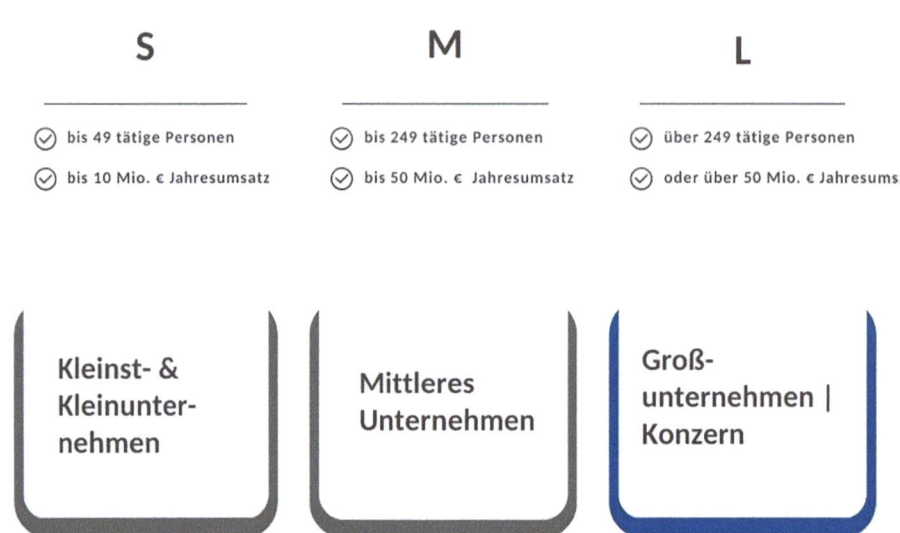

Abb. 5.1 Einteilungskriterien für KMU

KMU sind zwar weit weniger einflussreich als Konzerne, bieten aber zusätzliche Vorteile, wie z. B. den unabhängigen Charakter von KMU und die proaktive Herangehensweise an die Herausforderungen des Marktes. Außerdem können KMU aufgrund ihrer relativen Agilität und flexiblen Reaktionszeiten Chancen besser nutzen. KMU sind für jede Wirtschaft unverzichtbar, da sie die Produktivität, die Innovation, den Wettbewerb und die allgemeine Wirtschaftsleistung ankurbeln, was sie zu einem wichtigen Motor für Wachstum und Entwicklung macht.

KMU sind in der Regel unabhängig und verfügen im Vergleich zu Großkonzernen über relativ geringe Ressourcen. Trotz ihres im Vergleich zu Großunternehmen geringeren Gesamtumsatzes haben sie auch im Jahr 2020 noch einen wichtigen Beitrag zur Wirtschaftslandschaft geleistet. Laut Statistischem Bundesamt entfällt in Deutschland auf die KMU fast ein Drittel des Gesamtumsatzes, der Bruttowertschöpfung, der Bruttoinvestitionen in Sachanlagen und der Personalausgaben. Während Konzerne unter Umständen mehrere Tochtergesellschaften besitzen und über einen größeren Einfluss verfügen, haben KMU in der Regel vergleichsweise kleine Betriebe mit begrenztem Personalbestand und Umsatz. Außerdem verfügen sie im Vergleich zu Großunternehmen in der Regel über weniger Marktmacht und eine geringere Fähigkeit zur Risikostreuung. Aufgrund ihrer Größe können Konzerne Branchenvorschriften eher beeinflussen und zur Kontrolle des Wettbewerbs einsetzen. Dies bedeutet, dass KMU oft mit ungleichen Bedingungen konfrontiert sind, da sie versuchen müssen, mit wohlhabenderen Konkurrenten zu konkurrieren, die einen besseren Zugang zu wichtigen Ressourcen haben.

> **Übersicht**
> Im Jahr 2020 gehörten 99,4 % der Unternehmen – insgesamt 2,5 Mio. – zu den KMU. KMU beschäftigen 55 % der Arbeitnehmerinnen und Arbeitnehmer.
> Quelle: https://www.destatis.de/DE/Themen/Branchen-Unternehmen/Unternehmen/Kleine-Unternehmen-Mittlere-Unternehmen/_inhalt.html

5.1.2 Bedeutung der BGF für KMU

KMU spielen eine wichtige Rolle für das Wirtschaftswachstum in Deutschland und stellen eine beträchtliche Anzahl von Arbeitsplätzen zur Verfügung. Um sicherzustellen, dass sie langfristig erfolgreich sind, müssen diese Unternehmen dem Wohlbefinden und der Produktivität ihrer Mitarbeitenden Priorität einräumen. Es ist bekannt, dass die BGF eine wirksame Strategie zur Erreichung dieses Ziels ist. Daher ist es für KMU wichtig, die Vorteile für das Wohlbefinden der Mitarbeitenden und die Auswirkungen auf die Nachhaltigkeit ihres Unternehmens zu verstehen. Durch die Nutzung von Maßnahmen der BGF haben KMU das Potenzial, von einer verbesserten Arbeitsmoral, einem geringeren Maß an Stress und Burn-out, einer verbesserten Zusammenarbeit in den Arbeitsteams sowie von verschiedenen anderen Vorteilen zu profitieren. Investitionen in BGF-Initiativen sollten als eine notwendige Voraussetzung für den anhaltenden Erfolg im heutigen wettbewerbsorientierten Geschäftsumfeld angesehen werden.

5.2 KMU und BGF

5.2.1 Herausforderungen für die BGF in KMU

KMU stehen vor vielfältigen Herausforderungen, wenn es um die BGF geht. Viele dieser Probleme resultieren aus den begrenzten Ressourcen, die KMU zur Verfügung stehen, wie z. B. Finanzierung, Zugang zu Dienstleistungen und Fachwissen sowie Anreizstrukturen. Hinzu kommt, dass es oft keine etablierte Infrastruktur gibt, um maßgeschneiderte zukunftsfähige Programme zur Gesundheitsförderung am Arbeitsplatz zu entwickeln. Schließlich haben KMU möglicherweise nicht die gleiche Markenbekanntheit oder finanzielle Stabilität wie große Unternehmen. Folglich erfordert die BGF für KMU einfallsreichere Lösungen, die das Beste aus ihren begrenzten Ressourcen herausholen, um den langfristigen Gedanken und Erfolg zu maximieren (Abb. 5.2).

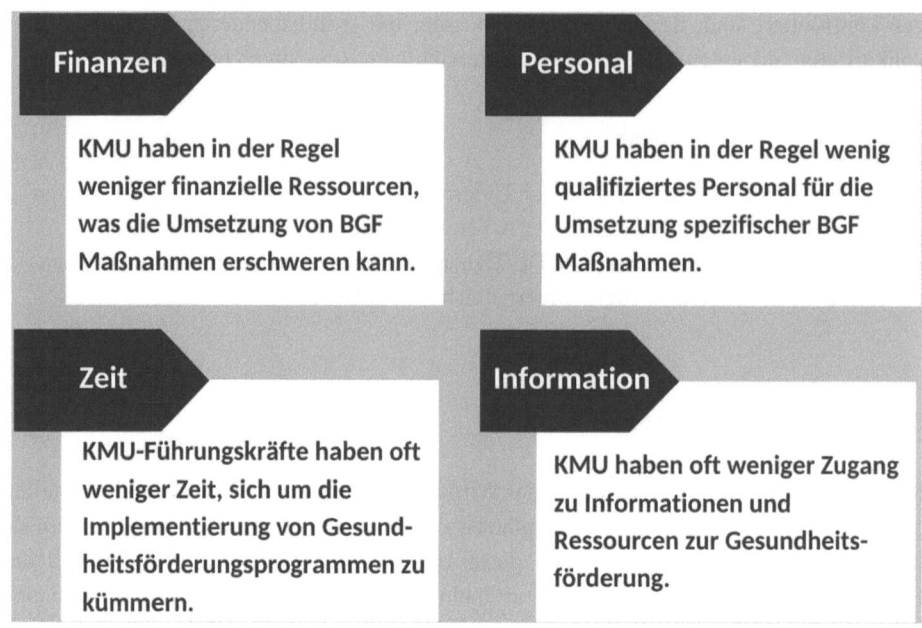

Abb. 5.2 Herausforderungen für die BGF

5.2.2 Erfolgsfaktoren für BGF in KMU

Die BGF umfasst ein breites Spektrum von Aktivitäten und Maßnahmen, die Arbeitgeber ergreifen können, um das Wohlbefinden ihrer Mitarbeitenden zu fördern. Diese Aktivitäten reichen von der Einführung von Sportprogrammen und Initiativen für gesunde Ernährung bis hin zu Stressbewältigungstrainings und ergonomischer Arbeitsplatzgestaltung. Es hat sich gezeigt, dass die Übernahme der gesundheitlichen Empfehlungen zu erheblichen Verbesserungen für KMU führt, da diese Maßnahmen die Produktivität und Zufriedenheit der Mitarbeitenden steigern und die Fehlzeiten verringern. Ein wirksamer Weg zur Verbesserung der BGF sind Unternehmenspartnerschaften, bei denen zwei oder mehr Unternehmen ihre Kräfte und Ressourcen bündeln, um gemeinsam Strategien zur BGF zu entwickeln und umzusetzen. Es hat sich gezeigt, dass auf diese Weise die Wirksamkeit der Implementierung von BGF-Maßnahmen weiter optimiert werden kann, indem das kombinierte Wissen, die Fähigkeiten, die Werkzeuge und andere Ressourcen der Beteiligten genutzt werden. Die Zusammenarbeit zwischen solchen Unternehmen ermöglicht die gemeinsame Sammlung und den Austausch von Wissen und die gemeinsame Nutzung vorhandener Ressourcen.

Daraus folgt, dass Unternehmenspartnerschaften ein wesentlicher Erfolgsfaktor KMU sind. Partnerschaften sollten formalisiert werden, um sicherzustellen, dass die Verantwortlichkeiten klar und präzise definiert sind. Darüber hinaus besteht für KMU die Möglichkeit, Partnerschaften mit Dienstleistungsunternehmen, die maßgeschneiderte BGF-Maßnahmen anbieten, einzugehen. Dabei ist zu beachten, dass die Dienstleistungsunternehmen qualifizierte und evaluierbare Maßnahmen anbieten und über ein Qualitätsmanagement verfügen. Um weitere greifbare Vorteile zu erzielen, ist es wichtig, dass alle beteiligten Parteien zusammenarbeiten, um sicherzustellen, dass die Partnerschaft zu fruchtbaren Ergebnissen führt.

Die Zusammenarbeit in Unternehmenspartnerschaft und/oder mit Dienstleistern kann zu folgenden Synergieeffekten führen:

- *Kosteneinsparungen:* KMU können durch die Zusammenarbeit mit anderen Unternehmen Ressourcen und Kosten teilen, was die Implementierung von BGF-Maßnahmen erleichtert und die Kosten senkt
- *Erhöhung der Effektivität:* Durch die Zusammenarbeit mit anderen Unternehmen können KMU von deren Erfahrungen und Expertise profitieren und so die Effektivität ihrer BGF-Maßnahmen erhöhen.
- *Erhöhung der Reichweite:* Unternehmenspartnerschaften ermöglichen es KMU, ihre BGF-Maßnahmen auf eine größere Zahl von Mitarbeitern auszuweiten und so einen größeren Nutzen zu erzielen.
- *Förderung der Unternehmensreputation:* Eine aktive Beteiligung an BGF-Maßnahmen und Unternehmenspartnerschaften kann dazu beitragen, das Image eines Unternehmens als sozial verantwortlich und umweltbewusst zu stärken.

Erfolgreiche BGF-Programme erfordern einen integrierten Ansatz, um die gesundheitlichen Bedürfnisse der Arbeitnehmenden zu bewerten, zu definieren und zu erfüllen. Erfolgsfaktoren, wie Ressourcen, Zeit, Motivation, Führung und kulturelle Akzeptanz der Initiative, müssen bei der Umsetzung und während der gesamten Laufzeit des Programms berücksichtigt werden. Unternehmenspartnerschaften und die Zusammenarbeit mit Dienstleistungsunternehmen können eine unschätzbare Hilfe bei der Umsetzung von BGF-Maßnahmen in KMU sein. Die gemeinsame Entwicklung einer umfassenden Strategie, die alle Erfolgsfaktoren berücksichtigt, maximiert das Potenzial zur Verbesserung der Gesundheitssituation durch Steigerung der Mitarbeiterproduktivität, der Arbeitszufriedenheit und die Verringerung der Fehlzeiten.

5.2.3 Der Return on Investment (ROI)

Die Berechnung des Return on Investment (ROI) von Gesundheitsprogrammen am Arbeitsplatz ist ein wichtiger Schritt, den Unternehmen gehen sollten, um dessen Erfolg sicherzustellen. Zunächst einmal müssen die Kosten für die Implementierung und die

Durchführung der Programme berücksichtigt werden. Die Einführung solcher Programme ist mit anfänglichen Einrichtungskosten und laufenden Ausgaben, wie Verwaltung oder Belohnungssystemen, verbunden, und diese müssen gegen die Vorteile abgewogen werden, die sich im Laufe der Zeit ergeben. Studien haben beispielsweise gezeigt, dass ganzheitliche Gesundheitsprogramme am Arbeitsplatz zu einem gesünderen Verhalten der Mitarbeitenden führen können, was wiederum ihr Risiko für chronische Krankheiten verringern kann. Dies könnte im Laufe der Zeit zu erheblichen Einsparungen bei den Gesundheitskosten führen und so den Unternehmen eine zusätzliche Rendite verschaffen. Schließlich ist es wichtig, nicht nur die finanzielle Rendite im Zusammenhang mit den niedrigeren Gesundheitskosten zu berücksichtigen, sondern auch die nicht finanzielle Rendite, wie z. B. die verbesserte Produktivität aufgrund eines gesünderen Lebensstils der Mitarbeiter. Der ROI ist also ein wichtiger Indikator für die Wirksamkeit von Maßnahmen der BGF.

> KMU, die sich um die Gesundheit und das Wohlbefinden ihrer Mitarbeitenden kümmern, werden von diesen als attraktiver Arbeitgeber wahrgenommen, was die Mitarbeiterbindung und -zufriedenheit erhöhen kann.

5.3 Anbieter von BGF-Maßnahmen

KMU profitieren von Leistungen der BGF, die die mit krankheits- oder verletzungsbedingten Fehlzeiten verbundenen Kosten wirksam senken und gleichzeitig weitere Vorteile, wie eine verbesserte Arbeitsmoral und Produktivität, bieten können. Für Dienstleistungsunternehmen, die BGF-Maßnahmen anbieten und durchführen, besteht hier eine Chance, die eigenen Angebote gewinnbringend zu verkaufen. Um KMU effektiv zu erreichen und ihre Angebote zur BGF vorzustellen, können die Dienstleistungsunternehmen verschiedene direkte Ansätze nutzen. Dazu können persönliche Kontakte, Telefonanrufe oder E-Mails gehören. Unabhängig von der gewählten Methode muss die Kommunikation sorgfältig zugeschnitten sein, um die Aufmerksamkeit der KMU zu gewinnen. Sie sollte Informationen darüber enthalten, wie solche Initiativen den Unternehmen zugutekommen, indem sie die Einstellung, Bindung, Produktivität und Moral der Mitarbeitenden verbessern und sich positiv auf das allgemeine Wohlbefinden und die Leistung am Arbeitsplatz auswirken.

Neben den traditionellen Methoden stehen Dienstleistern im BGF-Bereich mehrere Optionen zur Verfügung, wenn es um die Vermarktung ihrer Dienstleistungen geht. Online-Marketing über eine Unternehmenswebseite oder soziale Medien ist eine effektive Möglichkeit, für BGF-Dienstleistungen zu werben, zudem kann die Vernetzung mit anderen Unternehmen von Vorteil sein. Veranstaltungen, wie Informationsveranstaltungen oder Workshops, sind eine weitere gute Möglichkeit, um nicht nur die angebotenen Dienstleistungen zu präsentieren, sondern auch Beziehungen zu potenziellen Kunden aufzubauen. Auf einzelne KMU zugeschnittene Angebotspakete, z. B. spezifische Maßnahmen im Schicht- oder Außendienst oder für Pflegeeinrichtungen, können ebenfalls Interesse wecken und einen Anreiz bieten, einen bestimmten Anbieter zu wählen. Und schließlich kann das Anbieten von Referenzen bereits bestehender Kunden ein aussagekräftiger Beweis dafür sein, dass die Dienstleistungen des gewählten Dienstleisters den Anforderungen entsprechen und zuverlässig sind. All diese Optionen sind zwar kostenintensiv, können aber langfristig positive Ergebnisse erzielen, wenn sie richtig umgesetzt werden.

Literatur

Destatis. (o.J.). *Kleine und Mittlere Unternehmen*. https://www.destatis.de/DE/Themen/Branchen-Unternehmen/Unternehmen/Kleine-Unternehmen-Mittlere-Unternehmen/Glossar/kmu.html. Zugegriffen am 03.04.2023.

6

Wie Betriebliches Gesundheitsmanagement (BGM) Organisationen stärkt: Herausforderungen, Chancen und Good Practice

Anabel Ternès von Hattburg

Organisationen stehen vor einer Vielzahl von Herausforderungen, wie z. B. dem Fachkräftemangel, der Digitalisierung bzw. der Transformation zu einer nachhaltigeren und resilienten Unternehmensführung. Betriebliches Gesundheitsmanagement (BGM) und Betriebliche Gesundheitsförderung (BGF) bieten hier Lösungsansätze. Durch gezielte Maßnahmen tragen BGM/BGF dazu bei, dass Unternehmen den Fachkräftemangel bekämpfen, Schwierigkeiten besser bewältigen, die Zufriedenheit und Produktivität ihrer Mitarbeitenden steigern und sich auf die Zukunft vorbereiten können. Zudem können sie soziale und ökologische Nachhaltigkeit entlang der Lieferketten, in der Produktionsstätte oder in der Verwaltung fördern, die Vielfalt (DEI = Diversity, Equity & Inclusion) innerhalb des Unternehmens unterstützen und die Balance zwischen Arbeit und Familie erleichtern. BGF kann auch dazu beitragen, Stress und Ängste zu bewältigen, insbesondere in Zeiten von Krisen wie der COVID-19-Pandemie. Die digitale Transformation erfordert ebenfalls eine Anpassung von Organisationen und das BGM kann bei diesem Wandel eine wichtige Rolle spielen. Es ist entscheidend, dass Unternehmen die Bedürfnisse ihrer Mitarbeitenden verstehen, um eine gesunde und produktive Arbeitsumgebung zu schaffen. Welchen Beitrag BGM/BGF leisten können, wird anhand von elf Themenbereichen erläutert.

A. Ternès von Hattburg (✉)
SHR Institute for Innovation and Sustainability Management, Berlin, Deutschland
E-Mail: info@anabelternes.de

© Der/die Autor(en), exklusiv lizenziert an Springer-Verlag GmbH, DE, ein Teil von Springer Nature 2025
A. Flothow et al. (Hrsg.), *Betriebliche Gesundheitsförderung für Ernährungsfachkräfte*, Berufspraxis: Ernährung, https://doi.org/10.1007/978-3-662-70049-5_6

6.1 Fachkräftemangel

Bis 2030 wird ein Rückgang von etwa 12 % der erwerbstätigen Bevölkerung im Vergleich zu 2014 erwartet. Dies führt zu einem wachsenden Fachkräftemangel, der oft durch ältere Mitarbeitende verstärkt wird, die das Unternehmen aufgrund von gesundheitsbedingten Problemen vor dem Renteneintritt verlassen müssen. Hier kommt die BGF ins Spiel. Unternehmen können gezielte Maßnahmen zur Gesundheitserhaltung einführen, um ältere Mitarbeitende im Unternehmen zu halten (IHK für Essen, 2023).

Ein bekanntes Beispiel für die Bewältigung des Fachkräftemangels durch die BGF ist das Unternehmen Siemens. Siemens hat verschiedene BGF-Initiativen eingeführt, um Gesundheit und Arbeitsfähigkeit bei älteren Mitarbeitenden zu fördern. Dazu gehört die gezielte Bewältigung von Gesundheitsproblemen. Durch Schulungen, Gesundheitschecks und Unterstützung bei der Lebensstilgestaltung hilft Siemens seinen Mitarbeitenden, gesund und leistungsfähig zu bleiben. Dies trägt dazu bei, den Fachkräftemangel abzumildern und die Erfahrung und das Wissen von älteren Mitarbeitenden im Unternehmen zu erhalten. Siemens gestaltet BGF gesamtsystemisch in folgenden fünf Bereichen: gesunde Arbeitswelt, psychische Gesundheit, Bewegungsförderung, gesunde Ernährung und medizinische Betreuung. In diesen Bereichen werden differenzierte Konzepte und Programme entwickelt und umgesetzt (BKK-Dachverband, 2015).

6.2 Erhaltung und Steigerung der Arbeitszufriedenheit

Die moderne Arbeitswelt stellt hohe Anforderungen an die Mitarbeitenden, was oft zu körperlichen Beschwerden und psychischer Belastung führt. Langfristig kann dies zu einem Leistungsabfall und vermehrten krankheitsbedingten Fehltagen führen, wie im BKK-Gesundheitsbericht deutlich wird. Hier kann die BGF Abhilfe schaffen, indem gesundheitsfördernde Instrumente bereitgestellt werden. Diese fördern nicht nur die Zufriedenheit und Produktivität der Mitarbeitenden, sondern tragen auch zu einem besseren Führungsverständnis der Vorgesetzten, stärkerer Mitarbeiterbindung und -motivation sowie Teambildung, zielgerichteten Ideen- und Innovationsmanagement, einer angenehmeren Arbeitsatmosphäre, besseren Betriebsklima sowie einem innovativen Image des Unternehmens bei. Eine effektive BGF erfordert, die Bedürfnisse der Mitarbeitenden zu verstehen, als Vorbild voranzugehen, Unterstützung zu bieten und Freiraum für Kreativität zu schaffen (Knieps & Pfaff, 2022).

Ein prominentes Beispiel für die Förderung der Mitarbeiterzufriedenheit und -produktivität durch das BGM bietet das Unternehmen Google. Google hat ein umfassendes BGF-Programm implementiert, das nicht nur auf die physische Gesundheit der Mitarbeitenden abzielt, sondern auch deren psychisches Wohlbefinden berücksichtigt. Das Unternehmen bietet eine breite Palette von Leistungen, darunter Fitnesskurse, psychologische Beratung und die Förderung eines gesunden Arbeitsumfelds. Google ermutigt auch

Führungskräfte, empathisch mit ihren Teams zu kommunizieren und deren Bedürfnisse zu verstehen. Dies trägt dazu bei, das Wohlbefinden der Mitarbeitenden zu steigern und ihre Motivation zu erhöhen (Better Time, 2023).

6.3 Unternehmen agil/holokratisch umorganisieren

Die Anpassung an agile Organisationsstrukturen erfordert Mitarbeitende, die in der Lage sind, sich selbst zu organisieren, Veränderungen aktiv mitzugestalten und effektiv mit anderen zusammenzuarbeiten.

Der Begriff „agil" beschreibt eine Arbeitsweise, die sich durch Flexibilität, Anpassungsfähigkeit und eine iterative Herangehensweise auszeichnet. Ursprünglich aus der Softwareentwicklung stammend, wird das agile Arbeiten mittlerweile in vielen Branchen eingesetzt, um Projekte effizienter und kundenorientierter zu gestalten. Agile Methoden, wie Scrum oder Kanban, fördern kurze Entwicklungszyklen, regelmäßiges Feedback und eine enge Zusammenarbeit im Team, um schnell auf Veränderungen reagieren zu können (Burkarth & Engelien, o. J.).

„Holokratisch" bezeichnet eine Organisationsform, die auf dem Konzept der Holokratie („holacracy") basiert. Dabei wird die traditionelle hierarchische Unternehmensstruktur durch ein System der verteilten Autorität ersetzt. Anstelle von festen Führungsebenen arbeiten Teams autonom und übernehmen selbstständig Verantwortung in festgelegten Rollen. Entscheidungen werden nicht mehr zentral getroffen, sondern von denjenigen, die direkt betroffen sind. Dies fördert Transparenz, Eigenverantwortung und eine höhere Flexibilität innerhalb der Organisation (Personio, 2024).

In agil arbeitenden Unternehmen müssen auch die BGF-Maßnahmen an agile Arbeitsformen angepasst werden. Agile Arbeitsformen bieten Chancen, bringen aber auch Gesundheitsrisiken mit sich. Daher ist eine zeitgemäße BGF entscheidend, um diese Gesundheitsrisiken auszugleichen und sicherzustellen, dass Mitarbeitende in einer agilen Umgebung gesund und produktiv bleiben (Diané, 2016).

Ein Beispiel für die Anpassung des BGF an agile Organisationsstrukturen ist Spotify. Spotify hat eine agile Arbeitsweise implementiert und gleichzeitig ein innovatives BGF-Programm eingeführt. Das Unternehmen bietet seinen Mitarbeitenden flexible Arbeitszeiten, die es ihnen ermöglichen, ihre Arbeit selbst zu organisieren. Gleichzeitig werden Gesundheitsförderungsmaßnahmen angeboten, die den spezifischen Bedürfnissen agiler Teams gerecht werden. Dies umfasst Gesundheitschecks, Ergonomierichtlinien für Homeoffice-Arbeitsplätze und die Förderung von Bewegung am Arbeitsplatz. Spotify zeigt, wie BGF an die Anforderungen einer agilen Organisation angepasst werden kann, um die Gesundheit und Produktivität der Mitarbeitenden zu fördern (Spotify, 2023).

6.4 Unternehmen auf sozial nachhaltige Weise umstellen

Soziale Nachhaltigkeit ist ein wichtiger Aspekt für Unternehmen, die ihre Verantwortung gegenüber der Gesellschaft wahrnehmen. (Science Direct, 2024). Als dritter der Nachhaltigkeitssäulen umfasst soziale Nachhaltigkeit alle Inhalte, Ziele und Bestrebungen, um Nachhaltigkeit gesamtsystemisch unter Einbindung des Faktors Mensch langfristig zu realisieren. Ein Beispiel für eine sozial nachhaltige Initiative ist Plogging, eine Natursportart, bei der Menschen organisiert Müll sammeln, während sie joggen oder spazieren gehen. Dies trägt zur Bekämpfung der Umweltverschmutzung bei und fördert gleichzeitig sportliche Aktivitäten und soziales Engagement. Ein bekanntes Unternehmen, das solche Initiativen unterstützt, ist Adidas mit seiner „Run-for-the-Oceans"-Kampagne, bei der Plastikmüll aus den Ozeanen entfernt wird (Adidas, 2022). Zahlreiche Unternehmen bieten auch in Deutschland zusammen mit Partnern vor Ort (Kommunen, Kindertagesstätten, Tierheimen, Naturschutzorganisationen sowie sozialen Einrichtungen und Kultur-, Sport- und Bildungs-Vereine) sogenannte „Social Days" an. An diesen meist eintägigen Teamevents übernehmen die Geschäftsleitung zusammen mit ihren Mitarbeitenden soziale Verantwortung, verrichten während der Arbeitszeit sinnstiftende Tätigkeiten und beweisen Teamgeist.

Es gibt zahlreiche Möglichkeiten, wie z. B.:

Teamaktivitäten für eine gesunde Lebensweise: Die Förderung einer gesunden Lebensweise kann durch Teamaktivitäten erreicht werden. Eine solche Aktivität ist die „Ackerpause"**,** bei der Mitarbeitende gemeinsam Obst und Gemüse anbauen, ernten und gesunde Mahlzeiten zubereiten. Diese Teamaktivitäten fördern nicht nur die körperliche Gesundheit, sondern stärken auch den Teamgeist. Ein Beispielunternehmen, das solche Initiativen unterstützt, ist Google, das Mitarbeitenden-Gemeinschaftsgärten anbietet (AckerCompany, 2023).

Förderung der Mitarbeitendenmobilität: Die Gesundheit der Mitarbeitenden kann durch die Bereitstellung von Dienstfahrrädern gefördert werden. Dies fördert die Beweglichkeit, schont die Umwelt und reduziert die Kosten für Sprit und Wartung von Firmenfahrzeugen. Unternehmen wie Siemens bieten ihren Mitarbeitenden Dienstfahrräder an, um die nachhaltige Mobilität zu fördern. (Siemens Campus Erlangen, 2023)

Teamchallenges zur Förderung von Gesundheit und Nachhaltigkeit: Unternehmen können Teamchallenges organisieren, um die Mitarbeitenden zu gesundheitsbewusstem Verhalten zu motivieren. Zum Beispiel könnten Teams Gehwettbewerbe veranstalten, um zu sehen, wer die meisten Schritte geht oder sich ausreichend mit Obst und Gemüse versorgt (Tappa, 2023). Mit der Veganuary Workplace Challenge werden die Mitarbeitenden dazu ermutigt, sich im Januar ausschließlich vegan zu ernähren Dabei werden sie mit Essensplänen, Rezepten und Informationen zur pflanzlichen Ernährung unterstützt (Veganuary, 2023).

Fürsorge für Mitarbeitende und Prävention: Besonders in Krisenzeiten, die viele Mitarbeitende verunsichern, ist die Fürsorge für Mitarbeitende von großer Bedeutung. Unternehmen sollten Regeln und Gesetze zum Arbeitsschutz und zur Arbeitssicherheit beachten und Maßnahmen zur Prävention ergreifen. Dazu gehören nicht nur medizinische

Vorsorgeuntersuchungen, sondern auch die Unterstützung des psychischen und physischen Wohlbefindens der Mitarbeitenden. Unternehmen, wie die Deutsche Bank, bieten Gesundheitsvorsorgeuntersuchungen an, um die Gesundheit der Mitarbeitenden zu schützen (Deutsche Bank, 2023).

6.5 Diversity Management und BGF

Die Förderung von Vielfalt am Arbeitsplatz ist entscheidend, um die Ressourcen und Fähigkeiten der Mitarbeitenden zu nutzen. BGF kann dabei helfen, Vielfalt in die BGF-Prozesse zu integrieren. Unternehmen, wie Microsoft, setzen sich aktiv für Diversität und Inklusion ein und bieten Programme zur Förderung von Vielfalt und zur Unterstützung von Mitarbeitenden an (Microsoft, 2023).

6.6 Vereinbarkeit von Beruf und Familie

Unzureichende Vereinbarkeit von Beruf und Familie ist für viele Mitarbeitenden ein zentraler Stressfaktor. BGF kann Unternehmen dabei unterstützen, Lösungen anzubieten, die diesen Spagat erleichtern. Dies kann die Vermittlung von haushaltsnahen Dienstleistungen, Betreuungsangeboten für Kinder oder die Möglichkeit von unbezahltem Urlaub umfassen. Unternehmen, wie SAP, setzen sich für die Vereinbarkeit von Beruf und Familie ein und bieten flexible Arbeitsmodelle sowie Unterstützung bei der Kinderbetreuung (SAP Deutschland, 2023).

6.7 Stress durch Überlastung und Ängste über die Zukunft

In der heutigen Zeit sind Stress und Ängste weitverbreitet und Organisationen stehen vor der Herausforderung, damit umzugehen. Aktuelle Ängste werden oft durch die Folgen von Kriegen, Pandemien und Umweltzerstörung verstärkt. Es ist wichtig zu verstehen, dass Angst an sich normal und sogar nützlich sein kann, da sie den Körper in einen aktivierten Zustand versetzt. Aber übermäßiger Stress und Ängste können die Denkfähigkeit, Produktivität und Leistungsfähigkeit beeinträchtigen.

Die Herausforderung besteht darin, Ängste nicht zu verdrängen, sondern gesund damit umzugehen. Hier sind einige Maßnahmen, die Organisationen ergreifen können:

- Angebot von betriebsärztlichen Beratungsstunden, um Mitarbeitenden einen professionellen Ansprechpartner für ihre Sorgen zu bieten.
- Einrichtung einer psychosozialen Mitarbeitendenberatung oder eines Employee Assistance Programms (EAP), das Mitarbeitenden Unterstützung bei persönlichen Problemen und Ängsten bietet.

- Informationen über externe Beratungsmöglichkeiten bereitstellen, damit Mitarbeitende auf zusätzliche Ressourcen zugreifen können.
- Führungskräfte befähigen, einfühlsam und lösungsorientiert mit ihren Teams über Sorgen und Ängste zu sprechen.
- Eigene Hilfsaktionen ins Leben rufen, an denen sich viele Mitarbeitende beteiligen können, um ein Gemeinschaftsgefühl zu fördern.
- Die Einführung von Aktivitäten zur Stressbewältigung, wie eine Laufaktion mit Schrittzählern, um die körperliche Gesundheit zu fördern.
- Mitarbeitende, die sich für Gesundheitsthemen interessieren, zu psychologischen Ersthelfern fortbilden, um im Bedarfsfall Unterstützung zu bieten.
- In der Mittagspause oder nach der Arbeit Entspannungskurse für die Beschäftigten anbieten, um Stress abzubauen.
- Die Resilienz der Beschäftigten stärken, damit sie besser mit Stress und Ängsten umgehen können (Goldstein, 2022; Neuner, 2021).

Ein Beispiel für die Bewältigung von Stress und Ängsten am Arbeitsplatz ist Microsoft. Das Unternehmen hat ein umfassendes BGF-Programm entwickelt, das Maßnahmen zur psychischen Gesundheit der Mitarbeitenden einschließt. Dies umfasst betriebsärztliche Beratungsstunden, psychosoziale Mitarbeiterberatung und Schulungen für Führungskräfte im Umgang mit Mitarbeitenden, die unter Stress und Ängsten leiden. Darüber hinaus hat Microsoft Mitarbeitende dazu ermutigt, eigene Gesundheitsinitiativen ins Leben zu rufen, wie Laufaktionen und Entspannungskurse. Diese Maßnahmen stärken die Resilienz der Mitarbeitenden und unterstützen sie dabei, gesund mit Stress umzugehen (Microsoft, 2023).

6.8 Krankheitsausfälle durch Corona

Die COVID-19-Pandemie hat die Bedeutung von Gesundheit in den Fokus gerückt. Organisationen haben mit Störungen im Betriebsablauf aufgrund von Krankheitsausfällen zu kämpfen, was zu hohen Kosten führen kann. Es ist daher entscheidend, geeignete Maßnahmen zu ergreifen, um die Gesundheit der Mitarbeitenden zu schützen und den Betrieb aufrechtzuerhalten.

Ein Beispiel für die Bewältigung von Krankheitsausfällen aufgrund der COVID-19-Pandemie ist Amazon. Das Unternehmen führte umfassende Gesundheits- und Sicherheitsmaßnahmen ein, um die Ausbreitung des Virus am Arbeitsplatz zu verhindern. Dies beinhaltete regelmäßige Tests, Kontaktverfolgung und die Bereitstellung von Schutzausrüstung. Amazon führte auch flexible Arbeitsregelungen ein, um Mitarbeitenden, die von zu Hause aus arbeiten können, dies zu ermöglichen. Diese Maßnahmen trugen dazu bei, die Gesundheit der Mitarbeitenden zu schützen und gleichzeitig den Betriebsablauf aufrechtzuerhalten (Amazon, 2023).

6.9 Homeoffice – Verminderter Kontakt zu Mitarbeitenden und Teams

Die vermehrte Nutzung von Homeoffice stellt Organisationen vor die Herausforderung, den Kontakt zu Mitarbeitenden und Teams aufrechtzuerhalten. Es gilt, effektive Kommunikationskanäle zu etablieren und sicherzustellen, dass die Mitarbeitenden gut integriert und motiviert bleiben. Dabei bieten sich verschiedene Lösungen an, darunter die Nutzung von Wearables und Home-Kits, Intranet-Plattformen und Apps sowie die Durchführung von Team-Challenges.

Ein Beispiel für die Förderung des Zusammenhalts von Teams im Homeoffice ist das Unternehmen X (ehemals Twitter). X hat virtuelle Team-Challenges und Aktivitäten eingeführt, um den Kontakt und die soziale Interaktion der Mitarbeitenden aufrechtzuerhalten. Dazu gehören wöchentliche virtuelle Treffen, bei denen Mitarbeitende ihre Erfahrungen und Ideen teilen können, sowie die Nutzung von digitalen Plattformen und Intranet-Tools, um die Kommunikation zu erleichtern. Diese Maßnahmen tragen dazu bei, die Teamdynamik auch im Homeoffice aufrechtzuerhalten.

6.10 Nachhaltigkeit als soziales, ökologisches und ökonomisches Thema

Nachhaltigkeit ist heute ein zentrales Thema für Organisationen, das soziale, ökologische und ökonomische Aspekte umfasst. Die Herausforderung besteht darin, Synergien zwischen diesen Bereichen zu finden und gesamtsystemische Verbindungen herzustellen. Plattformen und Initiativen können dabei helfen, Nachhaltigkeitsziele zu erreichen und positive Auswirkungen auf die Gesellschaft, Umwelt und Wirtschaft zu erzielen.

Ein Beispiel für die Integration von Nachhaltigkeit in Geschäftspraktiken ist das Unternehmen Unilever. Unilever hat sich dem Ziel verschrieben, nachhaltig zu wirtschaften und gleichzeitig soziale und ökologische Verantwortung zu übernehmen. Das Unternehmen hat eine umfassende Nachhaltigkeitsstrategie entwickelt, die die Reduzierung des ökologischen Fußabdrucks, die Förderung sozialer Gerechtigkeit und die Schaffung ökonomischer Werte miteinander verknüpft. Unilever setzt Plattformen wie den Unilever-Sustainable-Living-Plan ein, um diese Ziele zu erreichen und gleichzeitig sein Geschäft auszubauen (Unilever, 2023).

6.11 Caring Leadership

Die Digitalisierung hat einen tiefgreifenden Einfluss auf Organisationen und erfordert Veränderung, Transformation und Agilität. Die Einführung neuer Organisationsstrukturen, wie Holokratie, kann jedoch auch Stress verursachen. Daher ist ein Caring Leadership entscheidend, um die Bedürfnisse der Mitarbeitenden während des digitalen Wandels zu berücksichtigen. Was aber bedeutet Caring Leadership eigentlich? Auf Führungskräfte kommt hier ein Aspekt zu, der über thematische Aufgaben weit hinausgeht. Mauersberger erklärt dazu: „**Wo Beständigkeit fehlt, geben berufliche Beziehungen den Menschen Stabilität. Eine Chance für neue Führungsmodelle.** (…)

Einsamkeit, Isolierung, Stress, psychische Probleme und die immer mehr verschwimmenden Grenzen zwischen Arbeit und Freizeit sind zu den bestimmenden Faktoren unseres Alltages geworden. In derart unsicheren Zeiten haben soziale Werte wie Vertrauen, Fürsorge, Akzeptanz und Unterstützung – nicht nur unter Freunden und Familie, sondern vor allem unter Kollegen – einen neuen Stellenwert eingenommen. Wo Beständigkeit nicht absehbar ist, können berufliche Beziehungen die nötige Stabilität geben." (Mauersberger, 2021).

Eine effektive Krisenkommunikation ist ebenfalls von großer Bedeutung, um Veränderungen erfolgreich zu managen. Die Herausforderungen, vor denen Organisationen stehen, sind vielfältig und verlangen nach innovativen Lösungen. BGM und BGF können dazu beitragen, diese Herausforderungen zu bewältigen, die Gesundheit und das Wohlbefinden der Mitarbeitenden zu fördern und gleichzeitig die langfristige Wettbewerbsfähigkeit des Unternehmens zu sichern.

Literatur

AckerCompany. (Hrsg.). (2023). *Vom Acker auf den Teller. Einzigartige Gemüseerlebnisse für Quartiere, Nachbarschaften und Unternehmen.* https://ackerpause.de/. Zugegriffen am 06.10.2023.

Adidas. (Hrsg.). (2022). *Run for the oceans.* https://www.adidas.de/runfortheoceans. Zugegriffen am 06.10.2023.

Amazon Deutschland. (Hrsg.). (2023). *Amazon News. Nachhaltigkeit.* https://www.aboutamazon.de/news/nachhaltigkeit. Zugegriffen am 06.10.2023.

Better Time. (2023). *Warum investiert Google so viel in das Wohlbefinden seiner Mitarbeiter.* Better You. https://www-betteryou-ai.translate.goog/why-does-google-invest-so-much-in-employee-wellness/?_x_tr_sl=en&_x_tr_tl=de&_x_tr_hl=de&_x_tr_pto=rq. Zugegriffen am 15.08.2024.

BKK-Dachverband. (Hrsg.). (2015). Praxisbeispiel Unternehmen: Siemens. In *BGM Online, Im Betrieb erfolgreich managen.* https://www.bgm-bkk.de/uploads/media/Praxisbeispiel_Siemens.pdf. Zugegriffen am 06.10.2023.

Burkhardt, P., & Engelien, A. (o.J.). *Agiles Mindset/1.2 Definition des Begriffs Agilität.* Haufe. https://www.haufe.de/finance/haufe-finance-office-premium/agiles-mindset-12-definition-des-begriffs-agilitaet_idesk_PI20354_HI15462330.html. Zugegriffen am 15.08.2024.

Deutsche Bank. (Hrsg.). (2023). *Gesundheit. Angebote rund um Ihr Wohlbefinden.* https://careers.db.com/explore-the-bank/working-environment/benefits-wellbeing/index?language_id=3. Zugegriffen am 06.10.2023.

Diané, M. (2016). *BGM und Agilität. Workout statt Burnout. business health. Integrales Gesundheitsmanagement. Präsentation.* https://www.gesundheitbb.de/fileadmin/user_upload/GesBB/Arbeitskreise/Arbeitskreis_Betriebliche_Gesundheitsfoerderung/10_18_AK_Betriebliche_Gesundheitsfoerderung_BGM_Agilitaet.pdf. Zugegriffen am 06.10.2023.

Goldstein, K. (2022). *10 BGM-Maßnahmen in Zeiten der Angst.* https://goldstein-bgm.de/10-bgm-massnahmen-in-zeiten-der-angst. Zugegriffen am 06.10.2023.

IHK für Essen. (Hrsg.). (2023). *Betriebliches Gesundheitsmanagement – Best Practice*. IHK-Broschüre. https://www.ihk.de/meo/produktmarken/branchen/gesundheitswirtschaft/betriebliche-gesundheitsfoerderung/betriebliches-gesundheitsmanagement-best-practice-2103502. Zugegriffen am 06.10.2023.

Knieps, F., & Pfaff, H. (Hrsg.). (2022). *Pflegefall Pflege (BKK-Gesundheitsreport 2022)*. MWV. https://www.bkk-dachverband.de/fileadmin/user_upload/BKK_Gesundheitsreport_2022.pdf. Zugegriffen am 06.10.2023.

Mauersberger, S. (2021). Caring Leadership: Beziehungen im Unternehmen stärken. *HR Journal*. https://www.hrjournal.de/caring-leadership-beziehungen-im-unternehmen-staerken/. Zugegriffen am 15.08.2024.

Microsoft. (Hrsg.). (2023). *Gelebte Vielfalt und Inklusion bei Microsoft*. https://news.microsoft.com/de-de/features/gelebte-vielfalt-und-inklusion-bei-microsoft/. Zugegriffen am 06.10.2023.

Neuner, R. (2021). *Psychische Gesundheit bei der Arbeit: Gefährdungsbeurteilung und gesunde Organisationsentwicklung* (4. Aufl.). Springer Fachmedien.

Personio. (2024). *Holokratie: Ohne Hierarchie zum Erfolg*. Personio. https://www.personio.de/hr-lexikon/holokratie/. Zugegriffen am 15.08.2024.

SAP Deutschland. (Hrsg.). (2023). *Global diversity and inclusion*. https://www.sap.com/germany/about/company/our-values/diversity.html. Zugegriffen am 06.10.2023.

Science Direct. (2024). Soziale Nachhaltigkeit. *Science Direct*. https://www-sciencedirect-com.translate.goog/topics/engineering/social-sustainability?_x_tr_sl=en&_x_tr_tl=de&_x_tr_hl=de&_x_tr_pto=rq. Zugegriffen am 15.08.2024.

Siemens Campus Erlangen. (Hrsg.). (2023). *Mobilität*. https://www.siemens.com/de/de/unternehmen/konzern/unternehmensstruktur/real-estate/siemens-campus-erlangen/mobility.html#MobilitatsHubs. Zugegriffen am 06.10.2023.

Spotify. (Hrsg.). (2023). *Spotify HR blog*. https://hrblog.spotify.com/. Zugegriffen am 06.10.2023.

Tappa. (Hrsg.). (2023). *Betriebliche Gesundheitsförderung, die alle bewegt*. https://www.tappa.de/firmengewettbewerbe/ bzw. Betriebliche Gesundheitsförderung, die alles frisch und knackig macht. https://www.tappa.de/iss-dich-fit-wettbewerb/. Zugegriffen am 06.10.2023.

Unilever. (Hrsg.). (2023). *Planet & society*. https://www.unilever.com/planet-and-society/. Zugegriffen am 06.10.2023.

Veganuary. (Hrsg.). (2023). *Workplace challenge*. https://veganuary.com/get-involved/workplace-challenge/. Zugegriffen am 06.10.2023.

Teil II
Ernährung

Teil II thematisiert das Handlungsfeld Ernährung im Rahmen der Betrieblichen Gesundheitsförderung (BGF). Zunächst werden Ernährungstrends (siehe Kap. 7), aktuelle Entwicklungen in der Ernährungspolitik (siehe Kap. 8), Daten zur Ernährungsepidemiologie (siehe Kap. 9) und Grundlagen zum Essen am Arbeitsplatz („Jobfood"), siehe Kap. 10) erläutert. Im Anschluss werden pragmatische Empfehlungen zur Umsetzung von Interventionen im Ernährungsbereich gegeben: zum Einsatz von Bioimpedanzanalysen (BIA, siehe Kap. 11), zur Ernährungsberatung (siehe Kap. 12) bzw. Ernährungsbildung (siehe Kap. 13) im Betrieb gegeben. Abschließend wird Ernährung im Zusammenhang mit Leistungsfähigkeit thematisiert (siehe Kap. 14), Aspekte des achtsamen Essens („Mindful eating", siehe Kap. 15), der Ernährung in der Schicht- und Nacharbeit (siehe Kap. 16) und der Ernährung bei mobiler Arbeit (siehe Kap. 17) erläutert.

Megatrend Gesundheit und Ernährungstrends

7

Silke Lichtenstein

7.1 Einführung

Ernährungsentscheidungen sind immer auch kulturelle Handlungen, die als solche stark von gesellschaftlichen Entwicklungen geprägt werden (Rützler und Reiter, 2019; Barlösius, 2016, S. 11). Aufgrund dieser engen Verbindung spiegeln sich die gegenwärtigen Veränderungen des gesellschaftlichen Wandels in der Esskultur allgemein und speziell in Food- und Ernährungstrends besonders schnell und prägnant wider. Darüber hinaus determiniert der Wandel auch die in der Gesellschaft vorherrschenden Werte, Leitbilder bzw. Lebensziele. Als Wert von zunehmender gesellschaftlicher Bedeutung steht Gesundheit seit einigen Jahren im Fokus der Trend- und Zukunftsforschung. Sie beschäftigt sich mit dem gesellschaftlichen Wandel, um aus den gegenwärtigen Veränderungen Vorhersagen bezüglich künftiger Entwicklungen abzuleiten, meist im Auftrag von Unternehmen. Im Falle besonders einflussreicher Entwicklungen spricht die Trend- und Zukunftsforschung von „Megatrends". Als sogenannter Megatrend beeinflusst Gesundheit seit einiger Zeit die Ernährung im Allgemeinen bzw. die Esskultur besonders stark. Diese Dynamik sorgt zum einen dafür, dass sich für Ernährungsfachkräfte die äußeren Rahmenbedingungen der BGF wandeln, womit auch die Bedürfnisse und Ansprüche der Auftraggebenden und Zielgruppen wechseln. Zum anderen ergibt sich für alle Dienstleistenden daraus auch die Notwendigkeit, Geschäftsmodelle und Leistungen stetig an den Wandel anzupassen, um am Markt bestehen zu bleiben bzw. wachsen zu können. Das Wissen über den Mega-

S. Lichtenstein (✉)
Mannheim, Deutschland
E-Mail: Lichtenstein@gesunde-ernaehrung.org

© Der/die Autor(en), exklusiv lizenziert an Springer-Verlag GmbH, DE, ein Teil von Springer Nature 2025
A. Flothow et al. (Hrsg.), *Betriebliche Gesundheitsförderung für Ernährungsfachkräfte*, Berufspraxis: Ernährung, https://doi.org/10.1007/978-3-662-70049-5_7

trend Gesundheit aus der Perspektive der Trend- und Zukunftsforschung bietet Ernährungsfachkräften hierfür wertvolle Grundlagen.

7.1.1 Gesundheit als Wert

Heute steht Gesundheit ganz oben auf der Liste gesellschaftlicher Werte und damit sinnbildlich für ein gelungenes Leben (Zukunftsinstitut, 2024). Der Begriff „gesellschaftlicher Wert" ist in etwa als „eine in einer Gesellschaft vorherrschende Zielvorstellung vom Erstrebenswerten" zu übersetzen. Weil Menschen anhand ihrer Werte ihre Denk- und Handlungsweisen ausrichten, besitzen sie auch wesentliche Relevanz für die Interessen von Kunden am BGF-Markt. Neben der aktiven, das Denken und Handeln prägenden Funktion, beinhaltet der Wertebegriff auch eine passive Komponente (Wurthmann, 2024; Bundeszentrale für politische Aufklärung, 2024 mit Kluckhohn, 1951). In ihrem Streben nach einem Wert, z. B. Gesundheit, müssen Menschen ihr Bemühen stets mit ihren anderen Werten, wie etwa Freiheit oder Erfolg, in Einklang bringen. Dadurch verändern sie selbst ihre eigenen Werte - und darüber letztlich auch die kollektiven Wertegefüge. Das macht gesellschaftliche Werte zu einem fluiden System, das sich auf nicht vorhersagbare Weise und in einer globalisierten und digital vernetzten Welt immer schneller wandelt.

Das viel beschworene „höchste Gut" Gesundheit ist heute tatsächlich Wirklichkeit und zum Inbegriff von Lebensqualität geworden. Gekennzeichnet ist dieses Streben heute einerseits durch starke ich- und leistungsbezogene Symbole in Form bestimmter Körperbilder und Ernährungstrends. Immer stärkere, proaktive, präventiv ausgerichtete Bestrebungen und das wachsende unternehmerische Engagement für die betriebliche Gesundheit, schließen hier nahtlos an. Andererseits wandelt sich das allgemeine Verständnis von Gesundheit hin zu einer den gesamten Planeten umfassenden Perspektive. Es macht nicht nur keinen Unterschied mehr zwischen individueller und kollektiver Gesundheit, sondern vereint auch mentale und körperliche Gesundheit. (Zukunftsinstitut, 2023; Plinz-Wittorf & Heindl, 2014).

An diesem komplexen und langwierigen Prozess, dem die COVID-19-Pandemie nun den letzten Anschub gab, waren und sind viele Entwicklungen auf gesellschaftlicher Ebene beteiligt.

> **Beispiel**
>
> Zwei Beispiele für solche Entwicklungen sind die Digitalisierung und der demografische Wandel. Mit Blick auf die Gesundheit bedeutet die zunehmende digitale Vernetzung auch, dass sich damit allen Menschen der Zugang zu Wissen, z. B. über die Zusammenhänge zwischen der Lebensweise und der Entstehung von Erkrankungen, eröffnet, was zuvor nur den gebildeten Bevölkerungsgruppen zugänglich war. Ähnlich wirkte sich auch der demografische Wandel aus. In einer überalterten Gesellschaft treffen jüngere Generationen öfter auf ältere Menschen, woran auch der Beitrag einer gesundheitsförderlichen Lebensweise für ein späteres „gutes Leben" im Alter im Alltag immer erlebbarer wird. ◄

7.1.2 Die Historie als Gradmesser: Gesundheit im Wandel

Historisch ist die heutige Führungsposition von Gesundheit als Lebensziel Nr. 1 einmalig. Rückblickend zeigt sich, dass sich der Gesundheitsbegriff, ausgehend von einem einst unverrückbaren Schicksal, einst zu einem auch selbst verantworteten, jedoch mit Anstrengung, Verzicht und Freudlosigkeit konnotierten Verständnis wandelte.

Erst in den letzten Dekaden „kippte" dieses Bild von Gesundheit ins Gegenteil. Seitdem wird Gesundheit fortan als gesellschaftliche „Meta-Währung" als „Voraussetzung, Bedingung und Ausdruck des persönlichen Erfolgs zugleich" verstanden (Schröder, 2016, S. 128).

1. Zentrale Frage war über die Jahrhunderte immer die nach dem objektiven, biomedizinisch definiertem Gesundheitszustand (Freiheit von Krankheit) versus subjektivem Gesund-Fühlen (Wohlfühlen, Wellbeing). Dafür steht die Aussage des Mediziners Boerhaave, der bereits vor Jahrhunderten „jedem Menschen seine besondere Gesundheit" zusprach (Boerhaave, 1709).
2. Ein zweiter, älterer Konflikt besteht bis heute zwischen dem Paradigma „Krankheit als Schicksal" und dem Beitrag der eigenen Verhaltensweise. Die Voraussetzung dafür war der Wandel der überwiegend kurativen zur präventiven Medizin, der diese Perspektive erst ermöglichte (Frick et al., 2020). In der westlichen Welt ist daher die „Schuldfrage" auch infolge der Wissenskultur präsenter denn je.
3. Drittens verlief der Aufschwung von Gesundheit zur Norm parallel zum wachsenden Leistungs- und Wettbewerbsstreben, das dem Steigerungsgedanken der Industrialisierungsära zugeschrieben wird. Es zeigt sich noch heute, z. B. als „Selbstoptimierung" oder Self-Enhancement sowie im Reiz des Wettbewerbs („Challenges") (Schreiber, 2021; Schröder, 2016; Bröckling, 2007). Mit dieser Ausrichtung wandelte sich Gesundheit in den Industrieländern zum Lifestyle der Erfolgreichen. Im Kontext wachsender Ungleichheit ist heute ebenfalls eine zunehmende Distinktion der sozial schlechter gestellten Gruppen und damit ein Gegentrend bewusst „ungesunder" Ernährungspraktiken wahrscheinlich. Besonders lässt sich das an der zwiegespaltenen Resonanz auf Ernährungstrends beobachten (Rützler & Reiter, 2019) (vgl. Kap. 18).
4. Besonders komplexe Fragen ergeben sich aus der jüngsten Wandlung des Gesundheitsbegriffs, infolge der zunehmenden Konfrontation mit den Auswirkungen westlicher Zivilisation. Im Fokus stehen jetzt das individuelle Handeln und seine Auswirkungen (Wippermann & Kruger, 2013, S. 20). Diese neue Dimension hinterfragt auch die „Privatsache" Gesundheit und befördert sie zum „öffentlichen Gut" (Public Health) . Mit diesem globalen Blick auf Umwelt- und Gesundheitskosten umfasst Gesundheit jetzt auch die planetare Gesundheit, was ihr auch ethisches, ökonomisches und politisches Gewicht verleiht (One Health High-Level Expert Panel (OHHLEP et al., 2022).

Diese kurze Reflexion belegt den Einfluss gesellschaftlicher Trends, die wie beim Wachstumsparadigma der Industrialisierung per se nichts mit Gesundheit zu tun haben müssen (Zukunftsinstitut, 2024). Insofern prägen gesellschaftliche Trends die Bedeutung von Gesundheit als Wert, wie auch das Verständnis von Gesundheit, das auch darüber entscheidet, wie eine der Gesundheit zuträgliche Lebensweise aussieht.

Trends bestimmen die Nachfrage und den Erfolg von BGF-Angeboten. Besonders markant prägen Spannungsfelder, die von unterschiedlichen Werthaltungen und damit auch mehreren nebeneinander bestehenden, gesundheitlichen Idealen erzeugt werden.

> **Beispiel**
>
> So ging es in der BGF früher, in Zeiten noch weniger verbreitetem Ernährungswissen und -bewusstsein, beispielsweise viel stärker um Sensibilisierung, Motivation und Wissensvermittlung an die Zielgruppen. Heute hingegen braucht es viel eher Hilfen zur Bewältigung konfliktbehafteter (Fehl-)Information, die Vermittlung der eigenen Ernährung im Gesamtzusammenhang des Ernährungssystems und nicht zuletzt um die Reflexion eigener Werte, Bedürfnisse und Lebensziele. Schlagworte wie Planetary Health, Achtsamkeit und Wohlfühlgewicht sind hier die Beispiele. ◄

Wenn unterschiedliche gesundheitlich motivierte Ziele unvereinbar sind und Konflikte auslösen, erzeugt das in den Zielgruppen besonders unangenehme Spannungen. Bestes Beispiel ist die als gesund propagierte Avocado, die aufgrund des hohen Wasserverbrauchs wiederum medial in Verruf geraten ist (Stiftung Warentest, 2024). Das Gleiche geschieht, wenn gesunde Verhaltensweisen bei der Umsetzung im Alltags- bzw. Berufsleben Probleme bereiten. Als Ernährungsfachkraft in der BGF-Praxis ist der Fokus auf die Interessenkonflikte bzw. Spannungsfelder daher besonders interessant, denn hier entsteht die Nachfrage. Beim gegenwärtigen Trend Gesundheit lassen sich in vielerlei Hinsicht Konflikte und Probleme feststellen, die sich als Orientierungshilfe für die kundenseitigen Bedarfe und Bedürfnisse nutzen lassen (siehe Abb. 7.1).

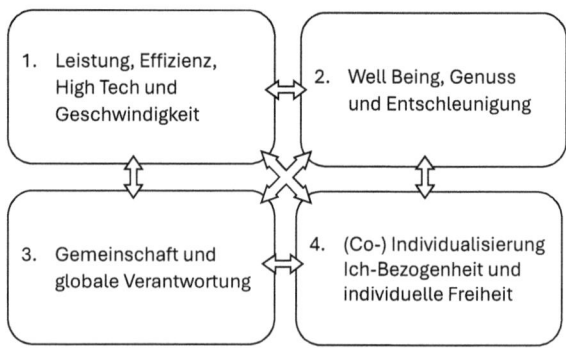

Abb. 7.1 Gesundheitliche Leitbilder und Spannungsfelder

7.2 Exkurs in die Trend- und Zukunftsforschung

Das Wissen über den gesellschaftlichen Wertewandel und die damit verbundenen gesellschaftlichen Entwicklungen bzw. Trends erarbeitet die Trend- und Zukunftsforschung.

▶ Unter Trend versteht man im Kontext gesellschaftlicher Veränderungen „[...] eine bestimmte Veränderungsbewegung oder ein[en] Wandlungsprozess" (Horx, 2010).

Auf Gesundheit bezogen lassen sich heute zahlreiche spezifische Gesundheitstrends identifizieren. Sie tragen charakteristische Namen, wie z. B. „Smart Health", und sind mehr oder weniger breit in der Gesellschaft vertreten. Der Health Report des Zukunftsinstituts, einem der führenden Trendforschungsinstitute aus Frankfurt a. M., fasst sie zusammen; außerdem sind dort die Besonderheiten der heutigen Leitbilder von Gesundheit herausgearbeitet. Für Ernährungsfachkräfte ist daran v.a. das Phänomen interessant, dass – laut Trandforschung – Ernährung eine zentrale, synonymartige Position zur Gesundheit einnimmt, sowie der Trend, dass sich Gesundheit zunehmend auch im Arbeitsleben etabliert (Zukunftsinstitut, 2024) (siehe Abb. 7.2).

7.2.1 Sicht und Arbeitsweise der Trend- und Zukunftsforschung

Die charakteristische Methode der Trend- und Zukunftsforschung ist die (wertfreie) Beobachtung von Veränderungen bzw. Trends (Rützler & Reiter, 2019). Letztlich geht es darum,

Gesundheitstrends - Gesundheit ist...

- **Selbstoptimierung** – Sportivity u.a.
- **Mental** – Mental Health u.a.
- **Ernährung** – Planted u.a.
- **Weiblich** – FemTech u.a.
- **Digital** – Digital Health u.a.
- **Vorsorge** – Preventive Health u.a.
- **Human Ressources** – Corporate Health u.a.

Abb. 7.2 Health Report 2024: Gesundheitstrends. (Nach Zukunftsinstitut, 2024)

die einzelnen Bewegungen oder Trends des gesellschaftlichen Wandels herauszuarbeiten, sie systematisch zu beobachten und einzuordnen, um Prognosen für den Markt bzw. die Gesellschaft von morgen daraus abzuleiten. In diesem Sinne liegt der Trend- und Zukunftsforschung die Annahme zugrunde, dass das, was morgen und in Zukunft geschieht, etwas gegenwärtig Geschaffenes ist. Demzufolge erlauben die systematische Beobachtung und Analyse der wirkstärksten Entwicklungen die Erstellung von Prognosen für die Zukunft. Diese Philosophie spricht auch aus dem Zitat von Foodtrendforscherin Hanni Rützler. Im Food Report 2023 schreibt sie: „Zukunft kommt – allen unplanbaren Zufällen zum Trotz – nicht einfach auf uns zu. Sie entsteht in unserem Denken und Handeln, das wiederum auf unseren Werten und Taten beruht" (Rützler & Reiter, 2022).

Die zweite methodische Besonderheit ist ein Fokus, der explizit nicht nur die Massenbewegungen betrachtet, sondern gezielt auch das Verhalten von Minderheiten in den Blick nimmt. Der Grund dafür liegt auf der Hand: Bahnbrechende Innovationen gehen oft von kleinen, auffälligen Gruppen, sogenannten „Avantgarden" oder „Keimzellen", aus, bevor sie Massenbewegungen auslösen (Rützler & Reiter, 2019). Auch für viele Ernährungstrends, wie beispielsweise die vegane Ernährung oder „Free from", trifft das zu (vgl. Kap. 18).

▶ In der praktischen Auseinandersetzung mit Trends gewinnt man oft den Eindruck, dass sich verschiedene Trends aneinanderreihen und das Auftreten eines neuen Trends automatisch das Erlöschen eines anderen bedeutet. Aus diesem Grund werden insbesondere schnell aufkommende Trends oft als schnelllebige „Hypes" abgetan und viele Unternehmen, aber auch Institutionen und Organisationen, nehmen vor allem Ernährungstrends wenig ernst, zögern und warten ab. Dieser Eindruck trügt, wie Rützler betont. Sie stellt klar, dass Food-Trends nicht als statische Phänomene misszuverstehen sind, sondern sich in einer „permanenten Evolutionsschleife" befinden. Trends wandeln sich ständig, sie lösen auch Gegentrends aus, alle können koexistieren und zusammen markieren sie den esskulturellen Wandel (Rützler & Reiter, 2018, S. 17, 2024, S. 12-15) (vgl. Kap. 18).

7.2.2 Der Nutzen der Trend- und Zukunftsforschung für die BGF-Praxis

Heute agieren viele Unternehmen an gesättigten Märkten und unterliegen dort im Wettbewerb einem enorm hohen Anpassungs- und Veränderungsdruck, der vorwiegend durch die Nachfrage bestimmt wird. Dadurch gewinnen Kenntnisse über die wesentlichen gesellschaftlichen Veränderungen, von denen die Kundenwünsche von morgen maßgeblich abhängen, zunehmend an Bedeutung (vgl. Kap. 18).

Mit Blick auf die BGF-Praxis stellt diese sich immer schneller verändernde Außenwelt den Rahmen dar und auch die Innenwelt in den Unternehmen bzw. in den dortigen Belegschaften verändert sich ständig mit derselben Dynamik. Trends sind sinngemäß als Abbilder dieses Wandels zu verstehen, die zugleich auch den betriebsinternen Wandel erfassen (Rützler & Reiter, 2024). Insofern beeinflussen gesellschaftliche Trends auch die Wertehaltungen und Leitbilder aller Agierenden in der Arbeitswelt. Im Hinblick auf die strategische und operative Umsetzung in die BGF-Praxis erlaubt demnach das Wissen über die wesentlichen Trends auch Rückschlüsse auf die Bedarfe und Bedürfnisse der Zielgruppe. Es ergänzt so als relevante „Mosaiksteinchen" z. B. ökonomische Daten oder andere Kennzahlen.

Heute hängt der Erfolg von BGF-Angeboten stark von der Passgenauigkeit der Angebote auf diese Anforderungen ab. In manchen Branchen haben ausschließlich Angebote eine Chance, die mit dem Aufgreifen von Trends das „gewisse Etwas" besitzen, das die Zielgruppen anspricht. Da mit der zunehmenden globalen und digitalen Vernetzung auch die Geschwindigkeit des gesellschaftlichen Wandels steigt wird es für Ernährungsfachkräfte immer wichtiger, Leistungen genauso schnell an die sich wandelnden Trends anzupassen. Zu dieser Agilität im Portfolio verhilft das Wissen der Trend- und Zukunftsforschung.

Für die BGF-Praxis reicht das Wissen über die wirkungsvollsten gesellschaftlichen Trends, da sie alle Gruppen und Lebensbereiche betreffende und dauerhafte Entwicklungen und Werte abbilden. Für diesen Zweck eignet sich das Konzept der Megatrends des Zukunftsinstituts Frankfurt besonders gut.

7.3 Das Konzept der Megatrends und: Gesundheit als Megatrend

▶ Nach Horx et al. sind Megatrends den gesellschaftlichen Wandel vorantreibende Kräfte („Treiber"), die besonders starke und andauernde Wirkungskraft besitzen (Zukunftsinstitut, 2018, 2023). Was man sich darunter vorzustellen hat, geben die Beschreibungen des Zukunftsinstituts, zurückgehend auf Naisbitt, wieder, die Megatrends als „Lawinen in Zeitlupe", „Entwicklungskonstanten" sowie „Tiefenströmungen des Wandels" bezeichnen (Naisbitt, 1982; Rützler & Reiter, 2018). Alle diese Metaphern sagen aus, dass sich Megatrends unterschwellig und langsam entwickeln, dann enorme Schubkraft gewinnen können und schließlich anhaltend Einfluss auf alle Lebensbereiche nehmen.

Anhand von Megatrends lassen sich a) wesentliche soziokulturelle Veränderungen sowie b) die in der Bevölkerung überwiegenden Werte und Leitbilder und damit auch c) die vorherrschenden Bedürfnisse und Bedarfe von Zielgruppen ablesen.

An der Entstehung von Megatrends sind zwei Prozesse beteiligt (Zukunftsinstitut, 2023):

1. Herauslösung gesellschaftlicher, wirtschaftlicher oder technischer Phänomene oder Innovationen aus gesellschaftlichen Randbereichen oder Nischen und den Übergang in die Mitte der Gesellschaft (z. B. Digitalisierung).
2. Relevanzzugewinn neuer Phänomene, der dafür sorgt, dass kleine Avantgarden das Potenzial entwickeln, den Mainstream zu verändern, was sich z. B. in Lebensformen, im Konsum und auch in der Arbeitswelt zeigt.

Megatrends werden also nicht erfunden. Sie ergeben sich aus dem in Beobachtungen gesammelten Wissen der Trend- und Zukunftsforschung (Rützler & Reiter, 2018). Das Zukunftsinstitut beschreibt diesen Prozess bis zur Benennung von Megatrends als „konzentriertes Ergebnis einer systematischen Beobachtung, Beschreibung und Bewertung neuer Entwicklungen in Wirtschaft und Gesellschaft" (Zukunftsinstitut, 2024).

▶ Der große Vorteil von Megatrends für die BGF-Praxis liegt darin, dass mit ihnen die Auslese der dauerhaft wirksamen, übergeordneten Hauptströmungen aus der großen Masse heraus gelingt, zu denen auch Food- und Ernährungstrends gehören. Gleichzeitig strukturieren Megatrends auch den wenig greifbaren gesellschaftlichen Wandel, in einzelne, zukunftsrelevante Hauptströmungen. Auf diese Weise konkretisieren sie das Gesamtgeschehen in Zielrichtungen, die für die strategische und operative Ausrichtung in Unternehmen gleichermaßen hilfreich sind.

7.3.1 Megatrends im Überblick

Als einer der wirkungsstärksten Megatrends findet Gesundheit heute in allen Lebensbereichen statt und ist als Leitbild in den Denk- und Arbeitsweisen des unternehmerischen wie auch alltäglichen Handelns verankert. Seine volle Wirkmacht zeigt sich jedoch erst im Kontext der anderen Megatrends, die das Zukunftsinstitut definiert hat (siehe Abb. 7.3) (Zukunftsinstitut, 2024).

Die Namen und Beschreibungen der insgesamt zwölf Megatrends werden analog zum Wandel kontinuierlich angepasst. So formierte sich beispielsweise aus dem einstigen Megatrend Nachhaltigkeit, mit zunehmender Verdichtung auf die Umweltaspekte, der Megatrend Neo-Ökologie.

Alle Megatrends üben jeweils dynamischen und wechselseitigen Einfluss auf andere (Mega-)Trends aus. Dynamisch meint, dass die Wirkung oft in Wellen auftritt, mitunter flaut ihr Einfluss merklich ab, um dann (nach einer gewissen Zeit oder in anderen Lebensbereichen) zurückzukehren. Das Zukunftsinstitut hat vier wesentliche Merkmale von Megatrends definiert, die Aufschluss über die Wechselwirkungsweise geben (siehe Abb. 7.4) (Zukunftsinstitut, 2023)

Beispiel

Im Health Report 2024 zeigen sich viele Wechselwirkungen. Zwar entwickelt sich das Verständnis von Gesundheit weg von der „kleinteiligen, individualistischen Perspektive" hin zu einer holistischen. Dennoch bleibt mit individuellem „Well Being" und digitalisiertem „Self-Tracking" beides bestehen. Mit New Work, Leistung, Digitalisierung und Hightech auf der einen und romantisierten Vorstellungen von Natürlichkeit auf der anderen Seite driften auch andere Ideale immer weiter auseinander (Zukunftsinstitut, 2023). ◀

Megatrends	
Individualisierung: zentrales Kulturprinzip des 21. Jahrhunderts, trug bei zum Wandel der Alltagskultur und Wertesystemen und Ausformung pluralistischer Gesellschaften, hervorgegangen aus hochgradiger Rationalisierung und globaler Standardisierung (macht aktives Emporheben des Egos wichtiger), aktueller Maßstab dafür: Impact des Egos auf den Kontext („Co-Individualisierung")	**Globalisierung:** zunehmende Vernetzung der Welt auf allen Ebenen (z.B. Wirtschaft, Politik, Gesellschaft)
	Urbanisierung: zunehmende Bedeutung von Städten, auch als Zentren der pluralistischen Gesellschaft
New Work: Ende einer auf Erwerbsarbeit ausgerichteten, rationalen Leistungsgesellschaft (Bergmann 2004), Umbruch der Arbeitswelt beginnt mit der Sinnfrage, neue Werte sind nicht mehr an Einkommen und Status gekoppelt	**Mobilität:** zunehmende Entkopplung von Lebensort von Arbeitsplatz und Räumen der Freizeit- und Urlaubs-gestaltung
Konnektivität: Prinzip der zunehmenden digitalen Vernetzung, dominiert alle Lebensbereiche, markiert den gesellschaftlichen Wandel im 21. Jahrhundert, eng mit Digitalisierung und Globalisierung assoziiert, Bildung neuer Märkte, sozio-kultureller Normen, Lebensstile und Alltagsroutinen; eröffnet (theoretisch) allen Menschen den Zugang zu Wissen(-schaft)	**Wissenskultur:** zunehmende Verfügbarkeit und Bedeutung von Wissen, Wissenschaft, Wissen wird Gemeingut und die Deutungshoheit umkämpfter
	Gender Shift: Auflösung von geschlechtsabhängigen Stereotypen und Rollenmuster, Schicksalhaftes verliert sich
Neo-Ökologie: zog umfassende, globale Neuausrichtung der Wertesysteme, Wandel von Politik, Wirtschaft und Gesellschaft nach sich, weltweiter Paradigmenwechsel im Hinblick auf unternehmerische Werte, Denk-, Wirtschafts- und Arbeitsweisen	**Silver Society:** wachsende Sichtbarkeit und Bedeutung des demografischen Wandels
	Sicherheit: zunehmender Grad an Sicherheit abnehmendem Sicherheitsgefühl bzw. wachsenden Sicherheitsbedürfnis

Abb. 7.3 Aktuelle Megatrends. (Nach Zukunftsinstitut, 2018, 2023, 2024)

7.3.2 Megatrends und Ernährungstrends

Die Wirkungen aller Megatrends erstrecken sich auch auf die Esskultur und das Essverhalten (Rützler & Reiter, 2018; Zukunftsinstitut, 2024) (vgl. Kap. 18).

Es sind vor allem Ernährungstrends, die Megatrends aufgreifen, während Foodtrends solche Ernährungstrends oft konkretisieren, etwa in Form von Produkten (Rützler, 2005).

- **Foodtrends** äußern sich meist in Form von z. B. Produkten, Rezepten oder auch gastronomischen Konzepten, die an sich innovativ sind oder plötzliche Beliebtheit erfahren. Falls Foodtrends in den esskulturellen „Mainstream" übergehen, modulieren sie den esskulturellen Wandel, wie die Beispiele Mozzarella, Caprese, Döner oder Cappuccino zeigen (vgl. Kap. 18).
- **Ernährungstrends** bezeichnen meist eine in sich gleichförmige Ernährungsweise, an der Individuen ihre Essgewohnheiten aus diversen Gründen ausrichten und die von den üblichen Essgewohnheiten des Kulturkreises abweicht. Die Grenze zu diätetischen Kostformen (z. B. glutenfreie Kost) ist oft fließend, dennoch dienen sie keinen therapeutischen Zwecken (Lichtenstein, 2020) (vgl. Kap. 18).

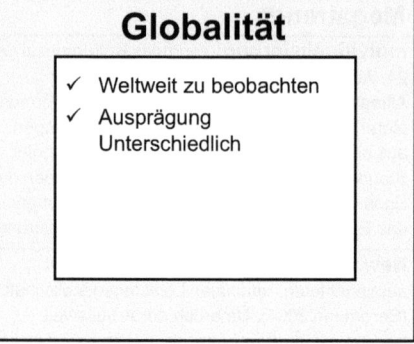

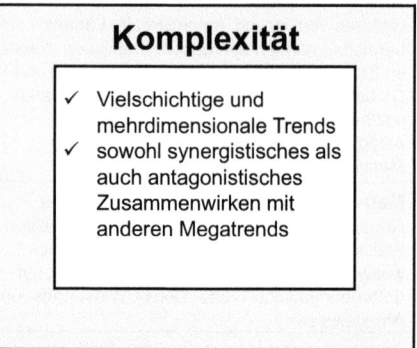

Abb. 7.4 Eigenschaften von Megatrends. (Nach Zukunftsinstitut, 2024)

Die Unterscheidung in Foodtrend (englisch: food = Essen) und Ernährungstrend geht auf die abweichenden Bedeutungen der Begriffe „Essen" und „Ernährung" im Deutschen zurück. „Essen" steht eher für Lebensmittel und die Nahrungsaufnahme sowie soziale, sinnliche bzw. Genussaspekte: Bei „Ernährung" stehen kognitiv-rationale Auswirkungen und so auch die Gesundheit vorne an (Pudel & Westenhöfer, 1998).

Abb. 7.5 beschreibt einige Food- und Ernährungstrends in ihrer Erscheinung und stellt die Verbindung zu beispielhaft ausgewählten Megatrends her.

Foodtrendforscherin Hanni Rützler betonte vielfach, dass vor allem gesundheitsbezogene Food- und Ernährungstrends „Phänomene der Wohlstandsgesellschaften" sind, weil sie den Überfluss von Nahrung voraussetzen (Rützler & Reiter, 2019, S. 13). Wie einige Marktstudien zeigen, dass je nach sozialer Zugehörigkeit die allgemeine Begeisterung für Ernährung und besonders für Ernährungstrends von latenter Kritik daran begleitet wird. Umfragen zeigten das vor allem für die „Frei-von"-Ernährungsformen (Mintel Group, 2016).

In einer älteren Erhebung (n = 2450) gaben mehr Personen als je zuvor an, auch ohne ärztliche Diagnose auf diverse Inhaltsstoffe oder Lebensmittel zu verzichten. Genau in diesem Aspekt zeigte sich auch die oft zwiegespaltene Haltung vieler Menschen ge-

Neo-Ökologie: Vegane bzw. pflanzenbasierten Speisenangebote „Planetary Health"- oder „Klima-Menüs", CO_2-Angaben werden beliebter, vermehrt lokaler/regionaler Einkauf, Einsatz fair gehandelter bzw. Bio-Ware, nachhaltig gefangener Fisch, Einsatz alter Nutzvieh-/Nutzpflanzenarten, Themen „Zero Waste"/"Food Waste" (minimale Lebensmittelabfälle/Verpackungen), ressourcenschonende Küchentechnik, usw.

New Work: Betriebsrestaurant als „Mehrwert" Arbeitsmarkt und Instrument zur Imagebildung v.a. für Nachhaltigkeitsthemen, Speiseräume/-angebote symbolisieren diejenigen Werte von Unternehmen, die die Erwartungen der Mitarbeitenden an heutige Arbeitsplätze ansprechen: v.a. Gesundheit, Nachhaltigkeit, Gemeinschaft, statt Orientierung an feste Arbeitsplätze und Arbeitszeiten jetzt Angebote „To Go", „Rund-um-die-Uhr"-Angebote (Vending, Smart Fridgeso.ä.), funktionelle Räume werden zu Räumen der Kollaboration („Co-Working"), Kommunikation und Rekreation, usw.

Digitalisierung Konnektvität: Ernährungs-Apps, Online-Beratung etablieren sich, soziale Medien, Wissensportale und Shops verschaffen Tischgästen neue „Nähe" zu Experten, der Wissenschaft, aber auch zur Wirtschaft und Politik, Einfluss digitaler Bewertungstools wächst, daraus entstand eine effektive Machtstruktur für Gäste, die am Verkaufsort unmittelbar und oft sehr wirksamen Einfluss nehmen, aber wachsende Kommunikation u.a. über digitale/soziale Medien, diese generiert zunehmenden Informations- bzw. Mitteilungsbedarf (z.B. bezüglich Inhaltsstoffen, Nährwerten, Herstellung/Herkunft von Produkten), zusammen mit gestiegenem ökologischen, ethischen und Gesundheitsbewusstein ergibt sich daraus mehr Informationsaufwand für gastronomische Betriebe (vgl. Kap.7, 11, 22), dafür verbessern z.B. digitale Bestellung, Lebensmittelsicherheit-Tools die Abläufe und Effizienz in Küchen/Service, usw.

Individualisierung: „Personalized"/"Customized Food" sind zunehmend gefragt: z.B. selbst konfektionierte Salate, Bowls, Sandwichs, Apps personalisieren Ernährungspläne, auch auf Basis genetischer oder metabolischer Parameter, Berücksichtigung allerhand spezieller Ernährungsbedürfnisse, Wandel weg von Hauptmahlzeiten und klassischen Drei-Komponenten-Menüs hin zu Snacks „on demand", immer umfassendere Informationen über Zutaten, Herkunft usw. holen vielseitigste Bedarfe ab, langsamer Übergang zur „Co-Individualisierung": ökologische Auswirkungen, individuelle Essgewohnheiten spiegeln Selbstoptimierung/-verwirklichung, Nachfrage wird zunehmend Maßgabe für Angebote, Räume mit diversen Sitzgelegenheiten für Einzelessende, runde Tische für Teams, statt Ausgaben/Vorportionierung jetzt SB-Büffets bzw. Stationen mit personalisierbaren Speisen, usw.

Abb. 7.5 Zusammenhänge zwischen Megatrends und Ernährungstrends (Nach Zukunftsinstitut, 2018, 2023, 2024)

genüber Trends - als Abweichung von einer Norm. In derselben Studie bestätigten knapp doppelt so viele Befragte (43%) ihre Ablehnung bezüglich des „Gehabes" um den „Frei-von"-Trend (Ears & Eyes, 2014). Umso wichtiger erscheint deshalb in der BGF-Praxis die Sensibilität für sozial verortete Konflikte im Umgang vor allem mit gesundheitsbezogenen Ernährungstrends (vgl. Kap. 18).

7.4 Institutionen und Adressen

Wer sich umfassender mit der Trend- und Zukunftsforschung befassen möchte, findet beispielsweise hier weitere und ständig aktualisierte Informationen:

Öffentliche Einrichtungen
- Bundesministerium für Landwirtschaft, Ernährung und Heimat (BMLEH), Berlin: z. B. Ernährungsreports (www.bmelh.de)
- Bundeszentrum für Ernährung, Bonn: u. a. Rubrik News (www.bzfe.de)
- Max-Rubner-Institut (MRI), Karlsruhe: u. a. regelmäßige Gesundheitsberichterstattung
- Bundesinstitut für Risikobewertung (BfR), Berlin: u. a. BfR-Verbrauchermonitor

Sonstige
- Nutrition Hub, Berlin: u. a. Trendreport, Expert Insights (www.nutrition-hub.de)
- Bonsai Research GmbH, Bremen: Werteindex (www.bonsai-research.com)
- Stiftung Gottfried-Duttweiler-Institut (GDI), Rüschlikon (www.gdi.ch): verschiedene Publikationen und Veranstaltungen
- weitere Marktforschungsinstitute wie z. B. forsa Gesellschaft für Sozialforschung und statistische Analysen mbH (forsa), Berlin (www.forsa.de), Gesellschaft für Konsumforschung (GfK), Nürnberg (www.gfk.com), Mintel Deutschland Düsseldorf (www.mintel.com) rheingold institut, rheingold salon, beide Köln (www.rheingold-marktforschung.de, https://www.rheingold-salon.de), YouGov Deutschland Köln (www.yougov.de)

Auch Hochschulen oder Universitäten beschäftigen sich mit gesellschaftlichen Trends und Zukunftsszenarien; meist sind es die gesellschaftswissenschaftlichen oder ökonomischen Fachbereiche.

Beispielsweise bietet die Freie Universität Berlin im Fachbereich Erziehungswissenschaft und Psychologie den Masterstudiengang „Zukunftsforschung" an (www.ewi-psy.fu-berlin.de)

Literatur

Barlösius, E. (2016). *Soziologie des Essens: Eine sozial- und kulturwissenschaftliche Einführung in die Ernährungsforschung*. Beltz, Juventa Verlag (3. Auflage).

Boerhaave, H. (1709). *Aphorismi de cognoscendis et curandis morbis*. (Lugdunum Batavorum 1709 zitiert in Eijk, P van der, Marek R Ganten D (2021): Einleitung: Reflexionen über den Gesundheitsbegriff in seinem Kontext, In: Eijk, P van der, Ganten D, Marek R (2021): Was ist Gesundheit? Interdisziplinäre Perspektiven aus Medizin, Geschichte und Kultur; de Gruyter Berlin, Boston Reihe Humanprojekt, Bd. 18, S. 1–12). https://doi.org/10.1515/9783110713336-002zit. Zugegriffen am 20.12.2023.

Bröckling, U. (2007). *Das unternehmerische Selbst: Soziologie einer Subjektivierungsform*. Suhrkamp.

Bundeszentrale für politische Aufklärung. (2024). nach Kluckhohn 1951 (S. 395).

EARS and EYES GmbH. (2014). Jeder Vierte klagt über Lebensmittelunverträglichkeit.

Frick, K, Bosshart, D, Breit, S, GDI-Gottlieb Duttweiler Institute. (Hrsg.). (2020). NEXT HEALTH Einfacher durch das Ökosystem der Gesundheit, Rüschlikon.

Horx, M. (2010). *Trend-Definitionen*. Deutscher Fachverlag. https://www.horx.com/Zukunftsforschung-2010/02-M-03-Trend-Definitionen.pdf. Zugegriffen am 20.12.2023.

Lichtenstein, S. (2020). *Vegan, paleo oder was? Ernährungstrends zwischen Gesundheitsvorsorge und Identitätsfindung* (S. 38–41). Schüler – Wissen für Lehrer Sonderheft Gesundheit.

Mintel Group. (2016, August 05). *Frei von auf Siegeszug in Deutschland, Österreich und der Schweiz*. Pressemeldung. https://bit.ly/2XF20BA. Zugegriffen am 20.12.2023.

Naisbitt, J. (1982). *Megatrends – 10 Perspektiven, die unser Leben verändern werden*. Heyne.

One Health High-Level Expert Panel (OHHLEP), Adisasmito, WB, Almuhairi, S, Behravesh, CB, Bilivogui, P, Bukachi, SA, et al. (2022). One Health: A new definition for a sustainable and healthy future. *PLoS Pathog 18* (6),e1010537. https://doi.org/10.1371/journal.ppat.1010537. Zugegriffen am 20.12.2023.

Plinz-Wittorf, C., & Heindl, I. (2014). Körperbilder und ihre kommunikative Bedeutung. Berücksichtigung der personalisierten Ernährung. *Impulse für Gesundheitsförderung, 83* (14), S.10–11.

Pudel, V., & Westenhöfer, J. (1998). *Ernährungspsychologie – Eine Einführung* (S. 18–21). Hogrefe.

Rützler, H. (2005). *Was essen wir morgen? 13 Food Trends der Zukunft.* Springer.

Rützler, H., & Reiter, W. (2018). *Food Report 2019.* Deutscher Fachverlag.

Rützler, H., & Reiter, W. (2019). *Food Report 2020.* Deutscher Fachverlag.

Rützler, H., & Reiter, W. (2022). *Food Report 2023.* Deutscher Fachverlag.

Rützler, H., & Reiter, W. (2024). *Food Report 2025.* Deutscher Fachverlag.

Schreiber, J (2021). Zur Optimierung des Körpers in spätmodernen Gesellschaften. In *Körperoptimierung. Frankfurter Beiträge zur Soziologie und Sozialpsychologie.* Springer VS. https://doi.org/10.1007/978-3-658-36018-4_2. Zugegriffen am 20.12.2023.

Schröder, T. (2016). Ernährungstrends im Kontext von Individualisierung und Identität. *HiBiFo, 3-2016,* 127–136.

Stiftung Warentest. (2024, Juni 08). *Anbauboom hat Umweltfolgen.* https://www.test.de/Avocado-Trendfrucht-mit-Schattenseite-5163937-0/. Zugegriffen am 20.07.2024.

Wippermann, P., & Krüger, J. (Hrsg.). (2013). *Werteindex 2014* (S. 18–29). Deutscher Fachverlag (1. Edition).

Wurthmann, LC. (2024). Handwörterbuch des politischen Systems der Bundesrepublik Deutschland. Nach Andersen U & Wichard W (Hrsg.), *Handwörterbuch des politischen Systems der Bundesrepublik Deutschland* (8., akt. Aufl. 2021). Springer.

Zukunftsinstitut Frankfurt GmbH (Hrsg.). (2018). *Megatrend-Dokumentation.* Deutscher Fachverlag.

Zukunftsinstitut Frankfurt GmbH. (Hrsg.). (2023). 13 Trends für die Zukunft der Arbeit. Was kommt nach New Work? – Erkennen Sie die Zusammenhänge der neuen Arbeitswelt.

Zukunftsinstitut Frankfurt GmbH. (2024). www.zukunftsinstitut.de. Zugegriffen am 20.04.2024.

Ernährungspolitik

8

Melanie Kirk-Mechtel, Birgit Jähnig, Vera Larisch und Eva Zovko

8.1 Ernährungspolitische Strategien und Maßnahmen der Bundesregierung

Das Bundesministerium für Landwirtschaft, Ernährung und Heimat (BMLEH) gestaltet Politik und setzt Rahmenbedingungen, damit die Menschen in Deutschland sich gesund und nachhaltig mit hochwertigen Lebensmitteln ernähren können. Dazu gehören beispielsweise Strategien und Fördermaßnahmen, wie der Nationale Aktionsplan IN FORM (vgl. Abschn. 8.1.1), die Nationale Strategie zur Reduzierung der Lebensmittelverschwendung (vgl. Abschn. 8.1.3) oder der Modellregionenwettbewerb „Ernährungswende in der Region" (vgl. Abschn. 8.1.4). Im Januar 2024 wurde zudem die Ernährungsstrategie der Bundesregierung vom Kabinett beschlossen. Sie bündelt rund 90 konkrete Maßnahmen, greift bereits bestehende Strategien auf und entwickelt sie weiter (vgl. Abschn. 8.1.7). Darüber hinaus ist auch die Ernährungskommunikation eine wichtige Maßnahme, um gesundheitsförderliche und nachhaltige Essentscheidungen für alle einfacher zu machen (vgl.

M. Kirk-Mechtel (✉)
Ernährungskommunikation & mehr, Bonn, Deutschland
E-Mail: info@melaniekirkmechtel.de

B. Jähnig · V. Larisch
Bundeszentrum für Ernährung (BZfE), Bundesanstalt für Landwirtschaft und Ernährung, Bonn, Deutschland
E-Mail: birgit.jaehnig@ble.de; Vera.Larisch@ble.de

E. Zovko
Presse, Kommunikation, Bundeszentren für Ernährung und Landwirtschaft, Bonn, Deutschland
E-Mail: eva.zovko@ble.de

Abschn. 8.1.8). Für die Betriebliche Gesundheitsförderung (BGF) im Bereich Ernährung können einige ernährungspolitische Maßnahmen Anknüpfungspunkte bieten.

8.1.1 Nationaler Aktionsplan IN FORM

Mit dem Nationalen Aktionsplan „IN FORM – Deutschlands Initiative für gesunde Ernährung und mehr Bewegung" bündelt das BMLEH seit 2008 gemeinsam mit dem Bundesministerium für Gesundheit (BMG) bundesweit Projekte für einen gesunden Lebensstil zur Prävention von Fehlernährung, Bewegungsmangel, Übergewicht und damit zusammenhängenden Krankheiten in allen Lebenswelten.

Mit IN FORM will die Bundesregierung erreichen, dass Kinder gesünder aufwachsen, Erwachsene gesünder leben und alle von einer höheren Lebensqualität und einer gesteigerten Leistungsfähigkeit profitieren. Krankheiten, die durch einen ungesunden Lebensstil mit einseitiger Ernährung und Bewegungsmangel mitverursacht werden, sollen deutlich zurückgehen.

Bei IN FORM geht es also um weit mehr als um reine Übergewichtsprävention. Es geht um die Förderung eines gesunden Lebensstils mit ausgewogener Ernährung und ausreichend Bewegung. Die Initiative übernimmt eine Dialogfunktion für Politik, Wissenschaft, Wirtschaft und die Gesellschaft. Das spiegelt sich u. a. in der Internetplattform www.in-form.de wider.

Ziele und Umsetzung von IN FORM
So lebendig die Themen Ernährung und Bewegung sind, so lebendig soll auch der Nationale Aktionsplan umgesetzt werden. Die Initiative IN FORM will die Menschen von dem Gewinn an Lebensfreude und Gesundheit überzeugen und die dafür notwendigen Veränderungen in den Lebenswelten bewirken. Ziel ist, dass es in Deutschland nicht nur gute Bedingungen für ein gesundes Leben gibt, sondern dass alle Menschen davon profitieren.

Das bedeutet:

- Positive Ansätze für gesunde Ernährung und ausreichend Bewegung werden gebündelt und auf gemeinsame Ziele ausgerichtet. Die Umsetzung wird regelmäßig überprüft.
- Es werden Strategien und Maßnahmen entwickelt, die das individuelle Verhalten einbeziehen und die regionale und nationale Ebene berücksichtigen.
- Es werden Strukturen geschaffen, die es Menschen ermöglichen, einen gesundheitsförderlichen Lebensstil zu führen.

Dort, wo Menschen sich regelmäßig aufhalten, müssen ausgewogene Ernährung und ausreichende Bewegung zur Selbstverständlichkeit werden. Dabei geht es darum, zu überzeugen und nicht zu belehren oder zu diskriminieren. Den individuellen Lebensstil kann und soll der Staat nicht reglementieren.

JOB&FIT – Mit Genuss zum Erfolg!
Zu den über 200 von IN FORM geförderten Projekten gehört auch „JOB&FIT – Mit Genuss zum Erfolg!". Es will Menschen an ihrem Arbeitsplatz erreichen und damit auch sol-

che Zielgruppen, die Maßnahmen zur Gesundheitsförderung und Prävention privat nur bedingt oder gar nicht nutzen würden.

Das Projekt „JOB&FIT – Mit Genuss zum Erfolg!", das die Deutsche Gesellschaft für Ernährung e. V. (DGE) im Auftrag des BMLEH durchführt, hat das Ziel, die Verpflegung am Arbeitsplatz und in der Betriebsgastronomie zu verbessern und dort in mindestens einer Menülinie eine gesundheitsfördernde und nachhaltige Auswahl von Speisen und Getränken anzubieten. Dazu entwickelte die DGE den „DGE-Qualitätsstandard für die Verpflegung in Betrieben, Behörden und Hochschulen" (DGE, 2023), der sich an alle richtet, die Betriebsverpflegung anbieten oder in der BGF tätig sind. Das sind neben Führungskräften, Personalvertretungen und Qualitätsmanagementverantwortlichen auch Ernährungsfachkräfte sowie Betriebs- und Küchenleitungen.

> **www.jobundfit.de**
> Auf der Internetseite von „JOB&FIT" gibt es zahlreiche Umsetzungshilfen für den DGE-Qualitätsstandard. Dazu zählen u. a.:
>
> - nährstoffoptimierte Wochenspeisepläne,
> - eine umfangreiche Rezeptdatenbank,
> - eine Checkliste und ein digitaler Speiseplancheck zum Überprüfen des Speiseplans,
> - Praxisbeispiele von Betrieben, die den DGE-Qualitätsstandard bereits erfolgreich umsetzen,
> - weiterführende Informationen,
> - ein Beratungsangebot per Telefon und E-Mail sowie
> - die Möglichkeit, Fachkräfteseminare zur Umsetzung des DGE-Qualitätsstandards zu buchen.
>
> https://www.jobundfit.de/startseite

8.1.2 Die Nationale Reduktions- und Innovationsstrategie für Zucker, Fette und Salz in Fertigprodukten (NRI)

Auch die Nationale Reduktions- und Innovationsstrategie für Zucker, Fette und Salz in Fertigprodukten (NRI) ist ein Baustein der Ernährungspolitik für gesunde und nachhaltige Ernährung. Im Dezember 2018 vom Bundeskabinett verabschiedet, soll die Strategie einen Beitrag zur Minderung von Übergewicht und ernährungsmitbedingten Krankheiten wie Diabetes mellitus Typ 2 und Herz-Kreislauf-Erkrankungen leisten, indem verarbeitete Lebensmittel gesünder werden. Teil der Strategie ist eine Grundsatzvereinbarung: Die Lebensmittelwirtschaft wird dazu beitragen, eine ausgewogene Energiebilanz und eine

Verbesserung der Nährstoffversorgung der Bevölkerung zu erreichen. Im Rahmen einer Selbstverpflichtung sollen bis zum Jahr 2025 bestimmte Reduktionsziele umgesetzt werden, vor allem bei an Kinder gerichteten Produkten. Neben Politik und Lebensmittelwirtschaft waren auch Verbände und Institutionen aus den Bereichen Ernährung, Gesundheit, Verbraucherschutz und Wissenschaft an der Erarbeitung der NRI beteiligt.

> **Produktmonitoring des Max Rubner-Instituts (MRI)**
> Das Max Rubner-Institut (MRI) führt ein regelmäßiges Produktmonitoring durch, das sich in mehrere Einzelerhebungen gliedert. Die Ergebnisse geben Auskunft über die Entwicklung der Zusammensetzung von am Markt erhältlichen verarbeiteten Lebensmitteln im festgelegten Zeitverlauf und zeigen, ob Bedarf zur Nachsteuerung oder weiterer Handlungsbedarf besteht. Wie die bisherigen Berichte zu den Ergebnissen der Reduktionsbemühungen zeigen, gibt es trotz sichtbarer Fortschritte nach wie vor Reduktionspotenziale bei vielen Produktgruppen.
>
> Details zu den einzelnen Erhebungen des MRI sowie die Berichte zum Herunterladen sind auf der Website des BMLEH zu finden unter https://www.bmel.de/DE/themen/ernaehrung/gesunde-ernaehrung/reduktionsstrategie/reduktionsstrategie-produktmonitoring.html.

8.1.3 Nationale Strategie gegen Lebensmittelverschwendung

Mit der Nationalen Strategie zur Reduzierung der Lebensmittelverschwendung und der Initiative *Zu gut für die Tonne!* setzt sich das BMLEH gegen das Wegwerfen von Lebensmitteln ein. Die Koordinierungsstelle von *Zu gut für die Tonne!* ist im Bundeszentrum für Ernährung (BZfE) verortet.

Jährlich fallen in Deutschland entlang der gesamten Lebensmittelversorgungskette ca. 11 Mio. Tonnen Lebensmittelabfälle an: Über 50 % der Abfälle entstehen in den privaten Haushalten und große Teile davon könnten vermieden werden. Deutschland hat sich 2019 mit der Nationalen Strategie zur Reduzierung der Lebensmittelverschwendung erneut dem Ziel der Vereinten Nationen verpflichtet, Lebensmittelabfälle entlang der gesamten Lebensmittelversorgungskette zu reduzieren. Ziel des BMLEH ist es, bis 2030 die Lebensmittelabfälle in Deutschland zu halbieren und Lebensmittelverluste zu verringern (Abb. 8.1).

https://www.zugutfuerdietonne.de/

In der Gastronomie und der Gemeinschaftsverpflegung landen bis zu 35 % der zubereiteten Lebensmittel im Müll. Laut Statistischem Bundesamt waren das im Jahr 2020 1,9 Mio. Tonnen. Damit macht der Außer-Haus-Markt 17 % des gesamten Lebensmittelabfallaufkommens in Deutschland aus.

Das Dialogforum Außer-Haus-Verpflegung hat im Rahmen der Nationalen Strategie zur Reduzierung der Lebensmittelverschwendung von 2019 bis 2021 Maßnahmen zur Reduzierung der Abfälle entwickelt und evaluiert.

https://www.zugutfuerdietonne.de/strategie/dialogforen/ausser-haus-verpflegung

Abb. 8.1 Nationale Strategie zur Reduzierung der Lebensmittelverschwendung. (Quelle: Bundesministerium für Ernährung und Landwirtschaft, 2024d). URL: https://www.bmel.de/DE/themen/ernaehrung/lebensmittelverschwendung/strategie-lebensmittelverschwendung.html

8.1.4 Modellregionenwettbewerb „Ernährungswende in der Region"

Mit dem Modellregionenwettbewerb „Ernährungswende in der Region" will das BMLEH Impulse für eine gesunde und nachhaltige Ernährung vor Ort setzen. Der Modellregionenwettbewerb leitet sich ab aus dem Koalitionsvertrag 2021 und kann die Handlungs- und Finanzierungsgrundlage für eine modellhafte, nachhaltige Umgestaltung der Agrar- und Ernährungssysteme auf lokaler Ebene bieten. Der Wettbewerb bündelt zentrale politische Ziele des BMLEH, wie die Förderung einer gesunden und nachhaltigen Ernährung, u. a. über die flächendeckende Anwendung der DGE-Qualitätsstandards in der Gemeinschaftsverpflegung, die verstärkte Verwendung ökologisch erzeugter Lebensmittel, die Stärkung regionaler Wertschöpfungsketten sowie die Reduzierung von Lebensmittelabfällen in einer ganzheitlichen Maßnahme.

Mit dem Wettbewerb werden Projekte gefördert, die sich auf dem Land oder in der Stadt für eine gesunde Ernährung mit nachhaltig erzeugten Lebensmitteln einsetzen. Die Projekte sollen dabei vor allem die Gemeinschaftsverpflegung in den Blick nehmen und Vorbildcharakter für andere Regionen haben. Sie sollen modellhaft sein und sich auch auf andere Regionen übertragen lassen. Die Projekte sollen in den jeweiligen Regionen gesellschaftliche Veränderungsprozesse anstoßen und so die Transformation der Ernährungssysteme ermöglichen bzw. deren Weiterentwicklung unterstützen.

Der aktuelle Stand kann hier abgerufen werden: https://www.ernaehrungswende-in-der-region.de/

8.1.5 Das WBAE-Gutachten „Politik für eine nachhaltigere Ernährung. Eine integrierte Ernährungspolitik entwickeln und faire Ernährungsumgebungen gestalten"

Im Jahr 2020 legte der wissenschaftliche Beirat für Agrarpolitik, Ernährung und gesundheitlichen Verbraucherschutz (WBAE) am BMLEH eine umfassende Analyse des Ernährungssystems und seiner politischen Steuerung in Deutschland vor: das Gutachten „Politik für eine nachhaltigere Ernährung. Eine integrierte Ernährungspolitik entwickeln und faire Ernährungsumgebungen gestalten". Politik für nachhaltigere Ernährung ist dabei als eine Politik definiert, die die vier Zieldimensionen („Big Four") Gesundheit, Soziales, Umwelt (einschließlich Klima) und Tierwohl vereint (Abb. 8.2).

Das WBAE-Gutachten zielt darauf ab, weniger nachhaltige von nachhaltigeren Ernährungsweisen in Deutschland zu unterscheiden und aufzuzeigen, wie Politik dazu beitragen kann, dass sich Menschen nachhaltiger ernähren. Zentrale Bedeutung haben dabei faire Ernährungsumgebungen.

Faire Ernährungsumgebungen (WBAE 2020)
Ernährungsumgebungen sind fair, wenn sie

- auf menschliche Wahrnehmungs- und Entscheidungsmöglichkeiten sowie Verhaltensweisen abgestimmt sind,
- eine gesundheitsförderliche sowie sozial-, umwelt- und tierwohlverträgliche Ernährung unterstützen und so zur Erhaltung der Lebensgrundlagen heutiger und zukünftig lebender Menschen beitragen.

https://gutachtenwbae.org/blog/

Eine gesundheitsfördernde Ernährung, die zu einer höheren Lebenserwartung, mehr gesunden Lebensjahren und mehr Wohlbefinden für alle beiträgt.

Eine Ernährung, die soziale Mindeststandards entlang von Wertschöpfungsketten gewährleistet.

Eine Ernährung, die mehr Tierwohl unterstützt und damit den sich wandelnden ethischen Ansprüchen der Gesellschaft gerecht wird.

Eine umwelt- und klimaschützende Ernährung, die zu den mittel- und langfristigen Nachhaltigkeitszielen Deutschlands passt.

Abb. 8.2 Die vier zentralen Ziele einer nachhaltigeren Ernährungspolitik. (Quelle: Wissenschaftlicher Beirat für Agrarpolitik, Ernährung und gesundheitlichen Verbraucherschutz am BMLEH, 2020)

Laut WBAE wird der Einfluss von Ernährungsumgebungen in der öffentlichen und politischen Diskussion unter-, die individuelle Handlungskontrolle dagegen überschätzt. Daher empfiehlt das Gutachten, die Menschen durch die Gestaltung angemessener Ernährungsumgebungen stärker als bisher dabei zu unterstützen, sich nachhaltiger und gesünder zu ernähren. Einen zentralen Ansatzpunkt sieht der WBAE in der Gemeinschaftsverpflegung. Als weiteres sinnvolles Instrument gilt ihm beispielsweise die verpflichtende Einführung des Nutri-Scores.

Zu einer gesundheitsförderlichen Ernährungsumgebung am Arbeitsplatz gehören neben der Betriebskantine oder einer Gemeinschaftsküche z. B. die Bereitstellung von Obst und anderen gesunden Snacks, frei verfügbare kalorienfreie Getränke (wie Wasser oder Kräutertees), angemessene Pausenzeiten sowie Informationsmaterial oder Workshops (vgl. Kap. 13).

8.1.6 Der Nationale Dialog für nachhaltige Ernährungssysteme

Die Transformation der Ernährungssysteme zur Förderung einer nachhaltigen und gesunden Ernährung für alle ist eine der zentralen Zukunftsaufgaben, um die Nachhaltigkeitsziele der Vereinten Nationen zu erreichen. Daher forderte António Guterres, Generalsekretär der Vereinten Nationen, Ende 2020 alle Staaten der Welt auf, Strategien zu entwickeln, wie ihre nationalen Ernährungssysteme bis 2030 nachhaltig werden. Die Nationalen Dialoge, die in den Mitgliedsstaaten stattfanden, waren wichtige Bausteine in diesem Prozess.

In Deutschland richtete die Bundesanstalt für Ernährung und Landwirtschaft (BLE) den Nationalen Dialog zu nachhaltigen Ernährungssystemen im Auftrag des BMEL (heute: BMLEH) aus. Ziel war es, einen breiten, offenen und inklusiven Dialog aller Akteure des Ernährungssystems in Deutschland anzustoßen. Über 1600 Personen der gesamten Wertschöpfungskette beteiligten sich.

Das BZfE hatte die Aufgabe, Themenfeld 5 „Ernährung der Zukunft – mehr pflanzenbasiert" zu koordinieren. Denn, wie zahlreiche Studien zeigen, ist die Erhöhung des Anteils pflanzlicher Lebensmittel bei gleichzeitiger Verringerung des Anteils tierischer Produkte in der Ernährung einer der wirkungsvollsten Hebel, um Ernährungssysteme nachhaltiger zu gestalten. Die zentrale Veranstaltung „Gemeinsam nachhaltig ernähren – Strategien und Akteure einer pflanzenbetonten Zukunft" verdeutlichte, was sich auch als Fazit des gesamten Dialogprozesses formulieren lässt: Es gibt schon heute viele gute Ansätze und Best-Practice-Beispiele, wie sich ein nachhaltigeres, mehr pflanzenbetontes Ernährungssystem realisieren ließe. Das zeigt auch die Analyse „Ernährungspolitische Strategien zur Förderung pflanzenbasierter Ernährungsweisen in Deutschland", die das Ecologic Institut im Auftrag der BLE erarbeitet hat. Darin wurden Schlussfolgerungen und Handlungsempfehlungen für u. a. die Entwicklung der Ernährungsstrategie der Bundesregierung abgeleitet.

> **Ergebnisse des Nationalen Dialogs**
> Auf ihrer Website hat die BLE Informationen zum Nationalen Dialog „Gemeinsam nachhaltig ernähren" zusammengestellt. Dort findet sich u. a. der Abschlussbericht zum Dialogprozess.
> https://www.ble.de/DE/Themen/Ernaehrung-Lebensmittel/Nationaler-Dialog/Nationaler-Dialog_node.html
> Unter Themenfeld 5 ist außerdem die Analyse des Ecologic Instituts „Ernährungspolitische Strategien zur Förderung pflanzenbasierter Ernährungsweisen in Deutschland" zu finden.
> https://www.ecologic.eu/de/18720

8.1.7 Die Ernährungsstrategie des Bundes

Das BMEL (heute: BMLEH) hat federführend eine Ernährungsstrategie der Bundesregierung unter Einbeziehung von Vertreterinnen und Vertretern u. a. aus Wissenschaft, Ernährungswirtschaft, Umwelt- und Verbraucherschutz, Ländern, Kommunen und Zivilgesellschaft erarbeitet. Diese wurde im Januar 2024 vom Kabinett beschlossen. In Deutschland entscheidet jeder und jede selbst, was er oder sie isst. Mit der Ernährungsstrategie will die Bundesregierung es für alle Menschen in Deutschland möglich und einfach machen, sich gut, gesund und nachhaltig zu ernähren. Aus diesem Anspruch leiten sich folgende Ziele ab:

1. Ausgewogen essen und ausreichend bewegen – angemessene Nährstoff- und Energieversorgung und Bewegung unterstützen
2. Mehr Gemüse, Obst, Hülsenfrüchte – pflanzenbetonte Ernährung stärken
3. Gesund aufwachsen und gesund alt werden – sozial gerechten Zugang zu gesunder und nachhaltiger Ernährung schaffen
4. Vielseitig essen in Kindertagesbetreuung, Schule und Kantine – Gemeinschaftsverpflegung verbessern
5. Gutes Essen für uns und unsere Erde – Angebot nachhaltig und ökologisch produzierter Lebensmittel erhöhen
6. Essen wertschätzen – Lebensmittelverschwendung reduzieren

Die Ernährungsstrategie gibt die ernährungspolitischen Ziele und Leitlinien vor, definiert Handlungsfelder und enthält rund 90 konkrete ernährungspolitische Maßnahmen. Dabei wurden bestehende Strategien und Maßnahmenpläne (z. B. Nationaler Aktionsplan IN FORM [vgl. Abschn. 8.1.1], Nationale Reduktions- und Innovationsstrategie für Zucker, Fette und Salz in Fertigprodukten [vgl. Abschn. 8.1.2], Strategie zur Reduzierung der Lebensmittelverschwendung [vgl. Abschn. 8.1.3]) aufgenommen und sollen weiterentwickelt werden.

Abb. 8.3 Eckpunkte der Ernährungsstrategie der Bundesregierung. (Quelle: Bundesministerium für Ernährung und Landwirtschaft, 2022)

Bereits im Dezember 2022 wurde das Eckpunktepapier „Weg zur Ernährungsstrategie der Bundesregierung" vom Bundeskabinett verabschiedet, das strategische Prioritäten und Handlungsfelder umreißt (Abb. 8.3).

Um die Ziele der Ernährungsstrategie zu erreichen, ist die Schaffung von gesundheitsförderlichen und nachhaltigen Ernährungsumgebungen zentral. Hier bildet die Gemeinschaftsverpflegung ein wichtiges Handlungsfeld, das zahlreiche Ansatzpunkte für konkrete Maßnahmen liefert. So soll ein gesünderes und nachhaltigeres Angebot in Kantinen beispielsweise über aktualisierte DGE-Qualitätsstandards, eine Erhöhung des Bio-Anteils und den Aufbau regionaler Wertschöpfungsketten erreicht werden.

Die Ernährungsstrategie der Bundesregierung ist hier abrufbar: https://www.bmel.de/SharedDocs/Downloads/DE/_Ernaehrung/ernaehrungsstrategie-kabinett.pdf?__blob=publicationFile&v=8

8.1.8 Ernährungskommunikation

Die ernährungspolitischen Maßnahmen des BMLEH sollen den Menschen in Deutschland eine selbstbestimmte, gesundheitsförderliche und nachhaltigere Ernährungsweise ermöglichen. Neben *verhältnis*präventiven Maßnahmen wie der Schaffung von fairen Ernährungsumgebungen werden daher im Rahmen der *Verhaltens*prävention auch Informationen bereitgestellt, die gesundheitsförderliche und nachhaltige Essentscheidungen einfacher machen sollen.

Eine zentrale Maßnahme zur Stärkung der zielgruppengerechten Ernährungsinformation war die Gründung des Bundeszentrums für Ernährung (BZfE) im Jahr 2017. Als Kommunikations- und Kompetenzzentrum für Ernährung in Deutschland bündelt und verbreitet es neutrale und wissenschaftlich fundierte Informationen. Die Erkenntnisse werden dabei so aufbereitet, dass sie leicht verständlich, alltagstauglich und praxisnah sind. Zielgruppen sind insbesondere junge Menschen, Menschen in herausfordernden Lebenslagen, Familien in verschiedenen Lebensphasen sowie Fach-, Lehr- und Beratungskräfte. Das BZfE ist als eigene Abteilung in der Bundesanstalt für Landwirtschaft und Ernährung (BLE) angesiedelt.

Website des BZfE: http://www.bzfe.de

Zu den Maßnahmen des BMLEH, die den Menschen in Deutschland eine informierte Entscheidung ermöglichen sollen, gehören auch Regelungen und Informationen zu Kennzeichnung, Aufmachung und Bewerbung von Lebensmitteln, z. B. die Leitsätze der Deutschen Lebensmittelbuch-Kommission, die Initiative Klarheit und Wahrheit, der Nutri-Score oder das staatliche Tierhaltungskennzeichen.

> **Ernährungspolitischer Bericht der Bundesregierung**
> Der Ernährungspolitische Bericht fasst die Grundlagen, Ziele und Maßnahmen der Ernährungspolitik und des gesundheitlichen Verbraucherschutzes der Bundesregierung zusammen. Er erscheint alle vier Jahre.
> https://www.bmel.de/DE/themen/ernaehrung/ernaehrungspolit-bericht2024.html

Literatur

Bundesanstalt für Landwirtschaft und Ernährung. Nationaler Dialog: Gemeinsam nachhaltig ernähren. https://www.ble.de/DE/Themen/Ernaehrung-Lebensmittel/Nationaler-Dialog/Nationaler-Dialog_node.html. Zugegriffen am 30.03.2024.

Bundesministerium für Ernährung und Landwirtschaft. (2024). Gesunde, nachhaltige und sichere Ernährung – Bericht der Bundesregierung zur Ernährungspolitik, Lebensmittel- und Futtermittelsicherheit. https://www.bmel.de/DE/themen/ernaehrung/ernaehrungspolit-bericht2024.html. Zugegriffen am 02.04.2024.

Bundesministerium für Ernährung und Landwirtschaft. (2022). Eckpunktepapier „Weg zur Ernährungsstrategie der Bundesregierung". https://www.bmel.de/SharedDocs/Bilder/DE/_Ernaehrung/ernaehrungsstrategie-eck-kernpunkte.html. Zugegriffen am 20.04.2024.

Bundesministerium für Ernährung und Landwirtschaft. (2024a). Gutes Essen für Deutschland – Ernährungsstrategie der Bundesregierung. https://www.bmel.de/SharedDocs/Downloads/DE/_Ernaehrung/ernaehrungsstrategie-kabinett.html. Zugegriffen am 02.04.2024.

Bundesministerium für Ernährung und Landwirtschaft. (2024b). Nationale Reduktions- und Innovationsstrategie für Zucker, Fette und Salz in Fertigprodukten. https://www.bmel.de/DE/themen/ernaehrung/gesunde-ernaehrung/reduktionsstrategie/reduktionsstrategie-zucker-salz-fette.html. Zugegriffen am 30.03.2024.

Bundesministerium für Ernährung und Landwirtschaft. (2024c). Ergebnisse des Produktmonitorings des Max Rubner-Instituts. https://www.bmel.de/DE/themen/ernaehrung/gesunde-ernaehrung/reduktionsstrategie/reduktionsstrategie-produktmonitoring.html. Zugegriffen am 30.03.2024.

Bundesministerium für Ernährung und Landwirtschaft. (2024d). Nationale Strategie zur Reduzierung der Lebensmittelverschwendung. https://www.bmel.de/DE/themen/ernaehrung/lebensmittelverschwendung/strategie-lebensmittelverschwendung.html. Zugegriffen am 30.03.2024.

Bundesministerium für Ernährung und Landwirtschaft. (2024e). Modellregionenwettbewerb Ernährungswende in der Region. https://www.bmel.de/DE/themen/ernaehrung/gesunde-ernaehrung/ernaehrungswende-modellregionen.html. Zugegriffen am 30.03.2024.

Deutsche Gesellschaft für Ernährung e. V. (2023). DGE-Qualitätsstandard für die Verpflegung in Betrieben, Behörden und Hochschulen. https://www.jobundfit.de/fileadmin/user_upload/medien/DGE-QST/DGE-Qualitaetsstandard_Betriebe_Behoerden_Hochschulen.pdf. Zugegriffen am 29.04.2025.

Wissenschaftlicher Beirat für Agrarpolitik, Ernährung und gesundheitlichen Verbraucherschutz am BMEL. (2020). Gutachten „Politik für eine nachhaltigere Ernährung: Eine integrierte Ernährungspolitik entwickeln und faire Ernährungsumgebungen gestalten". https://www.bmel.de/SharedDocs/Downloads/DE/_Ministerium/Beiraete/agrarpolitik/wbae-gutachten-nachhaltige-ernaehrung.html. Zugegriffen am 30.03.2024.

Wunder, S., Jägle, J. (2022). Ernährungspolitische Strategien zur Förderung pflanzenbasierter Ernährungsweisen in Deutschland. Ausblick unter Einbezug der Ergebnisse der Themenfelder 4 (Zukunft der Ernährungswirtschaft) und 5 (Ernährung der Zukunft – mehr pflanzenbasiert) des nationalen Dialogs 2021 „Wege zu nachhaltigen Ernährungssystemen". Ecologic Institut. https://www.ecologic.eu/de/18720. Zugegriffen am 30.03.2024.

Ernährungsepidemiologie

Melanie Kirk-Mechtel, Birgit Jähnig, Vera Larisch und Eva Zovko

9.1 Ziele der Ernährungsepidemiologie

Die epidemiologische Forschung dient sowohl als Basis für politische Entscheidungen und zur Entwicklung ernährungspolitischer Maßnahmen als auch zu deren Überprüfung. In Deutschland werden regelmäßig Studien und Monitorings zum Ernährungs- und Gesundheitsverhalten sowie -status der Bevölkerung durchgeführt, um Veränderungen feststellen und entsprechend reagieren zu können. Die Ergebnisse der Studien und Monitorings können auch für Ernährungsfachkräfte in der Betrieblichen Gesundheitsförderung (BGF) aufschlussreich sein.

9.2 Studien

9.2.1 Nationale Verzehrsstudie II und NEMONIT

Die Nationale Verzehrsstudie II (NVS II) ist eine große repräsentative Studie, die Daten zum Ernährungsverhalten und zum Lebensmittelverzehr sowie zur Nährstoffaufnahme

---

M. Kirk-Mechtel (✉)
Ernährungskommunikation & mehr, Bonn, Deutschland
E-Mail: info@melaniekirkmechtel.de

B. Jähnig · V. Larisch
Bundeszentrum für Ernährung (BZfE), Bundesanstalt für Landwirtschaft und Ernährung, Bonn, Deutschland
E-Mail: birgit.jaehnig@ble.de; Vera.Larisch@ble.de

E. Zovko
Presse, Kommunikation, Bundeszentren für Ernährung und Landwirtschaft, Bonn, Deutschland
E-Mail: eva.zovko@ble.de

© Der/die Autor(en), exklusiv lizenziert an Springer-Verlag GmbH, DE, ein Teil von Springer Nature 2025
A. Flothow et al. (Hrsg.), *Betriebliche Gesundheitsförderung für Ernährungsfachkräfte*, Berufspraxis: Ernährung, https://doi.org/10.1007/978-3-662-70049-5_9

von Jugendlichen und Erwachsenen in Deutschland erhoben hat. Dazu befragte das MRI im Auftrag des Bundesministerium für Ernährung und Landwirtschaft (BMEL) – heute: Bundesministerium für Landwirtschaft, Ernährung und Heimat (BMLEH) von 2005 bis 2007 knapp 20.000 Personen im Alter zwischen 14 und 80 Jahren zum Verzehr von Lebensmitteln, zu vorhandenem Ernährungswissen und Einkaufsverhalten sowie zu Kochfertigkeiten und vielen weiteren Aspekten rund um die Ernährung. Darüber hinaus wurden Körpergröße und -gewicht, körperliche Aktivität sowie weitere Lebensstilfaktoren ermittelt. Auf Basis der NVS II beobachtet das Nationale Ernährungsmonitoring (NEMONIT) langfristig das Ernährungsverhalten der Menschen in Deutschland: In den Jahren 2008 bis 2015 befragte das MRI einmal im Jahr ein Panel aus etwa 2000 Personen, die bereits an der NVS II teilgenommen hatten. Ausgewählte Ergebnisse wurden z. B. regelmäßig in den Abstractbänden zu den wissenschaftlichen Kongressen der Deutschen Gesellschaft für Ernährung (DGE) veröffentlicht, so zu Lebensmittelverzehr und Nährstoffaufnahme im Vergleich zur NVS II oder zur Entwicklung ausgewählter Lebensstilfaktoren, wie das Bewegungsverhalten seit der NVS II.

https://www.mri.bund.de/de/institute/ernaehrungsverhalten/forschungsprojekte/nemonit/

9.2.2 Gesundheitsmonitoring am Robert Koch-Institut (RKI)

Das Robert Koch-Institut (RKI), ein Bundesinstitut im Geschäftsbereich des Bundesministeriums für Gesundheit, führt unter dem Namen „Gesundheitsmonitoring" regelmäßig bundesweite Gesundheitsstudien durch:

1. DEGS – Studie zur Gesundheit Erwachsener in Deutschland
2. GEDA – Gesundheit in Deutschland aktuell
3. KiGGS – Studie zur Gesundheit von Kindern und Jugendlichen in Deutschland

Für die DEGS erhob das RKI von 2008 bis 2011 bundesweit repräsentative Gesundheitsdaten zu den in Deutschland lebenden Erwachsenen im Alter von 18 bis 79 Jahren. Neben der körperlichen Gesundheit und gesundheitsrelevanten Verhaltensweisen wurden auch die psychische Gesundheit und psychosoziale Risiko- und Schutzfaktoren sowie die Inanspruchnahme von Leistungen des Gesundheitssystems erfragt.

GEDA gehört zu den regelmäßig durchgeführten Gesundheitsbefragungen im Rahmen des bundesweiten Gesundheitsmonitorings. Auf Basis der Daten aus der Studie GEDA2019/2020-EHIS stellt das digitale Dashboard „Gesundheit in Deutschland aktuell" eine Anzahl von Indikatoren aus den Bereichen Gesundheitsverhalten, Gesundheitsversorgung, Gesundheitszustand sowie körperliche und psychische Gesundheit vor. Hier lässt sich z. B. ablesen, dass 7,8 % der Frauen täglich zuckerhaltige Erfrischungsgetränke zu sich nahmen. In der Altersgruppe von 18 bis 29 Jahren waren das 12,4 % und in Sachsen über alle Altersgruppen hinweg 14,3 %.

Link zum Dashboard: https://public.tableau.com/app/profile/robert.koch.institut/viz/Gesundheit_in_Deutschland_aktuell/GEDA_20192020-EHIS

Für die Studie zur Gesundheit von Kindern und Jugendlichen in Deutschland (KiGGS) wurden seit 2003 wiederholt bundesweit repräsentative Daten zur Gesundheit von Kindern und Jugendlichen im Alter von 0 bis 17 Jahren erhoben, die Aussagen zu Trends in der gesundheitlichen Lage dieser Bevölkerungsgruppe ermöglichen. Modulstudien wie EsKiMo (Ernährungsstudie als KiGGS-Modul) ergänzen die Kernstudie.

Die Daten des Gesundheitsmonitorings schaffen so zusammen mit anderen Quellen eine umfassende Daten- und Informationsgrundlage für die Gesundheitswissenschaften (Public Health) und die Gesundheitspolitik in Deutschland. Die Ergebnisse fließen in die Publikationen der Gesundheitsberichterstattung des Bundes (GBE) am RKI ein.

https://www.rki.de/DE/Content/Gesundheitsmonitoring/Gesundheitsberichterstattung/gbe_node.html

9.2.3 Der DGE-Ernährungsbericht

Im Auftrag des BMLEH erarbeitet die DGE seit 1969 alle vier Jahre den DGE-Ernährungsbericht. Er dient dazu, die Ernährungssituation der Bevölkerung in Deutschland langfristig zu beobachten, Ergebnisse aus Forschungsvorhaben zu präsentieren, zu bewerten und Handlungsempfehlungen daraus abzuleiten. Damit liefert der Bericht wichtige Impulse für die Ernährungs- und Gesundheitspolitik in Deutschland.

Im ersten Kapitel des DGE-Ernährungsberichts werden jeweils die Trendanalysen zum Lebensmittelverbrauch auf Basis der Agrarstatistik fortgeschrieben. Trotz methodischer Einschränkungen bietet diese eine wichtige Datengrundlage zum Verbrauch der Grundnahrungsmittel in Deutschland und lässt Rückschlüsse auf die Nährstoffversorgung der Bevölkerung zu.

Trendanalysen zum Lebensmittelverbrauch auf Basis der Agrarstatistik – Aussagen aus dem 15. DGE-Ernährungsbericht (2024)
- Unter Public-Health-Gesichtspunkten zeigt sich in den letzten Jahren ein Anstieg im Verbrauch von Gemüse. Dieser ist noch zu gering. Ähnliches gilt für den Verbrauch von Vollkornprodukten, Obst, Nüssen, Hülsenfrüchten, Milchprodukten und Fisch. Rückgänge im Verbrauch gab es bei Milch, Fleisch und Alkohol.
- Die DGE empfiehlt eine pflanzenbetonte Ernährungsweise. Die meisten pflanzlichen Lebensmittel entfalten in vielerlei Hinsicht positive gesundheitliche Effekte. Sie weisen eine hohe Nährstoffdichte auf und liefern Ballaststoffe sowie sekundäre Pflanzenstoffe. Zudem unterstützt eine pflanzenbetonte Ernährung direkt und indirekt die Nachhaltigkeitsziele der Vereinten Nationen.

- Ein steigender Verbrauch von Getreide, Obst, Gemüse und Hülsenfrüchten bringt sowohl gesundheitleiche als auch umwelt- und klimapolitische Vorteile mit sich. Dasselbe gilt für den Verbrauchsrückgang von rotem Fleisch.

Informationen zum 15. DGE-Ernährungsbericht: https://www.dge.de/wissenschaft/ernaehrungsberichte/15-dge-ernaehrungsbericht/

9.2.4 Die NAKO Gesundheitsstudie

Die NAKO Gesundheitsstudie, ehemals Nationale Kohorte (NAKO), ist Deutschlands größte Kohortenstudie, die 27 Forschungseinrichtungen gemeinsam tragen. Die Langzeitstudie startete 2014. Deutschlandweit sind 18 regionale Studienzentren im Verein NAKO e. V. gebündelt und führen die Untersuchungen durch. Finanziert wird die Initiative vom Bundesministerium für Bildung und Forschung (BMBF), der Helmholtz-Gemeinschaft und den beteiligten Bundesländern. Ziel ist es, den Ursachen für die Entstehung von Volkskrankheiten wie Krebs, Diabetes, Infektionskrankheiten und Herzinfarkt auf den Grund zu gehen, um diese idealerweise zu verhindern, sie möglichst frühzeitig zu erkennen oder bestmöglich behandeln zu können.

Mehr Informationen zur NAKO Gesundheitsstudie: https://nako.de/

9.2.5 Die EPIC-Studie

Die EPIC-Studie (European Prospective Investigation into Cancer and Nutrition) ist mit insgesamt rund 521.000 Studienteilnehmenden eine der größten Kohortenstudien der Welt. Das Verbundprojekt von zehn europäischen Ländern wurde gestartet, um Zusammenhänge zwischen Ernährung, Ernährungsstatus, Lebensstil und Umweltfaktoren mit der Inzidenz von Krebs und anderen chronischen Erkrankungen, wie Typ-2-Diabetes, zu untersuchen. In Deutschland gibt es zwei Studienzentren: das Deutsche Krebsforschungszentrum (DKFZ) in Heidelberg und das Deutsche Institut für Ernährungsforschung in Potsdam-Rehbrücke (DIfE). Die Forschungsergebnisse tragen dazu bei, die wissenschaftliche Grundlage für mögliche Präventionsmaßnahmen zu schaffen.

Die in der EPIC-Studie gewonnenen Daten dienten schon vielfach als Basis für bevölkerungsbasierte epidemiologische Studien. So zeigt beispielsweise die EPIC-Oxford-Studie, dass Menschen, die sich vegetarisch oder vegan ernähren, u. a. ein geringeres Risiko für Übergewicht, ischämische Herzkrankheit und Diabetes Typ 2 haben, jedoch ein erhöhtes Risiko für Knochenbrüche und Hirnblutungen. Zusätzliche Daten sind erforderlich, um zu klären, inwieweit sich diese Risiken durch optimale Auswahl und Anreicherung von Lebensmitteln sowie durch Einnahme von Nahrungsergänzungsmitteln senken lassen.

https://www.dife.de/forschung/kooperationen/epic-studie/

9.2.6 Global Burden of Disease (GBD)-Studie

Im Rahmen der Global Burden of Disease-Studie wurde im Auftrag der Weltgesundheitsorganisation (WHO) die Krankheitslast der Bevölkerungen von 195 Ländern weltweit erfasst. Die GBD-Studie ist ein systematischer, wissenschaftlicher Ansatz, der den aufsummierten Verlust an Lebensjahren in Gesundheit (DALYs) nach Alter, Geschlecht und Weltregion erfasst. DALYs drücken nicht nur die Anzahl verlorener Jahre aufgrund von vorzeitigem Tod, Krankheiten, Verletzungen und bestimmten Risikofaktoren aus, sondern auch die mit Krankheit oder Behinderung gelebten Jahre bis zur Genesung oder zum Tod. Neben der Erkrankungsschwere betrachtet die Studie auch Risikofaktoren, sodass sich Präventions- und Behandlungsbedarfe identifizieren lassen. Die GBD-Studie stellt aktuell die umfassendste Untersuchung dar, die die gesundheitliche Lage von Bevölkerungen und deren Entwicklung über die Zeit weltweit verständlich abbilden kann.

Die umfangreichen Daten können in der digitalen Datenbank des Institute for Health Metrics and Evaluation (IHME) gefiltert und abgerufen werden. So lässt sich beispielsweise ablesen, in welchem Ausmaß ein geringer Gemüseverzehr mit dem Tod durch Schlaganfall bei männlichen Personen in Deutschland im Alter von 50 bis 54 Jahren assoziiert ist.

Zu den Daten der Global Burden of Disease Study 2019: https://ghdx.healthdata.org/gbd-2019

9.3 Repräsentative Befragungen von Bevölkerungsgruppen

9.3.1 Der BMEL-Ernährungsreport

Seit 2016 veröffentlicht das BMLEH jährlich den Ernährungsreport „Deutschland, wie es isst" auf Basis einer repräsentativen Befragung des Meinungsforschungsinstituts forsa unter rund 1000 Bundesbürgerinnen und -bürgern ab 14 Jahren. Der Ernährungsreport gibt einen Überblick über Ernährungsgewohnheiten sowie Trends beim Einkaufen und Kochen und liefert damit Orientierungspunkte für die Ausrichtung der Ernährungspolitik. Gleichzeitig liefert er Anknüpfungspunkte für die Ausrichtung des Angebots in der Betriebsgastronomie und für Maßnahmen der BGF.

> **Ergebnisse aus dem Ernährungsreport 2023** *(BMEL)*
> - Fast allen Befragten (99 %) ist es beim Essen wichtig oder sehr wichtig, dass es gut schmeckt (Abb. 9.1).
> - Der überwiegenden Mehrheit (91 %) ist es außerdem wichtig oder sehr wichtig, dass das Essen gesund ist.
> - Auch bei der Auswahl von Lebensmitteln steht der Geschmack im Vordergrund: 94 % sagen, dass sie kaufen, was schmeckt.

Abb. 9.1 Sehr wichtige oder wichtige Aspekte beim Essen. (Quelle: Ernährungsreport 2024 – eine forsa-Studie im Auftrag des Bundesministeriums für Ernährung und Landwirtschaft)

- Bei tierischen Lebensmitteln achtet eine deutliche Mehrheit (79 %) nach eigener Angabe darauf, wie die Tiere gehalten wurden.
- Ein Großteil der Befragten legt Wert darauf, dass ein Lebensmittel fair gehandelt (70 %), umwelt- und ressourcenschonend produziert (68 %) und ökologisch erzeugt wurde (70 %).
- 68 % achten bei der Auswahl von Lebensmitteln auf Angebote, 55 % darauf, dass sie preiswert sind.
- 58 % der Befragten achten auf Produktinformationen, wie Angaben zu den Inhaltsstoffen oder zum Kaloriengehalt.
- 88 % der Befragten haben den Nutri-Score beim Einkauf wahrgenommen, bei 40 % gehört dieser zu den sehr wichtigen oder wichtigen Angaben auf Lebensmittelverpackungen.
- 45 % der Menschen in Deutschland kochen so gut wie jeden Tag eigene Gerichte mit frischen Zutaten, 37 % etwa zwei- bis dreimal und 7 % etwa einmal pro Woche.
- 74 % der Befragten gehen mindestens einmal pro Monat in ein Wirtshaus oder Restaurant, 23 % essen mindestens einmal monatlich in der Kantine und 39 % lassen sich fertige Gerichte nach Hause liefern.
- Die drei ausschlaggebenden Aspekte beim Essen außer Haus sind Geschmack (99 %), Preis (64 %) und Herkunft der Lebensmittel bzw. Regionalität und Saisonalität (60 %).

9.3.2 Nestlé Studie „So is(s)t Deutschland 2019"

Für die Nestlé Studie „So is(st) Deutschland 2019" (Nestlé Deutschland AG, 2019), die in Zusammenarbeit mit dem Institut für Demoskopie Allensbach entstand, wurden 1636 Personen zwischen 14 und 84 Jahren in Deutschland zu ihren Ernährungspräferenzen befragt. Vor allem im Vergleich mit einer Nestlé Studie aus dem Jahr 2009 zeigt sich, dass das Essverhalten der Menschen je nach Bevölkerungsgruppe in vielen Bereichen immer weiter auseinanderdriftet.

Ergebnisse aus der Nestlé-Studie 2019
- 42 % der Befragten essen mittags zu Hause. 2009 waren es noch 54 %.
- Die Bedeutung des Mittagessens als Hauptmahlzeit unter der Woche ist von 47 auf 39 % zurückgegangen. Gleichzeitig ist die Anzahl der Befragten, die abends ihre Hauptmahlzeit einnehmen, um 4 % auf 38 % gestiegen.
- 52 % – 10 % weniger als 2009 - achten auf feste Essenszeiten. 34 % essen dann, wenn sie gerade Zeit oder Hunger haben.
- Rund die Hälfte der Befragten kocht jeden Tag. 2009 waren es noch 62 %.
- Unter der Woche verbringt die Hälfte der Befragten das Mittagessen in Gesellschaft. 39 % frühstücken gemeinsam mit anderen. 2009 waren es noch 5 % mehr.
- Menschen aus höheren und aus niedrigeren sozialen Schichten blicken zunehmend unterschiedlich auf das Thema Ernährung: Während eine gute Ernährung in den besser gestellten Bevölkerungsgruppen wichtiger geworden ist, ist der Wert der Ernährungsqualität bei Menschen in schwierigen Lebenslagen gesunken. Ähnlich sieht es bei Detailfragen wie artgerechter Tierhaltung, Regionalität, Saisonalität, Bioprodukten oder fairem Handel aus. Damit ist die Schere zwischen den verschiedenen sozialen Gruppen im Vergleich zu 2009 noch weiter auseinandergegangen.

Link zur Nestlé-Studie 2019: https://www.nestle.de/unternehmen/publikationen/nestle-studie/ernaehrungsstudie

9.3.3 Shell Jugendstudie

Seit 1953 beauftragt das Unternehmen Shell unabhängige Personen und Institute aus der Wissenschaft mit der Erstellung von Studien zu Sichtweisen, Stimmungen und Erwartungen von Jugendlichen in Deutschland. Die 18. Shell Jugendstudie untersucht, wie 12- bis 25-Jährige heute in Deutschland aufwachsen, welche Rolle Familie und Freunde, Schule und Beruf, Digitalisierung und Freizeit spielen und wie die jungen Menschen zu Politik, Gesellschaft und Religion stehen. Damit gibt sie wichtige Denkanstöße für die Gesellschaftspolitik, ernährungspolitische Fragestellungen und die BGF in dieser Zielgruppe, etwa bei Auszubildenden.

„Die deutlichste Veränderung im Wertekanon von Jugendlichen zeigt sich bei den Wertorientierungen, die für eine bewusste Lebensführung stehen: Gesundheitsbewusstsein ist für vier von fünf Jugendlichen wichtig. Dies ist damit unter Jugendlichen ungefähr gleich wichtig wie der Wunsch nach Unabhängigkeit, die Bedeutung von Fleiß und Ehrgeiz sowie der Lebensgenuss. Der Schutz der Umwelt liegt 71 % am Herzen und ist damit inzwischen sogar wichtiger als ein eigener hoher Lebensstandard (63 %). (…) Im Jahr 2002 haben noch 60 % der Jugendlichen Umweltbewusstsein als wichtigen Wert benannt, inzwischen trifft dies für fast drei von vier Jugendlichen zu. Das ist ein ungewöhnlich hoher Bedeutungsanstieg, es gibt, mit nur einer Ausnahme, keinen anderen Bereich, der seitdem ähnlich stark an Relevanz gewonnen hat."

Quelle: Zusammenfassung Shell-Studie 2019, Seite 21

Informationen zur Shell Jugendstudie 2019: https://www.shell.de/ueber-uns/initiativen/shell-jugendstudie/ueber-die-shell-jugendstudie.html

9.3.4 Iss was, Deutschland

In den Jahren 2013, 2016 und 2023 wurde im Auftrag der Techniker Krankenkasse (TK) jeweils ein repräsentativer Querschnitt der Erwachsenen in Deutschland zu ihrem Ernährungsverhalten in Alltag, Beruf und Freizeit befragt. 2016 sagten 28 % der Berufstätigen, vor allem Männer, sie schafften es bei der Arbeit nicht, sich gesund zu ernähren. Als Grund dafür nannte mehr als ein Drittel der Befragten das mangelnde Angebot. Beispielsweise gaben 36 % an, die Essensauswahl in der Kantine oder in der Nähe des Arbeitsplatzes mache eine gesunde Ernährung schwierig. Ein weiterer Grund war die fehlende Ruhe. 42 % äußerten, während der Arbeit nicht viel zu essen, dies dafür am Abend umso reichlicher nachzuholen.

Auffällig ist der Unterschied zwischen den Geschlechtern: Während sich 2016 nach eigener Aussage noch nahezu gleich viele Männer und Frauen ausreichend Zeit nahmen, um in Ruhe zu essen, sank die Zahl bei den Frauen zwischen 2016 und 2023 von 61 auf 45 %. Bei den Männern lag sie 2016 und 2023 konstant bei 60 %. Ein Grund dafür könnte der hohe Anteil an weiblichen Teilzeitkräften sein, die eventuell nur eine sehr kurze oder gar keine Mittagspause einlegen.

Die Studien der TK verdeutlichen u. a., dass neben Zeit und Ruhe nicht nur das Wissen hinsichtlich einer gesundheitsförderlichen Ernährung fehlt, sondern sich auch die Überzeugung hartnäckig hält, gesundes und nachhaltiges Essen sei teuer.

Literatur

15. DGE-Ernährungsbericht. (2024). In Deutsche Gesellschaft für Ernährung (Hrsg.), *DGE – Ernährungsbericht* (Bd. 2024, 1. Aufl.). DGE. https://www.dge.de

Bundesministerium für Landwirtschaft und Ernährung. (2024). Deutschland, wie es isst. Ernährungsreport 2024. https://www.bmel.de/DE/themen/ernaehrung/ernaehrungsreport2024.html. Zugegriffen am 02.05.2025.

forsa Gesellschaft für Sozialforschung und statistische Analysen mbH (2023). Ernährungsreport 2023. Ergebnisse einer repräsentativen Bevölkerungsbefragung. https://www.bmel.de/SharedDocs/Downloads/DE/_Ernaehrung/forsa-ernaehrungsreport-2023-tabellen.pdf?__blob=publicationFile&v=2. Zugegriffen am 30.03.2024.

Gößwald, A., Lange, M., Kamtsiuris, P., & Kurth, B. M. (2012). DEGS: Studie zur Gesundheit Erwachsener in Deutschland. Bundesweite Quer- und Längsschnittstudie im Rahmen des Gesundheitsmonitorings des Robert Koch-Instituts. *Bundesgesundheitsblatt – Gesundheitsforschung – Gesundheitsschutz, 55,* 775–780.

Knüppel, S., Wawro, N., & Linseisen, J. (2023). *Ernährungserhebung in der NAKO Gesundheitsstudie.* Update Ernährungserhebung – Beobachtungsstudien in Deutschland.

Krems, C., Heuer, T., & Hoffmann, I. (2011). Nationales Ernährungsmonitoring (NEMONIT): Ergebnisse zu Lebensmittelverzehr und Nährstoffzufuhr im Vergleich zur Nationalen Verzehrsstudie II (NVS II). In *Abstractband zum 48. Wissenschaftlichen Kongress: Proceedings of the German Nutritition Society – Volume 15* (Bd. 15, S. 111). DGE. https://www.openagrar.de/receive/import_mods_00002368. Zugegriffen am 30.03.2024.

Krems, C., Gose, M., Heuer, T., & Hoffmann, I. (2014). Nationales Ernährungsmonitoring: Entwicklungen ausgewählter Lebensstilfaktoren seit der Nationalen Verzehrsstudie II: Minisymposium – NVS II UND NEMONIT. Neue Ergebnisse aus Nationaler Verzehrsstudie (NVS) II und Nationalem Ernährungsmonitoring (NEMONIT). In Deutsche Gesellschaft für Ernährung e. V (Hrsg.), *Abstractband zum 51. Wissenschaftlichen Kongress: Proceedings of the German Nutrition Society – Volume 19* (Bd. 19, S. 105). DGE. https://www.openagrar.de/receive/openagrar_mods_00002398. Zugegriffen am 30.03.2024.

Max-Rubner-Institut. (2008). *Nationale Verzehrsstudie II. Ergebnisbericht, Teil 1: Die bundesweite Befragung zur Ernährung von Jugendlichen und Erwachsenen.* MRI. https://nbn-resolving.org/urn:nbn:de:gbv:ka51-2008080507. Zugegriffen am 30.03.2024.

Nestlé Deutschland AG (2019). So geteilt is(s)t Deutschland. https://www.nestle.de/unternehmen/publikationen/nestle-studie/ernaehrungsstudie. Zugegriffen am 30.04.2024.

Shell Deutschland GmbH (2019). 18. Shell Jugendstudie „Eine Generation meldet sich zu Wort". https://www.shell.de/about-us/initiatives/shell-youth-study/_jcr_content/root/main/containersection-0/simple/simple/call_to_action/links/item0.stream/1642665739154/4a002dff58a7a9540cb9e83ee0a37a0ed8a0fd55/shell-youth-study-summary-2019-de.pdf. Zugegriffen am 30.04.2024.

Techniker Krankenkasse (2017). Iss was, Deutschland: TK-Studie zur Ernährung 2017. https://www.tk.de/techniker/unternehmensseiten/unternehmen/broschueren-und-mehr/ernaehrungsstudie-2017-2026688. Zugegriffen am 30.03.2024.

Techniker Krankenkasse (2023). Iss was, Deutschland! https://www.tk.de/resource/blob/2033596/a2f04334534afc2b137a339c4482f7a0/iss-was-deutschland-data.pdf. Zugegriffen am 30.03.2024.

Jobfood – Gut essen bei der Arbeit

10

Melanie Kirk-Mechtel, Birgit Jähnig, Vera Larisch und Eva Zovko

10.1 Energiebedarf verschiedener Berufsgruppen

Wie viel Energie ein Mensch pro Tag verbraucht, ergibt sich aus seinem Ruheenergieverbrauch und seiner körperlichen Aktivität. Der Gesamtenergieverbrauch kann berechnet werden, indem der Ruheenergieverbrauch mit dem sogenannten PAL-Wert multipliziert wird.

▶ **PAL-Wert** PAL steht für „Physical Activity Level" und ist das Maß für die körperliche Aktivität.

Verschiedenen Berufsgruppen lässt sich je nach Grad der Muskelarbeit ein PAL-Wert zuordnen. Sind die Menschen in ihrer Freizeit körperlich aktiv, also üben sie 4- oder 5-Mal pro Woche für 30 bis 60 min Sport oder andere anstrengende Tätigkeiten aus, erhöht sich der PAL-Wert um eine Stufe. Den Energiebedarf für Männer und Frauen in einigen typischen Berufsgruppen zeigt Tab. 10.1.

M. Kirk-Mechtel (✉)
Ernährungskommunikation & mehr, Bonn, Deutschland
E-Mail: info@melaniekirkmechtel.de

B. Jähnig · V. Larisch
Bundeszentrum für Ernährung (BZfE), Bundesanstalt für Landwirtschaft und Ernährung, Bonn, Deutschland
E-Mail: birgit.jaehnig@ble.de; Vera.Larisch@ble.de

E. Zovko
Presse, Kommunikation, Bundeszentren für Ernährung und Landwirtschaft, Bonn, Deutschland
E-Mail: eva.zovko@ble.de

© Der/die Autor(en), exklusiv lizenziert an Springer-Verlag GmbH, DE, ein Teil von Springer Nature 2025
A. Flothow et al. (Hrsg.), *Betriebliche Gesundheitsförderung für Ernährungsfachkräfte*, Berufspraxis: Ernährung, https://doi.org/10.1007/978-3-662-70049-5_10

Tab. 10.1 Energiebedarf verschiedener Berufsgruppen

Alter (Jahre)	Büroangestellte*r Feinmechanike*r etc.	Laborant*in Fließbandarbeiter*in Student*in etc.	Verkäufer*in Kellner*in Mechaniker*in Handwerker*in etc.	Bauarbeiter*in Landwirt*in Bergarbeiter*in Waldarbeiter*in etc.
Männer	(PAL* 1,4–1,5)	(PAL 1,6–1,7)	(PAL 1,8–1,9)	(PAL 2,0–2,4)
15 bis unter 25	2500	2900	3300	3600
25 bis unter 51	2400	2800	3100	3500
51 bis unter 65	2200	2500	2800	3200
65 und älter	2000	2300	2500	2800
Frauen				
19 bis unter 25	2000	2300	2600	2900
25 bis unter 51	1900	2100	2400	2700
51 bis unter 65	1800	2000	2300	2500
65 und älter	1600	1800	2100	2300

Quelle: https://www.jobundfit.de/fuer-berufstaetige/energiebedarf#c5692

10.2 Verteilung der Mahlzeiten

Damit der Körper den ganzen Tag über gleichmäßig mit Energie versorgt wird, sind regelmäßige Mahlzeiten wichtig. Ob das drei oder fünf sind, ist eine persönliche Entscheidung. Manche Menschen vertragen mehrere kleine Mahlzeiten besser, da diese für das Verdauungssystem leichter zu bewältigen sind. Für andere sind drei Mahlzeiten gut, denn so kommt mehr Ruhe in den Verdauungstrakt.

Beispiel

Eine regelmäßige Verteilung der Mahlzeiten über den Tag und ihr Anteil an der Gesamtenergieaufnahme (in %) könnte beispielsweise so aussehen:

- Frühstück: 25 %
- Zwischenmahlzeit: 5–10 %
- Mittagessen: 30–35 %
- Zwischenmahlzeit: 5–10 %
- Abendessen: 25 % ◄

Um dem Verdauungstrakt klare Arbeits- und Ruhezeiten zu gönnen, raten Fachleute, Essenspausen von drei bis fünf Stunden einzuhalten. Auf diese Weise werden im Magen keine soeben gegessenen mit bereits stärker verdauten Lebensmitteln vermischt. Das würde die Magenentleerung verzögern. Es ist empfehlenswert, die letzte Mahlzeit des Tages drei bis vier Stunden vor dem Schlafengehen einzunehmen. So ist noch genügend Zeit für die Verdauungsarbeit. Denn nachts arbeitet der Darm langsamer, sodass der Nahrungsbrei länger im Verdauungstrakt bleibt und Sodbrennen oder andere Beschwerden auslösen kann. Besonders empfindlichen Personen kann es helfen, am Abend auf Rohkost zu verzichten. Günstig ist, den größeren Anteil der Nahrungsmenge in der ersten Tageshälfte zu essen, um Energie für den Tag zu gewinnen. Grundsätzlich kann die Mahlzeitenverteilung aber individuell gestaltet werden, je nach Bekömmlichkeit und Vorliebe.

10.3 Snacking und Grazing

Wie der Food-Report der Trendforscherin Hanni Rützler schon vor Jahren zeigte, löst sich der feste Mahlzeitenrhythmus in der Gesellschaft immer mehr auf. Moderne Arbeitsmodelle befeuern diesen Trend zum „Zwischendurch-Essen" weiter. Gegessen wird spontan, wann immer es gerade passt und Genuss verspricht (Rützler & Reiter, 2019). Das kann aber auch dazu führen, dass zu schnell und nebenbei gesnackt wird. Weil sich das Sättigungsgefühl oft erst zeitverzögert einstellt, kann es passieren, dass man eher zu viel als zu wenig isst. Hinzu kommt, dass die beliebtesten Snackangebote oft fetthaltig und zuckerreich sind.

Betriebe und Kantinen können sich den veränderten Ernährungsgewohnheiten anpassen und verstärkt gesunde Snacks anbieten. Das können z. B. ein Obstkorb-Abonnement oder das Angebot von Obst- und Gemüsesalaten, Bowls oder anderen kleinen, leichten Gerichten sein. Ein Automat mit gesunden Snacks, z. B. ungesalzene Nüsse, Trockenfrüchte oder frisches Obst, kann helfen, wenn es keine Kantine gibt oder diese während der Spät- oder Nachtschicht geschlossen ist.

10.4 Ernährung bei Schichtarbeit

Eine besondere Herausforderung für eine gesundheitsförderliche Ernährung ist die Schichtarbeit, vor allem während der Nacht (vgl. Kap. 16). Denn wenn Menschen zu Zeiten arbeiten, in denen der Körper auf Schlafen und Fasten eingestellt ist und schlafen, wenn ihr Körper Aktivität und Nahrung erwartet, kann dies zu Störungen des zirkadianen Rhythmus führen. Das Risiko für Schlaf- und Verdauungsstörungen, Übergewicht und verschiedene Erkrankungen ist erhöht.

Bei ungünstigen Rahmenbedingungen im Betrieb und geringer Ernährungskompetenz der oder des Einzelnen ist die Wahrscheinlichkeit hoch, dass Schichtarbeit ungünstige Ernährungsgewohnheiten fördert.

> Tipps und Informationen für eine ausgewogene und an die besonderen Bedürfnisse angepasste Ernährung im Schichtdienst bieten beispielsweise folgende Veröffentlichungen:
>
> - Informationen zur Ernährung bei Schichtarbeit auf der Website von IN FORM, Deutschlands Initiative für gesunde Ernährung und mehr Bewegung: https://www.in-form.de/wissen/ernaehrung/ernaehrung-bei-schichtarbeit
> - Ernährung im Fokus 4 2022 (S. 215): Meal Timing und zirkadiane Rhythmen. Nachlese der Ernährungsfachtagung der DGE-Sektion Mecklenburg-Vorpommern. Kostenloser PDF-Download unter https://www.ble-medienservice.de/5284.
> - Ernährung im Fokus 7-8 2017 (S. 222 ff.): Gesundheit und Ernährung bei Schichtarbeit. Kostenloser PDF-Download unter https://www.ble-medienservice.de/5784. Mehr Informationen gibt es zudem in Kap. 15.

10.5 Die lebensmittelbasierten Ernährungsempfehlungen der Deutschen Gesellschaft für Ernährung e. V. (DGE)

Eine ausgewogene Ernährung bedeutet, alle Nährstoffe aufzunehmen, die der Körper braucht, um fit, gesund und leistungsfähig zu sein. In Deutschland ist die Deutsche Gesellschaft für Ernährung e. V. (DGE) für die Erarbeitung der lebensmittelbezogenen Ernährungsempfehlungen (Food-Based Dietary Guidelines – FBDG) zuständig. Anfang März 2024 hat die DGE ihre neuen Empfehlungen für gesunde Erwachsene im Alter von 18–65 Jahren veröffentlicht.

Während bislang vor allem die Deckung des Energie- und Nährstoffbedarfs sowie gesundheitliche Aspekte im Fokus standen, wurden bei den neuen Empfehlungen auch Aspekte zur Reduzierung der Krankheitslast, die Auswirkungen des Ernährungssystems auf die Umwelt und die üblichen Verzehrgewohnheiten in Deutschland berücksichtigt. Mithilfe einer komplexen Berechnung konnten Mengenempfehlungen für verschiedene Lebensmittelgruppen abgeleitet werden, die gleichzeitig der Gesundheit der Menschen als auch der des Planeten Erde zuträglich sind.

Aus diesen Mengenempfehlungen leitete die DGE elf leicht verständliche, positive und alltagsnahe Botschaften ab, die die bekannten „10 Regeln der DGE" ablösen. Der neue DGE-Ernährungskreis stellt die Empfehlungen anschaulich dar. Er bildet die gesamte Palette natürlicher Lebensmittel ab.

Im Zentrum der neuen DGE-Empfehlungen steht eine pflanzenbetonte Ernährung, die zu gut drei Vierteln aus pflanzlichen und zu knapp einem Viertel aus tierischen

Lebensmitteln besteht. Damit erhalten gesunde Erwachsene eine wissenschaftlich begründete Orientierungshilfe, um gleichzeitig gesunde *und* nachhaltige Entscheidungen für ihre individuelle Ernährung zu treffen.

> **Informationen zu den DGE-Empfehlungen**
> Informationen zu den neuen lebensmittelbezogenen Empfehlungen der DGE finden Sie hier:
> Gut essen und trinken – die DGE-Empfehlungen: https://www.dge.de/gesunde-ernaehrung/gut-essen-und-trinken/dge-empfehlungen/
> Der DGE-Ernährungskreis: https://www.dge.de/gesunde-ernaehrung/gut-essen-und-trinken/dge-ernaehrungskreis/
> Ausgewählte Fragen und Antworten: https://www.dge.de/gesunde-ernaehrung/faq/lebensmittelbezogene-ernaehrungsempfehlungen-dge/

10.6 Die Ernährungspyramide des BZfE

Ein weiteres Modell, das zeigt, wie sich die allgemeingültigen Ernährungsempfehlungen im Alltag umsetzen lassen, ist die Ernährungspyramide des Bundeszentrums für Ernährung (BZfE) (Abb. 10.1). Die Ernährungspyramide fasst die Lebensmittel in acht Gruppen zusammen. 22 Bausteine sind auf sechs Ebenen angeordnet und ergeben eine Pyramide. Diese bildet das Essen und Trinken für einen Tag ab. Jeder Baustein steht für eine Portion aus der jeweiligen Lebensmittelgruppe.

Lebensmittel, die nach den Ernährungsempfehlungen reichlich verzehrt werden sollten, sind grün hinterlegt. Sie füllen die unteren drei Ebenen und bilden die Basis der Pyramide. Das sind vor allem kalorienfreie oder -arme Getränke, Gemüse, Obst und Getreideprodukte – am besten in Vollkornqualität – und Beilagen wie Kartoffeln. Auf der folgenden gelb hinterlegten Stufe befinden sich Milch und Milchprodukte, sowie ein Baustein für Hülsenfrüchte, Fleisch, Fisch und Ei. Darüber, ebenfalls gelb hinterlegt, sind die Gruppe der Öle und Fette sowie die Nüsse. Gelb steht für regelmäßig, aber mäßig verzehren. Der rot hinterlegte Baustein an der Spitze steht für süße und salzige bzw. fettreiche Knabbereien. Sie sind für eine gesunde und nachhaltige Ernährung nicht nötig. Für viele Menschen gehören solche Extras zum Alltag – am besten in kleinen Mengen und bewusst genießen. Weitere Informationen zur BZfE-Ernährungspyramide: https://www.bzfe.de/essen-und-gesundheit/ernaehrungspyramide

Für die Ernährungsbildung und -beratung mit der Ernährungspyramide stellt das BZfE zahlreiche Materialien zur Verfügung, die auch optimal im Rahmen der BGF eingesetzt werden können. Sie sind im BLE-Medienservice unter dem Menüpunkt „Ernährungspyramide" zu finden.

https://www.ble-medienservice.de/ernahrung/ernahrungspyramide.html

Abb. 10.1 Die BZfE-Ernährungspyramide

10.7 Mahlzeiten planen

Modelle wie der DGE-Ernährungskreis oder die BZfE-Ernährungspyramide liefern einen Rahmen für eine ausgewogene, bedarfsgerechte Ernährung, indem sie die Mengenverhältnisse verschiedener Lebensmittelgruppen abbilden. Sie verzichten bewusst auf Angaben in Gramm oder Milliliter und müssen nicht jeden Tag exakt umgesetzt werden. Wenn ein Tag einmal nicht so ausgewogen war wie empfohlen, lässt sich dies am nächsten Tag oder im Laufe der Woche ausgleichen.

Um einzelne Mahlzeiten optimal zu gestalten, bietet sich beispielsweise das Tellermodell an. In dem in Abb. 10.2 gezeigten Beispiel besteht das Mittagessen aus Pellkartoffeln, Forelle und Blattsalat. Zu den abgebildeten Komponenten werden auf den Lebensmittelkarten Alternativen vorgeschlagen, z. B. Salzkartoffeln und andere magere Fische. Dazu gibt es ein Glas Wasser als Getränk. Werden die übrigen Portionen aus den Empfehlungen auf die weiteren zwei bis vier Mahlzeiten verteilt, ergibt sich ein ausgewogener Speiseplan.

Ausgehend von der BZfE-Ernährungspyramide lassen sich Mahlzeiten unter Beachtung folgender Regeln zusammenstellen:

10 Jobfood – Gut essen bei der Arbeit

Abb. 10.2 Exemplarisch belegter Teller für eine Hauptmahlzeit. (Aus BZfE, 2021)

- Eine Hauptmahlzeit besteht aus je einer Portion aus unterschiedlichen Lebensmittelgruppen, vorwiegend aus dem grünen und gelben Bereich der Ernährungspyramide (z. B. Spinat, Kartoffelpüree und Seelachsfilet). Mit von der Partie ist eine sättigende Beilage wie Nudeln, Kartoffeln oder Reis, Brot oder Getreide, am besten in Vollkornqualität.
- Eine Zwischenmahlzeit setzt sich aus zwei Portionen aus verschiedenen Lebensmittelgruppen zusammen, mindestens eine davon aus den grünen Ebenen (z. B. ein Stück Obst und ein Milchprodukt).
- Wer eine Zwischenmahlzeit weglässt, ergänzt deren Portion bei den Hauptmahlzeiten.
- Zu jeder Mahlzeit gehört ein Getränk, am besten ein großes Glas Wasser.
- Zu jeder Mahlzeit gehört mindestens eine Portion Gemüse, Salat oder Obst. So lässt sich die „5-am-Tag"-Empfehlung leicht umsetzen.

Tellervorlagen
Mit den Tellervorlagen des BZfE lassen sich sowohl Ernährungsempfehlungen als auch bestehendes Essverhalten anschaulich und mahlzeitenbezogen darstellen. So können Ernährungsfachkräfte in Schulungen und Beratungen sowohl Ernährungsprotokolle als auch optimale Mahlzeiten visualisieren.
Kostenloser Download unter https://www.ble-medienservice.de/3416

10.8 Ausgewogen essen in der Kantine

Im Optimalfall bietet die Betriebskantine ein ausgewogenes Menü an. Ist dies nicht der Fall, können Aktionstage oder andere Veranstaltungen im Betrieb dazu beitragen, die Mitarbeitenden dazu zu befähigen, eine gesundheitsförderliche Wahl zu treffen. Auch hier bieten sich Modelle wie die BZfE-Ernährungspyramide an, um die Grundlagen zu vermitteln. Zusätzlich zu den Lebensmittelportionen und Mengenverhältnissen sind praktische Tipps hilfreich, um Fett- und Kalorienfallen zu vermeiden.

> **Tipps für eine optimale Speisenauswahl in der Kantine, im Imbiss, im Restaurant oder beim Lieferdienst**
> - Entscheiden Sie sich für Gerichte, bei denen Gemüse die Hauptrolle spielt. Dazu sind fettarme und nährstoffreiche Beilagen wie Pell-, Salz- oder Folienkartoffeln, Vollkornnudeln, Getreide oder ungeschälter Reis optimal.
> - Eine bunte Mischung von der Salatbar ist eine Option voller Nährstoffe. Genießen Sie einen kleinen Salatteller als Vorspeise oder einen großen Salat als Hauptspeise. Vorsicht beim Dressing: Fertigdressings enthalten oft viel Fett und Zucker. Wählen Sie stattdessen Essig und Öl.
> - Versuchen Sie Sahnesoßen, Überbackenes, Paniertes und Frittiertes zu meiden, denn sie enthalten viel Fett.
> - Nutzen Sie die Möglichkeit, Gerichte an Ihre Wünsche anzupassen: Fragen Sie beispielsweise nach einer insgesamt kleineren Portion, weniger Soße oder mehr Gemüse als üblich.
> - Wählen Sie als Beilage öfter mal Kartoffeln und Gemüse statt Pommes frites.
> - Fleischgenuss sollte die Ausnahme sein. Wählen Sie mindestens einmal wöchentlich ein Fischgericht. Wie wäre es mit drei bis vier Veggie-Tagen pro Woche?
> - Desserts enthalten meist viel Zucker und Fett. Bevorzugen Sie frisches Obst oder Fruchtdesserts mit fettarmem Quark oder Joghurt.
>
> Kostenloser Download unter: https://www.bmel.de/SharedDocs/Downloads/DE/Broschueren/Kompassernaehrung/kompass-ernaehrung-1-2021.html

10.9 Mahlzeiten zu Hause vorbereiten – Meal Prepping

Gibt es im Betrieb keine Kantine oder ist das Angebot wenig gesundheitsförderlich, ist es eine gute Alternative, ganze Gerichte oder einzelne Komponenten zu Hause vorzubereiten und mit zur Arbeit zu nehmen. Neudeutsch heißt das „Meal Prepping". Wer einmalig für die ganze Arbeitswoche einkauft und kocht, kann viel Zeit sparen, außerdem Kosten und Verpackungsmüll, sofern wiederverwendbare Behältnisse zum Einsatz kommen.

> **Rezeptideen fürs Meal Prepping**
> Neben Kochbüchern und Foodblogs liefert auch die Rezeptdatenbank von JOB&FIT viele Rezeptideen fürs Meal Prepping: https://www.jobundfit.de/service/rezepte-und-speiseplaene/rezeptdatenbank
> JOB&FIT ist ein Projekt der DGE, das im Rahmen des Nationalen Aktionsplan „IN FORM – Deutschlands Initiative für gesunde Ernährung und mehr Bewegung" vom Bundesministerium für Landwirtschaft, Ernährung und Heimat (BMLEH) gefördert wird (vgl. Abschn. 8.1.1).

10.10 Betriebliche Esskultur

Essen und Trinken dienen nicht nur der Energie- und Nährstoffversorgung, sondern zählen zu den häufigsten sozialen Aktivitäten von Menschen. Was und wie sie am Arbeitsplatz essen und trinken, ist nicht nur eine individuelle Entscheidung, sondern immer in einen soziokulturellen Kontext eingebunden. Daher sollte es bei der BGF im Bereich Ernährung nicht nur um Verpflegungsangebote und das individuelle Essverhalten gehen, sondern auch um die jeweilige Esskultur, die im Betrieb vorherrscht. Die Aufgabe von Ernährungsfachkräften besteht daher nicht nur darin, über eine ausgewogene und bedarfsgerechte Ernährung zu informieren. Vielmehr sollte das Ziel sein, gemeinsam mit den Beschäftigten und den Verpflegungsverantwortlichen im Betrieb verschiedene Aspekte der Lebensmittelauswahl und der Mahlzeitengestaltung zu reflektieren und entsprechende Entscheidungsprozesse kompetent zu begleiten.

Zudem ist es zentral, auch die psychosozialen Rahmenbedingungen der Mahlzeiten zu betrachten. Gibt es einen ruhigen Ort, z. B. einen Pausenraum, in dem entspanntes und achtsames Essen und/oder Geselligkeit mit anderen Menschen aus dem Kollegium möglich sind? Sind Pausenzeiten fest geregelt? Diese und weitere Fragen zu sozialen, zeitlichen und räumlichen Rahmenbedingungen sind mit einzubeziehen, wenn es darum geht, eine gesundheitsförderliche Esskultur in Betrieben zu etablieren. Auch beispielsweise mit gesunden Snacks befüllte Automaten, Obstkörbe für die Mitarbeitenden und Spender mit kostenlosem Trinkwasser können zu einer Ernährungsumgebung im Betrieb beitragen, die die gesunde Wahl zur einfachen Wahl macht.

Literatur

Bundesanstalt für Landwirtschaft und Ernährung. (2017). Ernährung im Fokus. Themenschwerpunkt Gesund im Job. https://www.ble-medienservice.de/5784. Zugegriffen am 02.04.2024.

Bundesanstalt für Landwirtschaft und Ernährung. (2020). Ernährung im Fokus 03 2020, Themenschwerpunkt Betriebliche Gesundheitsförderung. https://www.ble-medienservice.de/5083. Zugegriffen am 02.04.2024.

Bundesministerium für Ernährung und Landwirtschaft. (2021). Kompass Ernährung – Ausgabe 1/2021 „Mahlzeit! Genussvoll und fit durch den Arbeitstag". https://www.bmel.de/SharedDocs/Downloads/DE/Broschueren/Kompassernaehrung/kompass-ernaehrung-1-2021.html. Zugegriffen am 02.04.2024.

Bundeszentrum für Ernährung. (2025). Die Ernährungspyramide. https://www.bzfe.de/essen-und-gesundheit/ernaehrungspyramide. Zugegriffen am 05.05.2025.

Bundeszentrum für Ernährung. (2025). Die Ernährungspyramide – Die Basis für Ihren täglichen Genuss. https://www.bzfe.de/essen-und-gesundheit/ernaehrungspyramide. Zugegriffen am 05.05.2025

Deutsche Gesellschaft für Ernährung e. V. (2023). JOB&FIT – Mit Genuss zum Erfolg. https://www.jobundfit.de/startseite. Zugegriffen am 05.05.2025.

Deutsche Gesellschaft für Ernährung e. V. (2024). Gut essen und trinken – Der DGE-Ernährungskreis. https://www.dge.de/gesunde-ernaehrung/gut-essen-und-trinken/dge-ernaehrungskreis/. Zugegriffen am 02.04.2024.

Rützler, H., Reiter, W. (2019). Food Report 2020. Lebensmittel Zeitung, foodservice und gv-praxis (Hrsg.).

11 Ernährungsassessment: BIA-Messung in der Betrieblichen Gesundheitsförderung

Heike Niemeier und Lydia Wilkens

Die bioelektrische Impedanzanalyse (kurz: BIA) stellt ein modernes und attraktives Angebot im Rahmen der Betrieblichen Gesundheitsförderung (BGF) dar und kann als einmalige Aktion oder in Kombination mit Vorträgen, Workshops oder Einzel-Coachings angeboten werden.

Die durch die BIA ermittelten Daten bilden die Körperzusammensetzung einer Person ab und können damit einen Rückschluss auf den jeweiligen Gesundheitsstatus geben.

Im folgenden Kapitel wird zunächst die Funktionalität der BIA-Messung erläutert, die Relevanz für die BGF dargestellt und Empfehlungen und Praxistipps zur Umsetzung der BIA-Messung im Betrieb ausgesprochen.

11.1 Was ist eine BIA-Messung?

Die BIA ist ein Messverfahren, um die Körperzusammensetzung einer Person zu ermitteln. Dafür werden mittels eines Messgerätes ein schwacher, nicht spürbarer Wechselstrom (mit Frequenzen zwischen 5–50 kHz) eingesetzt, die Widerstände (Impedanz) an Zellmembranen und den elektrolythaltigen Körperflüssigkeiten im extrazellulären Raum gemessen und der Phasenwinkel berechnet. Aufgrund dieser Daten (Rohwerte) wird anhand von Formeln die Körperzusammensetzung (Körperfett, Muskelmasse, Körperwasser) abgeleitet (Bosy-Westphal et al., 2005).

H. Niemeier (✉) · L. Wilkens
essenZ, Hamburg, Deutschland
E-Mail: heike.niemeier@essenz.hamburg; Lydia.wilkens@essenz.hamburg

Durch die BIA werden der Phasenwinkel – ermittelt aus den Widerstandsrohdaten der Zellen (Reaktanz) und des Wassers (Resistanz) – und die bioelektrische Varianzanalyse (BIVA), die die Wasserverschiebung im Körper darstellt, analysiert.

Abhängig vom Gerät können aus den Rohdaten zahlreiche Parameter abgeleitet werden. Zu diesen gehören:

- Gesamtfettmasse – relativ (in %) und absolut (in kg)
- Viszerales Fettgewebe – (in Litern)
- Skelettmuskelmasse – relativ (in %) und absolut (in kg)
- Segmentale Muskelmasse aufgeteilt in die vier Extremitäten (Arme, Beine) und den Torso (in kg)
- Skelettmuskelmasse bezogen auf den Body-Mass-Index (BMI)
- Skelettmuskelmasse in Abhängigkeit vom Alter (in Perzentilen)
- Muskel-Fett-Verhältnis (sog. „Body Composition Chart")
- Fettmasse-Index (FMI), die Fettmasse bezogen auf die Körperfläche (in kg/m^2)
- Fettfreiemasse-Index (FFMI), die Fettfreiemasse bezogen auf die Körperfläche (in kg/m^2)
- Wassergehalt gesamt – relativ (in %) und absolut (in kg)
- Wasserverhältnis aus extrazellulärem und Gesamtkörperwasser (in %)
- Energieverbrauch in Ruhe und gesamt (in kcal/Tag)

Das Gewicht und der BMI werden abhängig vom Gerät selbst gemessen oder mittels Waage und Längenmaß zusätzlich erhoben.

11.2 Was erfahren Mitarbeitende durch die BIA-Messung?

Durch die BIA-Messungen erfahren die Mitarbeitenden, wie sich das eigene Körpergewicht zusammensetzt. Je nach Hersteller des BIA-Messgerätes unterscheidet sich die Anzahl der ermittelten Parameter. Generell wird die Quantität des Muskel- und Fettgewebes sowie des Wassers bestimmt. Darüber hinaus ermitteln einige Geräte auch die Lage der Körperkompartimente, z. B. den Umfang des viszeralen Fettes oder die Muskulatur, segmental aufgeteilt in die vier Extremitäten (Arme/Beine) und den Rumpf. Wenige Hersteller zeigen im sogenannten BIVA-Chart (Bioimpedanz-Vektorenanalyse) die Gegenüberstellung von Wasser- und Körperzellmenge sowie im Body-Composition-Chart das Verhältnis von Fettmasse zu Skelettmuskelmasse an.

Die Menge und Lage von Fett- und Muskelgewebe sowie die Wasserverteilung und das Body-Composition-Chart werden durch die Ernährungsfachkraft erläutert und sind für die Mitarbeitenden in Betrieben leicht verständliche Werte.

11.3 Welche Messgeräte gibt es für die BIA-Messung?

Im Handel werden unterschiedliche BIA-Gerätmodelle angeboten, die sich in der eingesetzten Messmethodik, in der Durchführung und im Preis unterscheiden.

Bei der Messmethodik werden die 2-Punkt-, 4-Punkt- und 8-Punkt-Messung unterschieden, wobei die Anzahl der Punkte die Elektrodenzahl widerspiegelt, die auf der Haut angebracht werden. Eine 2-Punkt-Messung bedeutet, dass an jedem Fuß eine Elektrode ist. Die 4-Punkt-Messung basiert darauf, dass entweder an jedem Fuß zwei Elektroden oder jeweils zwei Elektroden an Fuß und Hand der gleichen Körperseite angesetzt werden. Mit der 4-Punkt-Methodik werden die jeweils nicht mit Strom durchlaufenen Körperteile (Oberkörper bzw. andere Körperseite und Rumpf) nicht analysiert und deren Werte nur geschätzt. Zudem wird mit dieser Methode nur auf einer Frequenz gemessen, die zu unpräziseren Ergebnissen bei Wasserverschiebungen im Körper führt. Nur bei der 8-Punkt-Methode, bei der an beiden Händen und Füßen jeweils zwei Elektroden angebracht werden bzw. in Handgriffen und Bodenplatte bei Standgeräten integriert sind, werden die Widerstände des gesamten Körpers, inklusive des Rumpfs, gemessen. Das ist eine Voraussetzung für präzise Ergebnisse. Für die Genauigkeit der Ergebnisse ist zudem die Validierung der Rohdaten aus der BIA-Messung mit dem jeweiligen Goldstandard (z. B. MRT für Skelettmuskelmasse und viszerales Fett) entscheidend (Reljic et al., 2019).

BIA-Messungen sind im Stehen (vgl. Abb. 11.1) und im Liegen (vgl. Abb. 11.2 und 11.3) möglich. Bei der Messung im Stehen ist nur das Ausziehen von Schuhen und Socken notwendig. Bei der Messung im Liegen nimmt die Person auf einer Liege Platz, sodass das Körperwasser sich im Körper verteilen kann und die Elektroden an den Extremitäten angebracht werden können. Je nach persönlicher Affinität der Ernährungsfachkraft können beide Gerätetypen mobil eingesetzt werden. Das Gerät für die Liegendmessung ist in einer großen Tasche zu verstauen und kann gut von einer Person transportiert werden, während für das Stehendgerät der Transport aufwendiger ist und zwei Personen erfordert. Allerdings erfordert die Liegendmessung eine Liege bzw. Matte, eine separate Waage, ein Längenmessgerät und etwas mehr Zeitaufwand für die Messung selbst.

Die Darstellung der Ergebnisse erfolgt entweder am Messgerät oder an einem Endgerät (z. B. Laptop, Tablet). Moderne Geräte haben zusätzlich eine Cloud-Anbindung, sodass die Ergebnisse den Mitarbeitenden direkt zur Verfügung gestellt werden können.

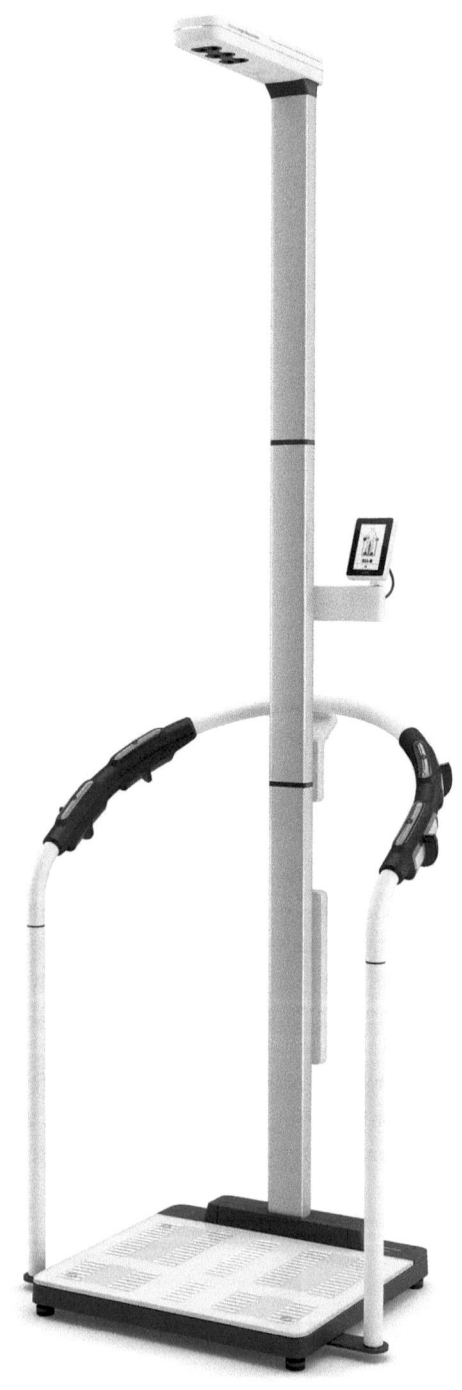

Abb. 11.1 BIA-Gerät für Messungen im Stehen (medical Composition Analyzer 555 der Firma seca)

11 Ernährungsassessment: BIA-Messung in der Betrieblichen Gesundheitsförderung … 133

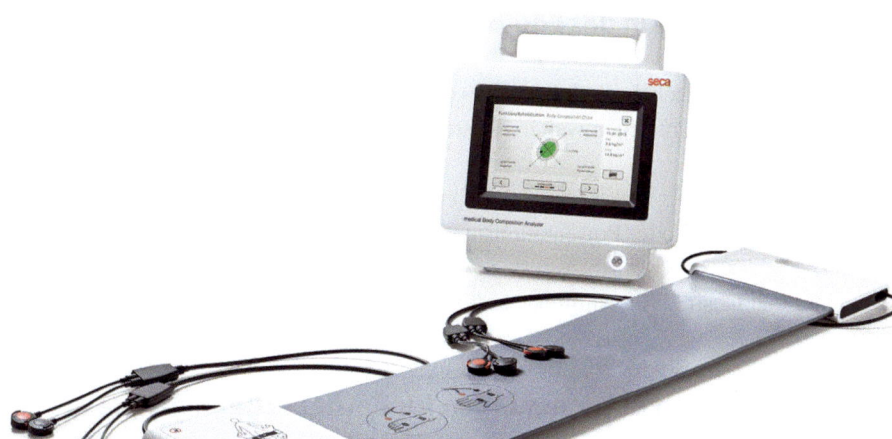

Abb. 11.2 BIA-Gerät für Messungen im Liegen (medical Composition Analyzer 525 der Firma seca)

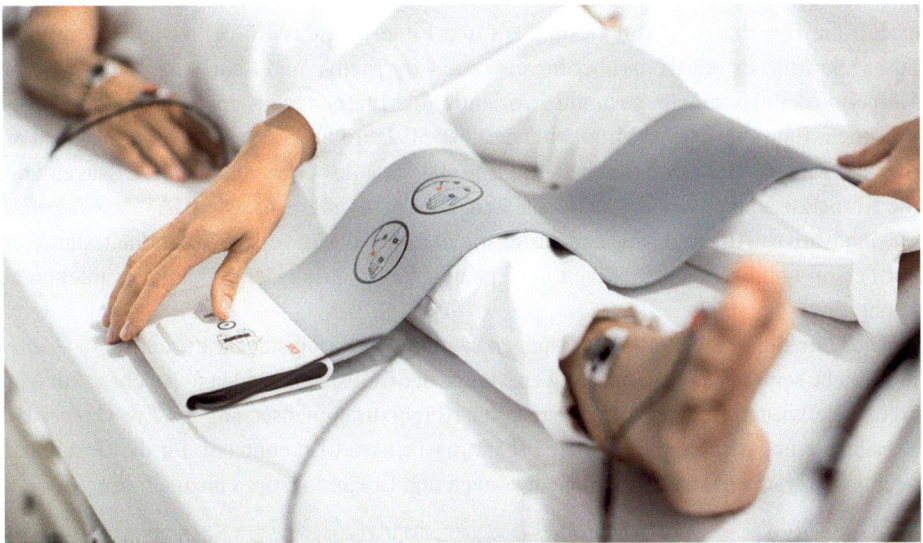

Abb. 11.3 BIA-Gerät für Messungen im Liegen in der Anwendung (medical Composition Analyzer 525 der Firma seca)

11.4 Investitionen in das Equipment

Die Geräte kosten zwischen 4000,00 bis 19.000,00 €; Gerätehersteller bieten Kauf und/ oder Leasing an. Ggf. entstehen weitere Kosten durch:

- Zusatzequipment, wie Elektroden, Liege, etc.,
- Laptop und Drucker oder Präsentationsmappe,
- Router,
- Hygiene- und Desinfektionsmittel.

11.5 Relevanz von BIA-Messungen für Betriebe, Beschäftigte und Ernährungsfachkräfte

Die BIA-Messung wird im Rahmen des Ernährungsassessments eingeordnet. Die durch die BIA ermittelten Daten können dann im Rahmen der persönlichen Ernährungsberatung oder des Ernährungscoachings und auch der Ernährungskommunikation innerhalb des Unternehmens eingesetzt werden.

Für Betriebe und deren Mitarbeitenden sind BIA-Messungen aus verschiedenen Gründen interessant und stellen ein modernes, attraktives Angebot von Ernährungsfachkräften dar.

Für die Einschätzung von Gesundheit und Fitness ist das Körpergewicht allein nicht aussagekräftig. Es bedarf darüber hinaus Daten zur Menge und Lage von Körperfett- und Körpermuskelmasse. Für gesundheitsorientierte Mitarbeitende, zu denen häufig junge Personen, Führungskräfte, Mitarbeitende über 50 Jahre und/oder sogenannte „High Performer" zählen, ist die Möglichkeit, die Einschätzung des Gewichts durch Aussagen über die Körperzusammensetzung zu präzisieren, daher von Interesse. Die BIA-Messung stellt ein innovatives Angebot von Ernährungsfachkräften dar, um den Gesundheitsstatus einer Person umfassender einordnen und spezifische Ernährungsempfehlungen ableiten zu können.

Die Durchführung von BIA-Messungen kann für Ernährungsfachkräfte ein *Door-Opener* in Betriebe sein, um sich aus der großen Menge der BGF-Anbietenden abzuheben. Für Mitarbeitende wiederum kann die Messung der Körperzusammensetzung als *Eye-Opener* der Sensibilisierung dienen, mithilfe der Ernährungsfachkraft Erkenntnisse für die Gesundheit oder das Erkrankungsrisiko ableiten zu können und Ernährungstipps anzunehmen.

▶ Die BIA kann ein Door-Opener in die Betriebe und ein Eye-Opener für Mitarbeitende sein.

Aus Sicht der Betriebe können die BIA-Messungen außerdem Anhaltspunkte für zielgerichtete gesundheitsförderliche Maßnahmen, wie z. B. wie Ernährungscoachings (vgl. Kap. 12) oder Gesundheitstage (vgl. Kap. 38) bieten, die neben dem Handlungsfeld Ernährung auch Bewegung und/oder Stressmanagement einschließen können. Beispiele dafür sind BGF-Angebote zur Rückengesundheit oder zur Prävention von Herz-Kreislauf-Erkrankungen.

Im Zusammenhang mit der Rückengesundheit können Ergebnisse aus der BIA-Messung Rückschlüsse über die Muskulatur in der Körpermitte geben. In Kombination von Bewegungs- und Ernährungsangeboten (vgl. Kap. 12 und 13), die auf den Muskelaufbau abzielen, kann die BIA-Messung als Ausgangspunkt dienen und den Aufbau der Muskulatur abbilden. Auch für die Prävention von Herz-Kreislauf-Erkrankungen ist der Erhalt oder Aufbau von Muskelmasse und/oder der Abbau von viszeralem Fett entscheidend. Die BIA-Messungen können hierbei sowohl als Analyseinstrument zur Sensibilisierung der Mitarbeitenden als auch als „Evaluationsinstrument" nach dem Abschluss von BGF-Maßnahmen eingesetzt werden (Abb. 11.4).

Die Kosten für die BIA-Messungen werden entweder von den Unternehmen selbst oder nach Absprache von Krankenkassen übernommen (vgl. Kap. 1).

11.6 BIA-Messungen im Betrieb: So geht's!

Erfolgreich umgesetzte BIA-Messungen in Unternehmen hängen von den Vorbereitungen und der Messung selbst ab. Dabei lassen sich die folgenden Punkte berücksichtigen:

11.6.1 Vorbereitungen der BIA-Messungen

Absprachen mit zuständigen Personen im Betrieb

1. Raum:
   - Separater Raum für diskrete Messungen und Besprechungen der Ergebnisse
   - Stromanschluss
   - Größe abhängig vom BIA-Gerät, ggf. Liege berücksichtigen
2. Anmeldungen der Mitarbeitenden
   - Für reibungslosen Ablauf ist eine Mitarbeitendenliste sinnvoll
   - Pro Messung 10–30 Minuten einplanen (s. u.)
3. Ankündigungstexte schreiben, um das Angebot im Unternehmen zu bewerben

Abb. 11.4 Setting und Equipment im Rahmen eines BIA-Aktionstages (Bildquelle: essenZ)

4. Equipment für die Messung
   - Technik (abhängig vom Gerät: Stromkabel, Laptop, Router etc.)
   - Ggf. Liege oder Matte für Liegendgerät
   - Falls nicht im BIA-Gerät integriert: Längenmessgerät und/oder Waage für die Ermittlung der Körperlänge, des Körpergewichts, um den BMI zu berechnen
   - Maßband zur Messung des Taillenumfangs
   - Hygieneartikel: Desinfektionsmittel, Papiertücher, Mülltüte

11.6.2 Ablauf der BIA-Messung

Der Ablauf ist geräteabhängig und unterscheidet sich zwischen Liegend- und Stehendgerät und wird von einer Ergebnisbesprechung begleitet.

Ablauf auf Stehendgerät:

- Die Mitarbeitenden stellen sich barfuß und angezogen auf das BIA-Gerät, das eine Gewichtswaage enthält.
- Das Gewicht der Kleidung sollte geschätzt und mittels Pre-Tara-Einstellung vom Gewicht abgezogen werden.
- Zur Ermittlung des BMI enthalten einige Geräte eine Längenmessung. Falls nicht, ist ein separates Längenmessgerät notwendig.
- In das BIA-Gerät bzw. in die Software müssen Geschlecht, Alter, Geburtsdatum und ggf. Herkunft/Ethnie eingegeben werden.
- Die BIA-Messung starten.

Ablauf auf Liegendgerät:

- Das Gewicht muss vorab auf einer separaten Waage ermittelt werden.
- Zur Ermittlung des BMI ist ein separates Längenmessgerät notwendig.
- In das BIA-Gerät müssen Geschlecht, Alter, Geburtsdatum und ggf. Herkunft/Ethnie eingegeben werden.
- Der/Die Mitarbeitende legt sich barfuß und angezogen auf die Liege und wird mittels Elektroden an Händen und Füßen mit dem BIA-Gerät verbunden.
- Da für die präzise Messung das Körperwasser gleichmäßig verteilt sein muss, liegen die Mitarbeitenden 5–10 Minuten auf der Liege.
- Die BIA-Messung starten.

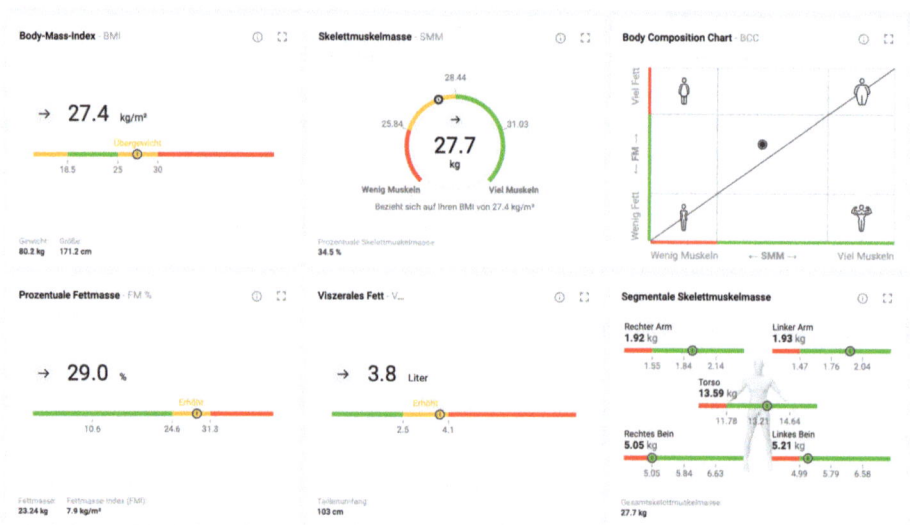

Abb. 11.5 Ergebnisdarstellung einer BIA-Messung (seca analytics 125)

Besprechung der Ergebnisse

Die Besprechung der Ergebnisse ist sinnvoll, um Mitarbeitenden die erhobenen Parameter zu erklären, abhängig von der Dauer des Gesprächs relevante Werte zu filtern und Ernährungsempfehlungen abzuleiten. In Abb. 11.5 werden klassische Parameter für die Beratung im Rahmen der BGF dargestellt. Zu den Parametern gehören (von oben links nach unten rechts)

- der BMI mit den ergänzenden Angaben für Körpergewicht und Körpergröße;
- die Skelettmuskelmasse absolut und in Prozent des Körpergewichts sowie grafisch in Bezug auf den BMI dargestellt;
- das Body-Composition-Chart, das das Verhältnis von Körperfettmasse zu Skelettmuskelmasse gegenüberstellt;
- die Körperfettmasse in Prozent des Körpergewichts sowie absolut und der Fettmasse-Index;
- das viszerale Fettgewebe in Liter mit dem ergänzenden Taillenumfang;
- die Skelettmuskelmasse verteilt auf die fünf Körpersegmente Arme, Torso und Beine.

Die BIA-Messung ermöglicht noch eine Vielzahl weiterer Ergebnisse.

Die Besprechung kann direkt im Anschluss an die Messung im Einzelgespräch erfolgen und dauert in der Regel zwischen 10 bis 20 Minuten. Alternativ kann die persönliche Ergebnisbesprechung auch durch einen allgemein erklärenden (Online-)Vortrag ersetzt werden, der die Möglichkeit persönlicher Fragen zulässt.

Dargestellt sind (Abb. 11.5):

- Oben links: BMI; in klein: Gewicht und Größe
- Oben mittig: Skelettmuskelmasse absolut und bezogen auf den BMI; in klein: Skelettmuskelmasse in Prozent
- Oben rechts: Body-Composition-Chart
- Unten links: Fettmasse in Prozent; in klein: Fettmasse absolut und Fettmasse-Index
- Unten mittig: viszerales Fett; in klein: Taillenumfang
- Unten rechts: segmentale Skelettmuskelmasse; in klein: Skelettmuskelmasse absolut

Die Dauer der einzelnen BIA-Messungen ist abhängig vom Gerät und dauert zwischen 1 bis 10 Minuten, wobei die Messungen auf einem Stehendgerät schneller verlaufen als auf einem Liegendgerät, da hier eine Ruhephase notwendig ist. Hinzu kommt die Ergebnisbesprechung. Die Ergebnisbesprechung kann sehr kurz bis ausführlich stattfinden und dauert in der Regel zwischen 10 bis 20 Minuten. Die Gesamtdauer pro Mitarbeitenden beträgt somit 10 bis 30 Minuten.

11.7 Worauf ist zu achten? (Dos and Don'ts)

- Nicht jeder kennt die BIA, daher sollte sie den Betrieben (im Erstkontakt) und auch den Mitarbeitenden (in der Ankündigung) leicht verständlich erklärt werden. Die Erklärung enthält im besten Fall, was die BIA ist, wofür man sie macht (Mehrwert) und wie sie abläuft. Es ist empfehlenswert, Feingefühl für das Thema Gewicht und die damit möglicherweise verbundenen Besorgnisse zu adressieren und die Vorteile in den Vordergrund zu stellen.
- Rahmenbedingungen sollten im Vorfeld geklärt werden, um einen reibungslosen Ablauf beim Einsatz im Betrieb sicherzustellen. Dazu gehören der Umgang mit dem BIA-Gerät und dem dazugehörenden technischen Equipment (z. B. Elektroden und/oder Laptop), der Raum, die notwendigen Materialien sowie die Mitarbeitendenliste.
- In der Ergebnisbesprechung mit den Mitarbeitenden sollten zentrale Parameter erläutert und mit direkten Handlungs- bzw. Ernährungsempfehlungen verknüpft werden.
- Sinnvolle Parameter sind beispielsweise das Muskel-Fett-Verhältnis (Body-Composition-Chart), die Muskelmasse (ggf. nach Segmenten), die Körperfettmasse, das viszerale Fett und den Kalorienverbrauch.
- Zur Interpretation von Daten für die Ernährungsfachkraft, weniger aber für den Mitarbeitenden, sind der Phasenwinkel, die BIVA oder der Wassergehalt, da diese vorrangig im Zusammenhang mit anderen Parametern Sinn ergeben. Diese Parameter können in der vertiefenden/ausführlichen Interpretation genutzt werden.
- Zur validen Interpretation der Daten ist eine Schulung der Ernährungsfachkraft eine zwingende Voraussetzung. Interpretationsschulungen werden von den Herstellern der BIA-Geräte und von Ernährungsfachkräften angeboten.

Literatur

Bosy-Westphal, A., Korth, O., & Müller, M. J. (2005). Body Composition Research: Von klassischen Kompartimentenmodellen zu metabolischen und qualitativen Analysen. *Aktuel Ernaehr Med, 30*, 130–135.

Reljic, D., Herrmann, H. J., Neurath, M. F., & Zopf, Y. (2019). Bioelektrische Impedanzanalyse (BIA) – Grundlagen und Anwendung. *ErnährungsUmschau, 8*, M474–M486.

12 Ernährungsberatung, -coaching und -therapie im Betrieb

Heike Niemeier und Lydia Wilkens

Im Rahmen der betrieblichen Ernährungsberatung sollen Informationen über gesundheitsfördernde und nachhaltige Ernährung, Lebensstilfaktoren und die Vermeidung von Risikofaktoren und Prävention von Erkrankungen vermittelt werden. Neben der Einordnung von Ernährungsberatung und -therapie liefert dieses Kapitel Praxisempfehlungen für deren Umsetzung im betrieblichen Kontext.

Betriebe können den Mitarbeitenden ein vielfältiges Angebot im Bereich Ernährung ermöglichen, wie z. B. Vorträge, Seminare, Workshops, Kochaktionen (vgl. Kap. 13). Individuelle Ernährungsberatungen sind insbesondere für Mitarbeitende sinnvoll, die aufgrund persönlicher Ernährungsfragen oder -probleme individuelle Lösungen benötigen und diese im Rahmen von Gruppenveranstaltungen nicht thematisieren wollen.

12.1 Ernährungsberatung und -coaching

Im betrieblichen Setting wird meist von Ernährungscoaching anstelle von Ernährungsberatung gesprochen; die Begriffe werden hier synonym verwendet. Unter Ernährungsberatung bzw. Ernährungscoaching versteht man eine für die betreffende Person freiwillige Beratung zu Ernährungsfragen. Diese sollte von einer qualifizierten Ernährungsfachkraft (aus der Diätassistenz, Oecotrophologie, Ernährungswissenschaften, fachärztliche Bereiche für Ernährungsmedizin) durchgeführt werden (Koordinierungskreis zur Qualitätssicherung in der Ernährungsberatung/-therapie und Ernährungsbildung, 2024; GKV-Spitzenverband, 2023) und im besten Fall in ein Gesamtkonzept eingebettet sein (vgl.

H. Niemeier (✉) · L. Wilkens
essenZ, Hamburg, Deutschland
E-Mail: heike.niemeier@essenz.hamburg; Lydia.wilkens@essenz.hamburg

© Der/die Autor(en), exklusiv lizenziert an Springer-Verlag GmbH, DE, ein Teil von Springer Nature 2025
A. Flothow et al. (Hrsg.), *Betriebliche Gesundheitsförderung für Ernährungsfachkräfte*, Berufspraxis: Ernährung, https://doi.org/10.1007/978-3-662-70049-5_12

Kap. 1). Die individuelle primärpräventive Ernährungsberatung richtet sich im Rahmen der Betrieblichen Gesundheitsförderung (BGF) an gesunde Menschen mit einem definierten Risikoprofil, wie z. B. Schichtarbeitende oder Schwangere bzw. Menschen mit spezifischen Ernährungsfragen, wie z. B. Führungskräfte.

> Ernährungsberatung bzw. -coaching ist als ein ganzheitlicher Ansatz zur Primärprävention und Gesundheitsförderung zu verstehen und verfolgt folgende Ziele:
>
> 1. „Vermittlung der Grundsätze einer gesundheitsfördernden, vollwertigen Ernährung, um Mangel- und Fehlernährung sowie Übergewicht zu vermeiden und das Risiko ernährungsmitbedingter Krankheiten zu reduzieren
> 2. Nachhaltige Verbesserung der individuellen Ernährungsweise und des Ernährungsverhaltens sowie ggf. die Lösung von Ernährungsproblemen
> 3. Verbesserung der Entscheidungsfähigkeit und Handlungskompetenz" (Koordinierungskreis zur Qualitätssicherung in der Ernährungsberatung/-therapie und Ernährungsbildung, 2024).

Im Rahmen der betrieblichen Ernährungsberatung sollen Informationen über gesundheitsfördernde und nachhaltige Ernährung, Lebensstilfaktoren und die Vermeidung von Risikofaktoren und Prävention von Erkrankungen vermittelt werden. Dazu werden Prozesse zur Problemlösung initiiert und die erforderlichen Kompetenzen gemeinsam mit den Betroffenen im Sinne der „Hilfe zur Selbsthilfe" erarbeitet. Die Inhalte basieren auf aktuellen, wissenschaftlich gesicherten Erkenntnissen, z. B. den Referenzwerten für die Nährstoffzufuhr (Deutsche Gesellschaft für Ernährung, 2023), den DGE-Beratungsstandards (Deutsche Gesellschaft für Ernährung, 2021) und den Leitlinien der medizinischen Fachgesellschaften (Arbeitsgemeinschaft der Wissenschaftlichen Medizinischen Fachgesellschaften, o. J.) (Koordinierungskreis zur Qualitätssicherung in der Ernährungsberatung/-therapie und Ernährungsbildung, 2024).

Eine Kostenübernahme bzw. Bezuschussung primärpräventiver Maßnahmen ist entweder über den Betrieb oder über die gesetzlichen Krankenkassen auf Basis des § 20 SGB V gemäß den Vorgaben des Leitfaden Prävention möglich (GKV-Spitzenverband, 2023). Aus der (Betriebs-)Ärzteschaft kann dazu eine Präventionsempfehlung („Formular 36") für eine Ernährungsberatung ausgestellt werden, die es den Beschäftigten erleichtert, eine Bezuschussung der Kosten zu beantragen (Kassenärztliche Bundesvereinigung, 2020).

12.2 Ernährungstherapie

Ernährungstherapie richtet sich an Menschen mit ernährungsmitbedingten Erkrankungen, wie z. B. Diabetes mellitus Typ 2, Fettstoffwechselstörungen, Reizdarmsyndrom, koronare Herzerkrankungen (KHK) oder chronisch entzündlichen Darmerkrankungen (CED) und erfolgt in enger Kooperation mit dem Behandelnden ärztlicherseits (Koordinierungskreis zur Qualitätssicherung in der Ernährungsberatung/-therapie und Ernährungsbildung, 2024). Sie wird nach ärztlicher Diagnosestellung und der Ausstellung einer ärztlichen Notwendigkeitsbescheinigung in einem definierten Prozess auf der Basis der DGE-Beratungsstandards von qualifizierten Personen aus der Ernährungstherapie angeboten (Deutsche Gesellschaft für Ernährung, 2021; Verband der Diätassistenten, 2017).

> „Innerhalb eines therapeutischen Gesamtkonzepts auf der Basis wissenschaftlich gesicherter Erkenntnisse verfolgt die Ernährungstherapie abhängig von der Indikation und den individuellen Lebensumständen folgende Ziele:
>
> - Heilung der Erkrankung oder Linderung der Beschwerden
> - Nachhaltige Verbesserung der individuellen Ernährungsweise und des Essverhaltens, orientiert an der medizinischen Notwendigkeit und den individuellen Bedürfnissen und Wünschen des*der Patient*in
> - Vermittlung der Grundsätze einer bedarfsgerechten Ernährung, um den Gesundheitszustand zu verbessern (Sekundärprävention) und Rückfällen/Folgeerkrankungen vorzubeugen (Tertiärprävention)
> - Erhalt bzw. Verbesserung der Lebensqualität" (Koordinierungskreis zur Qualitätssicherung in der Ernährungsberatung/-therapie und Ernährungsbildung, 2024)

Wenn Beschäftigte unter ernährungsmitbedingten Erkrankungen leiden, kann es für die Beschäftigten hilfreich sein, wenn eine professionelle Ernährungstherapie über den Betrieb bzw. die Betriebsärzteschaft vermittelt wird.

Eine (anteilige) Kostenübernahme ernährungstherapeutischer Leistungen erfolgt mit einer ärztlichen Notwendigkeitsbescheinigung als sogenannte Kann-Leistung auf Basis des § 43 SGB V durch die gesetzliche Krankenversicherung.

Die Ernährungstherapie kann in geeigneten Räumlichkeiten auf dem Betriebsgelände oder in den Praxisräumen der Ernährungsfachkraft oder als Live-Online-Beratung stattfinden (vgl. Kap. 2). Für ein ernährungstherapeutisches Angebot auf dem Betriebsgelände spricht, dass es für die Beschäftigten ein niedrigschwelliges Angebot mit kurzen Wegen darstellt; dagegen könnte sprechen, dass der Besuch der Ernährungstherapie möglicherweise auch von Führungskräften bzw. Mitarbeitenden registriert wird und die Betroffenen dadurch Nachteile befürchten könnten.

Bei großer Nachfrage in den Betrieben kann sich eine regelmäßig terminierte „Ernährungssprechstunde" etablieren.

Zudem kann die Einzelberatung mit anderen Maßnahmen im Rahmen der BGF zielführend kombiniert werden:

- Ein Vortrag für den Gesamtbetrieb, der zur Sensibilisierung für ein bestimmtes ernährungsbezogenes Thema dient, kann durch Einzelberatungen individuell ergänzt

Abb. 12.1 Ernährungsberatung im Unternehmen: Ernährungsberaterin mit Mitarbeiterin. (Quelle: essenZ, © Daniel Wolcke)

werden. Beispielsweise kann ein Vortrag zum „Essen bei Stress" ergänzt werden durch eine Beratung von betroffenen Mitarbeitenden zur Erarbeitung von persönlichen Problemlösungsstrategien.
- Ernährungsberatungen können zudem die ideale Kombination zu BIA-Messungen (vgl. Kap. 11) darstellen, da die Messung der Körperzusammensetzung beispielsweise das erhöhte Vorkommen viszeralen Fettgewebes aufzeigt und in der Beratung individuelle Ernährungstipps vermittelt werden können. In der Praxis bietet die Kombination aus den vor Ort/in Präsenz stattfindenden BIA-Messungen und digitalen Onlineberatungen eine hohe Erreichbarkeit der Mitarbeitenden und einen nachhaltigeren Kundenkontakt (Abb. 12.1).

12.3 Praxistipps für die Durchführung von betrieblichen Ernährungsberatungen: So geht's!

In der Regel finden im Rahmen der betrieblichen Gesundheitsförderung Ernährungsberatungen zur Prävention von ernährungsmitbedingten Erkrankungen statt.

Basis für die Ernährungsempfehlungen
- Essprotokoll
- Anamnesefragebogen
- Ggf. Blutwerte
- Ggf. BIA-Messergebnisse

Die Basis für die Ernährungsempfehlungen kann dabei auf einem im Voraus ausgefüllten Essprotokoll der Mitarbeitenden beruhen. Einige Betriebe können zudem durch den Betriebsarzt auch Blutwerte – beispielsweise zur Einschätzung der Stoffwechselsituation – oder die Ergebnisse einer Bioimpedanzanalyse (vgl. Kap. 11) zur Verfügung stellen.

Ablauf mit Unternehmen
1. Erstkontakt mit Betrieb
   - Anzahl der Ernährungsberatungen klären: einmalig oder mehrmalig
   - Ort der Ernährungsberatungen klären: im Betrieb, digital und/oder in den Räumen der Ernährungsfachkraft (Vertraulichkeit persönlicher Informationen muss bei der Ortsauswahl sichergestellt werden).
   - Angebot erstellen (für Betrieb oder für Krankenkasse)
2. Unterlagen für die Ernährungsberatung (Essprotokoll, Fragebogen, ggf. Blutwerte) zur Verfügung stellen, die der Betrieb an interessierte Mitarbeitenden weiterleitet. Alternativ sendet die Ernährungsfachkraft die Unterlagen direkt an die Mitarbeitenden (s. u.).

Ablauf mit Mitarbeitenden
1. Erstkontakt zu den Mitarbeitenden: Mitarbeitende melden sich direkt bei der Ernährungsfachkraft, um kurz den Ablauf, Ort und Inhalte der Ernährungsberatung zu klären und den Termin auszumachen
2. Mitarbeitende erhalten Unterlagen von der Ernährungsfachkraft oder Betrieb
3. Mitarbeitende senden die ausgefüllten Unterlagen aus Datenschutzgründen direkt an Ernährungsfachkraft

Inhalte des Erstgesprächs
1. Vertiefendes Kennenlernen und Problemschilderung aus Mitarbeitendensicht
2. Auswertung des Essprotokolls besprechen
3. Ggf. Berücksichtigung der Blutwerte und/oder BIA-Messergebnisse
4. Empfehlungen geben zur Ernährung, Essverhalten und Lebensstil
5. Ggf. Folgetermin vereinbaren

Inhalte des Folgegesprächs
1. Fragen klären
2. Auswertung des erneut ausgefüllten Essprotokolls
3. Ggf. Berücksichtigung der Blutwerte und/oder BIA-Messergebnisse
4. Empfehlungen geben
5. Ggf. Folgetermin vereinbaren

Nach der Ernährungsberatung
1. Ergänzende Handouts, Infoblätter und/oder Rezepte senden
2. Abrechnung mit Unternehmen (nach jeder Beratung oder monatlich)

12.4 Worauf ist zu achten? (Dos and Don'ts)

- Persönliche Ernährungsberatung beinhaltet in der Regel vertrauliche Informationen, die eines Schutzes vor Dritten bedürfen. Daher ist auch gegenüber dem Betrieb Anonymität einzuhalten.
- Moderne Ernährungsberatung beinhaltet nicht nur Wissensvermittlung und Aufklärung, sondern sollte darüber hinaus auch Aspekte der Kompetenzsteigerung, Steigerung der intrinsischen Motivation zur Verhaltensänderung, Stärkung der Selbstwirksamkeit, empathische Komponenten sowie praxistaugliche Tipps für berufstätige Personen enthalten.
- Bezüglich des Honorars kann die Ernährungsfachkraft dem Betrieb bei großer Anzahl von gebuchten Ernährungsberatungen einen Mengenrabatt anbieten.

Literatur

Arbeitsgemeinschaft der Wissenschaftlichen Medizinischen Fachgesellschaften e. V. (AWMF). (o. J.). Offizielle Leitlinien. https://www.awmf.org/leitlinien
Deutsche Gesellschaft für Ernährung. (2021). *DGE-Beratungs-Standards* (1. Aufl., 1. akt. Ausgabe). DGE.
Deutsche Gesellschaft für Ernährung. (2023). *Referenzwerte für die Nährstoffzufuhr* (2. Aufl., 7. akt. Ausgabe). DGE.
GKV-Spitzenverband. (2023). *Leitfaden Prävention. Handlungsfelder und Kriterien nach § 20 Abs. 2 SGB V zur Umsetzung der §§ 20, 20a und 20b SGB V vom 21. Juni 2000 in der Fassung.* https://www.gkv-spitzenverband.de/media/dokumente/krankenversicherung_1/praevention__selbsthilfe__beratung/praevention/praevention_leitfaden/2023-12_Leitfaden_Pravention_barrierefrei.pdf. Zugegriffen am 04.12.2023.

Kassenärztliche Bundesvereinigung. (2020). *Ernährung. Möglichkeiten der Beratung und Therapie. Tipps für die Praxis und Beispiele.* https://www.kbv.de/media/sp/PraxisWissen_Ernaehrung.pdf. Zugegriffen am 11.10.2024.

Koordinierungskreis zur Qualitätssicherung in der Ernährungsberatung/-therapie und Ernährungsbildung. (2024, Februar 01). *Rahmenvereinbarung zur Qualitätssicherung in der Ernährungsberatung/-therapie und Ernährungsbildung in Deutschland in der Fassung.* https://www.dge.de/fileadmin/dok/qualifikation/qs/Koordinierungskreis-Rahmenvereinbarung-QS-EB.pdf. Zugegriffen am 12.04.2005.

Verband der Diätassistenten. (2017). *Manual für den German-Nutrition-Care Process (G-NCP)* (2. Aufl). Pabst Science Publishers.

Ernährungsbildung im Betrieb

13

Lydia Wilkens, Heike Niemeier, Barbara Kaiser und Mareike Daum

Maßnahmen der Ernährungsbildung oder -kommunikation haben positive Auswirkungen auf das Essverhalten der Beschäftigten und können damit verschiedene Gesundheitsparameter verbessern.

Ziel für eine erfolgreiche Ernährungsbildung im Unternehmen ist ein strukturiertes Gesamtkonzept, das sich in einen bestehenden Gesundheitsförderungsprozess integriert und Maßnahmen der Verhältnis- und Verhaltensprävention kombiniert (vgl. Kap. 1). Bei der Auswahl und Umsetzung der passenden Maßnahmen müssen verschiedene Voraussetzungen berücksichtigt werden, die in diesem Kapitel von Lydia Wilkens und Heike Niemeier praxisnah dargestellt werden. Ergänzt wird dieses Kapitel um einen Exkurs zur Food Literacy von Barbara Kaiser und Mareike Daum, in dem Essen als Thema der Erwachsenenbildung beschrieben wird.

L. Wilkens (✉) · H. Niemeier
essenZ, Hamburg, Deutschland
E-Mail: Lydia.wilkens@essenz.hamburg; heike.niemeier@essenz.hamburg

B. Kaiser · M. Daum
Bundeszentrum für Ernährung (BZfE), Bundesanstalt für Landwirtschaft und Ernährung, Bonn, Deutschland
E-Mail: Barbara.Kaiser@ble.de; mareike.daum@ble.de

© Der/die Autor(en), exklusiv lizenziert an Springer-Verlag GmbH, DE, ein Teil von Springer Nature 2025
A. Flothow et al. (Hrsg.), *Betriebliche Gesundheitsförderung für Ernährungsfachkräfte*, Berufspraxis: Ernährung, https://doi.org/10.1007/978-3-662-70049-5_13

13.1 Ernährungsbildung

▶ Unter Ernährungsbildung versteht man einen lebenslangen Prozess mit dem Ziel, „(…) Menschen zu befähigen, die eigenständige und (eigen-)verantwortliche Ernährung in sozialer und kultureller Eingebundenheit unter komplexen gesellschaftlichen Bedingungen zu entwickeln und zu gestalten. Die Entscheidungen sollen politisch mündig, sozial verantwortlich und demokratisch teilhabend getroffen werden können. Ernährungsbildung ist immer auch Esskulturbildung, beinhaltet ästhetisch-kulturelle sowie kulinarische Bildungselemente und trägt zur Entwicklung der Kultur des Zusammenlebens bei." (Koordinierungskreis zur Qualitätssicherung in der Ernährungsberatung/-therapie und Ernährungsbildung, 2024).

Für erwachsene Menschen sind – neben Medien (Bücher, Zeitschriften, Fernsehen, Hörfunk, Internet, soziale Medien) und dem Familien- und Freundeskreis – informelle und formale Bildungsprozesse am Arbeitsplatz von Bedeutung. Im betrieblichen Setting wird häufig der Begriff der Ernährungskommunikation anstelle von Ernährungsbildung verwendet.

Wie Studienergebnisse zeigen, haben Maßnahmen der Ernährungskommunikation positive Auswirkungen auf das Essverhalten der Beschäftigten, verbessern verschiedene biometrische Marker (z. B. Körperfettanteil), Blutparameter (z. B. Blutfette) und die Leistungsfähigkeit von Beschäftigten und können somit das Risiko für ernährungsmitbedingte Erkrankungen (z. B. Diabetes mellitus Typ 2) senken (Rachmah et al., 2022).

Ziel für eine erfolgreiche und langfristige Ernährungsbildung im Unternehmen ist ein strukturiertes Gesamtkonzept, das sich in ein bereits bestehendes Konzept zur Betrieblichen Gesundheitsförderung (BGF) einfügt und von allen Stakeholdern – insbesondere auch der Geschäftsführung – mitgetragen wird. Hierbei verspricht vor allem eine Kombination von Maßnahmen der Verhältnis- und Verhaltensprävention, begleitet durch eine gute Mitarbeitendenkommunikation, eine nachhaltige Implementierung des Themas im Unternehmen (Meifert & Kesting, 2012).

Um die unterschiedlichen betrieblichen Herausforderungen, wie z. B. Schichtarbeit (vgl. Kap. 16), Homeoffice oder Arbeiten unterwegs (vgl. Kap. 17), bezogen auf die Versorgung und Ernährung der Mitarbeitenden des einzelnen Unternehmens einzubeziehen, bedarf es einer guten zielgruppenspezifischen Ansprache und einer an die Unternehmensstrukturen angepassten Umsetzung.

Dafür ist ein strukturiertes Vorgehen aus Analyse, Planung, Durchführung und Evaluation Voraussetzung (vgl. Kap. 1). Im Folgenden werden verschiedene Maßnahmen für die Ernährungsbildung im Betrieb beschrieben. Diese sollten nach Auswertung der Analyseergebnisse und einer Zeit-, Budget- bzw. Personalplanung zielgruppenspezifisch ausgewählt und evaluiert werden.

13.2 Maßnahmen zur Ernährungsbildung

Es gibt vielfältige Maßnahmen, um Ernährungsbildung im Betrieb zu positionieren, die einzeln oder in Kombination angeboten werden können.

Um Maßnahmen zur Ernährungsbildung (Verhaltensprävention) bestmöglich planen zu können, sollte sich die Ernährungsfachkraft immer ein Bild zur Verpflegungssituation im Betrieb (Verhältnisprävention) machen: Gibt es eine Kantine? Wie sind die Nutzungsfrequenz und die Zufriedenheit mit der Kantine? Gibt es Getränke- oder Snackautomaten bzw. Obstkörbe oder Wasserspender? Gibt es Teeküchen und wie sind diese ausgestattet? Gibt es umliegende Restaurants, Imbisse, Supermärkte, Bäckereien oder Fleischereien?

Die Kombination von Maßnahmen der Verhaltens- und Verhältnisprävention bringen den höchsten nachhaltigen Erfolg und bieten zusätzlich die Möglichkeit, gesundheitliche (z. B. Erhalt von Gesundheit und Leistungsfähigkeit), soziale (z. B. Teambuilding, verbesserte Mitarbeitendenkommunikation) und unternehmenspolitische (z. B. positive Imagebildung, Mitarbeitendengewinnung und -bindung) Ziele zu unterstützen und erreichen (Barthelmes et al., 2019).

Beispielmaßnahmen zur Verhaltensprävention
- Vorträge
- Seminare und Workshops
- Kochpraxis und Verkostungen
- Gesundheitstage (vgl. Kap. 38) und Aktionsstände
- Präventionskurse
- Individuelle Ernährungsberatung (vgl. Kap. 12)
- Diagnostik, wie z. B. BIA-Messungen (vgl. Kap. 11)
- Challenges
- Events

Beispielmaßnahmen der Verhältnisprävention
- Bewertung und ggf. Optimierung des Verpflegungsangebotes (vgl. Kap. 19, 20, und 21)
- Nudging im Betriebsrestaurant (siehe Kap. 28 und 39)
- Obst- und Gemüsekörbe im Büro
- Kooperationen mit umliegenden Restaurants
- Anschaffung von Küchenutensilien (Mikrowellen, Mixer)
- Optimierung der Arbeitszeit- und Pausengestaltung
- Optimierung der Meetingverpflegung
- Snack- und Getränkeautomaten
- Wasserspender
- Cafeteria/Kiosk

Ernährungsbildung geht über die reine Wissensvermittlung hinaus. Praxisnahe und erlebbare Inhalte (Ansatz der Verhaltensprävention) werden durch die Schaffung gesundheitsförderlicher Rahmenbedingungen im Berufsalltag einfacher umsetzbar. Durch die Berücksichtigung von kognitiven und emotionalen Aspekten kann das Ernährungsverhalten nachhaltig verändert werden. Für das Erreichen unterschiedlicher Lerntypen und Ebenen der Verhaltensänderung sind einzelne methodisch abwechslungsreiche Maßnahmen und auch die Kombination verschiedener Maßnahmen einsetzbar.

Beispiel

Im Folgenden werden Beispiele für die Kombination verschiedener Maßnahmen aufgeführt:

- Ein Impulsvortrag zu einem Fachthema kann z. B. im Weiteren mit Kochworkshops, Challenges und einem monatlichen Spezialangebot im Betriebsrestaurant verknüpft werden, um das Thema über verschiedene Angebote zu transportieren oder zu verstärken und damit gleichzeitig die verschiedenen Interessen der Mitarbeitenden anzusprechen.
- Ein neues (z. B. veganes) Angebot im Betriebsrestaurant könnte von einem Aktionsstand mit themenangepassten Informationen oder einem Beratungsangebot begleitet werden, das wiederum durch Informationen und Materialien im Intranet unterstützt werden kann. ◄

13.3 Zielgruppengerechte Ansprache

Um für den nachhaltigen Erfolg der Ernährungsbildung im Unternehmen die passende Maßnahmenauswahl und Ansprache der Mitarbeitenden (Zielgruppe) zu treffen, ist eine detaillierte Zielgruppenanalyse nötig (vgl. Kap. 4).

Zielgruppe kann sowohl die gesamte Belegschaft oder spezielle Teilgruppen der Belegschaft, wie z. B. Schichtarbeitende, Auszubildende, Produktions- oder Verwaltungsmitarbeitende, Vertriebsmitarbeitende, Teilzeitbeschäftigte oder ältere Beschäftigte („50+", „60+"), sein.

Damit können sowohl demografische (z. B. Alter, Geschlecht), zeitliche (z. B. Teilzeit- oder Schichtarbeit) oder inhaltliche Auswahlkriterien (z. B. Produktion, Verwaltung, Vertrieb) zugrunde gelegt werden.

Die Auswahl der Zielgruppe bestimmt die Rahmenbedingungen der Arbeit, wie z. B. die Arbeitszeit, Pausengestaltung, Stressbelastung oder Möglichkeiten zur Verpflegung und damit bestenfalls auch die Auswahl und Durchführung der Maßnahmen – sowohl inhaltlich (z. B. Umfang des Praxisanteils, einfache Wortwahl/Nennung wissenschaftlicher Zusammenhänge) als auch methodisch (online/Präsenz, Dauer, Frequenz, aktive Mitarbeit/Gruppenarbeiten etc.).

13.4 Kommunikation der Maßnahmen

Der Erfolg der verschiedenen Maßnahmen hängt maßgeblich von einer guten internen Unternehmenskommunikation ab, die sowohl vor als auch während und nach der Maßnahme erfolgen kann. Ernährungsfachkräfte können bei Bedarf unterstützen.

Vor der Durchführung von Maßnahmen sollten die Beschäftigten rechtzeitig über das Angebot informiert und zur Teilnahme motiviert werden.

Während der Durchführung der Maßnahmen sollte über die Aktivitäten berichtet werden.

Nach Abschluss der Maßnahmen sollte über Ergebnisse (z. B. Anzahl der Teilnehmenden, Veränderungsprozesse im Betrieb) und zukünftig geplante Aktivitäten berichtet werden.

Die Gestaltung einer erfolgreichen Unternehmens- und Mitarbeitendenkommunikation richtet sich nach den individuellen Bedürfnissen des Unternehmens und den allgemeinen Empfehlungen und Erfahrungen aus den Fachgebieten Kommunikation und Marketing (vgl. Kap. 4). Es sollten die im Betrieb üblichen Kommunikationsinstrumente, wie z. B. Intranet, Mitarbeitendenzeitung, „Schwarzes Brett", Rundmails etc. genutzt werden. Bei Bedarf können die Ernährungsfachkräfte das Unternehmen mit Ankündigungstexten, Bildmaterial, Videobotschaften und Evaluationsergebnissen unterstützen. Dabei sind der Datenschutz und Bildrechte zu beachten!

▶ **Tipps zur Maßnahmenbewerbung**
- Informationsgestaltung nach der „Attention-Interest-Desire-Action"-Formel: Aufmerksamkeit und Interesse wecken, den Beteiligungswunsch fördern und zur Aktion anregen (Homburg & Krohmer, 2006).
- Interne Unternehmenskommunikation sollte sachlich, erklärend, orientierend, motivierend, glaubwürdig, wertschätzend und fortlaufend sein und die Mitarbeitenden dialogisch einbeziehen (Schick, 2002).
- Für den Informationsfluss sollen alle Mitarbeitenden der zuvor festgelegten Zielgruppe erreicht werden (Stummer et al., 2008).
- Ein dynamischer Informationsprozess sollte aus Vorinformation, laufender Information und Feedbackschleifen bestehen (Stummer et al., 2008).
- Auswahl geeigneter Medien und Instrumente, die textliche und visuelle Informationselemente nutzen (Stummer et al., 2008).
- Auswahl des geeigneten Informationszeitpunkts.
- Kombination aus persönlicher dialogischer Ansprache (z. B. durch Führungskraft, Multiplikatoren, Kick-off-Veranstaltung) und medialer Ansprache (Intranet, Mailings, Plakate, Flyer etc.).

(Quelle: Ghadiri et al., 2016)

13.5 Tipps zur Umsetzung von Ernährungsbildung in Unternehmen

Aus der Praxis gibt es Empfehlungen, die für die Umsetzung von Maßnahmen zur Ernährungsbildung hilfreich sind. Diese liegen entweder auf der Seite der Ernährungsfachkraft (EFK) oder Unternehmen oder in Zusammenarbeit beider.

- Projektmanagement gut strukturieren und von intensiver Kundenkommunikation begleiten
- (Unternehmen, ggf. in Zusammenarbeit mit EFK)
  - Ziel- und Zielgruppenanalyse
  - Maßnahmenplanung
  - Maßnahmenbewerbung
  - Durchführung
  - Evaluation
- Bewerbung über verschiedene Kanäle (Unternehmen, ggf. mit Unterstützung der EFK)
- Moderne Themen und Titel wählen (EFK)
- Theorie und Praxis in den Maßnahmen verknüpfen (EFK):
  - Verstehen und handeln (alltagstaugliche Tipps)
  - In die Umsetzung kommen
  - Emotionale Ansprache
  - Teambuilding
- Zeit und Raum für Fragen und Unvorhergesehenes einplanen (EFK)
- Aufwände und Kosten richtig einplanen (EFK)
  - Zeitmanagement realistisch kalkulieren (mit Berücksichtigung aller Vor- und Nachbereitungen, z. B. Vortragserstellung, Einkauf, Reinigung der Räume)
  - Budgets und Kosten für Materialien, Räume, Küche etc. klären
- Give-aways (EFK, ggf. auch das Unternehmen)
  - Mitarbeitenden etwas mitgeben, um in Erinnerung zu bleiben, z. B. (Handouts, Rezepte, etc.)

13.6 Dos and Don'ts für Maßnahmen der Ernährungsbildung

Es gibt eine große Vielfalt an Maßnahmen zur Ernährungsbildung im Betrieb. Es sollte vorab geklärt werden, ob die Teilnahme der Beschäftigten im Rahmen der Arbeitszeit möglich ist.

13 Ernährungsbildung im Betrieb

1 – Vorträge und Workshops

Vorträge und Workshops sind gut geeignet, um viel (theoretisches) Wissen zu vermitteln. Vorträge sind dabei eher kürzer als Workshops und können auch als reine Impulsvorträge (z. B. zu Beginn einer Gesundheitskampagne) eingesetzt werden. Die Inhalte und Methodik orientieren sich an der Zielgruppe, wobei insbesondere bei längeren Maßnahmen eine abwechslungsreiche Gestaltung sinnvoll ist.

Dos
- Innovative Themen wählen
- Methodenwechsel (PowerPoint, Flipchart, Moderationskarten)
- Interaktive Teile einbauen (z. B. Umfragen, Erarbeitung von Teilthemen durch Mitarbeitende, Gruppenarbeiten, Diskussionen)
- Inhalte mit Praxis verbinden, z. B. Kochworkshop im Nachgang zu Vorträgen, in Workshops Zubereitung von Speisen integrieren
- Zeit für Reflexion einplanen: Wie kann das Gelernte in die eigenen Alltagsroutinen integriert werden?

Don´ts
- Wenig Praxisbezug
- Zeit überziehen
- Zu wenig Pausen
- Zu wenig Zeit für die Reflexion

Abb. 13.1 Ernährungsbildung im Betrieb (Quelle: Daniel Wolcke)

2 – Gesundheitstage (vgl. Kap. 38)

Gesundheitstage können sehr unterschiedlich zusammengestellt werden. Es können verschiedene Gesundheitsthemen (Ernährung in Kombination mit Bewegungs- und/oder Stressmanagementthemen) angeboten oder z. B. ein reiner Ernährungstag gestaltet werden.

Die Stärke von Gesundheitstagen liegt in ihrem Einsatz als Kick-off-Veranstaltung für weitreichendere Gesundheitskampagnen oder um Impulse im Rahmen weiterer Maßnahmen zu setzen.

Dos
- Programm planen, bewerben und am Tag sichtbar zur Verfügung stellen
- Maßnahmen kombinieren, wie Diagnostik (z. B. BIA-Messung, vgl. Kap. 11) + Individualcoaching + interaktive Ausstellung mit Verkostung/Geschmackstest

Don´ts
- Stand zur Ernährungsberatung anbieten, der keine Neugier weckt
- Bei mehreren Angeboten: Maßnahmen zu sehr auf dem Unternehmensgelände verteilen, was die Querempfehlungen erschwert

> **Praxisbeispiel**
>
> Video zum Gesundheitstag der HAW Hamburg (https://www.podcampus.de/nodes/Rekko) ◄

3 – Kochworkshops

Gemeinsames Kochen fördert sowohl die Kreativität und den Teamgeist als auch positive Emotionen rund um das Thema Essen und Ernährung.

Bei Kochworkshops zur Ernährungsbildung geht es um Praktikabilität und die schnelle Umsetzung gesunder Ernährungsempfehlungen im Berufsalltag.

Dos
- Küchenausstattung des Unternehmens vorab klären
- Schnell umsetzbare Rezepte wählen
- Einkauf planen und Lebensmitteltransport hygienisch umsetzen (Kühlkette sichern!)
- Kochworkshop mit Ernährungsinformationen verknüpfen (Impulsvortrag vor oder Kurzinformationen während der Durchführung)
- Klare Arbeitsaufgaben an die Kochteams (schriftlich) formulieren
- Vorab mögliche Unverträglichkeiten/Allergien der Teilnehmenden klären

Don´ts
- Rezepte ohne vorheriges Ausprobieren einsetzen
- Aufwendige Rezepte mit vielen, außergewöhnlichen und/oder teuren Lebensmitteln wählen

- Erklärungsintensive Rezepte nutzen
- Essenszeit zu knapp einplanen

4 – Lunch and Learn

Gemeinsam Essen und nebenbei Lernen sind das Konzept hinter „Lunch and Learn" und können sowohl digital als auch in Präsenz erfolgen. Es kann z. B. als Vortrag umgesetzt werden, währenddessen die Teilnehmer essen können oder als Kochworkshop mit Vortrag und Gerichten, die selbst möglichst unaufwendig zubereitet und anschließend gegessen werden. „Lunch and Learn" sind in der Regel Kurzformate mit einer Dauer von 60–90 Minuten.

Dos
- Zeiten einhalten
- Schnell umsetzbare und leicht nachkochbare Rezepte
- Kurze Wissensimpulse einbinden
- Rezepte, Handouts zur Verfügung stellen (bei digitalen Angeboten: im Vorfeld, wenn mitgekocht wird)

Don´ts
- Zeiten zu knapp kalkulieren
- Budgets nicht vorher abklären

5 – Challenges

Gesundheitschallenges sind motivierende Wettbewerbe, die durch die gemeinsame Durchführung einer (neuen) Gesundheitsroutine ein Gesundheitsziel unterstützen und die Mitarbeitenden für bestehende Angebote aktivieren und einbinden können. Challenges können als Team oder von Einzelpersonen durchgeführt werden. Beispiele wären „1 Monat ohne Süßigkeiten" oder „1 Monat täglich 3 Portionen Gemüse" oder „1 Monat mit 1-2 wöchentlichen Veggie-Days".

Dos
- Den gemeinsamen Wettbewerb in den Vordergrund stellen und auch an das Teambuilding appellieren
- Kurze, überschaubare Zeitspannen wählen (z. B. 2 Wochen, 1 Monat)
- Messbare Ziele definieren, um Erfolge nachweisen zu können
- Begleitende Kommunikation und Informationen (ggf. auch vonseiten des Unternehmens)

Don´ts
- Sensible Themen wählen
- Unattraktive bzw. zu schwer erreichbare Ziele/Gewinne wählen

6 – Einkaufscoaching

Ziel des (virtuellen) Einkaufscoachings ist es, die Lebensmittelmittelauswahl zu optimieren und die zu treffenden Entscheidungsfindungen beim Einkauf im Supermarkt zu erleichtern. Dafür werden Lebensmittel analysiert und ihre Zutaten und Nährwerte von den Mitarbeitenden unter Anleitung von der EFK verglichen.

Dos

- Passendes Setting wählen: in Präsenz im Supermarkt oder interaktiv im Seminarraum bzw. digital in Videomeetings mit ausgewählten Produkten
- Bei Präsenzveranstaltungen: Erlaubnis des Marktleiters einholen und Begehung des Supermarktes vorab
- Zusammenfassung der Informationen als Handout
- Angebote von Montag bis Mittwoch terminieren (von Donnerstagabend bis Samstag sind hochfrequente Einkaufstage)

Don´ts

- Gruppengröße zu groß wählen, ideal sind i. d. R. bis zu acht Personen
- Dauer zu lang wählen, ideal sind bis zu 90 Minuten

7. Lebensmittelausstellung

Zur interaktiven Wissensvermittlung kann eine Ausstellung zur Übersicht und Bewertung von Fachthemen, wie z. B. Zucker- oder Zusatzstoffgehalt in Lebensmitteln, Getränken, Milchalternativen, dienen.

Dos

- Attraktive bildreiche Beschilderung mit Fachinformationen wählen
- Handout in Kurzform
- Verkostungen einplanen, wenn begleitete Lebensmittelausstellung
- Für Rückfragen (persönlich, per Chat) ansprechbar sein
- Begleitung durch Videos

Don´ts

- Schlecht lesbare oder keine Beschilderung
- Unübersichtliche Gestaltung
- Geringer Praxisbezug

8. Ernährungsbildung in der Kantine

Maßnahmen zur Ernährungsbildung in der Kantine können Maßnahmen, wie z. B. Aktionsstände mit Lebensmittelausstellungen, begleitende Informationen zu bestimmten Gerichten (Flyer, Handouts) oder Challenges, sein.

Dos
- Gute Bewerbung!!
- Passende Terminauswahl, die viele Mitarbeitende erreicht
- Abstimmung und Austausch mit Küchenchef zu Inhalten, Umsetzung und Termin

Don´ts
- Angebote in schlecht erreichbaren Bereichen der Kantine platzieren

9. Intranet

Als zusätzlichen Kommunikationskanal können den Mitarbeitenden im Intranet verschiedene Informationsformate zur Ernährungsbildung zur Verfügung gestellt werden, die zu Fachthemen informieren, Denkanstöße und Impulse geben, zur Umsetzung von gesundem Essverhalten motivieren oder Maßnahmen im Unternehmen begleiten und bewerben. Die Informationsvermittlung erfolgt in Form von Texten und Rezepten bis hin zu Videos und Audios für Apps und Podcasts.

Dos
- Ernährungsinformationen, z. B. „Rezepte des Monats", auch Blogbeiträge (auch in Zusammenarbeit mit anderen Anbietern oder dem Küchenchef)
- Gute Medienqualität (Textgestaltung, Bilderauswahl, Tonspuren)
- Intranet muss allen Mitarbeitenden zugänglich sein

Don´ts
- Sprache nicht zielgruppenangepasst
- Schlechte Medienqualität (Bild/Ton)
- Unpassende Themen oder nicht bzw. schwer im Berufsalltag umsetzbare Empfehlungen

13.7 Exkurs: Food Literacy – Essen als Thema in der Erwachsenenbildung

Barbara Kaiser und Mareike Daum

Die Bewältigung des Ernährungsalltags wird für immer mehr Menschen zunehmend schwieriger: Familienstrukturen und Arbeitsformen verändern sich, das Zeitbudget für die Verpflegungsarbeit ist knapp und die Vielfalt an Lebensmitteln wächst stetig. Gleichzeitig verunsichern die zum Teil verwirrenden und widersprüchlichen Ernährungsinformationen.

Auch in der BGF spielt Ernährungsbildung eine zentrale Rolle, da eine ausgewogene Ernährung ein Schlüssel zu mehr Energie, besserer Leistungsfähigkeit und einer geringeren Krankheitsanfälligkeit ist.

Dort, wo mit klassischer Ernährungsbildung die Zielgruppe nicht erreicht werden kann, hat Food Literacy eine Chance. Essen und alles, was damit zusammenhängt, wird zu einem niedrigschwelligen, alltagsrelevanten Thema in der Erwachsenbildung, das auch bildungsferne oder sozial benachteiligte Personengruppen anspricht.

13.7.1 Literacy – von der Lesekompetenz zur Lebenskompetenz

Die ursprüngliche Bedeutung von „Literacy" bzw. „Literalität" in der Erwachsenenbildung ist sehr eng gefasst und beschreibt die Fähigkeit, lesen und schreiben zu können. Im Laufe der Zeit hat sich die Bedeutung des Begriffs stark verändert. Heute versteht man Literacies/Literalitäten als Instrumente, um die Welt in ihren vielfältigen Kontexten zu „lesen". Dazu gehören Wissen, Fertigkeiten, soziale Praktiken, die es ermöglichen, das breite Spektrum der symbolischen Systeme der jeweiligen Kultur zu verstehen, sie zu interpretieren und anzuwenden, um an der Gesellschaft teilhaben zu können (Street, 2005). Um diesen Anforderungen Rechnung zu tragen, spricht man entsprechend den jeweiligen Kontexten z. B. von „Health Literacy", „Consumer Literacy", „Computer Literacy" oder „Financial Literacy". Auch die Ernährung ist einer dieser wichtigen Kontexte. Die ganzheitlich gedachte Kompetenzbildung zum und mit dem Thema Essen wird unter dem Begriff „Food Literacy" gefasst. Will man „Food Literacy" ins Deutsche übersetzen, kommt der Begriff „Ernährungskompetenz" dem vermutlich am nächsten.

13.7.2 Food Literacy – Definition und Anliegen

▶ *„Food Literacy ist die Fähigkeit, den Ernährungsalltag reflektiert, selbstbestimmt und verantwortungsbewusst zu gestalten."* (Bundesanstalt für Landwirtschaft und Ernährung, 2016; Büning-Fesel et al., 2024).

Food Literacy will zur Selbstbestimmung beim alltäglichen Essen und Trinken befähigen. Hierzu gehört die Förderung einer angemessenen Entscheidungskompetenz, z. B. beim Umgang mit dem Überangebot an Lebensmitteln oder mit den zahllosen, teils widersprüchlichen Ernährungsempfehlungen. Im Rahmen des zur Verfügung stehenden Haushaltsbudgets einen abwechslungsreichen Speiseplan zusammenzustellen, ist ebenso Teil der Ernährungskompetenz, wie das Gespür dafür, was guttut und Genuss bereitet. Als Teil der Grundbildung zählt auch der Erwerb von praktischen Basiskompetenzen, wie die Zubereitung von Mahlzeiten aus frischen Lebensmitteln der Saison dazu. (vgl. Bundesanstalt für Landwirtschaft und Ernährung, 2016)

Es ist Aufgabe der Gesellschaft, den Erwerb dieser wichtigen vielfältigen Kompetenzen für alle zu ermöglichen und sicherzustellen, damit gesundheitliche Teilhabe für jeden möglich werden kann. Gleichzeitig sind Essen und Trinken Themen, die alltäglich, für jeden essenziell, aber auch kulturell prägend sind. Sie geben vielfältige Anlässe, um den

Dialog zwischen einander kulturell und sozial Fremden anzuregen. Mit Food Literacy werden die Themen Essen und Trinken zur Gestaltung handlungsorientierter und niedrigschwelliger Lernprozesse genutzt (vgl. Groeneveld et al., 2011, Bundesanstalt für Landwirtschaft und Ernährung, 2016).

Das Besondere ist, dass Food Literacy nicht primär „gesunde Ernährung" thematisieren will. Es geht bei diesem Ansatz nicht um Ernährungsbildung im klassischen Sinne. Essen wird vielmehr als Vehikel genutzt, um Menschen miteinander in Kontakt zu bringen, Gruppenprozesse positiv zu gestalten und ggf. bestimmte fachspezifische Ziele zu verfolgen, z. B. den Wortschatz in Sprachkursen einzuüben. Implizit, quasi als erwünschter Nebeneffekt, wird dabei das Bewusstsein für Essen und Trinken gefördert (vgl. Bundesanstalt für Landwirtschaft Ernährung, 2016; Grünhage-Monetti, 2017).

13.7.3 Zielgruppen und Einsatzmöglichkeiten

Ernährung wird üblicherweise in speziellen Kursen und meistens im Zusammenhang mit Gesundheit thematisiert. Damit werden aber nur wenige, meist aus der Mittelschicht stammende Interessierte erreicht. Mit Food Literacy kann das Thema in ein breites Spektrum von Angeboten der Erwachsenenbildung gelangen, z. B. in Alphabetisierungskurse, Sprachkurse, Angebote zur politischen Bildung oder in Gesundheitsmanagementmaßnahmen. So können auch Menschen erreicht werden, die sich nicht primär für eine gesundheitsfördernde Ernährungsweise interessieren (vgl. Groeneveld et al., 2011; Bundesanstalt für Landwirtschaft und Ernährung, 2016).

Food Literacy wendet sich also an alle Personengruppen, insbesondere auch „bildungsferne" Schichten. Diese werden mit dem vielfältigen Instrumentarium in besonderer Weise angesprochen, weil es im engen Zusammenhang zu ihrem Alltag steht.

13.7.4 Chancen und Nutzen

In der Erwachsenenbildung sind Gesprächsthemen gefragt, die Erwachsene für sich als bedeutsam empfinden. Besonderen Lernerfolg versprechen Themen, die Emotionen wecken. Geeignet sind Themen, bei denen alle mitreden und ihre Erfahrungen einbringen können; Themen, die den Dialog zwischen einander fremden Menschen anregen, egal welcher Kultur, sozialen Schicht und welchen Alters diese sind. Das Thema Essen erfüllt all diese Kriterien. Es eignet sich zudem, Lerninhalte mit allen Sinnen zu erfahren (vgl. Klinger & Wilhelmi, 2013; Bundesanstalt für Landwirtschaft und Ernährung, 2016).

Fünf Gründe für Food Literacy in der Erwachsenenbildung (Bundesanstalt für Landwirtschaft und Ernährung, 2016):

1. Food Literacy passt in fast alle Angebote der Erwachsenenbildung. Es bezieht die Teilnehmenden aktiv ein, es motiviert und verbessert den Lernerfolg.
2. Das Gespräch über Essen verbindet Teilnehmende aus verschiedenen Kulturen, sozialen Schichten und unterschiedlichen Altersgruppen.
3. Food Literacy eignet sich zur Schaffung einer angenehmen Atmosphäre, Gruppenprozesse lassen sich positiv gestalten.
4. Food Literacy trägt zur Erreichung von fachspezifischen Zielen, Diversifikation sowie zur Binnendifferenzierung des Weiterbildungsangebots bei und erhöht die Methodenvielfalt.
5. Das Thema ist immer aktuell, betrifft alle und nutzt jedem. Food Literacy kann langfristig zu mehr Gesundheit beitragen.

13.7.5 Methoden, Materialien und mehr

Zahlreiche Praxisprojekte aus der Arbeit mit gering Literalisierten, Deutschlernenden, Älteren und anderen Zielgruppen zeigen, wie sich Food Literacy abwechslungsreich und gewinnbringend nutzen lässt (vgl. Groeneveld et al., 2011; Johannsen & Schlapkohl, 2015; Klinger & Wilhelmi, 2013, Bundesanstalt für Landwirtschaft und Ernährung, 2016). Es gibt vielfältige Übungen, welche die Teilnehmenden aktivieren und den Lernerfolg verbessern. Gleichzeitig fördern sie die Kompetenzen zur Bewältigung des Ernährungsalltags und stärken die Fähigkeit zur Selbstbestimmung.

Übersicht
Das Bundeszentrum für Ernährung (BZfE) hat eine Reihe erprobter Food-Literacy-Übungen zusammengestellt, die niedrigschwellig und emotional ansprechend die Themen Essen und Trinken in unterschiedlichste Bildungsangebote für Erwachsene integrieren.

Mit dem Unterrichtsmaterial „Buchstäblich fit – Besser lesen und schreiben mit den Themen Ernährung und Bewegung" (Bundesanstalt für Landwirtschaft und Ernährung, 2017) werden alltagsnahe Themen in zahlreichen Übungen mit Lese- und Schreibanlässen verknüpft.

Das Handbuch „Häppchenweise Deutsch – Deutsch lernen mit den Themen Ernährung und Bewegung" (Bundesanstalt für Landwirtschaft und Ernährung, 2019) greift den Food-&-Move-Literacy-Ansatz für die Vermittlung von Deutsch als Zweitsprache auf.
www.bzfe.de/foodliteracy

Das Bundeszentrum für Ernährung (BZfE) und die Europa-Universität Flensburg (EUF) haben das Konzept auf die Grundbildung angewendet (vgl. Johannsen et al., 2019). Als didaktische Fundierung und zur Unterstützung bei der konkreten Gestaltung von Lehr- und Lernsituationen wurde ein Kompetenzmodell (siehe Abb. 13.1) sowie ein Kompetenzraster Food & Move-Literacy entwickelt. www.bzfe.de/foodliteracy

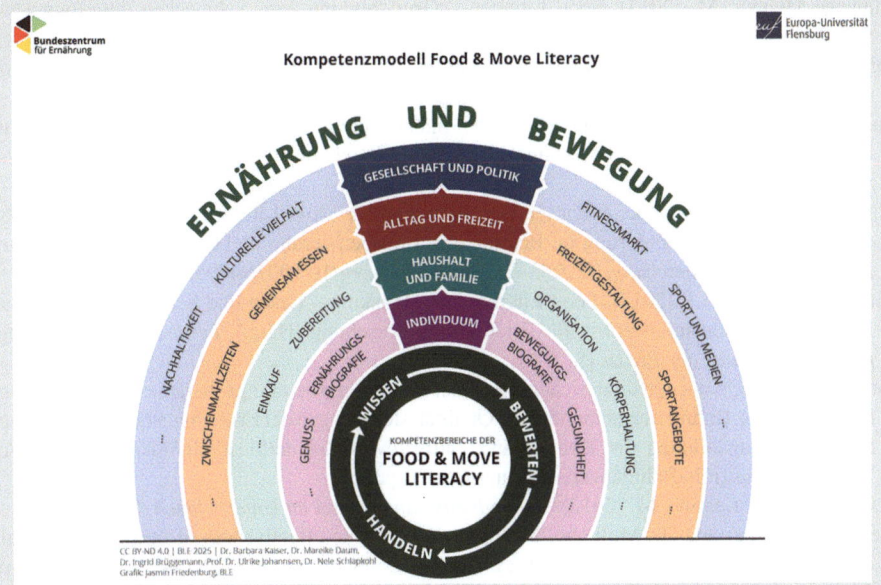

Abb. 13.1 Das Kompetenzmodell Food & Move Literacy visualisiert exemplarische Kompetenzbereiche aus dem Kontext Ernährung und Bewegung als Teile der Grundbildung. (© BLE)

Literatur

Barthelmes I, Bödeke W, Sörensen J, Kleinlercher K-M & Odoy J (2019). iga-Report 40. Wirksamkeit und Nutzen arbeitsweltbezogener Gesundheitsförderung und Wirksamkeit und Nutzen arbeitsweltbezogener Gesundheitsförderung und Prävention. Zusammenstellung der wissenschaftlichen Evidenz 2012 bis 2018. https://www.iga-info.de/fileadmin/redakteur/Veroeffentlichungen/iga_Reporte/Dokumente/iga_Report_40_Wirksamkeit_und_Nutzen_Gesundheitsfoerderung_Praevention.pdf

Bundesanstalt für Landwirtschaft und Ernährung (Hrsg.) (2016). Essen als Thema in der Erwachsenenbildung. Food Literacy (2. Aufl.).

Bundesanstalt für Landwirtschaft und Ernährung (Hrsg.). (2017). Buchstäblich fit – Besser lesen und schreiben mit den Themen Ernährung und Bewegung.

Bundesanstalt für Landwirtschaft und Ernährung (Hrsg.). (2019). Häppchenweise Deutsch – Deutsch lernen mit den Themen Ernährung und Bewegung.

Büning-Fesel, M.., Zovko, E.., & Kaiser, B. (2024). Ernährungskommunikation. Bildung und Beratung im Spektrum der Zeit. *Ernährungs Umschau*, 1. https://doi.org/10.4455/eu.2024.020

Ghadiri, A., Ternès, A., & Peters, T. (2016). *Trends im Betrieblichen Gesundheitsmanagement*. Springer.

Groeneveld, M., Grünhage-Monetti, M., Klinger, M., & Wilhelmi, I. (2011). *Food Literacy im Alphabetisierungskurs: Lesen und Schreiben schmackhaft machen: Informationen zur Durchführung einer Fortbildung für Kursleitende*. Johannes Gutenberg-Universität.

Grünhage-Monetti, M. (2017). Food Literacy – Grundbildung zum Schmecken. http://www.wb-web.de/aktuelles/food-literacy-grundbildung-zum-schmecken.html.

Homburg, C., & Krohmer, H. (2006). *Marketingmanagement: Strategie – Instrumente – Umsetzung – Unternehmensführung* (2. Aufl.). Gabler.

Johannsen, U., & Schlapkohl, N. (2015, März). Interkulturelle Kompetenzen der Ernährungs- und Bewegungsförderung. Ein Forschungsprojekt mit Praxistransfer. *Ernährungsumschau international*.

Johannsen, U., Schlapkohl, N., & Kaiser, B. (2019). Food & Move Literacy in der Erwachsenenbildung – Kompetenzanforderung im Bereich der Alphabetisierung und Grundbildung. *Zeitschrift für Weiterbildungsforschung, 42*, 265–287. https://doi.org/10.1007/s40955-019-012

Klinger M., Wilhelmi I. (2013). Food Literacy im Alphakurs – Lesen und Schreiben schmackhaft machen. In Bundesministerium für Bildung und Forschung (Hrsg.), *Lernberatung und Unterricht. Berichte aus der Praxis* (S. 3–6).

Koordinierungskreis zur Qualitätssicherung in der Ernährungsberatung/-therapie und Ernährungsbildung (2024). Rahmenvereinbarung zur Qualitätssicherung in der Ernährungsberatung/-therapie und Ernährungsbildung in Deutschland. https://www.dge.de/fileadmin/dok/qualifikation/qs/Koordinierungskreis-Rahmenvereinbarung-QS-EB.pdf

Meifert, M. T., & Kesting, M. (2012). *Gesundheitsmanagement im Unternehmen*. Springer.

Rachmah, Q., Martiana, T., Mulyono, M., et al. (2022). The effectiveness of nutrition and health intervention in workplace setting: A systematic review. *Journal of Public Health Research, 11*(1). https://doi.org/10.4081/jphr.2021.2312

Schick, S. (2002). *Interne Unternehmenskommunikation. Strategien entwickeln, Strukturen schaffen, Prozesse steuern*. Schäffer-Poeschl.

Street, B. (2005). Understanding and defining literacy. Background paper prepared for the Education for All global monitoring report 2006. Literacy for life. UNESCO-Paper, Commissioned for the EFA global monitoring report 2006. http://unesdoc.unesco.org/images/0014/001461/146186e.pdf

Stummer, H., Nöhammer, E., Eitzinger, C., & Schaffenrath-Resi, M. (2008). Interne Kommunikation und Betriebliche Gesundheitsförderung – Informationshemmnisse bei der Umsetzung von Betrieblicher Gesundheitsförderung. *Prävention und Gesundheitsförderung, 3*(4), 235–240.

Ernährung und Leistungsfähigkeit

14

Uwe Schröder und Alicia Faust

14.1 Hauptkomponenten der Leistungsfähigkeit

14.1.1 Kohlenhydratperiodisierung und „nutrient timing"

Die Leistungsfähigkeit des Menschen wird durch physische, kognitive, psychische und sensorische Faktoren bestimmt. Die optimale Ausprägung aller Komponenten basiert auch auf einer bedarfsgerechten Versorgung mit Makro- und Mikronährstoffen. Zur Unterstützung der Leistungsfaktoren können Erkenntnisse und seit Jahren praktizierte Konzepte aus dem Bereich der Sporternährung auf das Berufsleben übertragen werden.

▶ Durch den variablen Einsatz von Menge und Art der verzehrten Kohlenhydrate (KH) (Kohlenhydratperiodisierung) und spezifischer Eiweißstrukturen über eine gezielte Lebensmittelauswahl im Sinne eines situationsspezifischen „nutrient timings", kann sowohl die je nach Berufsfeld notwendige physische als auch psychische Leistungsfähigkeit nachhaltig unterstützt und zielgerichtet gesteigert werden.

Die Kohlenhydratperiodisierung beinhaltet die gezielte Anpassung der Kohlenhydratzufuhr an die individuellen Energiebedürfnisse und Aktivitätsphasen. Ihre Anwendung in den Ernährungsstrategien von Berufstätigen mit unterschiedlichen beruflichen Anforderungen zeigt vielversprechende Ansätze, um die Energieversorgung und Leistungsfähigkeit im Arbeitsalltag zu optimieren. Durch die Abstimmung der Kohlenhydratzufuhr

---

U. Schröder (✉) · A. Faust
Deutsches Institut für Sporternährung e.V., Bad Nauheim, Deutschland
E-Mail: u.schroeder@dise.online; a.faust@dise.online

auf die Arbeitsbelastung können Schwankungen im Blutzuckerspiegel minimiert und eine stets konstante Energieversorgung gewährleistet werden.

Menge und Art der zu verzehrenden KH richten sich dabei nach den unterschiedlichen Energie- bzw. KH-Verbräuchen bei den täglichen Tätigkeiten. Die temporär notwendige, hohe KH-Verfügbarkeit, z. B. auf dem Bau, im Handwerk oder bei Lagerarbeitern, kann durch die tägliche KH-Aufnahme im Bereich zwischen 4–8 g KH/kg Körpergewicht in Abhängigkeit von Arbeitsschwere und Dauer periodisiert werden. Durch den Einsatz unterschiedlich schnell verfügbarer KH, z. B. situationsspezifisch beim Wechsel von körperlich leichter zu schwereren Arbeiten im Bau- und Handwerkerbereich, sollten auch Aspekte des „nutrient timings" berücksichtigt werden.

Bei klassischer Büroarbeit, aber auch z. B. bei Taxifahrern, Arbeiten in Lehre und Ausbildung etc. spielt die KH-Periodisierung eine geringere Rolle. Hier ist in der Regel ein täglicher KH-Verzehr in Höhe von 3–5 g KH/kg Körpergewicht, resultierend überwiegend aus langsam verfügbaren KH, für die arbeitsspezifischen Bedürfnisse ausreichend.

Zielgerichtet und situationsspezifisch kann beim Verzehr von bis zu 15 g schnell verfügbarer KH innerhalb der letzten 10 Minuten vor z. B. wichtigen Präsentationen oder Vertragsverhandlungen der Blutzuckerspiegel stabilisiert werden. Durch das Timing der KH-Aufnahme direkt vor der wichtigen mentalen Beanspruchung wird eine potenzielle reaktive Hypoglykämie vermieden. Denn in dieser stressinduzierenden Phase werden die Katecholamine Adrenalin und Noradrenalin freigesetzt. Sie vermindern die Insulinsekretion als Reaktion auf die schnell verfügbaren KH.

14.2 Neurotrition

14.2.1 Konzeptionelle Grundlagen zur Neurotrition

Der Fokus dieses Kapitels liegt auf der langfristigen Stabilisierung sowie der akuten Verbesserung der fluiden Intelligenz durch Ernährungsmaßnahmen. Grundlage sind die Erkenntnisse der Neurotrition, dem interdisziplinären Ansatz aus Ernährungswissenschaft, Neurowissenschaft, Physiologie und Psychologie.

Intelligenz lässt sich nach der Zweikomponententheorie von Raymond Cattell in zwei Arten einteilen (Cattell 1963). Die kristalline Intelligenz ist das erlernte Wissen, das sich durch die Erfahrungen im Laufe der Zeit implementiert hat. Die fluide Intelligenz hingegen umfasst teilweise genetisch festgelegte Intelligenzaspekte wie Flexibilität, aber auch komplexes Denken und Problemlösungsfähigkeiten. Die fluide Intelligenz ist in der aktuellen Berufswelt die deutlich relevantere. Sie ist durch mentales Aktivierungstraining (MAT) und Lebensstilfaktoren, wie Bewegung und Ernährung, beeinflussbar. Die fluide Intelligenz wird maßgeblich durch die Arbeitsspeicherkapazität, die sich aus Informationsverarbeitungsgeschwindigkeit (IVG) und Merkspanne zusammensetzt, determiniert und kann durch psychologische Testverfahren gemessen werden.

14 Ernährung und Leistungsfähigkeit

▶ Das Konzept der Neurotrition geht davon aus, dass die Leistungsfähigkeit des Gehirns durch die verzehrte Nahrung maßgeblich beeinflusst werden kann. Neben der basalen, „ausgewogenen" Ernährung werden dabei bestimmte Nährstoffe, die für die Leistungsfähigkeit des Gehirns entweder akut oder mittel- bis langfristig entscheidend sind, gezielt und situationsspezifisch über den Verzehr entsprechender Lebens- oder Nahrungsergänzungsmittel eingesetzt.

Beispiele sind KH und Wasser (Getränke), sekundäre Pflanzeninhaltsstoffe, Eiweiß bzw. spezielle Aminosäuren sowie Koffein und Kreatin (siehe Abb. 14.2). Durch ihren variablen, situationsspezifischen Verzehr kann zum einen die Leistungsfähigkeit für die tägliche, dauerhafte mentale Beanspruchung stabil gehalten, zum anderen können auch kürzere mentale Höchstleistungen (wie Präsentationen, wichtige Vertragsverhandlungen oder die Entscheidungsfindung) nachhaltig unterstützt werden.

In der täglichen Basisversorgung ist dabei vor allem auf eine hohe Nährstoffdichte bei den Nährstoffen zu achten, die mit guter wissenschaftlicher Evidenz (EFSA-Votum) einen Bezug zur mentalen Leistungsfähigkeit haben. In der Tab. 14.1 sind diese Nährstoffe mit den jeweils relevanten Health Claims aufgelistet (siehe Tab. 14.1.). Korrespondierende Lebensmittel stehen dabei im Zentrum der täglichen Lebensmittelauswahl bzw. sollten im Bereich der Betriebsgastronomie das Angebot prägen.

Für die Gemeinschaftsverpflegung resultieren daraus Optionen, Mahlzeiten oder Snacks mit entsprechendem Nährwertprofil funktional-leistungsspezifisch direkt am Buffet oder der Speiseausgabe auszuloben und damit den Verzehr attraktiver zu machen. Auch für die Gestaltung der Pausen-, Konferenz- und Tagungsverpflegung ergeben sich mit entsprechenden Funktionshinweisen motivationssteigernde Argumente hin zu einem ernährungsphysiologisch hochwertigen und funktionell sinnvollen Speisen- und Getränkeangebot.

Tab. 14.1 Übersicht der Nährstoffe mit EFSA autorisierten Health Claims und Bezug zur mentalen Leistungsfähigkeit (European Commission, o.J.)

Nährstoff	Health Claim
Kohlenhydrate (KH)	… tragen zur Aufrechterhaltung einer normalen Gehirnfunktion bei.
Wasser	… trägt zur Aufrechterhaltung normaler körperlicher und kognitiver Funktionen bei.
Vitamin B5 (Pantothensäure)	… trägt zu einer normalen geistigen Leistungsfähigkeit bei.
Vitamin B6	… trägt zu einer normalen Funktion des Nervensystems bei.
Jod	… trägt zur normalen kognitiven Funktion bei/ … trägt zu einer normalen Funktion des Nervensystems bei.
Eisen	… trägt zu einer normalen kognitiven Funktion bei.
Docosahexaensäure (DHA)	… trägt zur Aufrechterhaltung einer normalen Gehirnfunktion bei.
Zink	… trägt zu einer normalen kognitiven Funktion bei.

14.2.2 Kohlenhydrate (KH) im Kontext der Neurotrition

Das menschliche Gehirn besteht aus etwa 85 Mrd. Nervenzellen, deren Energiebedarf fast 20 % des täglichen Ruheenergieumsatzes ausmacht. Kurzfristig benötigt es als einzige mögliche Energiequelle Glukose. Die individuelle, akute mentale/kognitive Leistungsfähigkeit hängt daher auch von der verfügbaren Glukose in den genutzten Hirnarealen ab. Generell scheint ein Blutglukosespiegel im mittleren bis oberen physiologischen Normbereich kognitive Funktionen zu verbessern. Glukose hat positive Wirkungen auf das Kurzzeitgedächtnis, auf die Informationsverarbeitung und die Aufmerksamkeit, die bereits mit 15 g Glukose dokumentiert werden können, u. a. in einer effektiven Verzögerung der mentalen Ermüdung.

Es wird umso mehr Glukose benötigt, je schwerer die geistigen Anforderungen sind und je länger diese andauern. Darüber hinaus sinkt der Glukosespiegel im zentralen Nervensystem, je schwieriger sich die Lösung einer mentalen Aufgabe darstellt (Scholey et al., 2001). Der Energieverbrauch wird bei prolongierten schweren mentalen Anforderungen stetig größer, bis sich die Energiebilanz umkehrt. Pro Zeiteinheit ist dann der Glukoseverbrauch größer als die über das Blut bereitgestellte Glukosemenge.

Das Gehirn selbst besitzt geringe Glykogenvorräte. Sie spielen eine Rolle als kurzfristige Energiequelle. Die Menge ist gering, aber funktionell bedeutsam: Schätzwerte liegen bei ca. 1–3 g Glykogen im gesamten Gehirn eines Erwachsenen. Es wird davon ausgegangen, dass der Glykogengehalt im Gehirn etwa 5–10 % der Gesamtmasse des Glykogens im Körper ausmacht. Die Glykogenkonzentration ist besonders in den unterstützenden Zellen des Nervensystems, den Gliazellen, hoch. Daher steht dem Gehirn bei stabilem Blutzuckerspiegel für intensive mentale Aktivitäten bis etwa 15 Minuten ausreichend Glukose zur Verfügung.

▶ Durch Mentalpausen und den Verzehr kleiner Mengen kohlenhydrathaltiger Lebensmittel und Getränke kann bereits nach etwa 15 Minuten der ursprüngliche Glukosevorrat im Gehirn wiederhergestellt werden.

Es ist daher sinnvoll, vor Beginn einer mentalen Höchstbelastung kohlenhydrathaltige Speisen und/oder Getränke, mit einem Anteil leicht verfügbarer KH von bis zu ca. 15 g, aufzunehmen. Regelmäßige kurze Pausen mit Verzehr geringer, mittelfristig verfügbarer KH-Quellen können in spezifischen Aufgabenfeldern die hohe mentale Leistungsfähigkeit über den gesamten Anforderungszeitraum hinweg stabilisieren.

14.2.3 Wasserhaushalt und Getränke im Kontext der Neurotrition

Das Durstgefühl wird im beruflichen Alltag oft unterdrückt. Damit steigt das Risiko, zum Zeitpunkt der Leistungserbringung suboptimal hydriert zu sein. Ein Wasserdefizit von 1 % des Körpergewichts wirkt sich negativ auf die Konzentration und Reaktion, die

Informationsverarbeitungsgeschwindigkeit (IVG) und die Merkspanne aus. Für eine 70 kg schwere Person entspricht dieser Grenzwert einem Wasserdefizit von 700 ml, das z. B. durch geringe Trinkmengen im Tagesverlauf leicht erreicht wird. Das durch die Nachtruhe entstandene Wasserdefizit trägt dazu bei, bereits am Morgen schnell in eine leistungsmindernde Wasserunterversorgung zu geraten, wenn nicht gefrühstückt bzw. vor Arbeitsbeginn am Vormittag nicht gezielt getrunken wird.

Eine vom Deutschen Institut für Sporternährung e. V. (DiSE) gemeinsam mit der Gesellschaft für Gehirntraining (GfG e.V.), Ebersberg, durchgeführte Anwendungsbeobachtung zur Trinkmenge und mentalen Leistungsfähigkeit konnte darstellen, dass eine regelmäßig über den Tag verteilte Getränkeaufnahme von 2 bis 2,5 l in 5 bis 7 Portionen nachweislich hilft, mentale Leistungstiefs im Tagesverlauf zu verringern. Bei dieser Trinkmenge hatten die für komplexe fluide Intelligenzleistungen wichtige Merkspanne und die davon abhängige Arbeitsspeicherkapazität laut dieser Untersuchung ein Maximum (Bönnhoff et al., 2017; Wagner & Schröder, 2010).

Der Arbeitsspeicher des Gehirns als Zentrale für die Verarbeitung bewusster Informationen und damit wichtige Grundlage der im Beruf meist erforderlichen fluiden Intelligenz verzeichnete durch die Intervention eine Zunahme von durchschnittlich 15 % (siehe Abb. 14.1).

Die IVG und damit die Fähigkeit zum schnelleren Denken erhöhten sich um 6 %.

Bei Trinkmengen von mehr als 2,5 l pro Tag (an Tagen ohne relevante Schweißverluste durch Arbeit, Sport oder hohe Temperaturen) verschlechterten sich die aufgeführten Items zusehends, sodass auf der Basis dieser Arbeit von einer maximalen Solltrinkmenge zur Unterstützung der mentalen Leistungsfähigkeit von 2,5 l auszugehen ist.

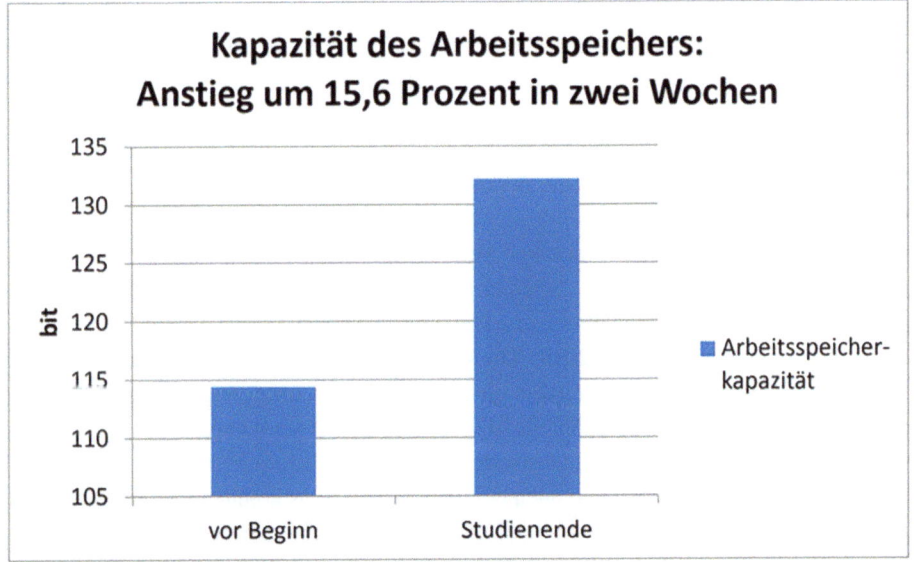

Abb. 14.1 Verlauf der Kapazität des Arbeitsspeichers, der Zentrale für das Management bewusster Informationen und Grundlage der fluiden Intelligenz zu Beginn der Untersuchung und nach zweiwöchiger Intervention durch erhöhte Trinkmenge

▶ Neben mineralstoffreichen Mineralwässern sind stark verdünnte Fruchtsaftschorlen, ungesüßte bis leicht gesüßte Kräuter- und Früchtetees, oder, bei spezifischem Kohlenhydratbedarf direkt vor und während der mentalen Leistungserbringung, auch alkoholfreies Bier oder etwas stärker konzentrierte Fruchtsaftschorlen gut geeignete Getränke.

14.2.4 Sekundäre Pflanzeninhaltsstoffe im Kontext der Neurotrition

Sekundäre Pflanzeninhaltsstoffe (SPS) können sich positiv auf die mentale Leistungsfähigkeit auswirken. Vor allem Anthocyane aus roten oder blauen Früchten und Gemüse, Curcumin aus der Kurkumaknolle, Catechine aus (grünem) Tee und Sulforaphan aus Kohlgemüse sind in diesem Kontext zu nennen. Sie modulieren u. a. über ihre antioxidative Wirkung im Gehirn positiv die Signalwege zur Bildung von Entgiftungsenzymen. Sie senken Entzündungssignale über die Zellkernebene und fördern die Bildung neuer Nervenzellen. Zudem steigern sie die Aktivität von Zellen in Gehirnregionen, die für die Erinnerung, das Kurzzeitgedächtnis, die Konzentration und das Selbstvertrauen zuständig sind.

Die Ergebnisse einer beim Marktforschungsinstitut TNS infratest vom Deutschen Institut für Sporternährung (DiSE e. V.) in Auftrag gegebenen, repräsentativen Umfrage zum Verzehr von Gemüse und Obst (Wagner & Lehrl, 2021) decken sich mit den Daten weiterer Befragungen (Mensink et al., 2013; Rippin et al., 2023). Demnach erreichen über 80 % der in Deutschland lebenden Personen nicht die Empfehlungen der Deutschen Gesellschaft für Ernährung e. V. (DGE) mit drei Portionen Gemüse und zwei Portionen Obst am Tag (DGE, 2009), und schon gar nicht die Erhöhung des Obst- und Gemüseverzehrs auf mehr als neun Portionen pro Tag zur Reduktion des Risikos für kardiovaskuläre Erkrankungen (Lamprecht & Prock, 2008).

Von einer hinreichenden Versorgung mit SPS kann damit nicht ausgegangen werden. Zudem kann durch den Konsum der herkömmlichen Vitamin- und Mineralstoffpräparate kein Ausgleich erfolgen.

In einer sechswöchigen explorativen Verlaufsuntersuchung des DiSE e. V. in Zusammenarbeit mit der Gesellschaft für Gehirntraining (GFG e. V.), Ebersberg, sollte dargestellt werden, wie sich eine gesteigerte Aufnahme von SPS auf die geistige Leistungsfähigkeit auswirkt (Wagner et al., 2019). Die standardisierte und kontrollierte Aufnahme von SPS wurde durch den täglichen Verzehr einer naturnahen Nahrungsergänzung erreicht. Sie lieferte pro Portion (20 ml) ungefähr die Menge an SPS (400 mg Polyphenole), die ca. 800 g unterschiedlichster Gemüse- und Obstsorten enthalten.

Bei den 47 teilnehmenden Personen beiderlei Geschlechts konnten im Untersuchungszeitraum signifikante Steigerungen von Kerngrößen der geistigen Leistungsfähigkeit dargestellt werden (siehe Abb. 14.2). Auf die in der aktuellen Arbeitswelt in besonderem

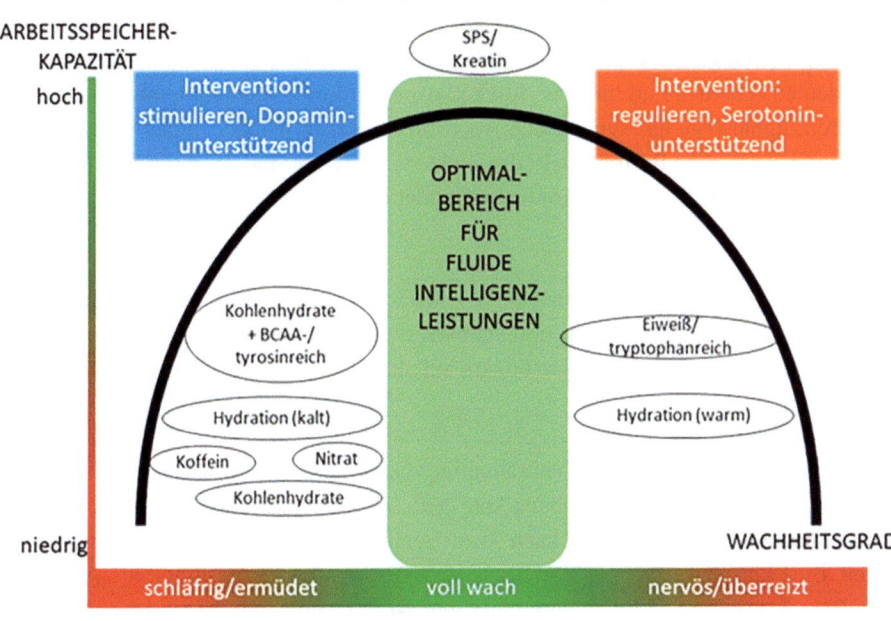

Abb. 14.2 Übersicht Zusammenhang Wachheitsgrad, fluide geistige Leistung und Ernährungsinterventionen

Maße geforderte fluide Intelligenz wirkte sich die Steigerung der SPS deutlich positiv aus. Die Arbeitsspeicherkapazität, das Produkt aus Merkspanne und IVG, sowie subjektive Faktoren, wie das Selbstvertrauen, verbesserten sich über sechs Wochen kontinuierlich. Durch den erhöhten SPS-Konsum ist von einer längeren Konzentrationsfähigkeit und gesteigerten Kreativitätsleistungen auszugehen.

Das Selbstvertrauen wurde durch die etablierte und evaluierte Skala für allgemeine Selbstwirksamkeitserwartung (SWE) ermittelt. Während der Studie stiegen die SWE-Werte signifikant. Personen mit hohen Werten wenden sich eher schwierigen Aufgaben zu und verfolgen sie mit mehr Ausdauer.

Die allgemein leistungsunterstützende Wirkung des regelmäßigen Konsums eines breiten Spektrums von SPS kann durch den gezielten Einsatz einzelner SPS ergänzt und verstärkt werden. Beispielsweise können Kakaoflavonoide durch gesteigerte Freisetzung von Stickstoffmonoxid (NO) im Endothel die allgemeine und die Gehirndurchblutung steigern. Sie ist ein Zeichen für eine vermehrte Hirnaktivität.

Durch den Konsum von einem Glas Kakao mit hohem Gehalt an Flavanolen (Untergruppe der Flavonoide) konnten Leistungen in einem kognitiven Test 11 % schneller absolviert und die geistige Leistung zwischen 10 min und 2 h nach der Aufnahme gesteigert werden (Gratton et al., 2020; Socci et al., 2017).

Die Effekte scheinen besonders dann zutage zu treten, wenn Ermüdungserscheinungen durch hohe geistige Beanspruchung vorliegen. Jüngste Studien (Lalonde & Strazielle, 2023) deuten zudem darauf hin, dass Kakaoflavonoide durch Interaktion mit Proteinen der zellulären Signalwege das synaptische Wachstum direkt im Hippocampus anregen. Konzentrierte, kakaoreiche Brainfit-Gels, die leicht zuzubereiten sind, könnten damit die mentale Leistungsfähigkeit, z. B. in Konferenzen oder bei langen Personen- oder Lastentransportfahrten, gezielt unterstützen.

▶ Milch senkt die Bioverfügbarkeit der Kakaoflavanole. Daher weisen Kakaogetränke auf Sojamilchbasis und Schokolade mit 85 %igem Kakaogehalt oder Kakao Nips wesentlich höhere Effekte auf als Vollmilchschokolade oder Milchkakao.

Gezielt eingesetzt, könnte auch nitrathaltiges Gemüse, wie Rote-Bete, einen Nutzen für die geistige Leistungsfähigkeit haben (Apte et al., 2024; Gonçalves et al., 2024). Nitrat erhöht zeitnah den NO-Spiegel und kann so zur gezielten Unterstützung des Blutflusses beitragen. Eine konzentrierte und praktikable Verzehrvariante ist Rote-Bete-Saft. Ab 300 ml Rote-Bete-Saft kann von einer wirkrelevanten Nitratmenge ausgegangen werden. Mehr als 0,5 l pro Tag sollten über einen längeren Zeitraum nicht konsumiert werden. Die WHO gibt die dauerhafte höchste tägliche Nitratdosis bei lebenslangem Verzehr von 3,7 mg/kg Körpergewicht für Erwachsene an. Eine Nitrataufnahme bis zu diesem Wert sowie dessen gelegentliche Überschreitung wird als gesundheitlich unbedenklich eingestuft.

14.2.5 Eiweiß bzw. spezielle Aminosäuren im Kontext der Neurotrition

Im Gehirn wird die Informationsweiterleitung zwischen den Nerven durch Neurotransmitter gesteuert. Der Neurotransmitter Dopamin ist u. a. für die Regulation von Belohnung und Motivation verantwortlich, entscheidend an der Stimmungsregulation und an der Bildung von Erinnerungen beteiligt. Er verstärkt Lernvorgänge und die Aufmerksamkeit.

Dopamin wird aus der Aminosäure Tyrosin gebildet, Serotonin entsteht im Gehirn aus der essenziellen Aminosäure Tryptophan. Daher kommt Nahrungsproteinen eine Bedeutung für die kognitive Leistungsfähigkeit zu.

Serotonin hebt die Stimmung und fördert das Wohlbefinden. Allerdings steigt die Serotoninkonzentration im Gehirn während andauernder mentaler Belastung an, die Ermüdung nimmt zu, die Leistungsfähigkeit ab. Im Sport und bei körperlicher Aktivität kann diese zentrale Ermüdung sogar zum Abbruch der Aktivität beitragen.

Die Serotonin-Dopamin-Balance ist für den inneren Antrieb, die Motivation und den sogenannten Drive verantwortlich. Die Ausgangsaminosäuren dieser Neurotransmitter lassen sich mit eiweißreichen Lebensmitteln wie Milch/-produkten, Eiern, Fisch und

Hülsenfrüchten (Soja) sowie Nüssen in relevanten Mengen zielgerichtet aufnehmen. Vor und während hoher mentaler Beanspruchung sind tyrosinreiche Lebensmittel gut geeignet, um motivationssteigernd und stimmungsaufhellend den Drive zu fördern. Eine durch gesteigerte geistige Aktivität mit entsprechender Nährstoffversorgung erhöhten Dopamineigensynthese scheint die Bindungsfähigkeit und die Dichte der Dopaminrezeptoren im Gehirn zu erhöhen, sodass sich eine tyrosinreiche Lebensmittelauswahl sogar mittel- bis langfristig positiv auf die mentale Leistungsfähigkeit und den Drive auswirkt.

Tryptophan kann zwar die Blut-Hirn-Schranke passieren. Dennoch reicht es nicht aus, diese Aminosäure allein in Form von eiweißreichen Lebensmitteln, wie Fleisch oder Milch, zu verzehren. Denn Tryptophan konkurriert mit anderen Aminosäuren um den Übertritt bei der Blut-Hirn-Schranke. Idealerweise wird Tryptophan zusammen mit KH aufgenommen. Das daraufhin sekretierte Insulin fördert den Transport anderer Aminosäuren ins Gewebe, nicht aber den von Tryptophan. Es verbleibt mehr Tryptophan im Blut, der relative Anteil von Tryptophan steigt und kann vermehrt zur Serotoninproduktion verwendet werden.

Werden vermehrt andere Aminosäuren als Tryptophan, vorwiegend die verzweigtkettigen Aminosäuren Leucin, Isoleucin und Valin, mit den Speisen aufgenommen, wird das Verhältnis von Tryptophan und dadurch die Synthese von Serotonin gesenkt. In Folge kann das Einsetzen von Müdigkeit bei langen mentalen Belastungen verzögert werden.

Da die mentale Leistungsfähigkeit vom sogenannten Wachheitsgrad abhängig ist, ist auch die Sinnhaftigkeit der gezielten Stimulation der Dopamin-Serotonin-Beeinflussung von diesem abhängig. Der Zeitpunkt und das persönliche Befinden entscheiden demnach, welche Lebensmittel konsumiert werden sollten. In sehr angespannten Situationen, z. B. vor einer Präsentation oder wichtigen Verhandlungen, kann die Produktion von Serotonin beruhigend und damit leistungssteigernd wirken. Das Stück Schokolade, das süße Milchmixgetränk sind dann richtig. Am frühen Morgen, ohne nervliche Anspannung, aber vor einem geistig anstrengenden Bürotag, im Nachmittagstief bei Erledigung von Routineaufgaben wäre eine verstärkte Serotoninkonzentration kontraproduktiv. Hier gilt es, die Dopaminkonzentration zu steigern. Da diese aber nicht sensitiv auf die Nährstoffe aus Lebensmitteln ist, muss versucht werden, die Konzentration von freiem Tryptophan möglichst gering zu halten. Daher sind dann kohlenhydratarme Speisen mit hohem Eiweißanteil ideal. Eine geringe Menge KH ist notwendig, damit nicht zu viele freie Fettsäuren ins Blut gelangen. Diese verdrängen Tryptophan von seinem Trägereiweiß, sodass es frei im Blut vorliegt und leichter die Blut-Hirn-Schranke passieren kann. Eine dünne Scheibe Pumpernickel, mit viel Quark bestrichen und mit Putenbrust oder veganer Alternative belegt, dazu ein Glas mineralstoffreiches Mineralwasser, wären zielführende Möglichkeiten.

14.2.6 Koffein und Kreatin im Kontext der Neurotrition

Koffein (1,3,7-Trimethylxanthin) wirkt in einem interindividuell stark unterschiedlichen Dosisbereich anregend auf die Psyche bzw. auf den Wachheitsgrad. Es bewirkt in Dosen, die mit herkömmlichen koffeinhaltigen Getränken leicht erreicht werden, etwa eine

Viertelstunde nach der Einnahme eine zunehmende Steigerung der Leistungsbereitschaft und -fähigkeit. Der Höhepunkt liegt bei ca. 40 bis 60 Minuten nach Verzehr. Nach einer ausgeprägten Plateauphase klingt die Wirkung langsam wieder ab. Im Zustand der Müdigkeit werden durch Koffein Verhaltens- und Leistungsparameter stärker beeinflusst als bei vollständiger Wachheit.

Kreatin besteht aus den drei Aminosäuren Arginin, Methionin und Glycin und spielt als Kreatinphosphat eine Schlüsselrolle bei der Regeneration von Adenosintriphosphat (ATP), der Hauptquelle für anaerob, alaktazid bereitgestellte Energie in jeder Zelle. Kreatin ist zudem an antioxidativen und neuroprotektiven Mechanismen beteiligt, die einen Schutz der Körper- und Nervenzellen vor strukturellen und funktionellen Defekten darstellen.

Nur etwa die Hälfte des täglich benötigten Kreatins (ca. 2 g/d) kann im Körper selbst synthetisiert werden. Die andere Hälfte muss über Lebensmittel und Getränke aufgenommen werden. Etwa 5 % des Kreatins im Körper befinden sich im Gehirn, dessen optimal gefüllte Kreatinspeicher mit einer verbesserten neurophysiologischen Leistung in Verbindung gebracht werden. Personen, die ausreichend mit Kreatin versorgt sind, sind oft kreativer, können ihre Ziele besser verfolgen und sich stärker konzentrieren (Rae et al., 2003).

Die Kreatinkonzentration sinkt nach geistiger Aktivität schnell ab, was einen direkten negativen Einfluss auf das Erinnerungsvermögen haben kann (Prokopidis et al., 2023). Entsprechend wirkt sich eine Erhöhung der Kreatinkonzentration direkt leistungsfördernd aus (Avgerinos et al., 2018). Mit einer kreatinreichen Ernährung sowie durch eine Kreatinergänzung kann der Kreatingehalt im Gehirn potenziell um 10–15 % erhöht werden (Rawson & Venezia, 2011).

Kreatin kommt in tierischen Lebensmitteln, wie Fleisch und Fisch, vor. Eine Kreatinergänzung könnte daher vor allem bei fleisch- und fischfreier Ernährungsweise und mit zunehmendem Alter hilfreich zur Unterstützung kognitiver Funktionen wie der IVG sein.

Literatur

Apte, M., Nadavade, N., & Sheikh, S. S. (2024). A review on nitrates' health benefits and disease prevention. *Nitric Oxide, 142*, 1–15. https://doi.org/10.1016/j.niox.2023.11.003

Avgerinos, K. I., Spyrou, N., Bougioukas, K. I., & Kapogiannis, D. (2018). Effects of creatine supplementation on cognitive function of healthy individuals: A systematic review of randomized controlled trials. *Experimental Gerontology, 108*, 166–173.

Bönnhoff N, Ohlmer I, Schröder U, & Wagner G (2017) Neurotrition – Wie die Ernährung die Gehirnaktivitäten und die geistige Leistungsfähigkeit beeinflusst. In Lehrl S, Wagner G, Gräßel E (Hrsg.), *Geistig fit in Schule, Beruf und Alltag* (Bd. 11, Kap. 3.2). Schriftenreihe KREAplus.

Cattell, R. (1963). Theory of fluid and crystallized intelligence: A critical experiment. *Journal of Educational Psychology, 54*, 1–22.

DGE. (2009). *Fachinformationen Obst und Gemüse*. Die Menge macht's. www.dge.de/wissenschaft/fachinformationen/obst-und-gemuese-die-menge-machts/

European Commission. (o.J.). EU Register of Health Claims. https://ec.europa.eu/food/food-feed-portal/screen/health-claims/eu-register. Zugegriffen am 29.02.2024.

Gonçalves, J. S., Marçal, A. L., Marques, B. S., et al. (2024). Dietary nitrate supplementation and cognitive health: The nitric oxide-dependent neurovascular coupling hypothesis. *Biochemical Society Transactions, 52*(1), 279–289. https://doi.org/10.1042/BST20230491

Gratton, G., Weaver, S., Burley, C., Low, K., Maclin, E., Johns, P., Pham, Q., Lucas, S., Fabiani, M., & Rendeiro, C. (2020). Dietary flavanols improve cerebral cortical oxygenation and cognition in healthy adults. *Scientific Reports, 10*, 19409.

Lalonde, R., & Strazielle, C. (2023). Cocoa flavanols and the aging brain. *Current Aging Science, 16*(1), 2–11. https://doi.org/10.2174/1874609815666220819145845

Lamprecht, M., & Prock, P. (2008). Obst- und Gemüsekonzentrate zur Nahrungsergänzung. *SZE, 5*, 47–52.

Lehrl S, Wagner G, & Schröder U. (2007). *Öfter essen macht fit for job* (Heft 04). GeistigFit.

Mensink GBM, Truthmann J, Rabenberg M, Heidemann C, Haftenberger M, Schienkiewitz A, & Richter a. (2013). Obst- und Gemüsekonsum in Deutschland. *Bundesgesundheitsbl* 56:779–785. https://doi.org/10.1007/s00103-012-1651-8

Prokopidis, K., Giannos, P., Triantafyllidis, K. K., Kechagias, K. S., Forbes, S. C., & Candow, D. G. (2023). Effects of creatine supplementation on memory in healthy individuals: A systematic review and meta-analysis of randomized controlled trials. *Nutrition Reviews, 81*(4), 416–427.

Rae, C., Digney, A. L., McEwan, S. R., & Bates, T. C. (2003). Oral creatine monohydrate supplementation improves brain performance: A double-blind, placebo-controlled, cross-over trial. *Proceedings of the Biological Sciences, 270*(1529), 2147–2150.

Rawson, E. S., & Venezia, A. C. (2011). Use of creatine in the elderly and evidence for effects on cognitive function in young and old. *Amino Acids, 40*(5), 1349–1362.

Rippin, H. L., Maximova, K., Loyola, E., et al. (2023). Suboptimal intake of fruits and vegetables in nine selected countries of the World Health Organization European Region. *Preventing Chronic Disease, 20*, E104. https://doi.org/10.5888/pcd20.230159

Scholey, A. B., Harper, S., & Kennedy, D. O. (2001). Cognitive demand and blood glucose. *Physiology & Behavior, 73*(4), 585–592.

Socci, V., Tempesta, D., Desideri, G., De Gennaro, L., & Ferrara, M. (2017). Enhancing human cognition with cocoa flavonoids. *Frontiers in Nutrition, 4*, 19.

Wagner, G., & Lehrl, S. (2021). Sekundäre Pflanzenstoffe für mehr geistige Fitness und Selbstvertrauen. *Naturheilpraxis, 03*, 35–39.

Wagner G, & Schröder U (2010, Juni). *Trink dich schlau* (S. 44 f.). medicalsportsnetwork.

Wagner G, Schröder U, & Lehrl S (2019). Essen und Trinken für die Merkspanne. In Schöppe K, Schulz F (Hrsg.), *Kreativität & Bildung – Nachhaltiges Lernen* (Bd. 17, S. 421 f.). Schriftenreihe KREAplus.

Wagner G, Lehrl S, & Irmler A (2020). *Neurotrition – Die richtige Ernährung für einen höheren IQ: Natürlich geistig fitter – Das Grundlagenbuch*. Eubiotika.

Mindful eating – achtsam essen

15

Melanie Kirk-Mechtel, Birgit Jähnig, Vera Larisch und Eva Zovko

Das Thema Achtsamkeit rückt in westlichen Industrienationen zunehmend in den Blickpunkt der Menschen, die nach einem Weg suchen, besser mit Multitasking, Hektik und Stress im Alltag umzugehen. In der betrieblichen Gesundheitsförderung (BGF) kann Achtsamkeitstraining auch dazu beitragen, dass Arbeitnehmende mit sich und ihrer Ernährung in Einklang kommen. Sie lernen wahrzunehmen, wann und warum sie was und wie viel essen, wann sie satt und wann sie hungrig sind – und selbst zu entscheiden, was sie gegebenenfalls an ihrem Ernährungsverhalten ändern wollen. Ernährungsfachkräfte vermitteln die Methode und können eine wertvolle Unterstützung auf dem Weg zu den gewünschten Veränderungen sein.

15.1 Das Konzept der Achtsamkeit

Der Weg der Achtsamkeit lehrt, seine inneren Ressourcen zu entdecken und sich so anzunehmen, wie man ist. Er ist keine neue Erfindung, sondern war ursprünglich Teil der bud-

---

M. Kirk-Mechtel (✉)
Ernährungskommunikation & mehr, Bonn, Deutschland
E-Mail: info@melaniekirkmechtel.de

B. Jähnig · V. Larisch
Bundeszentrum für Ernährung (BZfE), Bundesanstalt für Landwirtschaft und Ernährung, Bonn, Deutschland
E-Mail: birgit.jaehnig@ble.de; Vera.Larisch@ble.de;

E. Zovko
Presse, Kommunikation, Bundeszentren für Ernährung und Landwirtschaft, Bonn, Deutschland
E-Mail: eva.zovko@ble.de

© Der/die Autor(en), exklusiv lizenziert an Springer-Verlag GmbH, DE, ein Teil von Springer Nature 2025
A. Flothow et al. (Hrsg.), *Betriebliche Gesundheitsförderung für Ernährungsfachkräfte*, Berufspraxis: Ernährung, https://doi.org/10.1007/978-3-662-70049-5_15

dhistischen Lehre. Danach bedeutet „achtsam sein", den gegenwärtigen Moment zu erleben, ohne ihn zu bewerten oder zu kommentieren. Das Hier und Jetzt bewusst wahrzunehmen und dem Moment die ganze Aufmerksamkeit zu schenken, gilt für alle Lebensbereiche, also auch fürs Essen und Trinken.

▶ **Achtsamkeit** „Achtsamkeit bedeutet, auf eine bestimmte Weise aufmerksam zu sein: bewusst, im gegenwärtigen Augenblick und ohne zu urteilen. Diese Art der Aufmerksamkeit steigert das Gewahrsein und fördert die Klarheit sowie die Fähigkeit, die Realität des gegenwärtigen Augenblicks zu akzeptieren."

Quelle: Kabat-Zinn J (2015). Im Alltag Ruhe finden. Meditationen für ein gelassenes Leben. München: Knaur-Verlag.

15.2 Aspekte achtsamen Essens

Achtsamkeit beim Essen beinhaltet unterschiedliche Aspekte, die sich gegenseitig beeinflussen:

1. Aufmerksamkeit zum Essen lenken.
   Hier stellen sich Fragen, wie z. B. „Wie ist die Situation, in der ich jetzt esse?", „Habe ich Hunger oder Appetit?" oder „Wann bin ich satt?". Ziel ist, zu entdecken, welche Gewohnheiten achtsame und bewusste Ernährung unterstützen und welche nicht.
2. Beobachten.
   Die Klientel betrachtet die eigene Situation mit Abstand. Sie entdeckt dabei auch immer wiederkehrende Gedanken- oder Verhaltensmuster wie „Der Teller muss leer gegessen werden.", die Sorge, nicht genug Vorräte im Haus zu haben oder die Ausrichtung an den Erwartungen des sozialen Umfelds.
3. Neutral sein.
   Wenn es Menschen gelingt, sich wohlwollend zu beobachten und das, was sich zeigt, nicht zu bewerten, können sie die „Bestandsaufnahme" entspannter angehen. Gelassenheit wiederum unterstützt dabei, mitfühlender mit sich selbst umzugehen (Selbstempathie).
4. Im Moment sein.
   Während beim Essen oft der sogenannte Autopilot eingeschaltet ist, geht es beim achtsamen Essen darum, ganz gegenwärtig zu sein und die aktuelle Situation mit allen Sinnen bewusst zu erfassen und zu erleben.
5. Auf die Umgebung achten.
   Der Raum, die Atmosphäre, die Personen, die während des Essens dabei sind oder vielleicht fehlen, Ablenkungen wie Fernsehen, Musik, Zeitung oder Smartphone sowie Ge-

sprächsthemen oder Werbe- und Gesundheitsinformationen wirken prägend auf das Essen.
6. Loslassen.
Das Streben nach einem bestimmten Gewicht oder einer gewünschten Konfektionsgröße erzeugt Druck. Zeigen sich Wege, entspannter mit diesem Druck umzugehen, lässt sich das Wohlfühlgewicht leichter erreichen.
7. Annehmen.
Sich selbst mit allen Stärken und Schwächen anzunehmen, ist einer der wichtigsten Schritte, um sich auf achtsames und bewusstes Essen einlassen zu können.

▶ **Selbstempathie** Selbstempathie, auch Selbstmitgefühl oder „self compassion" genannt, ist die Fähigkeit, sich seine Fehler und Unperfektheit zu verzeihen und seine Ziele weiterzuverfolgen, anstatt sich von negativen Urteilen über sich selbst lähmen zu lassen. Eine Technik, um mit sich selbst positiv umzugehen, stellt die Gewaltfreie Kommunikation (GFK) nach Marshall B. Rosenberg dar. Mit einfachen Übungen lassen sich Urteile aufdecken und in Bedürfnisse übersetzen, die den empathischen Zugang zu sich selbst ermöglichen.

Umfangreiche Informationen zu Rosenbergs Konzept gibt es im Infoportal Gewaltfreie Kommunikation unter https://www.gfk-info.de/.

15.2.1 Eine neutrale Haltung einnehmen

Eine neutrale Haltung sich selbst gegenüber einzunehmen, fällt vielen Menschen schwer. Häufig wird jede Wahrnehmung automatisch mit z. B. gut oder schlecht, schön oder hässlich, erfolgreich oder vergeblich bewertet. Vor allem Menschen, die schon lange Zeit mit ihrem Essverhalten hadern, brauchen Zeit, um nicht zu hart mit sich ins Gericht zu gehen, wenn sie etwas essen oder gegessen haben, was sie eigentlich nicht essen wollten. Hier können Umformulierungen helfen. Hilfreich kann auch sein, nicht nur das, was gegessen wurde, wertfrei und sachlich neu zu formulieren, sondern ebenfalls eine bereits getroffene Bewertung bewusst zu „neutralisieren", damit sie nicht im Verborgenen weiter beeinflussend wirkt.

> **Beispiel**
>
> Wertende Wahrnehmung: „Ich habe wieder zu viel Schokolade gegessen. Dabei darf ich doch nur einen Riegel essen. Jetzt habe ich (schon wieder) versagt und habe mein Ziel nicht erreicht."
> Neutrale Wahrnehmung: „Ich habe eine halbe Tafel Schokolade gegessen. Das ärgert mich. Meinen Ärger lasse ich los. Ich habe einfach eine halbe Tafel Schokolade gegessen." ◀

15.3 Verhaltensänderungen brauchen Zeit und Geduld

Das Wesentliche beim achtsamen und bewussten Essen ist, das eigene Essverhalten wahrzunehmen. Es geht um eine nüchterne und wohlwollende Selbstbeobachtung. Auf Basis der gewonnenen Erkenntnisse können sich neue Verhaltensmuster etablieren. Das hört sich einfach an, ist in der Realität aber häufig ein langer und gewundener Weg. Denn die Ernährungsgewohnheiten haben sich über viele Jahre oder Jahrzehnte entwickelt. Während bestimmte Verhaltensweisen am Anfang noch eine bewusste Entscheidung sind, werden sie irgendwann zur Routine, die nicht mehr infrage gestellt wird. Das gilt auch für neue Gewohnheiten.

> **Beispiel**
>
> Denken Sie daran, wie Sie Ihre Zähne putzen. Sicher wissen Sie, mit welcher Hand Sie das tun. Aber könnten Sie jetzt auch sagen, wo im Mund Sie beginnen und wo Sie enden? Wahrscheinlich nicht. Wahrscheinlich folgen Sie dabei aber Tag für Tag der gleichen Abfolge. Das ist auch gut so, denn Routinen entlasten das Gehirn. Vielleicht versuchen Sie einmal, Ihre Zähne anders als gewohnt zu putzen? ◄

Weil sich Gewohnheiten so schwer ändern lassen, ist das Erlernen von Achtsamkeit vergleichbar mit einem Training zum Muskelaufbau: Es bedarf regelmäßiger Übung, Zeit und viel Geduld. Das gilt es, immer wieder zu betonen. Idealerweise steht die Ernährungsfachkraft den übenden Personen längerfristig zur Seite. Zudem ist zu beachten, dass Üben für viele Menschen mit Leistungsdruck, Stress und Anstrengung assoziiert ist, was den Weg zu mehr Gelassenheit stören könnte. Damit die Klientel sich nicht unter Druck gesetzt fühlt und abwehrend reagiert, kann es sinnvoll sein zu erklären, dass die Übungen nicht im Sinne von „Besser-werden" gedacht sind, sondern im Sinne von „Einüben" oder „Sich-darauf-einlassen". So ist achtsames Essen kein Pensum, das bestmöglich absolviert werden muss. Es ist eher eine Haltung, die sich festigt, wenn man sich immer wieder darauf einlässt, weil sich so neue Verknüpfungen im Gehirn bilden.

> **Das Achtsamkeitstagebuch**
> Jeden Tag trifft die einzelne Person etwa 200 Essentscheidungen, ohne darüber nachzudenken. Wer genau hinschaut, wird auf einmal viele Einzelheiten erkennen, die sonst eher unbewusst bleiben. Ein Achtsamkeitstagebuch ist eine wertvolle Unterstützung, um Gewohnheiten und Gegebenheiten zu notieren und zu reflektieren. Wenn Menschen direkt nach den Mahlzeiten beispielsweise Fragen zu Ort, Dauer und Menge des Essens, zur Umgebung und dem Gefühl nach der Mahlzeit beantworten, setzen sie sich intensiv mit den Aspekten ihres Essverhaltens auseinander. Beratende können anhand des Achtsamkeitstagebuchs Muster erkennen und diese –

> in Gruppengesprächen oder Einzelberatungen – aufgreifen. Das schafft die Basis, um Änderungen im Essverhalten anzustoßen.
> Eine Vorlage für ein Achtsamkeitstagebuch finden Sie in der Broschüre „Essen & Trinken – bewusst & achtsam" des Bundeszentrums für Ernährung unter https://www.ble-medienservice.de/0531.

15.4 Emotionen beeinflussen das Essverhalten

Stress und Multitasking sind allgegenwärtig – ob im Privaten oder bei der Arbeit. Häufig reagieren Menschen mit ihrem Essverhalten auf Stresssituationen: Während die einen hemmungslos essen – oft vor allem fett- und zuckerreiche Speisen – und bei Dauerstress dazu neigen, an Gewicht zuzulegen, schlagen bei den anderen Kummer, Ärger und Hektik auf den Magen, sodass sie unter Appetitlosigkeit oder Übelkeit leiden und eher an Gewicht verlieren. Auch die Art und Intensität des Stressauslösers spielen eine wichtige Rolle, wie Menschen reagieren. Extreme Stressoren führen häufig dazu, dass Betroffene weniger essen. Leichten Stress auslösende Faktoren und zwischenmenschliche Disharmonien, wie Zurückweisung oder Einsamkeit, führen eher zum Überessen. Egal wie – mithilfe einer achtsamen Haltung kann Essen zu einer wohltuenden Auszeit werden, die neue Energie liefert. Alles beginnt mit der wertschätzenden Selbstbeobachtung, beinhaltet aber auch ganz praktische Maßnahmen, die man zu Hause und im Büro durchführen kann: zum einen Mahlzeiten planen und zum anderen Entspannungsübungen vor dem Essen durchführen.

▶ **Tipps bei Stress** Wer bei Stress viel isst, kann beispielsweise Gemüsesticks knabbern oder – wenn man es mag und nicht Hunger davon bekommt – zuckerfreies Kaugummi kauen. Denn häufig beruhigt nicht das Essen an sich, sondern das Kauen.
Wer bei Stress hungert, kann flüssige oder weiche Lebensmittel essen (wie püriertes Obst, Buttermilch, Joghurt oder ein Glas Frucht- oder Gemüsesaft). Diese Lebensmittel „rutschen" besser und helfen, die Appetitlosigkeit zu überwinden.

15.5 Mahlzeiten gezielt planen

Viele finden keinen guten Essrhythmus innerhalb ihres Tagesablaufs und berichten von Hungerlöchern und Heißhungerattacken, die zu wahllosem Essen führen. Angesichts voller Terminkalender und vielfältiger Aufgaben ergeben sich feste Zeiten für die Mahlzeiten bei vielen Menschen nicht von selbst. Daher kann es hilfreich sein, Essenspausen genauso zu planen wie andere Termine und diese fest im Terminkalender zu verankern. Diese Planung lässt sich beispielsweise noch verfeinern, indem Dauer, Ort und Gesellschaft ebenfalls festgehalten werden. Eine entsprechende Vorlage enthält etwa die kostenlose Broschüre „Essen & Trinken – bewusst & achtsam" des Bundeszentrums für Ernährung. (Bundesanstalt für Landwirtschaft und Ernährung, 2023). Dort ist auch Platz für Ideen, um Mahlzeiten entspannt und genussvoll zu gestalten.

15.6 Zur Ruhe kommen

Um zur Ruhe zu kommen und die Aufmerksamkeit auf das Essen zu lenken, hat es sich bewährt, vor dem Essen einen Moment innezuhalten. Früher gab es die Tradition der Tischgebete, in heutigen Zeiten bieten sich kurze Entspannungsübungen an.

Dazu reicht es schon, sich hinzusetzen, für einen Moment die Augen zu schließen und dem eigenen Atem nachzuspüren. Alternativ können auch Audiodateien oder Apps genutzt werden.

Um immer wieder daran erinnert zu werden, vor dem Essen zur Ruhe zu kommen, kann es hilfreich sein, eine entsprechende Botschaft am Kühlschrank oder auf dem Esstisch zu platzieren. Das BZfE bietet dafür z. B. ein Set mit sechs Postkarten zum kostenlosen Download im BLE-Medienshop an: https://www.ble-medienservice.de/0251 (Abb. 15.1).

Abb. 15.1 Ein Motiv aus dem Postkarten-Set „Essen & Trinken – bewusst & achtsam" des Bundeszentrums für Ernährung. (Quelle: BLE, 2023)

15.7 Zugrundeliegende Reize und Bedürfnisse erkennen

Schon der Anblick oder der Geruch einer Speise können zum Essen verführen – selbst, wenn man satt ist. Zudem ist der Mund auf der Suche nach angenehmen Empfindungen, er möchte Abwechslung, er möchte schmecken und verschiedene Konsistenzen spüren, z. B. die zart schmelzende Schokolade, knusprige Chips, cremigen Pudding, kühles Eis, prickelnde Limonade oder scharfe Gewürze. Dabei handelt es sich allerdings nicht um körperlichen Hunger, sondern um Appetit oder Lust auf Essen. Beides wird in der Regel von außen gesteuert. Ein Ziel des achtsamen und bewussten Essens und Trinkens ist es, sich dessen bewusst(er) zu werden.

> **Außenreize, die zum Essen animieren, unabhängig von Hunger und Sättigung**
> - Nahrungsmittel oder Abbildungen von Nahrungsmitteln sind ständig sichtbar oder Lebensmittel sind leicht erreichbar (z. B. Werbung, Zeitschriften, Bonbonglas).
> - Vielfalt und Menge der Speisen, Dauer der Mahlzeit (z. B. Buffet).
> - Angenehme Essensgerüche (z. B. Bäckerei), ansprechende Darbietung der Speisen.
> - Gesellschaft bei der Mahlzeit (Ablenkung und „Futterneid").
> - Ablenkung und Essen nebenbei (z. B. Smartphone, Fernsehen, Computer, Unterhaltung, Grübeln, Autofahren).

Wer sich zu stark von äußeren Faktoren lenken lässt, verlernt, die Signale für Hunger und Sättigung wahrzunehmen und isst oft zu viel. Der Einfluss äußerer Reize auf das Essverhalten nimmt mit steigendem Alter zu, während innere Signale in den Hintergrund treten. Im höheren Alter ist es wieder leichter, auf sein Inneres zu hören. Achtsam zu essen kann dabei helfen, die Verbindung zwischen Körper, Kopf und Teller wiederherzustellen.

Darüber hinaus spielen Gefühle und Bedürfnisse eine Rolle, deren sich Menschen ebenfalls oft nicht bewusst sind. So kann Essen z. B. Trost, Belohnung oder Ablenkung von Sorgen und Nöten sein, genauso wie ein Mittel gegen Langeweile oder Einsamkeit. Hier gilt es zu ergründen, was tatsächlich gewollt und gebraucht wird und Alternativen zum Essen zu finden. Beispiele sind Aktivitäten mit Freunden, ein kreatives Hobby oder ein Termin im Massagestudio. Ernährungsfachkräfte können dabei unterstützen, die gewählten Alternativen zum Essen auch umzusetzen, z. B. indem sie Hilfestellung bei der Formulierung von „Wenn-dann-Plänen" geben.

> **Beispiele für Wenn-dann-Pläne**
>
> „Wenn ich wieder kalte Füße vom langen Sitzen habe, dann trinke ich keine heiße Schokolade, sondern laufe eine Runde um den Block. Ich stelle mir meine Laufschuhe neben meinen Arbeitsplatz, damit sie mich daran erinnern."

„Wenn ich abends völlig k. o. nach Hause komme, dann gönne ich mir eine Pause und höre schöne Musik. Als Erinnerungshilfe hänge ich einen Notenschlüssel an meinen Schlüsselbund." ◄

Manchmal zeigen sich sehr komplexe Bedürfnisse, die mit negativen Erfahrungen und daraus resultierenden Problemen gekoppelt sind. In diesem Fall kann die Empfehlung einer adäquaten Therapie (z. B. Psychotherapie) eine Lösung sein.

15.8 Genuss lernen

Speisen und Getränke genießen zu können, ist eine wichtige Voraussetzung für ein entspanntes Essverhalten. Viele Menschen verbieten sich jedoch Schokolade, Chips, Cola und Co. Gewinnt dann die Lust darauf, meldet sich das schlechte Gewissen. Das muss aber nicht sein, denn Genießen kann man lernen, z. B. auf Basis von „Kleine Schule des Genießens". Dieses Gruppenprogramm haben der Psychologe Dr. Rainer Lutz und die Psychotherapeutin Eva Koppenhöfer 1983 ursprünglich für die klinische Therapie von depressiven Menschen entwickelt. Daneben wird es unter anderem erfolgreich bei Essstörungen angewendet und ist auch für Gesunde sinnvoll. Zentraler Bestandteil des Konzepts sind die sieben Genussregeln:

1. Genuss braucht Zeit.
2. Genuss muss erlaubt sein.
3. Genuss geht nicht nebenbei.
4. Weniger ist mehr.
5. Aussuchen, was guttut.
6. Ohne Erfahrung kein Genuss.
7. Genuss ist alltäglich

Impulse und Übungen für Genusstrainings bietet beispielsweise die Broschüre „Essen & Trinken – bewusst & achtsam" des Bundeszentrums für Ernährung (BZfE). Eine einfache Übung können Menschen mithilfe einer Anleitung allein zu Hause während der Mahlzeiten durchführen. Dabei geht es darum, während des Essens innezuhalten und die Aufmerksamkeit auf die Sinne – Sehen, Riechen, Hören, Fühlen und Schmecken – zu richten.

Übung „Essen mit allen Sinnen"

- Schauen Sie Ihre Mahlzeit so an, als würden Sie das, was Sie sehen, zum ersten Mal essen: Was liegt auf Ihrem Teller? Welche Farben haben die unterschiedlichen Lebensmittel? Welche Oberflächenstruktur sehen Sie? Schauen Sie die Lebensmittel an, bevor Sie sie zerkleinern und auf den Löffel oder auf die Gabel nehmen.

- Berühren Sie verschiedene Komponenten Ihrer Mahlzeit. Wie fühlen sich die Lebensmittel an? Welche Textur haben sie? Sind sie groß oder klein, hart oder weich, gleichmäßig oder unregelmäßig, trocken oder feucht?
- Atmen Sie ein paar Mal tief ein und aus und registrieren Sie den Duft Ihres Essens. Wonach riecht es? Was dominiert? Können Sie bestimmte Gewürze erschnuppern?
- Achten Sie auf die Geräusche, wenn Sie das Essen zerkleinern, um es als Bissen auf den Löffel, die Gabel oder in die Hand zu nehmen. Klingt es z. B. leise, laut, krachend oder klappernd? ◄

Eine gute Genussübung ist auch eine Verkostung. Diese kann sowohl in Einzelberatungen als auch in Gruppen eingesetzt werden. Wird dafür ein Lebensmittel gewählt, das bei Vielen üblicherweise auf der Verbotsliste steht, kann die Verkostung – z. B. von Schokolade – einen neuen, achtsamen und wohltuenden Zugang bahnen und die Sinne dafür sensibilisieren, was ihnen an dem Lebensmittel wertvoll und wichtig ist und was nicht.

Bei einem Genusstraining erfahren Teilnehmende, wie Essen der Seele guttun und neue Kraft geben kann. Darüber hinaus unterstützt es „emotionale Esser" dabei, negative Wertungen gegen sich selbst in eine achtsamere und wertschätzende Betrachtung zu wandeln.

15.9 Achtsames Essen in der BGF

Wie die vorherigen Kapitel zeigen, weist das Konzept der Achtsamkeit nicht nur Wege, um besser mit Multitasking, Hektik und Stress im Alltag umgehen zu können, sondern auch für ein entspanntes und gesundheitsförderliches Essverhalten. Ernährungsfachkräfte in der BGF können hier an vielen Stellen ansetzen und Beschäftigte dabei begleiten, mit sich und ihrer Ernährung in Einklang zu kommen. Hier vermitteln zertifizierte Fortbildungen, wie achtsames Essen in die Arbeit mit Teilnehmenden, einzeln oder in Gruppen, integriert werden kann. Darüber hinaus ist umfangreiche Literatur im Handel erhältlich.

Literatur

Bundesanstalt für Landwirtschaft und Ernährung (2023). Essen & Trinken – bewusst & achtsam. https://www.ble-medienservice.de/0531. Zugegriffen am 30.04.2025.

Ernährung in der Schicht- bzw. Nachtarbeit

16

Jasmin Geppert und Susanne Leitzen

16.1 Einführung

16.1.1 Zahlen und Begriffe

Ob im Gesundheitswesen, im Personen- und Güterverkehr, bei Rettungsdiensten, im Dienstleistungs- oder produzierenden Gewerbe – in vielen Branchen ist die Schicht- und Nachtarbeit nicht mehr wegzudenken. Daten des Statistischen Bundesamt zufolge lag der Anteil der Erwerbstätigen (ohne Auszubildende) in Deutschland, die an mindestens der Hälfte aller Arbeitstage in Schichten arbeiten, im Jahr 2021 bei 13,3 %, Nachtarbeit verrichteten durchschnittlich 4,4 % der Erwerbstätigen in Deutschland (BAuA, 2022).

Eine einheitliche Definition von Nachtarbeit gibt es auf internationaler Ebene und im wissenschaftlichen Kontext nicht (DGAUM, 2020). In Deutschland beschreibt § 2 des Arbeitszeitgesetzes (ArbZG) Nachtarbeit als „jede Arbeit, die mehr als zwei Stunden der Nachtzeit umfasst". „Nachtzeit im Sinne dieses Gesetzes ist die Zeit von 23 bis 6 Uhr, in Bäckereien und Konditoreien die Zeit von 22 bis 5 Uhr" (Arbeitszeitgesetz vom 6. Juni 1994 (BGBl. I S. 1170, 1171)). Der Begriff Schichtarbeit ist gesetzlich nicht geregelt. Die Deutsche Gesellschaft für Arbeitsmedizin und Umweltmedizin definiert den Begriff in ihrer Leitlinie (DGAUM, 2020) wie folgt:

J. Geppert (✉) · S. Leitzen
Deutsche Gesellschaft für Ernährung e. V. (DGE), Bonn, Deutschland
E-Mail: geppert@dge.de; leitzen@dge.de

© Der/die Autor(en), exklusiv lizenziert an Springer-Verlag GmbH, DE, ein Teil von Springer Nature 2025
A. Flothow et al. (Hrsg.), *Betriebliche Gesundheitsförderung für Ernährungsfachkräfte*, Berufspraxis: Ernährung, https://doi.org/10.1007/978-3-662-70049-5_16

▶ „Schichtarbeit kann als eine Beschäftigung definiert werden, bei der die Arbeitsleistung zu wechselnden Tages- oder Nachtzeiten oder zu konstanten, aber `ungewöhnlichen´ Arbeitszeiten – also abweichend von der sog. Tagarbeit – erbracht wird."

Gewöhnlich wechseln sich bei der Schichtarbeit mehrere Beschäftigte an einem Arbeitsplatz ab und sorgen dafür, dass dieser einen großen Teil des Tages oder sogar ganztags besetzt ist (Angerer & Petru, 2010).

16.1.2 Schichtsysteme

In der Praxis haben sich verschiedene Schichtsysteme etabliert. Neben permanenten Schichtsystemen, bei denen die Beschäftigten dauerhaft im gleichen Zeitraum arbeiten (z. B. permanente Nachtschicht), existieren verschiedene Wechselschichtsysteme. In der Wechselschicht verändern sich die Arbeitszeiten der Beschäftigten gemäß einem zuvor festgelegten Schichtplan. Wird in einem Betrieb oder einer Einrichtung kontinuierlich, d. h. rund um die Uhr, gearbeitet, kommt häufig das Dreischichtsystem mit Früh-, Spät- und Nachtschicht mit einer jeweiligen Dauer von acht Stunden zum Tragen. In einem Zweischichtsystem hingegen entfällt häufig die Nachtarbeit, sie umfasst in der Regel Früh- und Spätschicht von je acht Stunden (DGAUM, 2020). Wenn in Tarifverträgen Arbeitszeiten von weniger als acht Stunden pro Tag geregelt sind, so sind auch Vier- oder Fünfschichtsysteme möglich, um einen kontinuierlichen Betrieb aufrechtzuerhalten (Deutscher Gewerkschaftsbund, 2019). Unterschiede gibt es auch bei den Schichtanfangs- und Schichtendzeiten: Während beispielsweise in der Industrie ein Schichtwechsel häufig zu einer festen Zeit erfolgt (zumeist um 6 Uhr, 14 Uhr und 22 Uhr), orientieren sich die Arbeitszeiten im Dienstleistungssektor üblicherweise am tageszeitlichen Kundenaufkommen (DGAUM, 2020).

16.1.3 Rechtliche Grundlagen der Schichtarbeit

Da das Arbeiten zu wechselnden oder ungewöhnlichen Zeiten sich negativ auf die Gesundheit auswirken kann, gibt es zu Schicht- und Nachtarbeit gesonderte gesetzliche Regelungen. Auf nationaler Basis liefert das ArbZG in § 6 die Grundlagen. Danach darf die Arbeitszeit in der Nachtschicht die Dauer von acht Stunden nur überschreiten, wenn sie innerhalb eines Kalendermonats oder von vier Wochen im Durchschnitt maximal acht Stunden beträgt. Beschäftigte in der Nachtschicht haben zudem Anspruch auf eine kostenlose arbeitsmedizinische Untersuchung vor dem Beschäftigungsbeginn sowie in regelmäßigen Abständen von drei Jahren, ab dem 50. Lebensjahr im jährlichen Abstand. Unter bestimmten Voraussetzungen, die in Abs. 4 geregelt sind, haben Personen in der Nachtschicht Anspruch auf einen geeigneten Tagarbeitsplatz. Weiterhin steht den Beschäftigten, die Nachtschicht leisten, ein Ausgleich in Form von bezahlten freien Tagen oder Zuschlägen auf das Bruttoarbeitsentgelt zu. § 6 Abs. 6 des Arbeitszeitgesetzes regelt die Gleichbehandlung der Mitarbeitenden in Nachtschicht und der übrigen Mitarbeitenden in Bezug auf Weiterbildung und aufstiegsfördernde Maßnahmen.

Nach ArbZG § 6 Abs. 1 ist die Arbeitszeit von Beschäftigten in Schicht- und Nachtarbeit generell „nach den gesicherten arbeitswissenschaftlichen Erkenntnissen über die menschengerechte Gestaltung der Arbeit festzulegen".

16.2 Auswirkungen von Schicht- und Nachtarbeit auf die Gesundheit und deren Ursachen

16.2.1 Chronobiologie

Viele Funktionen im menschlichen Organismus, wie Hormonausschüttung, Körpertemperatur, Verdauungs- und Entgiftungsleistung der Organe, Herzfrequenz, Blutdruck, Schlafbedürfnis und Leistungsbereitschaft, unterliegen einer tageszeitlichen (zirkadianen) Rhythmik und werden durch die innere Uhr reguliert. Diese innere Uhr wird durch verschiedene äußere Zeitgeber synchronisiert, allen voran durch das Tageslicht bzw. den Wechsel von Hell- und Dunkelphasen. Die Nahrungs- und Getränkeaufnahme, Arbeit, Familienleben und Freizeitaktivitäten sind weitere äußere Zeitgeber (Angerer & Petru, 2010; Paridon et al., 2012).

Für Beschäftigte in Wechselschicht und insbesondere in Nachtschicht stellt die Arbeit eine besondere Belastung dar. Sie leben und arbeiten gegen die innere Uhr und damit auch zeitverschoben zu wichtigen Körperfunktionen, es stellt sich eine Art chronischer Jetlag ein. Anders als bei Fernreisen erfolgt auch bei längeren Zeiträumen in Nachtschicht oder gar Dauernachtschicht keine komplette Anpassung des Organismus. Dies hängt damit zusammen, dass die äußeren Zeitgeber bei der Nachtschicht in ihrer ursprünglichen Lage verbleiben, während sie sich beim Überqueren mehrerer Zeitzonen verändern (Angerer & Petru, 2010). Bei dauerhafter Desynchronisation von innerer Uhr und äußeren Zeitgebern spricht man von zirkadianer Disruption (DGAUM, 2020).

Das dauerhafte Leben und Arbeiten gegen die innere Uhr werden als Ursachen für die mit Schicht- und Nacharbeit verbundenen gesundheitlichen Risiken diskutiert (DGAUM, 2020). Ein weiterer Grund ist der bei Beschäftigten in Schichtarbeit häufig zu beobachtende Schlafmangel, der sich negativ auf die Gesundheit und das Immunsystem auswirken kann (Liew & Aung, 2021). Auch die soziale Desynchronisation kann eine zusätzliche Belastung darstellen. Den Betroffenen ist es häufig nicht möglich oder erschwert, Hobbys auszuüben und am gesellschaftlichen und kulturellen Leben teilzunehmen. Zudem muss sich auch das Familienleben entsprechend unterordnen (Angerer & Petru, 2010). Die Ergebnisse einer Mediationsanalyse zeigen, dass die Vereinbarkeit von Familienleben und Arbeit bei Beschäftigten in Schichtarbeit erschwert ist und diese häufiger unter psychosomatischen Beschwerden leiden als Tagarbeiter. Die psychosoziale Auswirkung von Schichtarbeit stelle demnach eine mögliche Ursache für negative gesundheitliche Folgen dar (Müller & Lück, 2019).

16.2.2 Ernährungs- und Lebensgewohnheiten von Schicht- und Nachtarbeitenden

Einige Studien haben untersucht, ob Beschäftigte in Schicht- und Nachtarbeit veränderte Ernährungs- oder Lebensgewohnheiten im Vergleich zu Tagarbeitenden aufweisen, die die Entstehung oder das Fortschreiten bestimmter Erkrankungen begünstigen.

Ernährungsgewohnheiten
Einer systematischen Literaturrecherche (Nea et al., 2015) zufolge ergeben sich Unterschiede zwischen Beschäftigten in Schicht- und Tagarbeit hinsichtlich Nahrungsqualität und der Häufigkeit der Nahrungsaufnahme, nicht jedoch hinsichtlich der Gesamtenergieaufnahme. So wird die Nahrungsqualität bei Schichtarbeit, u. a. durch eine erhöhte Zufuhr an gesättigten Fettsäuren sowie eine verminderte Zufuhr an mehrfach ungesättigten Fettsäuren, Ballaststoffen und einigen Mikronährstoffen, als schlechter eingeschätzt. Mehrere der analysierten Studien weisen zudem auf Unterschiede bei der Verteilung der Energieaufnahme über 24 h hin. Die Energieaufnahme der Schichtarbeitenden wird dabei als ungleichmäßiger beschrieben, mit einer erhöhten Energieaufnahme in den Abendstunden. Sie tendieren dazu, mehr Snacks zu sich zu nehmen, vor allem in der Nachtschicht, und damit komplette Mahlzeiten zu ersetzen (Nea et al., 2015).

Zu ähnlichen Erkenntnissen kamen auch Merda und Hoffmann (2020), die das Ernährungsverhalten von Pflegenden im Schichtdienst mittels systematischer Literaturrecherche untersuchten. In internationalen Studien zeigte sich, dass auch Beschäftigte in der Pflege, die in Schicht arbeiten, zu unregelmäßigen Mahlzeiten, zum Auslassen von warmen Mahlzeiten und zur häufigeren Aufnahme von (ungesunden) Snacks und zuckerhaltigen Getränken tendieren (Merda & Hoffmann, 2020). In einer Studie zum Ernährungsverhalten von Gesundheits- und Krankenpflegern im Nachtdienst im deutschsprachigen Raum zeigten sich ähnliche Ergebnisse. Auch hier wurden unregelmäßige Mahlzeiten und ein geringerer Verzehr warmer Mahlzeiten beobachtet, der Verzehr von Gemüse, Obst und Getreideprodukten lag unterhalb der Empfehlung in Deutschland (Meßmer et al., 2018).

Alkoholkonsum
Bezüglich eines Zusammenhangs zwischen Schichtarbeit und Alkoholkonsum gibt es laut Nea et al. (2015) keine eindeutigen Ergebnisse in der Literatur. Zum Teil wurde in Studien ein erhöhter Konsum von Alkohol bei Schichtarbeitenden beobachtet (z. B. als Mittel gegen Einschlafstörungen oder zum Stressabbau). Andere Studien wiederum fanden keinen oder gar einen inversen Zusammenhang zwischen Schichtarbeit und Alkoholkonsum, der sich dadurch erklärt, dass Schichtarbeitende seltener an familiären oder sonstigen Feierlichkeiten teilnehmen können, bei denen häufig Alkohol konsumiert wird. Die Autoren schlussfolgerten, dass Schichtarbeit die Wahrscheinlichkeit für einen höheren Alkoholkonsum steigern kann, diese jedoch auch von weiteren Faktoren, wie Geschlecht, Alter, Art und Länge der Schicht, abhängig sein kann (Nea et al., 2015).

Nikotinkonsum
In der Literatur gibt es mehrere Hinweise, dass die Schichtarbeit, insbesondere die Arbeit in Nachtschichten, mit einer erhöhten Wahrscheinlichkeit für das Rauchen einhergeht. Zudem konnte in mehreren Studien gezeigt werden, dass Beschäftigte in Schichtarbeit mit einer geringeren Wahrscheinlichkeit mit dem Rauchen aufhören als reine Tagarbeitende (Nea et al., 2015).

Wirth et al. (2016) konnten in Deutschland in einer Querschnittsstudie bereits bei weiblichen Auszubildenden im Bereich der Altenpflege einen deutlich erhöhten Anteil an Raucherinnen (55 vs. 40 %) im Vergleich zu jungen Frauen in der Allgemeinbevölkerung beobachten.

Körperliche Aktivität
Bezüglich eines Zusammenhangs zwischen Schichtarbeit und körperlicher Aktivität gibt es in der Literatur keine eindeutigen Ergebnisse, was zum Teil auf die unterschiedlichen Definitionen von sportlicher Aktivität zurückgeführt werden kann. Es gibt jedoch Hinweise darauf, dass aufgrund wechselnder Arbeitszeiten beispielsweise eine Teilnahme an Mannschaftssport erschwert ist (Nea et al., 2015). Gleiches gilt auch für Aktivitäten der Betrieblichen Gesundheitsförderung (BGF), die bei Wechselschicht nicht oder nicht regelmäßig wahrgenommen werden können.

Wirth et al. (2016) zeigten, dass der Anteil der Auszubildenden im Bereich Altenpflege, die sich wöchentlich mindestens 2 h sportlich betätigen, mit 25 % deutlich geringer ist als in der Vergleichsgruppe (37 %).

16.2.3 Gesundheitliche Auswirkungen von Schicht- und Nachtarbeit

Aufgrund der beschriebenen Belastungen und Einschränkungen sowie der z. T. ungünstigen Ernährungs- und Lebensgewohnheiten ist der Zusammenhang zwischen Schicht- und Nachtarbeit und verschiedenen Krankheitsendpunkten Gegenstand vieler Studien.

▶ Es ist davon auszugehen, dass die verhaltensbezogenen und psychosozialen Auswirkungen von Schicht- und Nacharbeit wie auch die zirkadiane Disruption sich gegenseitig beeinflussen und mit einem erhöhten gesundheitlichen Risiko einhergehen (Nea et al., 2015).

Boini et al. (2022) haben in einem Umbrella-Review die vorhandene Evidenz bezüglich der Auswirkungen von Nachtschichtarbeit u. a. auf Typ-2-Diabetes, Fettstoffwechselstörungen, Übergewicht und Bluthochdruck zusammengetragen. Es konnte nachgewiesen werden, dass Nachtschicht (permanent und rotierend) in Zusammenhang steht mit einem erhöhten Risiko für die Entstehung von:

- Typ-2-Diabetes (zusätzliches Risiko ca. 10 %)
- Übergewicht (zusätzliches Risiko ca. 25 %)
- Adipositas (zusätzliches Risiko ca. 5 %)
- Bluthochdruck (zusätzliches Risiko ca. 30 %)

Für weitere, nachfolgend aufgeführte Erkrankungen ist ein Zusammenhang mit Schichtarbeit möglich, dieser kann jedoch aufgrund unzureichender Evidenz, inkonsistenter oder ungenügender Ergebnisse bzw. methodischer Schwächen von Studien nicht abschließend bestätigt werden (DGAUM 2020, Nea et al., 2015):

- Koronare Herzkrankheiten (KHK)
- Metabolisches Syndrom
- Gastrointestinale Erkrankungen
- Krebserkrankungen
- Psychische Erkrankungen (z. B. Depression)
- Neurologische Erkrankungen (z. B. Kopfschmerzen, Migräne)

Viele Studien kamen jedoch übereinstimmend zu dem Schluss, dass das Gesundheitsrisiko mit der Dauer der Schichtarbeit ansteigt (Nea et al., 2015).

16.3 Ernährung bei Schicht- und Nachtarbeit

Die Ernährung, die bei Schicht- und Nachtarbeit oft ungünstig gestaltet ist (siehe Abschn. 16.2.2), stellt einen gesundheitlichen Risikofaktor dar, der im Gegensatz zu anderen Risikofaktoren leicht variiert werden kann. Die Deutsche Gesellschaft für Ernährung e. V. (DGE) empfiehlt, die Ernährung in Schicht- und Nachtarbeit so zu gestalten, dass den Veränderungen in der Nacht möglichst gut entgegengewirkt wird. Dies betrifft z. B. ein stärkeres Wärmebedürfnis, mögliche Leistungstiefs, nachlassende Konzentration und Aufmerksamkeit, aber auch die Folgen der zirkadianen Disruption bzw. sozialen Desynchronisation (DGE, 2021).

16.3.1 Ernährungsempfehlungen für Beschäftigte in Schicht- und Nachtarbeit

Die Ernährungsempfehlungen von Schicht- und Nachtarbeitenden sind im Grundsatz identisch mit denen für Tagarbeitende. Die Ernährung sollte möglichst gesundheitsfördernd, das heißt ausgewogen und abwechslungsreich gestaltet sein. Ziel ist es, eine ausreichende Versorgung mit Nährstoffen gemäß den Referenzwerten für die Nährstoffzufuhr

16 Ernährung in der Schicht- bzw. Nachtarbeit

Abb. 16.1 DGE-Ernährungskreis®. (Copyright: Deutsche Gesellschaft für Ernährung e. V., Bonn)

zu erreichen (DGE, 2021). Eine gute und anschauliche Orientierung bieten die DGE-Empfehlungen „Gut essen und trinken" und der Ernährungskreis (siehe Abb. 16.1) der Deutschen Gesellschaft für Ernährung e. V.)

Pflanzliche Produkte, wie Gemüse, Obst, Hülsenfrüchte, Nüsse und Getreideprodukte, vorzugsweise aus Vollkorn, stellen die größten Segmente im Ernährungskreis dar und bilden damit die Basis der Ernährung. Sie werden ergänzt durch geringe Mengen tierischer Produkte, wie Milch, Milchprodukte und Fisch. Auf Wunsch können auch kleine Mengen an Fleisch, Wurstwaren und Eiern den Speiseplan bereichern. Fett sollte in moderaten Mengen zugeführt werden, dabei sind pflanzliche Öle zu bevorzugen. Im Zentrum des Ernährungskreises stehen die Getränke. Über den Tag verteilt sollte bei normalen Bedingungen rund 1,5 l Flüssigkeit, vorzugsweise energiefreie Getränke wie Wasser oder ungesüßte Tees, zugeführt werden. Bei schwerer körperlicher Arbeit, hohen Temperaturen und Arbeit bei kalter, trockener Luft wird entsprechend mehr Flüssigkeit benötigt. Lebensmittel mit geringer Nährstoff- und hoher Energiedichte, wie Süßwaren, salzige Knabbereien sowie alkoholische und mit Zucker gesüßte Getränke, sind im Ernährungskreis nicht dargestellt (DGE, 2024a, b). Dennoch dürfen auch diese Lebensmittel gelegentlich verzehrt werden, wenn die Energiebilanz eingehalten und eine ausreichende Versorgung mit Nährstoffen gegeben ist (DGE, 2022). Auf alkoholische Getränke sollte insbesondere bei Einschlafschwierigkeiten verzichtet werden, da Alkohol die Schlafqualität deutlich beeinträchtigen kann (Chan et al., 2015).

Oftmals wird Schichtarbeitenden eine gesunde Ernährung dadurch erschwert, dass ein Betriebsrestaurant nicht vorhanden oder nicht durchgängig geöffnet ist oder kein entsprechendes Angebot vorhält. In diesen Fällen ist es ratsam, ausgewogene Mahlzeiten und Snacks zu Hause vorzubereiten und mitzunehmen. Rohes oder schonend zubereitetes Gemüse und Obst sind eine gute Alternative zu hoch verarbeiteten Lebensmitteln. Ballaststoffreiche Kost und ausreichend Flüssigkeit können Verdauungsproblemen und Verstopfung entgegenwirken (DGE, 2020, 2021).

▶ Rezeptideen und weitere Anregungen finden sich hier: www.in-form.de/rezepte. bzw. www.jobundfit.de/service/rezepte-und-speiseplaene/rezeptdatenbank

Um die Nährstoffe, aber auch den Geschmack, die Farbe und Konsistenz von Lebensmitteln möglichst gut zu erhalten, sollten diese schonend zubereitet werden. Dabei sollte möglichst wenig Wasser oder Fett verwendet und die Garzeit kurzgehalten werden. Vorbereitete Speisen oder Snacks für die Pause sollten bis zum Verzehr kühl gelagert werden (DGE, 2022).

16.3.2 Mahlzeitenverteilung bei Schicht- und Nachtarbeit

Wie Studien zum Ernährungsverhalten zeigen, führt das Arbeiten im Schichtdienst oft dazu, dass Mahlzeiten ausgelassen, umverteilt oder durch Snacks ersetzt werden (vgl. Abschn. 16.2.2). Dabei kann eine feste Mahlzeitenstruktur sowie eine ausgewogene Ernährung dazu beitragen, die mit Schicht- und Nachtarbeit verbundenen gesundheitlichen Risiken zu minimieren. Es empfiehlt sich, die Mahlzeiten über den Tag in definierten zeitlichen Abständen zu verzehren und diesen festen Mahlzeitenrhythmus an arbeitsfreien Tagen wie im Schichtdienst beizubehalten (DGE, 2020, 2021).

Vor dem Hintergrund der sozialen Desynchronisation, die für Schichtarbeitende eine zusätzliche Belastung darstellen kann, kommt dem Essen in der Gemeinschaft eine besondere Rolle zu.

▶ Es sollte mindestens eine Mahlzeit pro Tag in Gemeinschaft eingeplant werden, um den sozialen Austausch zu unterstützen.

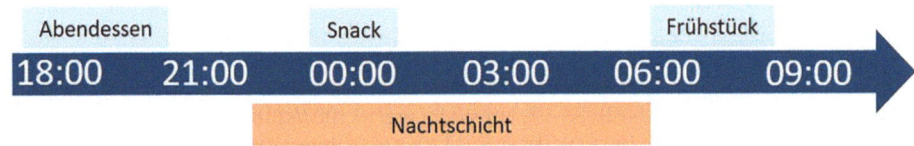

Abb. 16.2 Beispielhafte Mahlzeitenverteilung in der Nachtschicht. (Eigene Darstellung)

Eine besondere Herausforderung stellt die Ernährung bei Nachtarbeit dar. Viele Körperfunktionen, darunter auch die Verdauungs- und Entgiftungsleistung der Organe, sind nachts gedrosselt. Deshalb spielen der Zeitpunkt und die Zusammensetzung der nächtlichen Nahrungszufuhr eine wichtige Rolle (Abb. 16.2).

> Vor Beginn der Nachtschicht empfiehlt es sich, in den Abendstunden ein leichtes Abendessen (z. B. Kartoffelsuppe) zu verzehren. Ein leichter Snack gegen Mitternacht (z. B. Gemüse-Wrap) kann einem möglichen Leistungstief in den Nachtstunden entgegenwirken. In der zweiten Nachthälfte zwischen 1 Uhr nachts und 6 Uhr morgens sollte auf Nahrung verzichtet oder die Zufuhr zumindest stark eingeschränkt werden. Dem vermehrten Wärmebedürfnis in diesem Zeitraum kann mit heißen Getränken begegnet werden, wobei einige Stunden vor dem Schlafengehen auf koffeinhaltige Getränke verzichtet werden sollte. Ein bekömmliches Frühstück nach der Nachtschicht beugt einem Hungergefühl während des Schlafs vor (DGE, 2021).

16.3.3 Betriebliche Maßnahmen

Auch die Betriebe können dazu beitragen, Mitarbeitenden in Schicht- und Nachtarbeit eine gesundheitsfördernde Ernährung zu erleichtern und gesundheitliche Risiken zu minimieren. Dazu zählen beispielsweise Angebote der BGF für die Zielgruppe der Schichtarbeitenden (z. B. Ernährungs- oder Sportkurse), die zu den betreffenden Arbeitszeiten angeboten werden. Ein adäquat ausgestatteter Pausenraum mit Kühl- und Regeneriergeräten bietet den Beschäftigten die Möglichkeit, Speisen zu Hause vorzubereiten, zwischenzulagern und vor Ort aufzuwärmen. Bietet die Betriebsgastronomie (BG) gesundheitsfördernde Speisen auch außerhalb der gangigen Öffnungszeiten an (z. B. Cook-&-Chill- oder Cook-&-Freeze-Gerichte), wird der Zugang für die Mitarbeitenden noch erleichtert. Gleiches gilt beim Angebot einer gesundheitsfördernden Automatenverpflegung (DGE, 2021).

Literatur

Angerer, P., & Petru, R. (2010). Schichtarbeit in der modernen Industriegesellschaft und gesundheitliche Folgen. *Somnologie, 14*(2), 88–97. https://doi.org/10.1007/s11818-010-0462-0

Arbeitszeitgesetz vom 6. Juni 1994 (BGBl. I S. 1170, 1171), https://www.gesetze-im-internet.de/arbzg/ArbZG.pdf (1994). Zugegriffen am 19.03.2024.

Bundesanstalt für Arbeitsschutz und Arbeitsmedizin (BAuA). (2022). Sicherheit und Gesundheit bei der Arbeit – Berichtsjahr 2021. Unfallverhütungsbericht Arbeit. https://www.baua.de/DE/Angebote/Publikationen/Berichte/Suga-2021.html. Zugegriffen am 19.03.2024.

Boini, S., Bourgkard, E., Ferrières, J., & Esquirol, Y. (2022). What do we know about the effect of night-shift work on cardiovascular risk factors? An umbrella review. *Frontiers in Public Health, 10*, 1034195. https://doi.org/10.3389/fpubh.2022.1034195

Chan, J. K. M., Trinder, J., Colrain, I. M., & Nicholas, C. L. (2015). The acute effects of alcohol on sleep electroencephalogram power spectra in late adolescence. *Alcoholism, Clinical and Experimental Research, 39*(2), 291–299. https://doi.org/10.1111/acer.12621

Deutsche Gesellschaft für Arbeitsmedizin und Umweltmedizin (DGAUM). (2020). Leitlinie „Gesundheitliche Aspekte und Gestaltung von Nacht- und Schichtarbeit". https://register.awmf.org/assets/guidelines/002-030l_S2k_Gesundheitliche-Aspekte-Gestaltung-Nacht-und-Schichtarbeit_2020-03.pdf. Zugegriffen am 19.03.2024.

Deutsche Gesellschaft für Ernährung (DGE). (2020). *Essen, wenn andere schlafen. Praktische Ernährungsempfehlungen bei Nacht- und Schichtarbeit.* Bonn

Deutsche Gesellschaft für Ernährung (DGE). (2021). *DGE-Beratungsstandards* (1. Aufl., 1. akt. Ausgabe).

Deutsche Gesellschaft für Ernährung (DGE). (2022). *Vollwertig essen und trinken mit den Empfehlungen der DGE* (1. Aufl.).

Deutsche Gesellschaft für Ernährung (DGE). (2024a). *Gut essen und trinken – Der DGE-Ernährungskreis.* https://www.dge.de/gesunde-ernaehrung/gut-essen-und-trinken/dge-ernaehrungskreis/. Zugegriffen am 19.03.2024.

Deutsche Gesellschaft für Ernährung (DGE). (2024b). *Gut essen und trinken – die DGE-Empfehlungen.* https://www.dge.de/gesunde-ernaehrung/gut-essen-und-trinken/dge-empfehlungen/. Zugegriffen am 19.03.2024.

Paridon, H., Ernst, S., Harth, V., Nickel, P., Nold, A. & Pallapies, D. (2012). Schichtarbeit – Rechtslage, gesundheitliche Risiken und Präventionsmöglichkeiten (DGUV-Report 1/2012). https://publikationen.dguv.de/widgets/pdf/download/article/2554. Zugegriffen am 19.03.2024.

Deutscher Gewerkschaftsbund. (2019). *Schichtarbeit: Definition, Modelle, Gesetze, Gesundheit.* https://www.dgb.de/themen/++co++61297958-005f-11e8-9602-52540088cada#gesetz. Zugegriffen am 19.03.2024.

Liew, S. C., & Aung, T. (2021). Sleep deprivation and its association with diseases- a review. *Sleep Medicine, 77*, 192–204. https://doi.org/10.1016/j.sleep.2020.07.048

Merda, M., & Hoffmann, D. (2020). *Ernährungsverhalten von Pflegenden im Schichtdienst. Ergebnisse einer systematischen Literaturrecherche.* Berufsgenossenschaft für Gesundheitsdienst und Wohlfahrtspflege (BGW). https://me-me.de/wp-content/uploads/2020/12/Literaturrecherche-Ernaehrungsverhalten-Pflegende-2020.pdf. Zugegriffen am 19.03.2024.

Meßmer, J., Nössler, C., & Carlsohn, A. (2018). Ernährungsverhalten von Gesundheits- und Krankenpflegern im Nachtdienst. *Prävention und Gesundheitsförderung, 13*, 233–236. https://doi.org/10.1007/s11553-018-0643-4

Müller, G., & Lück, M. (2019). Schichtarbeit, die Vereinbarkeit von Arbeit und Privatleben und psychosomatische Beschwerden – Eine Mediationsanalyse auf Basis der BIBB/BAuA-Erwerbstätigenbefragung 2018. *Zeitschrift für Arbeitswissenschaft, 73*, 439–452. https://doi.org/10.1007/s41449-019-00175-w

Nea, F. M., Kearney, J., Livingstone, M. B. E., Pourshahidi, L. K., & Corish, C. A. (2015). Dietary and lifestyle habits and the associated health risks in shift workers. *Nutrition Research Reviews, 28*(2), 143–166. https://doi.org/10.1017/S095442241500013X

Wirth, T., Kozak, A., Schedlbauer, G., & Nienhaus, A. (2016). Health behaviour, health status and occupational prospects of apprentice nurses and kindergarten teachers in Germany: A cross-sectional study. *Journal of Occupational Medicine and Toxicology, 11*(26). https://doi.org/10.1186/s12995-016-0116-7

New Work und Ernährung am Arbeitsplatz

17

Christina Steinbach und Petra Ambrosius

Die Corona-Pandemie hat das Leben und die Art zu arbeiten grundlegend verändert. In einer digital veränderten Arbeitswelt wird das mobile Arbeiten im Homeoffice immer beliebter. Diese Art der arbeitsplatzbezogenen Selbstorganisation ist zu einem wichtigen Faktor in der Geschäftswelt geworden (vgl. Kap. 6). Mobiles Arbeiten im Homeoffice bietet Arbeitnehmenden eine vielseitige und bequeme Lösung für ihr Aufgabenmanagement und ermöglicht effizientes Multitasking sowohl innerhalb als auch außerhalb des Büros, ohne die traditionellen Strukturen zu belasten oder die Ressourcen zu überlasten. Da mobiles Arbeiten im Homeoffice eine gute Kombination aus Freiheit und Struktur ermöglicht, erreichen Arbeitgebende mit ihren Mitarbeitenden ein höheres Produktivitätsniveau als je zuvor. Da immer mehr Unternehmen dazu übergehen, eine Kombination aus mobiler Arbeit und Büroarbeit zuzulassen, ist es notwendig geworden, die Auswirkungen auf die Mitarbeitenden zu untersuchen. Abwechselnd mobil zu arbeiten und im Büro anwesend zu sein, wird bereits als das „New Normal" angesehen. Diese neue Normalität kann potenziell viele Vorteile bieten, wie z. B. ein höheres Engagement der Beschäftigten, ein besseres Wohlbefinden und eine höhere Zufriedenheit sowie eine bessere Produktivität. Die Forschung fängt jedoch gerade erst an, die langfristigen Auswirkungen zu untersuchen, die diese Art von Arrangement auf das allgemeine Wohlbefinden eines Menschen und das Engagement des Unternehmens haben kann. Zu den Schattenseiten des „New Normal" bzw. „New Work" gehören beispielsweise die Auflösung der Grenzen zwischen Arbeit und

---

C. Steinbach (✉)
DR. AMBROSIUS® – Ernährungsberatung, Soest, Deutschland
E-Mail: c.steinbach@dr-ambrosius.de

P. Ambrosius
DR. AMBROSIUS® – Ernährungsberatung, Wiesbaden, Deutschland
E-Mail: info@dr-ambrosius.de

© Der/die Autor(en), exklusiv lizenziert an Springer-Verlag GmbH, DE, ein Teil von Springer Nature 2025
A. Flothow et al. (Hrsg.), *Betriebliche Gesundheitsförderung für Ernährungsfachkräfte*, Berufspraxis: Ernährung, https://doi.org/10.1007/978-3-662-70049-5_17

Privatleben („Work-Life-Blending"), die dazu führen kann, dass zu wenig Erholungsphasen eingelegt werden und der Mitarbeitende den Überblick über sein Arbeitspensum verliert. Ungeregelte Überstunden, sogenannte „unsichtbare" Überstunden, werden zu einem Problem, da viele Beschäftigte aufgrund der Erwartungen, die an Homeoffice-Beschäftigte gestellt werden, den Druck verspüren, auch nach Beendigung ihrer Arbeitszeit weiterzuarbeiten. Studien gehen davon aus, dass Mitarbeitende, die von zu Hause aus arbeiten, anstatt ins Büro zu kommen, im Durchschnitt sechs Stunden mehr pro Woche arbeiten als diejenigen, die dies nicht tun. Ohne eine angemessene Regelung oder einen Ausgleich für diese zusätzlichen Stunden könnten sich die Arbeitnehmenden möglicherweise überarbeiten, ohne es zu merken. Die Verpflichtung zur ständigen Erreichbarkeit ist zu einem festen Bestandteil der modernen deutschen Arbeitskultur geworden, wie der DGB-Index „Gute Arbeit" hervorhebt (DGB-Index, 2024). Dies gilt insbesondere für das Homeoffice, wo die Wahrnehmung von Leistung aus der Ferne schwieriger zu vermitteln ist. Zusammenfassend ergibt sich, dass das Arbeiten im Homeoffice bzw. das Arbeiten am Schreibtisch im Unternehmen und der Wechsel zwischen beiden Arbeitsformen eine Entstrukturierung des Arbeitstages mit sich bringt.

Eine gewisse Struktur im Arbeitsalltag kann für Menschen von Nutzen sein. Ein geordnetes und organisiertes Arbeitsumfeld trägt dazu bei, Stress abzubauen, da es ein Gefühl von Sicherheit, Vorhersehbarkeit und Stabilität vermittelt. Klare Erwartungen in Bezug auf Fristen und Aufgabenorganisation ermöglichen es den Mitarbeitenden außerdem, ihre Aufgaben kompetenter zu erledigen, da sowohl das Zeitmanagement als auch die Zielsetzung leichter zu erreichen sind. Folglich profitieren Mitarbeitende nicht nur von einer gegebenen Struktur, sondern sie können auch eine höhere Arbeitszufriedenheit aufgrund individueller Erfolge in Verbindung mit der rechtzeitigen Erreichung von Zielen erfahren. Das „New Normal" oder die „New Work" mit der Abwechslung zwischen mobilem Arbeiten im Homeoffice und dem Arbeiten im Büro wird eine Reihe von Veränderungen bringen, die sich auf Arbeitnehmende und Arbeitgebende auswirken. Es gibt viele Möglichkeiten Struktur in den Arbeitsalltag zu bringen. Die eigene Ernährungsweise ist ein Beispiel, wie die Mitarbeitenden im „New Normal" ihre Struktur erhalten oder neu etablieren können.

> **Übersicht**
>
> Mobile Work und Homeoffice sind beides Arbeitsformen, die es ermöglichen, von zu Hause oder Remote zu arbeiten. Der Unterschied liegt hauptsächlich in der Art der Arbeit: Mobile Work ist die Fähigkeit, Aufgaben digital von verschiedenen Orten aus zu erledigen. Homeoffice hingegen bezieht sich mehr auf konventionelle Büroarbeit in der häuslichen Umgebung. (vgl. Abb. 17.1)
>
> New Work ist eine neue Arbeitsbewegung, die darauf abzielt, die Art und Weise zu verändern, wie Menschen arbeiten. Es konzentriert sich auf die Technologie, Ideen und Innovationen für mehr Flexibilität, die Agilität und Effizienz bei der Erreichung von Unternehmenszielen. Ziel ist es, die Arbeit zu modernisieren und Arbeitsbedingungen zu verbessern. New Work beinhaltet innovative Ideen, wie Remote-Arbeit (Homeoffice oder Mobile Work) sowie Vernetzungs- und Kooperationsmöglichkeiten am Arbeitsplatz.

17 New Work und Ernährung am Arbeitsplatz

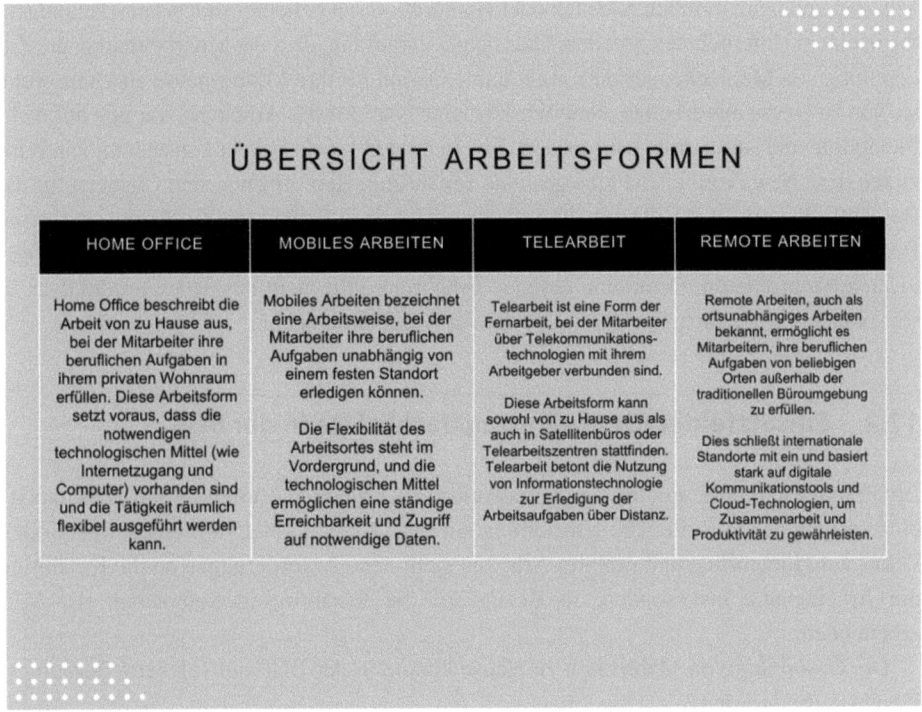

Abb. 17.1 Übersicht Arbeitsformen. (Quelle: eigene Darstellung; mod. nach Redmann & Wintermann, 2020)

17.1 Auswirkungen des Arbeitens im „New Work" auf die Ernährungsweise der Mitarbeitenden

Wie eine Befragung in 51 Unternehmen in Deutschland zeigt, ist bei Mitarbeitenden, die von zu Hause arbeiten, ein deutlicher Anstieg der Mahlzeiten zu verzeichnen. Frühstück und Nachmittagssnacks nehmen im Vergleich zu Büroarbeitstagen um 13,2 % bzw. 20,7 % zu. Bei diesen Snacks ist Obst mit 62,3 % die beliebteste Wahl der Befragten, gefolgt von Süßigkeiten (57,1 %) und Kuchen oder Gebäck (46,3 %) (Pfenninger, Hollenbach & Kohlenberg-Müller, 2022). Diese Ergebnisse werden auch durch die Studie der Else Kröner-Fresenius-Stiftung (2022) bestätigt. Knapp ein Drittel der Befragten gibt an, immer häufiger zu essen. Es zeigt sich, dass Lebensmittel wie Süßigkeiten, süßes Gebäck, Snacks oder Fast Food häufiger verzehrt werden. Hinzu kommt, dass der Konsum dieser ungünstigen Lebensmittel bei Erwachsenen, die sich psychisch belastet fühlen, sogar höher ist als bei denjenigen, die nicht belastet sind. Trotzdem haben etwa 20 % der Befragten, die unter einer psychisch belastenden Situation leiden, ihre Ernährung auf gesündere Alternativen umgestellt. Die Ergebnisse zeigen auch, dass frische, zu Hause zubereitete Speisen bei den

Mitarbeitenden im mobilen Arbeiten oder Homeoffice viel beliebter sind als bei denjenigen, die in einem Unternehmen arbeiten. Dies deutet darauf hin, dass die Mitarbeitenden die Zubereitung von Mahlzeiten als eine praktikable Option für ihre Mittagspause ansehen, wenn sie von zu Hause aus arbeiten. New Work ist eine neue Art des Arbeitens, die sich auf mehr Flexibilität und Autonomie konzentriert. Ein wichtiger Aspekt bei der Umsetzung von Prinzipien des „New Normal" ist eine gesunde Ernährung. Hier eröffnen sich Chancen für die Beschäftigten, mit der Unterstützung durch qualifizierte Ernährungsfachkräfte und deren Beratung mit gesundheitsförderlichen Rezepten oder Koch-Workshops neue Ernährungsideen auszuprobieren. Denn eine gesunde Ernährung hilft nicht nur dabei, produktiver zu sein, sondern trägt auch zu einem allgemeinen Wohlbefinden bei.

17.2 Einsatzfelder für Ernährungsfachkräfte in der BGF

Ernährungsfachkräfte spielen bei Initiativen zur Gesundheitsförderung am Arbeitsplatz eine entscheidende Rolle. Die Umstellung auf das „New Normal" mit einem verstärkten Fokus auf Homeoffice und mobiles Arbeiten stellt neue Anforderungen an die Ernährung am Arbeitsplatz, insbesondere in Bezug auf die Ernährungsgewohnheiten der Mitarbeitenden.

Die Gestaltung von Mahlzeiten zu Hause könnte in der BGF auf folgende Beratungsinhalte gelegt werden:

Rezepte im Intranet: Das Bereitstellen von einfachen, gesunden Rezepten im Unternehmensintranet kann Mitarbeitende dazu ermutigen, selbst zu kochen. Diese Rezepte könnten von Ernährungsfachkräften zusammengestellt werden oder entsprechende Angebote gesichtet und evaluiert werden, um eine ausgewogene Ernährung zu gewährleisten.

Kochworkshops: Virtuelle Kochworkshops oder -kurse, die von Ernährungsfachkräften mit und ohne Unterstützung von Köchen geleitet werden, können eine interaktive Möglichkeit bieten, Mitarbeitende zum Kochen zu Hause zu inspirieren.

Schulungen: Schulungen oder Webseminare über die Grundlagen einer gesunden Ernährung, einschließlich Tipps zum Einkaufen und zur Vorratshaltung von gesunden Lebensmitteln, könnten den Mitarbeitenden helfen, bessere Essgewohnheiten zu entwickeln.

Laut Bundeszentrum für Ernährung (BZfE) kann die Ernährungsgestaltung im Modell des mobilen Arbeitens auch auf dem modernen Ernährungsansatz des Meal Prepping basieren - also der Mahlzeitenvorbereitung zu Hause für den außerhäuslichen Verzehr. Es bietet eine praktikable Lösung für viele Herausforderungen, die mit der modernen, flexiblen Arbeitsgestaltung verbunden sind.

Mobiles Arbeiten zeichnet sich durch seine Flexibilität aus. Daher kann der Alltag oft unvorhersehbar sein, und Zeit für die Zubereitung gesunder Mahlzeiten zu finden, wird zur Herausforderung. Die Deutsche Gesellschaft für Ernährung e. V. (DGE) stellt bei der Job-&-Fit-Initiative für Mitarbeitende Meal Prepping als Möglichkeit vor, Mahlzeiten für mehrere Tage im Voraus zuzubereiten, was die tägliche Zeit im Küchenbereich reduziert und dennoch eine gesunde Ernährung sicherstellt. Meal Prepping hilft dabei, impulsiven

Entscheidungen, die oft zu ungesunden Essgewohnheiten führen, vorzubeugen. Wenn bereits eine gesunde Mahlzeit vorbereitet ist, verringert sich die Wahrscheinlichkeit, aus Hunger oder Bequemlichkeit zu ungesunden Optionen zu greifen.

Schulungen, Face-to-Face Coachings oder Informationsmaterialien darüber, wie man gesundheitsfördernde ToGo-Produkte oder Optionen in der Außer-Haus-Verpflegung auswählt, können Mitarbeitenden helfen, gesündere Entscheidungen zu treffen, wenn sie unterwegs sind.

Durch eine sinnvolle Zusammenarbeit mit den wichtigsten Interessengruppen, wie Arbeitgebenden, Arbeitnehmenden oder z. B. den Betriebsräten, stellen Ernährungsfachkräfte sicher, dass sie geeignete evidenzbasierte Strategien zu den o. a. Ernährungsansätzen liefern und maßgeschneiderte Dienstleistungen entsprechend den Bedürfnissen der Organisation oder des Unternehmens anbieten. Die drei wichtigsten Einsatzfelder können hierfür das Ernährungscoaching, die Betriebsverpflegung und Ernährungsschulungen sein.

17.2.1 Einsatzfeld Ernährungscoaching im New Normal

Ein Ernährungscoaching am Arbeitsplatz kann dem einzelnen Mitarbeitenden wertvolles Wissen und Hilfsmittel an die Hand geben, um dessen individuelle Gesundheit und Wohlbefinden zu verbessern. Es kann dabei helfen, persönliche Pläne zu entwickeln, die auf die Bedürfnisse in Bezug auf Ernährung und Lebensstil ausgerichtet sind, um ihre individuellen Gesundheitsziele zu erreichen. Strukturierte Coaching-Programme konzentrieren sich auf den Aufbau gesunder Verhaltensmuster und vermitteln Wissen über Ernährungsthemen, wie Energiebilanz und Essensplanung oder Nährstoffe, sodass sich die Mitarbeitenden befähigt fühlen, bei der Arbeit im „New Normal" gesündere Entscheidungen zu treffen. Darüber hinaus können sie Unterstützung bei der Änderung des Lebensmittelkonsums bieten und die Einführung von körperlicher Aktivität als wichtige Komponente eines gesunden Lebensstils fördern.

17.2.2 Einsatzfeld Ernährungsberatung in der Betriebsverpflegung

Der Qualitätsstandard der Deutschen Gesellschaft für Ernährung e. V. (DGE) ist ein umfassender Leitfaden, der Organisationen wie Betriebe, Behörden und Hochschulen dabei unterstützt, ein gesundheitsförderndes und nachhaltiges Speisenangebot anzubieten. Durch die Bereitstellung von maßgeschneiderten Mahlzeiten- und Snackplänen, die sowohl für Mitarbeitende in traditionellen Büros oder zu Hause als auch für Mitarbeitende, die unterwegs sind, geeignet sind, schafft die Ernährungsberatung durch die Umsetzung geeigneter Qualitätssicherungsmaßnahmen in der Gemeinschaftsverpflegung im Betriebsrestaurant einen messbaren Wert für Arbeitgebende und Arbeitnehmende gleichermaßen.

17.2.3 Einsatzfeld Ernährungsinformation bzw. -schulung im New Normal

Die Ernährungsschulung mit den an die Arbeitsplatzsituation angepassten Ernährungsinformationen ist ein gängiger Ansatz für die Vermittlung von Wissen und Informationen zum Thema Ernährung. Eine Vielzahl von Vorträgen, Workshops und Seminaren wird vor Ort angeboten und ermöglicht es den Teilnehmenden, in einer interaktiven Umgebung mehr über dieses Thema zu erfahren. Darüber hinaus können Maßnahmen zur Ernährungsbildung auch digital eingesetzt werden – dies ist besonders nützlich, wenn es darum geht, Mitarbeitende zu erreichen, die sonst nur begrenzt Zugang zu diesem Wissen haben. Die digitale Bereitstellung hat auch den zusätzlichen Vorteil, dass sie im Vergleich zu traditionellen Methoden kosteneffizienter ist. Im Zuge des technologischen Fortschritts werden digitale Ernährungsschulungen immer mehr zu allgegenwärtigen Instrumenten, die es Mitarbeitenden, die im Homeoffice oder im Unternehmen oder in einem Wechselmodell tätig sind, gleichermaßen ermöglichen, vertrauenswürdige Informationen auf einfache Weise zu erhalten (vgl. Kap. 2).

> **Ernährungsinformation, Ernährungsberatung, Ernährungstherapie**
> *Ernährungsinformation:* Dieser Begriff bezieht sich auf die Vermittlung von Informationen über spezifische Ernährungsthemen. Sie kann über verschiedene Medien oder im direkten Kontakt vermittelt werden und zielt darauf ab, das Bewusstsein für Ernährungsthemen zu stärken.
> *Ernährungsberatung:* Dies ist ein klientenzentrierter und partnerschaftlicher Prozess, bei dem gesunden Menschen ermöglicht wird, ihre individuellen Ernährungsbedürfnisse zu berücksichtigen und ihr allgemeines Wohlbefinden zu verbessern. Sie ist darauf ausgelegt, ernährungsbedingte Krankheiten zu verhindern und auf aktuellen wissenschaftlichen Erkenntnissen zu basieren.
> *Ernährungstherapie:* Hierbei handelt es sich um eine Kollaboration zwischen Ernährungsexperten und Ärzten zur Behandlung von ernährungsbedingten Krankheiten oder krankheitsbedingten Ernährungsproblemen. Sie zielt darauf ab, Krankheiten zu lindern oder zu heilen und muss von einem Arzt verordnet werden.
> Zusammengefasst: Während die Ernährungsberatung sich an gesunde Menschen richtet, die ihre Ernährungsgewohnheiten verbessern möchten, ist die Ernährungstherapie für die Behandlung ernährungsbedingter Krankheiten gedacht. Die Ernährungsinformation liefert hingegen allgemeine Informationen und Ratschläge über Ernährungsthemen und kann in beiden Bereichen Anwendung finden. (vgl. Koordinierungskreis zur Qualitätssicherung, 2024)

17.3 Praktische Umsetzungstipps für Ernährungsfachkräfte

Die Empfehlungen der Deutschen Gesellschaft für Ernährung e. V. (DGE) bieten eine wissenschaftlich fundierte Basis für eine ausgewogene und gesunde Ernährung (DGE, 2024). Im Kontext des „New Normal", welches durch vermehrtes Homeoffice, mobiles Arbeiten und veränderte Lebens- und Arbeitsbedingungen geprägt ist, können diese Regeln mit gezielten Anpassungen eine wichtige Rolle spielen. Im Homeoffice kann es einfacher sein, regelmäßige und ausgewogene Mahlzeiten einzuplanen, da der Zugang zur eigenen Küche besteht. Diese Gelegenheit ließe sich z. B. nutzen, um mehr pflanzliche Lebensmittel zu integrieren, auf mehr Nachhaltigkeit und auf eine Vielfalt an Nährstoffen zu achten. Die DGE empfiehlt regelmäßige körperliche Aktivität als Teil eines gesunden Lebensstils. Die Planung fester Zeiten für Bewegung, sei es ein Spaziergang während der Mittagspause oder ein kurzes Work-out am Morgen oder Abend, kann bei der Arbeit im „New Normal" eingeplant werden.

17.3.1 Planung für passende Ernährungsentscheidungen

Vorausschauende Planung ist eine wichtige Strategie, wenn es darum geht, gesündere Lebensmittel auszuwählen. Viele moderne Restaurants haben erkannt, wie wichtig es ist, umfassende Nährwertangaben auf den Speisekarten zu machen und stellen diese Daten online zur Verfügung. Die Nutzung dieser Informationen im Voraus kann klügere, ernährungsbewusste Entscheidungen erleichtern. Personen, die sich besser ernähren möchten, können sich vor dem Besuch eines Restaurants, bei Nutzung des Lieferservices oder Besuch des Betriebsrestaurants sorgfältig informieren. Auf diese Weise können Sie die Menüoptionen besser einschätzen und sich für ein Gericht entscheiden, das sowohl gesund als auch lecker ist.

17.3.2 Die Fünf-am-Tag-Initiative nutzen

In dem Bemühen, die Ernährung zu verbessern und die allgemeine Gesundheit zu unterstützen, wird empfohlen, täglich fünf Portionen Obst und Gemüse zu verzehren. Diese Empfehlung gilt auch für diejenigen, die im Homeoffice oder am Arbeitsplatz arbeiten. Am einfachsten ist es, die empfohlene Menge an Lebensmitteln zu den Mahlzeiten oder Snacks hinzuzufügen. Auf diese Weise können sich die Mitarbeitende gesund ernähren und vermeiden gleichzeitig einen hohen Zeitaufwand oder größere Unterbrechungen während ihrer Arbeitszeit.

17.3.3 Pflanzliches und tierisches Protein für mehr Nachhaltigkeit

Eine gesunde Ernährung ist für die Aufrechterhaltung des körperlichen und geistigen Wohlbefindens unerlässlich, und mageres Eiweiß ist ein wichtiger Bestandteil der Gesamternährung. Die Aufnahme von mehr mageren Eiweißquellen wie Geflügel, Fisch, Eiern, Nüssen und Hülsenfrüchten in die Ernährung fördert nicht nur die Gesundheit der Muskeln, sondern trägt auch zur Sättigung bei und liefert gleichzeitig die für den Körper notwendigen Aminosäuren. Um eine ausgewogene Ernährung im Büro oder am Arbeitsplatz zu gewährleisten, ist es ratsam, regelmäßig sowohl pflanzliche als auch tierische Proteine in die täglichen Mahlzeiten einzubauen. Auf diese Weise können die Beschäftigten von allen Vorteilen profitieren, die diese Proteinquellen bieten, und gleichzeitig mögliche Mangelerscheinungen vermeiden, die dadurch entstehen, dass nur eine Proteinquelle genutzt wird.

17.3.4 Hochverarbeitete Lebensmittel und Portionsgröße

Auch wenn verarbeitete Lebensmittel bequem sind und oft besser schmecken, sollten sie bei der Auswahl einer Mahlzeit weniger oft verzehrt werden. Die verarbeiteten Mahlzeiten werden mit schlechteren Gesundheitsergebnissen und ungünstigen Portionsgrößen in Verbindung gebracht, wenn sie weniger nützliche Nährstoffe oder Ballaststoffe bei großen Portionen enthalten. Außerdem wird ihnen oft ein erhöhter Gehalt an Salz und Zucker zugesetzt, der zu einem Überkonsum führen kann. Im Arbeitsumfeld ist es daher empfehlenswerter, z. B. Vollkornprodukte und frische, unverarbeitete Lebensmittel, anstelle von verarbeiteten Lebensmitteln zu verwenden, um eine optimale Ernährung zu gewährleisten.

17.3.5 Flüssigkeit als Gesundheitsfaktor

Initiativen zur Gesundheitsförderung am Arbeitsplatz, bei denen es um Flüssigkeit geht, konzentrieren sich auf die Bedeutung des regelmäßigen Trinkens von Wasser über den Tag verteilt. Die empfohlene Menge von 8 bis 10 Gläsern pro Tag trägt dazu bei, den Stoffwechsel zu regulieren, was eine effizientere Verdauung und den Abbau von Giftstoffen ermöglicht. Es ist daher wichtig, den Konsum von zuckerhaltigen Getränken zu reduzieren und mehr Wasser über den Tag verteilt zu sich zu nehmen. Menschen, die ausreichend Flüssigkeit trinken, fördern ihre eigene Produktivität, erhalten das Energieniveau und das allgemeine körperliche Wohlbefinden am Arbeitsplatz.

Literatur

Bundeszentrum für Ernährung (BzfE). (2020). Neue Ernährungs-Stile in Coronazeiten. https://www.bzfe.de/service/news/aktuelle-meldungen/news-archiv/meldungen-2020/november/neue-ernaehrungs-stile-in-coronazeiten/. Zugegriffen am 03.04.2023.

Deutsche Gesellschaft für Ernährung (DGE). (2024). DGE-Empfehlungen. https://www.dge.de/gesunde-ernaehrung/gut-essen-und-trinken/dge-empfehlungen/. Zugegriffen am 05.06.2024.

Else Kröner-Fresenius-Stiftung (EKFS). (2022). Studie zur Seelische Belastung und Essverhalten in der Pandemie. https://www.ekfs.de/aktuelles/presse/umfrage-35-prozent-haben-seit-beginn-der-corona-pandemie-zugenommen. Zugegriffen am 03.04.2023.

Institut DGB-Index Gute Arbeit. (2024, Februar). DGB-Index Gute Arbeit Kompakt 01/2024. https://index-gute-arbeit.dgb.de/dgb-index-gute-arbeit/was-ist-der-index. Zugegriffen am 22.04.2024.

Koordinierungskreis zur Qualitätssicherung in der Ernährungsberatung und Ernährungsbildung. (2024). Rahmenvereinbarung zur Qualitätssicherung in der Ernährungsberatung und Ernährungsbildung in Deutschland. https://www.dge.de/fileadmin/dok/qualifikation/qs/Koordinierungskreis-Rahmenvereinbarung-QS-EB.pdf. Zugegriffen am 05.06.2024.

Pfenninger, A., Hollenbach, H., & Kohlenberg-Müller, K. (2022). Wie hat sich das Ernährungsverhalten von Erwerbstätigen, welche aufgrund der COVID-19-Pandemie im Homeoffice arbeiten bzw. arbeiteten, verändert? Ergebnisse einer Online-Befragung. *Aktuelle Ernährungsmedizin, 47*(3), 238.

Redmann, B., & Wintermann, B. (2020). New Work: Potentiale nutzen - Stolpersteine vermeiden Ein Leitfaden zu regulatorischen Grenzen und Chancen, herausgegeben von der Bertelsmann Stiftung. https://www.bertelsmann-stiftung.de/de/publikationen/publikation/did/new-work-potentiale-nutzen-stolpersteine-vermeiden-all. Zugegriffen im April 2024.

Teil III
Verpflegung

Mit einem Beitrag zur Bedeutung gesundheitsbezogener Ernährungstrends (siehe Kap. 18) vermittelt Teil III grundlegende, branchenspezifische Einblicke in die Betriebsgastronomie als Rahmen für die Betriebliche Gesundheitsförderung (BGF) (siehe Kap. 18). Eingeordnet und ergänzt werden sie mit den wichtigsten, allgemeinen Grundlagen des Managements von Verpflegungsbetrieben (siehe Kap. 19). Eine vertiefende Auseinandersetzung mit den Spezifika des Verpflegungsmanagements in der Betriebsgastronomie (BG, siehe Kap. 20) und denen der dortigen Zielgruppen (Siehe Kap. 21) sowie ein Überblick über BGF-Ansätze bzw. Programme in diesem Rahmen (siehe Kap. 22) schließen den Kreis zum Thema Gesundheit. Die zweiteilige Darstellung der rechtlichen Rahmenbedingungen reflektiert die Perspektive der Ernährungswirtschaft auf Gesundheit bzw. Gesundheits- und Verbraucherschutz und legt die allgemein geltenden rechtlichen Vorschriften dar, die auch für die BGF relevant sind (siehe Kap. 23 und 24). Beiträge zur Verpflegungsqualität bzw. Qualitätsmanagement (siehe Kap. 25) sowie eine umfassende Darstellung der hochaktuellen Qualitätsdimensionen Gesundheit und Nachhaltigkeit in der BG (siehe Kap. 26) differenzieren das Thema Qualität (gesundheitsförderlicher) Verpflegungsangebote. Mit einigen innovativen Impulsen aus der Praxis wird zudem verdeutlicht, wie die Ansprüche auf gesundheitsförderliche Speisen in der BG erfolgreich umgesetzt werden können (siehe Kap. 27, innovative Ansätze). Zuletzt veranschaulicht ein praxisnaher Beitrag noch einmal die hohe Bedeutung der Verhältnisprävention für die BGF und zeigt auf, wie Nudging gerade im Sektor BG erfolgreich eingesetzt werden kann (siehe Kap. 28).

Food- und Ernährungstrends in der Betriebsgastronomie

18

Silke Lichtenstein

18.1 Einführung Gemeinschaftsverpflegung im Wandel

Nach vielen Jahren stetig steigender Beliebtheit sind allerlei Food- und Ernährungstrends aus der Betriebsverpflegung generell nicht mehr wegzudenken. (K&P Consulting, 2024). Dieser Entwicklung liegt eine zunehmende Marktsättigung zugrunde, die zu einer zunehmenden Ausrichtung der gastronomischen Leistungen auf die Erwartungen und Wünsche der der Gäste geführt hat. Auch die Gemeinschaftsverpflegung (GV) war hiervon betroffen. Bezogen auf die Speisenangebote in der GV, hatte diese immer präzisere Passung an die Gästewünsche, einen mehr oder weniger ausgeprägten Steuerungseffekt zur Folge, der auch Co-Creating genannt wird (Filieri, 2013). Damit ist gemeint, dass die Tischgäste direkt, z. B. durch die entsprechende Bestellung oder auch nur über ihre Nachfrage, einen lenkenden Einfluss auf das gastronomische Angebot nehmen. Viele dieser Wünsche hatten mit dem allgemein gestiegenen Gesundheits- bzw. Ernährungsbewusstsein zu tun. Hinzu kam ein kultureller Gesinnungswandel, der Menschen zu immer mehr Individualisierung in allen Lebensbereichen antrieb. Gemeint ist damit die Notwendigkeit, sich aus einer Masse hervorzuheben, der sich beispielsweise im Abbestellen einzelner Zutaten bemerkbar machen könnte (Rützler & Reiter, 2019). Dadurch wandelte sich erst das Image der früher eher negativ konnotierten Sonderwünsche und dann die Nachfrage: ehemals lästige „Extrawürste" kamen mehr und mehr in Mode (vgl. Kap. 7). Selbst besondere Ernährungsbedürfnisse, wie z. B. Unverträglichkeiten oder spezielle Ernährungsformen, verloren ihren bis dato eher schlechten Ruf. Aus Sicht der GV-Betriebe mauserten

S. Lichtenstein (✉)
Mannheim, Deutschland
E-Mail: Lichtenstein@gesunde-ernaehrung.org

sich parallel dazu jene Angebote, die Sonderwünsche bzw. besondere Bedürfnisse bedienten, zu einem ernst zu nehmenden Qualitätskriterium in Sachen Servicebereitschaft.

Mit der wachsenden Kundenorientierung in der GV vervielfachte sich dadurch nicht nur die Anzahl, sondern auch das Spektrum der Anforderungen. Letzten Endes wuchs somit das Anspruchsniveau sowohl in die Tiefe (z. B. verschiedene Menüs, Buffetstationen) als auch in die Breite (z. B. verschiedene Komponenten, vegetarische Alternativen). Zusätzlich dazu laufen in der Betriebsgastronomie (BG) heutzutage noch weitere, immaterielle Wettbewerbe zusammen. Die Rede ist vom „Kampf" um die besten Fachkräfte (High Potentials, Employer Branding) einerseits sowie auch das Ringen um den glaubwürdigsten und ehrenhaftesten Unternehmensauftritt (Purpose) andererseits (vgl. Kap. 1). Die Attraktivität von Unternehmen am Arbeitsmarkt wie auch das Image von Marken zählen an gesättigten Märkten zu den wichtigsten strategischen Zielen. Daher investieren heute nahezu alle Branchengrößen hohe Summen in immer noch hochwertigere und inzwischen auch nachhaltigere Gastronomieeinheiten, mit denen sie ihre Wertschätzung den Belegschaften gegenüber bzw. ihre gesellschaftliche Verantwortung (Corporate Social Responsability, CSR) öffentlichkeitswirksam zum Ausdruck bringen. Vor dem Hintergrund der zunehmenden gesellschaftlichen Bedeutung von Ernährung und dem Fokus der Ernährungsstrategie des BMLEH auf die GV, „strahlt" diese positive Entwicklung aus der BG zunehmend auch auf andere GV-Sektoren ab (BMEL, 2024). Auf diese Weise sorgte dieser mehrschichtige Wettstreit auch auf der Anbietendenseite für eine zusätzliche Steigerung des Qualitätsniveaus am BG-Markt, das über die Nachfrageseite seitens der Gästegruppen ohnehin schon gewachsen war (vgl. Kap. 19).

18.1.1 Ernährungstrends als Herausforderungen für die Gastronomie

Die Verbindung zwischen der Qualitätsentwicklung in der BG und Ernährungstrends stellte Foodtrendforscherin und Ernährungswissenschaftlerin Hanni Rützler her, indem sie das Phänomen selbst als Trend namens „Nouvelle Cuisine" ausrief (Rützler & Reiter, 2018). Der Trend benennt die Erscheinung, dass aus einst zweckmäßig gestalteten Bedürfnisanstalten zur schnellen Sättigung, Orte der Rekreation, der Bildung, Begegnung und Kommunikation wurden. Bei all dem spielte die große Fülle unterschiedlichster Food- und Ernährungstrends mit Bezug zum Thema Gesundheit eine wesentliche Rolle. Unter den beliebtesten „Dauerbrennern" halten sich z. B. Smoothies oder Bowls als Foodtrends sowie z. B. „Low Carb" als Ernährungstrend in den Sortimenten der BG.

Innerbetrieblich, in den Küchenteams der GV, sind gerade gesundheitsbezogene Food- und Ernährungstrends oft wenig beliebt. Grund dafür ist vor allem die Schwierigkeit der praktischen Umsetzung im Tagesgeschäft und die liegt der in der „Natur der Dinge" der GV. Deren Grundphilosophie verfolgt nach wie vor die Versorgung von Vielen, weshalb GV-Angebote traditionell auf de größten Schnittmengen der Gästegruppen basieren. Explizit von diesem Gemeinsamen, Gewöhnlichen grenzen sich jedoch Trends bewusst ab. Mit dem Abweichen von diesen Routinen bringen viele Ernährungstrends daher einen mehr oder weniger ausgeprägten Mehraufwand mit sich. So erfordert beispielsweise „laktosefrei" oder „plant based" die Anpassung von Rezepturen und den Austausch von Zutaten und nicht zuletzt muss die sichere Kennzeichnung und Information neu erarbeitet werden (Rützler & Reiter, 2023; Lichtenstein, 2020) (vgl. Kap. 24).

Mit dem ökonomischen Prinzip lässt sich dieser zusätzliche Aufwand zudem nur dann vereinen, wenn dem erhöhten Einsatz von Ressourcen ein ihn übersteigender (monetärer) Nutzen gegenübersteht. Im besten Falle sind das eine größere Nachfrage und/oder höhere Erträge. Da es sich bei den Interessenten der meisten Ernährungstrends jedoch eher um kleine Zielgruppen handelt, ist dieser Effekt unwahrscheinlich. Dennoch gibt es andere, immaterielle Formen von Nutzen, die schon zur Sprache kamen: Zum Beispiel werden Ernährungstrends in Betriebsrestaurants usw. auch für die Vermarktung im Rahmen der unternehmerischen Öffentlichkeitsarbeit genutzt, indem sie dazu beitragen, einen Betrieb bzw. dessen Marken, mit den Werten „Gesundheit" bzw. „gesunde Ernährung" oder „Nachhaltigkeit" vorteilhaft in der Außenwahrnehmung zu positionieren. Bestes aktuelle Beispiele sind die pflanzenbasierte Ernährung oder auch die Planetary Health Diet (Willet et al., 2019). Unabhängig von der Umsetzung in Kantine & Co., stehen sie so als Symbole für das „gute Gewissen" von Unternehmen, das auch auf die Tischgäste im Betriebsrestaurant abstrahlen kann. Dieses „Entlastungsmoment" durch das Gefühl „richtig" (nachhaltig, gesund usw.) zu handeln, erklärt vielleicht auch die hohe Beliebtheit pflanzenbasierter Speisen – zumindest in einigen Zielgruppen. Aktuelle Untersuchungen legen aber nahe, dass vor allem die gesundheitsbezogenen Food- und Ernährungstrends in der Gesamtbevölkerung auch den gegenteiligen Effekt auslösen können, etwa im Sinne der Befürchtung, bevormundet zu werden, oder schlicht aus Gründen der Überforderung (Nestlé AG Deutschland, 2024) (vgl. Kap. 7).

Damit liegt die größte Erschwernis der Umsetzung von Food- und Ernährungstrends aus Sicht der GV hauptsächlich im gefürchteten, finanziellen Risiko durch den drohenden, mangelnden Abverkauf. Das Dilemma: Für Küchen bedeutet die Aufnahme trendbewusster Angebote auch, Veränderungen vorzunehmen, auf die sich konservativere Gewohnheitsesser nicht einlassen und sich dadurch ggf. abgeschreckt fühlen. Auf der anderen Seite werden trendbewusste Esser nur dann zu Tischgästen, wenn „trendige" Besonderheiten klar erkennbar in die Verpflegungskonzepte integriert werden. Den Lösungsprozess können Ernährungsfachkräfte sowohl fachlich als auch kommunikativ sehr gut unterstützen.

> Worum es hier geht, ist die rechte Balance von Kundenbindung und Kundengewinnung. Noch ist in vielen Kantinen die Nachfrage der Stammgäste nach „normalen", üppigeren „Klassikern" wie Currywurst größer als die Wünsche nach Salat & Co., weshalb Gesundheitsbewusste fernbleiben. Mit Blick auf das deutlich höhere Interesse an gesunder Ernährung der jüngeren Generationen werden sich diese Relationen jedoch künftig verschieben und eine sehr viel höhere Attraktivität gesunder und auch umweltbewusster zur Normalität werden (Spiller et al., 2021). Dieser Trend zeichnet sich seit vielen Jahren in der BG ab. Entscheidend sind insbesondere bei den Themen „Gesundheit" und „Nachhaltigkeit" die Glaubwürdigkeit der Konzepte zum einen, aber auch die Information und Vermarktung der Dienstleistung zum anderen. Für beide Aufgaben stellen Ernährungsfachkräfte qualifizierte Kommunikationspartner oder Vermittelnde dar.

18.1.2 Gesunde Ernährungstrends als Hype in Dauerschleife

Nicht nur in Küchen, sondern auch unter Ernährungsfachkräften haben Food- und Ernährungstrends mitunter begrenzte Beliebtheit, vor allem, wenn sie mit gesundheitlichen Aspekten beworben werden (vgl. Kap. 24). Die häufigsten Kritikpunkte sind die fehlende wissenschaftliche Legitimation, vor allem aber ihr schlechter Ruf als kurzlebige „Hypes", denen gutgläubige Menschen vermeintlich religions- oder suchtartig folgen.

▶ Aktuell spricht vieles dafür, dass die hohe Nachfrage nach Ernährungstrends keinesfalls als „Hype" misszuverstehen ist und noch lange Zeit anhalten wird. Genauso wenig zielführend wäre es, vor allem aus soziologischer Sicht, sie zu pathologisieren. Ohnehin ist die Vielfalt an Ernährungsformen und Trends bereits zum Teil der modernen Esskultur geworden. Welche bedeutende Rolle Food- und Ernährungstrends und auch die Kulinarik dabei spielen, lässt sich mit aktuellen Trends wie „Ethnic Food", „Veganizing Recipes" und „Healthy Hedonism", vor allem in der Gastronomie, eindrücklich beobachten (Rützler & Reiter, 2024). Die Gründe für die positive Prognose begründen sich in der Betrachtung von Food- und Ernährungstrends als Ausdrucksformen von Megatrends (Rützler & Reiter, 2019) (vgl. Kap. 7). Gesundheit gilt als derzeit führender Megatrend; führende Taktgeber sind bei den gesundheitsorientierten Trends die Megatrends „Individualisierung" und „Nachhaltigkeit" (Rützler & Reiter, 2019, 2024).

> **Übersicht**
> Die Themen „Gesundheit" und „Nachhaltigkeit" setzen Fachkenntnisse voraus, auf die die BG, im Gegensatz z. B. zum Care-Catering, meist nicht zurückgreifen kann. Insbesondere die fachgerechte Bedienung von Ernährungstrends, wie „frei-von", aber auch „Low-Carb"- bzw. „High-Protein"-Ernährungsformen setzen diätetische Kenntnisse voraus; hinzu kommen rechtliche Fragestellungen bei der Herstellung, aber auch für Kennzeichnung und Bewerbung der Angebote (vgl. Kap. 23, 24). Aus diesen Gründen leisten Ernährungsfachkräfte speziell beim Thema „gesundheitsbezogene Trends" einen sehr wertvollen Beitrag in der Zusammenarbeit mit Betriebsrestaurants & Co.
>
> Die größte Hemmschwelle für Ernährungsfachkräfte könnte das allgemeingültige Primat der Kundenorientierung in der GV werden, für das zuvorderst die Wünsche der Tischgäste maßgeblich sind. Sehr viele Ernährungstrends basieren schlicht auf Überzeugungen, ob diese wissenschaftlich haltbar sind oder nicht, wird als Privatsache betrachtet. Hingegen steht für Ernährungsfachkräfte verantwortliches, d. h. wissenschaftsbasierte Arbeiten über allem, weswegen sie oft genau andersherum gewichten als Küchen: Fakten stehen über allem, weshalb es zu Konfliktsituationen in der Zusammenarbeit kommen kann.

Für eine gute Zusammenarbeit mit Verpflegungsbetrieben empfiehlt sich eine pragmatische Sichtweise. Um zu einer guten Balance zwischen Kundenservice und beruflicher Verantwortlichkeit zu kommen hilft es, gesundheitsbezogene Trends nicht (nur) als das, was sie vorgeben zu sein, zu verstehen („gesunde Ernährung"), sondern auch die tiefer liegenden Handlungsmotive zu bedenken – die meisten stammen aus eher unbewussten, soziokulturellen Ebenen.

Bei allem Kundendienst und Pragmatismus gilt in der GV dennoch eine Prämisse, die allem übergeordnet wird. Sie lautet: „Safety first!" und meint den Rahmen des gesetzlich Zulässigen (vgl. Kap. 23, 24). Insbesondere die Informationen an Gäste über Inhaltsstoffe oder Nährwerte und erst recht über vermeintliche gesundheitliche Wirkungen von Lebensmitteln müssen strengen Vorschriften genügen.

Auch in bester Absicht dürfen z. B. Eigenschaften, wie „glutenfrei", oder Speisen mit z. B. „stärkt die Immunabwehr" o. ä. nicht ohne Weiteres angepriesen werden (Verordnung (EG) Nr. 1924/2006, 2006; Verordnung (EU) Nr. 1169/2011, 2011). Informationen dieser Art tangieren den Verbraucherschutz. Verstöße werden deshalb auch ohne bösen Vorsatz streng geahndet (vgl. Kap. 24). ◄

18.2 Gesundheitsbezogene Ernährungstrends

Aus sozio-kultureller Sicht steht die Beliebtheit gesundheitsbezogener Ernährungstrends als Symbol für das allgemein hohe Interesse an Gesundheit als zentrales gesellschaftliches Leitbild in der heutigen Zeit (Schröder, 2016). Die Übersicht einiger Food- bzw. Ernährungstrends in Abb. 18.1 zeigt, wie präsent – aber auch wie verschiedenartig – das Thema „Gesundheit" darin Ausdruck findet (nach Rützler & Reiter, 2018, 2021). Aus der

Nutri Food
Fokus auf bestimmte Nähr- oder Wirkstoffe

Veganmania
Verzicht auf tierische Lebensmittel, diverse Beweggründe

Soft Health
Fokus auf als gesund wahrgenommene Ernährung, oft anhand eigener Maßstäbe

Free From
Fokus auf Elimination spezifischer Nähr-, Zusatz- oder sonstiger Inhaltsstoffe

Plant based Food
Deutlicher Fokus auf pflanzliche Lebensmittel

Planet Health Food
Fokus auf den Erhalt der Gesundheit des Planeten, am Maßstab der planetaren Grenzen

Healthy Hedonism
Fokus auf gesunden (bewussten) und sinnlichen Genuss

Forced Food
Fokus auf spezifische gesundheitliche bzw. präventive Wirkungen (Darm, Gehirn, Leber)

Flexitarier
Bewusste Einschränkung tierischer Lebensmittel gleichzeitig Fokus auf Qualität und pflanzlichen Lebensmitteln

Spiritual Food
Fokus auf spirituelle, religiöse Aspekte ayurvedisch, Paleo, Halal, Kosher

Customized Food
Individuell auf Energie- bzw. Nährstoffbedarfe angepasste Lebensmittel bzw. subjektive Auswahl

Abb. 18.1 Übersicht Food- und Ernährungstrends. (Aus Rützler & Reiter, 2018, S. 26–29; 2021, S. 35)

Vielfalt spricht erstens die Präsenz eines hohen und zweitens sehr individualisierten Gesundheits- und Ernährungsbewusstseins. In das sind gegenwärtig jedoch mit Nachhaltigkeitsaspekten auch das „gute Gewissen" und mit Genuss und Gemeinschaft der „gute Geschmack" fest integriert. Daher existieren Food- und Ernährungstrends tatsächlich noch in einer weitaus breiteren Vielfalt als hier dargestellt (siehe Abb. 18.1).

Die meisten gesundheitlich ausgerichteten Ernährungstrends sind mehr oder weniger streng definierte Ernährungsformen. Urformen existierten bereits seit der Antike und viele der altertümlichen Grundsätze wirken in aktuellen Ernährungstrends bis heute nach. So erklären sich auch die bisweilen philosophischen bzw. spirituellen Züge einiger Trendvarianten. Da althergebrachte Heilslehren noch keine Hierarchisierung von Natur- über die Geisteswissenschaften kannten, war die Ernährungsweise oft Teil einer umfassenden Lebensphilosophie, die gleichzeitig positive Effekte für Körper, Geist bzw. Seele versprach. Genauso argumentieren die heute noch beliebten Ernährungsformen der Anthroposophie, dem Ayurveda oder der Traditionelle Chinesische Medizin (TCM). Ein wichtiger Fokus war seit jeher das Thema „Fleisch", das ebenfalls schon immer als Teil religiöser Lebensweisen bestimmten Regeln unterlag (Leitzmann, 2018). Tab. 18.1 zeigt eine

Tab. 18.1 Cluster gesundheitsbezogener Ernährungstrends. (Eigene Darstellung nach Leitzmann, 2018; Lichtenstein 2020, S. 40; Rützler & Reiter, 2021, S. 35)

1. Elimination	2. Inhaltsstoffe	3. Kuratierung	4. Spiritualität
Vegetarisch und vegan (plant based) Teilweiser bis völliger Verzicht auf tierische Produkte	**Reduktion** (auch „Low") v. a. Zucker, Kohlenhydrate, Fett	**Clean Eating, Curated Food** Kombinierte Auswahl mit Verzicht auf bestimmte Inhaltsstoffe, nach Herstellung und Herkunft	**Anthroposophische Ernährung** Ernährung nach der Lehre R. Steiners, u. a. Bevorzugung von Dinkel, Verzicht auf Fleisch, Auswahl nach Energie bzw. „Äthern"
Rohkost Rohe bzw. nur bis max. 40 Grad erhitzte Produkte	**Reich an** (auch „High"), v. a. Protein, Ballaststoffe	**Instinkto-Ernährung** Sonderform der Rohkost, Auswahl nach Sinneseindrücken	**Ayurvedische Ernährung** Ernährung nach der ayurvedischen Heilslehre, u. a. Auswahl nach Typen bzw. „Doshas"
Steinzeit-Diät bzw. „Paleo" Auswahl von Produkten, die durch Jagen und Sammeln verfügbar sind	**Frei von** (auch „free from") Eliminierung von Inhaltsstoffen, v. a. Gluten, Laktose, Histamin, Glutamat oder auch Produkten wie Weizen oder Milch	**Personalisierte Ernährung** Nach individuellen Kriterien berechnete bzw. ermittelte Auswahl, u. a. anhand genetischen bzw. medizinischer Parameter	**Traditionelle Chinesische Medizin (TCM)** Ernährung nach der TCM-Heilkunst; Auswahl nach Elementen bzw. „thermischer Wirkung"
Fasten Teilweiser bis völliger und/oder zeitweiser Nahrungsverzicht			**Makrobiotik** Extreme Form vegetarischer Ernährung auf Basis von Vollkorn, mit speziellen Produkten wie Algen

kategorisierte Darstellung ausgewählter Ernährungstrends, die sich über die Jahre in der deutschen Esskultur gehalten haben.

Beispiele für moderne Ernährungstrends mit einem altertümlich geprägten Gesundheitsbezug sind beispielsweise die Rohkostformen oder auch „Clean Eating". Je nach Auslegung tragen sie oft Züge aus der Makrobiotik bzw. ursprünglichen Vollwertkostformen (Leitzmann, 2018). ◄

18.3 Gesunde Ernährung im Wandel: vom Ich zum Wir

Alle in Tab. 18.1 aufgeführten Ernährungstrends führen das heute diversifizierte Verständnis von gesunder Ernährung vor Augen, dessen Wandel Rützler im Food Report 2022 anschaulich als „Evolution" nachgezeichnet hat (Rützler & Reiter, 2021) (siehe Abb. 18.2). Sie korrespondiert mit dem analog verlaufenden Wandel des Begriffs von Gesundheit und unterliegt dem Einfluss von Megatrends (vgl. Kap. 7).

Die Abbildung zeigt, wie sich das zunehmende Wissen aus der Ernährungsforschung zunächst im klassischen Verständnis von gesunder Ernährung niederschlug. Es fokussierte stark auf die individuelle Gesundheit und auf die wertgebenden bzw. wertmindernden Inhaltsstoffe, die es zu bevorzugen bzw. zu vermeiden galt. Vor allem in den letzten zehn Jahren erweiterte sich diese doppelt verengte Perspektive dramatisch. Auch heute noch geht es zwar um Stoffe und deren Wirkungen im Körper, doch zusätzlich berücksichtigt das gegenwärtige Konzept vom „gesunden Essen" unzählige zusätzliche Aspekte. Mit dem Klimawandel endet die gesunde Ernährung erst in der Erdatmosphäre und mit ethischen Komponenten reicht sie sogar darüber hinaus. Diese Entwicklung zeichnet Rützler sinngemäß nach als „Vom Ich zum Wir" (Rützler & Reiter 2021).

Evolution des Verständnisses von gesunder Ernährung

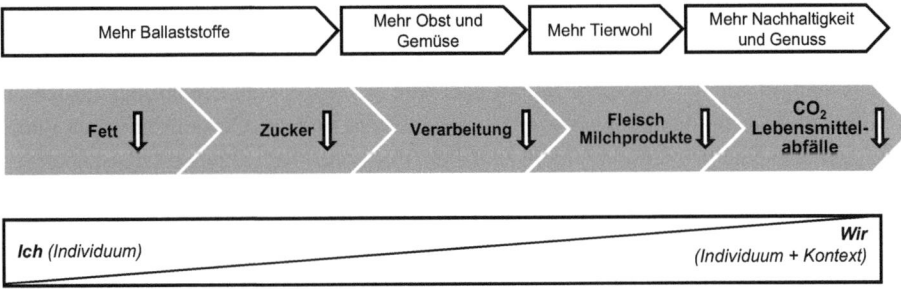

Abb. 18.2 Die Evolution der gesunden Ernährung. (Aus Rützler & Reiter, 2021, S. 36–37)

18.4 Ernährungstrends in der Betriebsverpflegung

Mit dieser Entwicklung nahmen die Anforderungen an Ernährung immer mehr zu und überforderten viele Menschen zunehmend. Infolgedessen tragen sie diese oft unverwirklichten Ansprüche bezüglich gesunder Ernährung an die GV weiter und bringen sie mitunter in die BGF ein.

Die heutigen Ansprüche an gesunde Ernährung authentisch und umfassend zu erfüllen und sie attraktiv zu gestalten, ist ein starker Wettbewerbsvorteil im Gastgewerbe. Beispiele dafür sind alle pflanzlichen Ernährungstrends, wie z. B. „flexitarisch" bzw. „pflanzenbasiert", oder auch die „Planetary Health Diet", die als wissenschaftlich fundierte Referenzdiät in der BG-Branche mittlerweile als Ernährungstrend gehandelt wird (Willet et al. 2019). ◄

Darüber hinaus lassen sich mit gesundheitsbezogenen Ernährungstrends auch andere individuelle Bedürfnisse verwirklichen, die im Sinne einer umfassend definierten Gesundheit nach Weltgesundheitsorganisation (WHO) auch seelische und soziale Aspekte einschließen (WHO, 1946). Ein sehr wichtiges psychosoziales Bedürfnis der Menschen ist auch das Ausleben persönlicher Werthaltungen, im Sinne der Selbstverwirklichung (Schröder, 2016). Speziell für den Kontext GV wird im WBAE-Gutachten die hohe Bedeutung der Kommensalität als elementarer Wert genannt (WBAE, 2020).

▶ Kommensalität lässt sich als Wert des gemeinsamen Essens und Trinkens in einem gemeinsamen physischen und sozialen Rahmen beschreiben, den der Begriff in Summe benennt (Pollock, 2015; WBAE, 2020).

Aus dieser Perspektive blickt die Soziologie auf Ernährungstrends. Dort werden sie als sozial gelagert verstanden. Die hohe Präsenz gesundheitlich ausgerichteter Trends wird dem Einfluss des Megatrends Gesundheit zugeschrieben (Schröder, 2016; Bröckling, 2007).

18.4.1 Das Geheimnis der gesunden Ernährungstrends

Anders als im Falle der Planetary Health Diet sind bei sehr vielen Ernährungsformen die proklamierten gesundheitlichen Vorteile (z. B. geistige Fitness, Gewichtsabnahme) nach heutigem Stand der Wissenschaft nicht zu halten. Der hohen Beliebtheit tut das jedoch keinen Abbruch. Das weißt auf einen hohen Nutzen jenseits von Logik und Fakten hin, den trendbewusste Gäste womöglich besonders zu schätzen wissen.

▶ **Wichtig** Rützler beschreibt in ihrem Food Report 2020 einen solchen sozialen Nutzen. Ernährungstrends versteht sie als „Suchbewegungen" (Rützler & Reiter, 2019, S.13). Sie treten im gesellschaftlichen Wandel auf und in Gesellschaften, in denen das alte „Normal" sich auflöst und in denen die Märkte gesättigt sind. Der Verlust überlieferter Normen und Werthaltungen, wie das „Stück Lebenskraft Fleisch", bedeute auch den Verlust essenzieller Sicherheiten, die zu ersetzen sind. Heute sind das sehr viele gleichzeitig. Damit befindet sich die Gesellschaft aktuell auf der Suche nach vielen neuen Werten, angetrieben von vielen komplexen und komplizierten Fragen des „richtigen Weges" der gesunden Ernährung und mit Themen wie Klima, Wertschöpfungsketten und Tierethik. Ernährungstrends versprechen hierauf Antworten, denn sie basieren auf vorkonfektionierten und leicht erkennbaren Wertemustern, die noch dazu in essalltagsfreundliche Handlungsoptionen, wie „Zucker weglassen" oder „x-mal Datteln, y-mal Nüsse täglich", noch dazu einfach zu erfüllen sind. Insofern versprechen Ernährungstrends eine Aussicht auf (Er-)Lösung aus dem Dilemma (Rützler & Reiter, 2019).

Damit entlasten Ernährungstrends nicht nur, sie erlauben es ihren Anhängern u. a. auch, sich mit der erklärten Abkehr von den üblichen Essgewohnheiten aus der Masse herauszuheben. In der Soziologie spricht man von sogenannten Neo-Tribes. Unter Einfluss des heute hohen Individualisierungsdrucks kann das ein wirksames Motiv sein, sich vor allem verzichtsreichen Ernährungstrends wie „frei von" anzuschließen (vgl. Kap. 7). Irritierend mögen Außenstehende das Paradox empfinden, dass die Individualisierung mittels Trends nicht ohne Anschluss an eine neue, z. B. „Frei-von"-Gemeinschaft stattfinden kann. Für dieses soziale Phänomen des Abgrenzens und Zusammenfindens wurden die Schlagworte „soziales Lagerfeuer" oder „soziales Tattoo" erfunden (Ellrott, 2016). Die Metapher des äußerlich sichtbaren Tattoos verweist zudem auf die wichtige soziale Funktion von Trends des äußeren Beweises. In den Wohlstandsländern besteht die Notwendigkeit, im Konsum- und Ernährungshandeln auch reihenweise Werthaltungen, politische Meinungen oder sonstige Normativitäten zu berücksichtigen, allen voran Gesundheit und eben ethisches oder ökologisches Bewusstsein. Ernährungstrends bündeln diese Werte und bieten Menschen Identifikations- und Orientierungspunkte zum aktiven Abgleich eigener Werthaltungen, und zwar, wie das Bildnis des Tattoos beschreibt, noch dazu von außen erkennbar (Schröder, 2016).

Mit der Gewissheit „das Gute bzw. Richtige" zu tun, ermöglichen Ernährungstrends auch das Erleben von psychosozialer Sicherheit (Rützler & Reiter, 2019). Mit Blick auf die WHO-Gesundheitsdefinition und das Kohärenzgefühl im salutogenetischen Ansatz, lassen die soziologischen Betrachtungen einen relevanten Bezug zwischen Ernährungstrends und Gesundheit herstellen, der jenseits der postulierten Vorteile stattfindet (Antonovsky, 1997, WHO, 1946).

Dieser Effekt lässt sich auch aus den neuesten Prognosen von Rützler für den Food Report 2025 herauslesen: Im Cluster „Nachhaltigkeit" läuft die größte Anzahl der Ernährungstrends der unterschiedlichsten Cluster zusammen, viele davon verbinden Nachhaltigkeit mit Gesundheit (Rützler & Reiter, 2024). Nach Rützlers Suchbewegungshypothese spricht hieraus, dass sich beim Thema „Nachhaltigkeit" aktuell die stärkste

Unklarheit bzw. Suche nach dem richtigen, praktikablen Weg zugleich abzeichnet. Am sogenannten „Positionshopping" zeigt sich, dass es Gruppen gibt, die dafür besonders empfänglich sind.

▶ Mit Positionshopping ist der häufige Wechsel einer Person von einem Foodtrend oder Ernährungstrend zum anderen gemeint, oder wenn man so will: verstetigte Vorliebe für ein Abweichen vom vermeintlichen „Einheitsbrei" durch das kontinuierliche Verfolgen (auch) wechselnder Ernährungsformen (Ellrott, 2016).

Im seriellen Verfolgen der unterschiedlichsten Trends scheinen sie diesen Effekt immer wieder neu zu suchen und zu finden. BG und BGF können mit einer entsprechenden Gestaltung trendbewusster Angebote, die die Kriterien einer ausgewogenen Ernährung erfüllen bzw. die Trends oder das Hopping, soziale Isolation vermeiden.

18.5 Gesundheitsbezogene Trends als Multiplikatoren der Vielfalt

Im Vergleicht zu anderen GV-Segmenten ist die Vervielfältigung der Angebote in Mensen und Betriebskantinen – auch durch Integration von Food- und Ernährungstrends – besonders ausgeprägt. Auffallend erfolgreich sind in diesen Settings Ernährungstrends mit Leistungs- oder Krankheitsbezug, wie etwa „Brain Food", „Superfood" bzw. „weizenfrei" oder „laktosefrei".

> **Übersicht**
> Gründe für diese besondere Bereitschaft sind u. a., dass Anbietende von BG
>
> 1. aus Gründen ihrer unternehmerischen Verantwortung in der Pflicht stehen, auf gesundheitsbezogene Sonderwünsche Rücksicht zu nehmen, und zudem zu gerechten Gesundheitschancen beitragen (WHO, 1986),
> 2. im Wettbewerb um die besten Mitarbeitenden unter hohem Druck stehen, attraktive Zusatzleistungen (wie eine zeitgemäße, hochwertige Versorgung am Arbeitsplatz anzubieten), die den Lebensentwürfen der Beschäftigten entspricht.

Vor diesem Hintergrund ist es für die BG heute umso wichtiger, möglichst wenige Personen von vorneherein auszuschließen, sondern mit attraktiven Speisen statt Einheitsessen sowie der gezielten Integration relevanter Trends den maximalen Anteil der Belegschaft zu erreichen und zu binden. Infolgedessen finden sich heute, vor allem in vielen Betriebsrestaurants und Mensen, mit „Low-Carb"-, „High-Protein"- bzw. veganen Menüs, in hohem Maße individualisierte Angebote. Vom wenig freundlichen Klischee des „Einheitsbreis mit Currywurst" kann somit vielerorts kaum noch die Rede sein – auch dank gesundheitsbezogener Ernährungstrends.

Literatur

Antonovsky, A. (1997). *Salutogenese. Zur Entmystifizierung der Gesundheit* (1. Auf., 1997, S. 34–36). Deutsche Herausgabe von Alexa Franke dgvt.

Bröckling, U. (2007). *Das unternehmerische Selbst: Soziologie einer Subjektivierungsform.* Suhrkamp.

Bundesministerium für Ernährung und Landwirtschaft (BMEL). (2024). Gutes Essen für Deutschland – Ernährungsstrategie der Bundesregierung. https://www.bmel.de/SharedDocs/Downloads/DE/_Ernaehrung/ernaehrungsstrategie-kabinett.pdf?__blob=publicationFile&v=8. Zugegriffen am 20.06.2024.

Ellrott, T. (2016). Warum is(s)t keiner mehr normal? *Food Service, 12* (2016), 42–47.

Filieri, R. (2013). Consumer co-creation and new product development: A case study in the food industry. *Marketing Intelligence & Planning, 31*(1), 40–53.

K&P Consulting. (2024, Januar 05). Betriebsrestaurant: Der kulinarische Treffpunkt im Arbeitsalltag. *K & P. Magazin*. https://www.kup-consult.de/magazin/betriebsrestaurant-betriebskantine/. Zugegriffen am 02.06.2024.

Leitzmann, C. (2018). Alternative Kostformen. In H K. Biesalski, S C. Bischoff, M. Pirlich (Hrsg.), *Ernährungsmedizin nach dem Curriculum Ernährungsmedizin der Bundesärztekammer* (5., vollst. überarb. erweiterte Aufl., S. 426–433). Georg Thieme.

Lichtenstein S (2020). *Du isst, wie Du bist – oder sein willst. Ernährungstrends zwischen Gesundheitsvorsorge und Identitätsfindung* (S. 38–41). Schüler – Wissen für Lehrer Sonderheft Gesundheit.

Nestlé Deutschland AG. (2024). *Nestlé Studie „So is(s)t Deutschland 2024" – Die Sehnsucht nach Unbeschwertheit* (S. 2–5). Essen zwischen Verzicht und Genuss.

Pollock, S. (2015). *Towards an archaeology of commensal spaces* (S. 7–28). Humboldt-Universität zu Berlin, Exzellenzcluster 264 Topoi. https://doi.org/10.18452/529. Zugegriffen am 20.06.2024.

Rützler, H., & Reiter, W. (2018). Food Report 2019. Deutscher Fachverlag.

Rützler, H., Reiter, W. (2019). Food Report 2020. Deutscher Fachverlag.

Rützler H, Reiter, W. (2021). Food Report 2022. Deutscher Fachverlag.

Rützler, H, & Reiter, W. (2023). *Food Report 2024*. Deutscher Fachverlag.

Rützler, H, & Reiter, W. (2024). *Food Report 2025*. Deutscher Fachverlag.

Schröder, T. (2016). Ernährungstrends im Kontext von Individualisierung und Identität. *HiBiFo, 3*(2016), 127–136. https://doi.org/10.3224/hibifo.v5i3.1.1. Zugegriffen am 20.12.2023.

Spiller, A., Zühlsdorf, A., Jürkenbeck, K., & Schulze, M. (2021). Jugendumfrage Weniger Fleisch Mehr Future. In: Heinrich-Böll-Stiftung BUND und Le Monde Diplomatique (Hrsg.), *Der Fleischatlas*, TAZ Verlags und Vertriebs GmbH (S. 35–38).

Verordnung (EG) Nr. 1924/2006 des Europäischen Parlaments und des Rates vom 20. Dezember 2006 über nährwert- und gesundheitsbezogene Angaben über Lebensmittel (HCVO). Amtsblatt der Europäischen Union (2006) 49. Jahrgang 30. Dezember 2006 L 404. https://eur-lex.europa.eu/legal-content/DE/TXT/?uri=CELEX%3A02006R1924-20141213&qid=1621423630822. Zugegriffen am 20.06.2024.

Verordnung (EU) Nr. 1169/2011 des Europäischen Parlaments und des Rates vom 25. Oktober 2011 betreffend die Information der Verbraucher über Lebensmittel (LMIV) und zur Änderung der Verordnungen (EG) Nr. 1924/2006 und (EG) Nr. 1925/2006 des Europäischen Parlaments und des Rates und zur Aufhebung der Richtlinie 87/250/EWG der Kommission, der Richtlinie 90/496/EWG des Rates, der Richtlinie 1999/10/EG der Kommission, der Richtlinie 2000/13/EG des Europäischen Parlaments und des Rates, der Richtlinien 2002/67/EG und 2008/5/EG der Kommission und der Verordnung (EG) Nr. 608/2004 der Kommission (2011) Amtsblatt der

Europäischen Union (2011) L 304/18. https://eur-lex.europa.eu/legal-content/DE/TXT/PDF/?uri=CELEX:32011R1169&from=EN. Zugegriffen im Juni 2024.

Weltgesundheitsorganisation (WHO). (1946, Juli 22). Verfassung der Weltgesundheitsorganisation, unterzeichnet in New York.

Weltgesundheitsorganisation (WHO). (1986). Ottawa-Charta für Gesundheitsförderung. www.euro.who.int/__data/assets/pdf_file/0006/129534/Ottawa_Charter_G.pdf. Zugegriffen am 20.12.2023.

Willett, W., Rockström, J., Loken, B., et al. (2019). Food in the anthropocene: The EAT–Lancet Commission on healthy diets from sustainable food systems. *Lancet, 393*, 447–492.

Wippermann, P., & Krüger, J. (Hrsg.). (2013). Werteindex 2014 (S.18–29). Deutscher Fachverlag (1. Edition).

Wissenschaftlicher Beirat für Agrarpolitik, Ernährung und gesundheitlichen Verbraucherschutz gesundheitlichen Verbraucherschutz (WBAE) beim BMEL. (2020). Politik für eine nachhaltigere Ernährung: Eine integrierte Ernährungspolitik entwickeln und faire Ernährungsumgebungen gestalten – WBAE-Gutachten.

Gemeinschaftsgastronomie

Stephanie Hagspihl, Holger Pfefferle und Heide Preuße

19.1 Relevanz und Dynamik der Gemeinschaftsgastronomie (GG)

Die Gemeinschaftsgastronomie (GG) ist als komplexer und heterogener Teilbereich der Außer-Haus-Verpflegung zu verstehen. Durch die hohe und steigende gesellschaftliche Relevanz ist die GG für die Ernährungswende und die damit verbundene Ernährungsstrategie ein zentraler Hebel im Transformationsprozess (BMEL, 2022).

In den vergangenen Jahrzehnten hat sich die GG stetig weiterentwickelt und besitzt heute einen hohen Stellenwert in der Ernährungsversorgung in Deutschland. Schätzungen zufolge nehmen zwischen 15 und 18 Mio. Menschen in Deutschland täglich Angebote der Gemeinschaftsverpflegung in Anspruch (Tecklenburg, 2024).

Der steigende Bedarf an GG basiert in erster Linie auf demografischen Entwicklungen und dem gesellschaftlichen Wandel. Veränderungen, wie die zunehmende Erwerbstätigkeit von Frauen, der Ausbau der Ganztagsbetreuung in Kindertagesstätten und Schulen sowie die Zunahme von Singlehaushalten, gaben den Anstoß, das Speisen- und Getränkeangebot in Einrichtungen der GG auszubauen (siehe Kap. 18, 20) (Pfefferle et al., 2021).

S. Hagspihl (✉)
Hochschule Fulda, Fulda, Deutschland
E-Mail: stephanie.hagspihl@oe.hs-fulda.de

H. Pfefferle
Deutsche Gesellschaft für Ernährung e. V. (DGE), Bonn, Deutschland
E-Mail: pfefferle@dge.de

H. Preuße
Justus-Liebig-Universität Gießen, Gießen, Deutschland
E-Mail: heide.preusse@haushalt.uni-giessen.de

© Der/die Autor(en), exklusiv lizenziert an Springer-Verlag GmbH, DE, ein Teil von Springer Nature 2025
A. Flothow et al. (Hrsg.), *Betriebliche Gesundheitsförderung für Ernährungsfachkräfte*, Berufspraxis: Ernährung, https://doi.org/10.1007/978-3-662-70049-5_19

Die GG steht kontinuierlich vor neuen Herausforderungen. Ihre Dynamik ist geprägt von gesellschaftlichen Trends und stetig wachsenden unterschiedlichen Anforderungen, die sich beispielsweise in einem zentralen Beitrag zum nachhaltigen Handeln oder der Umsetzung gesetzlicher Neuerungen niederschlagen. Somit nehmen persönliche, aber auch politische Entscheidungen Einfluss auf das Angebot und auf die individuelle Inanspruchnahme eines Verpflegungsangebots (Pfefferle et al., 2021).

Neben einem genussvollen, gesundheitsfördernden und nachhaltigen Angebot bietet die GG auch Zeit und Raum für Kommunikation und Interaktion. Damit ist die GG neben der System- und Individualgastronomie gleichwohl als soziales Ereignis anzusehen. Die GG setzt sich bewusst mit der zu verpflegenden Zielgruppe auseinander. Durch eine zielgruppengerechte und kostengünstige Verpflegung wird Teilhabe ermöglicht und ein Beitrag zur Chancengleichheit geleistet (Pfefferle et al., 2021).

Ereignisse wie eine Pandemie und die daraus resultierenden Konsequenzen zeigen, wie sensibel und anfällig bestimmte Segmente der GG sind. So hat der Zuwachs an mobiler Arbeit oder der Fach- und Arbeitskräftemangel (insbesondere für die Betriebsgastronomie, BG) oft wirtschaftliche Auswirkungen und beeinflusst das Angebot von Speisen und Getränken in Firmen, Behörden und Institutionen. Die GG zielt primär auf Kostendeckung und weniger auf Profit ab. Dabei agieren Produzenten und Anbieter von Speisen und Getränken als Lebensmittelunternehmer im herkömmlichen Sinne, unabhängig davon, ob für die abgegebenen Speisen und Getränke an Dritte Einnahmen beziehungsweise Erlöse erzielt werden.

19.2 Sprachgebrauch rund um die GG

Im Bereich der Außer-Haus-Verpflegung existiert eine Vielzahl von Begriffen, die auf fachtheoretischer Ebene und in der Praxis häufig unterschiedlich verwendet werden (Bölts et al., 2023). Die Anwendung von Fachbegriffen hängt auch mit dem jeweiligen Kontext zusammen, in dem sie verwendet werden. Aus der Perspektive von Ernährungsfachkräften respektive Personen, die im Bereich der betrieblichen Gesundheitsförderung (BGF) aktiv sind, finden nachfolgend beschriebene Begriffe Anwendung.

Verpflegung
Die Verpflegung umfasst primär die Bereitstellung von Speisen, Getränken sowie die damit verbundenen Dienstleistungen. Der Verpflegungsprozess umfasst die Angebots- und Speiseplanung, die Beschaffung von Lebensmitteln und deren Zubereitung, die Ausgabe sowie die Entsorgung und Reinigung (Arens-Azevêdo et al., 2023).

Außer-Haus-Verpflegung versus Außer-Haus-Gastronomie
Unter einer Außer-Haus-Verpflegung wird die Bereitstellung von verzehrfertigen Speisen und Getränken außerhalb von Privathaushalten verstanden. Der Begriff „Außer-Haus-

Markt" wird häufig synonym verwendet. Die Außer-Haus-Gastronomie ist definiert durch die Verpflegung unterschiedlicher Zielgruppen außerhalb des Privathaushalts, ergänzt durch weitere Leistungen (z. B. Gästeinformation, Service), die den angebotenen Speisen und Getränken eine höhere Wertigkeit verleiht. Dabei stehen Aspekte wie Genuss und das Wohlergehen der Gäste im Vordergrund (Bölts et al., 2023).

Die Außer-Haus-Verpflegung beziehungsweise der Außer-Haus-Markt beinhalten den Teilbereich „Gemeinschaftsgastronomie (GG)" sowie die Teilbereiche „System- und Individualgastronomie". Im Gegensatz zur System- und Individualgastronomie setzt sich GG mit soziodemografischen Merkmalen (wie Alter, Geschlecht, Bildung, Haushaltsgröße, Einkommen) sowie ethnischen, kulturellen und religiösen Prägungen/Besonderheiten für eine zielgruppenorientierte Verpflegung auseinander. Physische und psychische Erkrankungen sind weitere Einflussfaktoren, die in die Angebotsgestaltung einfließen (Maier-Ruppert, 2018).

Gemeinschaftsgastronomie versus Gemeinschaftsverpflegung
Die Begriffe „Gemeinschaftsgastronomie" und „Gemeinschaftsverpflegung" werden häufig synonym verwendet, da für beide Begriffe folgende Merkmale zugrunde liegen: Das Herstellen und Anbieten von Essen und Trinken für definierte Personengruppen in bestimmten Lebenssituationen umfasst die Grundsätze einer Gemeinschaftsverpflegung/ -gastronomie. Gemeinschaftsverpflegung und GG grenzen sich durch die Arbeitsweise, das Angebot an sich und die Gästestruktur von der Individualgastronomie ab. „Gastronomie" assoziiert eine höherwertige Verpflegung und ein „festliches" Erlebnis sowie die stärkere Berücksichtigung individueller Wünsche. Daher wird in der Fachpraxis der Begriff „Gemeinschaftsgastronomie" dann gewählt, wenn der gehobene Anspruch an die Verpflegung betont werden soll (Bölts et al., 2023).

Betriebsgastronomie (BG)
Gäste, die freiwillig das Verpflegungsangebot im Rahmen ihrer beruflichen Tätigkeit in Anspruch nehmen und sich vergleichsweise kurze Zeit im Betriebsrestaurant oder Speiseraum aufhalten, sind Teil einer GG (Bölts et al., 2023). In diesem Sinne ist die Verpflegung dem Segment Business der GG zuzuordnen. Das Segment Business beinhaltet die Bereiche

- betriebliche Aus- und Weiterbildung,
- Erwerbstätigkeit in Firmen, Behörden und Institutionen,
- Tagungshäuser.

Leistungen der BG werden also in unterschiedlichen (beruflichen) Arbeitskontexten angeboten, in denen Gesundheitsförderung eine uneingeschränkt hohe Bedeutung beizumessen ist. Dabei handelt es sich in der Regel um eine sogenannte Teilverpflegung. Die BG adressiert somit nicht nur berufstätige Personen in Firmen und Behörden, sondern auch Mitarbeitende in den Segmenten Care, Welfare und Education (siehe Abb. 19.1).

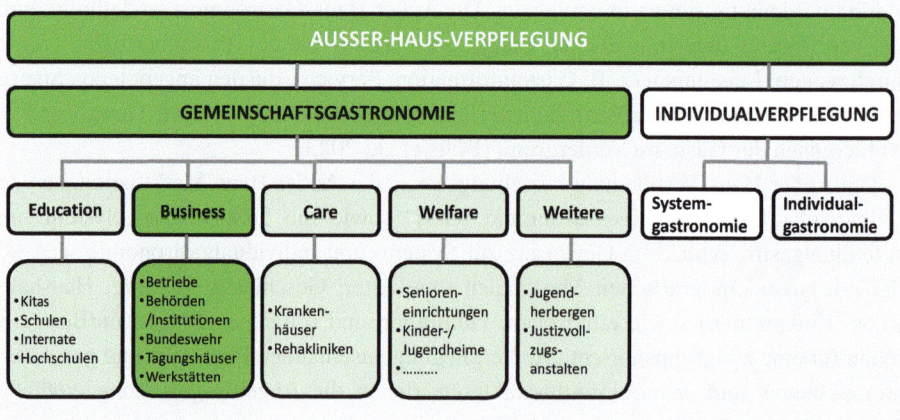

Abb. 19.1 Segmente und Lebenswelten der Außer-Haus-Verpflegung. (Aus Pfefferle et al., 2021)

▶ Für Unternehmen bietet sich u. a. durch ein attraktives, an der Zielgruppe orientiertes Verpflegungsangebot die Chance, die Attraktivität als Arbeitgeber nach außen und innen darzustellen. Auch kann durch ein gesundheitsförderndes Verpflegungsangebot dazu beigetragen werden, dass Mitarbeitende länger und leistungsfähiger im Unternehmen verbleiben können und z. B. die Beschäftigungsfähigkeit älterer Mitarbeitender erhalten bleibt. Die gemeinsame Einnahme von Mahlzeiten in einer attraktiven (wertschätzenden) Essensumgebung kann darüber hinaus den Zusammenhalt der Mitarbeitenden und die Kommunikation fördern. Dies kann zu einer Verbesserung der Zusammenarbeit, einer höheren Identifikation mit dem Unternehmen und damit zu einer geringeren Fluktuation führen.

19.3 GG organisieren und gestalten

Der Erfolg und die Akzeptanz des Verpflegungsangebots hängen von der Zufriedenheit der Gäste, den vorhandenen Ressourcen und den Rahmenbedingungen ab. Das Budget, die räumlich-technische Ausstattung und die personellen Voraussetzungen nehmen dabei grundlegenden Einfluss auf die Qualität. Die erfolgreiche Organisation und Ausgestaltung eines Verpflegungsangebots setzen unterschiedliche Qualifikationen der Akteure und ein Verpflegungskonzept voraus. Damit kann ein passendes Verpflegungssystem generiert werden, das relevante Gesetze, Normen und Standards berücksichtigt.

19.3.1 Management – Qualifikation und Kompetenz

Das Management eines Verpflegungsbetriebs (Verpflegungsmanagement) stellt Verantwortliche vor eine komplexe Aufgabe (siehe Abb. 19.2). Dies setzt bestimmte Formal-

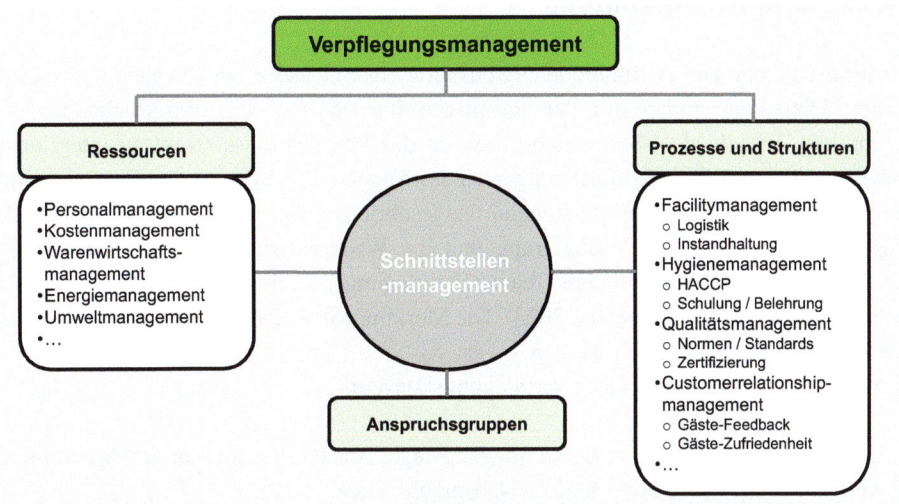

Abb. 19.2 Verpflegungsmanagement. (Aus Pfefferle et al., 2021)

qualifikationen und eine regelmäßige Weiterbildung der Leitung und der Beschäftigten einer Küche beziehungsweise eines Betriebs voraus. Zu den Formalqualifikationen einer Leitungsfunktion gehören

- Hauswirtschaftliche (Betriebs-)Leitung,
- Hauswirtschaftsmeister*in,
- Koch, Köchin,
- Küchenmeister*in,
- Oecotropholog*in oder Diätassistent*in, ggf. mit betriebswirtschaftlicher Zusatzqualifikation sowie
- Verpflegungsbetriebswirt*in.

Fähigkeiten und Wissen, das durch regelmäßige Weiterbildungen unterstützt wird, sichern eine gleichbleibende Verpflegungsqualität. Die Leitung sollte kontinuierlich an Weiterbildungen, insbesondere zur gesundheitsfördernden und nachhaltigen Verpflegung, teilnehmen, um die gewonnenen Erkenntnisse praktisch umzusetzen und damit die BGF aktiv zu unterstützen.

Besonders Ausgabekräfte tragen durch ihre kommunikativen Fähigkeiten und ihr Erscheinungsbild maßgebend zur Akzeptanz des Angebots bei. Im Idealfall geben sie Auskunft über das Angebot und beraten die Tischgäste bei der Auswahl. Dies setzt, vor allem für angelernte Kräfte, eine solide Einarbeitung und Weiterbildungen voraus, um für den Verpflegungsalltag Sicherheit zu vermitteln (Deutsche Gesellschaft für Ernährung, 2020).

19.3.2 Verpflegungskonzept

Die professionelle und zielführende Organisation einer GG setzt ein Verpflegungskonzept voraus. Dieses ist immer auf den jeweiligen Betrieb und seine Mitarbeitenden zugeschnitten. Es gilt also, betriebliche Ziele in das Verpflegungskonzept zu integrieren. Dabei werden spezifische Anforderungen an das Angebot von Speisen und Getränken und die damit verbundenen Dienstleistungen festgeschrieben. Für die erfolgreiche Entwicklung, die Umsetzung, die Verifizierung und die Weiterentwicklung des Verpflegungskonzepts ist ein interdisziplinäres Team (Verpflegungsausschuss) Voraussetzung (siehe Abb. 19.3) (Arens-Azevêdo et al., 2023). Die Merkmale und Kriterien eines Verpflegungskonzepts können frei gewählt werden.

Merkmale und Kriterien eines Verpflegungskonzepts:

- Umfang des Angebots – z. B. Verpflegungstage, Anzahl der Speisen und Menülinien, Angebotsbreite von Snacks und Zwischenmahlzeiten
- Frequenz der angebotenen Speisen – z. B. Saisonbezug; Dauer eines Menüzyklus
- Ernährungsphysiologische Qualität – z. B. Energie- und Nährstoffdichte der Speisen und Getränke; Verarbeitungsgrad eingesetzter Lebensmittel; Garmethoden

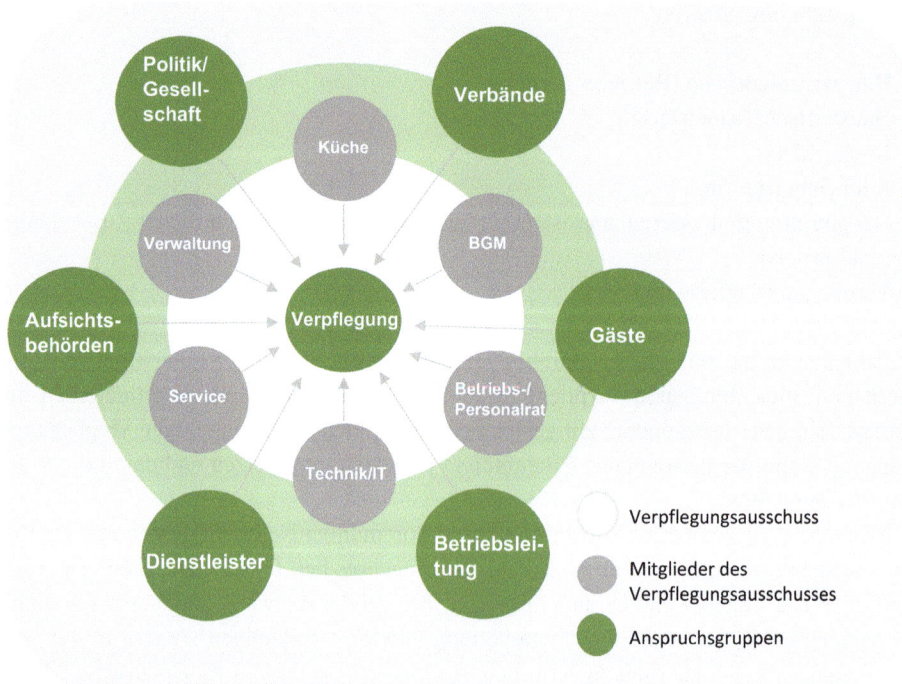

Abb. 19.3 Anspruchsgruppen und Verpflegungsteam in der BG

- Art und Umfang nachhaltigen Handelns – z. B. Vermeidung von Lebensmittelabfällen; ressourceneffiziente Speisenproduktion; Regionalität
- Gestaltung der Essensumgebung – z. B. Speisenausgabe, Essraum (Ausstattung, Lärm und Beleuchtung) und Essplatz, Geschirr
- Partizipation von Anspruchsgruppen – z. B. Personalrat, BGM-Verantwortliche, Geschäftsleitung

Neben der Angebotsgestaltung ist die Essensumgebung von zentraler Bedeutung. Das Ernährungsverhalten der Gäste kann durch eine gezielte Gestaltung der Essensumgebung beeinflusst werden. So können z. B. ausreichend lange Pausenzeiten und eine angenehme Atmosphäre im Speiseraum zu einer Verbesserung des Wohlbefindens beitragen. Die Platzierung und optische Hervorhebung von Angeboten in der Speisenausgabe können eine ausgewogenere Speiseauswahl und den Genuss fördern. Veränderungen der Essensumgebung, die eine gesunde und ausgewogene Wahl befördern, werden häufig auch als „Nudges" bezeichnet (vgl. Kap. 22, 28).

Die Essensumgebung kann durch folgende Faktoren beeinflusst werden:

- Mahlzeitenstruktur: z. B. Art und Anzahl der Mahlzeiten im Tagesverlauf
- Zeit: z. B. zeitliche Lage (Tageszeit), Zeitbedarf für die Einnahme der Mahlzeit
- Bestell- und Ausgabesystem: z. B. Wahlmöglichkeiten, Preisgestaltung, Speisenpräsentation
- Essraum: z. B. Licht, Luft, Geruch, Temperatur, Akustik, Farbgestaltung, Einrichtung
- Essplatz: z. B. Mobiliar, Geschirr, Besteck, Dekoration
- Service: z. B. Unterstützungsangebote
- Tischgemeinschaft: z. B. Kontakt- und Kommunikationsmöglichkeiten (Feulner, 2018; Sennlaub, 2018).

19.3.3 Verpflegungssystem – Aufbau und Ablauf

Als wesentlicher Bestandteil des Verpflegungskonzepts bezieht sich ein Verpflegungssystem einerseits auf das Küchensystem, und somit auf die (strukturelle) Aufbauorganisation, und andererseits auf das Speisenproduktionssystem, d. h. die (prozessbezogene) Ablauforganisation.

Die Speisenproduktion kann mit der Ausgabe zeitlich/räumlich/thermisch gekoppelt oder von dieser entkoppelt sein. Aus diesem Sachverhalt ergeben sich je nach Verpflegungssystem eine unterschiedlich hohe Anzahl an Prozessschritten (siehe Abb. 19.4), die an unterschiedlichen Orten stattfinden können. Das Küchensystem beschreibt den strukturell-organisatorischen Aufbau der Küche. Es kann dabei in autonom agierende Einzelküchen oder Zentralküchen, die Verteiler- und/oder Relaisküchen mit Speisen beliefern, unterschieden werden. Speisen können dezentral vor Ort oder in einer außerhalb eines Betriebs liegenden Zentralküche vor- und zubereitet werden. Verteiler- bzw. Relais-

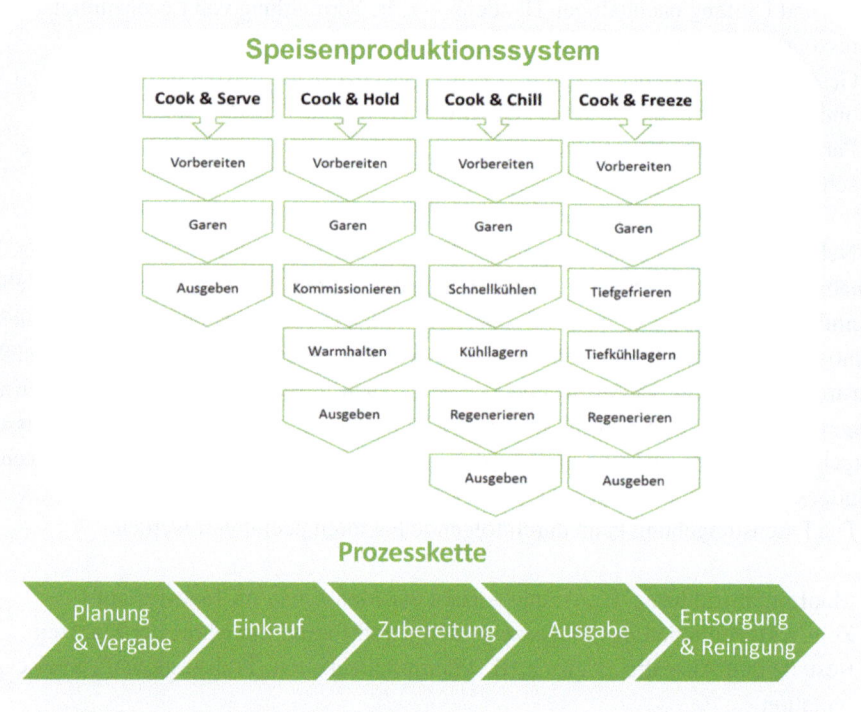

Abb. 19.4 Speisenproduktionssystem und Prozesskette. (Aus Pfefferle et al., 2021)

küchen geben im Allgemeinen die in Zentralküchen produzierten Speisen nur noch aus. Manchmal werden die Komponenten zuvor noch regeneriert.

Das Speisenproduktionssystem beschreibt prozessbezogen die Art und Weise, wie Speisen vor- und zubereitet und bis zur Ausgabe behandelt werden. Dabei können Lebensmittel mit unterschiedlichen Convenience-Graden eingesetzt werden. Es kommen in der Betriebsverpflegung hauptsächlich vier Speisenproduktionssysteme zum Einsatz. Während Zentralküchen z. B. Cook & Chill in „Reinform" umsetzen, kommen in Einzelküchen häufig mehrere Speisenproduktionssysteme parallel zum Einsatz (Bölts & Gemüth, 2015; Pfefferle et al., 2021).

Die Verpflegung kann von einer übergeordneten betrieblichen Einrichtung (Unternehmen, öffentliche Einrichtung oder Träger) organisiert werden (Eigenbewirtschaftung). Damit liegt die Verantwortung für die Lebensmittelsicherheit, die Verpflegungsqualität und die Beschäftigten des Verpflegungsbetriebs bei der übergeordneten Einrichtung.

Alternativ kann die Verpflegung als eine umfängliche Dienstleistung oder in Teilen an einen oder mehrere (externe) Dienstleister (Fremdbewirtschaftung) vergeben werden. Dabei werden häufig der Küchenbetrieb und ein Teil der Ressourcen (z. B. Strom und Wasser) dem Dienstleister (Contract-Caterer, Pächter) zur Verfügung gestellt. Die vertraglichen Ausgestaltungsmöglichkeiten und Geschäftsformen sind vielfältig. In aller Regel beziehen sich die Dienstleistungen auf die herkömmliche Prozesskette vom Einkauf bis zur Reinigung/Entsorgung (Dasbach, 2021; Pfefferle et al., 2021).

19.3.4 Rechte, Normen und Standards – der Handlungsrahmen für die Angebotsgestaltung

Die Abgabe von Speisen und Getränken in der GG setzt die Einhaltung rechtlicher Vorgaben in Bezug auf die Lebensmittelsicherheit und die Information beziehungsweise Deklaration voraus. Die rechtlichen Vorgaben beziehen sich im Wesentlichen auf die Lebensmittelhygiene, die Deklaration von Allergenen, Zusatzstoffen und den Gehalt an Nährstoffen. (siehe Kap. 24).

Ergänzend zu den rechtlichen Vorgaben bieten gesetzesbegleitende, rechtlich unverbindliche Normen des Deutschen Instituts für Normung (DIN) eine wissenschaftlich abgesicherte Orientierungshilfe. Die Anwendung von DIN-Normen untermauert somit die Umsetzung rechtlich relevanter Anforderungen. Zu den für die GG geltenden DIN-Normen zählen u. a. die DIN-Normen zur Lebensmittelhygiene – Gemeinschaftsverpflegung, zu Temperaturen für Lebensmittel und zur Lebensmittelhygieneschulung (vgl. Kap. 23).

In Deutschland sind Kriterien zur Gestaltung einer gesundheitsfördernden und nachhaltigen Verpflegung in DGE-Qualitätsstandards für die Gemeinschaftsverpflegung als professioneller Handlungsrahmen zusammengefasst. Die DGE-Qualitätsstandards werden von der Deutschen Gesellschaft für Ernährung e. V. (DGE) für unterschiedliche Lebenswelten herausgegeben. Sie richten sich an alle Akteure, die in Verbindung mit einem Angebot der GG und Gemeinschaftsverpflegung stehen und dafür die Verantwortung tragen (Deutsche Gesellschaft für Ernährung, 2023).

DGE-Qualitätsstandards gelten als zentrales und etabliertes Instrument zur Qualitätsentwicklung und -sicherung durch Lenkung des Speisen- und Getränkeangebots (vgl. Kap. 25). Sie beziehen sich auch auf strukturelle Merkmale, wie die Personalqualifikation oder ein intaktes Schnittstellenmanagement, zeigen das Potenzial nachhaltigen Handelns in der GG auf und beziehen dabei die gesamte Wertschöpfungskette ein. Im Wesentlichen greifen sie gesundheitsfördernde und nachhaltige Qualitätskriterien in folgenden Bereichen auf:

- Lebensmittelauswahl,
- Speisenplanung,
- Speiseplangestaltung,
- Zubereitung,
- Speisen- und Getränkeausgabe,
- Kommunikation mit den Gästen
- und die Gestaltung der Essensumgebung.

Verpflegung ist integraler Bestandteil BGF. Im Segment Verantwortliche aus dem Betrieblichen Gesundheitsmanagement (BGM) nehmen damit eine zentrale Funktion ein, wenn es um die Etablierung des DGE-Qualitätsstandards für die Verpflegung in Betrieben in der BG geht.

19.3.5 Preisgestaltung in der GG

Der Preis für die Verpflegung stellt den Gegenwert dar, der für die Verpflegung erlöst werden muss, um je nach wirtschaftlicher Orientierung kostendeckend oder gewinnorientiert arbeiten zu können. Er hängt primär von den Preisvorgaben des übergeordneten Betriebs, der Kalkulation des Dienstleisters und der Zahlungsbereitschaft der Gäste ab. Dabei ist die Erstellung von Verpflegungsleistungen vielfach engen ökonomischen Rahmenbedingungen unterworfen.

Die Preise für Verpflegungsleistungen werden (in der Regel) in Abstimmung mit der Leitung des Verpflegungsbetriebs unter Einbindung des Betriebs- oder Personalrats festgesetzt.

▶ Das Preis-Leistungs-Verhältnis beschreibt das subjektive Empfinden über die Angemessenheit eines Preises im Vergleich zur wahrgenommenen Qualität des Angebots. Die Beurteilung des Preis-Leistungs-Verhältnisses und damit auch die Zahlungsbereitschaft der Gäste werden vom wahrgenommenen Leistungsumfang (z. B. Angebotsbreite, -tiefe, Service, Raum- und Essplatzgestaltung) und der Verpflegungsqualität bestimmt.

Die Kosten für die Herstellung der Speisen und der flankierenden Dienstleistungen sind maßgeblich vom Leistungsumfang, der Prozessgestaltung, der Qualität der eingesetzten Lebensmittel und vom Personalbedarf abhängig. *Betriebe bezuschussen oder subventionieren normalerweise die Verpflegung*, sodass nur ein Teil der Gesamtkosten über Verkaufserlöse gedeckt werden muss. Der Kosten- und Leistungsdruck sind grundsätzlich hoch, da steigende Gästeerwartungen und steigende Kosten miteinander zu vereinbaren sind.

19.4 Qualität sichern – intern und extern

Die Anforderungen an die GG und die Rahmenbedingungen ändern sich ständig und die Erwartungen an die Verpflegungsqualität steigen. Im Zuge kontinuierlicher Verbesserungsprozesse sind nicht nur die Qualität der Speisen, Getränke und Dienstleistungen (Ergebnisse), sondern auch die Struktur- und Prozessqualität regelmäßig zu prüfen. Die Qualität eines Verpflegungssystems kann beispielsweise anhand verschiedener Kriterien bewertet werden (siehe Abb. 19.5).

Abb. 19.5 Qualitätskriterien zur Bewertung von Verpflegungssystemen (Aus Arens-Azevedo, 2015)

Strukturqualität
- Aufbauorganisation mit festgelegten Zuständigkeiten und Verantwortlichkeiten
- Raum-und Geräteausstattung
- Personelle Ressourcen (Anzahl und Qualifikation)

Prozessqualität
- Effizienter Ressourceneinsatz
- Effiziente und flexible Arbeitsabläufe

Ergebnisqualität
- Nährstoffgehalt und Sensorik
- Vielfalt und Abwechslung der Angebote
- Zufriedenheit von Gästen und Mitarbeitenden

Darüber hinaus beinhaltet die korrekte Umsetzung rechtlicher Vorgaben eine weitere Form der Qualitätssicherung. Dies ist beispielsweise im Bereich der Hygiene durch das Führen von Checklisten, die dokumentierte jährliche Schulung von Beschäftigten und letztlich durch die Umsetzung und Verifizierung eines betrieblichen Eigenkontrollsystems vorgegeben (siehe Kap. 23). Zur externen Sicherung der Verpflegungsqualität haben Einrichtungen der GG unterschiedliche Möglichkeiten. Eine Zertifizierung in Verbindung mit einem (Güte-)Siegel ermöglicht eine objektive Qualitätssicherung. Zu den gängigsten Zertifizierungen zählen die DGE-Zertifizierung auf Grundlage der DGE-Qualitätsstandards, die ISO 9001 ff. oder das RAL-Gütezeichen „Kompetenz richtig Essen" (Deutsche Gesellschaft für Ernährung 2023) (vgl. Kap. 25).

Literatur

Arens-Azevêdo, U. (2015). Qualitätsmanagement und Zertifizierung: Qualität anbieten oder nur auszeichnen? In M. Bölts & M. Seidl (Hrsg.), *Fladung U: Modernes Verpflegungsmanagement: Best Practices für Individual-, Gemeinschafts- und Systemgastronomie* (S. 404–431). Matthaes Verlag GmbH.

Arens-Azevêdo, U., Greiner, M., & Hagspihl, S. (2023). Das Verpflegungskonzept in der Gemeinschaftsgastronomie – Eine komplexe Herausforderung. *DGE-Wissen, 2023*(1), 15–20.

Bölts, M., Dasbach, M., Jaquemoth, M., & Winkler, G. (2023). Verpflegung vs. Gastronomie – Begriffswirrwarr? Auf dem Weg zu mehr Klarheit. *DGE-Wissen, 2023*(1), 8–11.

Bölts, M., & Gemüth, P. (2015). Speisenproduktions- und Ausgabesysteme – Gewusst wie!? In M. Bölts, M. Seidl, & U. Fladung (Hrsg.), *In: Modernes Verpflegungsmanagement: Best Practices für Individual-, Gemeinschafts- und Systemgastronomie* (S. 160–182). Matthaes Verlag GmbH.

BMEL (Bundesministerium für Ernährung und Landwirtschaft) (2022, Dezember 21) Eckpunktepapier: Weg der Ernährungsstrategie der Bundesregierung. https://www.bundesregierung.de/breg-de/themen/nachhaltigkeitspolitik/ernaehrungsstrategie-2154644. Zugegriffen am 03.05.2023.

Dasbach, M. (2021). Bewirtschaftungssystem. In M. Dasbach (Hrsg.), *Erfolgreiches Verpflegungsmanagement. Praxisorientierte Methoden für Einsteiger und Profis* (2. Aufl., S. 127–158). Neuer Merkur.

Deutsche Gesellschaft für Ernährung e.V. (2020). DGE-Qualitätsstandards. https://www.dge.de/gemeinschaftsgastronomie/dge-qualitaetsstandards/. Zugegriffen am 25.03.2024.

Deutsche Gesellschaft für Ernährung e.V. (2023). *DGE-Qualitätsstandard für die Verpflegung in Betrieben, Behörden und Hochschulen* (6. Aufl.).

Feulner, M. (2018). Den Essplatz wertschätzen. In A. Sennlaub, C. Feist, S. Hagspihl, et al. (Hrsg.), *Mahlzeiten wertschätzend gestalten – Blicke über den Tellerrand* (S. 71–87). Lambertus-Verlag.

Maier-Ruppert, I. (2018). Den Tischgast wertschätzen. In A. Sennlaub, C. Feist, S. Hagspihl, et al. (Hrsg.), *Mahlzeiten wertschätzend gestalten – Blicke über den Tellerrand* (S. 55–69). Lambertus-Verlag.

Pfefferle, H., Hagspihl, S., & Clausen, K. (2021). Gemeinschaftsverpflegung in Deutschland – Stellenwert und Strukturen. *Ernährungsumschau, 68*(8), M470–M483.

Sennlaub, A. (2018). Den Raum Wertschätzen. In A. Sennlaub, C. Feist, S. Hagspihl, et al. (Hrsg.), *Mahlzeiten wertschätzend gestalten – Blicke über den Tellerrand* (S. 55–69). Lambertus-Verlag.

Tecklenburg, E. (2024). Potentielle Nutzer*innen in der Gemeinschaftsverpflegung. *DGE-Wissen, 2024*(3), 51–52.

Betriebsgastronomie

20

Susanne Leitzen und M. Ernestine Tecklenburg

20.1 Grundlagen der Betriebsgastronomie (BG)

Um die Grundlagen der Betriebsgastronomie (BG) transparent darzulegen, sollte zunächst die Organisation der BG mit ihren unterschiedlichen Prozessen betrachtet werden. Das Modell in Abb. 20.1 stellt die zentralen Prozesse der Organisation der BG dar.

Zu den funktionalen Prozessen zählt z. B. der Einkauf bzw. die Beschaffung und die Produktion, während zu den Managementprozessen alle grundlegenden Aufgaben, die mit der Gestaltung, Lenkung und Entwicklung der BG zu tun haben, wie das Qualitäts- und Hygienemanagement, die Einsatz- und Arbeitsplanung und das betriebliche Gesundheitsmanagement gehören (Gregoire, 2016; Tecklenburg, 2018). Unter den verbindenden Prozessen werden im Modell Instrumente verstanden, die eine effektive und effiziente Ausführung der funktionalen Prozesse ermöglichen, wie die Kommunikation oder betriebliche Bildungsarbeit (Tecklenburg, 2018). Die Prozesse werden durch interne und externe Rahmenbedingungen des Betriebes bzw. Unternehmens beeinflusst, die betriebsspezifisch sind (Gregoire, 2016; Tecklenburg, 2018). Die im Modell beschriebenen Determinanten, wie Ressourcen, Vorgaben, Umweltfaktoren, Organisationskultur und Prozesse, sollten auch innerhalb des Verpflegungskonzepts berücksichtigt werden (vgl. Kap. 19).

S. Leitzen (✉) · M. E. Tecklenburg
Deutsche Gesellschaft für Ernährung e. V. (DGE), Bonn, Deutschland
E-Mail: Ernestine.Tecklenburg@haw-hamburg.de

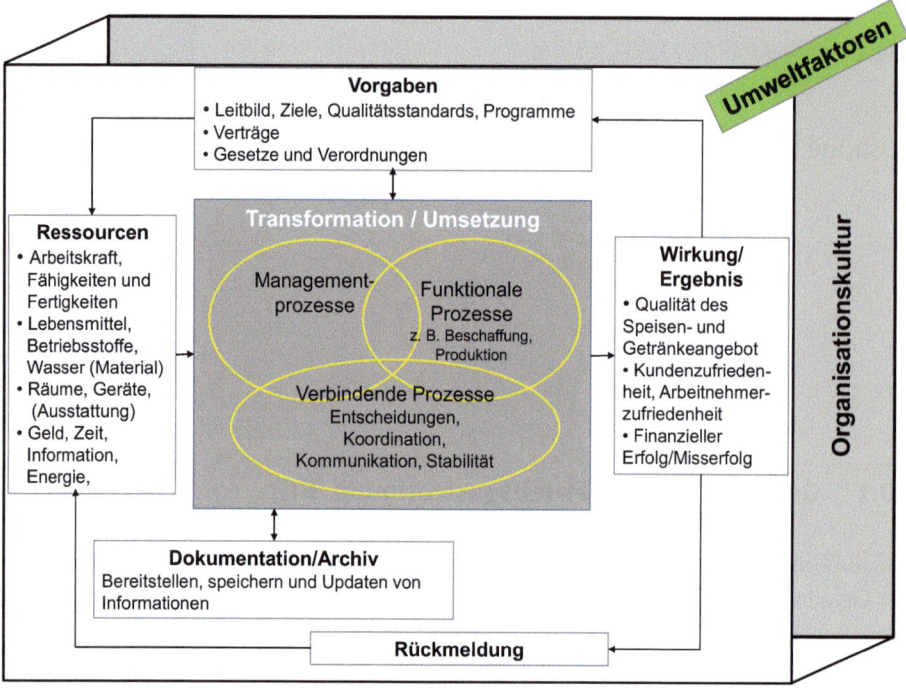

Abb. 20.1 Organisation der BG. (Modifiziert nach Tecklenburg 2018)

Zu den internen Rahmenbedingungen zählen u. a. (Bölts &Winkler, 2015; Arens-Azevedo, 2015; Bober, 2001; Tecklenburg, 2018; Arens-Azevedo et al., 2023):

- Ressourcen auf materieller und immaterieller Ebene. Auf materieller Ebene sind dies z. B. Lebensmittel, Betriebsstoffe, die technische und räumliche Ausstattung inkl. Speiseproduktions- und Ausgabesysteme, Kosten sowie Zuschussgewährung und Personal, während auf immaterieller Ebene u. a. Kompetenzen, Methoden und Zielsetzungen, wie die Ziele Gesundheit und Geschmack bei der Zubereitung von Speisen, benötigt werden.
- Das gesetzlich zu erfüllende Mitspracherecht des Betriebs- bzw. Personalrats.
- Organisationskultur und Vorgaben, d. h. Leitbild und Leitziele für die gastronomische Einrichtung durch das übergeordnete Unternehmen bzw. Leitbild und Ziele des übergeordneten Unternehmens bezüglich Wirtschaftlichkeit, Gesundheitsförderung, Nachhaltigkeit, soziale Ausrichtung und Gästekommunikation.
- Qualitätsmanagement im Kerngeschäft (Produktion und/oder Dienstleistung) eines Unternehmens.
- Arbeitszeit- und Pausenmodelle.

Die BG ist nicht nur durch ihre Organisation gekennzeichnet, sondern auch durch ihre Kultur, das bedeutet durch die in ihr vorherrschenden Grundannahmen, Normen und Standards, Symbole, Interaktionsstrukturen und Artefakte (Faulstich, 1998). Die Bedeutung der Kultur für die Organisation wird auch durch den stärkeren Fokus des neuen EFQM-Modells (European Foundation for Quality Management; www.efqm.org) auf diese deutlich. Nach EFQM (2021) werden unter Organisationskultur *„die Werte und die Verhaltensnormen einer Organisation verstanden, die ihre Mitarbeitenden und Gruppen in der Organisation teilen und die im Laufe der Zeit sowohl ihr Verhalten untereinander als auch gegenüber den für Zweck, Vision und Strategie wichtigen Interessengruppen außerhalb der Organisation prägen."* In Abschn. 21.4 wird dargestellt, wie die im Zusammenhang mit der Organisationskultur entwickelten Leitbilder und Ziele im Verpflegungskonzept berücksichtigt werden können.

Zu den externen Rahmenbedingungen zählen u. a. (Bölts &Winkler, 2015; Gregoire, 2016; Tecklenburg, 2018):

- Umweltfaktoren: Hierunter werden u. a. neue technologische Entwicklungen (z. B. Roboter, künstliche Intelligenz [KI], Digitalisierung), die Globalisierung, der demografische Wandel, aber auch politische Entwicklungen (z. B. Ernährungsstrategie auf Bundes- und Landesebene, nachhaltige Transformation des Ernährungssystems/Ernährungswende) verstanden.
- Rechtliche Rahmenbedingungen (vgl. Kap. 24): Neben zentralen Vorschriften des Lebensmittelrechts (Lebensmittel-Basisverordnung [EG] Nr. 178/2002, Lebensmittel- und Futtermittelgesetzbuch, Verordnung 1169/2011, Lebensmittelinformations-Durchführungsverordnung) gibt es in der Gemeinschaftsgastronomie und -verpflegung eine Reihe von rechtlich unverbindlichen Orientierungshilfen, z. B. DIN-Normen zur Lebensmittelhygiene, die Leitlinien „Gute Lebensmittelhygienepraxis" sowie Stellungnahmen und Empfehlungen von Behörden, wie dem Bundesinstitut für Risikobewertung, die anzuwenden bzw. einzuhalten sind.
- Präventionsgesetz (vgl. Kap. 21): Maßnahmen der Verhältnisprävention, wie die Optimierung des Verpflegungsangebots bzw. solche zur Stärkung gesundheitsförderlicher Strukturen, können im Rahmen des Präventionsgesetzes gefördert werden. Unternehmen können dabei gemäß § 20b und c des fünften Sozialgesetzbuchs (SGB X) von den Krankenkassen unterstützt werden. Im GKV-Leitfaden Prävention werden die Informationen zu den einzelnen Handlungsempfehlungen und Zielgruppen in separaten Kapiteln abgebildet. Mit dem Leitfaden legt der GKV in Zusammenarbeit mit den Verbänden der Krankenkassen die inhaltlichen Handlungsfelder und die entsprechenden Kriterien für die Leistungen fest, die von den Krankenkassen im Rahmen des Präventionsgesetzes gefördert werden. Für die BG ist das Kap. 6 des Leitfadens von Bedeutung (GKV-Spitzenverband, 2023).
- Externe Standards, wie der DGE-Qualitätsstandard für die Verpflegung in Betrieben, Behörden und Hochschulen.
- Konkurrenzsituationen durch Angebote in unmittelbarer Nähe der eigenen gastronomischen Einrichtungen, z. B. durch andere gastronomische Einrichtungen oder auch Bäckereien oder Metzgereien.

20.2 Strukturen der BG (öffentlicher und privatwirtschaftlicher Bereich)

In der BG muss zwischen dem öffentlichen und privatwirtschaftlichen Bereich unterschieden werden (siehe Abb. 20.2). Zur Anzahl der Einrichtungen der BG liegen keine aktuellen Daten vor, weder zur Anzahl der öffentlichen Kantinen (Bundes- und Landeskantinen) noch zur Anzahl an Betriebsrestaurants in privatwirtschaftlichen Unternehmen. In Deutschland gibt es aktuell ca. 3.435.500 Unternehmen, von denen 17.045 Unternehmen mehr als 250 Mitarbeitende haben (Statistisches Bundesamt, 2023). Die Studie „Gesundheit in Deutschland aktuell" (GEDA 2014/2015 EHIS) hat die Kenntnis und Inanspruchnahme von Kantinen mit gesundheitsfördernden Verpflegungsangeboten bei erwerbstätigen Frauen und Männern im Alter von 18 bis 64 Jahren erhoben. Wenn ein solches Angebot vorhanden war, gaben 64,6 % der Frauen und 66,2 % der Männer an, in den letzten zwölf Monaten eine Kantine mit gesundheitsfördernden Verpflegungsangeboten in ihrem Betrieb genutzt zu haben. Dabei nutzten Erwerbstätige der hohen Bildungsgruppe ein solches Angebot am häufigsten (Jordan et al., 2020). Die Ergebnisse der Studie verdeutlichen, dass ein gesundheitsförderndes Verpflegungsangebot 2014 noch nicht alle Bevölkerungsgruppen im gleichen Maße erreicht hat, es jedoch eine wichtige Maßnahme der betrieblichen Gesundheitsförderung (BGF) ist.

Im privatwirtschaftlichen Bereich sind die Unternehmen vollkommen frei in der Gestaltung ihres Verpflegungsangebots für ihre Beschäftigten. Im Idealfall ist die Verpflegung Bestandteil des betrieblichen Gesundheitsmanagements, das eingebettet in das Unternehmensleitbild ist. Während für die Gestaltung des Verpflegungsangebots im öffentlichen Bereich, d. h. in den Kantinen des Bundes oder Landes, die entsprechenden Richtlinien für Kantinen berücksichtigt werden müssen (z. B. Richtlinien für Kantinen bei Dienststellen des Bundes, Richtlinien für Kantinen bei Dienststellen des Landes NRW).

In den Richtlinien für Kantinen bei Dienststellen des Bundes (Kantinenrichtlinien) ist neben den Anforderungen an die Qualität der Verpflegung u. a. auch festgelegt, wer welche Kosten zu tragen hat. Seit der Anpassung der Kantinenrichtlinie des Bundes von 2023 sind Kantinen dazu verpflichtet, den „DGE-Qualitätsstandard für Verpflegung in

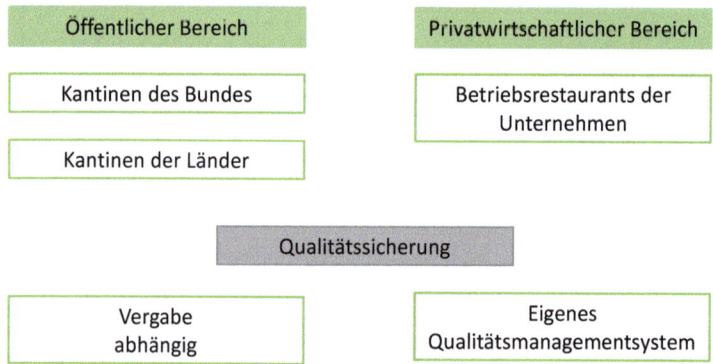

Abb. 20.2 Struktur der BG. (Quelle: eigene Darstellung)

Betrieben" von 2020 umzusetzen. Damit soll sichergestellt werden, dass in Bundeskantinen mindestens ein Menü angeboten wird, das ernährungsphysiologisch ausgewogen ist. Regelungen in Bezug auf die Qualitätssicherung sind bei öffentlichen Kantinen abhängig davon, was im Rahmen der Vergabe mit dem Auftragnehmer vereinbart wurde. So kann z. B. gefordert werden, dass der vom Auftragnehmer übernommene Standort nach dem DGE-Qualitätsstandard zertifiziert werden soll.

Im privatwirtschaftlichen Bereich wird dies unternehmensspezifisch geregelt. Die Unternehmen sind auch hier völlig frei, sich für oder gegen ein Qualitätsmanagementsystem zu entscheiden (vgl. Kap. 24). Eine Möglichkeit besteht darin, das Qualitätsmanagementsystem, das das Unternehmen bzgl. seines Kerngeschäfts eingefügt hat, zu übernehmen.

20.3 Schnittstellen in der BG

Im Schnittstellenmanagement werden Punkte beschrieben, an denen eine Personen- oder Arbeitsgruppe einen Prozess abschließt und das Ergebnis an eine andere Person weiterleitet, die sogenannte Schnittstelle. Um funktionierende, übergreifende Prozesse zu gestalten, sollte am Anfang Zeit eingeplant werden, um einzelne Prozesse zu skizzieren, Zuständigkeiten, inkl. Verantwortlichkeiten, festzulegen und Punkte zu definieren, wann Informationen weitergeleitet und andere Arbeitsbereiche/Verantwortlichkeiten hinzugezogen werden.

Schnittstellen in der BG können z. B. die Folgenden sein:

- Verantwortliche der BG – Unternehmensführung
- Küchenteam bzw. Caterer – Ausgabepersonal
- Ausgabepersonal – Tischgast
- Verantwortliche der BG – Verantwortliche der BFG
- Verantwortliche der BG zu relevanten Abteilungen im Betrieb

Das Schnittstellenmanagement sollte Bestandteil des Verpflegungskonzepts und den Mitarbeitenden des Küchenbereichs bekannt sein.

20.4 Verpflegungskonzept

Ein Verpflegungskonzept beschreibt, wie die Verpflegung im Kontext der betrieblichen Ziele und Rahmenbedingungen gestaltet wird. Ein Verpflegungskonzept ist einrichtungsindividuell (Abb. 20.3). In einem Verpflegungskonzept wird schriftlich ausgeführt, wie die Verpflegung organisiert ist, welche Ziele sie verfolgt und wie sie sich in das Gesamtkonzept des Unternehmens einfügt (Arens-Azevedo et al., 2023).

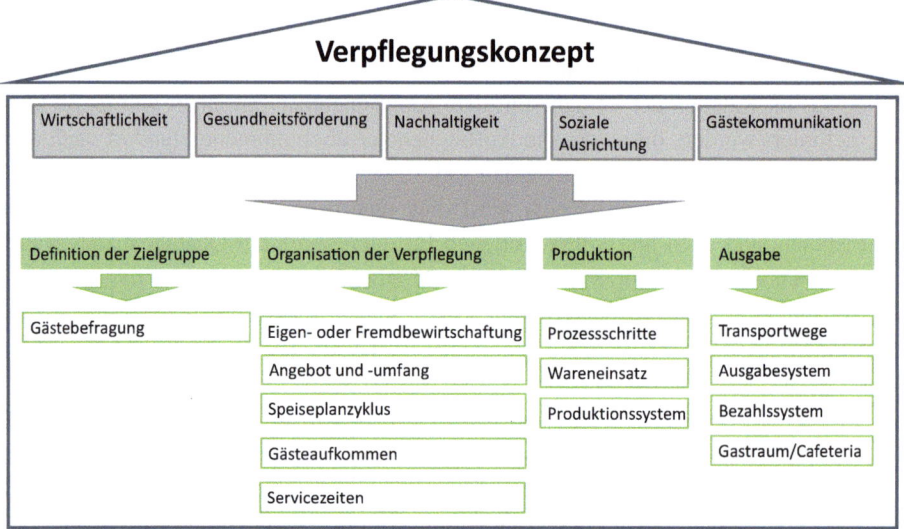

Abb. 20.3 Eckpunkte Verpflegungskonzept. (Quelle: eigene Darstellung nach Arens-Azevedo et al., 2023)

Für die Erarbeitung eines Verpflegungskonzepts sollte ein interdisziplinäres Team gebildet werden. Das Team sollte neben Verantwortlichen der BG und dem Küchenteam aus Teilen der Geschäftsführung, Mitarbeitenden aus dem Einkauf und Vertretenden der Belegschaft bestehen (Arens-Azevedo et al., 2023). Im ersten Schritt gilt es, übergeordnete Punkte zu klären:

Wirtschaftlichkeit
- Arbeitet die BG mit Zuschüssen oder muss sie bedarfsdeckend wirtschaften?
- Welche Kosten werden auf die BG umgelegt?
- Welche gastronomischen Einrichtungen, Supermärkte, Imbisse und Lieferdienste befinden sich in der näheren Umgebung und welche Speisen werden zu welchem Preis dort angeboten?

Gesundheitsförderung
- Welche Ziele verfolgt das Unternehmen bei der Gesundheitsförderung?
- Was wird bereits umgesetzt und wie kann eine gesundheitsfördernde Verpflegung realisiert werden?
- Welche Rahmenbedingungen und Schnittstellen können genutzt werden? Welche müssen angepasst oder neu geschaffen werden?

Nachhaltigkeit
- Welche nachhaltigen Unternehmensziele gibt es und welchen Einfluss haben sie auf die BG?
- Welche ökologischen Parameter sollen in der BG Berücksichtigung finden (Ressourcenschonung, CO_2-Fußabdruck, Wasserfußabdruck, Biodiversität, Tierwohl etc.)?

Soziale Ausrichtung
- Wie sind die Arbeitsbedingungen im Betrieb – müssen für eine Neukonzipierung der Verpflegung Anpassungen vorgenommen werden?
- Wie sind die Beschäftigungsverhältnisse und -umfänge?
- Wie ist der aktuelle Ausbildungs- und Fortbildungsplan? Muss dieser bei einer Neuausrichtung angepasst werden?
- Ist ein partizipativer Prozess (Einbeziehung Betriebsrat, Gesundheitszirkel oder weiterer Gremien) gewünscht und welchen Einfluss hat dies auf die Preisgestaltung in der BG?

Gästekommunikation:
- Welche Ziele werden mit der Gästekommunikation verfolgt? Vermarktung der gastronomischen Leistungen und Prävention durch Ernährungsinformationen? Welche Schnittstellen können dafür genutzt werden, z. B. BGF und Marketingabteilung des Betriebs?
- Welche Medien und Kanäle können für die Gästekommunikation genutzt werden?

Wenn die übergeordneten Punkte geklärt sind, kann mit der Beschreibung des gastronomischen Angebots begonnen werden. Zuerst erfolgt eine Bestandsaufnahme, die sogenannte Status-quo-Erhebung. Diese Ergebnisse dienen als Basis, um Veränderungen messbar zu machen und darzustellen. Im nächsten Schritt werden Ziele definiert, die gemeinsam mit den Ergebnissen der Status-quo-Erhebung in das Verpflegungskonzept einfließen.

Um die BG wirtschaftlich, nachhaltig und gesundheitsfördernd aufzustellen, ist es wichtig, die Zielgruppe zu kennen (vgl. Kap. 21), also die Gäste, die verpflegt werden sollen und für die das Verpflegungsangebot individuell gestaltet wird. Informationen über Trends in der Gästeverpflegung können extern über den Besuch von Seminaren und Kongressen sowie Fachzeitschriften beschafft werden, aber auch intern über Befragungen (z. B. zur Zufriedenheit, Einstellungen, Verzehrs- und Nutzungsverhalten) oder die Auswertung bereits vorhandener Daten (z. B. zu Absatzmengen, gut gehende Gerichte und Gerichte, die nicht so oft nachgefragt werden.).

▶ Eine beispielhafte Befragung mit möglichen Inhalten wird unter www.jobundfit.de unter der Rubrik „Für die Praxis" im Punkt „Planung" bereitgestellt.

Wenn die Informationen ausgewertet und beschrieben sind, werden die organisatorischen Punkte näher beleuchtet. Verschiedene Fragestellungen helfen bei der Ausarbeitung:

- Wird die Bewirtschaftung der BG vom Betrieb in Eigenregie übernommen oder von einem externen Caterer?
- An welchen Orten im Betrieb wird verpflegt? Gibt es neben der BG noch Verkaufsautomaten, eine Cafeteria, Konferenzservice oder ein anderes Serviceangebot?
- Wie viele Gerichte sollen angeboten werden und zu welchen Tageszeiten?
- Wie oft wechselt der Speiseplan?
- Wie sind die Pausenzeiten im Betrieb geregelt und wie können die Servicezeiten der gastronomischen Einrichtungen darauf abgestimmt werden – Stichwort „Gästeaufkommen"?

Wenn der organisatorische Rahmen geklärt ist, werden die relevanten Punkte der Prozesskette näher beschrieben. Eine gute Orientierung bietet der „DGE-Qualitätsstandard für die Verpflegung in Betrieben, Behörden und Hochschulen". Er beschreibt die optimale Verpflegungssituation entlang der Prozesskette. Die Prozesskette umfasst Planung, Einkauf, Zubereitung, Ausgabe, Entsorgung und Reinigung (DGE, 2023). Weitere Informationen und Umsetzungsbeispiele werden unter www.jobundfit.de, (o. J.) dargestellt. Darüber hinaus sollte der Wareneinsatz kalkuliert und festgelegt werden, mit welchem Produktionssystem die Speisen hergestellt werden. Infrage kommende Speiseproduktionssysteme sind Cook & Serve, Cook & Hold, Cook & Chill und Cook & Freeze. Die Unterschiede ergeben sich durch temperaturgekoppelte und -entkoppelte Systeme. Bei Cook & Serve und Cook & Hold ist die Produktion eng mit den Ausgabezeiten gekoppelt. Bei den Systemen Cook & Chill und Cook & Freeze kann entkoppelt produziert werden, d. h. die Speisenzubereitung und -ausgabe sind zeitlich und räumlich voneinander getrennt (Vgl. Kap. 19).

Im weiteren Verlauf werden weitere Punkte rund um die Ausgabe definiert:

- Gibt es mehrere Ausgabeorte auf dem Betriebsgelände? Müssen die Speisen bzw. Waren transportiert werden? Wie kann die Logistik aufgebaut werden und können vorhandene Liefer- und Versorgungswege genutzt werden?
- Welches Ausgabesystem wird genutzt – Cafeteria-Linie, Freeflow, einzelne Counter?
- Welches Bezahl- und Kassensystem wird genutzt und wie wird in den gastronomischen Einrichtungen bezahlt?
- Wie oft wechseln die Gäste während der Stoßzeiten – Stuhlumschlag? Dies hat Einfluss auf die Länge der Öffnungszeiten, Personalplanung, Arbeitsabläufe und die Ausgabezeiten.

Ein Verpflegungskonzept muss gelebt werden und bedarf einer regelmäßigen Überprüfung, die mitunter mit Anpassung an geänderte Rahmenbedingungen und Trends einhergeht.

Das Verpflegungskonzept mit seinen definierten Schnittstellen sollte Bestandteil des Qualitätsmanagements sein und ist der Grundstein für die wirtschaftliche Ausgestaltung der BG.

Literatur

Arens-Azevedo, U., Greiner, M., Hagsphil, S. & Klingshirn, A. (2023). Das Verpflegungskonzept in der Gemeinschaftsgastronomie. Eine komplexe Herausforderung. DGEwissen 1/2023:15–20. https://www.dge.de/wissenschaft/wissenschaftsmagazin/. Zugegriffen am 21.03.2024.

Arens-Azevedo, U. (2015). Qualitätsmanagement und Zertifizierung: Qualität anbieten oder nur auszeichnen? In M. Bölts, M. Seidl, & U. Fladung (Hrsg.), *Modernes Verpflegungsmanagement. Best Practices für Individual-, Gemeinschafts- und Systemgastronomie* (S. 404–431). Matthaes Verlag GmbH.

Bober, S. (2001). *Marketing-Management in der Gemeinschaftsgastronomie: Konzepte – Methoden – Erfahrungen*. (3., erw. und aktualisierte Aufl.). Deutscher Fachverlag.

Bölts, M., & Winkler, G. (2015). Speisenplanung: Und es schmeckt (fast) alles. In M. Bölts, M. Seidl, & U. Fladung (Hrsg.), *Modernes Verpflegungsmanagement. Best Practices für Individual-, Gemeinschafts- und Systemgastronomie* (S. 212–234). Matthaes Verlag GmbH.

Deutsche Gesellschaft für Ernährung (DGE) (2023). DGE-Qualitätsstandard für die Verpflegung in Betrieben, Behörden und Hochschulen (6. Aufl.). https://www.jobundfit.de/fileadmin/user_upload/medien/DGE-QST/DGE-Qualitaetsstandard_Betriebe_Behoerden_Hochschulen.pdf. Zugegriffen am 20.03.2024.

EFQM. (2021). Das EFQM-Modell, 2., überarb. Aufl. Brüssel. https://mailchi.mp/a974279745a2/ced15over7. Zugegriffen am 20.03.2024.

Faulstich, P. (2003). *Strategien der betrieblichen Weiterbildung. Kompetenz und Organisation*. Verlag Franz Vahlen.

GKV-Spitzenverband (Hrsg.). (2023). Leitfaden Prävention. Handlungsfelder und Kriterien nach § 20 Abs. 2 SGB V zur Umsetzung der §§ 20, 20a und 20b SGB V vom 21. Juni 2000 in der Fassung vom 04. Dezember 2023. https://www.gkv-spitzenverband.de/media/dokumente/krankenversicherung_1/praevention__selbsthilfe__beratung/praevention/praevention_leitfaden/2023-12_Leitfaden_Pravention_barrierefrei.pdf. Zugegriffen am 20.03.2024.

Gregoire, M. B. (2016). *Food Service Organization: A mangerial and systems approach* (9. Aufl.). Pearson.

JOB&FIT. www.jobundfit.de. (o.J.).

Jordan, S., Hermann, S., & Starker, A. (2020). Inspruchnahme von Kantinen mit gesunden Ernährungsangeboten im Rahmen betrieblicher Gesundheitsförderung in Deutschland. *Journal of Health Monitoring*, 5(1), 35–42. https://edoc.rki.de/bitstream/handle/176904/6411/JoHM_01_2020_Betriebliche_Gesundheitsfoerderung_Kantine.pdf?sequence=1&isAllowed=y. Zugegriffen am 20.03.2024.

Tecklenburg, M. E. (2018). *Betriebliche Bildungsarbeit für nachhaltige Entwicklung in der Kita-Verpflegung in Theorie und Praxis*. Verlag Dr. Kovač.

Statistisches Bundesamt (Destatis). (2023). Rechtliche Einheiten (Unternehmensregister-System (URS): Deutschland, Jahre, Wirtschaftszweige (Abschnitte), Beschäftigtengrößenklassen 2022. https://www.destatis.de/DE/Themen/Branchen-Unternehmen/Unternehmen/Unternehmensregister/Tabellen/unternehmen-beschaeftigtengroessenklassen-wz08.html. Zugegriffen am 20.03.2024.

Zielgruppen der Betriebsgastronomie

Heide Preuße, Holger Pfefferle und Stephanie Hagspihl

21.1 Ansatzpunkte zur Differenzierung von Zielgruppen

Die Betriebsgastronomie (BG) ist ein Segment der Gemeinschaftsgastronomie (GG). Die BG hat das Ziel, Essensgästen Angebote zu machen für die Deckung objektiver Bedarfe an Nährstoffen sowie für die Befriedigung individueller Bedürfnisse an Speisen und Getränken, die sich im Laufe des Lebens herausgebildet haben. Betriebsgastronomische Angebote werden von den Gästen, die in der Regel dem Betrieb angehören, freiwillig in Anspruch genommen und können einen mehr oder weniger großen Teil der täglichen Ernährung einer Person ausmachen.

Die Perspektive der BG berücksichtigt vorrangig das Setting Essen und Trinken im Berufsalltag. Über die Nutzung von Angeboten der BG und Gründe der Inanspruchnahme liegen allerdings nur begrenzte Informationen vor. Dies stellt eine Herausforderung für die Planung und Durchführung von Erfolg versprechenden BGF-Maßnahmen dar. Die Kenntnis über die Essensgäste ist ebenso wichtig wie Informationen zum Personenkreis, der Angebote nicht in Anspruch nimmt. Aus Sicht der Beschäftigten werden Mahlzeiten auch in anderen Settings, wie z. B. dem privaten Haushalt, eingenommen und dort häufig auch selbst zubereitet.

H. Preuße (✉)
Justus-Liebig-Universität Gießen, Gießen, Deutschland
E-Mail: heide.preusse@haushalt.uni-giessen.de

H. Pfefferle
Deutsche Gesellschaft für Ernährung e. V. (DGE), Bonn, Deutschland
E-Mail: pfefferle@dge.de

S. Hagspihl
Hochschule Fulda, Fulda, Deutschland
E-Mail: stephanie.hagspihl@oe.hs-fulda.de

Ansatzpunkte für die Differenzierung von Zielgruppen müssen diese private Lebenswelt berücksichtigen und Einflussfaktoren für Entscheidungen über die Art und Weise der Ernährungsversorgung identifizieren. Diese lassen sich aus Studien und Statistiken ableiten und in ihren Auswirkungen auf die Inanspruchnahme von BG einordnen.

Grundsätzlich lassen sich drei Kategorien von Merkmalen unterscheiden, die für die Konzeption betriebsgastronomischer Angebote (und BGF-Maßnahmen) relevant sind bzw. relevant sein können. Sie berücksichtigen die einzelne Person, ihren Arbeitsplatz sowie den Haushaltskontext.

Einige Merkmale sind mit typischen Merkmalsausprägungen (ohne Anspruch auf Vollständigkeit) in einem sogenannten „morphologischen Kasten" in Tab. 21.1 dargestellt (DGE 2023). Darüber hinaus können qualitative Kriterien von Bedeutung sein, die sich schwieriger strukturieren lassen, aber ebenfalls Einfluss nehmen, z. B. unterschiedliche Ernährungsformen. Die Merkmale, die bei der Bestimmung von Zielgruppen der BG bedacht werden können, ändern ihre Ausprägungen im gesellschaftlichen und wirtschaftlichen Wandel (siehe nachfolgende Teilkapitel).

21.1.1 Personenbezogene Merkmale

Die Eigenschaften der Belegschaft eines Betriebs wirken sich auf die Anforderungen an die BG aus. Die Gruppe der Betriebsangehörigen stellt die primäre Zielgruppe der BG dar. Als sekundäre Zielgruppen werden externe Essensgäste oder Angehörige anderer Institutionen bezeichnet, die als Gruppe mit Speisen und Getränken versorgt werden. Dazu zählen auch Angehörige der Beschäftigten, für die Essen mit nach Hause genommen werden kann. In den Segmenten Care und Education der GG gibt es die Besonderheit, dass es für die dort Beschäftigten kein spezielles Angebot an BG gibt. Sie können häufig das Verpflegungsangebot der jeweiligen Institution (z. B. Krankenhaus, Altenheim, Kita) in Anspruch nehmen und sind dann dort die sekundäre Zielgruppe.

Diese Personengruppe ist wie die Mitglieder der primären Zielgruppe der BG normalerweise im sogenannten „erwerbsfähigen Alter", das in der amtlichen Statistik auf die Altersgruppe zwischen 20 und 64 Jahren abgegrenzt wird (SBA, 2022a).

Die betrieblich Beschäftigten sind durch den Status der Erwerbsbeteiligung gekennzeichnet, unterscheiden sich jedoch im Nährstoffbedarf und im Ernährungsverhalten aufgrund von:

- Alter,
- Geschlecht,
- gesundheitliche Anforderungen,
- religiösen Speisevorschriften und
- sozialökonomischem Status.

21 Zielgruppen der Betriebsgastronomie

Tab. 21.1 Mögliche Typisierungsmerkmale für Essensgäste der BG

Kategorie	Merkmal	Merkmalsausprägungen			
Person	Alter	Unter 30 Jahre	30–40 Jahre	40–50 Jahre	Über 50 Jahre
	Geschlecht	Männlich	Weiblich	Divers	
	Gesundheitsanforderungen	Keine	Allergien	Körperliche Beeinträchtigungen	…
	Speisevorschriften	Keine	Halal	Koscher	…
	Sozialökonomischer Status	Niedrig	Mittel	Hoch	
Arbeitsplatz	Branche/Wirtschaftszweig	Industrie	Handel	Dienstleistung	…
	Betriebsgröße	< 250 Beschäftigte	250–1000 Beschäftigte	1000 Beschäftigte und mehr	
	Art der Arbeit	Körperlich	Sitzend	Gemischt	…
	Arbeitsumfang	Vollzeit > 36 h/Wo.	Vollzeitnah > 26 h/Wo.	Halbtags 16–25 h/Wo.	Geringfügig
	Arbeitszeitmodell	Wechselschicht	Feste Zeit	Gleitzeit	…
	Arbeitsort	Betrieb	Mobil	Homeoffice	Kombinationen
Haushalt	Haushaltsgröße	1 Person	2 Personen	3 Personen	4 u. mehr Pers.
	Haushaltstyp	Alleinstehend	Paar ohne Kind	Paar mit Kind(ern)	Alleinerziehende
	Erreichbarkeit des Betriebs	< 30 min	30–60 min	> 60 min	

Diese Einzelaspekte weisen einen engen Bezug zum demografischen Wandel auf, der durch folgende Veränderungen geprägt ist:

Die Alterung der Gesellschaft schlägt sich vor allem nieder in einem höheren Anteil älterer Menschen an der Bevölkerung insgesamt. Sie wirkt sich insofern auf Altersstrukturen von Belegschaften aus, als durch gesetzliche Vorgaben das vorgesehene Renteneintrittsalter derzeit kontinuierlich ansteigt.

Die demografischen Veränderungen tragen in vielen Branchen zu einem Mangel an Fachkräften bei. Für die Gewinnung von neuen Mitarbeitenden speziell im Generationswechsel können BG/BGF deshalb wichtige Wettbewerbsvorteile sein.

Die Bevölkerung in Deutschland ist durch einen steigenden Anteil an Personen mit Migrationshintergrund geprägt (Petschel, 2021). Damit sind in der BG vermehrt Verpflegungsangebote gefragt, die religiöse Speisevorschriften und kulturell ausgeprägte Präferenzen berücksichtigen (vgl. Kap. 18).

Durch die gestiegene Erwerbsbeteiligung von Frauen, besonders von Müttern (BMAS, 2021; BMFSFJ, 2022), werden Belegschaften weiblicher und deren Speisevorlieben gewinnen an Bedeutung für die BG-Nachfrage.

21.1.2 Arbeitsplatzbezogene Merkmale

Angebote der BG orientieren sich an den Besonderheiten der Betriebe und der Arbeitsplätze, für die folgenden Merkmale relevant sein können:

- Branche/Wirtschaftszweig: z. B. Automobilindustrie, Bank, Finanzbehörde
- Betriebsgröße/Anzahl der Beschäftigten: von unter Hundert bis zu mehreren Tausend
- Art der Tätigkeit: sitzende Tätigkeit und/oder körperliche Belastung
- Arbeitsumfang: von Vollzeit bis geringfügig
- Arbeitszeitmodell: Gleitzeit, feste Arbeitszeit, Wechselschicht
- Arbeitsort: Betrieb, mobil, Homeoffice oder Kombinationen

Einige Veränderungen der Arbeitswelt können sich auf die Nachfrage nach der BG auswirken. So sind Mütter, wie bereits erwähnt, z. B. nicht nur in höherem Maße erwerbsbeteiligt, sondern sie arbeiten auch zunehmend mit mehr Arbeitsstunden (BMAS, 2021).

Für die Nachfrage nach der BG ist die Anwesenheit der Beschäftigten im Betrieb ein entscheidender Faktor. In welcher Form Präsenzen ausgeprägt sind, hängt vom Umfang der Arbeitszeiten, den genutzten Arbeitszeitmodellen sowie der Möglichkeit ab, Arbeitsorte (wenigstens zeitweise) frei zu wählen.

Während der Lockdowns in der COVID-19-Pandemie arbeiteten diejenigen, deren Arbeitsplatzanforderungen dafür geeignet sind, im Homeoffice. Aus dieser Notwendigkeit ist mittlerweile eine verbreitete Option der räumlichen Flexibilisierung geworden, die zu geringerer Anwesenheit in den Betrieben führt und damit die Nachfrage nach betriebsgastronomischen Angeboten unmittelbar beeinflusst.

Kommen nun Beschäftigte, die zeitweise im Homeoffice arbeiten können, in den Betrieb, sind über die Erledigung von Arbeitsaufgaben und Wahrnehmung von Besprechungsterminen hinaus zwei unterschiedliche Motive von Bedeutung. Das eine besteht in dem Wunsch, soziale Kontakte zu Personen aus dem Kollegium zu pflegen. Eine zweite Gruppe von Beschäftigten nutzt den betrieblichen Arbeitsplatz vorrangig zum ungestörten Arbeiten, weil dies zu Hause nur schwer möglich ist. Diese Personengruppe verzichtet weitgehend auf die Kontaktpflege, weil die Lebenssituation durch Zeitdruck geprägt ist (Carstensen, 2023). Sie dürfte überwiegend in Mehrpersonenhaushalten eingebunden sein, in denen Kinder und/oder alte Menschen versorgt, gepflegt und/oder betreut werden müssen.

Für die BG folgt aus dieser Differenzierung, dass in der Angebotsgestaltung auch Aspekte der Haushaltssituation der Beschäftigten wichtig sein können, weil diese sich auf Entscheidungen über die (Nicht-)Inanspruchnahme der Verpflegungsleistungen auswirken. Mit der Berücksichtigung der Besonderheiten verschiedener Teilgruppen kann die Wertschätzung gegenüber allen Beschäftigten gleichermaßen zum Ausdruck gebracht werden. Außerdem sind positive Wirkungen auf das Betriebsklima insgesamt und Wettbewerbsvorteile bei der Gewinnung von Fachkräften zu erwarten, wenn auch in den einzelnen Abteilungen und Arbeitsgruppen eine gute Arbeitsatmosphäre herrscht.

21.1.3 Merkmale des Haushaltskontextes

Erwerbstätige gehören fast ausnahmslos auch einem privaten Haushalt an, der durch eine Wohnung und eine bestimmte Art der Lebensgestaltung gekennzeichnet ist. Einen Teilbereich darunter macht die Ernährungsversorgung aus. Sie ist durch Mahlzeitenmuster geprägt, die durch Entscheidungen darüber zustande kommen, was, wann, wo und mit wem gegessen und getrunken wird. Im Zusammenhang damit ist auch zu klären, ob zu Hause gekocht wird oder gastronomische Angebote in Anspruch genommen werden.

Mahlzeiten in einem zeitlichen oder räumlichen Bezug zur Erwerbsarbeit kommen in vier Ausprägungen vor (siehe Abb. 21.1). Die Inanspruchnahme betriebsgastronomischer Angebote ist eine Möglichkeit in den Typen 1 und 2.

Folgende Merkmale des Haushalts sind zusätzlich zu den bereits erwähnten personen- und arbeitsplatzbezogenen Merkmalen von Bedeutung für die Nutzung von BG als eine Ausprägung von Mahlzeitenmustern:

- Haushaltsgröße: Anzahl der Personen im Haushalt
- Haushaltszusammensetzung (Haushaltstyp): Differenzierung nach Vorliegen einer Partnerschaft und/oder Existenz von einem Kind bzw. mehreren Kindern
- Besondere Anforderungen, z. B. durch Hilfe- und Unterstützungsleistungen für Ältere im eigenen und in weiteren Haushalten oder durch Fernpendeln zum Arbeitsplatz

Typ 1: Mahlzeitenzubereitung durch den Außer-Haus-Markt, Mahlzeiteneinnahme in einer gastronomischen Einrichtung	**Typ 2:** Mahlzeitenzubereitung durch den Außer-Haus-Markt, Verzehr direkt am Arbeitsplatz
Typ 3: Mahlzeitenzubereitung zu Hause, Verzehr von mitgebrachten Speisen (und Getränken) direkt am Arbeitsplatz	**Typ 4:** Mahlzeitenzubereitung und Mahlzeiteneinnahme überwiegend zu Hause

Abb. 21.1 Mahlzeitenmuster von Beschäftigten am Arbeitsplatz, beschrieben durch vier verschiedene Typen der Mahlzeitenzubereitung und Mahlzeiteneinnahme

Auch Haushaltsgrößen und -typen unterliegen soziodemografischen Wandlungsprozessen, die Chancen für die BG eröffnen.

Im Jahr 2021 betrug der Anteil an Ein- und Zweipersonenhaushalten 75 %. Nur 25 % der rund 40,7 Mio. Haushalte hatten drei und mehr Haushaltsmitglieder (SBA, 2022b). Typischerweise nutzen kleinere Haushalte eher die Außer-Haus-Verpflegung und verpflegen sich, speziell mit warmen Mahlzeiten, weniger zu Hause.

Hinsichtlich der Haushaltszusammensetzung ist ein Anstieg in der Zahl von Alleinlebenden und Paaren ohne Kinder zu verzeichnen. Familien von Paaren mit Kindern und von Alleinerziehenden machten demgegenüber 2021 rund 29 % aller Haushalte aus. In den letzten Jahrzehnten ist der Anteil von Alleinerziehenden kontinuierlich angestiegen, die Versorgungsaufgaben und die Existenzsicherung durch Erwerbstätigkeit alleine wahrnehmen müssen. Für sie kann die BG eine Entlastung in der Ernährungsversorgung sein, wenn gleichzeitig für die Kinder ein Angebot an Kita- bzw. Schulverpflegung besteht. Dies gilt auch für Paarhaushalte mit Kindern, besonders, wenn die Eltern beide mit hohem Stundenumfang erwerbstätig sind und am Arbeitsplatz betriebsgastronomische Angebote zur Verfügung stehen.

Nehmen Erwerbstätige demgegenüber Verpflichtungen zu Hilfe- und Unterstützungsleistungen für die Seniorengeneration wahr, ist damit zu rechnen, dass die Ernährungsversorgung im privaten Bereich eine höhere Bedeutung hat. Dies gilt auch, wenn durch private Hilfen zwischen Haushalten eine Entlastung von Erwerbstätigen möglich wird, z. B. weil die Großmutter regelmäßig zum Essen einlädt.

▶ Zusammengefasst lässt sich feststellen, dass verschiedene personen- und arbeitsplatzbezogene Aspekte sowie die Haushaltskonstellation Einfluss darauf haben können, ob Personen betriebsgastronomische Angebote in Anspruch nehmen.

Die Entscheidungen darüber werden auf einer übergeordneten Ebene zwischen den beiden grundsätzlichen Alternativen getroffen, die Ernährungsversorgung mehr durch private Mahlzeitenzubereitung oder mehr durch Außer-Haus-Verpflegung sicherzustellen. Die BG als Teilbereich der Außer-Haus-Verpflegung und der GG ist eine Wahlmöglichkeit unter verschiedenen anderen Angeboten.

21.2 Einflussfaktoren auf das Verhältnis von häuslicher Ernährungsversorgung und Außer-Haus-Verzehr

Informationsquellen zur Frage, welche Faktoren den Außer-Haus-Verzehr und damit auch die BG begünstigen, sind Ergebnisse von Befragungen, die vom Bundesministerium für Ernährung und Landwirtschaft (BMEL), der Techniker Krankenkasse (TK) und der Gesellschaft für Konsumforschung zusammen mit der Bundesvereinigung der Deutschen Ernährungsindustrie e. V. (GfK/BVE) veröffentlicht wurden sowie geschätzte Angaben (gv-praxis) und Sekundärauswertungen statistischer Daten der Einkommens- und Verbrauchsstichprobe (FDZ).

Nutzung von Betriebsrestaurants oder Kochen zu Hause
Laut aktuellen Schätzungen des Fachmagazins gv-Praxis nutzen 20 % der Erwerbstätigen ein Betriebsrestaurant (Nestlé, gv-praxis & BTG, 2023). Eine Bevölkerungsumfrage im Auftrag des BMEL ergab im Jahr 2019, dass 25 % der Erwerbstätigen mindestens einmal in der Woche in der „Kantine" essen. Für 2022 liegt der Gesamtdurchschnitt von Kantinennutzungen ohne Berücksichtigung von Nutzungshäufigkeit und Altersgruppen bei 11 % (BMEL, 2019, 2022). Bei diesen Angaben ist zu berücksichtigen, dass ein betriebsgastronomisches Angebot trotz der steigenden Bedeutung nur für einen Teil von Erwerbsarbeitsplätzen zur Verfügung steht.

Das Kochen zu Hause ist nach wie vor von Bedeutung, aber mit sinkender Tendenz. Schon seit Längerem ist eine Verschiebung der warmen Mahlzeit vom Mittag auf den Abend zu beobachten. Immerhin 52 % der Befragten geben an, fast täglich zu kochen und nochmals 30 % tun dies zwei- bis dreimal pro Woche (GfK/BVE, 2017; BMEL, 2021).

In Haushalten mit Kindern weist der von Erhebungszeitraum zu Erhebungszeitraum gestiegene Anteil von Ausgaben für die GG auf die im Zeitverlauf gewachsene Bedeutung von Kita- und Schulverpflegung hin (Preuße, 2019). Allerdings legen Familien nach wie vor Wert auf gemeinsame Mahlzeiten, besonders wenn Eltern hohe Bildungsabschlüsse haben (Frank et al., 2019; Leonhäuser et al., 2009), was vermutlich teilweise einen Verzicht auf Angebote der Gemeinschaftsgastronomie bedeutet.

Differenziert man die Ausgaben für Außer-Haus-Verpflegung nach ihren Anteilen für Individual- und GG in verschiedenen Haushaltstypen, fällt bei Paaren ohne Kinder der geringe Anteil für Kantinen, Mensen etc. im Vergleich zum überdurchschnittlichen Anteil

Tab. 21.2 Ausgaben für Ernährung nach Haushaltstypen. (FDZ, 2021)

Haushaltstyp	Ausgaben für Ernährung €/Monat	Ausgaben für Ernährung €/Person und Tag	Anteil der Ausgaben für … an den Ernährungsausgaben insgesamt (in %) Verpflegungsdienstleistungen (AHV-Verzehr)	Anteil der Ausgaben für … an den Ernährungsausgaben insgesamt (in %) Kantine/Mensa/Kita-/Schulverpflegung
Haushalte insg.	532	9,07	23	3
Alleinlebende Frauen	282	9,39	21	2
Alleinlebende Männer	325	10,83	27	4
Paare ohne Kinder	601	10,01	25	1
Paare mit 1 Kind	701	7,79	24	4
Paare mit 2 Kindern	807	6,72	24	6
Paare mit 3 und mehr Kindern	882	5,67	21	6
Alleinerziehende mit 1 Kind	432	7,21	20	4
Alleinerziehende mit 2 und mehr Kindern	555	5,77	20	5

der Außer-Haus-Verpflegung insgesamt auf. Es deutet auf eine intensivere Nutzung der Individualgastronomie hin (FDZ, 2021, siehe Tab. 21.2).

Schließlich hat auch die Altersstruktur der Beschäftigten eines Betriebs einen Einfluss auf die Inanspruchnahme von betriebsgastronomischen Angeboten. Während ältere Personen nach wie vor gewohnt sind, regelmäßig zu Hause zu kochen (GfK/BVE, 2017), entscheiden sich jüngere häufig spontan für ein Verpflegungsangebot.

Geld und Zeit als limitierende Faktoren

Allgemeine Trends, z. B. in den Einstellungen zu Nachhaltigkeit und Gesundheit, müssen differenziert betrachtet werden. Dies machen die unterschiedlich gewählten Antworten auf die Frage, was zu einer gesunden Ernährung fehlt, deutlich (TK, 2017). Dabei sind die verfügbaren Geld- und Zeitressourcen nach wie vor limitierende Faktoren, die auch in der BG zu berücksichtigen sind. Einerseits besteht der generelle Wunsch nach einer schnellen Mahlzeitenzubereitung (TK, 2017), andererseits zeigt sich eine hohe Zustimmung zur Relevanz von Preisen bei der Lebensmittelauswahl (BMEL, 2022). Die BG kann also attraktiv sein, wenn die Zeitersparnis für die Gäste in einem ausgewogenen Verhältnis zu den Mehrkosten gegenüber der häuslichen Ernährungsversorgung liegt.

Die Vorteile des Außer-Haus-Verzehrs sinken allerdings mit steigender Haushaltsgröße, weil sich die pro Person berechneten Essenspreise aufsummieren und damit finanzielle und zeitliche Einsparungseffekte durch gemeinsames Wirtschaften im Haushalt fehlen. Sowohl der Geld- als auch der Zeitbedarf für die private Mahlzeitenzubereitung steigen nicht linear an, je mehr Personen zu verpflegen sind. Dies führt dazu, dass besonders in (großen) Familienhaushalten die Außer-Haus-Verpflegung weniger in Anspruch genommen wird als in kleineren Haushalten (siehe Tab. 21.2).

Sowohl die Lohn- und Gehaltsgruppen als auch der Umfang der Erwerbsbeteiligung haben Einfluss auf die Haushaltseinkommen und damit auf die Außer-Haus-Verpflegung. Deren Anteile fallen umso größer aus, je höher das Einkommen des Haushalts ist (Preuße, 2019). Das bedeutet im Umkehrschluss, dass eine Beteiligung an der BG für Personen aus Haushalten mit geringem Einkommen relativ teuer ist, wenn die Angebote nicht vom Betrieb subventioniert werden.

In Bezug auf die Erwerbsbeteiligung ist besonders der Umfang der beruflichen Aktivität von Müttern wichtig. Je stärker Mütter beruflich aktiv sind, desto weniger Zeit wenden sie für die Mahlzeitenzubereitung auf (Klünder & Meier-Gräwe, 2017). Wenn die Kinder über Kita- und Schulverpflegung versorgt werden, lassen sich die Mütter und Väter durch betriebsgastronomische Angebote erreichen.

Die Darstellung verschiedener Einflussfaktoren auf die Ausprägung des Mahlzeitenmusters zeigt, dass viele Kriterien für Entscheidungen zur Inanspruchnahme der BG eine Rolle spielen können, die aufseiten der Anbieter zu bedenken sind.

21.3 Kriterien für die Inanspruchnahme von betriebsgastronomischen Angeboten

Wie Personen für sich alleine oder im Rahmen eine Haushaltsgemeinschaft aus angebotenen Alternativen für Einzelmahlzeiten bzw. Mahlzeitenmuster wählen, kann mit dem handlungstheoretischen Ansatz beschrieben werden, den Rosemarie von Schweitzer für die Erklärung des Haushaltshandelns allgemein entwickelt hat (Schweitzer, 1991; Preusse, 2021).

Jeder Mensch bzw. die Gruppe von Personen, die in einem Haushalt zusammenlebt, hat ein privates Verpflegungskonzept, das sich in einem Mahlzeitenmuster niederschlägt. Es ist in der Regel eine Mischung aus selbst bzw. im Haushalt zubereiteten Mahlzeiten unterschiedlicher Convenience-Grade und der Nutzung von Angeboten der Außer-Haus-Verpflegung.

Betrachtet man zur Vereinfachung Entscheidungen über die Inanspruchnahme der BG auf individueller Ebene, so wird das Verpflegungskonzept von drei Dimensionen geprägt:

- *Handlungsspielräume*: Zentrale Voraussetzung für die Nutzung der BG ist ein entsprechendes Angebot. Dieses muss auch in Konkurrenz mit alternativen Angeboten der Außer-Haus-Verpflegung am Wohnort und am Arbeitsplatz gesehen werden. Dabei können Zuschüsse von Arbeitgeberseite BG attraktiv machen.
- *Lebenseinstellungen*: Lebenseinstellungen werden deutlich in Qualitätsansprüchen an Speisen und Getränke (z. B. Relevanz von Aspekten der Nachhaltigkeit und Gesundheit). Sie drücken sich auch aus in der Wahl bestimmter Anbieter von Außer-Haus-Verpflegung. Weitere relevante Aspekte für die Inanspruchnahme von BG sind Wertorientierungen, die dem Familienleben (z. B. gemeinsame Familienmahlzeiten) einerseits sowie sozialen Kontakten am Arbeitsplatz andererseits beigemessen werden. Auch eine begrenzte Zahlungsbereitschaft oder eine große Motivation zum Kochen können die Inanspruchnahme von BG einschränken.

- *Ressourcen*: Finanzielle Mittel (Einkommen) und die verfügbare Zeit sind zwei begrenzende Faktoren für das Haushaltshandeln. Ihre Verfügbarkeit ist jedoch nicht nur in absoluten Größen zu sehen, sondern hängt auch von den übergeordneten Prioritätensetzungen (Lebenseinstellungen) über Geld- und Zeitverwendung ab. Weitere Ressourcen, die Einfluss nehmen können auf die Inanspruchnahme von Außer-Haus-Verpflegung, sind Kenntnisse und Fähigkeiten im Bereich von Lebensmittelauswahl und Mahlzeitenzubereitung sowie eine geeignete (technische) Ausstattung der Küche.

Auf Haushaltsebene werden die drei genannten Dimensionen insofern komplexer, als mit den begrenzt verfügbaren Geldmitteln alle Haushaltspersonen adäquat zu versorgen sind und die gemeinsame Zeit der Haushaltsmitglieder organisiert werden muss. Dabei sind zeitliche Bindungen, die aus Vorgaben von Institutionen (wie Arbeitgeber, Schule etc.) resultieren, zu berücksichtigen und die Bedürfnisse jeder einzelnen Person nicht nur bei der Verpflegung zu befriedigen. Da die Verwirklichung von Vorlieben und Wertorientierungen im Alltag mit dem Einsatz von (knappen) Geld- und Zeitressourcen verbunden ist, müssen sich die Haushaltspersonen untereinander abstimmen, welche Ziele erreicht werden können und welche nicht.

Der Essalltag und die Alltagskultur eines Haushalts sind einerseits das Ergebnis einer Vielzahl von mehr oder weniger bewusst getroffenen Entscheidungen, andererseits aber auch immer wieder verbunden mit einem Anpassen an neue Lebensphasen (z. B. Wechsel des Arbeitgebers, Geburt von Kindern) oder an geänderte Erfordernisse von außen (z. B. neue Aufgaben am Arbeitsplatz, Hilfebedarf von Senioren). Sie unterliegen zusätzlich gesellschaftlichen und wirtschaftlichen Wandlungsprozessen.

Die Inanspruchnahme der BG ist eine Haushaltsentscheidung, die, sofern ein passendes Angebot vorhanden ist, ein Stück gelebte Vereinbarkeit zwischen Erwerbstätigkeit und Privat- bzw. Familienleben sein kann. Die BG ist jedoch nur eine von verschiedenen Handlungsalternativen, deren Auswahl in hohem Maße von persönlichen Lebenseinstellungen und verfügbaren Ressourcen bestimmt ist.

▶ Es lässt sich festhalten: *Entscheidungen* zugunsten der BG werden gefördert, wenn

- die Essensqualität den Ansprüchen und finanziellen Möglichkeiten der Gäste entspricht,
- eine Zeitersparnis in der Ernährungsversorgung erreicht werden soll und/oder
- der soziale Kontakt im Kollegenkreis hoch bewertet wird.

Für Erfolge in der Angebotsgestaltung der BG ist eine Analyse der Struktur der Belegschaft und ihrer persönlichen Besonderheiten anhand der genannten Kriterien wichtig.

21.4 Zielgruppensegmentierung im Betrieb

Zielgruppen sind nach Bruhn Personen, die mit einer Botschaft angesprochen werden sollen (Bruhn, 2022). Im Falle der BG sind dies aktuelle und potenzielle Nutzer sowie unter Umständen weitere Gruppen, die Einfluss auf die Inanspruchnahme haben können.

Zur Zielgruppensegmentierung werden im Marketing häufig Typologien genutzt, die verschiedene gesellschaftliche Milieus allgemein beschreiben (wie die Sinus Milieus©) oder einen themenbezogenen Zuschnitt speziell auf Ernährung haben (Bruhn, 2022; Mörixbauer et al., 2019).

Für die BG einzelner Betriebe ist eine speziellere Vorgehensweise erforderlich, die die Besonderheiten sowohl der BG als auch des zugehörigen Betriebs berücksichtigt. Für das Erreichen von Zielgruppen sind drei Schritte von Bedeutung (Bruhn, 2022, Mörixbauer et al., 2019):

- Zielgruppenidentifikation (Wer soll erreicht werden?)
- Zielgruppenbeschreibung (Mit welchen Merkmalen lässt sich die Zielgruppe beschreiben?)
- Zielgruppenerreichbarkeit (Auf welche Weise kann die Ansprache am besten gelingen?)

Identifikation der Zielgruppe: Inwieweit gelten alle Beschäftigten des Betriebs als Zielgruppe oder werden Teilgruppen für unterschiedliche Angebote gebildet? Gibt es neben der primären Zielgruppe weitere (sekundäre) Zielgruppen?

Beschreibung von Zielgruppen: Einen ersten Einblick geben statistische Angaben zu den Beschäftigten im Betrieb, die in Personalabteilungen vorliegen. In Gesprächen mit Personalverantwortlichen im Betrieb, besonders auch dem Personal- bzw. Betriebsrat, kann geprüft werden, ob und wenn ja, welche Faktoren die Inanspruchnahme der BG beeinflussen können. Genauere Informationen lassen sich durch Befragungen im Betrieb ermitteln.

Erreichen von Zielgruppen: Es können unterschiedliche Kommunikationsformen am Ort der BG (Aushänge, Aufsteller, digitale Anzeigen) gewählt oder Informationskanäle des Betriebs (Mails, Newsletter) genutzt werden.

Sowohl zum Kennenlernen von Zielgruppen als auch zur Evaluation betriebsgastronomischer Angebote eignen sich Umfragen. Ihre Konzeption hängt ab von der Fragestellung. Je nach Umfang und thematischer Schwerpunktsetzung werden folgende und ggf. weitere Aspekte einbezogen:

- Alter, Geschlecht, Funktion und Anwesenheit im Betrieb, private Lebenssituation
- Ernährungsgewohnheiten
- Nutzungshäufigkeit betriebsgastronomischer Angebote
- Zufriedenheit mit Speiseangebot, Service, Preis-Leistung-Verhältnis
- Anregungen und Wünsche

Für den kontinuierlichen Gästedialog eignen sich regelmäßige „runde Tische" und direkte Feedbackmöglichkeiten, z. B. durch Kontaktformulare, digitale Bewertungstools oder ausliegende Beschwerdebücher. Ein professionelles Lob- und Beschwerdemanagement ermöglicht eine Beteiligung aller Zielgruppen und trägt in der Qualitätsentwicklung dazu bei, Maßnahmen zu bewerten und Ziele zu bestimmen.

Essen und Trinken im Betrieb bieten die Möglichkeit, die Ernährung (nicht nur) im Berufsalltag gesünder und nachhaltiger werden zu lassen. Dabei ist jedoch zu berücksichtigen, dass die BG wie alle Formen der Außer-Haus-Verpflegung durch ein relativ hohes Maß an Standardisierung des Angebots gekennzeichnet ist. Die Zielgruppenorientierung hat dort Grenzen, wo individuelle Bedürfnisse zu unterschiedlich sind (vgl. Kap. 18).

Literatur

BMAS (Bundesministerium für Arbeit und Soziales, Hrsg.). (2021). Lebenslagen in Deutschland. Der sechste Armuts- und Reichtumsbericht der Bundesregierung. https://www.armuts-und-reichtumsbericht.de/DE/Startseite/start.html. Zugegriffen am 02.04.2022.

BMEL (Bundesministerium für Ernährung und Landwirtschaft, Hrsg.). (2022, 2021, 2019). Ernährungsreport. https://www.bmel.de/DE/themen/ernaehrung/ernaehrungsreport-ueberblick.html. Zugegriffen am 13.04.2023.

BMFSFJ (Bundesministerium für Familie, Senioren, Frauen und Jugend, Hrsg.). (2022). Familienleben und Familienpolitik in Ost- und Westdeutschland. (Monitoring Familienforschung, Ausgabe 44). https://www.bmfsfj.de/resource/blob/198762/3ffb71ba91a5228bca7d2b409784ff13/mff-familienpolitik-ost-west-data.pdf. Zugegriffen am 08.03.2023.

Bruhn, M. (2022). Marketing. Grundlagen für Studium und Praxis (15. Aufl.) Springer Fachmedien Wiesbaden.

Carstensen, T. (2023). Zwischen Homeoffice, neuer Präsenz und Care. *WSI-Mitteilungen, 76*(1), 3–9.

DGE (Deutsche Gesellschaft für Ernährung e. V., Hrsg.). (2023). Außer-Haus-Verzehr. *DGE-Wissen*, 2023(1). https://dgewissen.uzv.de/de/profiles/4fd4d79f1265/editions/dad64b57b56b67706aff/pages. Zugegriffen am 08.03.2023.

FDZ (Forschungsdatenzentrum der Statistischen Ämter des Bundes und der Länder, Hrsg.). (2021). Einkommens- und Verbrauchsstichprobe 2018, Grundfile 3, eigene Berechnungen.

Frank, M., et al. (2019). Prävalenzen und zeitliche Entwicklung von gemeinsamen Familienmahlzeiten in Deutschland. Ergebnisse aus EsKiMo II. *Ernährungsumschau, 66*(4), M198–M205.

GfK/BVE (GfK Consumer Panel, Bundesvereinigung der Deutschen Ernährungsindustrie e. V.). (2017). Neue Muster in der Ernährung. Die Verbindung von Genuss, Gesundheit und Gemeinschaft in einer beschleunigten Welt.

Klünder, N., & Meier-Gräwe, U. (2017). Essalltag und Arbeitsteilung von Eltern in Paarbeziehungen – Eine quantitative Analyse auf Basis der repräsentativen Zeitverwendungsdaten 2012/13 und 2001/02. *Zeitschrift für Familienforschung, 29*(2), 179–201.

Leonhäuser, I.-U., et al. (2009). Essalltag in Familien. Ernährungsversorgung zwischen privatem und öffentlichem Raum. VS Verlag für Sozialwissenschaften.

Mörixbauer, A., Gruber, M., & Derndorfer, E. (2019). Handbuch Ernährungskommunikation. Springer Spektrum.

Nestlé Deutschland, gvpraxis, Business Target Group (BTG). (2023). So nachhaltig is(s)t Kantine und Mensa. Die Nestlé Studie 2023. https://www.nestle.de/sites/g/files/pydnoa391/files/2023-03/Download_Nestle-Studie_2023_0.pdf. Zugegriffen am 31.03.2023.

Petschel, A. (2021). Bevölkerung mit Migrationshintergrund. In Bundeszentrale für politische Bildung (S. 30–46). Datenreport.

Preuße, H. (2019). Ausgaben privater Haushalte für Ernährung. *Ernährungsumschau, 66*(11), M644–M652.

Preusse, H. (2021). Handeln im Privathaushalt. In M. Bölts, A. Bognár, T. Dickau, U. Gomm, E. Leicht-Eckardt, H. Preusse, & M. Schlich, Lebensmittelverarbeitung im Haushalt – Teil III. Deutsche Gesellschaft für Hauswirtschaft e.V. (Hrsg.). *Hauswirtschaft und Wissenschaft* 69 (2021), ISSN online 2626-0913. doi: 10.23782/HUW_14_2021, S. 6–8.

SBA (Statistisches Bundesamt, Hrsg.). (2022a). Erwerbsbeteiligung der Bevölkerung. (FS 1: Bevölkerung und Erwerbsbeteiligung, R. 4.1). https://www.destatis.de/DE/Themen/Arbeit/Arbeitsmarkt/Erwerbstaetigkeit/Publikationen/Downloads-Erwerbstaetigkeit/erwerbsbeteiligung-bevoelkung-endergebnisse-2010410207004.pdf?__blob=publicationFile. Zugegriffen am 08.03.2023.

SBA (Statistisches Bundesamt, Hrsg.). (2022b). Haushalte und Familien. (FS 1: Bevölkerung und Erwerbsbeteiligung, R. 3). https://www.destatis.de/DE/Themen/Gesellschaft-Umwelt/Bevoelkerung/Haushalte-Familien/Publikationen/Downloads-Haushalte/haushalte-familien-2010300217004.pdf?__blob=publicationFile. Zugegriffen am 08.03.2023.

Schweitzer, R. v. (1991). Einführung in die Wirtschaftslehre des privaten Haushalts. Verlag Eugen Ulmer.

TK (Techniker Krankenkasse) (2017) Iss was, Deutschland. TK-Studie zur Ernährung 2017. https://www.tk.de/resource/blob/2033596/02bb1389edf281fbcc4ace59ea886a80/iss-was-deutschland-data.pdf. Zugegriffen am 08.03.2023.

BGF-Programme für die Betriebsgastronomie

22

Susanne Leitzen

22.1 Grundlagen der Verhältnis- und Verhaltensprävention

Die Gemeinschaftsgastronomie (GG) und -verpflegung respektive die Betriebsgastronomie (BG) haben aufgrund der Anzahl Menschen, die täglich erreicht werden, sowie der Tatsache, dass diese aus allen Teilen der Gesellschaft stammen, ein hohes Präventionspotenzial. Eine gesundheitsfördernde Verpflegung, die eine bedarfsgerechte Menge an Energie und Nährstoffen bietet, fördert und erhält sowohl die körperliche als auch die geistige Leistungsfähigkeit. Somit trägt sie entscheidend zur Prävention von Krankheiten, wie Adipositas und Typ-2-Diabetes, bei (DGE, 2023). Zudem kann durch eine gezielte Information im Rahmen der Gästekommunikation Einfluss auf das Ernährungsverhalten genommen und aufgezeigt werden, welche Auswirkungen eine gesunde und nachhaltige Ernährung auf die eigene Gesundheit und die Umwelt haben kann (Clausen et al., 2021). Dabei wird im Wesentlichen zwischen Verhaltens- und Verhältnisprävention unterschieden (vgl. Kap. 2).

▶ *Verhaltensprävention:* Maßnahmen in der Verhaltensprävention richten sich an den Einzelnen und dessen individuelles Gesundheitsverhalten. Darunter fallen beispielsweise Maßnahmen, die die Gesundheitskompetenz stärken (BMG, 2019).

▶ *Verhältnisprävention:* Maßnahmen in der Verhältnisprävention zielen auf die Veränderung der Umgebung ab und berücksichtigen Lebens- und Arbeitsverhältnisse (BMG, 2019).

S. Leitzen (✉)
Deutsche Gesellschaft für Ernährung e. V. (DGE), Bonn, Deutschland
E-Mail: leitzen@dge.de

Wenn die Verantwortlichen der Betrieblichen Gesundheitsförderung (BGF) Maßnahmen in der Verhaltensprävention mit dem Schwerpunkt Ernährung planen, sollte eine Abstimmung mit den Verantwortlichen des Verpflegungsbereichs stattfinden. Oftmals fehlt die Verknüpfung. Dabei ist dies von großer Bedeutung, denn eine gleichzeitige Veränderung der Ernährungsumgebung kann das Verhalten des Einzelnen positiv beeinflussen. Verhältnispräventive Maßnahmen nehmen das Umfeld in den Fokus. Dazu gehören beispielsweise die Ernährungsumgebung wie die Speiseausgabe und das Speisenangebot in der BG. Die Gestaltung der Ernährungsumgebung kann entscheidend zur Akzeptanz, zur Wertschätzung und zum Genuss des Angebots beitragen und somit weit über gesundheitsbezogene Prävention hinausgehen (Clausen et al., 2021).

Verhaltenspräventive Maßnahmen beinhalten in aller Regel gezielte Informationen, die über unterschiedliche Kommunikationswege und Medien verbreitet werden.

▶ Wird in der BG zeitgleich mit einem Seminar zu einer gesunden Ernährung eine Menülinie nach den Kriterien des „DGE-Qualitätsstandard für die Verpflegung in Betrieben, Behörden und Hochschulen" angeboten, fällt es den Seminarteilnehmenden, im Beispiel den Mitarbeitenden, leichter, Gehörtes direkt anzuwenden, zukünftig zu festigen und ermöglicht ihnen einen direkten Zugang zu einer gesunden und nachhaltigen Speiseauswahl. Ebenfalls können kleinere Challenge, wie beispielsweise 3-mal in der Woche das gesunde und nachhaltige Gericht zu wählen, mit kleinen, abgestimmten Informationshäppchen zu einem Umdenken beitragen. Dies kann mit einer visuellen Hervorhebung, einer abgestimmten Kommunikation und einem entsprechenden Leitsystem in der Ausgabe unterstützt werden (www.jobundfit.de, o. J.).

22.2 Aufbau der Schnittstellen zur BGF

Damit eine gesundheitsfördernde und nachhaltige Betriebsverpflegung umgesetzt werden kann, bedarf es des Zusammenspiels von unterschiedlichen Personen und Berufsgruppen.

Um dieses Zusammenspiel zu fördern und die unterschiedlichen Berufsgruppen und Arbeitsbereiche abzubilden, sollte ein Team (z. B. Gesundheitszirkel) gebildet werden.

Wer sollte teilnehmen? Der Teilnehmerkreis sollte, neben der Geschäftsführung, Mitarbeitende aus dem Betrieblichen Gesundheitsmanagement (BGM), Mitarbeitende aus dem Verpflegungsbereich, möglichst einen Mitarbeitenden aus jeder Abteilung, Verantwortliche aus dem Betriebsrat, wenn vorhanden ein Ansprechpartner aus dem Kantinenausschuss oder Tischgästen und, wenn vorhanden, einen Mitarbeitenden aus der Arbeitsmedizin umfassen. Damit wird allen die Möglichkeit gegeben, die unterschiedlichen Blickwinkel kennenzulernen und es können Wünsche, Anregungen und kreative Ideen eingebracht und eine Mitgestaltung ermöglicht werden (DGE, 2023). Die Zusammensetzung und Größe des Gesundheitszirkels richten sich nach der Betriebsart, Betriebsgröße und den vorhandenen Rahmenbedingungen (Fischer-Ghavami & Ambrosius, 2019).

Für diesen Zweck lohnt es sich, einen Blick auf ein bestehendes Schnittstellenmanagement zu werfen und dieses zu erweitern. Ein gutes Schnittstellenmanagement ist für eine erfolgreiche Umsetzung von geplanten Maßnahmen innerhalb der BGF von großer Wichtigkeit, da die Aufgaben- und Kommunikationsstruktur klar definiert sind. Zur Vorbereitung sollte ein gemeinsames Ziel definiert und:

- einzelne Tätigkeiten zur Zielerreichung und Arbeitsschritte detailliert beschrieben werden (Was, wie, wann, mit welchem Ziel?).
- Zuständigkeiten und Verantwortlichkeiten inklusive einer Vertretungsregelung für die Arbeitsprozesse festgelegt werden (Wer?).
- Schnittstellen mit den jeweiligen Auswirkungen auf den Arbeitsprozess identifiziert werden (Wer ist zuständig, wer wirkt mit, an wen werden die Informationen weitergeleitet?).

22.3 Gelingfaktoren für die Umsetzung von Maßnahmen in der BGF

Damit Maßnahmen in der BGF von der Zielgruppe angenommen und schlussendlich erfolgreich umgesetzt werden können, gilt es, die Arbeitsbedingungen zu analysieren (Fischer-Ghavami & Ambrosius, 2019).

Welche Arbeitsmodelle, -prozesse und Rahmenbedingungen beeinflussen das Gesundheitsverhalten meiner Zielgruppe negativ? Dies könnte z. B. ein fehlendes gesundheitsförderndes Speiseangebot für die Nachtschicht sein.

Bei diesem Beispiel macht es Sinn, einen Kurs anzubieten, der die Schichtarbeitenden darüber aufklärt, wie sie mit einer gesundheitsfördernden Ernährung die negativen gesundheitlichen Folgen der Nachtschicht abmildern können (vgl. Kap. 17). Gleichzeitig sollten aber auch die Rahmenbedingungen analysiert werden:

- Welche gesundheitsförderlichen Angebote können in den vorhandenen Verkaufsautomaten angeboten werden, welche Angebote können darüber hinaus von der BG zur Verfügung gestellt werden?
- Sind die Pausenräume mit Kühlschränken, ggf. Gefriermöglichkeiten und Mikrowellengeräten ausgestattet?
- Wie sind die Pausen geregelt?

Eine Kombination aus Maßnahmen der Verhaltensprävention und Anpassung der Umgebung (Verhältnisprävention) kann das Gesundheitsbewusstsein der gesamten Belegschaft eines Betriebs stärken (Beer-Borst et al., 2019; Beer-Borst et al., 2020).

Damit eine Maßnahme in der BGF erfolgreich umgesetzt werden kann, muss sie individuell auf den Betrieb angepasst sein. Im ersten Schritt stehen die Analyse und dann die Anpassung bestehender bzw. die Entwicklung neuer Konzepte. Eine Evaluation der Maßnahmen ist unabdingbar, um den Erfolg anhand definierter Messgrößen sichtbar zu machen und evtl. notwendige Änderungen vorzunehmen.

22.4 Gästekommunikation: ein wichtiger Hebel zur Umsetzung

Neben der Gestaltung der Verpflegung ist die Gästekommunikation eine wichtige Stellschraube. Der regelmäßige Austausch mit der Zielgruppe ermöglicht die optimale Ausrichtung des Angebots. Eine abgestimmte Kommunikation hilft bei der Vermarktung und bietet die Möglichkeit, mit verschiedenen Informationen Denkanstöße für ein Umdenken zu geben.

Um erfolgreich mit den Gästen zu kommunizieren, spielen die Ergebnisse der Gästebefragung eine wichtige Rolle. Diese geben Aufschluss darüber, welche Themen vielversprechend sind und wie diese kommuniziert werden können. Bevor die Informationen aufbereitet oder Maßnahmen für die Gästekommunikation entwickelt werden, lohnt sich ein Blick auf die Prozesse, wie Entscheidungen getroffen werden können.

Entscheidungsprozesse lassen sich in zwei Systeme einteilen, die sich in der Art der Denkvorgänge unterscheiden. System 1 zeichnet sich durch schnelles, automatisches und emotionales Denken aus. System 2 ist für die Zielgruppe „anstrengender". Es beschreibt das langsame, anstrengende und logische Denken. Maßnahmen, die auf das System 2 ausgerichtet sind, setzen eine hohe Bereitschaft der Zielgruppe voraus, sich aktiv mit den Aspekten auseinanderzusetzen (Ohlhausen et al., 2018).

Daraus ergeben sich aus wissenschaftlicher Sicht drei mögliche Arten von Intervention, mit denen sich das Auswahlverhalten der Gäste in der BG beeinflussen lässt.

- Nudging
- Information
- Partizipation

Die Interventionen unterscheiden sich, je nach Einbezug des Gastes. Das bedeutet: Wie wird der Tischgast involviert und inwieweit ist der Tischgast bereit, sich mit den verschiedenen Aspekten, beispielsweise Gesundheitsförderung und Nachhaltigkeit, auseinanderzusetzen (Ohlhausen et al., 2018)? Die verschiedenen Arten der Intervention können in der Praxis auch kombiniert werden.

Nudging – die gesunde Wahl zur leichten bzw. einfachen Wahl machen
Was der Gast wählt, wie viel er von einer Speise essen möchte und welche Gerichte häufiger nachgefragt werden, hängt u. a. von der Gestaltung der Essensumgebung ab. Als Nudging werden Maßnahmen bezeichnet, die durch Veränderung der Essensumgebung

22 BGF-Programme für die Betriebsgastronomie

KOGNITIVE NUDGES Aufmerksamkeit und Denken	EMOTIONALE NUDGES Wünsche und Präferenzen	VERHALTENSBEZOGENE NUDGES Verhalten ermöglichen
› Schilder, Fähnchen, Aufkleber › Ampelfarben › Farbiges Geschirr › Im Speiseplan an erster Stelle platziert › Augenhöhe der Tischgäste › Mehrfache Platzierung › Zusätzliche Ausgabeeinheiten	› Verbale Aufforderung: „Möchten Sie noch etwas Gemüse?" › Attraktive Bilder oder Fotos im Ausgabebereich und Pausenraum › Appetitlich anrichten › Aus- bzw. Beleuchtung › Musterteller › Attraktiv kombinieren › Attraktive Benennung der Speise › Attraktives Geschirr › Anprechende Dekoration › Unterbewusste Empfehlungen (z. B. witzige Sprüche)	› gesundheitsfördernde und nachhaltige Komponenten als „Standard" › Unterschiedliche Optionen und Darreichungsformen (z. B. verschiedenes *Stückobst*, vorgeschnitten und / oder verzehrsfertig) › To-Go-Variante › Probierhäppchen › Verschiedene Form und Größe des Geschirrs › Verschiedene Portionsgrößen › Salattheke gut erreichbar im Eingangsbereich › Ausgabe mit den höchsten Abverkaufszahlen nutzen › Wartebereiche nutzen (z. B. Kasse, vor Ausgabe) › Eingangsbereich der Ausgabe nutzen › Greifhöhe der Tischgäste › Freie Komponentenwahl

Abb. 22.1 Verschiedene Arten von Nudges. (Quelle: Deutsche Gesellschaft für Ernährung, 2023)

die gesundheitsfördernde und ausgewogene Wahl zur leichteren Wahl machen. Beim Nudging bleibt die Wahlmöglichkeit für die Gäste grundsätzlich weiter bestehen, das gesundheitsfördernde und nachhaltige Angebot wird aber beispielsweise durch die Platzierung, die Präsentation und die Beschreibung leichter zugänglich gemacht. Grundsätzlich haben sich in wissenschaftlichen Studien drei verschiedene Arten von Nudges bewährt (siehe Abb. 22.1) (vgl. Kap. 28).

> **Übersicht**
> Erfolgsfaktoren – Was macht einen Nudge erfolgreich?
>
> - Ein motiviertes und eingespieltes Verpflegungsteam mit routinierten Abläufen
> - Funktionierende Kommunikationswege
> - Auswertung der Nudges nach der Etablierung
> - Stetige Anpassung der Nudges an die spezifischen Gegebenheiten vor Ort

Laut Ohlhausen et al. deutet viel darauf hin, dass die Änderung der Ausgabeposition wirksam eingesetzt werden kann, um die Nachfrage nach gesundheitsfördernden und nachhaltigen Speisen zu steigern und mehr Speisen zu verkaufen.

▶ Auf der Internetseite www.jobundfit.de finden sich im Reiter „Für die Praxis → → Gästekommunikation → Nudging" verschiedene Ansätze, die in der Speisenausgabe umgesetzt werden können. Die vorgestellten Maßnahmen sind mit wenig Aufwand und geringen Kosten verbunden. Ebenfalls sind unter dem Reiter „Für mehr Wissen" notwendige Schritte beschrieben, wie vor der Einführung die IST-Situation erfasst werden kann.

Information – mit passenden Zusatzinformationen das Angebot hervorheben
Mit Zusatzinformationen zum Speisenangebot kann der Gast informiert und bewusste Denkprozesse angestoßen werden. Die Leitfrage bei der Vermittlung von Informationen sollte immer lauten: Wie wird das Thema für den Gast erlebbar, greifbar und konkret?

- Was soll vermittelt werden?
- Wie werden die unterschiedlichen Zielgruppen erreicht?
- Wie können die einzelnen Zielgruppen für das Thema begeistert werden?
- Was kann zur Umsetzung motivieren?
- Welche Kommunikationswege können genutzt werden?

Die Informationen können in Zusammenarbeit mit den Verantwortlichen aus der BG, der BGF und externen Personen gestaltet werden. Externe können beispielsweise zertifizierte Personen aus der Ernährungsberatung oder Lieferrant*innen sein. Mögliche Methoden der Aufbereitung sind Storytelling – das erleichtert die Identifikation mit dem Thema –, abgestimmte Aktionswochen, Kooperationen mit infrage kommenden Erzeugenden oder ein Quiz. Für die Verbreitung der Informationen sollten bestehende Kommunikationswege, z. B. das Intranet, Aushänge, Apps oder Rundmails, genutzt werden. Wie bei allen Maßnahmen lohnt sich eine Nachbereitung, um die Unternehmungen zu bewerten und zu verbessern.

Partizipation – die Einbeziehung des Gastes
Bei einem partizipativen Prozess werden einzelne Gäste (Zielgruppe) einbezogen und können aktiv mitwirken. Bei der Partizipation werden die Gäste beispielsweise bei der Gestaltung des Speisenangebotes soweit möglich einbezogen, beispielsweise durch eine Abstimmung, welche neuen Gerichte mit in das Angebot aufgenommen werden sollen.

Partizipation kann aber auch so weit gehen, dass Gäste dazu eingeladen werden, das Speisenangebot mitzubestimmen und an regelmäßigen Treffen mit dem Team der BG teilzunehmen und dort als Sprecher der Zielgruppe zu fungieren. Gäste können auch als Genussbotschafter für eine gesundheitsfördernde und nachhaltige Ernährung agieren.

Welche der Interventionen den gewünschten Erfolg bringen, kann man nicht verallgemeinern. Für eine erfolgreiche Gästekommunikation spielt die Zusammensetzung der Zielgruppe, das Interesse der Zielgruppe, die Rahmenbedingungen vor Ort (z. B. Restaurant-/Arbeitsatmosphäre) und nicht zuletzt die Motivation der Beteiligten eine entscheidende Rolle.

Literatur

Beer-Borst, S., Eisenblätter, J., Jent, S., Siegenthaler, S., & Hayoz, S. (2019). Corporate health management: evaluation of an educational and environmental intervention to promote a balanced, less salty diet. Part 1: nutrition education of employees. Ernährungs. *Umschau, 66*(12), 242–249, e12–e13. https://doi.org/10.4455/eu.2019.049

Beer-Borst, S., Eisenblätter, J., Jent, S., Siegenthaler, S., & Hayoz, S. (2020). Corporate health management: evaluation of an educational and environmental intervention to promote a balanced, less salty diet. Part 2: coaching of catering teams. *Ernährungs Umschau1, 67*(1), 2–10. https://doi.org/10.4455/eu.2020.002

Bundesministerium für Gesundheit und Prävention (BMG). (2019). https://www.bundesgesundheitsministerium.de/service/begriffe-von-a-z/p/praevention.html. Zugegriffen am 01.03.2024.

Clausen, K., Hagspihl, S., & Pfefferle, P. (2021). Gemeinschaftsverpflegung in Deutschland – Stellenwert und Strukturen. *Ernährungs Umschau, 8*(2021), M470–M481. https://doi.org/10.4455/eu.2021.034

Deutsche Gesellschaft für Ernährung (DGE). (2023). DGE-Qualitätsstandard für die Verpflegung in Betrieben, Behörden und Hochschulen (6. Aufl.). https://www.jobundfit.de/fileadmin/user_upload/medien/DGE-QST/DGE-Qualitaetsstandard_Betriebe_Behoerden_Hochschulen.pdf. Zugegriffen am 21.03.2024.

Fischer-Ghavami, I., & Ambrosius, P. (2019). Betriebliche Gesundheitsförderung. Ernährungs. *Umschau, 66*(12), M720–M728.

JOB&FIT. www.jobundfit.de (o.J.)

Ohlhausen, P., Langen, N., Friedrich, S., Speck, M., Bienge, K., Engelmann, T., Rohn, H., & Teitscheid, P. (2018). Auf der Suche nach dem wirksamsten Nudge zur Absatzsteigerung nachhaltiger Speisen in der Außer-Haus-Gastronomie. *Vierteljahresheft zur Wirtschaftsförderung, 87*(2), 95–108. https://doi.org/10.3790/vjh.87.2.95

23 Rechtliche Aspekte und Rahmenbedingungen

Silke Lichtenstein

23.1 Einführung

Alle Tätigkeiten, die mit dem Umgang bzw. der Abgabe von Lebensmitteln zu tun haben, unterliegen einer ganzen Reihe rechtlicher Vorschriften. Auch Aktivitäten der Betrieblichen Gesundheitsförderung (BGF) sind hiervon betroffen, wenn z. B. Kostproben angeboten werden (Verordnung (EG) Nr. 178/2002). Erklärtes Ziel der Gesetzgebung ist der Schutz der Verbrauchenden vor gesundheitlichen Schäden oder z. B. vor Betrug. Doch mit Blick auf die Produkthaftung dienen gesetzliche Vorschriften aber auch die der Sicherheit von Lebensmittelunternehmen wie etwa Verpflegungsbetriebe (Produkt-HaftG, 2017). Sie sollen einerseits vor gesundheitlichem Schaden und andererseits vor Betrug bewahrt werden (vgl. Kap. 24). Weil Verpflegungsbetriebe mit größeren Tischgastzahlen potenziell viele Menschen gleichzeitig schädigen können, stehen sie unter besonderer Beobachtung seitens der Lebensmittelüberwachung. Daher haben offenkundige Mängel wie Hygienefehler, versuchte Irreführung oder sonstige Verstöße, auch häufig rechtliche Konsequenzen für die Betriebe bzw. die dortigen Verantwortlichen, ganz zu schweigen von dem damit verbundenen Image- bzw. finanziellen Schaden durch Geldbußen o. ä. Aus diesem Grund haben die Rechtskonformität der Speisen- und Getränkeangebote für Verpflegungsbetriebe stets oberste Priorität, und umso geschätzter ist der souveräne Umgang von Ernährungsfachkräften mit rechtlichen Belangen. Diese gehören jedoch eher selten zu den Studienschwerpunkten.

S. Lichtenstein (✉)
Mannheim, Deutschland
E-Mail: Lichtenstein@gesunde-ernaehrung.org

▶ Für Ernährungsfachkräfte, die mit Verpflegungsbetrieben zusammenhängende BGF-Leistungen in ihr Portfolio aufnehmen (wollen) oder dort dafür zuständig sind, ist die Aufwendung von Zeit und Geld in das Thema „Recht" nicht nur aus Gründen der eigenen Absicherung ein gutes Investment. Im Wettbewerb mit anderen Anbietenden am BGF-Markt kann es für Einzelunternehmende sprichwörtlich „Gold wert" sein, sich dieses Wissen anzueignen und entsprechend mitanzubieten.

23.1.1 Essenzielle Begriffe

Zum Einstieg in das Thema „Recht" eignet sich der Überblick über die grundlegenden Begriffe.

▶ Lebensmittel sind laut Lebensmittel-Basisverordnung einzelne Produkte, zubereitete Speisen, Getränke (ebenso Wasser), einschließlich aller Stoffe, die Lebensmitteln absichtlich zugesetzt werden (Verordnung (EG) Nr. 178/2002).

Art. 2 der Verordnung (EG) Nr. 178/2002 beschreibt den Begriff wie folgt: „Lebensmittel sind alle Stoffe oder Erzeugnisse, die dazu bestimmt sind oder von denen nach vernünftigem Ermessen erwartet werden kann, dass sie in verarbeitetem, teilweise verarbeitetem oder unverarbeitetem Zustand von Menschen aufgenommen werden."

> **Übersicht**
> Das Recht unterscheidet Lebensmittel u. a. anhand der folgenden Merkmale:
>
> - Verkaufte und kostenlos abgegebene Ware,
> - (vor)verpackte und unverpackte (auch: offene, lose) Ware,
> - (vor)verarbeitete bzw. zubereitete Ware bzw. unverarbeitete Produkte/Rohprodukte (vgl. Kap. 24).

▶ Als „Umgang mit" bzw. „Abgabe von" oder juristisch auch „Inverkehrbringen" von Lebensmitteln definiert das Recht alle Fälle, in denen Lebensmittel in eigener Verantwortung in betrieblichen Räumen bzw. in betrieblichem Auftrag abgegeben bzw. angeboten und/oder ggf. auch verarbeitet werden. Der Gesetzestext formuliert das in Art. 3 derselben Verordnung erheblich komplexer: „Bereithalten von Lebensmitteln für Verkaufszwecke einschließlich des Anbietens zum Verkauf oder jeder anderen Form der Weitergabe, gleichgültig, ob unentgeltlich oder nicht, sowie den Verkauf, den Vertrieb oder andere Formen der Weitergabe selbst". (Verordnung (EG) Nr. 178/2002).

Beide Definitionen zeigen, dass das Recht fast immer nicht 1:1 in die Praxis umgesetzt, geschweige denn ohne Weiteres in die Küche weiter delegiert werden kann. In der Regel sind hier mehr oder weniger aufwendige Übersetzungsprozesse und nicht selten auch qualifizierte, rechtskundige Beratung gefragt. Kleinere bis mittlere Betriebe haben diese Möglichkeit in der Regel nicht.

▶ Ernährungsfachkräfte besitzen diese Kompetenz, sich rechtliches Fachwissen anzueignen und die Inhalte so weit zu verarbeiten, wie es zur Umsetzung in die BGF-Praxis nötig ist. Auch dieser Aspekt spricht dafür, sich relevantes Recht anzueignen und es bestenfalls schon auf konzeptioneller Ebene mitzuverarbeiten, um rechtskonforme „Rund-um-sorglos"-BGF-Leistungen für Verpflegungsbetriebe zu entwerfen. Diese können auch explizit als solche beworben werden.

23.1.2 Grundsätzliches

Was das Inverkehrbringen an sich angeht, erscheint die Gesetzeslage auf den ersten Blick mehr als liberal: Lebensmittel dürfen in Deutschland ohne spezielle Genehmigung in den Verkehr gebracht werden. Die Strenge zeigt sich in der zwingenden Voraussetzung, dass die Produkte vollumfänglich allen rechtlichen Bestimmungen zu entsprechen haben. Ausgenommen sind davon weiterhin auch Produkte, die z. B. nach „Novel-Food-Verordnung" als „neuartige Lebensmittel" einzustufen sind und auf Zulassung warten (Verordnung (EU) Nr. 2015/2283).

Grundsätzlich geht die Gesetzgebung davon aus, dass alle diesbezüglich tätigen Personen bzw. Unternehmen, sich eigenverantwortlich über ihre Pflichten und deren Umsetzung informieren. Eine im Nachhinein proklamierte Unkenntnis schützt nicht vor rechtlichen Konsequenzen.

▶ Kommt es z. B. zur Anzeige von Verstößen bzw. zum gesundheitlichen Schadensfall, zählt das Argument Unwissenheit in beiden Fällen nicht automatisch als entlastend. Eine Strafbarkeit von Verstößen ist in der Regel in Fällen wissentlichen bzw. absichtsvollen Vorgehens gegeben.

Das gesamte relevante Regelwerk lässt sich grob in zwei Kategorien aufteilen: in Vorschriften, die generell für sämtliche Lebensmittel gelten, und solche, die spezifisch für einzelne Lebensmittel, Lebensmittelgruppen bzw. Anwendungsbereiche anzuwenden sind. Darauf beruht die Einteilung in horizontale und vertikale Vorschriften.

- Horizontale Vorgaben: gelten für alle Lebensmittel generell, z. B. Lebensmittelinformationsverordnung (LMIV, Verordnung (EU) Nr. 1169/2011)
- Vertikale Vorgaben: gelten für einzelne Lebensmittel bzw. Lebensmittelgruppen, z. B. Kakaoverordnung (Kakaoverordnung 2017), Milcherzeugnisverordnung 2023

23.2 Rechtliche Verantwortung und Gegenstand

Die rechtliche Verantwortung verteilt sich auf drei Bereiche, aus denen auch die Breite geregelter Aspekte spricht (Siehe Tab. 23.1).

Den Kern der relevanten Vorgaben bildet das Lebensmittelrecht. Es setzt sich aus zahlreichen Gesetzen, Verordnungen und sonstigen Regelungen zusammen, wie das Lebensmittel- und Futtermittelgesetzbuch (LFGB). Im LFGB sind u. a. die Details zur Überwachung, Strafen und Bußgelder und Regelungen zur Information der Öffentlichkeit geregelt (z. B. über Verstöße) (Lebensmittel- und Futtermittelgesetzbuch, 2021). Im Zentrum des Lebensmittelrechts steht das Hygienerecht.

Hygiene (Griechisch „Hygieia": Göttin der Gesundheit) bezeichnet heute ein medizinisches Fachgebiet, das sich allgemein mit vorbeugenden Maßnahmen zum Ziele der Gesunderhaltung des Menschen in seiner Umwelt beschäftigt. Zu den Aufgaben gehören z. B. der Schutz des Menschen vor physikalischen Noxen, chemischen Giften, potenziellen Krankheitserregern sowie vor schädigenden psychosozialen Einflüssen.

Unter Lebensmittelhygiene versteht man demgemäß sämtliche Bedingungen und Maßnahmen, die zur Sicherstellung der Lebensmittelsicherheit und Verzehreignung auf sämtlichen Stufen der Produktionskette erforderlich sind (Verordnung (EG) Nr. 852/2004, Art. 2 (1)a).

Hygienevorschriften zielen damit auf zwei Ergebnisse ab: 1. Gesundheitliche Unbedenklichkeit (Food Safety) und 2. Verkehrsfähigkeit oder Verzehreignung von Lebensmitteln (Food Suitability) (siehe Abb. 23.1).

▶ Nicht nur die Abgabe eines krankheitsauslösenden bzw. verunreinigten Lebensmittels ist verboten, sondern auch die Abgabe eines potenziell gesundheitsschädlichen bzw. „nur" ekelerregenden Produkts (z. B. Zigarettenrauch oder Nagellackabsplitterungen).

Die Umsetzung der Lebensmittelhygiene in die Praxis umfasst Maßnahmen und Vorkehrungen, die:

- eine *nachteilige Beeinflussung* von Lebensmitteln minimieren bzw. ausschließen (u. a. durch mikrobiellen Verderb, Kontamination mit pathogenen Keimen, Vorhandensein von z. B. Rückständen, Kontaminanten, Fremdkörpern),
- notwendig sind, um *Gefahren unter Kontrolle* zu bringen und zu gewährleisten, dass ein Lebensmittel unter Berücksichtigung seines Verwendungszweckes zum menschlichen Verzehr tauglich ist.

Tab. 23.1 Rechtliche Verantwortungsbereiche. (Nach Arens-Azevedo & Joh, 2016)

Verwaltungsrecht Lebensmittelrecht	*Strafrecht*	*Zivilrecht*
… dient der: a) Prävention bzw. Abwehr von gesundheitlichen Gefahren für Menschen b) Vermeidung von Vermögensschäden bzw. Irreführung, Betrug	… dient der: Sanktion ausgeübten Unrechts und der Prävention weiterer Verstöße	… dient der: Regelung der Beziehungen der Betriebe/Personen zu anderen, z. B. den Lieferfirmen und der Kundschaft

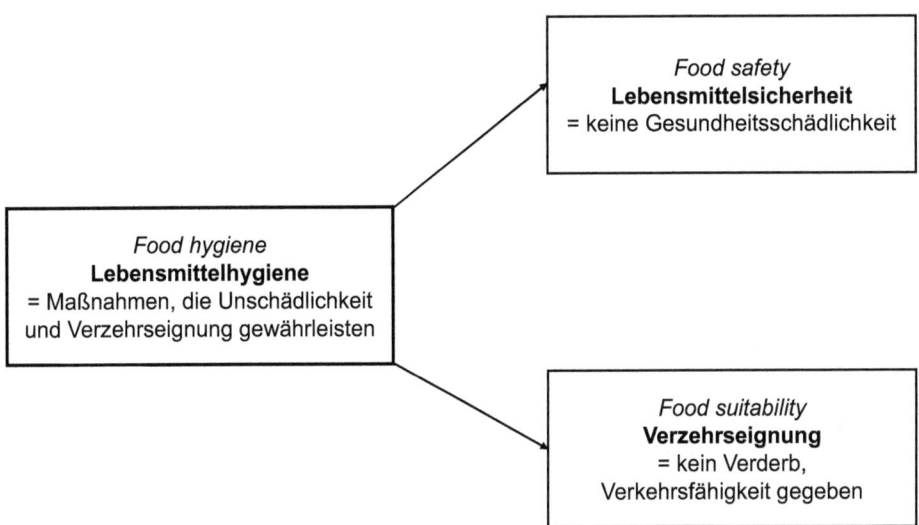

Abb. 23.1 Lebensmittelhygiene. (Nach Fedaral Agriculture Organization)

Um sichere Lebensmittel zu gewährleisten, sind auf sämtlichen Stufen der Wertschöpfungskette Maßnahmen zu ergreifen. Daraus ergeben sich auf den einzelnen Stufen z. B. die folgenden Bausteine:

- Geräte- und Transporthygiene
- hygienischer Umgang mit Lebensmitteln (u. a. bei der Zubereitung)
- Personalhygiene
- Reinigung und Desinfektion
- Vorratspflege und das Schädlingsmanagement
- Abfallmanagement

23.3 Zieldimensionen

23.3.1 Zieldimension Lebensmittelsicherheit

Im Zentrum des Lebensmittelrechts steht die *Lebensmittelsicherheit*, die auf das Ziel der Prävention bzw. des Schutzes der Gesundheit von Verbrauchenden abzielt.

▶ Die Lebensmittelsicherheit ist dann hergestellt, wenn „die Konsument*innen nicht schädigenden Eigenschaften von Lebensmitteln" sichergestellt sind. Maßgaben sind die bestimmungsgemäße Zubereitung und/oder der bestimmungsgemäße Verzehr. Der Begriff „Schädigung" beinhaltet neben den gesundheitlichen auch andere Nachteile (z. B. Betrug oder Täuschung) (Fedaral Agriculture Organization (FAO)).

23.3.2 Zieldimension Infektionsschutz

Auch Teile des betrieblichen bzw. bevölkerungsweiten Infektionsschutzes sind relevant. Sie zielen auf die Vermeidung gefährlicher Krankheitsausbrüche ab, wie Shigellen-, Hepatitis-, Listerien- oder Salmonelleninfektionen. Die Übertragung pathogener Keime kann sowohl von Lebensmitteln auf Menschen (z. B. Ei auf Küchenpersonal bzw. Gäste) sowie von Mensch zu Mensch (z. B. Küchenpersonal auf Gäste) stattfinden.

23.3.3 Zieldimension Verbraucherschutz

Nicht zuletzt ist die verpflichtende bzw. freiwillige Weitergabe von Informationen über Lebensmittel geregelt. Die umfangreichen und komplexen Vorschriften dienen gleichzeitig dem Schutz vor gesundheitlichen Nachteilen (z. B. Allergenauslobung) und von Verbraucherinteressen (z. B. Nährwertkennzeichnung, bei Aussagen zu gesundheitlichen Wirkungen vor Täuschung oder Irreführung).

23.3.4 Sonstige Ziele

Darüber hinaus können in der BGF-Praxis auch andere Rechtsvorgaben relevant werden. Beispiele dafür sind praktische Aktionen, die in bzw. mit Küchenteams geplant werden. Dabei können z. B. arbeitsrechtliche Aspekte tangiert werden, allen voran der Arbeitsschutz und die Arbeitssicherheit. Oft passen beispielsweise die gesetzlich begrenzten Arbeitszeiten der Küchenmitarbeitenden nicht zu den Bürozeiten der Zielgruppen (Arbeitszeitgesetz, 2020). Genauso ist z.B. Infektionserkrankungen, Stürzen oder Unfällen mit elektrischen Gerätschaften vorzubeugen (Arbeitsschutzgesetz, 2023; Infektionsschutzgesetz, 2023).

23.4 Staatliche Zuständigkeit

Für Vorschriften des Lebensmittelrechts ist auf europäischer Ebene die Europäische Kommission zuständig. Die grenzübergreifende Verankerung stellt die EU-weite einheitliche Regelung sicher. Auf nationaler Ebene liegt die Zuständigkeit beim Bundesministerium für Landwirtschaft, Ernährung und Heimat (BMLEH) und den jeweils zuständigen Behörden auf Bundes- und Landesebene. Auf operativer Ebene sorgen die Bundesanstalt für Verbraucherschutz und Lebensmittel (BVL) sowie das unabhängige Bundesinstitut für Risikobewertung (BfR) für die kontinuierliche Weiterentwicklung der Vorschriften und Strukturen. Kontrolliert wird die Einhaltung durch die Länder. BMEL und BfR stehen auch mit dem Gesundheitsministerium (BMG) oder z. B. dem Robert Koch-Institut (RKI) in Verbindung (siehe Abb. 23.2).

23 Rechtliche Aspekte und Rahmenbedingungen

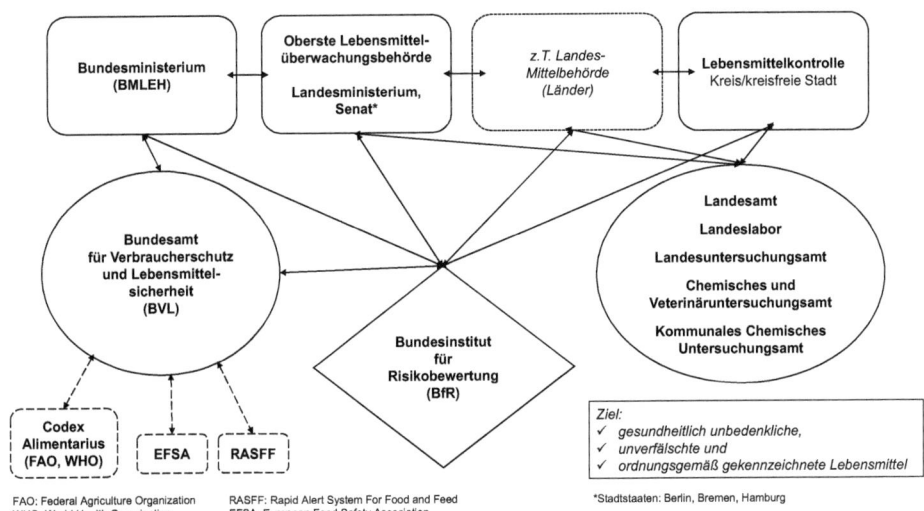

Abb. 23.2 Übersicht Lebensmittelsicherheit in Deutschland – Behörden und Institutionen. (Aus Frede, 2010)

Über das BVL erhalten Bund und Länder den Anschluss an die EU, z. B. zum europäischen Institut für Lebensmittelsicherheit (European Food Safety Authority, EFSA) und zum europäischen Schnellwarnsystem (Rapid Alert System For Food and Feed, RASFF). Darüber hinaus ist das BVL global an die Welternährungs- und Weltgesundheitsorganisation (Federal Agriculture Organization, FAO; World Health Organization, WHO) angebunden, die u. a. mit dem Codex Alimentarius (CA) für die globalen Sicherheitsstandards der Vereinten Nationen zuständig sind.

23.5 Umfassender Verbraucherschutz

Zur Gewährleistung eines verlässlichen Gesundheits- bzw. Verbraucherschutzes sind umfassende rechtliche Regelwerke notwendig, die zudem kontinuierlich auf Wirksamkeit geprüft und weiterentwickelt werden müssen.

Mit dem Aufkommen neuer Küchentechniken, neuartiger Lebensmittel und sich wandelnder Essgewohnheiten usw. werden auch gesetzliche Änderungen nötig. Geltendes Recht befindet sich daher in einem fluiden Zustand, woraus ein stetiger Aktualisierungsbedarf der Kenntnisse relevanter rechtlicher Aspekte resultiert.

Beispiel

Beispiele für den skizzierten Wandel in der Lebensmittelproduktion sind beispielsweise Techniken wie Fermentation, Sous-Vide- und Säure-Garen, neu oder wiederentdeckten Produkte wie Tempeh und Haferdrink sowie Trends wie „Poké-Bowls-To-Go" oder Smoothies. ◄

23.5.1 Zentrale Vorschriften

Auf EU-Ebene ist die Lebensmittelhygiene-Basisverordnung (Verordnung (EG), Nr. 178/2002 oder LM-Basis-VO) zentral. Sie regelt sowohl den Gesundheits- als auch den Verbraucherschutz entlang der gesamten Wertschöpfungskette „vom Acker bis zum Teller". Weitere wichtige Vorschriften gibt Tab. 2 wieder (siehe Tab. 23.2).

Die LM-Basis-V beschreibt auch, wen die Gesetzgebung als sogenannte Lebensmittelunternehmer*in bzw. Lebensmittelunternehmen betrachtet, oder kurz gesagt: wer sich an die Vorschriften zu halten hat.

▶ Lebensmittelunternehmer*inund -unternehmen sind alle privaten oder juristischen Personen bzw. Unternehmen, die eine mit der Produktion, der Verarbeitung und dem Vertrieb von Lebensmitteln zusammenhängende Tätigkeit ausführen. In der rechtlichen Betrachtung gilt der Grundsatz: Vor dem Gesetz sind alle gleich. In diesem Sinne macht es für die Anwendung lebensmittelrechtlicher Vorgaben keinen Unterschied, ob eine Gewinnerzielung beabsichtigt wird, ob sie öffentlich oder privat geführt sind usw. (Verordnung (EG) Nr. 178/2002).

Außerdem führt Anhang II der LM-Basis-VO grundlegende Anforderungen an, z. B. die baulichen Voraussetzungen von Betriebsstätten. Gerade solche Baumängel sind oft Grund für Beanstandungen seitens der Lebensmittelkontrolle.

23.5.2 Wesentliche Pflichten des Hygienerechts

Lebensmittelunternehmen sind selbst für das Handeln im eigenen beherrschbaren Zuständigkeitsbereich verantwortlich. Das gilt allen voran für die Erfüllung sämtlicher lebensmittelrechtlicher Anforderungen, und stets gilt dabei das Prinzip der Stufenverantwortung.

Tab. 23.2 Relevante Vorschriften zur Lebensmittelsicherheit und Hygiene

	Basisverordnungen	Hygiene und Infektionsschutz
EU-Ebene	Lebensmittel-Basisverordnung (EG) Nr. 178/2002 (LM-Basis-VO)	Verordnung (EG) Nr. 852/2004 über Lebensmittelhygiene Verordnung (EG) Nr. 853/2004 über Lebensmittelhygiene mit spezifischen Vorschriften für Lebensmittel tierischen Ursprungs
Nationale Ebene	Lebensmittel- und Futtermittelgesetzbuch (LFGB)	Lebensmittelhygiene-Verordnung (LMHV) Tierische Lebensmittelhygiene-Verordnung (Tier-LMHV) Zoonose-Überwachungsverordnung (ZoonLMÜV) Infektionsschutzgesetz (IfSG)

Sie besagt kurz formuliert: Die Primärverantwortung endet erst, wenn eine neue Stufe der Wertschöpfungskette beginnt und andere Unternehmen Einfluss auf das Lebensmittel nehmen (Bund für Lebensmittelrecht und Lebensmittelkunde, 2017).

Die Verantwortung des Küchenbetriebs endet daher erst auf dem Teller des Gastes und nicht z. B. am Buffet.

> **Beispiel**
>
> Ein Beispiel aus der Praxis sind z. B. verzehrfertige Desserts. Werden sie als Fertigprodukt nur aus dem Verkaufsgebinde heraus in Schälchen abgefüllt und Dritten serviert, geht die Verantwortung an die inverkehrbringende Person der Desserts im Schälchen über. ◄

23.5.3 HACCP-Konzept und Gute-Hygiene-Praxis

Jedes Lebensmittelunternehmen hat für ein wirksames und betriebsspezifisches Hygienemanagement zu sorgen, das durch die Vermeidung und Vorbeugung möglicher Gefahren abgesicherte Prozesse sicherstellt. Daher sind zwei verschiedene, auf den Betrieb zugeschnittene Sicherungssysteme erforderlich:

1. ein betriebsspezifisches Basis-Hygienekonzept zur Vermeidung von Gefahren sowie
2. ein ebenso betriebsspezifisches, dokumentiertes Eigenkontrollsystem zur Prävention möglicher Gefahren

Das Eigenkontrollsystem hat auf den Grundsätzen des HACCP-Konzeptes (Hazard Analysis and Critical Control Point) zu beruhen (Verordnung (EG) Nr. 852/2004). HACCP ist ein 1959 in den USA entwickeltes Schema für Einsätze im Weltraum, das auch im CA erwähnt und damit weltweit angewendet wird. Es dient der systematischen Vorbeugung, Überwachung und Beherrschung von Gefahren, die in der Wertschöpfungskette von Lebensmitteln auftreten und die Gesundheit der Verbraucherschaft gefährden bzw. schädigen können. In Zusammenhang mit der Vorbeugung ist die unternehmerische Sorgfaltspflicht relevant (BMEL, 2021). Das betriebliche HACCP-Konzept ist kein Werkzeug zur Umsetzung allgemeiner Hygienemaßnahmen, sondern es baut auf dem betrieblichen Hygienekonzept auf.

▶ Lebensmittelunternehmen haften für durch fehlerhafte Produkte verursachte Sach- und Gesundheitsschäden. Im Schadensfall gilt es zu beweisen, dass die Ware bei Abgabe fehlerfrei bzw. der Fehler nicht zu erkennen o. ä. war.

Als Maßnahme zur rechtlichen Absicherung für den Schadensfall sind v. a. Rückstellproben etabliert. Sie dienen der Beweisführung dafür, dass man der Sorgfaltspflicht angemessen nachgekommen ist.

▶ Eine Rückstellprobe ist eine repräsentative Produktprobe, die unter in DIN 10526 definierten Bedingungen vor der Abgabe gezogen und aufbewahrt wird. Sinnvoll kann dies bei leicht verderblichen Speisen mit Geflügel, Ei oder Fisch sein (Deutsches Institut für Normung e.V., 2017).

23.5.4 Praktische Umsetzung der Betriebshygiene

Die alltägliche Umsetzung von Hygiene und Vorbeugung umfasst viele verschiedene Routinen, wie Temperaturmessungen, Sichtkontrollen, mikrobiologische Tests und die schriftliche Dokumentation.

Umsetzungshilfen bieten anerkannte Leitlinien bzw. Standards, wie die Gute-Hygiene-Praxis (GHP) als Richtlinie für das betriebliche Hygienemanagement und DIN-Normen, wie die DIN 10506:2023-03 (Verordnung -(EU) Nr. 852/2004; Verordnung (EU) Nr. 853/2004; BfR, 2020; Deutsches Institut für Normung e. V., 2023). Sowohl die GHP- als auch die HACCP-Maßnahmen müssen auf allen Stufen der betrieblichen Wertschöpfungskette geprüft und ggf. Maßnahmen vorgesehen werden.

23.5.5 Schulungspflichten

Nicht zuletzt schreibt das Hygienerecht vor, dass alle Personen, die Lebensmittel herstellen oder in den Verkehr bringen, regelmäßig zur Lebensmittelhygiene geschult werden, zudem besteht eine Belehrungspflicht nach § 43 des Infektionsschutzgesetzes (IfSG) zum Infektionsschutz (Verordnung (EG) 852/2024, LMHV). Hiervon sind je nach Tätigkeit für die BGF in Küchen ggf. auch Ernährungsfachkräfte betroffen.

23.6 Interprofessionelle Zusammenarbeit und Fazit

Wie eingangs erwähnt, haben in der Zusammenarbeit in bzw. mit Küchen die unmittelbare gesundheitliche Sicherheit der Gäste bzw. die rechtliche Sicherheit des Lebensmittelunternehmers oberste Priorität. Insbesondere im gastronomischen Umfeld führt kein Weg daran vorbei, sich in interprofessionellen Teams im Hinblick auf die jeweiligen Sichtweisen aufeinander einzustellen. Nachvollziehbar wird das am praktischen Beispiel:

> **Beispiel**
>
> Man stelle sich vor, welche Folgen es für das Betriebsergebnis aber auch für den Ruf einer Airline oder einer Großbank hätte, wenn deren Mitarbeitende plötzlich reihenweise krankheitsbedingt ausfallen, weil es ausgerechnet bei den im Rahmen eines Gesundheitstages angebotenen Speisen zu Hygienefehlern gekommen ist. ◀

Ernährungsfachkräfte bzw. ihre BGF-Konzepte und -maßnahmen fokussieren hingegen im Hinblick auf gesundheitliche Konsequenzen meistens die mittel- bis längerfristige Perspektive der Prävention. Zudem stehen hier die guten Absichten vornan. Deshalb liegen liegen in vielen Fällen die unmittelbaren Gesundheitsrisiken und erst recht die unlauteren Dinge wie Betrug, wie Betrug außerhalb des „Gesichtsfeldes" von Ernährungsfachkräften. Doch durch die fehlende Auseinandersetzung damit, erhöht sich die Gefahr, unbeabsichtigt gesetzeswidrig zu handeln.

Als Fazit daraus ergibt sich die Devise: Gut gemeinte Prävention bzw. BGF, die auf längerfristige Risiken abzielt (z. B. Körpergewicht, Typ-2-Diabetes), darf trotzdem nicht auf Kosten der Sicherheit gehen – weder gesundheitlich noch unternehmerisch-rechtlich betrachtet. Deswegen sind gesundheitsförderliche Speisenangebote sowohl ernährungsphysiologisch optimiert, als auch gesundheitlich und verbraucherrechtlich sicher zu gestalten, um so beide Perspektiven und Prioritäten geschickt in Einklang zu bringen.

Literatur

Arbeitszeitgesetz (ArbZG) vom 6. Juni 1994 (BGBl. I S. 1170, 1171), das zuletzt durch Artikel 6 des Gesetzes vom 22. Dezember 2020 (BGBl. I S. 3334) geändert worden ist.

Arbeitsschutzgesetz (ArbSG) vom 7. August 1996 (BGBl. I S. 1246), das zuletzt durch Artikel 2 des Gesetzes vom 31. Mai 2023 (BGBl. 2023 I Nr. 140) geändert worden ist.

Arens-Azevedo, H. M., & Joh, H. (2016). *HACCP Arbeitsbuch zur Lebensmittelsicherheit in Gastronomie und Gemeinschaftsverpflegung*. Matthaes.

Bund für Lebensmittelrecht und Lebensmittelkunde. (2017). *Leitfaden Verantwortlichkeiten – Leitfaden über die Abgrenzung der Verantwortlichkeiten in der Lebensmittelkette*. Erstauflage.

Bundesinstitut für Risikobewertung (BfR) in Zusammenarbeit mit dem Bundeszentrum für Ernährung (BZfE). (2020). *Hygieneregeln in der Gemeinschaftsgastronomie*. https://mobil.bfr.bund.de/cm/350/hygieneregeln-in-dergemeinschaftsgastronomie-deutsch.pdf. Zugegriffen am 20.12.2023.

Bundesministerium für Ernährung und Landwirtschaft (BMEL) (2021). *Lebensmittelsicherheit verstehen. Fakten und Hintergründe*.

Deutsches Institut für Normung e.V. (DIN) (2017): 10526: 2017–08 Lebensmittelhygiene – Rückstellproben in der Gemeinschaftsverpflegung.

Deutsches Institut für Normung e.V. (DIN) (2022): 10508:2022–03 – Lebensmittelhygiene – Temperaturen für Lebensmittel.

Deutsches Institut für Normung e.V. (DIN) (2023): 10506:2023–03 Lebensmittelhygiene– Gemeinschaftsverpflegung.

Deutsches Institut für Normung e.V. (DIN) (2023): 10536:2023–03 – Lebensmittelhygiene – Cook & Chill-Verfahren – Hygieneanforderungen.

Fedaral Agriculture Organization (FAO). Codex Alimentarius International Food Standard. *Rcommended International Code of Practice General Principles of food Hygiene*. Homepage. https://www.fao.org/fao-who-codexalimentarius/en/. Zugegriffen am 20.12.2023.

Frede, W. (Hrsg.). (2010). *Handbuch für Lebensmittelchemiker Lebensmittel – Bedarfsgegenstände – Kosmetika – Futtermittel* (3. Aufl.). Springer.

Infektionsschutzgesetz (IfSG) vom 20. Juli 2000 (BGBl. I S. 1045), das zuletzt durch Artikel 8v des Gesetzes vom 12. Dezember 2023 (BGBl. 2023 I Nr. 359) geändert worden ist.

Kakaoverordnung (KakaoV) vom 15. Dezember 2003 (BGBl. I S. 2738), die zuletzt durch Artikel 9 der Verordnung vom 5. Juli 2017 (BGBl. I S. 2272) geändert worden ist.

Lebensmittel- und Futtermittelgesetzbuch (LFGB) in der Fassung der Bekanntmachung vom 15. September 2021 (BGBl. I S. 4253; 2022 I S. 28), das zuletzt durch Artikel 2 Absatz 6 des Gesetzes vom 20. Dezember 2022 (BGBl. I S. 2752) geändert worden ist.

Milcherzeugnisverordnung (MilchErzV) vom 15. Juli 1970 (BGBl. I S. 1150), die zuletzt durch Artikel 4 der Verordnung vom 26. April 2023 (BGBl. 2023 I Nr. 115) geändert worden ist.

Produkthaftungsgesetz (ProdHaftG) vom 15.12.1989 (BGBl. I S. 2198) zuletzt geändert durch Gesetz vom 17.07.2017 (BGBl. I S. 2421).

Verordnung (EG) Nr. 852/2004 vom 29. April 2004 über Lebensmittelhygiene.

Information und Kennzeichnung

Silke Lichtenstein

24.1 Einführung und grundlegende Aspekte

Neben dem gesundheitlichen Schutz, regelt ein zweiter, sehr umfangreicher und komplexer Strang rechtliche Vorgaben, die Information über bzw. Kennzeichnung von Lebensmitteln. Diese Vorschriften dienen allesamt dem Schutz der Verbraucherschaft vor Irreführung, Täuschung oder Betrug (vgl. Kap. 23). Mit Aspekten wie Allergen- oder Zusatzstoffkennzeichnung, Nährwertangaben oder gesundheitsbezogenen Aussagen beziehen sie sich teilweise auch auf gesundheitliche Anliegen. Verpflegungsbetriebe haben wie alle anderen Lebensmittelunternehmen für die Erfüllung des jeweils relevanten Regelwerks Sorge zu tragen. Je nach Leistungsangebot, betrifft das auch Ernährungsfachkräfte, die dort bzw. in Kooperation für die Betriebliche Gesundheitsförderung (BGF) tätig sind. Die wichtigste Botschaft vorab lautet: Rechtsverstöße werden unabhängig von bösen Absichten festgestellt. Sollten etwa gesundheits- und qualitätsbezogene Werbeaussagen die jeweiligen gesetzlichen Bedingungen nicht einhalten, bleiben sie trotzdem inakzeptable Tatbestände – auch, wenn sie z.B. „nur" motivationssteigernd gemeint sind.

▶ Der zentrale Grundsatz zur Information über Lebensmittel lautet: Alle Angaben müssen zutreffend sein, zudem sind Irreführung und Täuschung nach dem Lebensmittel- und Futtermittelgesetzbuch verboten (LFGB, 2021). Beides kann schon im Verdachtsfall verfolgt und bei Vorsatz ggf. auch als Straftat zur Anzeige gebracht werden. Das Deutsche Lebensmittelbuch (DLMB) regelt mit insgesamt 23 Leitsätzen

S. Lichtenstein (✉)
Mannheim, Deutschland
E-Mail: Lichtenstein@gesunde-ernaehrung.org

für bestimmte Produkte, welche Erwartungen Verbrauchende allgemein, beispielsweise im Hinblick auf die Zusammensetzung, an die Produkte stellen dürfen. (www.dlmbk.de).

Beispiel

Auch Gäste in Kantinen o. ä. Einrichtungen dürfen weder mit Angaben wie „stärkt die Abwehrkräfte" getäuscht, noch durch Bezeichnungen wie „glutenfrei" gesundheitlich gefährdet mit der Bezeichnung „Kokosjoghurt" in die Irre geführt werden. Wann bzw. wodurch die Schwelle zur Gefährdung bzw. Irreführung überschritten wird, das regeln verschiedene Gesetze bzw. Verordnungen. ◄

Unterschieden wird in den Vorschriften zur Information über Lebensmittel häufig zwischen verpackten und unverpackten Waren (auch: „offene" oder „lose" Waren), zu denen auch Speisen und Getränke gehören. Die Eigenschaft „unverpackt" trifft gemeinhin dann zu, falls Lebensmittel ohne Verpackung bzw. nur kurzzeitig vorverpackt abgegeben werden, z. B. bei „To-Go"-Produkten.

In der Gemeinschaftsverpflegung (GV) werden die meisten Speisen üblicherweise unverpackt oder zur Mitnahme vorverpackt angeboten. Je nach Verpackung, sind die Informationspflichten z. B. auch über Speisekarten, Wochenpläne oder Schilder an den Lebensmitteln umzusetzen (siehe Tab. 24.1).

▶ In der Praxis sind Fälle häufig, in denen diese Kategorisierung nicht einfach zu treffen ist. Etabliert hat sich die Faustregel: „Wenn die Verpackung zum Verzehr zerstört wird, handelt es sich um offene Ware." Eine rechtskonforme Umsetzung ist jedoch nur mit juristischer Beratung gewährleistet.

Tab. 24.1 Auswahl relevanter Vorschriften zur Information, Kennzeichnung und Auslobung von Lebensmitteln

	Kennzeichnung und Information	Gesundheits-/Nährwertbezogene Auslobung Bio-Kennzeichnung
EU-Ebene	Verordnung (EU) Nr. 1169/2011 (LMIV) Verordnung (EG) Nr. 1333/2008 über Lebensmittelzusatzstoffe	Verordnung (EG) Nr. 1924/2006 (HCVO) Verordnung über nährwert- und gesundheitsbezogene Angaben (HealthClaims-Verordnung)
		Verordnung (EU) 2018/848 über die ökologische Produktion und die Kennzeichnung von ökologischen Erzeugnissen
Nationale Ebene	Lebensmittelinformationsdurchführungsverordnung (LMIDV) › Lebensmittelzusatzstoffdurchführungsverordnung (LMZDV) Zusatzstoff-Zulassungsverordnung (ZZulV)	Öko-Landbaugesetz (ÖLG)

24.2 Übersicht rechtliche Vorschriften

Ein Großteil der Vorschriften für die Information von Verbraucher*innen ist in EU-Lebensmittelinformationsverordnung (EU-LMIV, im Folgenden: LMIV) zusammengefasst. Im Zuge der Neufassung im Jahr 2011 wurden zahlreiche Einzelverordnungen konsolidiert und europaweit gemeinschaftlich geregelt (Verordnung (EU) Nr. 1169/2011).

> Gegenstand der LMIV sind u. a. folgende Aspekte:
>
> - Auslobung von Allergenen
> - Zutatenlisten
> - Kennzeichnung von Zusatzstoffen
> - Angabe von Nährwerten
> - Imitate

Die Umsetzung der EU-Rahmenverordnung ist wiederum im nationalen Recht geregelt (siehe Tab. 24.1).

24.3 Auslobung von Allergenen

Seit Inkrafttreten der LMIV im Jahr 2014 ist die GV zur schriftlichen Dokumentation und Kenntlichmachung von Allergenen bei offen abgegebenen Lebensmitteln verpflichtet. Mit der gesetzlichen Verpflichtung sollen von Allergien, Zöliakie und anderen Unverträglichkeiten betroffene Menschen besser vor ungewolltem und ggf. lebensbedrohlichem Kontakt mit Allergenen geschützt werden.

Diese Dokumentations- und Informationspflicht bezieht sich …

- ausschließlich auf 14 durch die European Food Safety Authority (EFSA) definierte Hauptallergene (Allergene).
- ausschließlich auf das laut Rezeptur bzw. laut Zutatenliste wissentliche Vorhandensein von Allergenen, sowohl im Falle der Zugabe als Zutat (z. B. Mandel) als auch der von Erzeugnissen daraus (z. B. Mandelmus) (siehe Tab. 24.2; Verordnung (EU) Nr. 1169/2011).

Die nationalen Vorschriften beinhalten Vorgaben für die praktische Umsetzung der LMIV. In Deutschland regelt das die Lebensmittelinformations-Durchführungsverordnung (LMIDV) (Lebensmittelinformations-Durchführungsverordnung, 2017). Darin ist u. a. die Information in deutscher Sprache vorgegeben, zudem regelt sie die optionale Verwendung von Zahlen- und Buchstaben-Codes in Speisekarten sowie die staatliche Sanktionierung.

Tab. 24.2 Kennzeichnungspflichtige Lebensmittel bzw. -gruppen (Hauptallergene) nach Verordnung (EU) Nr. 1169/2011, Anhang II

Hauptallergene nach Verordnung (EU) Nr. 1169/2011	
Glutenhaltiges Getreide und daraus gewonnene Erzeugnisse *Namentlich*	Schalenfrüchte und daraus gewonnene Erzeugnisse *Namentlich*
Eier und daraus gewonnene Erzeugnisse	Erdnuss und daraus gewonnene Erzeugnisse
Fisch und daraus gewonnene Erzeugnisse	Krebstiere und daraus gewonnene Erzeugnisse
Lupinen und daraus gewonnene Erzeugnisse	Milch und daraus gewonnene Erzeugnisse (einschließlich Laktose)
Schwefeldioxid und Sulfite (Konzentration von mehr als 10 mg/kg oder 10 mg/l als insgesamt vorhandenes SO$_2$)	Sellerie und daraus gewonnene Erzeugnisse
Senf und daraus gewonnene Erzeugnisse	Sesamsamen und daraus gewonnene Erzeugnisse
Soja und daraus gewonnene Erzeugnisse	Weichtiere und daraus gewonnene Erzeugnisse

24.3.1 Allergenmanagement: praxisrelevante Aspekte

Die größte Herausforderung für die Praxis bereitet nicht die Auslobung, sondern die Pflicht zur korrekten und verlässlichen Information über Allergene. Aus der Formulierung resultiert die Notwendigkeit eines leistungsfähigen Allergenmanagementsystems. Da es sich ebenfalls um ein Gesundheitsrisiko handelt, muss es auf dem betrieblichen Hygiene- und HACCP-Konzept aufbauen, zudem werden u. a. spezielle Schulungen des Personals erforderlich (vgl. Kap. 23). Weitere relevante Aspekte zeigt der Kasten unten.

Praxisrelevante Aspekte zur Allergenauslobung. (Nach Verordnung (EU) Nr. 1169/2011, Lebensmittel-Durchführungsverordnung 2017)
1. *Namentliche Nennung Schalenfrüchte und glutenhaltige Getreide*
   - Alle unter die Gruppenbezeichnungen „glutenhaltige Getreide" bzw. „Schalenfrüchte" fallenden Hauptallergene sind bei Zugabe immer namentlich zu benennen (z. B. „enthält Weizen", „enthält glutenhaltiges Getreide (Weizen)" bzw. „enthält Paranüsse, *Bertholletia excelsa*" oder „enthält Schalenfrüchte (Paranüsse, *Bertholletia excelsa*)".
2. *Mündliche Auskünfte*
   - Mündliche Auskunft über Allergene darf gegeben werden, sie ersetzt aber nicht die schriftliche Dokumentation bzw. schriftliche Information. Weil das gesundheitliche Risiko für die Kundschaft für Dritte kaum einzuschätzen ist, sind mündliche Informationen über Allergene bzw. über geeignete Speisen stets riskant und nicht ratsam. Das (unbeabsichtigte) Fehlrisiko wie auch die Folgen dieser Fehler für die Betroffenen sind groß. Nicht zuletzt ist auch die Richtigkeit

> mündlicher Hinweise im Nachhinein nicht mehr nachweisbar, was vor allem im nicht durch die Küche verschuldeten Schadensfall folgenschwer sein kann.
> 3. *Spurenhinweise*
>   - Für Allergene sind keine gesetzlichen Schwellenwerte festgelegt. Nach Einschätzung der EFSA reichen bereits winzige Spuren von Allergenen aus, um bei von Allergien Betroffenen gesundheitliche Schäden zu verursachen. Daher sind bewusst zugesetzte Allergene immer anzugeben. Weil jedoch in der Praxis die unwissentliche Anwesenheit durch einen unerwünschten Eintrag von Allergenen (Kontamination) sehr oft unvermeidbar ist, dürfen Herstellende Betroffene freiwillig mit sogenannten Spurenhinweisen davor warnen.

Erlaubt sind Spurenhinweise ausschließlich dann, wenn sie der Sicherheit von Verbrauchenden dienen. Diese Bedingungen erfüllen Hinweise …

a) die sich auf unvermeidbare bzw. unkontrollierbare Kontamination beziehen.
b) mit deren Eintreten wahrscheinlich zu rechnen ist.

Untersagt sind hingegen Spurenhinweise, die Herstellende z. B. zugunsten der Eigenabsicherung angeben und damit bewusst die unnötig starke Einschränkung von Betroffenen im Hinblick auf deren Handlungsoptionen in Kauf nehmen.

24.4 Kennzeichnung von Zusatzstoffen

Unter deutschen Verbrauchenden ist die Sensibilität bezüglich Zusatzstoffen in Lebensmitteln allgemein sehr hoch – im negativen Sinne (BfR, 2021). Daher sind die Dokumentation und Information über den Lebensmitteln wissentlich zugesetzten, kennzeichnungspflichtigen Zusatzstoffen schon seit vielen Jahren verbindlich vorgeschrieben. Diese Vorschriften wurden in der LMIV novelliert; z. B. sind nun Oberbegriffe wie „mit Farbstoff", „mit Süßungsmittel" anzugeben (Verordnung (EG) Nr. 1333/2008, Verordnung (EU) Nr. 1169/2011).

> Kennzeichnungspflichtige Zusatzstoffe nach LMIV sind u. a.
>
> - Farbstoffe
> - Konservierungsstoffe
> - Geschmacksverstärker
> - Antioxidationsmittel
> - Stabilisatoren
> - Süßstoffe
> - Süßungsmittel
> - Stoffe zur Oberflächenbehandlung (Überzugsmittel)

Auch für die Benennung bestimmter Zutaten gibt es Vorschriften, die in den speziellen Rechtsvorschriften für die Produkte geregelt sind oder die Leitsätze des DLMB tangieren. Einige der wichtigsten werden nachfolgend ausgeführt.

24.5 Bezeichnungen von Fleischerzeugnissen

Fleischerzeugnisse und Wurstwaren sind strikt nach den Leitsätzen des DLMB zu benennen. Eigene Bezeichnungen müssen entsprechend erläutert werden, wie „Holzfäller-Wurst nach Art einer Kochsalami" (BMEL, 2022). Auch Schinken darf nur dann so genannt werden, wenn es sich tatsächlich um Schinken bzw. Hinter-/Vorderschinken handelt. Wurde stattdessen z. B. Formfleischschinken verarbeitet, muss die Bezeichnung um die korrekte Bezeichnung erweitert werden und lautet dann: „Schinken-Omelett mit Formfleischschinken".

24.6 Korrekte Bezeichnungen von Imitaten

Infolge des Bezeichnungsschutzes darf auch die Bezeichnung „Käse" nur verwendet werden, wenn es sich tatsächlich um ein nach Käseverordnung hergestelltes Produkt aus Kuhmilch handelt. Sofern zur Herstellung die Milch einer anderen Tierart verwendet wurde, ist die Tierart kenntlich zu machen, beispielsweise als „Salat mit Schafskäse". Ähnliche Regelungen gibt es für Milch und Milchprodukte wie etwa Joghurt oder Speisequark (Käseverordnung, 2021; Milcherzeugnisverordnung, 2023).

Schon beim Zusatz eines Nicht-Milchbestandteiles (z. B. Pflanzenfett) ist die Bezeichnung „Käse" nicht mehr zulässig, das gilt u. a. auch für vegane Analoga oder für fettreduzierte Produkte.

▶ Im Falle verarbeiteter Produkte geben die Zutatenliste bzw. die auf dem Produkt angeführte Verkehrsbezeichnung Klarheit. Nur wenn dort explizit „Käse" u. a. angeführt wird, darf das auch auf Speisekarten usw. übernommen werden. Falls nicht, muss, je nach Verpackungsangabe, die Information übernommen werden, beispielsweise bei veganen Imitaten „Belag aus Pflanzenfett und Milchpulver".

24.7 Geschützte Herkunft

Sofern von besonderen Erwartungen der Verbrauchenden auszugehen ist, genießt die Information über die Herkunft von Lebensmitteln gesetzlichen Schutz. Bekannteste Beispiele sind geschützte geografische Angaben (g. g. A.) bei Feta oder Parmesan (BMEL, 2023). Feta darf ausschließlich für aus Schaf- oder Ziegenmilch hergestellten Käse aus Griechenland verwendet werden. Für ähnliche Erzeugnisse, die z. B. aus Kuhmilch hergestellt wurden, ist die Bezeichnung Feta unzulässig.

24 Information und Kennzeichnung

24.8 Clean Labeling – „Frei von" und nährwertbezogene Angaben

Das allgemein höhere Anspruchsniveau an die Lebensmittelqualität sowie komplexere gesundheitsbezogene Interessen, haben auch zur wachsenden Nachfrage nach sogenannten „Clean Labels" (Englisch für „saubere Kennzeichnung", auch „frei von") oder Nährstoffangaben beigetragen (Englisch z.B. „High" bzw. „Low").

> **Beispiel**
>
> Beliebte Beispiele für Clean Labels sind Angaben zu Zusatzstoffen („frei von Glutamat") oder Allergene („glutenfrei"). Bei den Nährwerten geht es oft um den Eiweißgehalt („High Protein") oder auch um Kohlenhydrate bzw. Zucker („zuckerfrei" bzw. „Low Carb") ◄

Sowohl in der BGF als auch in der Gastronomie sind solche Wünsche weitverbreitet und sehr oft findet man sie auch in entsprechend ausgelobten Angeboten in Speisekarten usw. (vgl. Kap. 7 und 18). Solche Informationen sind stets sorgfältig und rechtlich fundiert vorzubereiten, denn auch hierfür gibt es umfassende Vorschriften.

24.9 Clean Labeling und Angaben zum reduzierten Allergengehalt

Die Information über den Glutengehalt in Lebensmitteln ist mit verbindlichen Grenzwerten verbunden und in verschiedenen Vorschriften festgelegt. Der Hinweis „glutenfrei" ist beispielsweise nur dann zulässig, wenn der Gehalt im Lebensmittel beim Verkauf an Verbrauchende den definierten Grenzwert verlässlich nicht überschreitet. Damit setzt die Angabe nachweisliche Maßnahmen zur Sicherstellung der Zuverlässigkeit voraus (Verordnung (EG)Nr. 41/2009; Verordnung (EU) Nr. 828/2014).

- „glutenfrei"	< 20 ppm Gluten Lebensmittel (entspricht < 20mg Gluten/kg Lebensmittel)
- „reduzierter Glutengehalt"	< 100 mg Gluten Lebensmittel (entspricht < 100mg Gluten/kg Lebensmittel)

Die Information zum Laktosegehalt hingegen ist nicht in vergleichbarer Form geregelt. Als Orientierungswerte sind die Angaben in den relevanten Verordnungen für die Produktgruppe akzeptiert (Lebensmittelchemische Gesellschaft, 2018).

- „laktosefrei"	< 0,1 g Laktose/100 g Lebensmittel
- „laktosearm"	< 1 g Laktose/100 g Lebensmittel

Im Falle des Hinweises „frei von" sind die Zuverlässigkeit dieser Information durch ein entsprechendes Hygiene- und HACCP-Konzept mit adäquaten Maßnahmen zu gewährleisten und mit regelmäßigen Eigenkontrollen (z. B. Laboranalysen) abzusichern.

▶ Als besonders problematisch hat sich die generelle Auslobung von Speisen und Getränken als „allergenfrei" erwiesen. Weil es für die meisten kenntlichmachungspflichtigen Allergene in der LMIV keine gesetzlich festgelegten Grenzwerte gibt, ist die Angabe „frei" mit der „Nullgrenze" (Spurenfreiheit) gleichzusetzen. Bei handwerklicher Fertigung ist unter normalen Küchenbedingungen in der Regel keine Spurenfreiheit sicherzustellen, woraus sich ein sehr hohes und nicht hinnehmbares Gefahrenpotenzial für von Allergien Betroffene ergibt.

24.10 Informationen über Nährwerte

Für unverpackte Lebensmittel sind Nährwertinformationen keine Pflicht. Freiwillige Angaben über Nährwerte sind zulässig, jedoch nur dann, wenn die Vorgaben der LMIV eingehalten werden (Verordnung (EU) Nr. 1169/2011).
Für die GV sind folgende Angaben erlaubt:

- Brennwert bezogen auf 100 g bzw. 100 ml (in kcal und kJ) oder
- Brennwert sowie die Gehalte an Fett, gesättigten Fettsäuren, Zucker und Salz, jeweils bezogen auf 100 g bzw. 100 ml (in kcal und kJ).
- Informationen für eine Portion sind nur zulässig, wenn diese eindeutig quantifiziert wird.

24.11 Gesundheits- und nährwertbezogene Aussagen

Gesundheits- und nährwertbezogene Aussagen zu Lebensmitteln sind streng geregelt. Ob und welche Informationen ausgelobt und wie diese dann formuliert werden dürfen, ist in der Verordnung (EG) Nr. 1924/2006 (Health-Claims-Verordnung, HCVO) geregelt. Vor allem die werbewirksame Erwähnung gesundheitlicher Vorteile von bestimmten Lebensmitteln, wie „stärkt die Nerven" oder „fördert das Immunsystem", sind ohne entsprechende Nachweise unzulässig. Auch für relativierte nährwertbezogene Angaben wie „kohlenhydratarm", „fettarm" und „reich an Protein" gibt es darin Vorschriften.
Die Bezeichnungen „Low Carb" und „Lower Carb" sind nicht erlaubt. Ob ein Täuschungspotenzial vorliegt, ist im Einzelfall unbedingt gerichtlich zu entscheiden (Hanseatisches Oberlandesgericht Hamburg, 3. Zivilsenat, Beschluss vom 24.04.2014, 3 W 27/14; Verordnung (EU) Nr. 432/2012).

24.12 Bio-Lebensmittel

Die Bezeichnungen „Bio-", „biologisch", „Öko-" oder „ökologisch" sind EU-rechtlich geschützte Marken. Allein die bloße Nennung der Bio-Qualität zur Auslobung von Lebensmitteln, Speisen und Getränke setzt ein Bio-Zertifikat voraus, das durch eine staatlich zugelassene Öko-Kontrollstelle ausgestellt wird. Es bescheinigt die Einhaltung der Vorgaben der EU-Ökoverordnung sowie die darin u. a. vorgeschriebenen Kontrollen (Verordnung (EU) Nr. 2018/848). Nur Bio-zertifizierte GV-Betriebe dürfen die Information „ökologisch" oder „Bio-" für ihre Produkte verwenden, z. B. auf der Homepage, der Speisekarte oder in Aushängen. Zur Kennzeichnung in Speisekarten, Listen usw. darf das „Bio-Siegel" nach Anmeldung genutzt werden. Die Voraussetzungen regeln das Öko-Kennzeichnungsgesetz und die Öko-Kennzeichnungsverordnung (Öko-Kennzeichengesetz, 2009, Öko-Kennzeichenverordnung, 2002). Die Auslobung des EU-Bio-Logos („Bio-Blatt") ist hingegen nur für verpackte Ware zulässig. Es darf ausdrücklich nicht für offene Waren in der Gastronomie verwendet werden.

Die Bio-Außer-Haus-Verpflegungs-Verordnung (Bio-AHVV) erlaubt zwei Arten der Auslobung von Bio-Produkten in der AHV (Bio-Außer-Haus-Verpflegung-Verordnung, 2023):

1. *Zutaten*, die die Küche ausschließlich in Bio-Qualität verwendet, können namentlich gekennzeichnet werden. Voraussetzung ist eine einsehbare Liste verwendeter Bioprodukte.
2. Zusätzlich kann der geldwerte *prozentuale Bioanteil* über das AHV-Kennzeichen in drei Kategorien (Bronze: 20–49 %, Silber: 50–89 %, Gold: 90–100 %) kommuniziert werden.

Die Verwendung einzelner Bio-Zutaten muss auf Speiseplänen usw. eindeutig kenntlich gemacht werden, wie z. B. „Brokkoli-Nudelauflauf mit Bio-Brokkoli".

Literatur

Bio-Außer-Haus-Verpflegung-Verordnung (Bio-AHVV) vom 27. September 2023 (BGBl. 2023 I Nr. 265)

Bundesinstitut für Risikobewertung (BfR). (2021). BfR-Verbrauchermonitor 2021 – Spezial Zusatzstoffe in Lebensmitteln (2021): S. 9. https://www.bfr.bund.de/cm/350/bfr-verbrauchermonitor-2021-spezial-zusatzstoffe-in-lebensmitteln.pdf. Zugegriffen am 20.12.2023.

Bundesministerium für Ernährung und Landwirtschaft (BMEL). (2021). Lebensmittelsicherheit verstehen Fakten und Hintergründe.

Bundesministerium für Ernährung und Landwirtschaft (BMEL). (2022). Deutsches Lebensmittelbuch, Leitsätze für Fleisch und Fleischerzeugnisse. https://www.bmel.de/SharedDocs/Downloads/DE/_Ernaehrung/Lebensmittel-Kennzeichnung/LeitsaetzeFleisch.html. Zugegriffen am 20.12.2023.

Bundesministerium für Ernährung und Landwirtschaft (BMEL). (2023). Schutz von geografischen Angaben und Namen traditioneller Spezialitäten. https://www.bmel.de/DE/themen/landwirtschaft/agrarmaerkte/geschuetzte-bezeichnungen.html. Zugegriffen am 16.06.2025.

Durchführungsverordnung (EU) 2018/775 der Kommission vom 28. Mai 2018 mit den Einzelheiten zur Anwendung von Artikel 26 Absatz 3 der Verordnung (EU) Nr. 1169/2011 des Europäischen Parlaments und des Rates betreffend die Information der Verbraucher über Lebensmittel hinsichtlich der Vorschriften für die Angabe des Ursprungslands oder Herkunftsorts der primären Zutat eines Lebensmittels 2017. https://www.bmel.de/DE/themen/landwirtschaft/agrarmaerkte/geschuetzte-bezeichnungen.html. Zugegriffen am 20.12.2023.

Durchführungsverordnung (EU) Nr. 828/2014 der Kommission vom 30. Juli 2014 über die Anforderungen an die Bereitstellung von Informationen für Verbraucher über das Nichtvorhandensein oder das reduzierte Vorhandensein von Gluten in Lebensmitteln.

Hanseatisches Oberlandesgericht Hamburg 3. Zivilsenat, Beschluss vom 24.04.2014, 3 W 27/14, Verordnung (EU) 432/2012.

Käseverordnung (KäseV) in der Fassung der Bekanntmachung vom 14. April 1986 (BGBl. I S. 412), die zuletzt durch Artikel 2 der Verordnung vom 20. Oktober 2021 (BGBl. I S. 4723) geändert worden ist

Lebensmittel- und Futtermittelgesetzbuch in der Fassung der Bekanntmachung vom 15. September 2021 (BGBl. I S. 4253, 2022 I S. 28), das zuletzt durch Artikel 11 des Gesetzes vom 6. Mai 2024 (BGBl. 2024 I Nr. 149) geändert worden ist

Lebensmittelchemische Gesellschaft Fachgruppe in der Gesellschaft Deutscher Chemiker. (2018). Positionspapier zu den Angaben „laktosefrei" und „galaktosefrei" der AG Fragen der Ernährung und AG Milch und Milchprodukte 2018. https://www.gdch.de/fileadmin/downloads/Netzwerk_und_Strukturen/Fachgruppen/Lebensmittelchemiker/Arbeitsgruppen/fde/laktosefrei_08_2018.pdf. Zugegriffen am 20.12.2023

Lebensmittelinformations-Durchführungsverordnung (LMIDV) vom 5. Juli 2017 (BGBl. I S. 2272), die zuletzt durch Artikel 1 der Verordnung vom 18. November 2020 (BGBl. I S. 2504) geändert worden ist.

Lebensmittelzusatzstoff-Durchführungsverordnung (LMZDV) vom 2. Juni 2021 (BGBl. I S. 1362)

Milcherzeugnisverordnung (MilchErzV) vom 15. Juli 1970 (BGBl. I S. 1150), die zuletzt durch Artikel 4 der Verordnung vom 26. April 2023 (BGBl. 2023 I Nr. 115) geändert worden ist.

Öko-Kennzeichenverordnung vom 6. Februar 2002 (BGBl. I S. 589), die zuletzt durch Artikel 2 der Verordnung vom 27. September 2023 (BGBl. 2023 I Nr. 265) geändert worden ist.

Öko-Kennzeichengesetz in der Fassung der Bekanntmachung vom 20. Januar 2009 (BGBl. I S. 78), das zuletzt durch Artikel 2 des Gesetzes vom 17. August 2023 (BGBl. 2023 I Nr. 219) geändert worden ist.

Verordnung (EG) Nr. 1333/2008 vom 16. Dezember 2008 über Lebensmittelzusatzstoffe.

Verordnung (EG) Nr. 41/2009 der Kommission vom 20. Januar 2009 zur Zusammensetzung und Kennzeichnung von Lebensmitteln, die für Menschen mit einer Glutenunverträglichkeit geeignet sind.

Verordnung (EG) NR. 1924/2006 des Europäischen Parlaments und des Rates vom 20. Dezember 2006 über nährwert- und gesundheitsbezogene Angaben über Lebensmittel.

Verordnung (EU) 2018/848 des Europäischen Parlaments und des Rates vom 30. Mai 2018 über die ökologische/biologische Produktion und die Kennzeichnung von ökologischen/biologischen Erzeugnissen sowie zur Aufhebung der Verordnung (EG) Nr. 834/2007 des Rates.

Verordnung (EU) 2015/2283 des Europäischen Parlaments und des Rates vom 25. November 2015 über neuartige Lebensmittel, zur Änderung der Verordnung (EU) Nr. 1169/2011 des Europäischen Parlaments und des Rates und zur Aufhebung der Verordnung (EG) Nr. 258/97 des Europäischen Parlaments und des Rates und der Verordnung (EG) Nr. 1852/2001 der Kommission.

Verordnung (EU) Nr. 1169/2011 des Europäischen Parlaments und des Rates vom 25. Oktober 2011 betreffend die Information der Verbraucher über Lebensmittel und zur Änderung der Verordnungen (EG) Nr. 1924/2006 und (EG) Nr. 1925/2006 des Europäischen Parlaments und des Rates und zur Aufhebung der Richtlinie 87/250/EWG der Kommission, der Richtlinie 90/496/EWG des Rates, der Richtlinie 1999/10/EG der Kommission, der Richtlinie 2000/13/EG des Europäischen Parlaments und des Rates, der Richtlinien 2002/67/EG und 2008/5/EG der Kommission und der Verordnung (EG) Nr. 608/2004 der Kommission.

Verordnung zur Kennzeichnung von Bio-Lebensmitteln in gemeinschaftlichen Verpflegungseinrichtungen und zur Änderung der Öko-Kennzeichenverordnung (Bio-AHVV-EV) vom 27.09.2023 (BGBl. 2023 I Nr. 265). Zugegriffen am 22.04.2025

Qualitätsmanagement in der Betriebsgastronomie als Beitrag zur Betrieblichen Gesundheitsförderung

25

Ulrike Pfannes

25.1 Einleitung

„Qualität ist, wenn der Gast zurückkommt und nicht das Essen". Dieser Satz charakterisiert vielfach eine zentrale Grundhaltung von Gastronomen. Mit der sprachlichen Entwicklung der „Kantine" hin zum „Betriebsrestaurant" und der „Betriebsverpflegung" hin zur „Betriebsgastronomie (BG)" hat im Laufe der Jahre eine Gastronomieorientierung in der Branche stattgefunden: Das Angebot wurde zunehmend auf die Wünsche der Gäste ausgerichtet, die Räumlichkeiten wurden attraktiv (er) gestaltet, der Service professionalisiert und Dienstleistungsmarketing erhielt Einzug (vgl. Bober, 2001) (vgl. Kap. 18).

Die sensorische Wahrnehmung in der Verpflegung, d. h. die Aufnahme von Sinnesempfindungen durch die menschlichen Sinnesorgane, hat in diesem Zusammenhang sowohl auf dem Teller als auch beim Ambiente und Service an Bedeutung gewonnen. Bei der Qualität wurde und wird von den Gästen, und auch den Gemeinschaftsgastronomie-Betriebsleitungen, vor allem dieser sensorische Aspekt in den Blick genommen. Mittlerweile spielen jedoch auch weitere Sachverhalte, wie Gesundheit und Nachhaltigkeit, verbal zunehmend eine Rolle, wobei nicht selten nebulös bleibt, was konkret damit gemeint ist. Es bleibt zudem bei den Gästen die Lücke vom Wissen zum Handeln: Gesundheit und Nachhaltigkeit bei der Verpflegung wird verbal gefordert, am Point of Sale allerdings nicht selten anders entschieden.

U. Pfannes (✉)
HAW Hamburg, Hamburg, Deutschland
E-Mail: Ulrike.Pfannes@haw-hamburg.de

25.2 Qualität – ein (un-)klarer Sachverhalt

Will man Qualitätsmanagement (QM) betreiben, muss man sich die Frage stellen: Was ist eigentlich Qualität? Dies ist deshalb wichtig, weil Qualität ein Alltagsphänomen ist, zu dem man mindestens eine gefühlsmäßige Vorstellung hat. Häufig wird dies subjektiv mit einer positiven Bewertung assoziiert. Werbung nutzt diese eher vagen Qualitätsvorstellungen für Slogans wie „Das ist ein Qualitätsprodukt." (VDOE [Hrsg.], 2020). Will man QM betreiben, ist dies nicht ausreichend. Es ist zu klären, wie sich Qualität konkret beschreiben lässt sowie welche (messbaren) Parameter für Planung, Überprüfung und ggf. Verbesserungspotenziale herangezogen werden.

25.2.1 Begriffsklärung Qualität

Es gibt eine Fülle von verschiedenen Qualitätsbegriffen. Der nachfolgende Qualitätsbegriff hat sich im Rahmen des QM überwiegend etabliert.

▶ Qualität: Grad, in dem ein Satz inhärenter Merkmale eines Objektes Anforderungen erfüllt (DIN EN ISO 9000:2015).

Somit lässt sich Qualität wie folgt charakterisieren: Qualität ist relativ, je nachdem welche Anforderungen gestellt werden. Beispielsweise können typische Anforderungen an Essen sein, dass es „gut schmeckt" und/oder nachhaltig und/oder gesundheitsförderlich ist. D. h. bei gleicher Beschaffenheit (gleichen Eigenschaften bzw. Merkmalen) eines Produktes können subjektiv unterschiedliche Qualitäten wahrgenommen werden, je nachdem, welche Anforderungen gestellt und welche Eigenschaften herangezogen werden. Die Qualität ist dann gut, wenn die Eigenschaften die Anforderungen erfüllen (Pfannes & Adam, 2021).

25.2.2 Qualität in der Betriebsverpflegung

Die Gemeinschaftsverpflegung als Gesamtleistung lässt sich nach Bober (2001) aus einer Gastperspektive u. a. im Rahmen des Marketings in folgende unterschiedliche Teilleistungen strukturieren und dann gestalten: (1) Speisen und Getränke (Kernleistung), (2) Informationen (3) Auswahl und Bestellung, (4) Ausgabe bzw. Verteilung, (5) Bezahlung bzw. Abrechnung, (6) Gestaltung des Verzehrbereichs, (7) Rückgabe und Entsorgung. Diese verschiedenen Teilleistungen werden durch die Gäste wahrgenommen und haben somit Einfluss auf deren Qualitätswahrnehmung und Zufriedenheit.

Das QM kann grundsätzlich alle Teilleistungen einbeziehen. Es bedarf also einer Entscheidung der Gemeinschaftsgastronomie (GG), welche Aspekte im QM berücksichtigt

Qualität bei Essen und Trinken in der Betriebsgastronomie

Mögliche Anforderungen

Lebensmittel / Speisen und Getränke
- gut schmecken, lecker sein
- gesund sein
- nachhaltig sein
- sicher sein
- ...

Mögliche Merkmale

Lebensmittel / Speisen und Getränke
- physikalische Merkmale: z. B. Gewicht, Menge, Größe
- sensorische Merkmale: z. B. Aussehen, Geschmack, Geruch, Konsistenz, Temperatur
- ernährungsphysiologische Merkmale: z. B. Anteil pflanzenbasierter Speisen, Anteil Vollkornprodukte, Anzahl Fleischgerichte, Energiegehalt, Fettgehalt
- ökologische Merkmale: z. B. regional, saisonal, Bio-Label
- ...

Abb. 25.1 Qualität der Betriebsverpflegung: mögliche Anforderungen und Merkmale an das Essen und Trinken. (Pfannes & Adam, 2021)

werden sollen. Vorstehend wird in Abb. 25.1 der Qualitätsbegriff grafisch für die Kernleistung „Speisen und Getränke" visualisiert.

Mit Blick auf BGF & BG lässt sich also festhalten, dass die Qualität der Betriebsverpflegung nicht automatisch gesundheitliche oder nachhaltige Aspekte berücksichtigt, sondern es einer Entscheidung bedarf, dass der Aspekt Gesundheit Teil von Qualität und QM sein soll und damit die Gesundheitsförderung im Betrieb unterstützen kann.

25.3 Qualitätsmanagement – was und warum?

Qualität und QM sind in der Betriebsverpflegung (BG) nichts Neues. Seit vielen Jahren wird darüber gesprochen, z. T. werden sie auch umgesetzt. Caterer haben über lange Zeit hinweg mit Qualität geworben. Mittlerweile wird dies mehr und mehr durch Nachhaltigkeit ergänzt bzw. abgelöst.

Beim QM handelt es sich um ein aspektbezogenes Management, vergleichbar dem Hygienemanagement bzw. dem Arbeits- und Gesundheitsschutzmanagement, welche gesetzlich vorgeschrieben sind (vgl. Kap. 23). Im Gegensatz dazu ist QM freiwillig: Betriebe betreiben QM z. B. aus eigener Motivation heraus, weil ein Auftraggeber bzw. Kunde dies fordert und/oder weil dies die Marktchancen erhöht. Die Tätigkeiten des QM können systematisiert und in die vier QM-Phasen Qualitätsplanung, Qualitätssteuerung/-lenkung, Qualitätssicherung und die kontinuierliche Qualitätsverbesserung unterteilt werden; die übergeordnete Basis bildet die Qualitätspolitik (VDOE [Hrsg.], 2020).

QM dient dazu, systematisch und dauerhaft die gewünschte bzw. vereinbarte Qualität zu gewährleisten und zu verbessern bzw. weiterzuentwickeln. QM ist in erster Linie eine Organisationsaufgabe und als solche bedarf es eines ausgewogenen Verhältnisses zwischen verbindlichen Vorgaben und individuellen Freiräumen. Dieses Spannungsfeld entscheidet wesentlich über die Akzeptanz und den Erfolg der Maßnahmen des QM (Pfannes & Rohmann, 2022). Es ist im Rahmen des QM immer zu klären, welche Anforderungen (verschiedener Interessengruppen) einbezogen werden sollen. Gesundheitsförderung ist nicht automatisch Teil des QM – dazu bedarf es einer expliziten Entscheidung, die dann konsequent umgesetzt werden muss.

Die rechtliche Anforderung, „sichere Lebensmittel in den Verkehr zu bringen", ist allerdings zwingend zu berücksichtigen und in allen GG-Betrieben umzusetzen. D. h. Gesundheit mit Blick auf Hygiene ist selbstverständlich und auch der Aufbau eines Hygiene-Management-Systems für den Betrieb verpflichtend.

QM kann sich auf unterschiedliche Ebenen beziehen, die nach Donabedian in Struktur-/Potenzialqualität, Prozessqualität und Ergebnisqualität gegliedert werden können. Die nachfolgende Abb. 25.2 illustriert diese für die GG.

Das Qualitätsdenken und -handeln kann grundsätzlich an diesen drei Ebenen ansetzen. Dabei können alle Ebenen berücksichtigt werden, aber auch nur ausgewählte Teilbereiche. Jeder GG-Betrieb ist frei darin, darüber zu entscheiden.

Da Nachhaltigkeit aktuell ein wichtiges gesellschaftliches Thema ist, soll dies hier knapp einbezogen werden, um die Verknüpfung zum QM aufzuzeigen (vgl. Kap. 26):

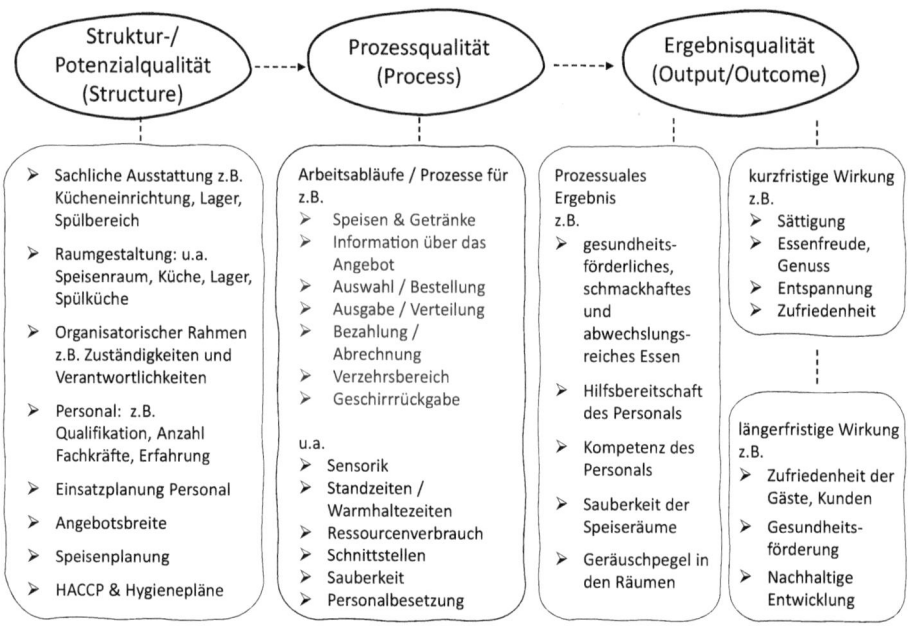

Abb. 25.2 Ebenen der Qualität in der GG mit Beispielen. (Pfannes & Rohmann, 2022)

> **Verbindung zwischen Qualität & Nachhaltigkeit & Gesundheit:**
> Der Aspekt Nachhaltigkeit kann, anknüpfend an o. g. Qualitätsbegriff, als eine Anforderung an die Qualität verstanden und damit in das QM integriert werden, ebenso wie andere Anforderungen (z. B. Gesundheitsförderung) (Pfannes, 2019).
>
> Wird der Aspekt der Nachhaltigkeit auf Basis des WBAE-Gutachtens (2020) berücksichtigt, zeigen sich folgende „Big four": Gesundheit, Soziales, Umwelt, Tierwohl. Somit ist hier Gesundheit ein Aspekt der Nachhaltigkeit und damit sowohl im Nachhaltigkeitsmanagement als auch im QM verortet.

25.4 QM und Normung – eine Einordnung

Um in (großen, arbeitsteiligen) Betrieben die gewünschte Qualität stringent zu gewährleisten, können diese ein umfassendes Qualitätsmanagementsystem (QM-System/QMS) aufbauen. Dies ist ein aspektbezogenes Managementsystem zum Leiten einer Organisation mit dem Ziel, die Qualität systematisch zu gestalten. Es bezieht sich u. a. auf die Organisationsstruktur, auf Verfahren, auf Arbeitsschritte, auf Prozesse und auf Ressourcen. Das QM-System bildet ein betriebsspezifisches, geordnetes Gefüge und damit den Rahmen für alle systematischen Aktivitäten im QM. Betriebe können sich beim Aufbau eines QMS an externen Normen orientieren. Die DIN-EN-ISO-9000f-„Familie" bietet dazu einen branchenneutralen und weltweit verbreiteten organisatorischen Rahmen. Die Normen können kostenpflichtig beim Beuth-Verlag (www.beuth.de) beschafft werden. Die Familie besteht aus drei Normen:

> - DIN EN ISO 9000:2015: Qualitätsmanagementsysteme – Grundlagen und Begriffe (DIN EN ISO 9000:2015)
> - DIN EN ISO 9001:2015: Qualitätsmanagementsysteme – Anforderungen (DIN EN ISO 9001:2015)
> - DIN EN ISO 9004:2018: Qualitätsmanagement – Qualität einer Organisation – Anleitung zum Erreichen nachhaltigen Erfolgs

Die DIN EN ISO 9001 ist die weltweit meistverbreitete Norm im QM. Sie legt branchenneutrale Mindestanforderungen an ein QMS fest, die umzusetzen sind, wenn man sich freiwillig zertifizieren lassen möchte. Zentrales Anliegen ist dabei, die Kundenanforderungen sowie weitere Anforderungen an die Produkt- bzw. Dienstleistungsqualität zu erfüllen. Nur nach der DIN EN ISO 9001 kann sich ein Betrieb zertifizieren lassen. In der Branche der GG wenden große Caterer diese Norm an und sind entsprechend zertifiziert. Auch große Betriebe in Eigenregie können dies tun.

Die DIN EN ISO 9000 legt Grundlagen und Begriffe für die gesamte Normenreihe fest. Die DIN EN ISO 9004 ist keine Zertifizierungsnorm, sondern ein Leitfaden, der Unternehmen unterstützen soll, langfristig ihre Stärken und Schwächen zu ermitteln und anschließend Optimierungsmaßnahmen zu ergreifen.

Ein kleinerer (eher handwerklich arbeitender) GG-Betrieb mit einigen Beschäftigten kann Qualitätsprobleme weitgehend beherrschen, indem die wenigen dort tätigen Beschäftigten mit hoher Eigenverantwortung ihre fachlichen Kompetenzen einbringen. Es bedarf nicht zwingend eines QM-Systems im Sinne eines umfangreichen und abgestimmten Regelwerks mit einer Aufbau- und Ablauforganisation, wie dies für ein umfassendes QMS im heutigen Verständnis charakteristisch ist. Selbst, wenn in einem kleineren Betrieb qualitätsbezogene Aktivitäten, z. B. in Form von Kontrollmaßnahmen, durchgeführt werden, lässt sich dies einfach und überschaubar strukturieren und organisieren und somit der Größe des Betriebs und den betriebsspezifischen Gegebenheiten anpassen. Wenn jedoch die betrieblichen Prozesse eine ausgeprägte Arbeitsteilung und Koordination erfordern, wird ein (mehr oder weniger komplexes) abgestimmtes Regelwerk erforderlich, dessen Teile sinnvoll ineinandergreifen (vgl. VDOE [Hrsg.], 2020).

25.5 Spezifische Tools für das QM in der Betriebsgastronomie

Um QM in der BG zielgerichtet umzusetzen - mit der Anforderung Gesundheitsförderung -, gibt es u. a. die Möglichkeiten der freiwilligen Nutzung von branchenspezifischen, externen Standards, Gütezeichen bzw. Konzepten. Diese unterscheiden sich z. B. von der branchenneutralen DIN-EN-ISO-9000f-Familie dadurch, dass hier spezifische, fachliche Anforderungen postuliert werden, die der Erfüllung der Gesundheitsförderung und ggf. Nachhaltigkeit dienen.

Nachfolgend werden ausgewählte, branchenspezifische Ansätze vorgestellt, die explizit den Aspekt „Gesundheit in der BG" und damit auch die ernährungsphysiologische Qualität der Verpflegung in den Fokus nehmen und somit einen Beitrag zur BGF leisten können.

- DGE-Qualitätsstandard Betriebsverpflegung
- RAL-Gütezeichen „Kompetenz richtig Essen"
- Gastronomisches Ampel-System (GAS)

Die Nutzung dieser branchenspezifischen, fachlich fundierten Instrumente hat viele Vorteile: U. a. kann eine externe Unterstützung genutzt werden sowie eine Kontrolle und ggf. Zertifizierung von außen erfolgen. Diese Instrumente können entweder allein oder als Teil eines umfassenden QMS (z. B. nach DIN EN ISO 9001) in der Betriebsverpflegung (BG) eingesetzt werden.

25.5.1 DGE-Qualitätsstandard Betriebsverpflegung

Ziel des Standards ist ein gesundheitsförderliches und nachhaltiges Verpflegungsangebot (DGE [Hrsg.], 2023). Basis sind aktuelle, wissenschaftliche Erkenntnisse (z. B. Referenzwert für die Nährstoffempfehlung), die für die Praxis der GG aufbereitet worden sind, sodass sie sich relativ einfach umsetzen lassen. Er ist u. a. prozessorientiert aufgebaut und berücksichtigt die typische Prozesskette in der GG: Planung – Einkauf – Zubereitung – Ausgabe – Entsorgung/Reinigung.

Der Standard soll Verpflegungsverantwortliche dabei unterstützen, mindestens ein Menü bzw. eine Menülinie/Tag gesundheitsförderlich und nachhaltig zu gestalten. Es handelt sich um einen Angebotsstandard, bei dem - aus Gastperspektive - die Möglichkeit bestehen soll, sich täglich aus dem Angebot ein gesundheitsförderliches Gericht zu wählen bzw. sich auf Dauer gesundheitsförderlich ernähren zu können. GG-Betriebe mit mehreren Menülinien behalten diverse Möglichkeiten der autonomen Gestaltung ihres Angebots. Die Gäste bleiben zudem weiterhin frei in der Entscheidung, was sie essen wollen (Pfannes & Rohmann, 2022). Allerdings kann ein „Nudge" (s. Kap. 30 und 39) dabei unterstützen, die „bessere" Wahl zu treffen.

Grundsätzlich lassen sich im Standard „Anforderungen" und „Empfehlungen" unterscheiden: Bei den Anforderungen handelt es sich um „Muss-Bestimmungen", die im Rahmen einer Zertifizierung überprüft und bewertet werden.

▶ Die Anforderungen des DGE-Qualitätsstandards werden in einer Checkliste am Ende der kostenfreien Broschüre übersichtlich zusammengefasst, sodass jeder GG-Betrieb einfach und selbst überprüfen kann, wo er steht (Ist-Analyse).

Beispiele für Anforderungen für die Mittagsverpflegung in Betrieben (Mischkost): täglich Gemüse und Salat, max. zweimal pro Woche Fleisch, täglich Getreide- und Getreideprodukte oder Kartoffeln, ein lacto-vegetarisches Angebot muss täglich verfügbar sein (DGE [Hrsg.], 2023). Darüber hinaus gibt es im Standard diverse Empfehlungen („Kann-Bestimmungen") und es liegt im Ermessen des Betriebs, diese Empfehlungen umzusetzen. Eine Nutzung von Nudging-Maßnahmen wird im DGE-Standard explizit empfohlen, um die Lücke vom Wissen zum Handeln zu minimieren. Eine Nährstoffberechnung ist nicht erforderlich (vgl. Kap. 21 und 27). Eine Überprüfung der Wirksamkeit des DGE-Qualitätsstandards wurde u. a. in einer Studie von Schneider (2020) durchgeführt.

Der „DGE-Qualitätsstandard für die Verpflegung in Betrieben, Behörden und Hochschulen" steht als kostenloser Download im Netz zur Verfügung (www.dge.de) und kann somit auch ohne Zertifizierung genutzt werden. Weiterhin sind diverse Informationen, wie Beispielspeisepläne oder Rezepturen, auf der Homepage frei zugänglich. Typisch für Standards ist, dass sie in größeren Abständen überarbeitet werden. Es bietet sich also an, auf der Homepage jeweils zu prüfen, wie die aktuellen Bestimmungen zum gewünschten Nutzungszeitraum sind.

GG-Betriebe können sich auf der Basis des DGEQualitätsstandards zertifizieren lassen und dann mit diesem Label werben (www.dge.de). Die Gültigkeit des Zertifikats ist befristet. Eine Zertifizierung des Angebots kann seitens des Bereichs BGF oder des Auftraggebers gegenüber dem Betriebsverpfleger bzw. Caterer gefordert werden, um die Qualität (insbes. Gesundheit und Nachhaltigkeit) der Verpflegung zu entwickeln.

Verfügt ein GG-Betrieb oder Caterer über ein solches Zertifikat, hat er nachgewiesen, dass er die Anforderungen an ein gesundheitsförderliches und nachhaltiges Angebot verlässlich erfüllt und eine Überprüfung durch die DGE stattgefunden hat.

25.5.2 RAL-Gütezeichen „Kompetenz richtig Essen" für die Gastronomie

Ein anderes gemeinschaftsgastronomiespezifisches Instrument ist das RAL-Gütezeichen „Kompetenz richtig Essen" (RAL-GZ 110). Dieses Gütezeichen gibt es für unterschiedliche Settings: Das RAL-GZ 110/4 hat als Anwendungsbereich die BG und Gastronomie (RAL [Hrsg.], 2019). Ziel ist ein ernährungsphysiologisch ausgewogenes Speiseangebot, das den Gästen einen hohen Qualitätsanspruch bei der Speisenversorgung signalisieren will. Es werden ernährungswissenschaftliche Erkenntnisse berücksichtigt. Nachhaltigkeit wird bisher eher am Rande in den Blick genommen und die Gesundheitsförderung steht im Zentrum. Allerdings gibt es bei einer gesundheitsförderlichen Verpflegung auch immer Aspekte, die „automatisch" zu mehr Nachhaltigkeit führen, wie die Bevorzugung pflanzenbasierter Gerichte.

Es werden beim Gütezeichen acht Qualitätskategorien benannt: Personalqualifikation – Hygienemanagement – Produktionsmanagement – Speiseplanung, Verpflegungskonzept/gastronomisches Konzept – Marketing – Überwachung – Kennzeichnung. Hierfür werden Gütekriterien benannt: Die Produktion und Ausgabe müssen z. B. jederzeit durch eine Fachkraft kontrolliert werden, für alle Gerichte müssen Rezepturen vorliegen, das Speisenangebot muss saisonal angepasst sein, eine ernährungsphysiologisch vorteilhafte Auswahl an Speisen ist anzubieten, die Speisenplanung muss Aspekte einer nachhaltigen Ernährung berücksichtigen, es muss ein gastronomisches Konzept vorliegen. Eine Nährstoffberechnung ist für die BG nicht erforderlich.

▶ Auf der Homepage der RAL Gütegemeinschaft Ernährungs-Kompetenz (www.gek-ev.de) finden sich diverse Informationen zum Gütezeichen. Die Güte- und Prüfbestimmungen für RAL 110/4 sind als Download zugänglich. Zudem können ein ausführlicher Leitfaden, Checklisten zur Selbstkontrolle und ein Prüfbogen bei der RAL Gütegemeinschaft Ernährungs-Kompetenz telefonisch oder per Mail angefordert werden.

Typisch für Gütezeichen und Standards ist, dass sie (in größeren Abständen) regelmäßig überarbeitet werden. Es bietet sich also an, auf der Homepage jeweils zu prüfen, wie die aktuellen Bestimmungen zum gewünschten Nutzungszeitraum sind. Betriebe im Feld BG können sich auf der Basis des RAL Gütezeichens 110/4 freiwillig prüfen lassen und haben dann, mit der Verleihung des Gütezeichens, ein Aushängeschild für unabhängig geprüfte Speisenqualität. Verfügt ein GG-Betrieb über ein solches Gütezeichen, hat er nachgewiesen, dass er die Anforderungen an eine gesundheitsförderliche Verpflegung verlässlich erfüllt. Die Gültigkeit des Gütezeichens ist befristet.

Eine Forderung nach dem Erwerb des Gütezeichens kann seitens des Bereichs BGF oder des Auftraggebers gegenüber dem Betriebsverpfleger bzw. Caterer geltend gemacht werden, um die ernährungsphysiologische Qualität der Verpflegung systematisch und verlässlich zu erbringen.

25.5.3 Das gastronomische Ampelsystem (GAS)

Ein weiterer Ansatz, um die gewünschte ernährungsphysiologische Qualität zu gewährleisten, ist das gastronomische Ampelsystem (GAS) (Peinelt, 2023). Das GAS ist angelehnt an die Ernährungspyramide der DGE mit den verschiedenen Lebensmittelgruppen. Anliegen ist, die gesundheitliche Bewertung des Angebots mithilfe der Ampelfarben (grün: empfehlenswert, rot: ungünstig/nicht empfehlenswert, gelb: liegt dazwischen) darzustellen. Ökologische Aspekte werden bei der Bewertung bisher kaum berücksichtigt.

Die Bewertung kann für einzelne Speisen, Speisekomponenten, Tellergerichte, mehrgängige Menüs bis hin zu einem ganzen Speisenplan erfolgen. Voraussetzung für die Bewertung ist das Vorhandensein von vollständigen, digitalen Rezepturen (Zutaten und deren genaue Mengen, Zubereitungsanleitung, Garmethoden, Portionsgrößen). Diese Rezepturen lassen sich in einem ersten Schritt bewerten (Ist-Analyse) und Ampelfarben jeweils zuordnen. Dies erfolgt mithilfe eines GAS-spezifischen, digitalen Bewertungstools. Auf Basis der Ist-Analyse kann die Rezeptur bei Bedarf im Anschluss durch die Küchenfachkräfte in Richtung Grün optimiert werden, sowohl in Bezug auf die Zutaten der Rezeptur als auch auf die Mengen und/oder die Zubereitungsarten bzw. Garmethoden. Als wesentliches Ergebnis werden alle Speisen, Speisekomponenten bzw. Gerichte „verampelt". Eine Herausforderung könnte bei diesem Prozess sein, dass nach wie vor vollständige, exakte Rezepturen in GG-Betrieben noch immer nicht selbstverständlich etabliert sind und diese Voraussetzung z.T. erst erfüllt werden muss.

GAS hat verschiedene Anliegen:

Einerseits möchte man Küchenfachkräfte bei der Entwicklung und Optimierung gesundheitsförderlicher Rezepturen unterstützen: Es sollen möglichst viele „grüne" Rezepturen in der Rezeptdatenbank sein. Allerdings werden auch weiterhin Komponenten bzw. Speisen mit anderen Farben angeboten.

Andererseits soll den Gästen eine klare Orientierung bei der Auswahl der Speisen gegeben werden: Aufgrund des Ampelsystems (grün – gelb – rot) kann sich der Gast orientieren und entscheiden. Das schließt auch die Wahl von gelben bzw. roten Gerichten ein (Peinelt, 2023).

▶ Aufbauend auf GAS wurde ein System zur gesundheitsorientierten Steuerung von Kantinen mithilfe von Gesundheitskennziffern entwickelt. Die Idee dahinter ist, den Zuschuss bzw. die Subvention für die Betriebsverpflegung mit dem gesundheitsförderlichen Angebot und Abverkauf zu koppeln. Dies liegt auch im wirtschaftlichen Interesse z. B. des Caterers, der somit motiviert wird, selbstständig aktiv zu werden (www.gesoca.de).

Folgende Aspekte fließen in die Gesundheitskennziffern mit ein: Rezepturen sind/werden ernährungsphysiologisch optimiert, die gesunden Speisen sind für den Gast besonders attraktiv, sie sind günstig und gut platziert und der Speiseplan wird im Sinn von Gesundheit geplant. Eine Überprüfung der Wirksamkeit dieses spezifischen Subventionsmodells wurde u. a. in der Studie von Gey et al. (2015) durchgeführt.

25.5.4 Schlussfolgerung

Alle drei genannten Ansätze haben das Anliegen, eine gesundheitsförderliche Verpflegung voranzubringen. Das QM-Modell nach Donabedian kann auch herangezogen werden, um einzuordnen, an welchen Stellen das Qualitätsdenken und -handeln bei den verschiedenen, vorgestellten Standards, Konzepten und Gütezeichen ansetzt bzw. welche Ebenen berücksichtigt werden und welche auch nicht. Betrachtet man z. B. die fachliche Qualifikation des Personals, dann ist diese der Strukturqualität zuzuordnen. Im DGE-Qualitätsstandard gibt es dazu eine Empfehlung, bei RAL gibt es die Anforderung nach einer Fachkraft und die Verpflichtung zu regelmäßigen Fortbildungen, bei GAS wird die Personalqualifikation nicht explizit berücksichtigt.

Welcher Ansatz für den jeweiligen GG-Betrieb mit Blick auf die BGF zweckmäßig ist, hängt von den individuellen Gegebenheiten vor Ort ab.

▶ Zweckmäßig ist es, diese branchenspezifischen Tools z. B. durch Ansätze wie das Nudging oder Ernährungsbildung bzw. Gesundheitsbildung zu ergänzen, um die Gäste „anzutupsen" bzw. zu motivieren, das gesundheitsförderliche Angebot zu nutzen.

Mit Blick auf die DIN EN ISO 9001:2015 lässt sich festhalten: Es werden Mindestanforderungen für ein QMS benannt, auf deren Basis sich Unternehmen zertifizieren lassen können. Diese Systemzertifizierung attestiert dem Betrieb, dass er auf der Basis der Normanforderungen „qualitätsfähig" ist. Da diese Norm branchenneutral formuliert ist und einen organisatorischen Rahmen für das QM liefert, gibt es darin keine inhaltlichen Festlegungen, welche Aspekte in das QM einbezogen werden, z. B. ob Gesundheitsförderung oder Nachhaltigkeit eine Rolle spielen. Diese müssen also explizit einbezogen werden.

Die o. g. branchenspezifischen Tools für die Betriebsverpflegung (BG) lassen sich in die DIN EN ISO 9001 integrieren und gewährleisten dann, dass die ernährungsphysiologische Qualität und damit Gesundheitsförderung und ggf. Nachhaltigkeit explizit berücksichtigt wird.

25.6 Fazit und Schlussbetrachtung

QM ist ein aspektbezogener Managementansatz, der dazu beitragen will, die gewünschte Qualität systematisch und dauerhaft zu gewährleisten. Was dabei unter Qualität verstanden bzw. was einbezogen wird, ist grundsätzlich offen und vom jeweiligen GG-Betrieb festzulegen.

▶ Der Aspekt Gesundheit kann in das QM einbezogen werden, ist aber nicht automatisch berücksichtigt. Damit das QM des Caterers/Betriebsverpflegers einen Beitrag zur BGF leisten kann, gilt es also, Gesundheitsförderung im QM explizit zu verorten. Um dies dauerhaft und systematisch zu gewährleisten, ist dabei u. a. die Nutzung eines der oben benannten branchenspezifischen Tools hilfreich. Sie bieten einen fachlichen Rahmen, sind anwendungsorientiert gestaltet und der Gedanke der Gesundheitsförderung und z. T. auch Nachhaltigkeit ist explizit berücksichtigt. Zertifikate und externe Kontrollen können dabei unterstützend und (weiter-)entwickelnd wirken.

Abschließend soll noch auf Folgendes hingewiesen werden: Die von der Bundesregierung verfolgte Ernährungsstrategie zur Ernährungswende will Folgendes erreichen: „Gute Ernährung – Gut für unsere Gesundheit und unsere Umwelt". Dabei sollen möglichst viele Bereiche und Akteure einbezogen werden (www.bmel.de). Die Betriebsverpflegung kann sowohl zur BGF als auch zur Unterstützung der Ernährungswende einen wichtigen Beitrag leisten, wenn im Rahmen des QM Gesundheit und Nachhaltigkeit berücksichtigt werden.

Das Resümee lautet: QM in der GG kann, wenn Gesundheit als Anforderung systematisch und konsequent einbezogen wird, einen Beitrag zur Verhältnisprävention und Gesundheitsförderung in Betrieben leisten und somit in die BGF integriert werden. Die entsprechenden Akteure (Betriebliches Gesundheitsmanagement [BGM], Caterer/Betriebsverpfleger, Mitarbeitendenvertretung, Unternehmensleitung) sollten mit ins Boot geholt werden, um dies erfolgreich umzusetzen. Die Berücksichtigung von Gesundheit im QM kann auch zu mehr Nachhaltigkeit für den Betrieb und die Gesellschaft führen. Legt man den Nachhaltigkeitsbegriff aus dem WBAE-Gutachten zugrunde, dann ist Gesundheit ein zentraler Faktor der Nachhaltigkeit.

Literatur

Bober, S. (2001). Marketingmanagement in der Gemeinschaftsgastronomie – Konzepte, Methoden, Erfahrungen, Frankfurt.

DGE. (Hrsg.). (2023). DGE-Qualitätsstandard für die Verpflegung in Betrieben, Behörden und Hochschulen. https://www.jobundfit.de/fileadmin/user_upload/medien/DGE-QST/DGE-Qualitaetsstandard_Betriebe.pdf. Zugegriffen am 01.07.2024.

DIN EN ISO 9000. (2015). Qualitätsmanagementsysteme – Grundlagen und Begriffe.

DIN EN ISO 9001. (2015). Qualitätsmanagementsysteme – Anforderungen, Berlin.

Gey, F., Dmitrieva, K., & Peinelt, V. (2015). Vollwertig Essen in der Betriebsgastronomie Studie über die Auswirkungen eines neuartigen Entlohnungsmodells auf die ernährungsphysiologische Speisenqualität, Mönchengladbach. https://gesoca.de/wp-content/uploads/2016/01/2015_06_29-Studie-Finalversion.pdf. Zugegriffen am 01.07.2024.

Peinelt, V. (2023). Gastronomisches Ampelsystem (GAS) – Langfassung. https://ewd-gastro.jimdo.com/gas/beschreibung/langfassung. Zugegriffen am 01.07.2024.

Pfannes, U. (2019). Nachhaltigkeit in der Gemeinschaftsverpflegung: Möglichkeiten die „Zukunft" im „Heute" zu berücksichtigen. In: *Behr's Jahrbuch Gemeinschaftsgastronomie* 2019 (S. 11–20).

Pfannes, U., & Adam, S. (2021). Qualität von Lebensmitteln: eine Frage der Perspektive. *Ernährung im Fokus, 2*(2021), 92–98. https://www.bzfe.de/fileadmin/user_upload/5182_2021_eif_leseprobe.pdf. Zugegriffen am 01.07.2024.

Pfannes, U., & Rohmann, C. (2022). Die Qualitätsfähigkeit des Betriebs systematisch gestalten: Qualitätsmanagement in der Gemeinschaftsgastronomie. In H. Kretschmar (Hrsg.), *HACCP leicht gemacht, Grundwerk 2005, 34. Aktualisierungslieferung 10/2022, Kap. 17.3, S. 1 – 27.* Behrs Verlag.

RAL Deutsches Institut für Gütesicherung. (Hrsg.). (2019). RAL-Gütezeichen Kompetenz richtig Essen, RAL-GZ 110/4. https://www.gek-ev.de/wp-content/uploads/sites/3/2019/07/GuP-110_4-Auszug.pdf. Zugegriffen am 01.07.2024.

Schneider, M. (2020). Wie wirkungsvoll ist die Umsetzung des DGE-Qualitätsstandards für die Betriebsverpflegung in der Verpflegung zur warmen Hauptmahlzeit im Setting Hochschule? Eine Evaluation hinsichtlich des Potenzials einer Reformulierung von Menüs sowie zur Gästezufriedenheit und zum Verzehrverhalten der Mensanutzenden, Schwäbisch Gmünd, Diss. https://d-nb.info/1211956768/34

VDOE. (Hrsg.). (2020). Qualitätsmanagement in der Ernährungswirtschaft: Qualität, Sicherheit und Nachhaltigkeit umsetzen, Autorenteam: Bornkessel, S., Igl, G., Janssen, J. Pape, S., Petersen, B., Pfannes U., Reiß, J., Röwer, D., Teitscheid, P. Hanser Verlag.

WBAE – Wissenschaftlicher Beirat für Agrarpolitik, Ernährung und gesundheitlichen Verbraucherschutz beim BMEL. (2020). Politik für eine nachhaltigere Ernährung: Eine integrierte Ernährungspolitik entwickeln und faire Ernährungsumgebungen gestalten. https://www.bmel.de/SharedDocs/Downloads/DE/_Ministerium/Beiraete/agrarpolitik/wbae-gutachten-nachhaltige-ernaehrung.pdf?__blob=publicationFile&v=3. Zugegriffen am 01.07.2024.

Gesundheit und Nachhaltigkeit in der Betriebsgastronomie

26

Melanie Speck, Lynn Wagner und Gabriele Börries

26.1 Potenziale für eine Nachhaltigkeitstransformation im Markt der Betriebsgastronomie

Die Art und Weise, wie Lebensmittel hergestellt, konsumiert und entsorgt werden, bestimmt den Großteil ihrer ökologischen, ökonomischen, gesellschaftlichen sowie gesundheitlichen Auswirkungen (Lukas et al., 2016; Hoffman et al., 2011). Auf die Ernährung entfallen knapp 20 % der Pro-Kopf-Treibhausgasemissionen in Deutschland (Jungmichel et al., 2020). Wirft man einen Blick auf die Biodiversität, sind die Auswirkungen noch drastischer: Mehr als zwei Drittel der prognostizierten Verluste zu Land lebender Arten sind der Intensivierung der Landwirtschaft zuzuschreiben (Monetti et al., 2021, Wezel et al., 2020, CBD, 2014). Gesellschaftlich relevant sind vor allem Niedriglöhne, Einkommensunsicherheit und Schwarzarbeit entlang der Wertschöpfungskette (Weiß et al., 2020).

Die Außer-Haus-Verpflegung (AHV), zu der die Betriebsgastronomie (BG) zählt, vereint Herstellung, Konsum und Entsorgung und wird damit zum bedeutsamen Hebel für die Ernährungswende (Speck et al., 2021). Dieser ergibt sich auch aus der wirtschaftlichen Bedeutung der AHV (Pfefferle et al., 2021; Teitscheid et al., 2018). Sei es am Arbeitsplatz, in der Schule oder Universität – mit einer wachsenden Zahl der Besuchenden (BVE, 2019, 2020, 2021) steigt auch das Bewusstsein für das Nachhaltigkeitspotenzial sowie das Inte-

---

M. Speck (✉) · L. Wagner · G. Börries
Hochschule Osnabrück/University of Applied Sciences, Fakultät Agrarwissenschaften und Landschaftsarchitektur, Osnabrück, Deutschland

resse an einer nachhaltigeren Unternehmensausrichtung (El Mourabit et al., 2023; Kröhn et al., 2020; Steinmeier, 2018). Ein Blick in die Realität zeigt jedoch, dass Managemententscheidungen zu häufig in Einzelmaßnahmen oder sogenannten „Wohlfühl"-Maßnahmen enden, anstelle in richtungssicheren und integrativen Ansätzen, bei denen Nachhaltigkeitswirkungen quantifiziert werden (WBAE, 2020; Teitscheid et al. 2018). Für mehr Richtungssicherheit sind quantitative Methoden zur Bewertung von Nachhaltigkeitsleistungen erforderlich, die ein Rahmenwerk für alltägliche Entscheidungen festlegen.

Im Zuge dieser Diskussion stellt sich zuallererst die Frage, was eine nachhaltige Ernährung überhaupt ausmacht. Eine nachhaltige Ernährung berücksichtigt die Dimensionen Umwelt, Gesellschaft, Wirtschaft und Gesundheit (FAO, 2011). Entsprechend dem Konzept der Ernährungsökologie (Koerber et al., 1999) tritt die Gesundheit an dieser Stelle als eigenständige Kerndimension neben den drei „klassischen" Nachhaltigkeitsdimensionen auf.

▶ Folglich bedeutet eine nachhaltige AHV das Angebot von umwelt- und sozialverträglichen, kostendeckenden sowie gesundheitsförderlichen Speisenangeboten (Göbel et al., 2017; Gazan et al., 2018; Drewnowski, 2017)

Im aktuellen Diskurs um eine nachhaltige AHV wird deutlich, dass die beschriebenen Dimensionen nicht gleichermaßen berücksichtigt werden. Während aus ernährungswissenschaftlicher Sicht vor allem gesundheitliche Aspekte im Fokus stehen, rückt auch die Umweltverträglichkeit, aktuell häufig vertreten durch Treibhausgasemissionen, in den Fokus. Dagegen findet die soziale Dimension kaum Beachtung. So bleibt die Frage offen, wie sich soziale Aspekte quantifizierbar darstellen lassen. Darüber hinaus sind soziale wie ökologische Nachhaltigkeitsaspekte selten mit ökonomischen Überlegungen vernetzt, obwohl gerade über diesen Faktor (Management-)Entscheidungen getroffen werden. Ansätze hierfür liefern z. B. Konzepte rund um die „ökologisch wahren Preise" (Michalke et al., 2022), die aktuell nicht in der Praxis umgesetzt werden.

Am Beispiel der Treibhausgasemissionen kann das enorme Potenzial ausgedrückt werden, das von der Betriebsverpflegung ausgeht, um die beschriebenen Auswirkungen der Ernährung zu reduzieren.

> **Beispiel**
>
> Ernährungsbezogene Treibhausgasemissionen machten in Deutschland im Jahr 2022 ca. 61 Mio. t CO_2-Äquivalente aus (UBA, 2024). Davon verursacht allein die Mittagsverpflegung in der BG in Deutschland rund 1,5 Mio. t CO_2-Äquivalente pro Jahr. Würde man annehmen, dass in der Betriebsverpflegung die Hälfte aller jährlich verkauften Essen im Hinblick auf Nachhaltigkeitskriterien überarbeitet werden (z. B. anhand der Planetary Health Diet [PHD] nach Willett et al., 2019), könnten knapp 0,3 Mio. t CO_2-Äquivalente eingespart werden (Speck et al., 2022a). Auch in der Schulverpflegung steckt ein großes Potenzial. Unter der Annahme, dass die knapp 3 Mio. Personen umfassende, deutsche Schülerschaft mit Anspruch auf Mittagsverpflegung an 200

Tagen pro Jahr zu Mittag isst (Scharp et al., 2019; KMK, 2018), verursacht die Schulverpflegung jährlich ca. 0,5 Mio. t CO_2-Äquivalente. Wird auch hier die Hälfte aller Menüs optimiert, können die Emissionen um mehr als 10 % reduziert werden (eigene Berechnung auf Basis von Speck et al., 2022a). ◄

Dieses rechnerische Potenzial wird in der Praxis nicht ausgeschöpft. Vielmehr befinden sich die Großküchen in einem anhaltenden Spannungsverhältnis zwischen Preisdruck, eingefahrenen Strukturen, Fachkräftemangel und zunehmender Konkurrenz durch umliegende Verpflegungsangebote. Vor diesem Hintergrund will dieser Beitrag aufzeigen, welche Chancen eine nachhaltige Transformation der Außer-Haus-Verpflegung[1] für die Großküchen bietet und welche Hebel bereits heute genutzt werden können.

Als theoretischer Hintergrund wird in diesem Beitrag das Konzept des Transitionszyklus (nach Schneidewind & Singer-Brodowski, 2013) herangezogen, um die Phasen einer nachhaltigen Transformation in der AHV zu beschreiben. Anschließend werden verschiedene Instrumente für die Umsetzung einer nachhaltigen Verpflegung vorgestellt sowie quantitative Grenzwerte einer nachhaltigen Verpflegung anhand der Sustainable Level (nach Willett et al., 2019; Lukas et al., 2016) beleuchtet. Außerdem werden Pfadabhängigkeiten und Hemmnisse für die praktische Umsetzung beschrieben, wie auch Chancen aufgezeigt. Wie eine nachhaltige Transformation gelingen kann, zeigen verschiedene Strategieebenen, die aus der Reallaborforschung abgeleitet wurden.

26.2 Theoretischer Hintergrund: Transformation – was braucht es für eine nachhaltige Verpflegung?

Der Übergang vom Status Quo hin zu einer nachhaltigen AHV gestaltet sich nicht von heute auf morgen. Vielmehr muss nachvollziehbar gemacht werden, wie Veränderungen in komplexen Systemen – wie dem der AHV – ablaufen und welche Phasen dafür durchlaufen werden. Einen theoretischen Ansatz hierfür liefert das Konzept des Transitionszyklus (Schneidewind & Singer-Brodowski, 2013). Der Transitionszyklus (siehe Abb. 26.1) umfasst vier Phasen: die Problemanalyse, die Visionsentwicklung, Reallaborexperimente und die Diffusion. Im Mittelpunkt der ersten Phase, der Problemanalyse, steht die Untersuchung und Beschreibung des zu betrachtenden Systems – im vorliegenden Fall ist das die AHV. Aus dieser Phase lässt sich das Systemwissen ableiten. In der nächs-

---

[1] Die dargelegten Ergebnisse beziehen sich vorrangig auf den Bereich der Gemeinschaftsverpflegung, dazu zählt etwa die (Hoch-)Schulverpflegung oder Betriebsverpflegung sowie die Verpflegung in Kliniken und stationären Pflegeeinrichtungen. Grundsätzlich gilt die Notwendigkeit einer nachhaltigen Transformation für die gesamte Außer-Haus-Verpflegung, was die Individualgastronomie inkludiert. Deshalb wird in diesem Beitrag von dem Begriff Außer-Haus-Verpflegung gesprochen. Aktuell anlaufende Forschungsprojekte nehmen sich dieser Lücke an und untersuchen, ob die dargelegten Strategien auf die Individualgastronomie anwendbar sind. So finden sich andere strukturelle Rahmenbedingungen, was andere Herausforderungen birgt.

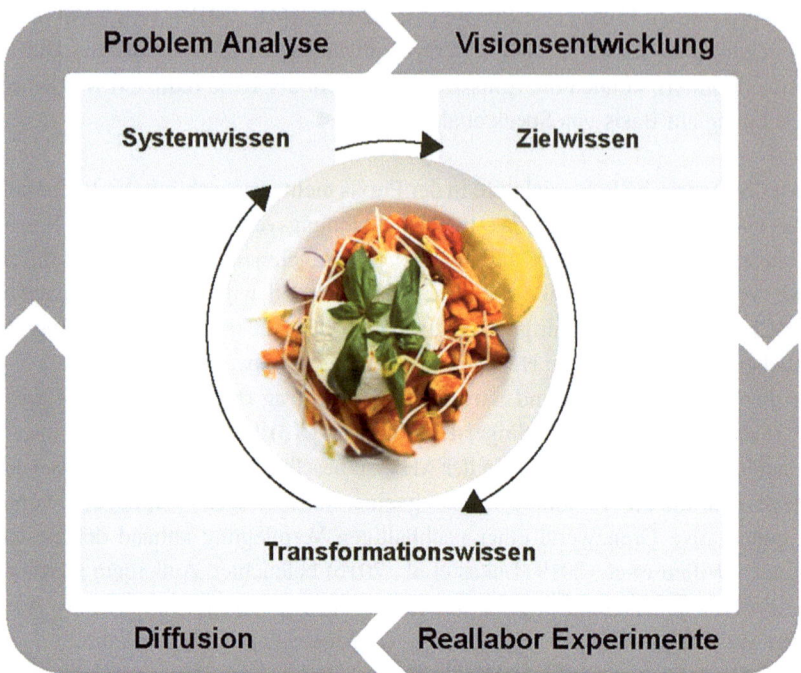

Abb. 26.1 Transitionszyklus am Beispiel Verpflegung. (Quelle: eigene Darstellung in Anlehnung an Schneidewind & Singer-Brodowski, 2013)

ten Phase folgt die Visionsentwicklung. Es werden wünschenswerte Zielzustände des Systems definiert, die in Zielwissen münden. In der nächsten Phase, den Reallaborexperimenten, gilt es, tatsächliche Veränderungen im System anhand von Versuchen, z. B. im Reallabor Großküche, anzustoßen. Fokussiert wird dabei der Erkenntnisgewinn darüber, wie sich das System verändert. Nach erfolgreichen Experimenten und abgeleiteten Veränderungsmustern kann dieses Transformationswissen in die Breite diffundiert werden (Schneidewind & Singer-Brodowski, 2013).

Folgt man dem Konzept des Transitionszyklus, so wird deutlich, dass bereits umfangreiches Systemwissen über die AHV vorliegt. Weiterführend zeigt der aktuelle Stand der Forschung eindeutige Zielkorridore für eine nachhaltigere Ernährung auf. Zu nennen sind qualitative und quantitative Ernährungsempfehlungen für die Zusammenstellung von Gerichten und Menüs, z. B. auf Basis der PHD (nach Willett et al., 2019) oder den DGE-Qualitätsstandards (u. a. DGE, 2022). Diese liefern Empfehlungen für die Häufigkeit und Menge von Lebensmittelgruppen. Basierend auf diesen Empfehlungen sollte die Verpflegung zum Großteil aus Obst und Gemüse, Vollkornprodukten, pflanzlichen Proteinquellen und Ölen mit einem hohen Anteil ungesättigter Fettsäuren bestehen. Tierische Erzeugnisse (z. B. Ei, Fleisch, Fisch, Milchprodukte) sollten einen Anteil von 25 bzw. 30 % nicht überschreiten. Zudem sind sowohl forschungsseitig als auch auf politischer Ebene Maßnahmen für eine nachhaltigere Verpflegung benannt worden, etwa ein Mindestanteil von 30 % ökologisch erzeugten Lebensmitteln (BMEL, 2022; Langen et al., 2022; Speck et al., 2021, 2022a; WBAE, 2020).

▶ Im Zuge einer nachhaltigen Ausrichtung der Betriebsverpflegung wählen viele Betriebe den Weg zu mehr Saisonalität und Regionalität. Bedeutet: Bei der Auswahl der Zutaten wird auf regionale Erzeugung und saisonale Verfügbarkeiten gesetzt. Die Eingriffstiefe dieser Maßnahmen ist aber gering und so auch ihre Hebelwirkung (WBAE, 2020; Niles et al., 2018). Solange wesentliche Änderungen der Rezeptur auf Grundlage der Warengruppe unberücksichtigt bleiben, reicht das nicht aus.

1 kg regionaler Tomaten aus einem unbeheizten Folientunnel verursacht ca. 0,6 kg CO_2-Äquivalente (Müller-Lindenlauf et al., 2013). Stammen die Tomaten aus einem beheizten Gewächshaus, entstehen üblicherweise 3,0 kg CO_2-Äquivalente (Müller-Lindenlauf et al., 2013). Den größten Anteil daran verursachen die Wärmezufuhr und Energie, nicht aber der Transport. Die Erzeugung tierischer Produkte hat hingegen keine Saison. Betrachtet man die Emissionen von Hähnchenbrustfilet aus regionaler Erzeugung, kommt dieses immer noch auf 5,6 CO_2-Äquivalente pro kg – trotz regionalem Bezug. Gerade bei Fleisch, als die Warengruppe mit den höchsten Emissionen, sind daher weder Saisonalität noch Regionalität wirklich entscheidend.

Um das beschriebene Zielwissen erfolgreich in der Praxis zu implementieren, braucht es Erprobungen im realen Großküchenalltag. Erst so können Erfolgsfaktoren und wirksame Veränderungsmuster erkannt werden. Die nachfolgenden Kapitel geben einen Überblick über aktuelle Erkenntnisse aus den Reallaborexperimenten, die im Rahmen verschiedener Studien und Forschungsprojekte durchgeführt wurden.

26.3 Sustainable Level – Grenzwerte und Indikatoren

Um den Entscheidungsprozess darüber, was auf dem Teller landet, in der Großküche richtungssicher zu unterstützen, bedarf es zwingend aussagekräftiger Indikatoren zur Bewertung der Nachhaltigkeitsleistungen sowie quantitativer Zielvorgaben (Lukas et al., 2016; Speck et al., 2021). Zwar werden auf Bundes- oder Landesebene Strategien und Indikatoren benannt, beispielsweise in der niedersächsischen Ernährungsstrategie, die eine Steigerung des Anteils regionaler, saisonaler, ökologischer, tierwohlverträglicher und fair gehandelter Lebensmittel in der öffentlichen Gemeinschaftsverpflegung auf mindestens 40 % vorsieht (Niedersächsisches Ministerium für Ernährung, Landwirtschaft und Verbraucherschutz, 2021), diese sind für die praktische Implementierung aber häufig zu unkonkret.

Im Rahmen verschiedener Projektvorhaben wurden daher Ansätze für eine indikatorenbasierte und quantifizierbare Nachhaltigkeitsbewertung von Speisen im Bereich der AHV erarbeitet und (teilweise) in der Praxis erprobt. Eine Auswahl dieser Indikatoren ist in Tab. 26.1 aufgeführt. Die Indikatoren wurden den vier Dimensionen (Umwelt, Ökonomie, Soziales, Gesundheit) zugeordnet.

Tab. 26.1 Auswahl verschiedener Nachhaltigkeitsindikatoren auf Speisenebene. (u. a. nach Speck et al., 2020)

Umwelt	Ökonomie	Soziales	Gesundheit
• Material Footprint • Carbon Footprint • Wasserverbrauch • Flächenbedarf • NH_3-Emissionen • KEA (Kumulierter Energieaufwand) • Anteil vermeidbarer Speiseabfälle • Bio-Anteil • Anteil gentechnikfreier Lebensmittel	• Kostendeckungsgrad einer Mahlzeit • Beliebtheit einer Mahlzeit (mengenmäßig) • Ökologisch wahre Preise	• Kinderarbeit • Wochenarbeitsstunden • Männer-/Frauenanteil an der sektoralen Erwerbskraft • Sozialversicherungsausgaben (% des BIP) • Verstöße gegen Arbeitsgesetze/-vorschriften	• Energiegehalt • Eiweißgehalt • Salzgehalt • Gehalt einfacher Kohlenhydrate (Zucker) • Ballaststoffgehalt • Fettgehalt • Gesättigte Fettsäure • Anteil wasserlöslicher/fettlöslicher Vitamine

Tab. 26.1 zeigt eine große Bandbreite an Indikatoren, anhand derer Speisen bewertet werden können. Auch für die Dimensionen Soziales und Ökonomie finden sich Indikatoren, darunter z. B. der Anteil von Kinderarbeit im Herkunftsland eines Rohstoffes. In der Großküche wurden diese bislang nicht erprobt. Das liegt u. a. daran, dass die Bewertung der Indikatoren eine ausreichend große und valide Datenbasis erfordert, um eine richtungssichere Entscheidungshilfe zu sein. Ganz anders sieht es hingegen bei ökologischen oder gesundheitlichen Daten aus. Für Umweltdaten existieren seit Jahren zahlreiche Datenbanken, mithilfe derer z. B. die Treibhausgas- oder Wasseremissionen eines Lebensmittels berechnet werden können.

Darüber hinaus gilt es auch geeignete Grenzwerte, sogenannte Sustainable Level (SL), zu definieren. Anhand der SL kann beurteilt werden, ob eine Speise dazu beiträgt, die Nachhaltigkeitsziele einzuhalten (Lukas et al., 2016). Die SL sind angelehnt an das Konzept der Planetary Boundaries nach Rockström et al. (2009). Die Grenzwerte können auf Basis wissenschaftlicher Empfehlungen abgeleitet werden, etwa anhand der DGE-Empfehlungen im Bereich Gesundheit. Im Bereich der Ökologie werden z. B. übergeordnete Zielwerte für den Ernährungssektor, etwa für den Ausstoß von Treibhausgasen, anteilig auf eine Mittagsportion übertragen. So gilt eine Mittagsmahlzeit, die weniger als 800 g CO_2-Äquivalente verursacht, nach Speck et al. (2020) als empfehlenswert.

Um vollumfänglich Nachhaltigkeitsleistungen im Bereich der AHV zu bewerten, sind aber auch aussagekräftige und anwendbare soziale und ökonomische Indikatoren erforderlich. Vor allem die ökonomische Betrachtung kann ein wesentlicher Hebel für eine Diffusion nachhaltiger Speisenangebote sein, gerade weil die Kosten ein wichtiges Entscheidungskriterium darstellen.

26.4 Instrumente zur Gestaltung von mehr Nachhaltigkeit

Anhand von Instrumenten kann das eigene Verpflegungsangebot beleuchtet und Nachhaltigkeitsleistungen indikatorenbasiert bewertet werden (siehe Tab. 26.2).

Die abgebildeten Instrumente wurden in vier Kategorien verglichen: Dimensionen, wissenschaftliche Grundlage, Kosten und Anwendungspotenzial für die Praxis. In der ersten Kategorie wird dargestellt, welche der vier Nachhaltigkeitsdimensionen von den Instrumenten abgebildet werden können. Die Kategorie „wissenschaftliche Grundlage" liefert Informationen darüber, ob die verwendeten Methoden und Daten wissenschaftlichen Kriterien entsprechen. So finden sich in dieser Kategorie beispielsweise Hinweise darauf, ob die Methoden in Peer-Review-Journals publiziert wurden oder Zertifizierungsprozesse durchlaufen haben. Ob die Instrumente kostenpflichtig sind, zeigt die dritte Kategorie. Unter „Anwendungspotenzial in der Praxis" zeigt sich beispielsweise die Fähigkeit zur Integration in bestehende Großküchensysteme.

Unterschiede zwischen den Instrumenten zeigen sich bei den Nachhaltigkeitsdimensionen. Keines der aufgeführten Instrumente bietet eine ökonomische Bewertung von Nachhaltigkeitsleistungen an. Weiterführend fokussieren sich einige der Instrumente auf eine ökologische Bewertung. Weitere Unterschiede lassen sich an den Kosten festmachen. Nur eines der aufgeführten Instrumente bietet eine dauerhaft kostenfreie Lösung an. Gerade für bedarfswirtschaftlich orientierte Betriebe kann das ein maßgebliches Entscheidungskriterium sein.

Tab. 26.2 Vergleich von Nachhaltigkeitsbewertungsinstrumenten (Auswahl). (Eigene Darstellung nach Paaßen, 2022)

Instrument	Abgebildete Dimension	Wissenschaftliche Grundlage	Kosten	Praxisanwendung
susDISH/ Foodprint4U	Umwelt	Peer reviewed	Kostenpflichtig	Bilanzierung im Warenwirtschaftssystem möglich
nutriRECIPE-Index	Gesundheit	Peer reviewed	Kostenpflichtig	Bilanzierung im Warenwirtschaftssystem möglich
Eaternity	Gesundheit, Umwelt und Soziales	keine Angabe	Kostenpflichtig	Warenwirtschaftssystem-Schnittstelle o. manuelle Eingabe
Green Vision Solutions	Umwelt	TÜV-Rheinland-zertifiziert	Kostenpflichtig	Ausgabe eines Ergebnis-Reports
Klimateller	Umwelt	keine Angabe	Kostenfreie Testversion	Manuelle Eingabe
NAHGAST-Rechner	Gesundheit, Umwelt und Soziales	Wissenschaftliche Bewertungsgrundlagen, Peer reviewed	Kostenfrei	Manuelle Eingabe, Testphase Warenwirtschaftssystem-Schnittstelle

▶ Grundsätzlich bieten Instrumente für eine quantitative Nachhaltigkeitsbewertung ein Einstiegsfenster für eine nachhaltigere Ausrichtung des Betriebs. Durch deren Nutzung lassen sich auf Rezepturebene bereits relevante Auswirkungen erzielen. In einer Untersuchung konnten Speck et al. mithilfe einer instrumentengestützten Rezepturoptimierung im Schnitt die Treibhausgasemissionen von Menüs um 21 % reduzieren (Speck et al., 2022a). Durch eine Optimierung der Rezepturen lassen sich in den Küchen die Treibhausgasemissionen ihrer Gerichte also im Schnitt um ein Fünftel verringern. Als entscheidender Hebel zeigte sich bei der Rezepturüberarbeitung die Reduzierung von Fleisch(-erzeugnissen) und Molkereierzeugnissen.

26.5 Chancen, Pfadabhängigkeiten, Hemmnisse

Aus den vorangegangenen Kapiteln wird deutlich: Wie eine nachhaltige Verpflegung in der BG gestaltet sein sollte und welche Instrumente Küchen bei diesem Umstellungsprozess unterstützen können, ist weitestgehend eindeutig. Dennoch sieht die gelebte Praxis in Deutschland vielerorts anders aus. Vor diesem Hintergrund ist es unausweichlich, Pfadabhängigkeiten und Hemmnisse für das Angebot nachhaltiger Speisenangebote in den Blick zu nehmen. Das Konzept der Pfadabhängigkeiten wird vor allem bei einer Transformation zu nachhaltigeren Wirtschaftsweisen als Erklärungsansatz genutzt, warum dieser Umstellungsprozess schwierig zu bewältigen ist (Clausen & Fichter, 2016; Gleich & Gößling-Reisemann, 2008).

▶ Der Begriff *Pfadabhängigkeit* beschreibt, dass ein Ereignis von vorangegangenen Ereignissen oder bislang üblichen Denk- und Verhaltensweisen abhängig ist. Das Konzept der Pfadabhängigkeit besagt allgemein, dass eine kausale Wirkung von früheren Ereignissen der Ereigniskette A, B, C, D, E … auf spätere vorliegt (Clausen & Fichter, 2017)

Eingeübte Praktiken und Routinen in der AHV können einen Grundstein für Pfadabhängigkeiten bilden, die der Umstellung zu einer nachhaltigen Verpflegung im Weg stehen (Steinmeier, 2018). Durch teils lange Jahre gewachsene Pfade sind die Pfadabhängigkeiten häufig sehr veränderungsresistent (Clausen & Fichter, 2018). Davon abzugrenzen ist der Begriff des Hemmnis. Ein Hemmnis hat eine hemmende oder erschwerende Wirkung auf eine bestimmte Entwicklungsrichtung eines Ereignisses (Clausen & Fichter, 2017). Diese muss aber nicht zwingend historisch bedingt sein, wie es bei einer Pfadabhängigkeit der Fall ist. Demnach stellt die Pfadabhängigkeit eine Art von Hemmnis dar (Steinmeier, 2018).

Auf Grundlage dieser Annahmen identifizierte Steinmeier (2018) Pfadabhängigkeiten, die im Sektor der AHV einer nachhaltigen Transformation des Speisenangebotes im Wege stehen können. Diese wurden typologisiert anhand rechtlicher, ökonomischer, infrastruktureller und technologischer, organisationaler und nutzerbezogener Pfadabhängigkeiten (nach Clausen & Fichter, 2017). In Tab. 26.3 findet sich eine Auswahl der von Steinmeier abgeleiteten Pfadabhängigkeiten.

Tab. 26.3 Pfadabhängigkeiten in der Außer-Haus-Verpflegung. (Nach Steinmeier, 2018)

Typus	Pfadabhängigkeit für eine nachhaltige Transformation
Rechtlich	Zeit- und kostenintensive Zertifizierungsprozesse (z. B. zur Auslobung von Bio-Produkten, DGE-Menülinien, ISO-Zertifizierungen)
	Subventionierungen (z. B. in der Landwirtschaft oder in öffentlichen Großküchen)
Ökonomisch	Bau der Küche (langfristige Festlegung der räumlichen Kapazitäten)
Infrastrukturell und technologisch	Küchenausstattung
	Hinterlegte Lieferanten und Produktpalette im Warenwirtschaftssystem
	Fehlende Produktverfügbarkeit (z. B. Gebindegrößen, Produktqualitäten)
	Preise für nachhaltigere Produkte (z. B. durch nicht externalisierte Umweltkosten)
Organisational	Unausgewogenes Verhältnis zwischen Fleischgerichten und pflanzenbasierten Gerichten in den Menülinien
	Starre Lieferantenverträge mit dem Ziel der Kostenminimierung
	Fehlende Integration aller Mitarbeitenden in der Küche (bis hin zum Ausgabepersonal)
	Nicht nachhaltige Ausrichtung von Strukturen und Unternehmensstrategien
Nutzerbezogen	Hohe Preissensibilität der Gäste hinsichtlich nachhaltiger Menüs

Als organisationale Pfadabhängigkeit nennt Steinmeier u. a. Lieferantenverträge. Diese verfolgen i. d. R. das Ziel, möglichst geringe Preise zu generieren. Häufig geschieht das auf Kosten der Flexibilität. So werden z. B. hohe Absatzmengen pro Produkt festgelegt, was den sukzessiven Austausch durch nachhaltigere Zutaten erschwert. Bundesweit tätige Betriebe verfügen häufig über einen zentralen Einkauf. Das erschwert den Einstieg für kleine und/oder regionale Lieferanten (Steinmeier, 2018).

Neben den historisch gewachsenen Pfadabhängigkeiten können auch weitere Hemmnisse den Großküchen den Einstieg in eine nachhaltigere Verpflegung erschweren. So war beispielsweise die COVID-19-Pandemie Auslöser für eine zeitweise besonders angespannte Verfügbarkeit von Ressourcen, wie Zeit, Personal oder Geld (Heinz et al., 2023).

Abseits der hemmenden Faktoren können auch Chancen für die Großküchen entstehen. Eine Studie von Heinz et al. (2023) konnte durch die veränderte Zutatenauswahl z. B. Vorteile im Bereich Zeitmanagement identifizieren. Beispielsweise ersetzte ein Betrieb die Beilage Reis durch Hirse. Diese bot während der laufenden Ausgabe den Vorteil, dass sie aufgrund der kürzeren Garzeit bei Bedarf unmittelbar nachproduziert werden konnte. Der Reis hingegen musste bereits vor der Ausgabe vorbereitet werden, was bei Überproduktion zu Lebensmittelabfällen und bei zu geringer Produktion zu einem vorzeitigen Ausverkauf hätte führen können. Die Studie von Heinz et al. zeigte außerdem, dass einige Küchen von einem Mehrkostenaufwand durch nachhaltigere Speisen berichteten, andere verzeichneten keine Mehrkosten oder sogar eine Reduzierung. Mehrkosten konnten z. B. dadurch erklärt werden, dass einzelne Zutaten im Lebensmitteleinzelhandel zugekauft werden mussten (Heinz et al., 2023).

Anhand des nachfolgenden Rechenbeispiels soll aufgezeigt werden, wie eine Kostenreduktion durch nachhaltigere Speisen aussehen kann.

> **Beispiel**
>
> Eine Portion Spaghetti Bolognese, zubereitet mit Rinderhackfleisch und mit Produkten aus konventioneller Erzeugung, kostet im Wareneinkauf ca. 1,28 €. Wird die Rezeptur vegetarisch zubereitet und das Rindfleisch durch Linsen aus konventionellem Anbau substituiert, sinkt der Preis pro Portion auf 0,71 €. Wird die vegetarische Bolognese mit 100 % Bio-Anteil zubereitet, belaufen sich die Kosten pro Portion auf 0,98 €. Das Beispiel verdeutlicht, welche ökonomischen Auswirkungen eine nachhaltige Rezepturanpassung haben kann. Die Reduzierung tierischer Produkte gleicht eine Steigerung des Bio-Anteils finanziell aus (eigene Berechnung auf Basis aktueller Preise der Metro Deutschland GmbH 2023). ◄

26.6 Strategieebenen einer erfolgreichen Nachhaltigkeitstransformation in der Großküche

Als Ergebnis jahrelanger Forschung im System „Außer-Haus-Verpflegung" können verschiedene Strategien für die Implementierung eines nachhaltigeren Speisenangebots abgeleitet (Speck et al., 2022a) und verschiedenen Ebenen (Rezepturebene, Speiseplanebene, Managementebene) zugeordnet werden (siehe Tab. 26.4). Durch diese Zuordnung wird deutlich, wie komplex die Umsetzung der einzelnen Strategien ist. Gleichzeitig zeigen die Ebenen an, welchen Beitrag die Strategien zum Abbau bestehender Pfadabhängigkeiten und Hemmnisse leisten.

Auf der Managementebene konnte beispielsweise die Strategie identifiziert werden, das bestehende Beschaffungsmanagement anzupassen. Als Teil dessen wurden in den Großküchenbetrieben Lieferantenstrukturen hinterfragt und teils neue Lieferanten hinzugewonnen, die die Produktspezifikationen im Bereich Nachhaltigkeit umfassender erfüllten oder eine umfangreichere Produktpalette (z. B. bei pflanzlichen Alternativprodukten) boten. Die Umsetzung dieser Strategie ist zwar aufwendig und komplex, bietet aber ein enormes Potenzial, um Hemmnisse und Pfadabhängigkeiten abzubauen und somit langfristig den Weg zu ebnen für ein nachhaltiges Verpflegungsangebot. Strategien auf der Rezepturebene sind hingegen kurzfristiger umsetzbar. Beispielsweise wurden einzelne Zutaten in bestehenden Rezepturen ausgetauscht. Die alleinige Umsetzung dieser Strategie scheint im Küchenalltag weniger aufwendig, kann mittelfristig durch Hemmnisse, wie einer zu aufwendigen Beschaffung oder mangelnder Gästeakzeptanz, ausgebremst werden. Dennoch bieten gerade diese Strategien ein erstes Einstiegsfenster, um Verantwortliche und Mitarbeitende für den Veränderungsprozess zu gewinnen.

Tab. 26.4 Strategieebenen einer nachhaltigen Verpflegung. (Aktualisiert nach Speck et al., 2022a, b)

Erfahrungen Reallaborexperimente	Übergeordnete Strategie	Art der Implementierung im Großküchenbetrieb	Potenzial zum Abbau von Hemmnissen
Managementebene			
Jahresplanung anpassen		Strategische Planungen für Aktionswochen, 6-8-10-Wochenrhythmen anpassen	Hoch
Beschaffungsstrategien modifizieren		Lieferantenstrukturen hinterfragen, neue Beschaffungswege (z. B. Direktkooperationen) prüfen	
Speiseplanebene			
Rezepturneuentwicklung	Entwicklung neuer Gerichte	Erprobung in Aktionswochen	Mittel
Gerichte quantitativ reduzieren	Weniger nachhaltige Gerichte aus dem Speiseplan entfernen	Rennergerichte, z. B. Currywurst-Angebot, von 1-mal wöchentlich auf 1-mal monatlich reduzieren	
Rezepturebene			
Zutaten austauschen	Substitution	Komponenten mit ähnlichen Kocheigenschaften austauschen (z. B. Fleisch, Wurstwaren durch pflanzliche Alternativen)	Niedrig
Zutaten reduzieren	Reduktion	Anteil Fleischeinwaage reduzieren, Anteil Gemüseeinwaage erhöhen	
Zutaten als geschmacksgebende Komponente	Verringerung (Speckwürfelprinzip)	Einsatz von kleinen Mengen Fleisch oder Molkereiprodukte als geschmacksgebende Komponente	

26.7 Ausblick

Es zeigt sich, dass von der BG wie auch anderen Zweigen der AHV ein enormes Potenzial ausgeht, um eine nachhaltige Transformation voranzutreiben. Dabei wird deutlich, es mangelt nicht am Zielwissen (s. Transitionszyklus) rund um eine nachhaltige Außer-Haus-Verpflegung – die wesentlichen Hebel sind bekannt. So spielt vor allem die Menüzusammensetzung und damit einhergehende Reduzierung des Einsatzes tierischer Produkte eine zentrale Rolle. Der Fokus auf Maßnahmen ohne Hebelwirkung, wie einen saisonalen und regionalen Einkauf, reicht nicht aus. Instrumente zur Bewertung von Nachhaltigkeitsleistungen können einen ersten Stützpunkt bieten, um die Speisenangebote richtungssicher nachhaltiger zu gestalten, auch wenn soziale und ökonomische Aspekte künftig gleichberechtigter abgebildet werden sollten. Auf Basis wissenschaftlicher Erkenntnisse kann für eine nachhaltige Ernährung ein klarer quantifizierbarer Rahmen ausgesprochen werden, in welchem sich nachhaltige Speisenangebote bewegen sollten. Gleichermaßen können aus der Reallaborforschung bereits erfolgreiche Strategien (Transformationswissen) benannt werden. Dennoch fehlt es weiterhin an einer flächendeckenden Anwendung und Verbreitung der Strategien. Systemisch betrachtet zeigen Pfadabhängigkeiten und Hemmnisse, dass die Verantwortung nicht in der Großküche endet. Auch andere Akteure der Wertschöpfungskette, von der Landwirtschaft über den Großhandel bis hin zu Anbietern von Warenwirtschaftssystemen, sind gefragt.

Erste Schritte

Die umfangreiche Zusammenarbeit mit Praxisbetrieben zeigt, wie eine nachhaltige Verpflegung bereits heute gelingen kann. Als erster und einfachster Schritt können Rezepturen richtungssicher optimiert werden. Um die Akzeptanz der neuen oder optimierten Menüs sicherzustellen, müssen sie für Gäste attraktiv gestaltet sein – vor allem gegenüber parallel angebotenen Gerichten. Das bedeutet auch eine angemessene und vergleichbare Portionsgröße der nachhaltigeren Gerichte. Einfach, unmittelbar umsetzbar und wirksam sind außerdem Nudging-Maßnahmen. Praxisbetriebe konnten beispielsweise mit der Positionierung des nachhaltigen Menüs an der beliebtesten Ausgabeposition den Absatz dieses Menüs relevant steigern. In der Praxis zeigt sich: Durch solche einfachen und dennoch wirksamen Maßnahmen können von Beginn an alle Mitarbeitenden und auch Gäste an eine nachhaltige Verpflegung herangeführt und so der Grundstein für eine langfristig nachhaltige Ausrichtung des Betriebs gelegt werden. ◄

Der Beitrag zeigt: Das Ziel eines umwelt- und sozialverträglichen, kostendeckenden und ernährungsphysiologisch wertvollen Speisenangebots im gesamten Sektor der AHV, wie in der BG im Speziellen, ist erreichbar. Was es dafür braucht, ist eine indikatorenbasierte und richtungssichere Bewertung von Nachhaltigkeitsleistungen und Nutzung wirksamer Hebel in der Großküche. Ein weiterer Ansatzpunkt ist die Zusammenarbeit aller Akteure entlang der gesamten Wertschöpfungskette Lebensmittel, damit die Transformation gelingt. Der entscheidende Schlüssel ist letztendlich aber ein attraktives, geschmackvolles Speisenangebot, das den Gästen die Entscheidung für eine nachhaltige Verpflegung abnimmt.

Literatur

BMEL – Bundesministerium für Ernährung und Landwirtschaft. (2022). Eckpunktepapier: Weg zur Ernährungsstrategie der Bundesregierung. Bundesministerium für Ernährung und Landwirtschaft

BVE – Bundesvereinigung der Deutschen Ernährungsindustrie. (2019). Jahresbericht 2018/2019. Bundesvereinigung der Deutschen Ernährungsindustrie.

BVE – Bundesvereinigung der Deutschen Ernährungsindustrie. (2020). Jahresbericht 2019/2020. Bundesvereinigung der Deutschen Ernährungsindustrie.

BVE – Bundesvereinigung der Deutschen Ernährungsindustrie. (2021). Jahresbericht 2020/2021. Bundesvereinigung der Deutschen Ernährungsindustrie.

CBD – Convention on Biological Diversity. (2014). Global Biodiversity Outlook 4. Secretariat of the Convention on Biological Diversity.

Clausen, J., & Fichter K. (2016). Pfadabhängigkeiten und evolutorische Ökonomik. Inputpapier im Rahmen des Projektes Evolution2Green – Transformationspfade zu einer Green Economy.

Clausen, J., & Fichter, K. (2017). Pfadabhängigkeiten. Querschnittsanalyse auf Basis von 15 Transformationsfeldern im Rahmen des Projektes Evolution2Green.

Clausen, J., & Fichter, K. (2018). Pfadabhängigkeiten und ihre Bedeutung für die Transformation zu einer Green Economy. adelphi, Borderstep, IZT, Berlin.

DGE – Deutsche Gesellschaft für Ernährung e. V. (2022). *DGE-Qualitätsstandard für die Verpflegung in Betrieben* (5., Aufl., 2., korr. akt. Nachdr). Deutsche Gesellschaft für Ernährung e.V.

Drewnowski, A. (2017). Measures and metrics of sustainable diets with a focus on milk, yogurt, and dairy products. *Nutrition Reviews, 76*, 21–28.

El Mourabit, X., Kröhn, S., Langen, N., Rumpold, B., Scharp, M., Bliesner-Steckmann, A., & Speck, M. (2023). Wir müssen reden! Nachhaltigkeitskommunikation in den Korn-handhabenden Berufen: Der Modellversuch Korn-Scout: Vom Getreidekorn und seinen vielfältigen Nutzerinnen und Nutzern – Korn-Kompetenzen für Nachhaltigkeit im Lebensmittelhandwerk stärken. In M. Ansmann, J. Kastrup, & W. Kuhlmeier (Hrsg.), *Berufliche Handlungskompetenz für nachhaltige Entwicklung aus BIBB-Fachbeiträge zur beruflichen Bildung*. Verlag Barbara Budrich.

FAO – Food and Agriculture Organization of the United Nations. (2011). *International Scientific Symposium Biodiversity and Sustainable Diets United Against Hunger*. Food and Agriculture Organization of the United Nations.

Gazan, R., Brouzes, C. M., Vieux, F., Maillot, M., Lluch, A., & Darmon, N. (2018). Mathematical optimization to explore tomorrow's sustainable diets: A narrative review. *Amercian Society for Nutrition, 9*, 602–616.

Gleich, A., & Gößling-Reisemann, S. (2008). *Industrial Ecology*. Erfolgreiche Wege zu nachhaltigen industriellen Systemen.

Göbel, C., Scheiper, M. L., Teitscheid, M. V., Friedrich, S., Engelmann, T., Neundorf, D., Speck, M., Rohn, H., & Langen, N. (2017). *Nachhaltig Wirtschaften in der Außer-Haus-Gastronomie: Status-quo-Analyse; Struktur und wirtschaftliche Bedeutung, Nachhaltigkeitskommunikation, Trends*. NAHGAST Arbeitspapier.

Heinz, J., Wagner, L., Speck, M., Menzel, A., & Langen, N. (2023). Biodiversität über den Tellerrand: Von der Bewertungsmethodik bis zur Implementierung in die Großküche. *Ernährungs Umschau, 70*(10), 117–124.

Hoffman, I., Schneider, K., & Leitzmann, C. (2011). *Ernährungsökologie – Komplexen Herausforderungen integrativ begegnen*. Oekom.

Jungmichel, N., Nill, M., & Wick, K. (2020). *KonsUmwelt – Kurzstudie zur globalen Umweltinanspruchnahme unseres privaten Konsums*. Umweltbundesamt.

KMK – Kultusministerkonferenz. (2018). Allgemeinbildende Schulen in Ganztagsform in den Ländern in der Bundesrepublik Deutschland – Statistik 2012 bis 2016.

Koerber, K. V., Männle, T., & Leitzmann, C. (1999). *Vollwert-Ernährung – Konzeption einer zeitgemäßen Ernährungsweise* (9. Aufl.). Haug.

Kröhn, S., Rumpold, B., Langen, N., Bliesner-Steckmann, A., Bartsch, S., & Scharp, M. (2020). Von Nachhaltigkeitspionieren lernen – das Projekt Korn-Scout. *Haushalt in Bildung & Forschung, 9*(3), 35–47.

Langen, N., Ohlhausen, P., Steinmeier, F., Friedrich, S., Engelmann, T., Speck, M., Damerau, K., Bienge, K., Rohn, H., & Teitscheid, P. (2022). Nudges for more sustainable food choices in the out-of-home catering sector applied in real-world labs. *Resources, Conservation & Recycling, 180*(6), 106167.

Lukas, M., Rohn, H., Lettenmeier, M., Liedtke, C., & Wiesen, K. (2016). The nutritional footprint – Integrated methodology using environmental and health indicators to indicate potential for absolute reduction of natural resource use in the field of food and nutrition. *Journal of Cleaner Production, 132*, 161–170.

Michalke, A., Stein, L., Richtner, R., Gaugler, T., & Stoll-Kleemann, S. (2022). True cost accounting in agri-food networks: A German case study on informational campaigning and responsible implementation. *Sustain Sci, 17*, 2269–2285.

Monetti, S., Pregernig, M., Speck, M., Langen, N., & Bienge, K. (2021). Assessing the impact of individual nutrition on biodiversity: A conceptual framework for the selection of indicators targeted at the out-of-home catering sector. *Ecological Indicators, 126*, 107620.

Müller-Lindenlauf, M., Zipfel, G., & Rettenmaier, N. (2013). *CO_2-Fußabdruck und weitere Umweltauswirkungen von Gemüse aus Baden-Württemberg*. Endbericht. ifeu- Institut für Energie- und Umweltforschung.

Niedersächsisches Ministerium für Ernährung, Landwirtschaft und Verbraucherschutz. (2021). Unser Rezept für die Zukunft! Niedersachsens Ernährungsstrategie.

Niles, M. T., Ahuja, R., Barker, T., Esquivel, J., Gutterman, S., Heller, M. C., Mango, N., Portner, D., Raimond, R., Tirado, C., & Vermeulen, S. (2018). Climate change mitigation beyond agriculture: A review of food system opportunities and implications. *Renewable Agriculture and Food Systems, 33*(3), 297–308.

Paaßen, U. (2022). *Ernährung: Fakten auf den Tisch*. Bundesverband Hauswirtschaft, Infodienst 3/22.

Pfefferle, H., Hagsphil, S., & Clausen, K. (2021). Gemeinschaftsverpflegung in Deutschland – Stellenwert und Strukturen. *Ernährungs Umschau, 8*, 470–483.

Rockström, J., Steffen, W., Noone, K., Persson, Å., Chapin, F. S., Lambin, E. F., Lenton, T. M., Scheffer, M., Folke, C., Schellnhuber, H. J., et al. (2009). A safe operating space for humanity. *Nature, 461*, 472–475.

Scharp, M., Engelmann, T., & Muthny, J. (2019). *KEEKS-Leitfaden für die klimaschonende Schulküche*. https://www.izt.de/media/2022/10/KEEKS_Produkt_Leitfaden_190429_WebVersion_FINAL.pdf. Zugegriffen am 23.05.2023.

Schneidewind, U., & Singer-Brodowski, M. (2013). *Transformative Wissenschaft. Klimawandel im deutschen Wissenschafts- und Hochschulsystem*. Metropolis.

Speck, M., Bienge, K., Wagner, L., Engelmann, T., Schuster, S., Teitscheid, P., & Langen, N. (2020). Creating Sustainable Meals Supported by the NAHGAST Online Tool – Approach and Effects on GHG Emissions and Use of Natural Resources Sustainability *12*, 1136.

Speck, M., Liedtke, C., Hennes, L., El Mourabit X., & Wagner, L. (2021). *Zukunftsfähige Ernährungssysteme und Konsummuster gestalten. Aktuelle Erkenntnisse aus der Forschung zu nachhaltiger Ernährung am Wuppertal Institut* (No. Zukunftsimpuls Nr. 19). Wuppertal Institut.

Speck, M., Wagner, L., Buchborn, F., Steinmeier, F., Friedrich, S., & Langen, N. (2022a). How public catering accelerates sustainability – A German case study. *Sustainability Science, 17*, 2287–2299.

Speck, M., Hennes, L., & Wagner, L. (2022b). Gemeinschaftsverpflegung: Potenziale für ein nachhaltiges Ernährungssystem. In H. Rogall, F. Eckhardt, & K. Gapp-Schmeling (Hrsg.), *Jahrbuch 2022/2023b Nachhaltige Ökonomie – Im Brennpunkt: Kommunale Wärmewende*. Metropolis.

Steinmeier, F. (2018). Nachhaltiges Speisenangebot in der Außer-Haus-Gastronomie – bestehende Hemmnisse und mögliche Pfadabhängigkeiten. In P. Teitscheid, N. Langen, M. Speck, & H. Rohn (Hrsg.), *Nachhaltig außer Haus essen Von der Idee bis auf den Teller*. Oekom.

Teitscheid, P., Göbel, C., & Weber, J. (2018). Beschreibung des AHG-Marktes in Deutschland und Europa. In P. Teitscheid, N. Langen, M. Speck, & H. Rohn (Hrsg.), *Nachhaltig außer Haus essen Von der Idee bis auf den Teller*. Oekom.

UBA – Umweltbundesamt. (2024). *Entwicklung der Treibhausgasemissionen in Deutschland. Umweltbundesamt.* https://www.umweltbundesamt.de/presse/pressemitteilungen/detaillierte-treibhausgas-emissionsbilanz-2022. Zugegriffen am 23.05.2023.

WBAE. (2020). *Politik für eine nachhaltigere Ernährung: Eine integrierte Ernährungspolitik entwickeln und faire Ernährungsumgebungen gestalten. Gutachten*. Wissenschaftlicher Beirat für Agrarpolitik, Ernährung und gesundheitlichen Verbraucherschutz beim BMEL.

Weiß, D., García, B., van Ackern, P., Rüttinger L., Albrecht, P., Dech, M., & Knopf, J. (2020). *Die Achtung von Menschenrechten entlang globaler Wertschöpfungsketten. Risiken und Chancen für Branchen der deutschen Wirtschaft. Forschungsbericht 543*. Bundesministerium für Arbeit und Soziales.

Wezel, A., Herren, B., Kerr, R., Barrios, E., Goncalves, A., & Sinclair, F. (2020). Agroecological principles and elements and their implications for transitioning to sustainable food systems. A review. *Agronomy for Sustainable Development, 40*, 40.

Willett, W., Rockström, J., Loken, B., Springmann, M., Lang, T., Vermeulen, S., Garnett, T., Tilman, D., DeClerck, F., Wood, A., Jonell, M., Clark, M., Gordon, L., Fanzo, J., Hawkes, C., Zurayk, R., Rivera, J., DeVries, W., Sibanda, L., Afshin, A., Chaudhary, A., Herrero, M., Agustina, R., Branca, F., Lartey, A., Fan, S., Crona, B., Fox, E., Bignet, V., Troell, M., Lindahl, T., Sudhvir, S., Cornell, S., Reddy, K. S., Nishtar, S., & Murray, C. (2019). Food in the anthropocene. The EAT-lancet commission on healthy diets from sustainable food systems. *Lancet, 393*, 447–492.

Innovative Ansätze

Guido Ritter

27.1 Innovationen gesellschaftlich und politisch gewollt – praktisch notwendig

Die wirtschaftlichen, gesellschaftlichen und politischen Entwicklungen der letzten Jahre haben die Betriebskantinen zu einem Innovationsmotor im Rahmen der Entwicklung eines neuen Selbstverständnisses für die Verpflegung von Mitarbeitenden gemacht (vgl. Kap. 18).

Aus *wirtschaftlicher Sicht* haben viele Unternehmen den Beitrag der Kantine für eine Verbesserung der Mitarbeitendenzufriedenheit und der Gesundheitsförderung erkannt.

Vorreitende waren bereits vor mehr als 15 Jahren Unternehmen der digitalen Branche. Die Großen, wie Google, Facebook und Co., machten es vor. Durch kostenfreies Essen und eine moderne Kantinenumgebung, die sich von den „Hipster"-Cafés der Innenstädte nicht mehr unterscheiden ließ, nutzten sie als erste das Potenzial der guten Verpflegung in angenehmer Atmosphäre. Frei nach dem Motto: Kreative Köpfe brauchen gutes Essen. Mittlerweile haben die Branchenführer aller Industriezweige ihre Betriebskantine als Aushängeschilder für die Werbung und Wertschätzung von Mitarbeitenden erkannt.

Ganz gleich, ob nun im Krankenhaus, in der Kindertagesstätte oder bei einem der größten Automobilhersteller der Welt: Eine Kantine, das ist heute weit mehr als ein Ort trockener Kalorienzufuhr.

Im Zuge von Corona mussten viele Kantinen sehr schnell ihr Angebot auf die Gegebenheiten des „New Work" umstellen – sogenannte „Ghost Kitchen" entstanden.

G. Ritter (✉)
FH Münster, iSuN - Institut für Nachhaltige Ernährung, Münster, Deutschland
E-Mail: ritter@fh-muenster.de

▶ Als Ghost Kitchen bezeichnet man Küchenbetriebe, die ausschließlich für die Zubereitung von Liefer- und Takeout-Gerichten ohne physisches Restaurant vorgesehen sind. Manche Konzepte arbeiten aber auch mit eigenen Ausgabestellen bzw. Filialen („Stores"), in denen das Essen aus der entfernt liegenden Ghost Kitchen verkauft wird.

Aus der Not heraus, dass die Tischgäste ausblieben, haben viele Restaurants im Kampf ums Überleben auf dieses innovative Konzept umgestellt. In der Betriebsgastronomie (BG) wurden Ghost Kitchens genutzt, um frische und gesunde Mahlzeiten für die Mitarbeitenden zuzubereiten und zu liefern, die ins Homeoffice verschwanden, aber auf den Mittagstisch nicht verzichten wollten. Dabei wurde anfänglich noch viel mit Einweg-Kunststoffbehältern gearbeitet. Moderne Kantinen nutzen auch heute diesen Ansatz der Möglichkeit zur Speisenmitnahme nach Hause parallel zum geregelten Kantinenbetrieb weiter, um den Service des Mittagessens für das Homeoffice anzubieten. Der Nutzen kann die Familienversorgung der Mitarbeitenden mit einem frischen und gesunden Mittagessen einschließen. Dies ist ein zunehmend gerne genutztes Angebot, das Familie und Beruf besser in Einklang bringen kann.

Dabei sind Mehrwegsysteme mittlerweile Stand der Technik und die Reduzierung von Lebensmittelabfällen passt sich gleichermaßen in das nachhaltige System ein, da mit dem zusätzlichen Vertriebsweg weniger Überschüsse in der Küche zurückbleiben.

Diese Entwicklung hin zu mehr flexiblen und nachhaltigen Speisenangeboten hat sich in den Kantinen nach Corona weiter stark beschleunigt. Der wirtschaftliche Nutzen in Form einer gesteigerten Attraktivität des Betriebs trifft zeitgleich auf eine gesellschaftliche Entwicklung, in der Ernährung und Nachhaltigkeit an Bedeutung gewinnen (vgl. Kap. 7, 18 und 26).

Der Trend, dass eine zunehmend pflanzenbasierte Ernährung, die Achtung des Tierwohls und regional-ökologische Angebote die Entscheidung bei der Essensauswahl beeinflussen, ist nicht mehr umzukehren. Viele sprechen bereits vom „neuen Normal", auch wenn Inflation und globale Unsicherheiten die Steigerung des Absatzes von nachhaltig produzierten Lebensmitteln abbremsen. Die Nachfrage nach mehr pflanzenbasierter Ernährung ist unabhängig von ideologisch geprägten Lebensstilen ein stabiler Faktor geworden und die tägliche flexitarische Entscheidung am Buffet fällt zunehmend Richtung „fleischfrei" aus.

Diese gesellschaftspolitische Ernährungswende der letzten Jahre vollzieht sich gerade beim Mittagstisch besonders erkennbar. Die Nestlé Studie (2023) „So nachhaltig is(s)t Kantine und Mensa" beschreibt es in der Form, dass „die überwiegende Mehrheit der Mensa- und Kantinenverantwortlichen die COVID-19-Krise gezielt genutzt hat, um ihr Angebot und ihre Prozesse zu überprüfen. Mit `grünem´ Profil, verschlankten und verbesserten Angeboten fühlten sich knapp 88 % der Betriebs- und mehr als 96 % der Campusgastronomen viel besser bzw. etwas besser aufgestellt in Sachen Nachhaltigkeit." (siehe Kap. 21).

Angesichts des wachsenden Bewusstseins für das Zusammenspiel von Ernährung, Nachhaltigkeit und neuen technologischen Möglichkeiten haben Unternehmen begonnen, innovative Ansätze in ihre BG zu integrieren, um diesen Anforderungen gerecht zu werden.

Nicht zuletzt der *politische Druck* zur Reduzierung von Lebensmittelabfall in der Gemeinschafts- und Außer-Haus-Verpflegung und die Aufmerksamkeit der Politik für den Einfluss von Ernährung auf drängende gesellschaftliche Gesundheitsthemen, wie Übergewicht, Herz-Kreislauf- und Krebserkrankungen (BMBF, 2023), hat zu einer Reihe von Innovationen in der BG geführt, die vor einem Jahrzehnt noch nicht für möglich gehalten wurden.

27.2 Innovationsfelder

Hier sind einige der wichtigsten Innovationsfelder mit Best-Practice-Beispielen:

27.2.1 Einsatz künstlicher Intelligenz (KI) und personalisierte Ernährung

Das passgenaue Angebot auf eine schwierig kalkulierbare Nachfrage ist das Kernelement für ein „Zero-Waste"-Konzept einer Betriebsküche. Wie viele Mitarbeitenden sind im Homeoffice, wie viele Tischgäste werden heute im Büro vor Ort arbeiten und in der Kantine essen? Bei diesen Fragen kann die künstliche Intelligenz (KI) in Form von intelligenten Voraussageverfahren (Predictive Analytics) auf der Basis von Datenanalyse genutzt werden, um das Verhalten der Mitarbeitenden besser zu verstehen. Die Nutzung von Big Data könnte darüber hinaus dazu beitragen, personalisierte Ernährungspläne basierend auf individuellen Vorlieben und Gesundheitszielen zu erstellen (siehe Kap. 18). Sofern sich Deutschland gesellschaftlich für eine erweiterte Nutzung von KI-Systemen entscheiden wird, und auch dafür, persönliche Ernährungsgewohnheiten und -bedürfnisse digital zu erfassen, lässt sich in Zukunft ein effizientes Warenwirtschaftssystem mit einer gesundheitsfördernden und personalisierten Ernährung koppeln. Mobile Apps, wie z. B. Mitakus (2023) zur Bestellung und Bezahlung von Mahlzeiten sowie digitale Menütafeln, sind Beispiele für Innovationen, die die Effizienz erhöhen und den Kundenkomfort schon heute verbessern.

Die fortschreitende Integration von Augmented Reality (AR) in Form von einer computergestützten Erweiterung der Realitätswahrnehmung kann interaktive Speiseerlebnisse ermöglichen, bei denen die Kundschaft ihre Mahlzeiten virtuell anzeigen kann, bevor sie bestellen.

Damit wird im Rahmen einer Effizienzstrategie die Optimierung einer gesunden und nachhaltigen Ernährung bei gleichzeitigem Minimum an Lebensmittelabfall technologisch möglich. Da Ernährung aber mehr ist, als reine Nährstoffzufuhr, und Genuss sich nicht immer planen lässt, bleibt es fraglich, ob der technologische Aufwand sich in jedem Betrieb lohnt und in allen Fällen zu einem Ergebnis auf dem Teller führt, das den Erwartungen an ein leckeres Essen entspricht.

27.2.2 Nachhaltige Praktiken im Küchenalltag

Nachhaltigkeit ist zu einem zentralen Anliegen vieler Unternehmen geworden (vgl. Kap. 26). Dies spiegelt sich auch in der BG wider, wo Maßnahmen zur Reduzierung von Lebensmittelverschwendung, die Entwicklung, Bewertung und Kommunikation eines nachhaltigen Speisenangebots und die Einführung umweltfreundlicher Verpackungslösungen an Bedeutung gewonnen haben. Parallel dazu hat auch die Politik das Thema nachhaltige und gesunde Ernährung in Kantinen strategisch aufgenommen. Die Bundesregierung hat mit ihrer Ernährungsstrategie „Gutes Essen für Deutschland" das Ziel ausgerufen: „Die Qualitätsstandards der DGE sollen in der Gemeinschaftsverpflegung verbindlich und bis 2030 etabliert werden.", bei einem gleichzeitig vermehrten Angebot von Lebensmitteln aus ökologischer Landwirtschaft (BMEL, 2024).

Die Integration nachhaltiger Praktiken in die BG trägt nicht nur zur Umweltschonung bei, sondern spricht auch ein zunehmend bewusstes Publikum an.

- *Maßnahmen zur Reduzierung von Lebensmittelverschwendung*

Mit der Agenda 2030 für nachhaltige Entwicklung (Sustainable Development Goals, SDGs) starteten die Vereinten Nationen im Jahr 2015 eine weltweite Transformation für mehr Nachhaltigkeit in den Konsum- und Produktionsmustern. Das Unterziel SGD 12.3 fordert, die weltweiten Lebensmittelabfälle in einer Dekade bis 2030 pro Kopf im Handel und auf Konsumentenebene zu halbieren (Umweltbundesamt, 2023). Darüber hinaus sollen sich die Lebensmittelabfälle entlang der Produktions- und Lieferketten, einschließlich Verlusten nach der Ernte, verringern. Deutschland hat diese Ziele in die Nationale Strategie zur Reduzierung der Lebensmittelverschwendung übernommen (BMEL, 2023). Dabei wurde gerade im Außer-Haus-Markt ein Einsparpotenzial von 30 bis 50 % der dort entstehenden Lebensmittelabfälle identifiziert. Dies zeigen Ergebnisse der durchgeführten Abfallmessungen und -analysen von United Against Waste e. V. in Kooperation mit unterschiedlichen Betrieben. Im Rahmen des Dialogforums Außer-Haus-Verpflegung konnten zwölf Modellbetriebe in drei Jahren eine durchschnittliche Reduzierung der Lebensmittelabfälle um 25 % erreichen. Nach dreijähriger Arbeit hat das Dialogforum unter Koordinierung des WWF Deutschland im April 2021 eine Zielvereinbarung verabschiedet. In der Vereinbarung erklären sich die unterzeichnenden Verbände bereit, eine Verringerung der Lebensmittelabfälle bis 2025 um 30 % und bis 2030 um 50 % zu erreichen. Die Vereinbarung umfasst die Breite dieses Sektors, von Betriebskantinen über Hotels bis hin zu Krankenhäusern, Seniorenheimen und Schulen.

Innovative Maßnahmen zur Reduzierung von Lebensmittelabfällen werden in verschiedenen wissenschaftlichen Studien untersucht.

Zum Beispiel empfiehlt das europäische Forschungsprojekt LOWINFOOD (2023):

Smart Bins: Ein automatisiertes Lebensmittelabfallmanagement für Restaurants und Kantinen – das innovative Schweizer Erfassungssystem Kitro (2023), das Betriebsküchen erlaubt, Mengen und Art von Lebensmittelabfällen automatisch zu erfassen und mithilfe dessen entsprechende Handlungsempfehlungen automatisch zu generieren.

Tellerreste-Tracker: Den von einem schwedischen Start-up entwickelte Matomatic-Tracker (2023) zur Erfassung von Tellerresten in Schulen, um das Bewusstsein von Kindern zum Thema Lebensmittelabfälle zu steigern.

Ernährungsbildungs- und Sensibilisierungsansatz: Innovative Kommunikation des Themas an die Tischgäste.

- **Nachhaltige Bewertung von Speisen**

Für die Küche im Betrieb ist es nicht auf Anhieb ersichtlich, wie verträglich ein angebotenes Gericht für Umwelt und Gesundheit sowie wie fair es für Mensch und Tier ist. Im Rahmen des wissenschaftlichen Forschungsprojekts NAHGAST des Instituts für Nachhaltige Ernährung (iSuN) der FH Münster wurde ein kostenfrei nutzbarer, innovativer Rechner entwickelt, der auf Grundlage einer komplexen Datenbank bestimmt, ob ein Gericht in diesen Bereichen „empfehlenswert", „eingeschränkt empfehlenswert" oder „nicht empfehlenswert" ist. Die Küchenleitung selbst muss nichts berechnen, sondern wählt einfach aus einer Liste die Zutaten für ihr Gericht aus, gibt deren Grammzahl, Zubereitungsart und Lagerung an und kann außerdem anklicken, ob die Zutaten aus biologischem Anbau, artgerechter Tierhaltung/Fangmethode oder fairem Handel stammen. Die Ergebnisse eignen sich auch für eine differenziertere Kommunikation zum Tischgast, um Nachhaltigkeitsthemen zielgruppengerecht zu platzieren (FH Münster, 2023).

Das aktuelle Projekt des Forschungsinstituts iSuN „Biodiversität über den Tellerrand – BITE" geht noch einen Schritt weiter und stellt erstmals eine Verknüpfung zwischen der einzelnen Außer-Haus-Mahlzeit und ihren Auswirkungen auf die biologische Vielfalt her. Neben der Messung der Biodiversitätsauswirkungen wird untersucht, auf welchem Weg die Gäste für die Thematik sensibilisiert werden und wie die Küchen biodiversitätsschonende Mahlzeiten bestmöglich vermarkten können (BITE, 2023) (vgl. Kap. 26).

- **Einführung umweltfreundlicher Verpackungslösungen**

Die Deutsche Umwelthilfe (2023) schätzt, dass in Deutschland rund 320.000 Wegwerfbecher für Kaffee verbraucht werden – pro Stunde! Und jeden Tag sind Take-Away-Verpackungen und Einweggeschirr für rund 770 t Abfall verantwortlich. Seit dem 01.01.2023 gilt in Deutschland für die Gastronomie ein neues Gesetz für die Mehrwegpflicht. Konkret bedeutet dies, dass Take-away-Speisen und -Getränke nicht nur in Einweg-, sondern auch immer in Mehrwegverpackungen angeboten werden müssen. Das trifft auch Betriebskantinen. Hier setzen innovative Kantinen auf ein regional abgestimmtes Mehrwegkonzept (Verbundsystem), das es dem Tischgast ermöglicht, die Mehrwegdose auch an anderer Stelle einsetzen und zurückführen zu können. Oder man geht noch einen Schritt weiter und setzt Verpackungen ein, die gar nicht erst Abfall werden. Inspiriert von der Eiswaffel entwickelt das Start-up Allcup (2023) aus Münster innovative Beschichtungen für u. a. essbare Kaffeebecher, sodass der Becher künftig als leckere Ergänzung zum Kaffee einfach mitgegessen werden kann.

27.2.3 Nachhaltiger Wertewandel durch die Steigerung des Bio-Anteils

Um einen nachhaltigen Wandel des Ernährungssystems in einer Kantine zu erreichen, braucht es ein neues Denken in der Küche. Die Kantine Zukunft (2023) in Berlin geht den Weg der konsequenten Beratung.

Um diesen Wandel anzustoßen, begleiten die Mitarbeitenden des Projekts ganze Küchenteams mit speziell entwickelten Hospitationen und Workshops. Die Beratung der Kantine Zukunft basiert auf der selbst entwickelten „Berliner Methode", deren zehn Grundsätze den Weg hin zu einer zukunftsfähigen Gemeinschaftsgastronomie (GG) weisen – hin zu einer, wie sie selbst sagen, neuen Kantinenkultur. Dabei steht der Einsatz von deutlich mehr biologischen Zutaten im Mittelpunkt. Darüber hinaus verfolgt das Projekt den innovativen ganzheitlichen Ansatz, dass sich die Köpfe und die Kultur in der Küche ändern und damit eine zukunftsfähige GG mit gutem, leckerem Essen für Gäste möglich wird – gesund und ökologisch für Mensch und Umwelt.

27.2.4 Regionale Versorgung

Die Verwendung lokaler und saisonaler Zutaten reduziert die Umweltauswirkungen und fördert die Qualität und Frische der Mahlzeiten. Der Wert und die Resilienz regionaler Ernährungssysteme haben sich gerade in den Zeiten von Corona gezeigt. Dabei spielt die Verknüpfung der Kantine mit regionalen und lokalen Lieferanten eine besondere Rolle, sorgt aber auch oftmals für einen Engpass. Viele Regionen in Deutschland sind im Selbstversorgungsgrad für Gemüse, Obst und Hülsenfrüchte unterversorgt. Wenn es dann noch um ökologisch erzeugte Lebensmittel geht, gibt es einen erheblichen Nachholbedarf. Kantinen haben oft Schwierigkeiten, von lokalen Lieferanten und Landwirten ihre Ware in entsprechender Qualität und benötigtem Verarbeitungsgrad (z. B. geschält) zu erhalten. Die Vernetzung der Wirtschaftspartner Landwirtschaft und Betriebskantine in der Region ist nicht mehr selbstverständlich (Ritter et al., 2021).

Die Regionalbewegung e. V. (2023) setzt auf den Aufbau regionaler Wertschöpfungszentren zur Bündelung von Angebot und Nachfrage. Dabei ist der innovative Ansatz die Kombination aus gewerblichem Zentrum für die Lagerung, Verarbeitung und Vermarktung von regionalen Lebensmitteln und das physische Zentrum als Treffpunkt für Menschen zum Austausch und zur Beratung. Die Kundschaft und Lieferantenverhältnisse leben von Vertrauen und Kontinuität. Dieses wächst durch den persönlichen Austausch.

27.2.5 Living-lab-Kantine – Canteen Gardening

Die Spitzengastronomie macht es vor. Restaurants werden zu Produzenten und Gärtnernden ihrer eigenen Produkte. Selbstgezogene Kräuter, eigener Bienenhonig und eine eigene Gärtnerei können auch in der Betriebskantine für eine neue Wertschätzung der Speisen in der Küche und beim Tischgast sorgen.

Die Betriebskantine wird zum Erlebnisort – einem Living lab.

Die einfachste Umsetzung sind die *Microgreens*. Microgreens sind junge, essbare Pflanzen, die aus Samen von Gemüse- und Kräutersorten gezogen werden und nach nur wenigen Wochen geerntet werden können. Diese Miniaturpflanzen sind reich an Nährstoffen und Aromen. In der BG werden Microgreens häufig als Zutaten in Salaten, Sandwiches und anderen Gerichten verwendet, um sowohl Geschmack als auch Nährwert zu steigern. Zum Beispiel könnte eine Betriebsküche Frühstückssandwiches mit frischen Microgreens, wie Kresse oder Rucola, garnieren, um eine zusätzliche geschmackliche Note und Nährstoffe zu bieten.

Vergleichbar zum Urban Gardening bietet ein eigener *Dachgarten* eine innovative Möglichkeit, um auf begrenztem Raum Grünflächen zu schaffen. In der BG können Dachgärten genutzt werden, um frische Kräuter, Gemüse und sogar Obst anzubauen, die dann in den Mahlzeiten der Mitarbeitenden verwendet werden. Ein Unternehmen könnte beispielsweise auf seinem Gebäudedach einen Gemüsegarten anlegen und die geernteten Produkte in der betriebseigenen Kantine verwenden.

Eine Weiterentwicklung des innovativen Ansatzes Dachgarten ist die *Ackerpause*. Die Ackerpause ist eine Idee, bei der Mitarbeitende die Möglichkeit haben, während ihrer Pause gemeinsam einen kleinen Gemüsegarten anzulegen und zu pflegen. Diese kreative Pause fördert die Teamarbeit, bietet eine Möglichkeit zur Entspannung und schafft eine Verbindung zur Natur. Mitarbeitende können gemeinsam Kräuter und Gemüse anbauen und die Früchte ihrer Arbeit später in ihren Mahlzeiten genießen (Acker e. V., 2022).

Am weitesten geht der Gedanke des *Food Campus*. Ein Food Campus wie der in Berlin (o. J.) ist ein Ort, an dem verschiedene Aspekte der Ernährung, von Anbau und Produktion bis hin zur Verarbeitung und Vermarktung, zusammenkommen. In der BG kann ein Unternehmen einen Food Campus einrichten, um den Mitarbeitenden ein umfassendes Verständnis für die Lebensmittelproduktion zu vermitteln. Dies könnte Workshops, Schulungen und sogar direkten Kontakt zu Landwirten und Produzenten beinhalten.

27.2.6 Salutogene Ernährungsumfelder

Kreativität wird durch den Austausch von Menschen gefördert. In den Zeiten nach Corona konnte man körperlich spüren, wie wichtig und wohltuend das Gespräch mit Menschen aus dem Kollegium in der Kantine war und ist. Gerade in diesen Pausengesprächen entstehen neue Ideen und oftmals werden auf „kurzem Weg" Arbeitsprozesse optimiert (Meyer, 2021). Denn Ernährung ist Kommunikation und sozialer Kit.

Da die Betriebe den positiven Einfluss der Kommunikation am Mittagstisch auf das Arbeitsergebnis kennen, gehen innovative Ansätze dahin, die Ernährungsumgebungen so angenehm wie möglich zu gestalten.

Heute besteht allgemeiner Konsens über den großen Einfluss der Ernährungsumgebung auf das Verhalten von Individuen (BZFE, 2023).

An der Veränderung der Ernährungsumgebung setzt auch das Nudging an (vgl. Kap. 22 und 28). Durch Schlüsselreize soll Menschen ein gewünschtes Verhalten auf der Ebene schneller, automatisierter Entscheidungen erleichtert werden. Dazu gehören sowohl Maßnahmen, wie eine attraktive beschilderte Salatbar, als auch eine bevorzugte Reihenfolge von pflanzenbasierten Gerichten in der Buffetabfolge der Betriebskantine.

27.2.7 Automatisierung durch Technologieintegration und Self-Service-Angebote

Die Integration von Technologien in die BG kann zu effizienteren und personalisierten Dienstleistungen führen. Unternehmen setzen bereits jetzt vermehrt auf Self-Service-Kioske und mobile Apps zur Bestellung von Mahlzeiten. Ein Beispiel dafür ist das „Data Kitchen in Berlin", ein öffentliches Restaurant des Softwareunternehmens SAP in Berlin, das vollständig auf Automatisierung setzt. Die Gäste bestellen über Tablets und holen ihre Mahlzeiten an Selbstbedienungsschaltern ab.

„Smart Fridges" sind Kühlschränke, die mit einer Technologie ausgestattet sind, um den Inhalt zu überwachen, das Inventar zu verfolgen und die Bestellungen automatisch auszulösen. In der BG können Smart Fridges platziert werden, um den Mitarbeitenden jederzeit gesunde Snacks und Getränke anzubieten. Mitarbeitende können sich einfach mit ihrem Smartphone anmelden und die gewünschten Artikel auswählen, die dann direkt aus dem Smart Fridge entnommen werden.

Diese Technologie kann auch als „Fair-Teiler" im Sinne eines Food-Sharing-Konzepts einen kostenfreien Austausch überzähliger, aber noch genießbarer Lebensmittel aus dem privaten Bereich unterstützen.

27.2.8 Gesund für mich und den Planeten – die Planetary Health Diet (PHD) als Ernährungstrend

Die steigende Nachfrage nach gesunden Ernährungsoptionen hat die BG dazu veranlasst, sich anzupassen. Veganismus, vegetarische Kost, glutenfreie Optionen und Lebensmittelallergien sind Faktoren, die bei der Gestaltung von Menüs berücksichtigt werden müssen (siehe Kap. 18). Die Innovationsbereitschaft, verschiedene kulinarische Bedürfnisse zu erfüllen, hat zu einer breiteren Auswahl und Anpassungsfähigkeit der Betriebsküchen geführt. Smoothies, Salatbars und Bowls sind heute schon selbstverständliche Angebote.

Der innovative Ansatz der Betriebskantine entwickelt Rezepturen im Rahmen der PHD mit alternativen Proteinquellen. Tischgäste fragen vermehrt nach Alternativen zu tierischen Proteinquellen (KErn, 2022). Es fehlt noch an Erfahrung im Umgang mit Hülsenfrüchten, Algen oder Insektenproteinen in den Betriebskantinen. Dazu bietet das food lab muenster der FH Münster im Rahmen des Forschungsprojekts Innovationsraum New-FoodSystems (Max Rubner-Institut, 2023) eine Workshopreihe mit dem Titel „Zukunft is(s)t jetzt" für Köch*innen von Restaurants und Betriebskantinen an, um Rezepturen mit alternativen Proteinen für die eigene Küche zu entwickeln. Damit soll die Transformation der Ernährungswende hin zu alternativen Proteinquellen in den Kantinen beschleunigt werden.

27.3 Fazit

Die BG hat sich von einer einfachen Verpflegungsoption zu einem Bereich entwickelt, in dem Innovationen in Technologie, Nachhaltigkeit und Ernährungstrends eine Schlüsselrolle spielen. Dort, wo Innovation stattgefunden hat, sind Veränderungen aber nicht nur in den Töpfen, sondern vor allem in den Köpfen passiert.

Deshalb wird „Kantine der Zukunft" nur in breiter Fläche stattfinden können, wenn der Kochberuf in Betriebskantinen wieder attraktiv gestaltet wird und kreative Köpfe mit innovativen Ideen dafür gewonnen werden können. Die Leitungen von Betriebskantinen müssen auch in Zukunft flexibel sein für neue Entwicklungen, denn der Trend hin zu attraktiven, gesundheitsfördernden und nachhaltigen Speiseangeboten wird auch ein wichtiger Bestandteil im Wettbewerb eines Unternehmens um die Gunst der Mitarbeitenden sein.

Unternehmen, die dann in der Lage sind, diese Innovationen geschickt zu integrieren, werden nicht nur die Mitarbeitendenzufriedenheit steigern, sondern auch einen positiven Einfluss auf Umwelt und Gesundheit des Einzelnen und auf das soziale gesellschaftliche Miteinander ausüben. Die kontinuierliche Anpassung an sich ändernde Bedürfnisse und die Offenheit für zukünftige Entwicklungen werden entscheidend sein, um in der dynamischen Welt der BG erfolgreich zu bleiben.

Literatur

Acker e. V. (2022). Vegetable gardening as a hands-on approach of education for sustainable development – From an educational program to system change. https://foodsystemeconomics.org/wp-content/uploads/Acker-2022.pdf. Zugegriffen am 22.03.2024.
Allcup. (2023). AllCup GmbH. https://allcup.de. Zugegriffen am 22.03.2024.
BITE. (2023). BiTe – Biodiversität über den Tellerrand. https://www.bite-projekt.de. Zugegriffen am 22.03.2024.
Bundesministerium für Bildung und Forschung BMBF. (2023). Dossier Ernährungsforschung- Was uns gesund hält. https://www.gesundheitsforschung-bmbf.de/de/ernahrungsforschung-was-uns-gesund-halt-8033.php#:~:text=Eine%20ausgewogene%20Ernährung%20kann%20der%20Grundstock%20für%20ein,ungesunde%20Ernährungsweise%20begünstigt%20–%20aber%20auch%20einige%20Krebserkrank. Zugegriffen am 22.03.2024.
Bundesministerium für Ernährung und Landwirtschaft BMEL. (2023). Nationale Strategie zur Reduzierung der Lebensmittelverschwendung. https://www.bmel.de/DE/themen/ernaehrung/lebensmittelverschwendung/strategie-lebensmittelverschwendung.html. Zugegriffen am 22.03.2024.
Bundesministerium für Ernährung und Landwirtschaft BMEL. (2024). Gutes Essen für Deutschland – Ernährungsstrategie der Bundesregierung. Zugegriffen am 22.03.2024.

Bundeszentrum für Ernährung BZfE. (2023). Salutogene Ernährungskommunikation. https://www.bzfe.de/ernaehrung/ernaehrungskommunikation/menschen-verstehen-und-staerken/salutogene-ernaehrungskommunikation/. Zugegriffen am 22.03.2024.

Deutsche Umwelthilfe. (2023). Becherheld – Mehrweg to go. https://www.duh.de/becherheld-problem/. Zugegriffen am 22.03.2024.

FH Münster. (2023). NAHGAST II – Nachhaltige Außer-Haus-Gastronomie. https://www.fh-muenster.de/isun/nahgast-ii.php. Zugegriffen am 22.03.2024.

Food Campus Berlin. (o. J.). Die Zukunft der Lebensmittel – Produktion neu denken und gemeinsam gestalten. Zugegriffen am 20.03.2024.

Kantine Zukunft. (2023). Speiseräume – Büro für angewandte Ernährungspolitik GmbH. https://kantine-zukunft.de. Zugegriffen am 22.03.2024.

KErn. (2022). Alternative Proteinquellen – Literaturstudie zum aktuellen Forschungsstand. https://www.kern.bayern.de/mam/cms03/wirtschaft/dateien/literaturstudie_kern_alternative_proteinquellen.pdf. Zugegriffen am 20.03.2024.

Kitro. (2023). KITRO SA. https://www.kitro.ch. Zugegriffen am 22.03.2024.

Lowinfood. (2023). https://lowinfood.eu. Zugegriffen am 22.03.2024.

Matomatic. (2023). http://matomatic.se. Zugegriffen am 22.03.2024.

Max Rubner-Institut MRI (2023). https://newfoodsystems.de/aktuelles/termine/. Zugegriffen am 22.03.2024.

Meyer, A. (2021). *Ernährung als soziales Phänomen in Ernährungskommunikation* (S. 47–60). Springer VS Wiesbaden. ISBN 978-3-658-27313-2. https://doi.org/10.1007/978-3-658-27314-9_5

Mitakus. (2023). Mitakus Analytics UG. https://www.founderio.com/de/startup/284214. Zugegriffen am 22.03.2024.

Nestle. (2023). *Die Nestlé Studie 2023. So nachhaltig is(s)t Kantine und Mensa. Ein Special von gvpraxis und Nestlé Deutschland.* Deutscher Fachverlag GmbH. https://www.nestle.de/sites/g/files/pydnoa391/files/2023-03/Download_Nestle-Studie_2023.pdf. Zugegriffen am 22.03.2024.

Regionalbewegung. (2023). Positionspapier Bundesprogramm Regionale Wertschöpfung. https://www.regionalbewegung.de/aktuelles/. Zugegriffen am 22.03.2024.

Ritter, G., Hielscher, J., & Reichardt, K. (2021). NRW isst besser! Wegweiser zu einem nachhaltigeren Ernährungssystem in NRW. Institut für nachhaltige Ernährung, FH Münster. ISBN: 978-3-947263-30-1. https://doi.org/10.25974/fhms-14279

Umweltbundesamt. (2023). Lebensmittelabfälle. https://www.umweltbundesamt.de/themen/abfall-ressourcen/abfallwirtschaft/abfallvermeidung/lebensmittelabfaelle#datenerhebung-von-lebensmittelabfallen-in-deutschland. Zugegriffen am 22.03.2024.

Nudging – die gesunde und nachhaltige Wahl einfach einfacher machen!

Gertrud Winkler

28.1 Die gesunde und nachhaltige Wahl fördern

Befördert durch ein Betriebliches Gesundheitsmanagement (BGF) oder eigenmotiviert übernimmt die Betriebsgastronomie (BG) zunehmend eine Mitverantwortung für die gesunde und nachhaltige Ernährung der ihr anvertrauten Gäste. Gesunde und nachhaltige Speisen und Getränke in der BG vermehrt anzubieten, heißt allerdings noch lange nicht, dass diese von den Essensgästen auch gewählt werden. Engagierte und verantwortungsbewusste Anbietende nutzen inzwischen darüber hinaus verschiedene Ansätze, um die bevorzugte Auswahl gesunder und nachhaltiger Speisen und Getränke zu fördern.

Einer dieser Ansätze, der Entscheidungen behutsam unterstützend lenkt, ist das sogenannte *Nudging*. *Nudging* wird nachfolgend vertieft, da es in der letzten Zeit große Aufmerksamkeit erfahren hat und in jedem Betriebsrestaurant vergleichsweise unaufwendig und einfach umzusetzen ist.

28.2 *Nudging*

28.2.1 Was ist *Nudging* – und was nicht

Nudging ist der sanfte Stups (to nudge = sanft anstupsen), der Essensgäste durch Anreize und ohne Zwang dazu bewegen soll, für sie selbst oder gesellschaftlich vorteilhaftere, sog. prosoziale Entscheidungen zu treffen – also ihre Speisen- und Getränkeauswahl vorteil-

---

G. Winkler (✉)
Hochschule Albstadt-Sigmaringen, Sigmaringen, Deutschland
E-Mail: winkler@hs-albsig.de

© Der/die Autor(en), exklusiv lizenziert an Springer-Verlag GmbH, DE, ein Teil von Springer Nature 2025
A. Flothow et al. (Hrsg.), *Betriebliche Gesundheitsförderung für Ernährungsfachkräfte*, Berufspraxis: Ernährung, https://doi.org/10.1007/978-3-662-70049-5_28

haft zu ändern. Der Begriff *Nudging* wird verwendet für Maßnahmen, die in der nahen psychischen, sozialen und physischen Umwelt mit einfachen Mitteln sanfte Anreize dafür schaffen. Konkret sind dies Maßnahmen, die Eigenschaften oder Platzierungen von Objekten oder Reizen im räumlich und zeitlich nahen physischen Umfeld sinnlich wahrnehmbar verändern, um bestimmte Verhaltensweisen von Personen in diesem Umfeld hervorzurufen. Dabei werden Nudging-Maßnahmen (nachfolgend *Nudges*) in dem Umfeld ergriffen, in dem das Zielverhalten ausgeführt wird. *Nudging* ist nicht auf Einzelpersonen oder Personengruppen mit hohem Risiko ausgerichtet, sondern zielt auf alle Personen ab (Hollands et al., 2017).

In der BG sollen durch *Nudging* alle Essensgäste durch gezielte Veränderungen, die im Bereich der Speiseausgabe durchgeführt werden, behutsam zu einer gesünderen und nachhaltigeren Speiseauswahl bewegt werden.

Im Unterschied zur Manipulation bzw. versteckter Regulierung müssen beim *Nudging* Transparenz sowie ökonomische und ideologische Neutralität gewährleistet werden. Die Wahlfreiheit wird nicht eingeschränkt und es werden keine Verhaltensvorschriften oder Verbote erlassen (Reisch & Sandrini, 2015).

Nudging wird inzwischen in verschiedenen Bereichen, z. B. zur lenkenden Unterstützung eines verbesserten Umwelt-, Lern- und Bewegungsverhaltens, erfolgreich eingesetzt. Die meisten Erfahrungen aber liegen tatsächlich im Zusammenhang mit dem Essverhalten vor (Marteau et al., 2012), und zwar aus dem Lebensmitteleinzelhandel, dem Hotellerie- und Gaststättenbereich, der Systemgastronomie und hauptsächlich aus der Gemeinschaftsgastronomie.

28.2.2 Worauf *Nudging* basiert

Auch wenn jeder das gerne von sich glaubt, können Menschen nicht wirklich rational handeln, da alle Entscheidungen immer vielfältig beeinflusst werden. Menschen orientieren sich an Gewohnheiten, tun was die anderen tun oder was als sozial erwünscht erscheint. Sie bewerten Informationen unterschiedlich und verfügen nur über eine mangelnde Fähigkeit zur objektiven Einschätzung von Risiken, zur Selbstkontrolle und Disziplin. Sie verschieben gerne auf später und reagieren abwehrend auf Zwang, ziehen eine gegenwärtige Befriedigung späteren erwünschten Zuständen vor usw.

Daneben hat natürlich insbesondere auch die Entscheidungssituation selbst einen erheblichen Einfluss auf das menschliche Verhalten. Wichtige Einflussfaktoren sind Verfügbarkeit, Zugänglichkeit, Preis, Darstellung, Darbietung, Positionierung, Belohnungspotenzial von Produkten bzw. Verhaltensoptionen u. v. a. m. (Reisch & Sandrini, 2015).

Das menschliche Entscheidungsverhalten wird von zwei Systemen gesteuert. Das eine ermöglicht es, bewusst, kontrolliert, orientiert an langfristigen Zielen und gesteuert von Werten und Intentionen zu handeln. Das dauert allerdings lange und benötigt kognitive Kapazität und Anstrengung. Meist entscheiden Menschen daher mithilfe des anderen Systems, d. h. automatisiert, unbewusst, intuitiv, gewohnheitsmäßig nach bewährten Schemata und Routinen, schnell, impulsiv, spontan, beeinflusst durch Gefühle oder Umweltreize, zum kurzfristigen (Lust-)Gewinn und ohne Anstrengung. Viele Entscheidungen, darunter das Auswahlverhalten beim Essen und Trinken, scheinen eine komplexe Mischung aus beiden Varianten zu sein (Renner, 2015; Marteau et al., 2012).

Genau hier setzt *Nudging* an: Es verändert die nahe Entscheidungsumwelt plan- bzw. absichtsvoll, um v. a. das automatische System anzusprechen und so das menschliche Verhalten sacht in die gewünschte Richtung zu lenken (Reisch & Sandrini, 2015; Renner, 2015). Erhofft wird, dass sich langfristig neue Verhaltensweisen etablieren.

28.2.3 BG bietet sich für *Nudging* an

Nudging scheint dann besonders sinnvoll zu sein, wenn Entscheidungen einen zeitversetzten Effekt haben, die unmittelbare Resonanz darauf gering und die Beziehung zwischen den Entscheidungen und ihren Folgen ungewiss ist. Diese Voraussetzungen treffen auf das Ernährungsverhalten zu. Es bietet sich auch aus weiteren Gründen besonders an: Jeder Mensch muss mehrmals täglich essen und trinken und viele haben ein erhebliches Risiko, ernährungsmitbedingte Erkrankungen zu entwickeln.

Zudem gibt es gerade im Bereich Ernährung ein besonders vielfältiges Spektrum für *Nudges*: an Produkten bzw. Speisen, an zugehörigen Gegenständen, Objekten und Situationen sowie im Umfeld (siehe Tab. 28.1) – meist mit mehreren Optionen (Marteau et al., 2012).

Insbesondere die Verpflegung in der BG bietet sich für das sanft lenkende *Nudging* an: Es werden täglich mehrere Millionen Gäste erreicht, viele davon regelmäßig. Die gewählten Speisen und Getränke werden normalerweise ohne weitere Lagerungs- und Zubereitungsschritte sofort an Ort und Stelle verzehrt. *Nudges* können genau dort implementiert werden, wo Essensgäste auswählen. Viele *Nudges* in der BG sind zudem ohne großen finanziellen und personellen Aufwand umzusetzen und bewirken günstigerweise lediglich Umsatzverschiebungen, aber keine -einbußen. Eine Vielzahl von *Nudges* für eine gesündere oder nachhaltigere Essensauswahl ist möglich (Winkler et al., 2020). Die Branche mit vergleichsweise geringem Konzentrationsgrad ist innovationsfreudig und aufgeschlossen und fühlt sich zunehmend mitverantwortlich für die gesunde und nachhaltige Ernährung ihrer Gäste.

28.2.4 Zur Wirksamkeit von *Nudging* in der Gemeinschaftsgastronomie

Nudging wurde bisher vorrangig in der Gemeinschaftsgastronomie eingesetzt und die Wirksamkeit dort hinsichtlich eines gesünderen Ernährungsverhaltens untersucht. Zur kurz- und mittelfristigen Wirksamkeit von *Nudging* in der Gemeinschaftsgastronomie liegen inzwischen mehrere Reviews und Metaanalysen vor (Skov et al., 2013; Wilson et al., 2016; Bucher et al., 2016; Tørris & Mobekk, 2019; Arno & Thomas, 2016; Broers et al., 2017; Cadario & Chandon, 2019). Es zeigen sich überwiegend schwache bis mittlere positive Effekte der Lenkung des Essensauswahlverhaltens in die gewünschte Richtung.

Tab. 28.1 Anregungen für *Nudging*-Maßnahmen/*Nudges* zur Förderung eines gesunden und nachhaltigen Essverhaltens in der BG; Klassifikation nach dem TIPPME[1]-Schema. (Hollands et al., 2017)

Fokus der Nudging-Maßnahme	Fokus der Nudging-Maßnahme		
	Produkt (Speisen u. Getränke sowie Verpackung oder Geschirr)	**Zugehörige Gegenstände/Objekte** (Speisepläne, Theken, Automaten …)	**Breiteres Umfeld** (Wege, Zugänge, Wände, Beleuchtung und andere Stimuli im Speisesaal …)
Anordnungen verändern			
Verfügbarkeit Angebot, Vielfalt oder Anzahl erhöhen oder verringern (örtlich und/oder zeitlich)	Produkte hinzufügen oder wegnehmen *Anregungen für Nudging-Maßnahmen mit dem Ziel: Essensgäste wählen häufiger/mehr Salat* Größere Vielfalt an Salaten an der Salattheke anbieten	Objekte hinzufügen oder wegnehmen Zweite Salattheke aufstellen	Umfeldfaktoren mit Einfluss auf die Verfügbarkeit ändern Salattheken von allen Seiten zugänglich machen
Platzierung Position, Nähe, Zugänglichkeit verbessern oder verschlechtern	Produkte günstiger oder ungünstiger platzieren *Anregungen für Nudging-Maßnahmen mit dem Ziel: Essensgäste wählen seltener/weniger zuckerhaltige Softdrinks* Softdrinks im Automaten/Getränkekühlung über/unter Augenhöhe platzieren	Objekte günstiger oder ungünstiger platzieren Sicht auf Fächer mit Softdrinks durch Aufkleben blickdichter Folie selektiv einschränken	Umfeldfaktoren mit Einfluss auf die Platzierung ändern Automat/Getränkekühlung mit Softdrinks entfernt/schlecht erreichbar aufstellen

Eigenschaften verändern		Produkte "praktischer" oder "unpraktischer" gestalten	Objekte "praktischer" oder "unpraktischer" gestalten	Umfeldfaktoren "praktischer" oder "unpraktischer" gestalten
	Funktionalität Funktionsfähigkeit oder Design verbessern oder verschlechtern			
	Anregungen für Nudging-Maßnahmen mit dem Ziel: Essensgäste wählen häufiger/mehr Trinkwasser aus einem Wasserspender	Attraktive, bruchsichere, standfeste Becher zur Verfügung stellen	Abstellmöglichkeiten für Tabletts, Taschen etc. in der Nähe des Wasserspenders anbringen	Gemütliche Sitzecke in der Nähe des Wasserspenders aufstellen
	Präsentation Sinnlich wahrnehmbare Eigenschaften/Attraktivität verbessern oder verschlechtern	Produkte attraktiver oder unattraktiver machen	Objekte attraktiver oder unattraktiver machen	Umfeldfaktoren attraktiver oder unattraktiver machen
	Anregungen für Nudging-Maßnahmen mit dem Ziel: Essensgäste wählen häufiger ein vegetarisches Gericht	Veggiegericht auf attraktivem Geschirr ausgeben	Ausgabebereich für Veggiegerichte attraktiv gestalten/dekorieren	Weg zur Veggieausgabe mit Lichtelementen weisen
	Größe Menge oder Form vergrößern oder verkleinern	Produkte verkleinern oder vergrößern	Objekte verkleinern oder vergrößern	Größenänderungen im Umfeld vornehmen
	Anregungen für Nudging-Maßnahmen mit dem Ziel: Essensgäste wählen seltener/weniger energiereiche Desserts/Kuchen	kleinere Dessertlöffel/Kuchengabeln für kalorienreiche Desserts/Kuchen verwenden	Sicht auf Thekenabschnitt mit Desserts und Kuchen einschränken	gesamten Ausgabebereich für Desserts und Kuchen verkleinern
	Information/Hinweisreize Sprüche, Symbole, oder Bilder mit Information bzw. Hinweisen anbringen oder wegnehmen	Informationen auf Produkten anbringen oder wegnehmen	Informationen/Hinweisreize auf Objekten anbringen oder wegnehmen	Informationen/Hinweisreize im Umfeld anbringen oder wegnehmen
	Anregungen für Nudging-Maßnahmen mit dem Ziel: Essensgäste wählen häufiger Vollkornsnacks	Smiley auf Banderole von Vollkornsandwiches	attraktives Bild auf die Ausgabetheke von Vollkornsnacks kleben	pfiffige Sprüche zu Vollkorn im Eingangsbereich

1) Typology of Interventions in Proximal Physical Micro-Environments

Den größten Effekt scheinen Änderungen der Platzierung und die Kombination mehrerer *Nudges* zu haben (Broers et al., 2017). *Nudging* scheint zudem effektiver bei der Reduktion ungesunden Essverhaltens als bei der Steigerung gesunden Essverhaltens zu wirken (Cadario & Chandon, 2019).

Nicht nur zur Förderung eines gesünderen, sondern auch eines nachhaltigen Ernährungsverhaltens wird *Nudging* ein hohes Potenzial zugeschrieben (Vandenbroele et al., 2019).

28.3 Nudging in der BG

28.3.1 Nudging-Maßnahmen/*Nudges* – Überblick und Beispiele

Die Mehrzahl von *Nudges* verändern die nahe *physische* Essumwelt, d. h. es werden „dingliche" Veränderungen getätigt, die unaufwendig sein können bzw. sollen. In bestimmten Situationen und für bestimmte Ziele können auch *Nudges* in der *psychisch-sozialen* Essumwelt sinnvoll sein. Dazu zählen z. B. unaufdringliche verbale Aufforderungen und Hinweise des Ausgabe- bzw. Betreuungspersonals („Ihr Kollege Herr Mustermann hat sich heute auch für den Gemüseauflauf entschieden.") sowie anspornende Wettbewerbssituationen („Gestern wurden auch durch Ihre Essenswahl x kg CO_2 eingespart."). Eine Vielzahl von *Nudges* für eine gesündere oder nachhaltigere Essensauswahl ist möglich (Winkler et al., 2020). Eine strukturierte Typologie möglicher Maßnahmen mit Anregungen und Beispielen für die BG zeigt Tab. 28.1.

Ergänzend zur Tab. 28.1 verdeutlichen die Abb. 28.1, 28.2, 28.3 und 28.4 exemplarische erfolgreiche *Nudges* in der Betriebs- und Hochschulgastronomie aus eigenen Untersuchungen (Winkler et al., 2018; Spitznagel et al., 2018; Winkler et al., 2016).

28.3.2 *Nudging* durchführen – der Prozess

Nudging sollte, wie jede Intervention, in einen strukturierten, koordinierten und geplanten Prozess eingebunden sein und evaluiert werden. In Anlehnung an gängige Prozessmodelle aus dem Qualitäts- und Gesundheitsmanagement und an wenige bisher verfügbare Anleitungen zum *Nudging*-Prozess wird empfohlen:

- vor Beginn ein engagiertes Projektteam zusammenzustellen und dabei ggf. das BGM einzubinden,
- bei Bedarf Beratung von außen hinzuzuziehen und

Abb. 28.1 Attraktiv gestalteter Ausgabebereich für Veggiegerichte mit dem Ziel, dass Essensgäste häufiger zum vegetarischen Angebot greifen. (Hochschulmensa Martinsried des Studentenwerks München, Foto: Wolfgang Pulfer)

Abb. 28.2 In der Getränkekühlung Softdrinks über/unter und Wasser auf Augenhöhe platzieren mit dem Ziel, dass Essensgäste seltener zuckerreiche Softdrinks und häufiger Wasser wählen. (Hochschulmensa Martinsried des Studentenwerks München, Foto: Wolfgang Pulfer)

Abb. 28.3 Attraktiv gestaltete Salattheke mit dem Ziel, dass Essensgäste häufiger Salat als Beilage wählen. (Speisenausgabebereich im Zentralen Institut des Sanitätsdienstes der Bundeswehr München, Garching, Foto: Selina Spitznagel)

Abb. 28.4 Vielfältigeres, attraktiv dargebotenes Angebot an geschnittenem und Stückobst mit dem Ziel, dass Essensgäste häufiger zu Obst als Dessert greifen. (Truppenküche des Fliegerhorstes Kaufbeuren, Foto: Hochschule Albstadt-Sigmaringen)

- im Team gemeinsam die neun Schritte – Bedarf ermitteln, Ziel(e) festlegen, Auswahlverhalten beobachten, *Nudge(s)* planen, zielspezifische Ausgangsdaten erfassen, *Nudges* einführen, *Nudges* fortführen, Wirkung messen bzw. evaluieren, reagieren – zu durchlaufen (siehe Abb. 28.5).

Dieses einfache Prozessmodell erzwingt ein systematisches, strukturiertes Handeln und planerische Überlegungen, die gerne übergangen werden. Das Durchlaufen der neun Schritte ermöglicht es, richtig zu reagieren und ggf. die Wirksamkeit von *Nudges* zu belegen und sichtbar zu machen. Details zu diesen neun Schritten mit Fokus auf die Gemeinschaftsgastronomie sind in Winkler et al. (2020) ausführlich beschrieben.

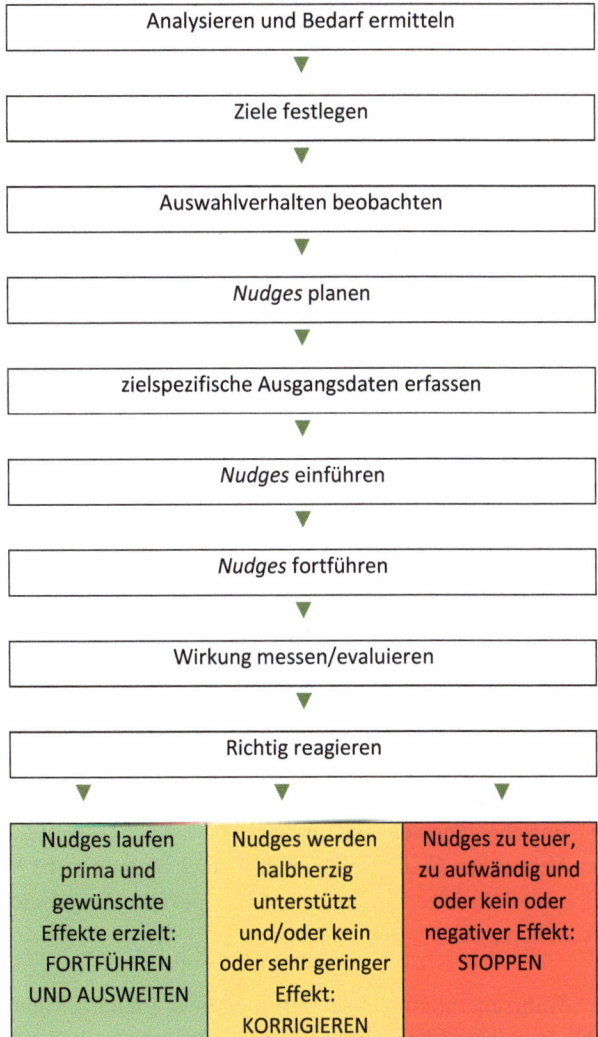

Abb. 28.5 *Nudging* durchführen: ein Prozess in neun Arbeitsschritten

28.3.3 Fallstricke und Hindernisse berücksichtigen und überwinden

Gute *Nudges* wirken und fügen sich unaufwendig in die Küchenroutine ein. *Nudges* können aber auch keine, in seltenen Fällen sogar eine gegenteilige Wirkung hervorrufen oder sich als zu kosten-, arbeits- oder zeitaufwendig für eine routinemäßige Anwendung herausstellen (siehe Abb. 28.5), was zur Korrektur bzw. zum Abbruch führen sollte.

Daneben können sich in der praktischen Anwendung bereits vor bzw. bei der Planung und Implementation von *Nudges* Fallstricke und Hindernisse ergeben, darunter Skepsis und Vorbehalte bei Entscheidungstragenden und -beteiligten (z. B. beim Betriebsrat), Abwehr oder Zurückhaltung beim Küchenteam, bauliche und ausstattungsbedingte Beschränkungen, u. a. m. Hier kann erfahrungsgemäß eine von Anfang an transparente Kommunikation mit allen Beteiligten und eine enge Kooperation mit dem BGM helfen.

Die Einführung von *Nudging* zur Förderung einer gesunden und nachhaltigen Ernährung sollte vor allem auch den Essensgästen transparent kommuniziert werden. Inzwischen zeichnet sich nämlich ab, dass Verbrauchende *Nudging* gegenüber aufgeschlossen sind, und *Nudges* scheinen auch dann zu wirken, wenn sie bekannt sind (Kaiser & Reisch, 2018).

28.4 Nudging und mehr – Ansätze zur Förderung eines gesünderen und nachhaltigeren Ernährungsverhalten

Nudging ist nicht *der*, sondern einer von mehreren Ansätzen, um in der BG ein gesundes und nachhaltiges Ernährungsverhalten bei den Gästen zu fördern. *Nudging* gestaltet die nahe Ernährungswelt der Speisenausgabesituation zielgerichtet um. Daneben können weitere Ansätze angewandt werden (Spiller et al., 2017; Velema et al., 2018):

- Entscheidungsunterstützende Ansätze
- Sie informieren über das Angebot an gesunden und nachhaltigen Speisen und Getränken. Die Informationen können über verschiedene Medien, wie Labels, Apps, Broschüren u. a., erfolgen.
- Angebotserweiternde bzw. -beschränkende Ansätze
- Sie verschieben die Struktur des Speisen- und Getränkeangebots in die gewünschte Richtung und setzen dadurch neue Standards. Beispiele sind ein festgeschriebener höherer Bioanteil, eine Begrenzung des Anteils tierischer Produkte, ein wöchentlicher Veggieday, eine energiereduzierte „leichte" Menülinie u. ä. m.
- Entscheidungslenkende Ansätze
- Neben dem *Nudging* zählen dazu auch ökonomische Maßnahmen, die positive oder negative Anreize setzen, wie z. B. gezielte Preisänderungen, Bonuspunktprogramme o. ä. m.

Wahrscheinlich lassen sich mit einer gleichzeitigen Kombination mehrerer dieser Ansätze die größten Effekte erzielen (Velema et al., 2018).

Literatur

Arno, A., & Thomas, S. (2016). The efficacy of nudge theory strategies in influencing adult dietary behaviour: A systematic review and meta-analysis. *BCC Public Health, 16*, 676–787.

Broers, V. J. V., De Breucker, C. D., van den Broucke, S., et al. (2017). A systemativ review and meta-analysis of the effectiveness of nudging to increase fuit and vegetable choice. *European Journal of Public Health, 27*, 912–920.

Bucher, T., Collins, C., Rollo, M. E., et al. (2016). Nudging consumers towards healthier choices: a systematic review of positional influences on food choice. *British Journal of Nutrition, 115*(12), 2252–2263.

Cadario, R., & Chandon, P. Which healthy eating nudges work best? A meta-analysis of field experiments. Marketing Science Published online in Articles in Advance 19 Jul 2019. https://doi.org/10.1287/mksc.2018.1128

Hollands, G. J., Bignardi, G., Johnston, M., et al. (2017). The TIPPME intervention typology for changing environments to change behaviour. *Nature Human Behaviour, 1*, 0140. https://doi.org/10.1038/s41562-017-0140

Kaiser, M., & Reisch, L. (2018, August 22). Kann man Nudging trauen? Wie man in Baden-Württemberg über verhaltensbasierte Stimuli denkt (Can Nudges Be Trusted? How People in Baden-Wuerttemberg Think about Behavior-Based Stimuli). In A. B. Forthcoming, T. Brönneke, & A. Wechsler (Hrsg.), *Konsum und Nachhaltige Entwicklung: Verbraucherpolitik neu denken*. https://ssrn.com/abstract=3236596. Zugegriffen am 12.02.2020.

Marteau, T. M., Hollands, G. J., & Fletcher, P. C. (2012). Changing human behavior to prevent disease: The importance of targeting automatic processes. *Science, 337*, 1492–1495.

Reisch, L., & Sandrini, J. (2015). *Nudging in der Verbraucherpolitik. Ansätze verhaltensbasierter Regulierungen. Schriftenreihe des Instituts für Europäisches Wirtschafts- und Verbraucherrecht e.V.* (Bd. 36). Nomos.

Renner, B. (2015). Ernährungsverhalten 2.0. Veränderungen durch explizite und implizite Interventionen. *Ernährungsumschau, 62*, M37–M46.

Skov, L. R., Lourenco, S., Hansen, G. L., Mikkeösen, B. E., & Schofield, C. (2013). Choice architecture as a means to change eating behavior in self-service settings: A systematicv review. *Obesity Reviews, 14*, 187–196.

Spiller, A., Zühlsdorf, A., & Nitzko, S. (2017). Instrumente der Ernährungspolitik. *Ein Forschungsüberblick – Teil 1 Ernährungsumschau, 3*, M 146–MM153.

Spitznagel, S., Lindner, Y., Zimmermann, T., Filipiak, B., & Winkler, G. (2018). Small changes in choice architecture in the military lunchroom of the Central Institute of the Bundeswehr Medical Service Munich: Do they nudge towards a healthier food choice? *Wehrmedizinische Monatsschrift, 62*(8), 254–259.

Tørris, C., & Mobekk, H. (2019). Improving cardiovascular health through nudging healthier food choices: A systematic review. *Nutrients, 11*, 2520–2539. https://doi.org/10.3390/nu11102520

Vandenbroele, J., Vermeir, I., & Geuens, M. (2019). Nudging to get our food choices on a sustainable track. *Proceedings of the Nutrition Society, 79*, 1–14.

Velema, E., Vyth, E. L., Hoekstra, T., et al. (2018). Nudging and social marketing techniques encourage employees to make healthier food choices: A randomized controlled trial in 30 worksite cafeterias in The Netherlands. *The American Journal of Clinical Nutrition, 107*(2), 236–246.

Wilson, A., Buckley, E., Buckley, J., et al. (2016). Nudging healthier food and beverage choices through salience and priming. Evidence from a systematic review. *Food Quality and Preference, 51*, 47–64.

Winkler, G., Streber, A., & Filipiak-Pittroff, B. (2016). Small changes in choice architecture in a military lunchroom. Do they nudge towards healthier food changes? Ernahrungs. *Umschau, 63*(3), 59–61. https://doi.org/10.4455/eu.2016.013

Winkler, G., Berger, B., Filipiak-Pittroff, B., Hartmann, A., & Streber, A. (2018). Small changes in choice architecture in self-service cafeterias. Do they nudge consumers towards healthier food choices? Ernahrungs. *Umschau, 65*(10), 170–178. https://doi.org/10.4455/eu.2018.038

Winkler, G., Purtscher, A. E., & Streber, A. (2020). *Nudge – Die Kunst, Essen geschickt zu platzieren* (1. Aufl.). Verlag Neuer Merkur GmbH.

Teil IV
Good Practice

Im folgenden Teil IV geht es um die Praxis. Es werden Handlungsempfehlungen und Möglichkeiten der Qualifizierung aufgezeigt sowie Good-Practice-Projekte vorgestellt, z. B. in der Gemeindeverwaltung, bei der Polizei, im Pflegebereich, in der Gemeinschaftsgastronomie und in Bildungseinrichtungen für Kinder.

Ergänzt werden Empfehlungen zur Gestaltung von Gesundheitstagen, Nudging in der Betriebskantine sowie ein digitales Praxisprojekt zur Gesundheit in der Betriebsgastronomie.

Leitfaden aus der Praxis für die Praxis

29

Lydia Wilkens

Die erfolgreiche Arbeit im Setting der Betrieblichen Gesundheitsförderung (BGF) erfordert eine Reihe von Fähigkeiten, gute Vorbereitung, sowohl in Form von Informationen als auch Materialien, und nach Möglichkeit begleitete Praxiserfahrung.

Ein kurzer Selbstcheck hilft, die eigenen Fähigkeiten und Wünsche besser einschätzen zu können:

Im folgenden Selbstcheck kann evaluiert werden, welche Stärken und Fähigkeiten man mitbringt und wo eine Weiterbildung benötigt wird (Tab. 29.1).

Fehlen noch Fähigkeiten oder Punkte aus dem Selbstcheck, hilft die folgende Übersicht zu den Weiterbildungen, um die Lücken zu schließen (Tab. 29.2 sowie Kap. 30).

> Für eine bessere Übersicht für den Start in die Arbeit in der BGF erfolgt eine Gliederung in folgende vier Teilbereiche:
>
> 1. Voraussetzungen: Was wird gebraucht?
> 2. Unternehmensansprache: Wo und wie?
> 3. Vom Interessenten zum Kunden: Welche Schritte folgen auf den Erstkontakt?
> 4. Umsetzung: Wie werden Maßnahmen geplant und umgesetzt?

L. Wilkens (✉)
essenZ, Hamburg, Deutschland
E-Mail: Lydia.wilkens@essenz.hamburg

© Der/die Autor(en), exklusiv lizenziert an Springer-Verlag GmbH, DE, ein Teil von Springer Nature 2025
A. Flothow et al. (Hrsg.), *Betriebliche Gesundheitsförderung für Ernährungsfachkräfte*, Berufspraxis: Ernährung, https://doi.org/10.1007/978-3-662-70049-5_29

Tab. 29.1 Selbstcheck (VDOE AK BGM)

Fachliche und methodische Kompetenzen	
○	*Theoretische Vorkenntnisse* Im Studium oder in der Weiterbildung haben Ihnen vor allem Themen wie Ernährungsphysiologie, Ernährungskonzepte, Gemeinschaftsverpflegung, Gesundheitsförderung, Personalmanagement, Arbeitsschutz- und Gesundheitsmanagement, Ernährungsberatung, bzw. Erwachsenenbildung besonderen Spaß gemacht.
○	*Praktische Erfahrung* Sie haben bereits praktische Erfahrung in der Konzeption, Planung, Durchführung und Evaluation von BGF sammeln können, z. B. im Rahmen eines Praktikums in einem Betrieb, bei einer Krankenversicherung oder bei einem BGM-Dienstleister? Wunderbar!
○	*Vertriebliches Geschick* Sie haben Spaß daran, ein gutes Produkt an den Mann und an die Frau zu bringen. Neue Kontakte aufzubauen, sich in Fach- und Interessengruppen zu positionieren und zu vernetzen und Kontakte im Hinblick auf Ihren Geschäftserfolg zu reflektieren, stellen für Sie Herausforderungen dar, an denen Sie persönlich wachsen möchten.
○	*Prozess- und Projektmanagement* In einem interdisziplinären Team sind Sie gut vernetzt und können aus oecotrophologischer Sicht einen fundierten Beitrag zur Gestaltung der BGF-Prozesse im Betrieb leisten. Sie können mit geeigneten Instrumenten die gesundheitliche Situation im Betrieb analysieren, BGF-Projekte im Hinblick auf Zeit, Kosten und Qualität planen, zielführende Maßnahmen durchführen und evaluieren und Erfolge anhand von Kennzahlen beurteilen.
○	*Begeisterung für Gesundheit und Genuss* Ihnen ist der erhobene Daumen lieber als der erhobene Zeigefinger? Sie haben Lust, Ihre Fachkenntnisse in einer frischen Sprache mit interaktiven Methoden für unterschiedliche Zielgruppen, wie z. B. Führungskräfte oder Schichtarbeitende aufzubereiten und diese mit Ihrer Begeisterung für Gesundheit und Genuss anzustecken? Dann ist eine Tätigkeit im Bereich BGF die richtige Wahl für Sie!
Persönliche und soziale Kompetenzen	
○	*Selbstbewusstes und verbindliches Auftreten* Sie gehen auf Ihre Ansprechpartner offen zu, bringen Ihre Erfahrung und Ihr Fachwissen ein und schaffen eine professionelle Arbeitsatmosphäre. Auf Ihre Zusagen ist Verlass!
○	*Kontaktfreudig/kommunikationsstark/gut vernetzt* Ob Vortrag oder Workshop: Freies Sprechen vor größeren Gruppen ist für Sie keine große Herausforderung. Sie gehen gern auf Menschen zu, auch wenn Sie sie noch nicht kennen, und können sie für Ihre Themen begeistern.
○	*Routine – nein danke!* Gestern haben Sie einen Gesundheitstag für Betrieb A durchgeführt, heute erstellen Sie ein Angebot für Betrieb B und morgen moderieren Sie einen Workshop für Betrieb C. Sie lieben die Abwechslung und bleiben entspannt, wenn das Auftragsbuch und das Konto in einem Monat mal nicht so gut gefüllt sind. Die mit einer selbstständigen Tätigkeit verbundenen Herausforderungen, wie Akquise und Buchhaltung, schrecken Sie nicht ab.
○	*Hohe Flexibilität und Stressresistenz* Sie stimmen Konzepte und Angebote individuell auf das Unternehmen ab, stellen sich auf die unternehmenseigene Kultur ein und bleiben fröhlich gelassen, wenn Ihre Auftraggeber in Abstimmungsprozessen immer wieder im Hinblick auf die Interessen aller internen Interessengruppen um Anpassungen bitten.
○	*Spaß an der Arbeit mit verschiedenen Zielgruppen* Sie können sich gut auf unterschiedliche Menschen einstellen und finden gut Zugang – unabhängig davon, ob Sie mit Mitarbeitenden aus der Produktion, aus Forschung und Entwicklung, der Buchhaltung, dem Management oder dem Außendienst zusammenarbeiten.

Tab. 29.2 TOP-10-Fähigkeiten für das Betriebliche Gesundheitsmanagement (BGM)[1]:

TOP-5-Grundvoraussetzungen	TOP-5-Zusatzqualifikationen
Fortbildungen in unterschiedlichen Bereichen (Grundlagen, Vertrieb etc.)	Kenntnis aktueller Trends und Themen (z. B. Digitalisierung, Fachkräftemangel)
Hospitation/Praktika	Netzwerkbildung (im eigenen Fachkreis und anderen Handlungsfeldern)
Betriebswirtschaftliches Denken und gutes Selbstmarketing	Kundenrecherche und -dokumentation
Kreative und praxistaugliche Konzeptentwicklung	Ausgeprägte Kundenorientierung
Moderations- und Präsentationstechniken	Prozess- und Projektmanagement (Schnittstellenmanager*in)

[1] erstellt im Rahmen einer Recherche mit Expert*innen des VDOE AK BGM/BGF, 2023

29.1 Voraussetzungen: Was wird gebraucht?

Neben aktuellem ernährungswissenschaftlichem Wissen und dem Basiswissen zur BGF (z. B. gesetzliche und steuerliche Grundlagen, Leitfaden Prävention der GKV, Instrumente des BGM, siehe Kap. 2), sind zunächst vertriebliche Fähigkeiten und Erfahrungen für die Unternehmensansprache von großem Nutzen. Des Weiteren sind die Themen Projektmanagement, Prozessmanagement und Präsentations- und Moderationskompetenzen empfehlenswert.

Als Berufseinsteiger ist die Arbeit in der BGF im Rahmen einer Selbstständigkeit ohne Praxiserfahrung schwierig zu starten. Praxiserfahrung durch Praktika, Hospitationen, Mentoring oder in einem Netzwerk erleichtern den Zugang und die Arbeit mit ggf. sehr heterogenen Kunden.

Unter den Mitgliedern des BerufsVerbands Oecotrophologie (VDOE) sind viele, die bereits im Bereich BGF aktiv sind. Einige haben ihren Tätigkeitsbereich bzw. Werdegang als Berufsportrait auf der VDOE-Homepage angegeben. Ergänzend gibt es im VDOE-Netzwerk BGM/BGF die Möglichkeit, sich kontinuierlich auszutauschen.

> Eine Voraussetzung für ein erfolgreiches Selbstmarketing bei Unternehmenskunden sind folgende Materialien:
>
> - Corporate Design (CD)
> - Professionelle Homepage
> - Visitenkarten
> - Flyer (Digital, Print)
> - Social-Media-Präsenz (sinnvolle Plattformwahl nach Zielgruppe)
> - Vorlagen für Arbeitsmaterialien im CD, z. B.
>   – Angebotsvorlage
>   – Auftragsbestätigung
>   – Rechnung
>
> Quelle/Bezug: VDOE-Website (im internen Downloadbereich für VDOE-Mitglieder)

Um für Anfragen oder erste Vertriebsgespräche besser vorbereitet zu sein, ist es sinnvoll, erste Konzeptideen vorzubereiten und zu dokumentieren. Soll zunächst eine bestimmte Zielgruppe an Unternehmen (z. B. Handwerksbetriebe oder Kliniken) angesprochen werden, erleichtern an die Zielgruppe angepasste erste Konzepte die Vorgespräche mit der Kundschaft.

▶ Auf Basis dieser Erstkonzepte ist auch eine Preisgestaltung und Budgetplanung der eigenen Leistungen einfacher zu definieren. Hier hilft z. B. die Übersicht zur Honorarkalkulation des VDOE.

29.2 Unternehmensansprache: Wo und wie?

Für die Unternehmensansprache gibt es viele verschiedene Möglichkeiten, die Akquise aufzubauen, aber nicht jedes Akquiseinstrument passt zu jedem Dienstleistenden, jeder Kundschaft oder Region.

Für den Erfolg ist es wichtig, verschiedene Instrumente der Akquise zu kombinieren und auszuprobieren. Außerdem sollten von Beginn an eine kontinuierliche Dokumentation und Evaluation der Akquisetätigkeiten erfolgen, um langfristig eine Erfolgsstrategie zu entwickeln und dokumentiert nachvollziehen zu können (Abb. 29.1).

Name Kunde/Unternehmen:					
Adresse:					
Homepage:					
Infos zum Kunden					
Branche:	Standorte:	Anzahl Mitarbeiter:	Mittagsverpflegung:	Allgem./Sonstiges:	
Erstkontakt - am:					
Kontaktaufbau - über:					
Ansprechpartner					
Name	Hr. Mustermann	Fr. Beispiel	Hr. Müller		
Position	Geschäftsführung	Personalleitung	Kantinenleiter		
Standort					
Tel. geschäftl.					
Fax geschäftl.					
Mobil					
E-Mail					
Kontaktdokumentation (aktuellster Eintrag oben!)					
Datum	Notiz		Aufgaben	Status	

Abb. 29.1 Beispiel zur Kontaktdokumentation. (Quelle: eigene Darstellung)

Um sowohl die regionalen als auch die kundenspezifisch erfolgreichen Akquisemethoden kennenlernen und einschätzen zu können, lohnt sich der Austausch in verschiedenen Netzwerken.

> Die Akquise für die Unternehmensansprache im Bereich der BGF kann folgende Instrumente beinhalten und kombinieren:
>
> - Kaltakquise
> - Krankenkassenansprache und -kooperation
> - Netzwerken über
>   - Komplettanbieter
>   - Anbieter anderer Präventionsfelder (Bewegung, Stress)
>   - Unternehmerveranstaltungen
>   - Ortsverbände/Businessclubs
>   - Regionale Arbeitsgruppen
> - Präsenz und Werbung
>   - Eigene Homepage
>   - Google, Instagram, TikTok, YouTube, Facebook, LinkedIn, Xing u. a.
>   - Presse, Radio, TV
>   - Datenbanken (VDOE, DGE, VDD etc.)
>   - Podcast, BLOG, VLOG

29.3 Vom Interessenten zum Kunden: Welche Schritte folgen auf den Erstkontakt?

Egal, ob ein potenzieller Kunde selbst über eine Anfrage den Kontakt hergestellt hat oder über eigene Akquisemaßnahmen der Kontakt hergestellt wurde: Eine ausführliche Kundenrecherche, falls sie nicht schon zur Akquise erfolgt ist, unterstützt die weitere Kundenansprache.

In einem Erstgespräch und ggf. weiteren Vorgesprächen können folgende Punkte angesprochen und geklärt werden:

- Kennenlernen und Vorstellung (Unternehmen, Dienstleister, am Prozess beteiligte Personen)
- Anlass des Gesprächs oder der Anfrage
- Erste Zieldefinition einer Zusammenarbeit
- Übersicht und Beratung zu ersten möglichen gemeinsamen Projekten
- Preis- und Budgetfragen
- Weiteres Vorgehen

Für die Selbstvorstellung sind einige Unterlagen der Selbstvermarktung (z. B. Visitenkarte, Flyer) und eine erste Übersicht des eigenen Portfolios sinnvoll.

Für das weitere Vorgehen sind folgende Schritte empfehlenswert:

1. Zielorientierte Bedarfsbestimmung und Ist-Analyse

Folgende Unternehmensbereiche sind als Basis für die weitere Zusammenarbeit interessant, um gemeinsame Projekte im Rahmen des BGM zielgruppenspezifisch und nachhaltig zu gestalten und damit Bestandteil einer Bedarfsbestimmung und Ist-Analyse:

- Leitbild und Unternehmenskultur
- Mitarbeiterstruktur nach z. B. Alter, Geschlecht, Arbeitsbereichen (Zielgruppendefinition)
- Rahmenbedingungen (z. B. Arbeitszeiten, Pausenzeiten, Verpflegungsmöglichkeiten)
- Bestehen und Positionierung eines BGM im Unternehmen (z. B. Ansprechpartner, Arbeitskreis vorhanden)
- Bisherige Gestaltung und Projekte des BGM oder BGF
- Einbezug der unternehmensinternen Stakeholder (z. B. Geschäftsleitung, Betriebsarzt, Betriebsrat)

2. Zieldefinition der Zusammenarbeit

Nach der ausführlichen Informationssammlung zum Kunden und der Ist-Analyse erfolgt zunächst die gemeinsame Zieldefinition der Zusammenarbeit.

Handelt es sich um ein Gesamtkonzept oder um einzelne Projekte, um die Ziele zu erreichen? Wie erfolgt eine Integration in ein bestehendes BGM oder erfolgt ein Neuaufbau des BGM?

3. Zeit- und Budgetplanung

Sind die Ziele festgelegt, ist für die weitere Planung eine erste Zeit- und Budgetplanung unerlässlich. Diese bilden auch die Basis, um dem Kunden ein Angebot zusammenzustellen. Nach Abstimmung kann das Angebot zunächst nur für erste konkrete Maßnahmen erstellt werden oder als Gesamtkonzept über die Begleitung mehrerer Jahre. Hier gibt es in der Praxis unterschiedliche Modelle, wie z. B. Angebote für Einzelleistungen oder Beraterverträge, die über monatliche Festsätze ähnlich einer Flatrate abgerechnet werden. Ein offener und ehrlicher Austausch rund um die Finanzierung stärkt die Kundenbindung, um für alle Seiten die beste Variante zu finden (Abb. 29.2).

ANGEBOT　　　　　　　　　　　　　　　　　　Logo
Kundenname　　　　　　　　　　　　　　　　　Briefkopf

LEISTUNGEN
- Auflistung der angebotenden Leistungen mit Kurzbeschreibung

RAHMENBEDINGUNGEN
Mögliche Angaben zu
- Ort
- Termin
- Konzept (Umfang, Dauer, Struktur)
- Teilnehmer
- Ausstattung

KOSTEN
Auflistung der einzelnen Leistungen (Positionen) mit Preis

STORNIERUNGSBEDINGUNGEN/SONSTIGES
Infos

Abb. 29.2 Beispiel: Aufbau eines Angebots

Alle einzelnen Schritte begleitet eine zielorientierte Beratung, um den Kunden optimal zu begleiten.

▶ In der Zusammenarbeit mit Krankenkassen oder Kooperationspartnern erfolgen die Erst- und Vorgespräche mit den angesprochenen Inhalten und die weiteren Schritte meist durch die Unternehmensansprechpartner der Krankenkasse bzw. Kooperationspartner. Eine Zusammenarbeit wird häufig für eine einzelne und bereits definierte Maßnahme angefragt. Für eine qualitativ hochwertige und nachhaltige Umsetzung sollte in diesem Fall zwischen Dienstleistenden und Krankenkasse/Kooperationspartner ein ausführlicher Informationsaustausch zum Kunden erfolgen.

29.4 Umsetzung: Wie werden Maßnahmen geplant und umgesetzt?

Sind im Rahmen der Vorgespräche die Ziele, Zeit- und Budgetplanung vorgeplant, geht es in die Detailplanung und Auswahl von konkreten Maßnahmen (kurz- und langfristig). Für den nachhaltigen Erfolg ist eine Kombination von Maßnahmen der Verhaltens- und Verhältnisprävention sinnvoll.

Sind konkrete Maßnahmen geplant und als Einzelabrechnung besprochen, werden diese als Angebot schriftlich zusammengestellt (im CD) und dem Kunden geschickt. Ein offener Austausch über das Angebot und ggf. nötige Anpassungen in telefonischer oder persönlicher Form unterstützen den Kundenkontakt und Verkaufsprozess. Abschließend sollte das Angebot vom Kunden schriftlich bestätigt werden. Als Dienstleister kann eine abschließende Auftragsbestätigung an den Kunden gesandt werden, in der alle gebuchten Leistungen übersichtlich dargestellt werden. Da nach Angebotsabgabe ggf. noch Anpassungen erfolgen, die im Nachhinein nicht als neues Angebot zusammengestellt werden, bietet die Auftragsbestätigung eine dokumentierte Sicherheit über die durchzuführenden Leistungen (Abb. 29.3).

Für die praktische Umsetzung der Maßnahme(n) im Unternehmen müssen folgende Punkte beachtet und durchgeplant werden:

Planungsphase:
- Maßnahmenauswahl
- Integration in bestehendes BGM/BGF
- Projektmanagement (z. B. klare Aufgabenverteilung, Zeitplan, Budgetplan)
- Kommunikationsmanagement (z. B. Bewerbung, interne Öffentlichkeitsarbeit)
- Risikomanagement

ANGEBOTSBESTÄTIGUNG   Logo

Kundenname   Briefkopf

FESTGELEGTE LEISTUNGEN
- Auflistung der angebotenden Leistungen mit Kurzbeschreibung

FINALE RAHMENBEDINGUNGEN
Mögliche Angaben zu
- Ort
- Termin
- Konzept (Umfang, Dauer, Struktur)
- Teilnehmer
- Ausstattung

KOSTEN – ENDPREIS
Auflistung Gesamtpreis

STORNIERUNGSBEDINGUNGEN/SONSTIGES
Infos

Abb. 29.3 Beispiel: Auftragsbestätigung. (Quelle: eigene Darstellung)

Prozessphase:
- Durchführung
- Krisenmanagement

Evaluation:
- Bewertung und Reflexion der Maßnahme(n): Auswahl geeigneter Evaluationsinstrumente

Kundenpflege und Nachhaltigkeit:
- Auswertung der Evaluation
- Weiterführung und kontinuierliche Präsenz des Themas über weitere Maßnahmen und Integration in die Unternehmenskultur

Qualifizierung von Ernährungsfachkräften

30

Almut Feller

> Die Recherche nach dem Begriff „Betriebliche Gesundheitsförderung (BGF)" über eine Suchmaschine ergibt 4,6 Mio. Ergebnisse; im Zusammenhang mit „Weiterbildung" gibt es fast 2 Mio. Vorschläge. Über den Begriff „Ausbildung Gesundheitsmanager oder Gesundheitsförderung" präsentiert die Suchmaschine über 6 Mio. Ergebnisse. Dabei sind qualifizierte, hochwertige Angebote mit Bezug auf Ernährungsthemen nicht „auf einen Klick" zu finden. Dieses Kapitel soll eine Orientierung über Weiterbildungsangebote für Ökotropholog*innen im Bereich der BGF geben.

Die Arbeitswelt ist geprägt von aktuellen Herausforderungen, wie Digitalisierung, Demografie, Fachkräftemangel, Zuwanderung bzw. Integration von Menschen aus anderen Ländern und Kulturen, aber auch vom Spannungsfeld „Globalisierung versus Standortsicherung", die immer häufiger Einfluss auf die Gesundheit der Beschäftigten haben. Die gesundheitsförderliche Gestaltung der Arbeit ist eine wichtige Aufgabe von Führungskräften. BGM-/BGF-Expert*innen können hier professionell unterstützen, folglich ist der Bedarf derzeit so hoch wie noch nie. Insofern ist es wichtig, die Anzahl geeigneter Fachkräfte weiter zu erhöhen.

Damit Ökotropholog*innen sowie Ernährungsfachkräfte diese Aufgabe kompetent wahrnehmen können, müssen sie gut qualifiziert sein. Das kann – sofern ein geeignetes Angebot existiert – bereits im Studium sowie auch studien- oder berufsbegleitend als

A. Feller (✉)
Stellvertretende VDOE-Arbeitskreisleiterin BGF/BGM, Dreieich, Deutschland
E-Mail: almut.feller@fellino.de

Tab. 30.1 Aus- und Weiterbildungsmöglichkeiten zum Thema BGF/BGM[1]

Institution/Organisation	Wer?/Wo?
Hochschulen	z. B. - HAW Hamburg - HS Fulda - FH Münster
Fach-/Berufsverbände/ Fachgesellschaften	z. B. - Bundesverband Betriebliches Gesundheitsmanagement (BBGM, Berlin) - BerufsVerband Oecotrophologie (VDOE, Berlin) - Verband der Diätassistenten – Deutscher Bundesverband (VDD, Essen) - Deutsche Gesellschaft für Ernährung (DGE, Bonn)
Private Anbieter	z. B. - Dr. Ambrosius Akademie (Wiesbaden) - Kraaibeek GmbH (Wedel) - DiBGM - Deutsches Institut für Betriebliches Gesundheitsmanagement & Gesundheitsentwicklung (Erfurt) - ESG – Institut für Ernährung, Sport und Gesundheitsmanagement GmbH (Essen)
Weitere Akteure	z. B. - Industrie- und Handelskammern (IHK, regional/bundesweit) - Bildungswerke der Wirtschaft (Schwerin) - politische Stiftungen (z. B. Friedrich-Ebert-Stiftung, Konrad-Adenauer-Stiftung, Heinrich-Böll-Stiftung)

[1]Die Zusammenstellung der Anbietenden erhebt keinen Anspruch auf Vollständigkeit.

Weiterbildung erfolgen. In Tab. 30.1 werden entsprechend den Qualifikationsansätzen sowie Organisationen/Institutionen einige Akteure beispielhaft aufgeführt.

Qualifizierung während der Ausbildung (über Hochschulmodule)
Im Rahmen des Bachelor- und/oder Masterstudiengangs (B.Sc./M.Sc.) für Ökotropholog*innen und Ernährungsfachkräfte bieten nur wenige Hochschulen in Deutschland spezifische Lehrveranstaltungen (Module) zum Thema „Gesundheitsförderung" bzw. „Gesundheitsmanagement" an (Tab. 30.1). Während der akademischen Ausbildung können Studierende jedoch bereits in einer mehrwöchigen Praxisphase (Praktikum, Hospitation) in einem Betrieb ihre theoretischen Kenntnisse – z. B. zum Thema Verpflegungsmanagement oder bei der Planung und Durchführung eines Gesundheitstags – anwenden und sich mit organisatorischen Abläufen und Strukturen auseinandersetzen (Tab. 30.2). Auch im Rahmen eines Seminars, einer Haus- oder wissenschaftlichen Arbeit sowie als Werkstudierende können bereits BGF/BGM-Kenntnisse erworben werden. Koordinierungs- sowie Studienberatungsstellen geben gerne zu einzelnen Studiengängen sowie Modulkombinationen Auskunft. Die Studierenden werden von den Hochschulen und vom BerufsVerband Oecotrophologie bei der Suche nach Praktika und Themen für Bachelor- und Masterarbeiten unterstützt.

Tab. 30.2 Verschiedene Lernformate zum Thema BGF/BGM

Ausbildung an einer Hochschule im Rahmen eines Studiums	- Vorträge, Seminare, Hausarbeiten - Bachelor-, Masterarbeit - Studierendenjob bei einem Anbieter/in einem Unternehmen
Während und nach der Ausbildung	- Hospitation/Praktikum (z. B. in einem Betrieb, in einer Institution, bei einem Anbieter, einer Organisation) - Teilnahme an Veranstaltungen/Kongressen
Berufsbegleitend	- Mentoring, Netzwerke (z. B. über Berufsverband) - Weiterbildungen (in Präsenz/digitale Formate) - Kollegiales Lernen: Berufskolleg*innen, crossfunktionale Teams/Netzwerke

Berufsbegleitende Qualifizierung

Wer sich berufsbegleitend oder innerhalb eines Betriebs damit vertraut machen möchte, für den gibt es Qualifizierungsangebote zum/r „Betrieblichen Gesundheitsmanager*in", z. B. bei der IHK oder dem BBGM (Tab. 30.1). Diese Fortbildungen sind in der Regel nicht auf Ernährungsfachkräfte zugeschnitten. Es kommt aber häufiger vor, dass Ökotropholog*innen oder Ernährungsfachkräfte bei der IHK als Referent*innen einzelne oder mehrere Module übernehmen. Weiterbildungsmöglichkeiten gibt es außerdem bei Fach- und Berufsverbänden oder privaten Anbietern (Tab. 30.1). Ein Blick auf die Seiten der verschiedenen Anbieter lohnt sich. Es ist aber oft nicht auf einen Blick zu erkennen, welcher Baustein bzw. Inhalte konkret auf die BGF/BGM-Qualifikation einzahlen. Abb. 30.1 soll daher eine Übersicht zu Grundvoraussetzungen und Zusatzqualifikationen geben.

Die verschiedenen Qualifikationsansätze (Tab. 30.1) und Lernformate (Tab. 30.2) bieten exzellente Voraussetzungen für einen späteren adäquaten Einsatz, auch wenn einige Weiterbildungen teilweise insgesamt über drei oder fünf Jahre dauern können. Grundsätzlich empfiehlt es sich, „seine" Bausteine nach Bedarf, Interesse und Schwerpunkt selbst zusammenzustellen (siehe Kap. 29).

Es gilt auch, herauszufinden, ob man

a. BGF-Projekte konzipieren und durchführen will (Anbieter: freiberuflich oder angestellt),
b. Unternehmen akquirieren & beraten möchte (Vermittlerrolle/Schnittstellenfunktion, Kundenorientierung (Anbieter: Unternehmensberatung mit BGM-Ansatz),
c. eine Kombination von a und b favorisiert,
d. strategisch-koordinative Aufgaben innerhalb eines Betriebs übernehmen möchte (Nachfrager: Unternehmen/Geschäftsführung oder als Angestellte*r bzw. für BGM/BGF-Verantwortliche*r).

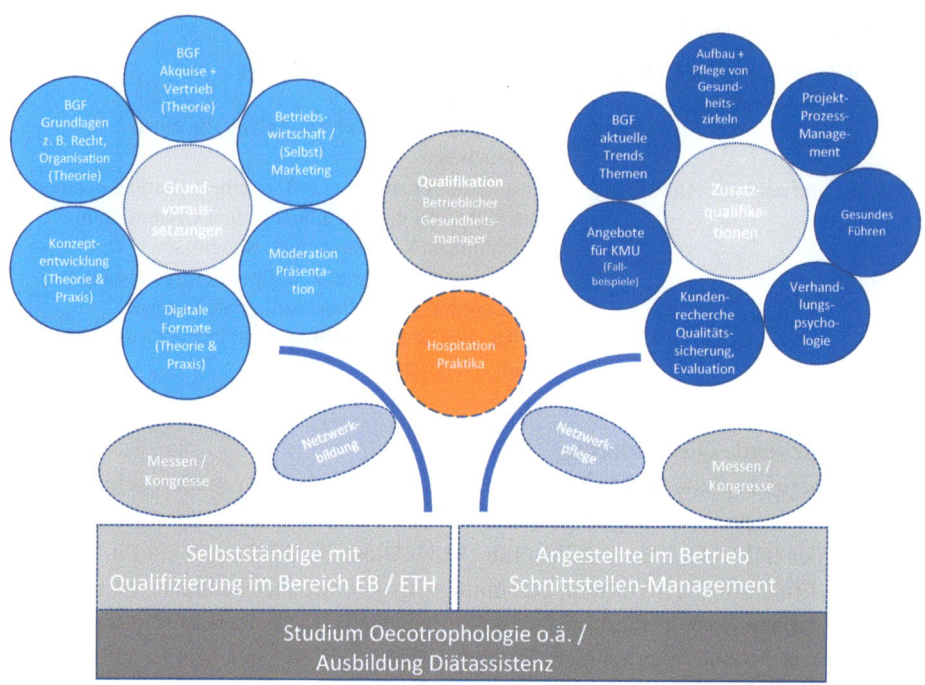

Abb. 30.1 Aus-/Weiterbildungen BGF/BGM: Grundvoraussetzungen und Zusatzqualifikationen. (Erstellt im Rahmen einer Recherche mit Expert*innen des VDOE AK BGM/BGF, 2023)

Grundvoraussetzungen und Zusatzqualifikationen

Neben der aktuellen fachlichen Expertise, die von den Auftrag- oder Arbeitgebenden als gegeben vorausgesetzt wird, bedarf es daher mehr als das Basiswissen für BGF/BGM, allgemeine Gesundheitsförderung und das Wissen um die einschlägigen Gesetze. Wie bereits oben erwähnt, gibt Abb. 30.1 einen Überblick über mögliche Inhalte von Qualifizierungsmaßnahmen, Voraussetzungen und Zusatzqualifikationen. Die „Blume" auf der linken Seite zeigt einige Basismodule, die auf der rechten Seite die Zusatzqualifikationen. Das notwendige Wissen ist am besten über verschiedene Lerneinheiten und -formate zu erreichen (Tab. 30.2), die sich ergänzen und zeitlich voneinander getrennt sein sollten.

Neben einer guten Expertise in der Ökotrophologie sind für die BGF weitere Kompetenzen notwendig. Dazu gehören insbesondere Prozess- und Projektmanagement, Kenntnisse in der Personal- und Organisationsentwicklung, Budgetplanung, Kommunikations- und Verhandlungsfähigkeit, Präsentations- und Moderationsfähigkeiten, selbstsicheres Auftreten, (Selbst)Marketing sowie Selbstorganisation und nicht zuletzt die Freude im Umgang mit unterschiedlichen Menschen in unterschiedlichen Branchen und auf verschiedenen Hierarchieebenen.

Ernährungsfachkräfte sollten in der Lage sein, durch interaktive Methoden Menschen für gesundheitsfördernde Lebensstile inkl. Essen und Trinken zu begeistern. Darüber hin-

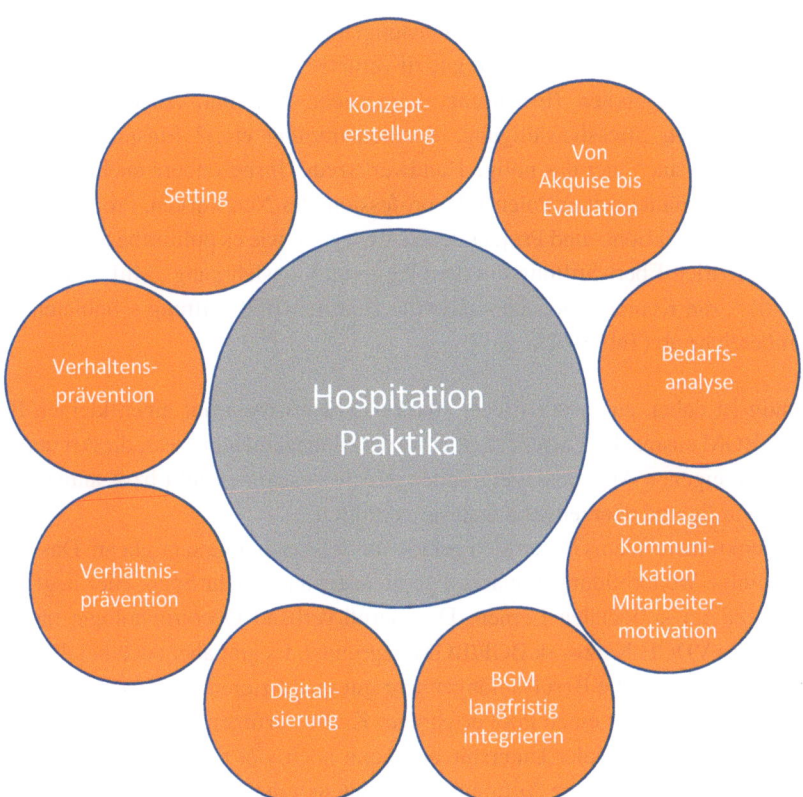

Abb. 30.2 **Qualifizierung BGF/BGM**: mögliche Themenfelder **Hospitation**. (Erstellt im Rahmen einer Recherche mit Expert*innen des VDOE AK BGM/BGF, 2023)

aus ist die Fähigkeit zur Netzwerkarbeit mit internen (z. B. Personalabteilung, Betriebsärzt*innen, Fachkräften für Arbeitssicherheit) und externen Stakeholdern (z. B. Krankenkassen, niedergelassenen Ärzt*innen und Ernährungs- sowie Sporttherapeut*innen) von Bedeutung. Dies kann nicht alles in Seminaren erlernt werden. Insbesondere Trainings in den verschiedenen Organisationen, Institutionen oder Unternehmen – z. B. über Praktika und/oder Hospitationen (Abb. 30.2) – sind daher von unschätzbarem Wert. Hier sollten sich die Lernenden nicht scheuen, ihre „Ausbilder", Vorgesetzten oder Coaches zu den einzelnen Themenfeldern, Literatur, Checklisten und Weiterbildungsangeboten zu fragen.

Professionelle sowie crossfunktionale Teams
Generell gilt, dass eine gewisse Berufs- und Lebenserfahrung wichtig sind. Zu Anfang der Berufskarriere empfiehlt es sich daher, in einem professionellen BGF-Team zu arbeiten, Teilaufgaben zu übernehmen und sich parallel über Seminare weiterzubilden. Wer bereits Berufserfahrung und noch keine Erfahrung im Bereich BGF/BGM gemacht hat, sollte sein Wissen über Fortbildungen ergänzen und sich je nach Bedarf weitere Kompetenzen aneignen. Insbesondere empfiehlt es sich, nicht nur Informationen dazu einzuholen, wer in der

jeweiligen Region entsprechende Dienstleistungen in welchem Bereich anbietet, sondern sich mit den relevanten Akteur*innen gut zu vernetzen und auszutauschen. Was wird bereits von wem angeboten (Ernährung, körperliche Aktivität, Angebote für mentale Leistungsfähigkeit, Stressbewältigung, Resilienztraining etc.)? Entsprechende Weiterbildungen geben auch hier das nötige Handwerkszeug. Insbesondere auch Fortbildungen zum Thema Persönlichkeit & Potenziale, professionelles Netzwerken, Projekte professionell starten, neue Aktions- und Projektideen entwickeln, wie es politische Stiftungen – wie z. B. die Friedrich-Ebert-Stiftung mit dem Weiterbildungslehrgang „MuP – Management und Politik", die Konrad-Adenauer- oder die Heinrich-Böll-Stiftung – anbieten, runden die Lernbereiche ab (Tab. 30.1).

Wichtig ist dabei, zu verinnerlichen, dass das Fachwissen nur einen kleinen Bereich von BGF/BGM ausmacht. Entscheidender ist der Managementprozess, die Art und Weise, wie man die eigenen Angebote zielgruppengerecht zusammenstellt bzw. anbietet, sowie wie glaubwürdig und überzeugend man sie vermittelt.

Crossfunktionale Teams bieten sich gerade für Selbstständige sehr gut an. Das Arbeiten und ggf. einige Weiterbildungen machen gemeinsam auch mehr Spaß. Hier liegt ein großes Potenzial im kollegialen Lernen. Der BerufsVerband Oecotrophologie hat hierfür z. B. 2019 das VDOE-Netzwerk BGF/BGM gegründet. Es gibt aber auch bei den privaten Anbietern Netzwerke, die Berufsanfänger sehr gut qualifizieren, begleiten und professionell entwickeln und über einen Pool erfahrener Kräfte verfügen (Tab. 30.1). Im richtigen Netzwerk und mit kollegialer Unterstützung kann noch viel mehr bewirkt werden, u. a. auch über die Vermittlung von Aufträgen. So zahlt sich die Aus- und Weiterbildung über die Zeit (wieder) aus. Weitere nützliche Informationen für die Praxis gibt es in Kap. 29.

Literatur

Bundeszentrum für Ernährung (2020) Schwerpunktthema Bedarfsgerecht essen am Arbeitsplatz. Ernährung im Fokus (Heft 3) https://www.ble-medienservice.de/5083-1-ernaehrung-im-fokus-03-2020.html

VDOE e. V. (2017) Schwerpunktthema BGF/BGM. Position (Heft 2) https://www.vdoe.de/wp-content/uploads/2021/01/2017-02-vdoe-position.pdf.

Betriebliche Gesundheitsförderung in der Gemeindeverwaltung

31

Susan Türpe

31.1 Betriebliches Gesundheitsmanagement (BGM) im öffentlichen Dienst – geht das?

Grundsätzlich lässt sich das Betriebliche Gesundheitsmanagement (BGM) in jedem Setting und in jeder Branche in die Organisationsprozesse implementieren – entscheidend ist immer, wie es praktisch gelebt und strategisch ins Management bzw. Organisationsprozesse integriert wird. Das Thema „Gesundheit im Arbeitskontext" als solches hat gesetzlich verpflichtende (Arbeits- und Gesundheitsschutz sowie Betriebliches Eingliederungsmanagement (BEM) nach Arbeitsunfähigkeit länger als 6 Wochen) und fakultative Anteile (Gesundheitsmanagement und -förderung der Mitarbeitenden). Im Folgenden wird der freiwillige Part des Arbeitgebers in den Fokus gerückt. Doch wo liegt der Unterschied zwischen „BGM" und „BGF"? Als strategischer Partner und Dienstleister für BGM beobachten wir, dass das Thema von vielen Unternehmen oft verkannt und unterschätzt wird – aber dazu später mehr. An unserem folgenden Praxisbeispiel aus dem öffentlichen Dienst wird dies sicher deutlich.

S. Türpe (✉)
projecDo GmbH, Chemnitz, Deutschland
E-Mail: susan.tuerpe@projecdo.de

31.2 Welches strategisch-konzeptionelle Anliegen stand zur Debatte?

Das zu Beginn an uns als Dienstleistende gerichtete Anliegen ist rückblickend heute noch ein „Running Gag". Die Kontaktaufnahme erfolgte damals per E-Mail recht unverbindlich und mit der Bitte, unser Portfolio zum Thema BGM vorzustellen. Parallel wurde direkt ein konkretes „Symptom" als Initialfunke beschrieben: Eine Kollegin in dieser Verwaltung hätte akute Rückenprobleme und das Interesse an höhenverstellbaren Schreibtischen wäre groß.

Nach einem ersten Telefonat kam jedoch alles ganz anders: Statt unseren Leistungskatalog zuzusenden, vereinbarten wir einen persönlichen Kennenlerntermin und stellten unsere grundsätzliche Auffassung zu und Herangehensweise an das Thema BGM vor (dazu mehr ab Abschn. 31.4.1).

31.3 Kurzbeschreibung der Zielgruppe und Rahmenbedingungen in einer öffentlichen Verwaltung

Unsere Zielgruppe in diesem Beispiel ist eine komplette Gemeindeverwaltung inkl. 100 Mitarbeitenden in den Bereichen Verwaltung (Angestellte im Rathaus inkl. Bürgermeister), pädagogisches (Kindertagesstätten und Schulhort) und technisches Personal (Bauhof). Nach der anfänglichen Auftragsklärung war auch klar, dass alle Mitarbeitenden in den BGM-Prozess eingebunden werden würden und davon profitieren sollten. Dies stellte, aufgrund der Heterogenität in Bezug auf Altersstrukturen, Geschlecht und Tätigkeitsbereiche, ein recht umfangreiches Vorhaben dar.

31.4 Was wurde bisher wie umgesetzt?

Im Folgenden wird beschrieben, welche Etappen bereits gemeinsam umgesetzt wurden. Grundsätzlich handelt es sich hierbei eher um einen Prozess und weniger um ein Projekt, welcher sowohl strategische Begleitung als auch gesundheitsfördernde Interventionen beinhaltet.

31.4.1 Von der Anfrage …

Wie bereits beschrieben, erreichte uns anfangs eine recht unverbindliche Anfrage per E-Mail über die Sekretärin des Bürgermeisters. Ihr Auftrag: „Holen Sie bitte Angebote und Leistungsübersichten zum BGM von regionalen Dienstleistern ein." Gesagt, getan. Der Kontakt bestand und in einem Telefonat wurde das Anliegen unsererseits hinreichend hinterfragt und ein Kennenlerntermin arrangiert: Zu diesem ersten Treffen waren bereits potenzielle Verantwortliche, aber auch Führungskräfte und Entscheider*innen eingeladen, um direkt konstruktiv und mit verschiedenen Perspektiven und Anforderungen in die Auftragsklärung zu gehen. Ziel und auch Ergebnis dieses ersten Kennenlernens waren es, das wirkliche Anliegen und das dahinterstehende Bedürfnis der Zielgruppe zu erfassen, zu verstehen und eine mögliche strategische Herangehensweise zu skizzieren.

31.4.2 ... zum Zielfindungsworkshop

Nach dieser ersten Bestandsaufnahme wurde im Rahmen eines Zielfindungsworkshops gemeinsam an der konkreten Ausrichtung des zukünftigen Vorgehens im Rahmen des BGM gearbeitet. Es wurden nicht nur Ziele festgelegt, sondern auch Verantwortliche benannt und damit ein Steuerkreis für strategische und organisatorische Arbeit gebildet. Vor allem die Rollenklärung und die gemeinsame Formulierung von Erwartungshaltungen aneinander waren maßgebliche Grundsteine für die weitere Arbeit am Thema. Hilfreich für ausreichend Commitment und zukünftiges Engagement war auch das Ausformulieren einer gemeinsamen Vision auf Basis vorher erarbeiteter und individuell hinterfragter Werte und persönlicher Motivationsfaktoren aller beteiligten Steuerkreismitglieder. Nach der Gründung des Kernteams wurden erste Arbeitsschritte festgelegt.

31.4.3 Erst fragen ...

Ein erster wichtiger Schritt war eine Bedarfsanalyse im Workshopformat: Über Arbeitssituationsanalysen in Form von 2-stündigen Gruppendiskussionen erfassten wir den aktuellen Stand der Zufriedenheit in der Belegschaft in Hinblick auf Arbeitsumgebung, Arbeitstätigkeit, Arbeitsorganisation, Führungsverhalten und Betriebsklima. Teilgenommen haben jeweils repräsentative Stellvertreter aller Tätigkeitsbereiche und Abteilungen. Im Ergebnis wurden Handlungsfelder und Themenschwerpunkte eruiert, für welche es im Rahmen der zukünftigen „Steuerkreisarbeit BGM" potenzielle Lösungen zu generieren galt. Nachdem die Befragungsergebnisse dem Kernteam vorgestellt und ausgewertet wurden, wurde im zweiten Schritt eine Arbeitsgruppe – bestehend aus weiteren Vertretern der einzelnen Tätigkeitsbereiche und Standorte – gebildet. Die Zielfindungsphase und das Abfragen von Motivationsfaktoren und Engagement in Bezug auf das Mitwirken an Themen zum BGM wurden mit dem erweiterten Kreis an Personen wiederholt.

31.4.4 ... dann verstehen ...

Ein weiterer wichtiger Aspekt im Rahmen der Steuerkreisarbeit bzw. im Rahmen des BGMs ist es, Transparenz zu schaffen und den Rest der Belegschaft über die Befragungsergebnisse zu informieren. Dies haben wir in diesem Fall über ein besonderes Format realisiert. Im Rahmen einer *Kick-off-Veranstaltung zum BGM-Prozess* wurden die gewonnenen Erkenntnisse präsentiert und direkt mit teamstärkenden Maßnahmen – passend zu den ermittelten Schwerpunkten – spielerisch in Verbindung gebracht. Eingeladen wurden alle Mitarbeitenden der Gemeindeverwaltung, von denen ca. 70 % erschienen. An den informativen Teil zu Beginn schlossen sich die Teamstationen an, an denen es für abteilungsübergreifende, heterogen zusammengestellte Kleinteams teambildende Aufgaben zu bewerkstelligen galt. An diesem Abend hatten alle nicht nur viel Spaß, sondern auf subtile und unterschwellige Art und Weise auch erste Berührungspunkte zu den Schwerpunktthemen zum BGM. Unter anderem wurden Handlungsfelder, wie abwechslungsreiche Bewegung und ergonomische Abläufe im Arbeitsalltag, konstruktive Kommunikation oder unterstützende Zusammenarbeit thematisiert und in Aktionen „übersetzt". In Summe war es ein aufschlussreiches und in Erinnerung bleibendes Event für alle Beteiligten, welches für die notwendige Offenheit und Präsenz rund um das Thema BGM in allen Köpfen gesorgt hat. Selbstverständlich durfte ein gesundes Buffet veranstaltungsbegleitend nicht fehlen.

Im Anschluss an diesen geselligen Abend in großer Runde folgte auch zeitnah das *Treffen im erweiterten Arbeitszirkel* – mit dem Ziel, konkrete Handlungsfelder zu definieren und erste zielführende BGM-Maßnahmen gemeinsam zu erarbeiten. Im Mittelpunkt dieser strategischen prozessbegleitenden Termine stand allerdings auch das Entwickeln eines gemeinsamen Verständnisses für Gesundheitsförderung und das Schaffen von guten Voraussetzungen für eine wertschätzende Unternehmenskultur als Basis für die weitere Prozessarbeit mittels agiler Arbeitsweise. Das bedeutet, es wurden in Iterationen Teilergebnisse produziert, selbstorganisiert in Kleinteams an herausgestellten Schwerpunkten gearbeitet und, falls nötig, für ein besseres Verständnis noch intensiver hinterfragt. In diesem Rahmen wurden z. B. weitere Mitarbeitendenbefragungen – dieses Mal in virtueller bzw. schriftlicher Form eines Fragebogens – von Arbeitskreismitgliedern initialisiert, durchgeführt und ausgewertet. Kurze Zeit später wurden pragmatische Lösungsansätze gefunden und aktiv umgesetzt. Dies war ein Erfolgserlebnis mit aktivierendem Effekt für alle freiwillig Mitwirkenden im Kontext BGM. Diese neuen Strukturen und für eine öffentliche Verwaltung ungewohnten agilen Arbeitsweisen stießen zugegebenermaßen an manchen Stellen auf Hindernisse und Barrieren. Schlussendlich wurde eine Basis der Zusammenarbeit gefunden und regelmäßige Treffen zur Verstetigung der Steuerkreisarbeit für mehr Nachhaltigkeit organisiert und regelmäßig (einmal monatlich) realisiert. Im Rahmen eines lockeren Grillfestes wurden erneut alle Mitarbeitenden auf einen aktuellen Stand gebracht und mit Informationen und Zwischenergebnissen aus der Steuerkreisarbeit versorgt. Dieser organisatorische Rahmen des Feedbacks regte die Kolleg*innen dazu an, sich erneut aktiv in den Prozess einzubringen bzw. Informationen zum aktuellen Stand zu holen.

31.4.5 … und dann richtig handeln

Auf Basis dieser Erkenntnisse und der guten Vorarbeit fiel es nun leichter, passende Interventionen entlang der ermittelten Bedarfe und Interessen der Belegschaft zu entwickeln. So entstand ein Jahresplan, welcher treffende Maßnahmen und Formate beinhaltete und zeitgleich an unterschwelligen Themen (wie z. B. Kommunikation und Informationsweitergabe) ansetzte. Im Kontext Kommunikation durften wir als externer Dienstleister ebenfalls unterstützen und übernahmen Aufgaben, wie das Gestalten von Informations- und Kommunikationsmedien zur internen Bewerbung der Maßnahmen, das Teilnehmermanagement, aber auch Mitgestaltung der Inhalte, Formate und des zeitlichen Umfangs bzw. des Zeitpunkts der Gesundheitsangebote.

Parallel fanden kontinuierlich Steuerkreistreffen statt, um am Prozess weiterzuarbeiten, Teilerfolge zu erkennen und darüber hinaus die Qualität und Selbstverständlichkeit der Zusammenarbeit im Kontext des BGM zu verbessern und zu verstetigen – strategische Anpassungen der Interventionen und internen Kommunikation (incl. Feedbackkultur) inbegriffen.

31.4.6 Welche finanziellen Mittel standen und stehen zur Verfügung?

Der Gesamtprozess – von der strategischen und konzeptionellen Arbeit, über die Bedarfsermittlung bis hin zur Planung und Umsetzung von Maßnahmen und wiederum deren Erfolgskontrolle – wurde und wird nach wie vor teils über *Eigenmittel der Gemeinde* selbst, aber auch zu großen Anteilen von den *Fördermitteln gesetzlicher Krankenkassen* finanziert und damit realisiert. Der Umfang war und ist dabei stets vom Einsatz externer Dienstleister und Berater abhängig. Die Intensität dieser Unterstützung variiert je nach Bedarf und der Erkenntnis, ob man für das Erzielen guter Ergebnisse Außenstehende benötigt oder es intern und aus eigenen Kräften lösen kann.

31.4.7 Wie verstetigt sich BGM? Kommunikation ist alles

Das Vorhaben und der Auftrag „Mitarbeitergesundheit" lassen sich am besten integriert in guten Abläufen realisieren. Geschaffene und vor allem erhaltene Strukturen sind hierfür unentbehrlich. BGM verstehen wir gemeinsam mit unseren Kunden als Prozess und nicht als Projekt oder gedacht in Einzelmaßnahmen. Durch genau diese Integration von Gesundheitsthemen in den Arbeitsalltag aller Mitarbeitenden lässt aus dem Ungewohnten eine gute Routine entstehen.

Eine kontinuierlich gute interne Kommunikation ist die Basis für Klarheit und schafft Bewusstsein – auch für andere Perspektiven. Durch diesen offenen Austausch ist es auch deutlich einfacher, Verständnis füreinander zu schaffen. Diese Routine allein ist schon ein effektiver, fast schon präventiver Teil des BGM. Wünsche und Erwartungen können geäußert werden und Missverständnissen wird vorgebeugt – eine perfekte Grundlage für Commitment, eine gut gelebte Unternehmenskultur und Teamentwicklung.

31.5 Welche Erkenntnisse ergeben sich aus diesem Vorgehen im BGM/BGF?

Wie bereits im Abschn. 31.4.7. beschrieben, ist es empfehlenswert, Kontinuität ins BGM zu bringen und eine gewisse Selbstverständlichkeit zu entwickeln bzw. einen routinierten Blick für relevante Themen zu bekommen. Mit dem entsprechenden Bewusstsein für Bedürfnisse anderer lässt sich Gesundheitsmanagement ohne zusätzlich großen Aufwand in den betrieblichen Tagesablauf integrieren und vor allem die gewünschte Wirkung erzielen. Ein großer Vorteil dieses Vorgehens ist damit die gewonnene Akzeptanz von organisierten und angebotenen Gesundheitsaktionen im Betrieb. Mitarbeitende nehmen Interventionen viel bewusster und wertschätzender wahr und die Beteiligung und Inanspruchnahme ist auch deutlich besser, als wenn ungefragt und am Bedarf vorbei Maßnahmen platziert werden. Infolgedessen wirken einzelne gesundheitsfördernde Maßnahmen im Zusammenhang mit dem strategischen Gesundheitsmanagement besonders nachhaltig.

31.5.1 Strukturen schaffen vereinfacht Vieles

BGM braucht Strukturen, in welchen es gut im Unternehmensalltag integriert und mitgetragen werden kann. So sind wir auch gemeinsam mit der Gemeindeverwaltung vorgegangen. Wir bildeten eine Art BGM-Kernteam – bestehend aus dem Bürgermeister, der Hauptamtsleiterin, der Leiterin des Kassenamtes und einer Vertreterin des Personalrats. So hatten wir sowohl *Entscheider*innen* als auch *Vertreter*innen der Mitarbeiterschaft* in der *Steuergruppe*. In diesem Rahmen wurden grundlegende Rahmenbedingungen und Anforderungen zum BGM festgelegt, wie z. B.:

- Was wollen wir mit dem BGM erreichen?
- Wie können wir intern Aufmerksamkeit für das Thema erzeugen und die Mitarbeitenden integrieren?
- Mit wem arbeiten wir als externen Partner zusammen?
- Wer kann uns finanziell unterstützen?

Im Folgenden wurde das Kernteam erweitert, indem in der Belegschaft nach Unterstützern und Mitwirkenden gesucht wurde. Das Ergebnis war ein *Arbeitskreis* bestehend aus *Vertretern des Bauhofs, des pädagogischen Personals aus Kitas und der Horteinrichtung sowie verschiedenen Personen aus den Verwaltungsabteilungen*, die zusätzlich zu ihren alltäglichen beruflichen Arbeitsaufgaben noch freiwillig Verantwortung für Gesundheitsthemen übernehmen. Diese Interessengemeinschaft arbeitete im Rahmen regelmäßiger Treffen kontinuierlich an den Themen, die im Zuge der Arbeitssituationsanalyse ermittelt wurden. Aufgrund des Alltagsbezugs und der Nachempfindbarkeit genannter Themen und Sachverhalte war es den Mitgliedern des Arbeitskreises möglich, akzeptable und praktische Lösungen zu entwickeln und den restlichen Kolleg*innen anzubieten.

Zu Beginn trafen sich die Steuerkreismitglieder in kürzeren Abständen, um Fahrt aufzunehmen und Routine zu bekommen – später traf sich der erweiterte Arbeitskreis alle 6 bis 8 Wochen, um den Prozess am Laufen zu halten und den Fokus nicht zu verlieren. In welchem Turnus und mit welcher Intensität das BGM betrachtet wird, sollte jedoch jedes Unternehmen individuell entscheiden und wiederum auf verfügbare Ressourcen (Zeit, personelle Kapazitäten, Kapital etc.) abstimmen.

Das BGM bzw. die damit verbundenen Themen brauchen eine gewisse Aufmerksamkeit und müssen bewusst im Alltag betrachtet werden, um zum Selbstverständnis zu werden. Dabei ist es hilfreich, sich klare und erreichbare Ziele mit einem konkret formulierten Nutzen zu setzen. Es hat sich als praktisch erwiesen, hier in Etappen vorzugehen. Ein Bearbeitungszeitraum von ½ bis 2 Monaten für konkrete Teilziele mit spürbarem Ergebnis war auch in unserem Beispiel für alle Beteiligten sehr zufriedenstellend und motivierend (Abb. 31.1).

31.5.2 Jeder Schritt ein Erfolg?

Trail and Error – ein Prinzip, das sich auch beim Einführen eines BGM bewährt hat. *Nicht jeder Schritt führt zum Erfolg und das ist völlig in Ordnung.* Im Gegenteil: Jeder Misserfolg

Abb. 31.1 Strategisches Vorgehen im BGM-Prozess. (Quelle: eigene Darstellung)

hat einen Grund und diesen zu hinterfragen und als Erkenntnis und Erfahrung abzuspeichern ist ein Fortschritt. „Fehltritte" sind zum Lernen da und „ganz normal". Was man sich auch vor Augen führen sollte: Nicht jede Person hat dasselbe Gesundheitsbewusstsein und interessiert sich auch nicht für dieselben Schwerpunkte. So mussten wir die Erfahrung machen, dass nicht jedes Angebot aufgrund von mangelndem Interesse oder unglücklicher Kommunikation und unzureichender Ankündigung und Bewerbung im Kollegenkreis gestartet werden konnte. Ein großer Fallstrick kann daher die interne Bekanntmachung neuartiger Angebote sein. Eine klare, eindeutige und vor allem wiederholte Kommunikation über mehrere Kanäle hat sich als notwendig erwiesen. Getreu dem Motto: Tue Gutes und sprich darüber.

An dieser Stelle jedoch *ein positives Beispiel* aus unserem Projekt in der Gemeindeverwaltung: Nach dem Jahreswechsel boten wir den Angestellten einen *Ernährungsworkshop* zum Thema „Stärkung des Immunsystems", inklusive gemeinsamer Zubereitung von Vitamin-Shots und leckeren Smoothies, in angenehmer Atmosphäre an. Alle Teilnehmenden kannten uns bereits aus der Prozessbegleitung, sodass aufgrund des Bekanntheitsgrades direkt gute, vertraute und lockere Stimmung im Workshop herrschte. Die Teilnahme war hoch und das Feedback ebenfalls sehr gut. Seitdem hat sich das Zubereiten von Smoothies in der Verwaltung ritualisiert und es werden regelmäßig eigenständig erprobte und neue Kreationen gemixt.

31.5.3 Was ist für die Nachhaltigkeit unverzichtbar?

Um die BGF zu verstetigen, braucht es ein wenig Geduld. Gesundheitsbewusstsein geht bei einigen mit einer Verhaltensveränderung einher und Verhaltensveränderungen brauchen wiederum Zeit. Das *Entwickeln neuer Routinen und eines neuen Bewusstseins braucht Training*. Deshalb bietet es sich an, dazu mit den Menschen im Betrieb im Gespräch zu bleiben, gelegentlich deren Meinung dazu einzuholen und zu gemeinsamen gesundheitsförderlichen Aktivitäten anzuregen.

Ich komme noch einmal auf das Beispiel des Ernährungsworkshops zurück: Bereits im Rahmen dieser Gruppenveranstaltung wurde deutlich, dass mehrere Personen sehr differenzierte Fragestellungen und Anliegen mitbrachten und weiterführendes Interesse und vor allem weiterer Beratungsbedarf bestand. Das Ergebnis war eine auf den Workshops aufbauende individuelle Ernährungssprechstunde. Diese wurde – ähnlich dem Workshopformat – sehr gut angenommen und stärkte die Veränderungsbereitschaft in Bezug auf das individuelle Essverhalten. Eine reflektierende Sprechstunde für noch mehr Nachhaltigkeit ist nach 6 Monaten geplant.

Erfolgsfaktor „Nummer 1" für gute Akzeptanz und Resonanz bei Gesundheitsangeboten im Betrieb ist die Orientierung am Bedarf der Mitarbeitenden. Unerlässlich dafür ist aktives Zuhören und Nachfragen bei den Mitarbeitenden. Es lohnt sich, das „Ohr an Masse" zu halten und die Mitarbeitenden ganz einfach auf deren gesundheitliche Interessen zu befragen. Damit schafft man direkte Aufmerksamkeit für konkrete Themen und dazu geplante Interventionen und muss nicht bangen, dass aufwendig organisierte Maßnahmen misslingen. Im Austausch mit den Kolleg*innen zu bleiben und gute *Beziehungsarbeit* sind daher das A und O – und stellen im Übrigen bereits eine eigenständige Maßnahme in Bezug auf das BGM dar.

Hinsichtlich des Gesundheitsmanagements braucht es noch *konsequente Strukturen und Routinen für gute Nachhaltigkeit.* Ein gesunder Umgang untereinander, *positive Stimmung im Team und eine gute Unternehmenskultur* zahlen schließlich auf stabile psychische und soziale Gesundheit und körperliches Wohlbefinden ein. Ein sozial gesundes System ist jedoch eine Daueraufgabe und sollte stetig neu bewertet werden.

Ein guter Rahmen für eine gemeinsame Neubewertung und einen regelmäßigen Austausch sind regelmäßige Gruppentreffen zum Thema BGM. Ob *Steuerungsgruppen, Gesundheitszirkel* oder *Arbeitskreise* – auf die *Vielfalt der Mitglieder* und einen gewissen Turnus kommt es an. Es sollten Personen aus unterschiedlichen Arbeitsbereichen und Tätigkeitsfeldern sowie verschiedenen Hierarchieebenen an diesen regelmäßigen Treffen teilnehmen und offen ihre Perspektive zu Gesundheitsthemen einbringen können. Darüber hinaus sollten sie die Rolle des „Sprachrohres" der Kolleg*innen einnehmen, besprochene Punkte multiplizieren und in die Arbeitsbereiche und damit restliche Belegschaft tragen. Empfehlenswert ist es, sich mindestens viermal im Jahr oder gar monatlich zu treffen – je nach aktuell wahrgenommenem Bewusstsein der Mitarbeitenden auf die Gesundheit und geplanter Aktionen.

Da durch diese Art von kontinuierlicher Analysearbeit auch schnell neue Schwerpunkte und gesundheitsrelevante Aspekte der täglichen Arbeit präsent werden, ist ebenso eine *nachhaltige Netzwerkpflege in Bezug auf Kooperationspartner* und *externe Dienstleister* von Vorteil. Es lohnt sich daher, den Kontakt zu Ansprechpartnern unterschiedlicher gesetzlicher Krankenkassen zu halten und diese sporadisch in die Steuerkreisarbeit und aktuelle Themen einzubeziehen.

31.5.4 Welche Rahmenbedingungen und Mittel wirken unterstützend?

Am Beispiel der Ernährungsworkshops lässt sich demonstrieren, wie wichtig gute Rahmenbedingungen für effektive und akzeptierte Gesundheitsinterventionen sind. Im Vorfeld wurde umfangreich über das Angebot informiert: Über Mitglieder des BGM-Teams wurde darüber in den einzelnen Fachbereichen berichtet, Aushänge und Mailings erinnerten die Mitarbeitenden noch einmal schriftlich und über Flurgespräche wurde sich gegenseitig animiert, daran teilzunehmen. Als externer Dienstleister und durchführende Experten luden wir persönlich ein und gestalteten bewusst die *Kommunikationsmedien* in unserem Layout, um die notwendige Aufmerksamkeit zu erzielen und sich von anderweitigen Mitarbeiterinformationen der Verwaltung optisch abzuheben.

Bezüglich des *Durchführungsortes* entschieden wir uns für den gemütlich eingerichteten Pausenraum im Rathaus mit neuer, top ausgestatteter Küche. Hier boten sich mehrere Vorteile. Zum einen konnten alle angemeldeten Teilnehmenden bequem sitzen und dem Impulsvortrag lauschen, zum anderen waren perfekte Bedingungen zum Zubereiten verschiedener Kostproben vorhanden. Der Alltagsbezug war aufgrund der gewohnten Umgebung im Arbeitsumfeld darüber hinaus direkt unterbewusst hergestellt. An verschiedenen Stationen wurden in vier Kleingruppen verschiedene Rezepte realisiert und anschließend gemeinsam am großen Tisch verzehrt. Technik und Küchengeräte brachten wir als Veranstalter mit, allerdings wurde im Nachgang direkt ein Mixer für die eigenständige zukünftige Umsetzung angeschafft.

Bei der Planung von Gruppenangeboten sollte jedoch immer darauf geachtet werden, dass die Gruppenstärke auf das Platzangebot der verfügbaren Räumlichkeiten angepasst wird bzw. die Arbeitsmittel oder Verbrauchsmaterialien der Teilnehmerzahl entsprechen.

Überdies sollte man sich unbedingt Gedanken machen, in welchem *zeitlichen Umfang* und zu welcher Uhrzeit man entsprechende Maßnahmen plant. Sicherlich empfinden es Mitarbeitende als angenehm, wenn Gesundheitsangebote *innerhalb der Arbeitszeit* wahrgenommen werden können. Nicht immer ist dies jedoch vom Arbeitgeber realisierbar und wird im Anschluss an die Arbeitszeit organisiert. Gerade bei betriebsintern stattfindenden Angeboten sollte darauf geachtet werden, dass Interessierte möglichst ohne lange Wartezeiten direkt nach Dienstschluss teilnehmen können. Einmal daheim angekommen, fehlt erfahrungsgemäß meist die Motivation, noch einmal zurückzukehren. Um den Schweinehund zu besiegen, bietet es sich darüber hinaus an, ein *kurzweiliges Format* zu wählen und der Nachhaltigkeit zuliebe besser mehrere Termine – mit Wiederholungseffekt oder aufeinander aufbauenden Themen – einzuplanen. Zum Beispiel: drei Workshops à 60 min anstatt einer Veranstaltung à 3 h. Eine *überschaubare Dauer* motiviert meist eher dazu, teilzunehmen, und macht aufgrund der begrenzt verfügbaren Zeit zur Wissensvermittlung Lust auf mehr.

Zu guter Letzt freuen sich Mitarbeitende immer über Lektüre, Broschüren, Informationsmaterialien, Präsentationen oder Rezepte, um bei Bedarf noch einmal Erlerntes und vermitteltes Wissen auffrischen oder sich weiterführend informieren zu können. Es lohnt sich daher und wirkt professionell, *Informationsmaterialien oder Rezeptkärtchen in einem ansprechenden Layout* und versehen mit den persönlichen Kontaktdaten vorzuhalten und bei Bedarf kurzfristig zur Verfügung zu stellen. Dies kann selbstverständlich als Serviceleistung im Angebotspreis integriert sein.

31.6 Alltagsbezug herstellen und Perspektiven aufzeigen

Eben war die Rede von „konserviertem Wissen" – Informationsmaterialien, die Workshopinhalte noch einmal zum Nachlesen zusammenfassen und für später bewahren. Sowohl in diesen Medien, als auch in Gesundheitsangeboten selbst sollte maßgeblich darauf geachtet werden, dass unbedingt ein Alltagsbezug hergestellt wird. Die Teilnehmenden profitieren maßgeblich von *einfachen und pragmatischen Lösungen* – weniger von wissenschaftlichen und theoretischen Erkenntnissen. Umso wichtiger ist es, die *Lösungskompetenz* und *Selbstwirksamkeit* der Mitarbeitenden zu *aktivieren* und damit die

Eigenverantwortlichkeit anzuregen. Hauptaugenmerk sollte auf die Motivationsfaktoren für gesundheitsförderliches Verhalten gelegt werden. Die Interventionen sollten stets Lust auf Mehr machen und die positiven Aspekte in den Mittelpunkt stellen. Daher sollten z. B. in Ernährungsworkshops *Rezepte mit „Geling-Garantie"* verwendet und *leicht umzusetzende Maßnahmen* für den privaten wie auch beruflichen Kontext herausgearbeitet werden. Es darf gern auch auf Präventionsangebote der gesetzlichen Krankenkassen hingewiesen werden. Damit stärkt man das Bewusstsein der Mitarbeitenden, dass es auch Anlaufstellen und verfügbare Gesundheitsangebote außerhalb des BGM gibt.

Die beschriebene Vorgehensweise zur Implementierung und Verstetigung eines BGM in dieser exemplarischen öffentlichen Verwaltung nahm einen Zeitraum von 2,5 Jahren in Anspruch. Strukturen haben sich mittlerweile etabliert, sodass wir uns als externer Dienstleister aus der dauerhaften Begleitung zurückgezogen haben.

Betriebliche Gesundheitsförderung in einem lebensmittelproduzierenden Unternehmen (Verwaltung, Produktion, Vertrieb)

Theresa Bickeböller und Ortwin Schuchardt

32.1 Warum ein ganzheitliches Gesundheitsmanagement?

„Ihre Gesundheit liegt uns am Herzen. Daher bietet Ferrero Ihnen ein ganzheitliches und umfassendes Gesundheitsprogramm, welches zu einem ausgewogenen Lebensstil motiviert." So liest es sich und so werden Mitarbeitende bei Ferrero in einem Flyer angesprochen, in dem das Programm des Gesundheitsmonats 2023 vorgestellt wird (Ferrero intern, 2023). Das Zitat macht deutlich, um welche Werte es dem Familienunternehmen Ferrero geht, welchen Stellenwert die Mitarbeitenden und deren Gesundheit und Wohlbefinden in der Unternehmenskultur und -philosophie einnehmen und wie diese dort verankert sind.

Soziale Verantwortung ist seit jeher ein fester Bestandteil des Geschäftsmodells von Ferrero und ist eines der fundamentalen Prinzipien, die das Familienunternehmen seit seiner Gründung leiten und bis heute unverändert prägen. Hierbei handelt es sich um einen ganzheitlichen Ansatz, bei dem es immer um den Menschen und den Planeten geht. Das spiegelt sich im Nachhaltigkeitsansatz des Unternehmens wider, der auf vier Säulen beruht: Schutz der Umwelt, nachhaltige Beschaffung von Zutaten, verantwortungsvoller Konsum und Menschen befähigen. Hinter der vierten Säule „Menschen befähigen" ver-

---

T. Bickeböller (✉)
Ferrero Deutschland, Institutional Affairs & Sustainability, Frankfurt/Main, Deutschland
E-Mail: Theresa.bickeboeller@ferrero.com

O. Schuchardt
Niedergelassener Arzt und Betriebsarzt, Stadtallendorf, Deutschland

bergen sich u. a. Trainings- und Weiterbildungsprogramme sowie Schulungen im Bereich Sicherheit. Hier ist auch das Gesundheitsprogramm angedockt, das somit fest im Nachhaltigkeitsansatz des Unternehmens integriert ist (Ferrero Sustainability Report, 2022), verdeutlicht durch die Philosophie bei Ferrero: „Unser Ziel ist es, ein Umfeld zu schaffen, das von Zufriedenheit und Wohlbefinden geprägt ist, diese fördert und es allen Beschäftigten ermöglicht, ihr volles Potenzial zu entfalten – zum Wohle ihrer selbst und zum Wohle des Unternehmens. Es ist unsere Absicht, einen Arbeitsplatz zu bieten, an dem sich jede und jeder Einzelne `wohlfühlt´, so dass auch unser Umfeld außerhalb der Arbeit von diesem positiven Einfluss profitieren kann." (Ferrero intern 2023).

32.2 Strategische und operative Ziele und Umsetzung

Gesundheit und Wohlbefinden spielen schon seit jeher in der Unternehmensphilosophie eine große Rolle. Bei Ferrero Deutschland existierten bereits vor der Erweiterung des Gesundheitsprogramms und der Entwicklung weiterer Angebote einzelne Sport- und Laufgruppen, über die die Mitarbeitenden selbst organisiert das Thema Gesundheit lebten, sowie einzelne zielorientierte Maßnahmen, wie täglich frisches Obst, vegetarische Gerichte oder der Kooperation mit einem Fitnessstudio. Mit der Bereitschaft der Geschäftsleitung, noch stärker und gezielter in die Gesundheit der Mitarbeitenden zu investieren, war die Grundvoraussetzung gegeben, ein zusammenhängendes Gesundheitskonzept zu implementieren, das auf den Komponenten „körperliche und mentale Fitness" sowie „gesunder Genuss" basierte (s. Abschn. 32.3). Dabei waren der Geschäftsleitung für die konkrete Ausgestaltung des Konzepts die Erwartungen der Mitarbeitenden sehr wichtig (Ferrero intern, 2013).

Bei der Entwicklung des Gesundheitsprogramms bei Ferrero Deutschland haben Geschäftsleitung und Personalverantwortliche von Anfang an damit begonnen, die Mitarbeitenden bei der Erarbeitung des Konzepts eng mit einzubeziehen – so geschehen bei einer internen Firmenveranstaltung 2012, bei der die Mitarbeitenden gezielt nach ihren Wünschen für ein Gesundheitsprogramm gefragt wurden und zudem, was sie unter einem gesunden Lebensstil verstehen (z. B. gemeinsame sportliche Aktivitäten, ausgewogene Ernährung oder ein ergonomischer Arbeitsplatz) (siehe Abb. 32.1). Diese Sammlung ist in die Entwicklung des Gesundheitsprogramms bei Ferrero Deutschland eingeflossen und trug dazu bei, entsprechende Maßnahmen zu entwickeln oder ggf. anzupassen.

Die Entstehung, Konzeptionierung 2010/11, Implementierung 2012 und Umsetzung des Gesundheitsprogramms mittels konkreter Maßnahmen konnte Ferrero Deutschland allein infolge seiner innerbetrieblichen Expertise erreichen. Unter Leitung der Personalabteilung wurden Mitarbeitende mit ihren jeweils benötigten und zur Verfügung gestellten Expertisen eingebunden, z. B. der Betriebsärzteschaft, Betriebsrat, Fachkräfte für Arbeits-

Abb. 32.1 Ergebnisse einer Umfrage unter Ferrero-Mitarbeitenden zum Thema „gesunder Lebensstil". (Quelle: Ferrero intern, 2012; © Ferrero)

sicherheit, Ernährungsexperten, Vertrieb, Marketing, Kommunikation, Ansprechpartner für die Betriebsrestaurants, Vertretende der Produktion. Dieses interdisziplinäre Gremium bewährte sich bei der Konzeptionierung sehr und ist weiterhin in Form von zwei Gesundheitszirkeln aktiv: je ein sogenannter *Gesundheitszirkel* an den Standorten „Produktion" und „Verwaltung" gestalten das Gesundheitsprogramm bei Ferrero Deutschland und stimmen sich u. a. hinsichtlich der angebotenen Maßnahmen ab.

Mittlerweile ist das Gesundheitsprogramm von Ferrero Deutschland sogar in eine weltweite Initiative „Wellbeing @ Ferrero" der internationalen Ferrero Gruppe integriert, die nun den Rahmen der nationalen Maßnahmen bildet. Dies bedeutet, dass sich die Ausgestaltung des lokalen Gesundheitsprogramms nun auch an internationalen Vorgaben orientiert, was dem Gesundheitsprogramm nochmals mehr Sichtbarkeit und Dynamik verleiht, als auch die Bedeutung des Themas insgesamt verdeutlicht. Die nationale Umsetzung und Anpassung an die lokalen Anforderungen, Gegebenheiten sowie Möglichkeiten obliegen weiterhin den zwei Gesundheitszirkeln bei Ferrero Deutschland. So gibt „Wellbeing @ Ferrero" z. B. den Anstoß zur Organisation eines Gesundheitsmonats zu einem vorgegebenen Zeitpunkt; wie dieser Monat dann genau ausgestaltet wird und welche Maßnahmen konkret angeboten werden, liegt bei jedem Land selbst und wird bei Ferrero Deutschland weiterhin im bewährten Team der Gesundheitszirkel besprochen, geplant und umgesetzt (s. Abschn. 32.3.2).

32.3 Ganzheitliches Gesundheitsmanagement – Vom Drei- zum Vierklang

Körperliche Fitness, mentale Fitness und gesunder Genuss bildeten den Dreiklang (siehe Tab. 32.1) des ursprünglich 2012 bei Ferrero Deutschland implementierten Gesundheitsprogramms:

Körperliche Fitness bedeutet das gezielte Training von Herz und Kreislauf, mentale Fitness geistiges, seelisches Wohlbefinden sowie Achtsamkeit für die eigene Gesundheit. Im Rahmen der Gesundheitsförderung darf neben der körperlichen und mentalen Fitness die Ernährung nicht fehlen. Ernährung ist unter dem Begriff „gesunder Genuss" integraler Bestandteil des Programms und steht für eine ausgewogene und genussvolle Ernährung. Die Bezeichnung „gesunder Genuss" für das Themenfeld rund um Ernährung wurde nicht zufällig gewählt. Sie soll verdeutlichen, dass es nicht um Verbote oder Gebote hinsichtlich ungesunder oder gesunder Lebensmittel geht, sondern um den je individuellen Genuss im Rahmen einer ausgewogenen Ernährung und dass dieser seinen berechtigten Platz im konkreten Leben jeder Person hat.

Im Zuge des Ausbaus der internationalen Initiative „Wellbeing @ Ferrero" wurde das nationale Konzept an die internationalen Vorgaben angeglichen und basiert nun auf einem Vierklang bestehend aus vier Säulen (siehe Abb. 32.2):

Der ursprüngliche Dreiklang aus körperlicher und mentaler Fitness sowie dem gesunden Genuss lässt sich hier wieder finden, sodass das ursprünglich national entwickelte Konzept präsent bleibt und gelebt wird. Die ursprünglichen Komponenten „körperliche Fitness" und „gesunder Genuss" finden sich nun in der Säule „Gesundheit" wieder, und „mentale Fitness" des früheren Ansatzes bleibt eine eigenständige Komponente als Säule „Energie". Der „gesunde Genuss" wird im internationalen Ansatz „gesunde Ernährungsgewohnheiten" genannt. Die Bezeichnung und das Konzept „gesunder Genuss" haben sich bei Ferrero Deutschland bewährt und sind bekannt, sodass hier weiterhin bei Maßnahmen von gesundem Genuss gesprochen wird und dies auch weiterhin so gelebt und umgesetzt wird.

Tab. 32.1 Der Dreiklang – körperliche Fitness, mentale Fitness und gesunder Genuss (Ferrero intern 2012) © Ferrero

Körperliche Fitness	Mentale Fitness	Gesunder Genuss
Gezieltes Training von Herz und Kreislauf	Geistiges und seelisches Wohlbefinden sowie Achtsamkeit für die eigene Gesundheit	Ausgewogene und genussvolle Ernährung

Gesundheit	Energie	Schutz	Gemeinschaft
Fördert einen gesunden Lebensstil am Arbeitsplatz und privat durch körperliche Fitness und gesunde Ernährungsgewohnheiten.	Umfasst die emotionale und mentale Widerstandsfähigkeit: sich zuversichtlich, selbstbewusst, motiviert, gut vorbereitet und inspiriert fühlen.	Es geht darum, sich finanziell sicher und geschützt zu fühlen, aber auch um die Sicherheit am Arbeitsplatz und auf Reisen oder bei einem Umzug ins Ausland.	Bezieht sich auf soziale Verbindungen, um unser internes Netzwerk zu verbessern und das Gefühl der Zugehörigkeit zum Unternehmen zu stärken.

Abb. 32.2 Die vier Säulen – Gesundheit, Energie, Schutz und Gemeinschaft. (Quelle: Ferrero intern, 2020; © Ferrero)

Mit den Säulen „Schutz" und „Gemeinschaft" erhält der ursprüngliche Dreiklang zwei Ergänzungen. Die Themen und Maßnahmen, die sich hinter diesen zwei Säulen verbergen, sind allerdings keineswegs neu im Gesundheitsprogramm von Ferrero Deutschland. Im ursprünglichen Ansatz des Dreiklangs zählten die nun unter „Schutz" und „Gemeinschaft" zu findenden Maßnahmen zu den Komponenten der „mentalen Fitness". Themen wie Versicherungen, Arbeitssicherheit, Sicherheit auf Reisen sowie Maßnahmen, die das Gemeinschaftsgefühl stärken, werden lediglich mehr hervorgehoben und extra herausgestellt, was ihren Beitrag und ihre Bedeutung nochmals deutlicher werden lassen.

32.3.1 Herausforderungen

An zwei Standorten ist Ferrero in Deutschland vertreten. Die Verwaltung, in der Abteilungen wie Human Resources, Marketing, Corporate Communications, Controlling u. a. arbeiten, hat ihren Sitz in Frankfurt am Main. Der Produktionsbetrieb mit mehreren 1000 Mitarbeitenden findet sich im eher ländlich geprägten Stadtallendorf. Mit diesen beiden Standorten sind noch nicht alle Mitarbeitenden erfasst. Hinzu kommen mehrere 100 Vertriebsmitarbeitende, die tagtäglich deutschlandweit auf den Straßen im Auto unterwegs sind.

Verwaltung, Produktionsbetrieb und Vertrieb sind drei Arbeitsumfelder, die unterschiedlicher nicht sein könnten und die ihre ganz spezifischen Herausforderungen hinsichtlich des Arbeitsalltags mit sich bringen. Diese umfassen gesundheitliche Aspekte, wie körperliche/ergonomische Faktoren, Stresslevel und Ernährung/Verpflegung am Arbeitsplatz.

Das Arbeitsumfeld der Verwaltung in Frankfurt wird von sitzenden Tätigkeiten vor dem Bildschirm im Büro oder im Homeoffice dominiert. Im Gegensatz dazu gibt es am Produktionsstandort in Stadtallendorf nur wenige Büroarbeitsplätze. Mehrere 1000 Mitarbeitende halten hier im Schichtbetrieb die Produktion Tag und Nacht am Laufen. Die wenigsten von ihnen haben Zugang zu einem betrieblichen Computer, die Allermeisten sind in ihrer Tätigkeit voll und ganz an die Gegebenheiten der Produktionsanlagen gebunden. Ein spontanes Verlassen des Arbeitsplatzes ist in der Regel nicht möglich, es muss immer eine „Ablösung" organisiert werden, da die Maschinen praktisch ständig laufen.

Auch beim „gesunden Genuss" ergeben sich Herausforderungen, die aus den unterschiedlichen Arbeitsumfeldern resultieren. Allen Mitarbeitenden, ob in der Produktion oder der Verwaltung, soll eine ausgewogene Ernährung im Betrieb ermöglicht werden. Im Vordergrund steht immer die freie Wahl der Mitarbeitenden – ohne Verbote, ganz in dem Sinne des „gesunden Genuss".

In der Produktion liegt die Herausforderung nicht allein in der Anzahl der Mitarbeitenden. Die hier Beschäftigten leisten körperlich anspruchsvolle Arbeit und müssen 24 h in einem Dreischichtbetrieb ausreichend verpflegt und versorgt werden. In der Verwaltung wird zwar weniger körperliche Arbeit verrichtet und es wird auch nicht im Schichtsystem gearbeitet, den Mitarbeitenden soll aber trotzdem eine *vielfältige, auf die Bedürfnisse angepasste Verpflegung* angeboten werden.

Im Gegensatz dazu ist es schwieriger, die Vertriebsmitarbeitenden zu erreichen, die nicht ihren festen Arbeitsplatz in der Produktion oder Verwaltung haben, sondern die den Großteil ihrer Arbeitszeit im Auto auf der Straße verbringen. Ihnen kann nicht über ein Betriebsrestaurant eine Auswahl zur Verfügung gestellt werden, aus der sie wählen können. Sie sind angewiesen, sich selbst zu verpflegen.

Ziel ist es, ALLE und möglichst viele Beschäftigte jeder „Generation" unabhängig von ihrem Arbeitsumfeld und -platz einzubinden, mitzunehmen und ihnen ein Arbeitsumfeld zu bieten, an dem sie sich wohlfühlen, das ein hohes Maß an Arbeitssicherheit bietet und zur Gesundheit einen positiven Beitrag leistet. *Wie kann dies gelingen, sind doch die Arbeitsumfelder in Verwaltung, Produktion und Vertrieb hinsichtlich der gesundheitlichen Herausforderungen sehr verschieden?*

32.3.2 Maßnahmen

Alle Mitarbeitenden sollten die Möglichkeit haben, für sich individuell die konkreten Maßnahmen aus den vier Säulen „Gesundheit", „Energie", „Sicherheit" und „Gemeinschaft" auswählen zu können, die für sie wichtig und zielführend sind und zu ihrem jeweiligen Arbeitsumfeld passen. Dies lässt sich nur über ein vielfältiges, auf die unterschiedlichen Herausforderungen zugeschnittenes Maßnahmenangebot leisten, was über Aktivitäten auf unterschiedlichen analogen und digitalen Kanälen die Mitarbeitenden erreichen lässt (siehe Abb. 32.3):

Mit einem wieder auf den Bereich Ernährung gelegten Fokus gerät die Versorgung der Mitarbeitenden mit Lebensmitteln primär in den Blick. Im Betriebsrestaurant am Produktionsstandort und in der Trattoria am Verwaltungsstandort wird eine vielfältige Essensauswahl angeboten. Jeder einzelne Mitarbeitende hat die individuelle Wahl: von der Salattheke und vorbereiteten Salattellern über ein vegetarisches Mittagsangebot bis hin zu verschiedenen Hauptgerichten mit Gemüse und anderen Beilagen oder einem täglichen Angebot an Pasta und Pizza. Jede und jeder kann für sich selbst entscheiden und die Mahlzeiten selbst zusammenstellen. An der breit gefächerten, wohl sortierten stark frequentierten Salattheke (platziert in der Mitte der Trattoria) und dem täglich frischen Obst (direkt

Gesundheit	Energie	Schutz	Gemeinschaft
STAY-FIT-INITIATIVEN Gesundheitsvorsorge körperlicher Fitness	EAP Employee Assistance Programm (Externe Mitarbeiterberatung)	FINANZIELLES & RECHTLICHES EAP Programm zur privaten finanziellen und rechtlichen Unterstützung	FÜRSORGE Fürsorgliches und nachhaltiges Verhalten gegenüber Mensch und Umwelt
ERNÄHRUNG Ernährungsberatung und Aktionen	FLEX-INITIATIVEN Mobile und flexible Arbeitsmodelle	RISIKOPRÄVENTION Unfall- und Berufsunfähigkeitsversicherung	GLÜCKSMOMENTE Jubiläen, Geburtstage, Geburt von Kindern, gemeinsame Feiern & Events
ERGO-INITIATIVEN Beratung zur Ergonomie	RESILIENZ Schulungen zur mentalen und emotionalen Gesundheit, Achtsamkeitstraining	VORRUHESTAND Reibungsloser Übergang vom aktiven Arbeitsleben in den Ruhestand	FAMILIEN-INITIATIVEN Veranstaltungen und Tage der offenen Tür
GESUNDHEITS-VORSORGE Präventive und reaktive Gesundheitsvorsorge	INKLUSION Inklusives Arbeitsumfeld für alle	SICHERE UMWELT Schutz der Beschäftigten während der Arbeit und unterwegs	NETZWERKE Initiativen des „Verbundenseins"

Abb. 32.3 Wellbeing-Maßnahmen/Rahmenprogramm (Quelle: Ferrero intern 2020; © Ferrero)

am Eingang der Trattoria platziert), das zur Verfügung gestellt wird, führt kaum ein Weg vorbei. Dieses Konzept spiegelt genau den beschriebenen Geist des gesunden Genusses wider. Ohne Vorgaben wird den Mitarbeitenden die Wahl überlassen, ihnen aber ein Angebot zur Verfügung gestellt, mit dem sie sich ausgewogen nach eigenem Bedarf und eigenen Bedürfnissen ernähren können. Bei Ferrero Deutschland gibt es deshalb ein „Betriebsrestaurant" und eine „Trattoria" – eine Kantine oder Mensa sucht man hier vergebens.

Wie schon angedeutet, kann den Vertriebsmitarbeitenden, die den Großteil ihrer Arbeitszeit im Auto verbringen, eine solche Auswahl nicht zur Verfügung gestellt werden. Ihnen werden Ernährungstipps „Gut und lecker auch unterwegs" zur Verfügung gestellt. In Form z. B. eines Flyers, der gut im Handschuhfach untergebracht werden kann oder einer extra-Folge im Sales Podcast (digital abrufbar), in dem eine externe Ernährungswissenschaftlerin und eine interne Ökotrophologin, die Teil des Gesundheitszirkels ist, werden die Außendienstmitarbeitenden mit praktischen Ernährungstipps für die Autofahrt versorgt.

Auch hier steht der „gesunde Genuss" im Vordergrund. Es werden keine Verbote ausgesprochen, ganz im Sinne einer ausgewogenen Ernährung. Darüber hinaus sind die Maßnahmen und Kanäle so gewählt, dass sie zum Arbeitsumfeld der Vertriebsmitarbeitenden passen und diese auch erreichen bzw. von ihnen in Anspruch genommen werden können.

Allein das Angebot von Maßnahmen reicht nicht aus. Die Mitarbeitenden müssen gezielt erreicht und angesprochen werden. Die Wichtigkeit einer effektiven Kommunikation über Aktivitäten und Maßnahmen ist nicht zu unterschätzen. Genauso unterschiedlich wie die Maßnahmen sind, so unterschiedlich gestalten sich auch die Kommunikationskanäle. Über Plakate/Aushänge in den Aufzügen oder in den Fluren auf dem Weg zum Büro oder auf Bildschirmen sowie PC-Terminals in der Produktion werden die Mitarbeitenden auf dem Weg zu ihrem Arbeitsplatz erreicht, und selbstverständlich auch die Beschäftigten, die keinen Zugang zu einem betrieblichen PC haben. So wird über einzelne Aktionen informiert. Das Intranet bietet darüber hinaus einen Überblick über das gesamte Angebot.

Eine ganz besondere Ansprache erhielten die Mitarbeitenden bei der Vorstellung der Programme *Gesundheitstag 2019*, *Gesundheitswoche 2021* und *Gesundheitsmonat 2023*. Hier wurde ganz gezielt auf Programme aufmerksam gemacht, die im jeweiligen Zeitraum spezifische und Extramaßnahmen aus jeder der vier Säulen bereitstellten. Auch hier war das Ziel, allen Mitarbeitenden eine Teilnahme zu ermöglichen. Das stellte Ferrero Deutschland im Jahr 2021 vor die Herausforderung, als während der Pandemie das Thema Gesundheit eine ganz eigene Bedeutung bekam und die Mitarbeitenden aus der Verwaltung vorwiegend mobil arbeiteten, die Maßnahmen digital stattfinden zu lassen. Eine virtuelle Gesundheitswoche 2021 wurde umgesetzt.

Eine unbegrenzte Zahl an Teilnehmenden, das Ermöglichen einer gleichzeitigen Teilnahme der unterschiedlichen Zielgruppen an Mitarbeitenden aus Produktion, Verwaltung und Vertrieb und eine größere zeitliche Flexibilität wurden als Vorteile digitaler Angebote erkannt. Genauso deutlich wurden die herausragende Bedeutung und Unersetzbarkeit von gemeinschaftlichen Aktivitäten wie gemeinsames Kochen oder Sporttreiben in der Gruppe.

Bei der Umsetzung des Gesundheitsmonats 2023 wurde darauf aufbauend auf eine Kombination aus digitalen und analogen Angeboten über die vier Säulen hinweg gesetzt (Abb. 32.4).

Der „gesunde Genuss" wurde z. B. über einen Kochkurs, der in der Küche der Trattoria ausgerichtet wurde, und digitale Talks (zu den Themen „Ernährung für eine gesunde Darmflora" sowie „Lebensmittel verstehen") mit einer Ernährungswissenschaftlerin abgedeckt. Bei letzterem waren die Mitarbeitenden auch gezielt gefragt, sich mit ihren persönlichen Fragen einzubringen, und zwar Mitarbeitende aus allen Arbeitsumfeldern: Produktion, Verwaltung sowie Vertrieb. Dies wurde nur möglich, da die Talks digital angeboten wurden. Für Maßnahmen aus den Säulen „Gesundheit", „Energie" und „Schutz" konnte die Teilnahme möglichst vieler Mitarbeitenden aus den verschiedenen Arbeitsumfeldern ermöglicht werden, indem Gesundheitssprechstunden, eine aktive Pause und Sicherheitsunterweisungen online angeboten wurden.

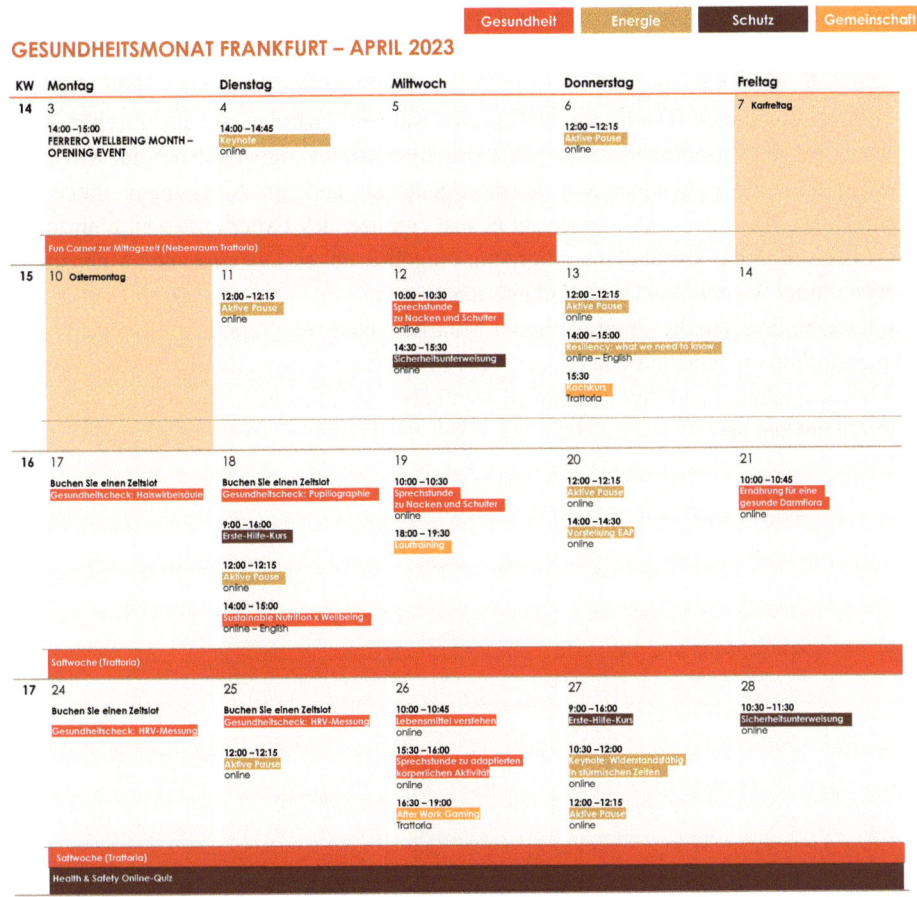

Abb. 32.4 Angebote Gesundheitsmonat 2023. (Quelle: Ferrero intern, 2023; © Ferrero)

Auch an der Eröffnung und den international angebotenen Vorträgen der weltweiten Initiative „Wellbeing @ Ferrero" konnten die Mitarbeitenden digital teilnehmen. Bei den Aktivitäten, die der Säule „Gemeinschaft" zuzurechnen sind, wie z. B. ein Kochkurs, gemeinsames Lauftraining oder aktives After-Work mit Tischtennisspiel, wurde auf das persönliche Zusammentreffen und Gemeinschaftsgefühl gesetzt.

Der Gesundheitsmonat 2023 verdeutlichte den ganzheitlichen Ansatz des Gesundheitsprogramms bei Ferrero Deutschland. „… ganzheitlich auf mehreren Ebenen": Alle vier Säulen wurden abgedeckt, allen Beschäftigten wurde eine Teilnahme über ein digitales und/oder analoges Angebot von Maßnahmen, die die Gesundheit, das Wohlbefinden und die Arbeitssicherheit fördern, ermöglicht.

In den letzten 10 Jahren hat sich das Gesundheitsprogramm von Ferrero Deutschland stetig weiterentwickelt und ist doch konstant geblieben. An der ursprünglichen Interdisziplinarität der Gesundheitszirkel und der Ganzheitlichkeit des Ansatzes wurde und wird weiterhin festgehalten. Doch innerhalb dieses Rahmens wurden die spezifischen Maßnahmen und die Zusammensetzung der Gesundheitszirkel immer wieder auf den Prüfstand gestellt und ggf. angepasst. Mitarbeitende aus anderen Abteilungen traten den Gesundheitszirkeln bei und konnten so neues, ergänzendes Expertenwissen einbringen, das wiederum in das Gesundheitsprogramm eingeflossen ist. Die einzelnen Maßnahmen wurden immer wieder hinterfragt und ggf. angepasst.

Interdisziplinarität, die Einbindung der Mitarbeitenden, die Verankerung in der Unternehmenskultur, ein ganzheitlicher Ansatz, der Fokus auf positive Anreize in einer Kombination von analogen und digitalen Angeboten haben sich seit über 10 Jahren bei Ferrero Deutschland bewährt.

Betriebliche Gesundheitsförderung im Pflegebereich: Modellvorhaben POLKA

Hanna-Kathrin Kraaibeek

33.1 Projektbeschreibung und -aufbau

Das Modellvorhaben POLKA (*P*flegeeinrichtungen als *K*ompetenzzentren in der Gesundheitsversorgung durch Mu*l*tiplikation *k*örperlicher *A*ktivität, s. Abb. 33.1) hat die Erhöhung der Anzahl sowie der Qualität von Pflegeeinrichtungen, die die körperliche Betätigung von Pflegefachkräften, Pflegebedürftigen sowie deren Angehörigen stärken möchten, zum Ziel. So sollen Präventions- und Gesundheitsförderungselemente miteinander verbunden werden (POLKA, 2023). Das Projekt begann im Juli 2019 und soll bis Juni 2024 fortgeführt werden. Die rechtlichen Grundlagen sind § 20 gem. SGB V, sowie die Bundesrahmenempfehlung, die Konzertierte Aktion Pflege und das Pflegepersonal-Stärkungsgesetz (PpSG) von 2018. Die Trägerin ist die DAK-Gesundheit unter der Leitung des Deutschen Verbandes für Gesundheitssport und Sporttherapie e. V. Alle Teilbereiche werden separat verantwortet durch entsprechende Institute, wie die Forschungsgruppe Geriatrie Lübeck für den Versorgungspfad der Pflegebedürftigen und das Heidelberger Institut für Gesundheitsmanagement GmbH für die Pflegefachkräfte. Geeignete Maßnahmen sollen in das interne Qualitätsmanagement (QM) nachhaltig integriert werden. Hierfür wird sich auf die bewegungsbezogene Gesundheitskompetenz konzentriert, sodass die Pflegeeinrichtungen als kommunales Gesundheitszentrum fungieren können. Die Basis stellen hierfür die „Guidelines Physical Activity 2020" der WHO

H.-K. Kraaibeek (✉)
Kraaibeek GmbH, Pinneberg, Deutschland
E-Mail: info@kraaibeek.de

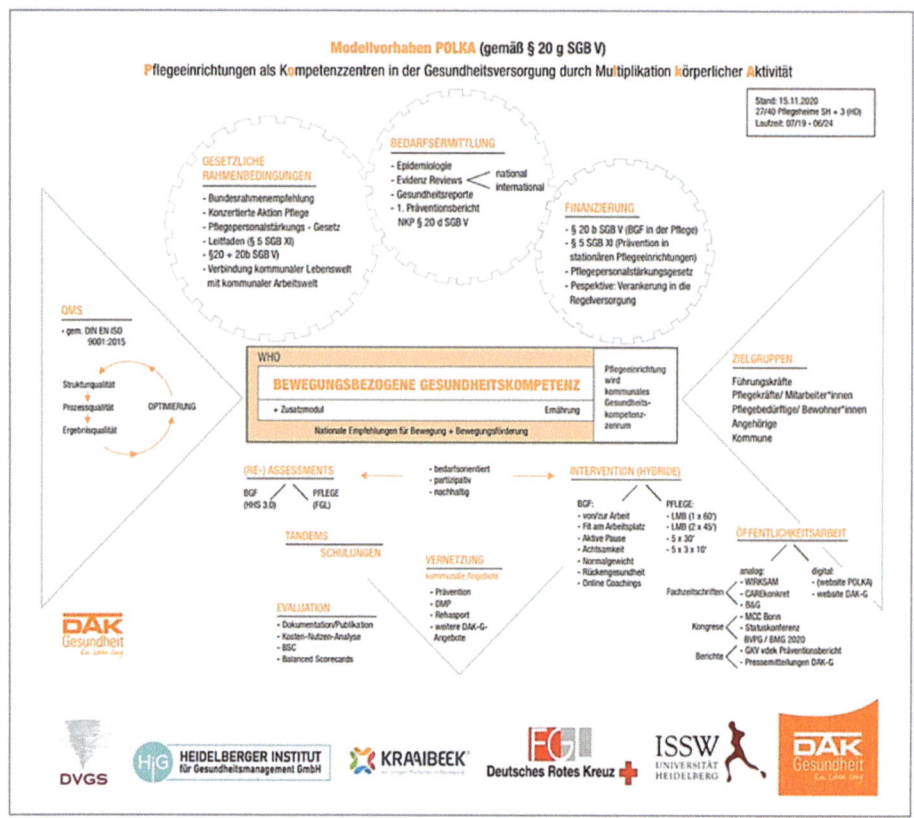

Abb. 33.1 Modellvorhaben POLKA, Stand April 2021. (Quelle: DVGS e. V.)

dar, welche von nationalen Empfehlungen für Bewegung und Bewegungsförderung der Bundeszentrale für gesundheitliche Aufklärung (BZgA) ergänzt werden (POLKA, 2023). Angesetzt wird auch schon in der Ausbildungsphase, um hier den Grundstein zu legen. Bisher ist das Projekt für 40 Pflegeeinrichtungen, hauptsächlich in Schleswig-Holstein, geplant (Baldus et al., 2021, S. 11). Diese sollen über Assessments und Vorabanalysen die Ist-Situation erheben, um spezifisch den Bedarfen mit entsprechenden Bewegungsinterventionen begegnen zu können. Diese Erkenntnisse dienen der Evaluation, um die Regelversorgung im weiteren Verlauf nach Ablauf des POLKA-Projekts nachhaltig verändern und verbessern zu können. So werden zyklisch nach DIN EN ISO 9001:2015 die Struktur-, Prozess- und Ergebnisqualität analysiert, evaluiert und abschließend optimiert, wodurch ein Qualitätsmanagementpfad entsteht, der die Integration in die Regelversorgung erleichtern soll (Baldus, et al., 2021, S. 15).

Ein Fokus wird auch auf die Digitalisierung gesetzt, denn die Teilnehmenden sollen über die Digital Readiness und Interventionen der digitalen Gesundheitskompetenz spezifisch geschult werden. Hierfür sind Schulungen und Interventionen sowie Medien zu verschiedenen Themen vorgesehen.

33.1.1 Allgemeine Einordnung in den Präventionskontext

Die Pflegebranche führt die Statistik der Fehlzeiten unter den Mitarbeitenden an. Das Berufsbild bringt einige Belastungen mit sich, sowohl physisch als auch psychisch, wobei die Hauptursachen psychische Erkrankungen, das Muskel-Skelett-System sowie den Bewegungsapparat darstellen (Grobe & Steinmann, 2019). Das Berufsbild bringt eine erhöhte physische, überwiegend stehende Aktivität sowie regelmäßiges Heben von Lasten mit sich. Pflegekräfte arbeiten im Schichtdienst, wodurch der zirkadiane Rhythmus signifikant beeinflusst und gestört wird, was zu veränderten Schlaf-Wach-Zeiten, verschlechterter Schlafhygiene sowie unregelmäßigem Ernährungsverhalten führt. Dies resultiert nachweislich schon in der Ausbildung in häufigem Übergewicht bei bis zu 20 % der Auszubildenden (Bomball et al., 2019, S. 1048 ff.). Auch das Ernährungsverhalten weist Mängel bei der Mikronährstoffdichte durch geringen Obst-, Gemüse- und Vollkorngetreidekonsum auf. Eine unregelmäßige Mahlzeitenstruktur fördert Heißhungerattacken und erschwert die Sättigungswahrnehmung (Meßmer et al., 2018, S. 233 ff.). Da häufig Pausenzeiten zu kurz ausfallen oder gar nicht eingehalten werden können, sind auch warme Mahlzeiten nicht immer möglich (Wenzel, 2018). Durch die Vermittlung von Gesundheitskompetenzen, um die persönliche Resilienz bei derartigen Belastungen zu stärken, könnten die Pflegekräfte unterstützt werden.

Obgleich die Belastung des Pflegepersonals sehr hoch ist, steigt dessen Notwendigkeit seit Jahren bedingt durch den demografischen Wandel an. Die Bevölkerung wird immer älter durch verbesserte medizinische Versorgung und den damit verbundenen Rückgang der Sterblichkeit, und auch das Durchschnittsalter steigt an (Kühn, 2017). Außerdem hat zusätzlich die Pandemie deutlich gezeigt, wie unerlässlich Pflegekräfte in Extremsituationen für die Gesellschaft sind, weshalb es die Gesundheitssituation dieser Berufsgruppe dringend zu verbessern gilt.

33.1.2 Einordnung in die BGF im Bereich Ernährung

Das Zusatzmodul „Ernährung", welches die Kraaibeek GmbH verantwortet, ist eng mit dem Bewegungsfokus verknüpft und bekommt daher gesonderte Aufmerksamkeit im Rahmen des Projekts zugeschrieben. Die Zielgruppen sind hierfür Führungskräfte, Pflegekräfte/Mitarbeitende, Auszubildende für den Pflegeberuf. Durch die in Abschn. 34.1.1 beschriebenen Herausforderungen ist der Bedarf für die BGF-Maßnahmen gegeben. Die Prävalenz an chronischen Krankheiten in der breiten Bevölkerung steigt generell und rückt daher das Arbeitsumfeld in den Vordergrund. Die ersten Assessments des Projekts zeigten Bedarfe in der ernährungsbezogenen Gesundheitskompetenz in der Zielgruppe auf, wodurch das Handlungsfeld „Ernährung" einbezogen und in Form des Interventionsmoduls „Normalgewicht" realisiert wurde. POLKA ist ein Vorreiter in der Evaluation von Präventionsmaßnahmen im Pflegebereich im deutschsprachigen Raum und soll wichtige Erkenntnisse liefern, da es bisher nur punktuelle Ansätze zu dem Thema gibt und hier ein mehrdimensionaler Zugang geschaffen werden soll (Baldus et al., 2020, S. 27 ff.). Der Bedarf nach Interventionsmaßnahmen im Bereich Gewichtsmanagement und Ernährung ergab sich bereits bei den ersten Assessments, die in der Startphase durchgeführt wurden. Hierbei wurden in allen teilnehmenden Pflegeeinrichtungen unter anderem der Body-Mass-Index (BMI), der Waist-to-Hip-Ratio und der Körperfettanteil unter ca. 45 % des Personals festgestellt. Im Anschluss begannen die Entwicklung und Umsetzung für gegensteuernde Interventionen (Weiß et al., 2021, S. 31 ff.).

33.2 Ziele

Die BGF gehört durch das Präventionsgesetz zu den gesetzlichen Aufträgen der Krankenkassen, Rentenversicherungen und Berufsgenossenschaften, während es bei fast der Hälfte aller Beschäftigten im Pflegebereich keine entsprechenden Maßnahmen gibt oder sie ihnen nicht bekannt sind (B&G Bewegungstherapie und Gesundheitssport, 2021, S. 38 f.). Im Fokus der geplanten Maßnahmen steht das Thema Übergewicht, dessen Reduktion durch eine Kombination der bewegungs- und ernährungsbezogenen Interventionen erzielt werden soll. Es soll genug Raum für ein gesundheitsförderliches Essverhalten geschaffen werden, um das Wohlbefinden zu steigern. Die Maßnahmen müssen inhaltlich und sprachlich an die gegebenen Kompetenzen der Zielgruppe angepasst sein, da Personen in prekären Beschäftigungsverhältnissen und niedrigem Vergütungssektor wie der Pflegebranche häufiger schulisch geringer ausgebildet sind. Auch kommt ein Migrationshintergrund häufig vor. Daher muss darauf in Hinsicht auf Wissensvermittlung zu Nährstoffen, Zutaten und Auswahl von empfohlenen Lebensmitteln etc. Rücksicht genommen werden (Kolpatzik & Zaunbrecher, 2020). Führungskräfte teilnehmender Einrichtungen beschreiben die Ziele unter anderem als Chance für die Mitarbeitenden, „ihren physischen und psychischen Gesundheitszustand zu erhalten oder zu verbessern. Speziell diejenigen, die bisher keinen Zugang zu gesundheitsförderlichem Verhalten gefunden haben, sollten angesprochen werden" (Lenz & Gassert, 2021, S. 84 ff.). Hierbei ist es wichtig, dass der Stresslevel mit dem Projekt nicht erhöht wird (Lenz & Gassert, 2021, S. 84 ff.), sondern dass alle an einem Strang ziehen und die Motivation kontinuierlich aufrechterhalten bleibt.

Um die ernährungsbezogene Gesundheitskompetenz als Hauptziel zu erreichen, ergeben sich verschiedene Teilziele. Die Gesundheitskompetenz umfasst die eigene Verantwortung, seine eigene Energiebilanz zu beeinflussen.

> **Ziele der ernährungsbezogenen Gesundehitskompetenz**
> - Stärkung der ernährungsbezogenen Gesundheitskompetenz durch eine partizipative Gesundheitsförderung
> - Verbesserung der Energiebilanz
> - Verbesserung der Lebensmittelauswahl im Hinblick auf Lebensmittel mit einer hohen Nährstoff- und geringerer Energiedichte
> - Erhöhung der Lebensmittelauswahl mit niedriger Energiedichte, wie beispielsweise von Gemüse, Obst und hochwertigen Fetten

- Beim Vorliegen von einem erhöhten Taillenumfang (Frauen > 88 cm, Männer > 102 cm) Reduktion des Taillenumfangs
- Mindestens gleichbleibender Grundumsatz der teilnehmenden Pflegefachkräfte

(Schoffelke & Morawietz, 2021, S. 12)

33.3 Projektverlauf

Im Fokus steht wie bereits beschrieben die Entwicklung oder Förderung der ernährungsbezogenen Gesundheitskompetenz.

▶ „Die ernährungsbezogene Gesundheitskompetenz ist per definitionem die Fähigkeit eines jeden Einzelnen, tagtäglich gesundheitsbezogene Entscheidungen im Allgemeinen und ernährungsbezogene Entscheidungen im Allgemeinen und ernährungsbezogene Entscheidungen im Speziellen zu treffen, die sich positiv auf die persönliche Gesundheit auswirken." (Schoffelke & Morawietz, 2021, S. 9).

Es geht hierbei um die Themenbereiche „Auswahl der Lebensmittel", deren „Zubereitung", „Vorratshaltung", „Mahlzeitenplanung", sowie auch die „Fähigkeit zu widerstehen" oder einzuschätzen, warum bestimmte Lebensmittel verzehrt werden sollten.

Die Zielerreichung soll über das Delta-Prinzip erfolgen.

▶ Das „Delta-Prinzip" bietet die Möglichkeit, Fähigkeiten, Fertigkeiten und Kenntnisse zu erwerben, die notwendig sind, um selbstständig und langfristig körperliche Aktivität zu steigern, um eine Balance zwischen Energieaufnahme und -verbrauch zu erreichen (Deutscher Verband für Gesundheitssport und Sporttherapie e. V., 2023).

Um dies zu ermöglichen, muss vor Ort in jeder Einrichtung ein*e Lots*in vorhanden sein, welche bei der Prozesssteuerung im BGM-/BGF-Bereich und bei der Durchführung und Auswertung der Bedarfsanalysen mitwirkt. Im Bewegungsbereich des Projektes wird zwischen Expert*innen und Lots*innen unterschieden, im Ernährungskontext werden beide Positionen von derselben Person besetzt. Außerdem wird die Unterstützung maßgeblich für die Entwicklung und anschließende Durchführung der Interventionen benötigt. Sie erhalten eine umfassende Schulung über ihre Aufgabengebiete. Um sich als Lots*in zu eignen, bedarf es einer Ausbildung zum/zur Diätassistent*in oder ein Studium der Ökotrophologie oder eines vergleichbaren Abschlusses sowie einer Registrierung und Prüfung bei der Zentralen Prüfstelle Prävention. Weiterhin sollten Kenntnisse im BGM bzw. der BGF und über die Zielgruppe vorliegen (Kraaibeek GmbH, 2022b). In der Praxis bedeutet dies folgende Aufgaben und Anforderungen für die Ernährungsfachkraft:

Lots*innen und Expert*innen profitieren von einer Mitarbeit an einem umfassenden Projekt des BGM und erhalten sowohl Einblicke in die Prävention als auch die Chance, aktiv die Präventionsarbeit im Pflegebereich mit ernährungsbezogenen Interventionen voranzutreiben, welche anschließend auch evaluiert werden, um Effekte messbar zu machen. Bei der Interventionskonzeption dürfen kreative Ideen eingebracht werden. Die Prävention ist ein Wachstumsmarkt und Projekte dieser Art sind im deutschsprachigen Raum im Ernährungsbereich zudem selten. Sie werden außerdem speziell für ihre Aufgaben im BGM-/BGF-Bereich geschult, um souverän auftreten zu können (Kraaibeek GmbH, 2022b).

Das Material, welches hierfür nötig ist, um das Wissen entsprechend zu vermitteln, muss zielgruppengerecht konzipiert werden. Mit der Methodik des leitfadengestützten Interviews wurden dazu Kriterien erhoben. Es wurden Fokusgruppen interviewt, welche aus max. 8 Pflegekräften bestanden und im Rahmen des qualitativen Interviews befragt wurden. So sollte ermöglicht werden, dass durch offene Fragen individuelle Wünsche mitgeteilt werden können und ein Austausch entsteht, der durch gezielte Rückfragen vertieft werden kann (Schoffelke & Morawietz, 2021, S. 15).

> **Übersicht**
> Die Interviewfragen bezogen sich auf verschiedene Themen, u. a.:
>
> - Inhaltlicher Aufbau des Informationsmaterials
> - Formate von theoretischer und praktischer Wissensvermittlung
> - Zeitlicher Umfang
> - Vorstellung für Teaminterventionen
>
> (Kraaibeek GmbH, 2022b)

Die Stichprobenauswahl erfolgte auf Basis der Freiwilligkeit, was durch einen Ansprechpartner in der Einrichtung unterstützt wurde. Dieser half bei Terminfindungen und organisatorischen Aufgaben im Vorfeld. Die Interviews wurden nach der Transkriptionsmethode nach Mayring ausgewertet, sodass die Datenmenge so reduziert wurde, dass die wesentlichen Inhalte erhalten blieben (Schoffelke & Morawietz, 2021, S. 15).

Die Ergebnisse der Fokusgruppen zeigten, dass die befragten Pflegekräfte einer Überlastung des Personals ausgesetzt sind, wodurch sie sich laut eigenen Angaben nicht bloß erschöpft, sondern ausgebrannt fühlen. Daraus resultiere der generelle Wunsch nach kurzen Formaten (sog. „Shortbouts"), welche sich leicht in den (Berufs-)Alltag integrieren lassen. Diese sollten zielgruppengerecht gestaltet werden und die Teilnehmenden in den jeweiligen Lebensphasen abholen. Je nach Generation wurden dabei digitale oder analoge Formate bevorzugt. Eine Vorabeinführung, insbesondere bei digitalem Material, wurde befürwortet. Gemäß dem Shortbout-Prinzip aus dem Bewegungskontext (DVGS e. V.) sollen die Interventionen „häppchenweise" stattfinden und möglichst nicht länger als 20 min dauern. Die Ideen für solche Interventionen sind vielfältig; die Umsetzung ist in der Planung. Möglichkeiten sind Challengekarten, Audio- und Videoaufnahmen zum Arbeitsalltag, Workbooks, Meal Planner und Einkaufslisten (s. Abb. 33.2). Challenges sollen inter-

Abb. 33.2 Stellenausschreibung als lotsenden Ernährungsfachkraft im POLKA-Modellvorhaben. (Quelle: Kraaibeek GmbH)

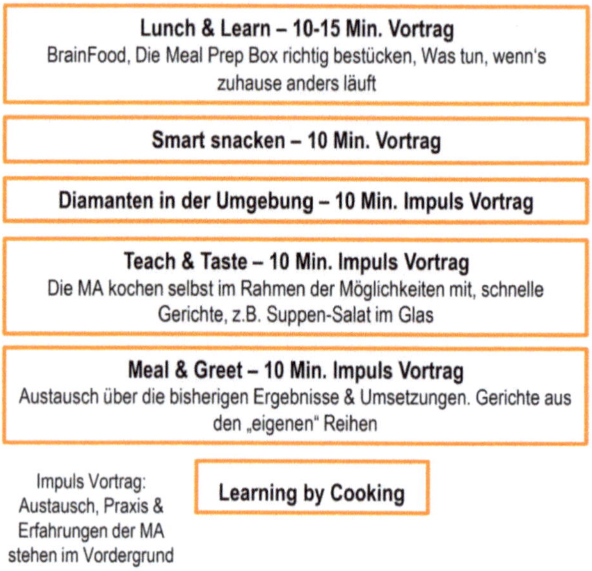

Abb. 33.3 Thematische Umsetzung der Interventionen im POLKA-Modellvorhaben. (Quelle: Kraaibeek GmbH)

Lunch & Learn – 10-15 Min. Vortrag
BrainFood, Die Meal Prep Box richtig bestücken, Was tun, wenn's zuhause anders läuft

Smart snacken – 10 Min. Vortrag

Diamanten in der Umgebung – 10 Min. Impuls Vortrag

Teach & Taste – 10 Min. Impuls Vortrag
Die MA kochen selbst im Rahmen der Möglichkeiten mit, schnelle Gerichte, z.B. Suppen-Salat im Glas

Meal & Greet – 10 Min. Impuls Vortrag
Austausch über die bisherigen Ergebnisse & Umsetzungen. Gerichte aus den „eigenen" Reihen

Impuls Vortrag: Austausch, Praxis & Erfahrungen der MA stehen im Vordergrund

Learning by Cooking

aktiv und haptisch ansprechend gestaltet sein, beispielsweise in Form von Genussboxen zu bestimmten Themen. Die Pflegeeinrichtung kann sich die Themen aussuchen und so auch mitentscheiden, welche Interventionen durchgeführt werden. Nachfolgende Themen wurden aus den Fokusgruppeninterviews entwickelt und bieten gute Umsetzungsmöglichkeiten für die Ernährungsfachkräfte (Abb. 33.3):

Die App „Nutri Polki", welche von der DAK-Gesundheit und dem DVGS e. V. finanziert und getragen wird, begleitet den Projektverlauf zusätzlich (Kraaibeek GmbH, 2023). Sie enthält spielbare Inhalte und Umsetzungsformen der geplanten Interventionen, z. B. Fakten zu Lebensmitteln und Mahlzeiten sowie der Energiedichte und Gesundheitswerte. Für die Darstellung wird ein eigenes System entwickelt, bei dem mithilfe eines Sperrwertes die Energiedichte eines Lebensmittels eingestuft wird. Gesundheitswerte werden mit einem Punktesystem ermittelt, für welches z. B. die Art der Kohlenhydrate, der Verarbeitungsgrad eines Lebensmittels oder das Fettsäuremuster als Grundlage dienen. Dadurch sollen Pflegekräfte für eine ausgewogene und gesunde Ernährung sensibilisiert werden und ein Bewusstsein entwickeln, dass sie auf ihre Energiebilanz selbst Einfluss nehmen können. Eine selbstständige Umsetzung soll so erlernt und in den persönlichen Alltag übertragen werden (Kraaibeek GmbH, 2023) (Abb. 33.4).

Abb. 33.4 Beispielhafte Umsetzung von ernährungsbezogenen Interventionen. (Quelle: Kraaibeek GmbH)

33.4 Ausblick & Lessons learned

Mit Abschluss des POLKA-Projekts sollen die Pflegefachkräfte befähigt sein, über die Verbindung von Ernährung und Bewegung ihr persönliches Normalgewicht zu erreichen oder zu halten. Der verbesserte Gesundheitszustand wirkt sich folglich positiv auf Fehlzeiten, Effektivität und somit die Arbeitssituation in der Pflegeeinrichtung aus. Wenn diese Ziele erreicht werden und die Evaluation dies zeigt, können die Effekte dieses Präventionsprojekts für eine große Berufsgruppe mit vielen psychischen und physischen Herausforderungen das Handlungsfeld Ernährung im Leitfaden Prävention weiter untermauern. Die Notwendigkeit der Prävention und deren Chancen für die Arbeit in der BGF können so unterstrichen werden. Gut geschulte Fachkräfte werden benötigt – insbesondere, wenn Projekte und Interventionen dieser Art in ganz Deutschland ausgerollt werden könnten.

Literatur

B&G Bewegungstherapie und Gesundheitssport. (2021). Gesundheitsförderung in der Pflege: Ziele und Wirkung. *B&G Bewegungstherapie und Gesundheitssport, 37,* 38–39. Zugegriffen am 16.03.2023.

Baldus, A., Dresel, U., Huber, G., Kasper, J., Köppel, M., Krupp, S., et al. (2020). POLKA – ein Modellvorhaben zur Prävention in Pflegeeinrichtungen. (Thieme, Hrsg.). *B&G Bewegungstherapie und Gesundheitssport, 36*(01), 27–35. https://doi.org/10.1055/a-1084-9819

Baldus, A., Dresel, U., Huber, G., Kasper, J., Köppel, M., Kraaibeek, H.-K., et al. (2021). Modellvorhaben POLKA 2.0. (Thieme, Hrsg.). *B&G Bewegungstherapie und Gesundheitssport, 37,* 9–15.

Bomball, J., Schwanke, A., Stöver, M., Görres, S., & Schmitt, S. (2019). Gesundheitsförderung – Gesunde Pflege beginnt in der Pflegeausbildung. *Die Schwester Der Pfleger, 11*(10), S. 1048–1054. https://www.pflegeportal.ch/pflegeportal/pub/Gesunde_Pflege_beginnt_in_der_Pflegeausbildung_Schw_Pfl_11_10_2019_1.pdf. Zugegriffen am 16.03.2023.

Deutscher Verband für Gesundheitssport und Sporttherapie e. V. (2023, März 16). *DVGS KONZEPT „DELTA-PRINZIP" VON ZPP ZERTIFIZIERT*. https://www.aok-bv.de/imperia/md/aokbv/presse/pressemitteilungen/archiv/2020/pk_food_literacy_studienbericht_160620.pdf. Zugegriffen am 16.03.2023.

Grobe, T., & Steinmann, S. (2019). *Gesundheitsreport 2019*. Hamburg: Techniker Krankenkasse. https://www.tk.de/resource/blob/2059766/2ee52f34b8d545eb81ef1f3d87278e0e/gesundheitsreport-2019-data.pdf. Zugegriffen am 16.03.2023.

Kolpatzik, K., & Zaunbrecher, R. (2020). *Ernährungskompetenz in Deutschland*. KomPart. https://www.aok-bv.de/imperia/md/aokbv/presse/pressemitteilungen/archiv/2020/pk_food_literacy_studienbericht_160620.pdf. Zugegriffen am 16.03.2023.

Kraaibeek GmbH. (2022a, Juni 13). Ablaufplan Durchführung der Fokusgruppen-Interviews. *Ablaufplan Durchführung der Fokusgruppen-Interviews*. Kraaibeek GmbH. Zugegriffen am 21.03.2023.

Kraaibeek GmbH. (2022b, April 1). *ERNÄHRUNGS-LOTS:IN IM BEREICH BGM/BGF IN DER PFLEGE RAUM SCHLESWIG-HOLSTEIN ALS HONORARTÄTIGKEIT*. https://kraaibeek.de/wp-content/uploads/2022/04/2022.04.01_Stellenausschreibung.pdf. Zugegriffen am 21.03.2023.

Kraaibeek GmbH. (2023, Januar 19). POLKA Steuerungsgremium 19.01.2023. *POLKA Steuerungsgremium*. Kraaibeek GmbH. Zugegriffen am 21.03.2023.

Kühn, F. (2017, August 29). *Die demografische Entwicklung in Deutschland*. von Bundeszentrale für politische Bildung. https://www.bpb.de/themen/soziale-lage/demografischer-wandel/196911/die-demografische-entwicklung-in-deutschland/#node-content-title-1. Zugegriffen am 21.03.2023.

Lenz, H., & Gassert, J. (2021). POLKA – Gesundheitsförderung für und mit den Beschäftigten. *37*, 84–87.

Meßmer, J., Nössler, C., & Carlsohn, A. (2018, März 5). Ernährungsverhalten von Gesundheits- und Krankenpflegern im Nachtdienst. *Prävention und Gesundheitsförderung, 13*, 233–236.

POLKA. (2023, März 15). *Projektkonzept zur Bewegungsförderung Pflegebedürftiger*. von POLKA Gesunde Pflege bewegt. https://www.polka-gesundepflegebewegt.com/pflegebedurftige/. Zugegriffen am 16.03.2023.

Schoffelke, J., & Morawietz, C. (2021, Oktober 27). Skizzierung zur wissenschaftlichen Begleitung POLKA. *Skizzierung zur wissenschaftlichen Begleitung POLKA*. Kraaibeek GmbH. Zugegriffen am 21.03.2023.

Weiß, K., Gassert, J., & Huber, G. (2021). Betriebliche Gesundheitsförderung in der stationären Altenpflege im Projekt POLKA. *B&G Bewegungstherapie und Gesundheitssport, 37*, 31–37. Zugegriffen am 16.03.2023.

Wenzel, K. (2018, Mai 23). *Gesund essen im Pflegealltag*. von Pflegemagazin Rheinland-Pfalz. https://www.pflegemagazin-rlp.de/gesund-essen-im-pflegealltag. Zugegriffen am 16.03.2023.

Betriebliche Gesundheitsförderung in Hotellerie und Gastronomie – der Biogastronom Rebional

34

Diana Nienaber und Daniela Kirsch

34.1 Kurzbeschreibung Rebional

Rebional ist ein Biogastronom für Gemeinschaftsverpflegung und wurde 2010 mit Hauptsitz in Herdecke, NRW, gegründet. Es ist ein Tochterunternehmen des anthroposophischen Gemeinschaftskrankenhauses Herdecke und aus dieser Tradition heraus auch dem Menschenbild der Anthroposophie verbunden. Jeder Mensch ist willkommen und soll sich bestmöglich entfalten können. „Wir fördern die Gesundung von Mensch und Erde mit unserem Essen, unserer Haltung und unserem täglichen Tun." Die Unternehmensvision gibt den nachhaltigen und ganzheitlichen Ansatz von Rebional wider. Die Unternehmensleitung liegt in den Händen von Oliver Kohl. Das Unternehmen ist gemeinsam mit seinen rund 300 Mitarbeitenden spezialisiert für komplexe Anforderungen von Ernährungskonzepten für Krankenhäuser, Senioren- oder Pflegeheime, weiterführende Schulen, Kindergärten und Betriebe. Täglich werden rund 35.000 Essen zubereitet, unter anderem in Herdecke, in einer der modernsten Bio-Großküchen Deutschlands.

D. Nienaber
Systemische Organisationsentwicklung und Coaching, Kamen, Deutschland
E-Mail: info@diana-nienaber.de

D. Kirsch (✉)
Rebional GmbH, Leitung Qualitäts- und Nachhaltigkeitsmanagement,
Herdecke, Deutschland
E-Mail: Daniela.Kirsch@rebional.de

© Der/die Autor(en), exklusiv lizenziert an Springer-Verlag GmbH, DE, ein Teil von Springer Nature 2025
A. Flothow et al. (Hrsg.), *Betriebliche Gesundheitsförderung für Ernährungsfachkräfte*, Berufspraxis: Ernährung, https://doi.org/10.1007/978-3-662-70049-5_34

In den Küchen von Rebional sind insbesondere Menschen aus folgenden Berufsgruppen vertreten:

- Köch*innen bzw. Küchenmeister*innen
- Restaurantfachkräfte
- Küchenhilfskräfte
- Fahrer*innen
- Kundenbetreuer*innen
- Diätassistent*innen

Im gesamten Unternehmen sind darüber hinaus weitere Berufsgruppen vertreten, unter denen die Ökotrophologie einen der stärksten Anteile einnimmt.

Ein gerechter Umgang mit Mitarbeitenden ist ein wichtiger Teil der Unternehmensphilosophie. Das bedeutet:

- faire Bezahlung nach Tarif;
- familienfreundliche, geregelte Arbeitszeiten, wenn es möglich ist, auch im Homeoffice und mit flexibler Arbeitszeitgestaltung;
- individuelle Weiterbildung und Förderung;
- attraktive soziale Leistungen (u. a. betriebliche Altersvorsorgepakete, Berufsunfähigkeitsversicherung, Firmen-E-Bikes);
- Mitarbeitendengesundheit im Fokus (kostenlose Physiotherapie in unserer Bio-Küche in Herdecke, ergonomische Arbeitsplatzgestaltung, gesunde Verpflegung am Arbeitsplatz);
- Mitarbeitendenevents;
- Vorschläge erwünscht (aktives Mitgestalten der Aufgaben durch die Teams);
- Gleichbehandlung, unabhängig von Alter, Geschlecht, Kultur, Qualifikation oder Religion.

> **Unser Versprechen als Arbeitgeberin**
> „Wir sehen uns als Arbeitgeberin, die ihr Team fördert und stützt. Wir wollen uns gemeinsam mit unseren Mitarbeitenden weiterentwickeln. Offene Kommunikation, Raum für intensive Dialoge, Motivation und Steigerung des Wohlbefindens innerhalb des Teams tragen diesen Weg. Wir möchten mit Menschen arbeiten, die genau wie wir für unsere Werte einstehen. Deshalb ist intensive Mitarbeitendenförderung Teil unserer Philosophie."
>
> Diana Nienaber, Rebioal GmbH Leiterin Personal- und Organisationsentwicklung (2023)

34.2 BGF bei Rebional am Beispiel des „offenen Dialogs"

Bei Rebional gibt es viele verschiedene Maßnahmen, die als BGF beschrieben werden sollen, da der Anspruch, ein „guter Arbeitgeber" zu sein, eine zentrale Rolle spielt.

Gutes und gesundes Essen ist das Geschäft von Rebional. So wird allen Mitarbeitenden die Möglichkeit geboten, sich bei der Arbeit gesund zu ernähren. Das Essen wird gemeinsam eingenommen und trägt zur Esskultur, Austausch und Regeneration bei (Ausnahme: Pandemie).

Da der Aspekt der körperlichen Arbeit in der Küche überwiegt, gibt es die Möglichkeit, sich von einem Physiotherapeuten während der Arbeitszeit behandeln zu lassen.

Ein Bewegungsangebot von verschiedenen Kursen im Gemeinschaftskrankenhaus rundet das Angebot des physischen Ausgleichs ab.

Alle Leitungskräfte sind sensibilisiert, um psychische Erkrankungen zu erkennen und mit einem definierten Prozess zu reagieren.

Die dezentrale Struktur stellt für Rebional in Bezug auf BGF-Maßnahmen eine Herausforderung dar. Die Infrastruktur fehlt in den Betrieben, die in Deutschland verteilt sind und teilweise nur eine Leitungsstelle vor Ort haben und sonst mit den beigestellten Mitarbeitenden des Kunden arbeiten.

Hier hilft der persönliche Austausch über firmeninterne Mitarbeitenden-Chatgruppen. Der Leitgedanke, im Netzwerk zu arbeiten und mit Kommunikation untereinander die Zufriedenheit im Unternehmen zu fördern, zeigt sich auch in dem nun vorgestellten Instrument des offenen Dialogs.

34.2.1 Ausgangslage

Rebional versteht sich als einen „guten Arbeitgeber", der seine Mitarbeitenden fördert und stützt. Ein gutes Betriebsklima sowie die individuelle Weiterentwicklung und Entfaltung jeder Person sind dem Unternehmen sehr wichtig. Nur in einem Betriebsklima, in dem sich Mitarbeitende wohlfühlen, können sie ihr volles Potenzial entfalten. Rebional hat sich seit 2017 mit steigender Intensität auf den Weg gemacht und sich in dieser Hinsicht stetig verbessert. Es wurden verschiedene Maßnahmen erarbeitet, die für die Mitarbeitendenbindung sorgen sollten. Gleichzeitig war dem Unternehmen bewusst, bei allen Überlegungen auch die Bedürfnisse der Mitarbeitenden zu berücksichtigen. Um einen umfassenden und möglichst treffenden Eindruck des aktuellen Betriebsklimas zu erhalten, wurde im Oktober 2019 erstmals eine unternehmensweite Mitarbeitendenbefragung durchgeführt. Initiatoren waren die Unternehmensleitung sowie die Personalentwicklung. Die Mitarbeitendenvertretungen wurden von Beginn der Überlegungen an mit ins Boot geholt.

34.2.2 Mitarbeitendenbefragung und Ableitung von Handlungsfeldern

Die Mitarbeitendenbefragung hatte das Ziel, in erster Linie Erkenntnisse zu gewinnen, was Rebional als Arbeitgeberin tun könnte, um attraktiver zu werden, um zufriedene, motiviertere und damit auch loyalere Mitarbeitende zu erhalten. Die Ergebnisse sollten dazu dienen, aus den gewonnenen Erkenntnissen passende Maßnahmen abzuleiten und umzusetzen. Dabei war von besonderer Bedeutung, dass die Ergebnisse im Anschluss allen Mitarbeitenden zur Verfügung gestellt werden und über abgeleitete Maßnahmen kommuniziert und Transparenz hergestellt wird. Dieses Vorgehen war für Rebional selbstverständlich als Zeichen der Wertschätzung gegenüber allen, die an der Befragung teilgenommen hatten und auch zur Verdeutlichung der Verbindlichkeit gegenüber dem internen Ziel, Maßnahmen abzuleiten, um sich als „guter Arbeitgeber" stetig zu verbessern.

Das Ergebnis der Befragung zeigte eine Anerkennung für die Bemühungen, ein „guter Arbeitgeber" zu sein und würdigte, dass sich das Unternehmen auf den Weg gemacht und erste Maßnahmen ergriffen hat. Das Ergebnis verdeutlichte darüber hinaus, dass Potenzial zur Verbesserung bestand. Die Mitarbeitenden wünschten sich eine intensivere Kommunikation, einen verstärkten Austausch und vertrauensvollen Umgang miteinander. Des Weiteren wurde sichtbar, dass die Erschöpfung von Mitarbeitenden ein Thema darstellte, dem das Unternehmen begegnen musste.

34.2.3 Entwicklung des Instruments

Das zu entwickelnde Instrument sollte folgende Veränderungen ermöglichen:

- Unzufriedene Mitarbeitende, die sich zurückziehen, wieder integrieren und motivieren
- Mitarbeitenden Lösungswege aus Situationen, die eine erhöhte Erschöpfung nach sich ziehen, aufzeigen bzw. diese gemeinsam im Dialog zwischen Mitarbeitenden und Führungskräften erarbeiten
- Identifikation mit dem Unternehmen steigern
- Vertrauenskultur fördern
- Atmosphäre schaffen, in der offen gesprochen werden kann und in der individuelle Themen Platz haben

Es brauchte daher ein Instrument, das geeignet war, die Kommunikationskultur weiterzuentwickeln und den Austausch zwischen Führungskräften und Mitarbeitenden zu stärken.

Aus diesem Grund wurde sich für eine Gesprächsform zwischen Mitarbeitenden und Führungskräften entschieden. Ein persönliches vertrauliches Vieraugengespräch ermöglichte, mit dem passenden Rahmen, alle erforderlichen Kriterien abzubilden. Führungskräfte könnten das Gespräch nutzen, um Mitarbeitenden genau zuzuhören und durch das

Gespräch wieder zu integrieren und zu motivieren. Außerdem könnten sie Informationen zum Unternehmen und Unternehmensentscheidungen in diesem Gespräch weitergeben und erläutern.

Um für Vertraulichkeit zu sorgen, mussten es Einzelgespräche sein, und zwar zwischen Mitarbeitenden und der direkten Führungskraft, da diese die Mitarbeitenden am besten kennen und auch diejenigen sind, die die Zusammenarbeit am besten beurteilen können und den direkten Einfluss auf eine Veränderung der Zusammenarbeit haben.

Somit ergab sich aus dieser Vorgabe ein Vieraugengespräch. Dieses Gespräch musste so vorbereitet sein, dass eine klare Struktur da war, wie miteinander gesprochen wurde, um welche Themen es ging und welche Themen nicht Gegenstand des Gesprächs waren.

Weil es sich bei diesen Gesprächen nicht um ein reines einseitiges Bewertungsgespräch der Mitarbeitenden handelte, sondern der Fokus auf

- einer beidseitigen Rückmeldung
- auf Augenhöhe,
- Transparenz und
- der Weiterentwicklung

der Mitarbeitenden lag, wurde dieses Gesprächsformat als „offener Dialog" betitelt. Der Rahmen dieses Austausches ermöglichte es Mitarbeitenden und Führungskräften, jegliche Themen offen anzusprechen, die innerhalb des individuellen Zusammenkommens von Belang waren (siehe Abb. 34.1).

Die Entwicklung und Einführung dieser Gesprächsform lag bei der Personalentwicklung. Das Projekt hatte eine hohe Bedeutung und sollte schnellstmöglich durchge-

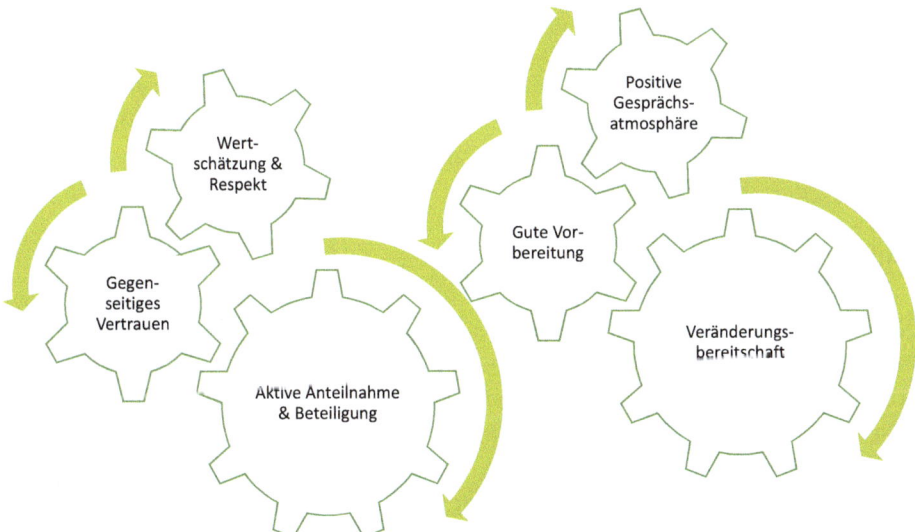

Abb. 34.1 Erfolgsfaktoren für einen gelungenen Austausch. (Aus Rebional, 2020)

führt werden, ohne dass eine spezielle Deadline vorgegeben war. Diese ergab sich aus den Rahmenbedingungen für die Umsetzung, denn die Durchführung der Gespräche sollte so terminiert werden, dass diese im Jahresverlauf stets vor Ende September abgeschlossen werden konnten. Dies hat den Hintergrund, dass dann eventuell umzusetzende Maßnahmen in die Budgetplanung für das kommende Jahr aufgenommen werden könnten.

34.2.4 Durchführung

Die Einführung des offenen Dialogs erfolgte auf zwei Ebenen:

1. Ebene der Führungskräfte, die diese Gespräche mit ihren Mitarbeitenden führen
2. Ebene der Mitarbeitenden, die das Gespräch als Mitarbeitende mit ihrer jeweiligen Führungskraft führen

Da der Fokus auf dem Austausch miteinander und dem offenen Ansprechen der individuellen Themen in der Zusammenarbeit lag, war es von großer Bedeutung, wie die Führungskräfte das Gespräch führten. Um eine offene Atmosphäre zu schaffen und die gewünschte, den Mitarbeitenden zugewandte Haltung einzunehmen, waren sowohl Informationen zu dem konzipierten Instrument als auch ein Handwerkszeug für die Gesprächsführung nötig.

Daher wurden alle Führungskräfte zunächst in Grundlagen der Kommunikation geschult, bevor sie in den Ablauf des offenen Dialogs eingeführt wurden.

Es wurde im zeitlichen Ablauf darauf geachtet, mit der obersten Führungsebene zu starten. Diese sollte als Vorbild dienen und durch die vorbildliche Einführung den Grundstein für eine erfolgreiche Umsetzung auch in den weiteren Führungsebenen legen. Der Gedanke dahinter war der, dass Führungskräfte, die selbst erlebt haben, wie sich die Durchführung des Gesprächs auf Seite der Mitarbeitenden anfühlte, eine größere Empathie entwickeln könnten, um anschließend die Gespräche als Vorgesetzte mit der vom Unternehmen gewünschten Haltung zu führen.

34.2.5 Evaluation

Nach der Durchführung der ersten offenen Dialoge wurden stichprobenartig Interviews mit Beteiligten geführt, sowohl aus Sicht der Führungskräfte als auch aus Sicht der Mitarbeitenden, mit dem Ziel, die gewonnenen Erkenntnisse für die Weiterentwicklung des Instruments zu nutzen. Einige Führungskräfte gaben direkt von sich aus Feedback nach der Durchführung ihrer Gespräche.

Darüber hinaus wurde die durchgeführte Fortbildungsreihe mithilfe von Feedbackbögen evaluiert.

34.2.6 Finanzierung

Das Projekt wurde vollständig aus den Ressourcen des Unternehmens getragen. Die Kosten waren Teil des Personalentwicklungsbudgets. Hier sind insbesondere die Personalkosten der Abteilung sowie die Kosten für die versendeten Briefe und vor allem die Kosten der Fortbildungen zu nennen. Die Fortbildungen konnten aufgrund der Pandemie nicht in Präsenz stattfinden. Sie wurden stattdessen als erste Fortbildungen im Unternehmen als Live-Webinare durchgeführt. Dementsprechend entfielen Reisekosten. Als Kosten blieben das Honorar der externen Trainerin sowie die Ausfallzeiten der Teilnehmenden und der internen Projektverantwortlichen. Für die Erstellung des Informationsvideos entstanden keine zusätzlichen Kosten, da dies abteilungsintern als Teil eines Hochschulpraktikums mit kostenfreien Tools produziert wurde.

34.2.7 Kommunikation

Regelmäßig wurde durch Rundmails oder auch den internen Newsletter über die Ergebnisse der Mitarbeitendenbefragung sowie über die daraus abgeleiteten Maßnahmen berichtet.

Der Start des offenen Dialogs wurde eingeleitet mit einem Informationsschreiben an alle Beschäftigten, in dem Sinn und Zweck dieser Neuerung erläutert, die Umsetzung angekündigt und auf das umfangreiche Informationsmaterial hingewiesen wurde (s. Abb. 34.2 und 34.3).

Abb. 34.2 Ablaufschema des offenen Dialogs. (Aus Rebional, 2020)

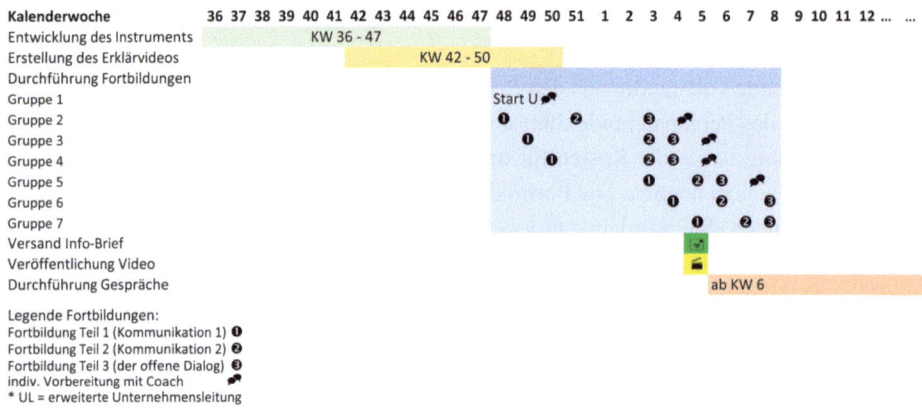

Abb. 34.3 Zeitplan/Projektplan im Überblick. (Aus Rebional, 2020)

Eigens für die Information der Mitarbeitenden wurden vier kurze aufeinander aufbauende Videos erstellt, die in jeweils zwei bis maximal vier Minuten Teilaspekte des Instruments erläutern. Es gab die Empfehlung an die Führungskräfte, diese Videos gemeinsam mit den Mitarbeitenden anzuschauen und dabei aufkommende Fragen direkt zu beantworten.

34.3 Fazit/Ausblick

Es ist sehr wichtig, dass die Führungskräfte mitgenommen werden. Ihnen kommt eine besondere Bedeutung in der Kommunikation im Unternehmen zu. Sie sind die erste Anlaufstelle für die Belange ihrer Mitarbeitenden und repräsentieren das Unternehmen. Daher sollten sie als gutes Beispiel vorangehen.

Grundsätzlich ist festzuhalten, dass die BGF-Maßnahmen zum Unternehmen, seinen Werten und Besonderheiten passen müssen. Bei Rebional stellt die dezentrale Struktur eine Herausforderung dar, um ein flächendeckendes BGF mit gleichen Angeboten für alle Mitarbeitenden einzuführen. Beim offenen Dialog wurde diese Herausforderung gemeistert. Das Instrument ist auch dezentral gut umsetzbar, wenn Kommunikation und Schulungsmaßnahmen durchgeführt werden.

Im Nachgang lässt sich feststellen, dass der gewünschte Effekt bezüglich der Verbesserung der Kommunikation und Mitarbeitendenzufriedenheit einsetzte. Die nachfolgende Mitarbeitendenbefragung zeigte bereits eine Verbesserung in Bezug auf die Kommunikation und Zufriedenheit.

Um einen langfristigen Erfolg zu erzielen und mit dem Instrument zur Gesundheitsförderung beizutragen, ist regelmäßig an die Durchführung des offenen Dialogs sowie an seine Bedeutung und die Wichtigkeit der Gespräche zu erinnern. Aus diesem Grund werden die Schulungen zur Durchführung des offenen Dialogs jedes Jahr erneut in das interne Fortbildungsprogramm aufgenommen.

Betriebliche Gesundheitsförderung bei der Polizei – das health.pro.fit-Projekt

35

Heike Englert, Corinna Anand und Nora Schoch

- Ziele: ganzheitliche und zielgruppenorientierte Gesundheitsförderung zur Verbesserung der Ernährungs- und Gesundheitskompetenz in Polizeibehörden
- Dauer des Pilotprojekts: 2 Jahre
- Branche: Polizei
- Ein Kooperationsprojekt der Fachhochschule Münster und der Bundespolizeidirektion Hannover (BPOLD H) und Landespolizei Berlin (LPOL BE), Direktion Einsatz/Verkehr
- Gefördert durch: Bundesministerium für Ernährung und Landwirtschaft (BMEL) (Förderkennzeichen 2820NAP006)
- Weiterführende Informationen: www.health-pro-fit.de, Leitfaden veröffentlicht unter www.health-pro-fit.de/startseite/news/

35.1 Hintergrund: die Polizei vor besonderen Herausforderungen

Die Landes- und Bundespolizeibehörden beschäftigen etwa 333.600 Mitarbeitende (Stand 2022) (Bundespolizei, 2024; Statista Research Department, 2024). Die 16 Landespolizeibehörden nehmen im jeweiligen Bundesland die allgemeinen polizeilichen Aufgaben wahr, wozu beispielsweise die Gefahrenabwehr, Kriminalitätsbekämpfung, Objektschutz oder Verkehrsüberwachung gehören (www.polizei.bayern.de). Die Bundespolizei

---

H. Englert (✉) · C. Anand · N. Schoch
FH Münster, University of Applied Sciences, Fachbereich Oecotrophologie • Facility Management, Münster, Deutschland
E-Mail: englert@fh-muenster.de; corinna.anand@fh-muenster.de; nora.schoch@fh-muenster.de

hat dagegen ihre Kompetenzen bundesweit und im sonderpolizeilichen Bereich, d. h. sie ist beispielsweise an Flughäfen, Häfen und Bahnhöfen für den Grenzschutz, Sicherheit an Bahnhöfen und die Luftsicherheit zuständig (www.bundespolizei.de).

Beschäftigte, Führungskräfte und Leitungen von Polizeibehörden sind – insbesondere vor dem Hintergrund aktueller politischer und gesellschaftlicher Entwicklungen – mit besonderen Anforderungen an die physische und psychische Leistungsfähigkeit konfrontiert. Die körperliche, mentale und soziale Gesundheit aller Beschäftigten sowie gesundheitsförderliche Rahmenbedingungen innerhalb der Behörden sind dabei wesentlich, um mit den vielfältigen Belastungsarten umgehen zu können und ihnen gegenüber widerstandsfähig (resilient) zu werden. Zu den spezifischen Belastungsprofilen der Polizeibeschäftigten zählen u. a. physische Arbeitsbelastungen, die je nach Tätigkeit aus dauerhaftem Sitzen, z. B. bei der Passkontrolle an Flughäfen, oder auch aus langem Stehen, Heben und Tragen schwerer Lasten bei einer Einsatzhundertschaft bestehen können, sowie psychomentale Arbeitsbelastungen (Brandl & Stelzl, 2013) durch Emotions-Interaktions-Arbeit und psychosoziale Arbeitsbelastungen durch zunehmende Konfliktsituationen.

Die Bewältigung der verschiedenen Herausforderungen (siehe Infobox) kann maßgeblich durch eine Optimierung des Ernährungsverhaltens und der Gesundheitskompetenz einzelner Personen beeinflusst werden. Dabei ist jedoch zu beachten, dass die Betrachtung der individuellen Gesundheit eine von mehreren relevanten Zielebenen im komplexen System einer gesunden Polizeibehörde darstellt (siehe Abschn. 35.3).

Herausforderungen in der Polizei (exemplarisch)
- Hohe politische & gesellschaftliche Anforderungen
- Arbeitsdruck durch Personalmangel
- Wunsch nach Vereinbarungsfähigkeit von Arbeit & Privatleben und nach flexiblen Arbeitszeitmodellen
- Diversität, Generationenvielfalt (inkl. Zunahme an Generationenkonflikten)
- Integration zahlreicher neuer Beschäftigter
- Krankheitsbedingte Abwesenheitstage

Gesundheitsrisiken in der Polizei (exemplarisch)
- Psychische Belastungen aufgrund der außergewöhnlich hohen Arbeitsanforderungen
- Schlafmangel sowie eingeschränkte Schlafqualität durch Überstunden, Nachtschicht etc.
- Zunehmende Gesundheitsgefährdung durch Fehlernährung
- Nachlassende Nutzung des Sportangebots
- Risiko einer chronischen Erkrankung mit eingeschränkter Arbeitsfähigkeit nimmt ab mittlerem Alter im Polizeidienst zu

35.2 Bedarf und Zielsetzung

Wirksame und zielgruppenspezifische Gesundheitsförderungsmaßnahmen können den oben genannten vielfältigen Belastungen der Polizei entgegenwirken und behördenspezifische Gegenmaßnahmen zur Förderung der individuellen Gesundheit und gesunder Behördenstrukturen initiieren. Das immense Potenzial wirksamer Gesundheitsförderungsmaßnahmen wird in den Polizeibehörden bislang noch nicht ausgeschöpft. Das Modellvorhaben *health.pro.fit* Polizei stellt den Polizeibehörden einen ganzheitlichen Ansatz (mit Fokus auf mentalen, physischen und sozialen Bereich) zur Verfügung, um wirksame Maßnahmen zur Gesundheitsförderung und Resilienz zu implementieren.

Ziel von *health.pro.fit* Polizei ist eine nachhaltige Stärkung der Ernährungs- und Gesundheitskompetenz in Polizeibehörden durch die Implementierung bedarfs- und zielgruppenorientierter Maßnahmen zur Betrieblichen Gesundheitsförderung (BGF) sowie zum Betriebliches Gesundheitsmanagement (BGM).

- Maßnahmen zur Gesundheitsförderung sind sinnvollerweise in ein ganzheitliches BGM eingebettet. Der „*health.pro.fit*-Handlungsleitfaden für ganzheitliches BGM und wirksame Gesundheitsförderung in Polizeibehörden" steht Fach- und Führungskräften hierzu als Leitsystem zur Verfügung [online verfügbar unter www.health-pro-fit.de/startseite/news/].

> Ökotropholog*innen verfügen über die Kompetenz, an und mit den Schnittstellen verschiedener Gesundheitsakteur*innen und Führungskräften zu arbeiten. Sie können daher bei der Implementierung ganzheitlicher Gesundheitsförderungsmaßnahmen sowie im BGM eine wichtige Funktion übernehmen. Dies gilt insbesondere dann, wenn sie zielgruppenorientiert kommunizieren und ein praxisnahes Projektmanagement etablieren.

35.3 Der *health.pro.fit*-Ansatz als Leitsystem für die Gesundheit in Polizeibehörden

Der ganzheitliche und systemische *health.pro.fit*-Polizei-Ansatz setzt auf vier Ebenen an (siehe Abb. 35.1). Während die vier *health.pro.fit*-Ebenen auch unabhängig voneinander zu betrachten sind, besteht ein besonderer Mehrwert darin, diese sowohl in der Bedarfsanalyse als auch bei der Maßnahmenentwicklung gemeinsam zu betrachten, um eine synergetische und systemische Verbesserung der Gesundheitssituation in der Behörde zu erzielen.

Das *health.pro.fit*-Leitsystem lässt sich in adaptierter Form auch auf Unternehmen und Kommunen anwenden (Kap. 36). Hier unterscheiden sich die Ebenen in ihren Begrifflichkeiten (z. B. Ebene 4 „Gesunde Unternehmenskultur" oder Ebene 3 „Gesundheitsorientierte

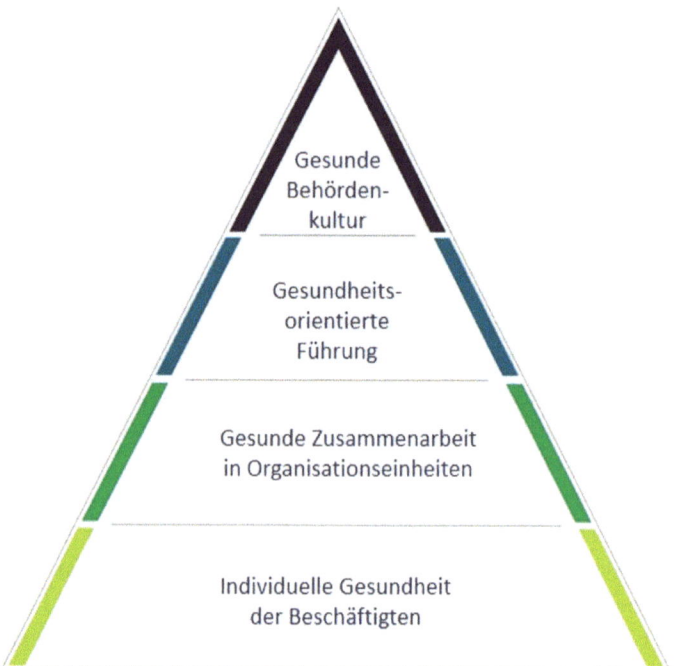

Abb. 35.1 Das health.pro.fit-Leitsystem auf vier Ebenen: Ganzheitliches BGM

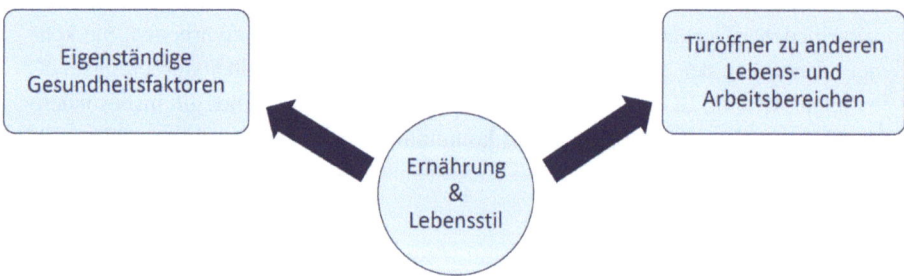

Abb. 35.2 Ernährung und Lebensstil als Gesundheitsfaktoren und „Türöffner"-Themen

Infrastruktur in der Kommune") sowie in ihrer Bedeutung in der Praxis des jeweiligen Settings. In allen Settings ist es jedoch gleichermaßen hilfreich, die vier *health.pro.fit*-Ebenen jeweils sowohl für sich als auch in ihrem systemischen Zusammenwirken zu betrachten. So können – analog zum Modell für die Polizeibehörden – zielgruppenspezifische und synergistisch wirksame Maßnahmen (für Arbeitnehmende und Bürger*innen) entwickelt und implementiert werden.

Die Themen „Essen" und der persönliche „Lebensstil" eignen sich als Einstieg für niedrigschwellige Interventionen bei der Polizei, da jede Person einen individuellen Bezug zu ihnen aufbauen kann. Sie können so Türöffner zu anderen relevanten Lebens- und Arbeitsbereichen sein (z. B. zu Resilienz, Führungsverhalten und Arbeitsbelastung; siehe Abb. 35.2).

35.4 Durchführung des *health.pro.fit*-Polizei-projekts

Das *health.pro.fit*-Polizeiprojekt gliedert sich in die fünf Phasen, angelehnt an den Public Health Action Cycle (Kolip, 2006): 1. Vorbereitung, 2. Ist-Analyse und Bedarfsbestimmung, 3. Maßnahmenplanung, 4. Umsetzung der Maßnahmen und 5. Reflexion und Evaluation. Als öffentlich gefördertes Projekt geht den Phasen eine *0. Phase: Akquirieren von Fördermitteln* vorweg, in der das notwendige Budget zur Durchführung beantragt wird.

Die fünf *health.pro.fit*-Projektphasen stellen einen vollständigen BGM-Prozess dar und sind im Handlungsleitfaden detailliert beschrieben.

Gesundheitsförderung in Polizeibehörden braucht (geförderte) Projekte. Zwar steht den Polizeibehörden ein Budget für Maßnahmen zur Gesundheitsförderung zur Verfügung; die monetäre Ausstattung des BGF ist jedoch heterogen. Oft ist es hilfreich, zusätzliche Gelder von öffentlichen Institutionen zu beantragen, um die geplanten Vorhaben finanziell zu untermauern.

1. Phase: Vorbereitung

Zunächst werden alle relevanten Akteur*innen der Polizeibehörden sowie externer Institutionen (z. B. Hochschulen, Dienstleister*innen) identifiziert und im Rahmen von Projektgremien über das Vorhaben informiert. Hier sind klare Regeln zum transparenten und wertschätzenden Austausch festzulegen und Rollen- und Aufgabenbeschreibungen sowie Verantwortungsbereiche auszuhandeln. Für den Erfolg entscheidend ist zudem ein gemeinsames Verständnis von „Gesundheit und Resilienz". Während der arbeitsmedizinische Dienst typischerweise die körperliche Gesundheit im Fokus hat, beschäftigen sich Akteur*innen des sozialwissenschaftlichen Dienstes vor allem mit Themen der sozialen und psychischen Gesundheit. Hier ist es hilfreich, wenn sich alle dazu abstimmen, was sie unter „Gesundheit" verstehen, welche Facetten für sie dazugehören und wie sie mit dem Thema im Arbeitsalltag in Kontakt kommen. Eine gemeinsame Arbeitsgrundlage in der Vorbereitungsphase zu schaffen, schafft Vertrauen, ein Gefühl der Zusammengehörigkeit und erleichtert die Zusammenarbeit.

2. Phase: Ist-Analyse und Bedarfsbestimmung

Die Datenerhebung zur Ist-Analyse und Bedarfsbestimmung erfolgt im *health.pro.fit*-Polizeiprojekt in einem mehrstufigen Verfahren auf den vier *health.pro.fit*-Ebenen (siehe Abb. 35.3). Als Ergebnisse werden relevante, identifizierte (Gesundheits-)Themen dargestellt und Optimierungspotenziale abgeleitet. **Beispiel:** Die eingeschränkte Schlafqualität der Beschäftigten stellt sich als wichtiges Thema heraus.

3. Phase: Maßnahmenplanung

Auch bei der Ableitung von Handlungsfeldern sind die vier health.pro.fit-Ebenen hilfreich, um die Komplexität der Themen zu reduzieren und eine Orientierung zu ermögli-

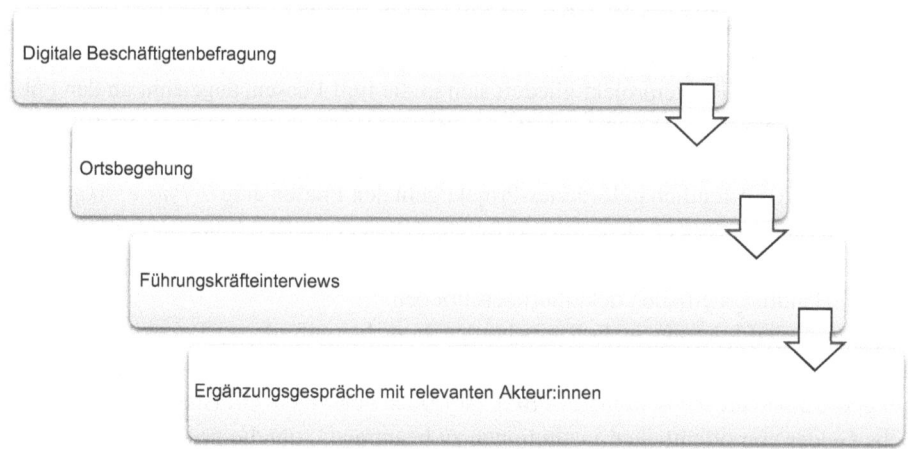

Abb. 35.3 Ist-Analyse und Bedarfsbestimmung. Die Befragung erfolgt online und nimmt pro Person 15–20 min in Anspruch. Sie ist niedrigschwellig, z. B. durch einen QR-Code per Smartphone zugänglich. Eine Ortsbegehung dient der Erfassung der behördenspezifischen Umgebungsbedingungen und praxisrelevanter Interpretation der Analyseergebnisse. Die Führungskräfteinterviews und Ergänzungsgespräche können leitfadengestützt durchgeführt und systematisch ausgewertet werden. Die subjektive Einschätzung der Beteiligten der betreffenden Einheit ist von großer Relevanz für das weitere Vorgehen

chen. Hierzu werden die Ergebnisse der Ist-Analyse und Bedarfsbestimmung auf den vier Ebenen zunächst priorisiert und dann konkrete Maßnahmen abgeleitet. Besonders zielführend ist es hierbei, synergistisch zu arbeiten und die Ebenen miteinander zu verknüpfen. **Beispiel**: Neben einer individuellen Maßnahme zur Verbesserung der Schlafqualität (z. B. Schlafcoaching) wird das Thema auch kontextuell angeordnet und z. B. Konflikte mit Vorgesetzten (health.pro.fit-Ebene 3) bei der Maßnahmenplanung berücksichtigt. Daraus leiten sich wiederum passgenaue Maßnahmen ab, die nicht nur das (Schlaf-)Verhalten des Individuums im Blick haben, sondern die gesundheitsschädlichen Rahmenbedingungen berücksichtigen (z. B. Führungskräfteworkshops zur fürsorglichen Führung, Resilienztrainings oder Handlungsempfehlungen zur Stressregulation).

4. Phase: Umsetzung der Maßnahmen

In der 4. Phase findet die konkrete Ausgestaltung und Umsetzung der Maßnahmen statt – idealerweise synergistisch auf allen vier *health.pro.fit*-Ebenen (siehe Abb. 35.4).

Auf der *health.pro.fit*-Ebene 1 (gesunde Beschäftigte) empfehlen sich individualisierte Maßnahmen, die in einem geschützten Rahmen erfolgen, eine unmittelbare Information bereithalten, mit einem persönlichen Nutzen/Gewinn verbunden sind und in den Alltag transferiert werden können. Ein erfolgreiches Beispiel aus der Praxis ist die Leistungsprofilbestimmung, die hier stellvertretend für andere *health.pro.fit*-Maßnahmen dargestellt wird (siehe Tab. 35.1).

Abb. 35.4 Exemplarische Maßnahmen mit Ernährungsbezug im Polizeikontext

Tab. 35.1 health.pro.fit-Maßnahmensheet Leistungsprofilbestimmung mittels Bioimpedanzanalyse (BIA) + individuelles Coaching

Maßnahmensheet Leistungsprofilbestimmung	
health.pro.fit-Ebene	• Gesunde Beschäftigte
Verantwortungsgemeinschaft	Gesundheitsverantwortliche*r, ggf. externe Dienstleistende
Zeitlicher Umfang	20 min je Beschäftige*r
Zielgruppe	Beschäftigte aller Hierarchieebenen
Ziele	• Sensibilisierung für persönliche Handlungsmöglichkeiten • Entwicklung von Zielen zur Verbesserung des individuellen Gesundheitsverhaltens

Methode, Inhaltselemente & Synergieoptionen	**Messung der Körperzusammensetzung**
	  • Bioimpedanzanalyse (BIA)
	Individuelles Gesundheitscoaching
	  • Ganzheitliche Betrachtung von Gesundheit: körperlich, mental, sozial
	  • Fokus auf pflanzenbasierter Ernährung, Bewegung und Stressregulation
	  • Raum für Ansprache persönlicher Gesundheits- und Arbeitsthemen, z. B. Konflikte, Wertschätzung, Verhältnis zu Vorgesetzten
	Gesunde Verpflegung
	  • Gesundes Pausenbuffet

Beteiligte Akteur*innen	• Externe Akteur*innen (Hochschulen, private Anbieter*innen) • ggf. Arbeitsmedizinischer Dienst
Erforderliche Arbeitsschritte	• Terminkoordination • Ressourcenplanung inkl. Raumplanung • Abstimmung mit weiteren Beteiligten • Kommunikationskonzept und Bewerbung der Maßnahme • ggf. Auftrag an Externe • Verpflegung

(Fortsetzung)

Tab. 35.1 (Fortsetzung)

Maßnahmensheet Leistungsprofilbestimmung	
Ergänzende Materialien	• Lebensmittel für Verpflegung • Ggf. Arbeitsblätter für Teilnehmende des Coachings zur Festlegung eines von Veränderungszielen
Evaluationsmethodik	• Selbstreflexion der Teilnehmenden: Gesundheitsbewusstsein, -verhalten • Spinnwebmatrix (s. u., Phase: Evaluation) • Durchführung einer Zielbestimmung (ja/nein) • Möglich: Verlaufskontrolle ausgewählter Parameter (z. B. Magermasse) • Möglich: anonymisierte Analyse des Gesundheitszustandes für ein Team, einer Einheit o. ä. • Teilnehmendenanzahl

Mikrointerventionen: gesunde Pausenverpflegung und bewegte Pause

Mikrointerventionen leisten einen wichtigen Beitrag zur Gesundheit in der Polizei, denn oft sind es kleine Veränderungen, die einen großen Unterschied machen. Je häufiger die Beschäftigten und Führungskräfte mit gesundheitsförderlichen Elementen in Kontakt kommen, desto normaler und selbstverständlicher werden sie. Praktisch ausgerichtete Workshops (mit dem Angebot eines Buffets und dem konkreten Ausprobieren entlang von Rezepten wie auch die Mikrointerventionen einer „bewegten Pause") wurden im Pilotprojekt *health.pro.fit* Polizei als durchweg positiv wahrgenommen. Die Verpflegung sollte gesund, aber unbedingt auch schmackhaft ausgerichtet sein. Die Kursleitung sollte als Vorbild und mit Genuss und nicht belehrend auf die angebotenen gesunden Speisen aufmerksam machen. Eine Stigmatisierung soll vermieden werden: Wer nicht probieren möchte, wird nicht verurteilt!

5. **Phase: Evaluation**

Die *health.pro.fit*-Evaluation kann auf folgenden Ebenen erfolgen:

a) Maßnahmenevaluation: Wirksamkeitsüberprüfung und Weiterentwicklung von Maßnahmen, z. B. mithilfe von Verlaufsdaten (Magermasse bei der BIA-Messung [s. o.] u. Ä.)
b) Prozessevaluation: Effizienz- und Effektivitätsüberprüfung der Prozesse und Reflexion der Prozessgestaltung innerhalb der Projekte

Quantitative Daten zur Prozessevaluation mittels einer Spinnwebmatrix

Die Qualität der Maßnahmen wird jeweils zum Abschluss der Workshops anhand einer Spinnwebmatrix (siehe Abb. 35.5) erhoben. Bei diesem Evaluationstool handelt es sich um eine Mehrpunktabfrage, die entweder anonymisiert von jedem Teilnehmenden auf einem eigenen Bogen oder mithilfe von Klebepunkten auf einer gemeinsamen Matrix

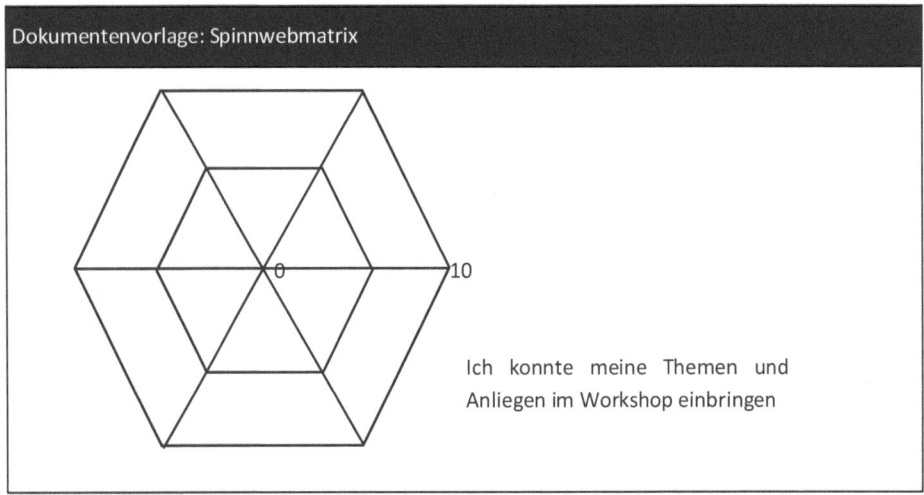

Abb. 35.5 Spinnwebmatrix zur qualitativen Evaluation von Gesundheitsförderungsmaßnahmen

durchgeführt wird. In der *health.pro.fit*-Prozessevaluation werden z. B. die folgenden Aspekte bewertet:

- Ich konnte meine Themen und Anliegen im Workshop einbringen.
- Ich habe Anregungen erhalten, die ich in der Praxis umsetzen kann.
- Ich habe neues Wissen (in gesundheitsorientiertem Führen) erhalten.
- Im Workshop kamen die für mich als Führungskraft/Mitarbeitenden wichtigen Themen zur Sprache.
- Die Trainer*innen haben die Themen kompetent vermittelt.
- Der Workshop war methodisch abwechslungsreich gestaltet.

Für die eigene Evaluation können die einzelnen Items individuell angepasst, ausgetauscht und erweitert werden.

6. Kommunikation

Eine Kommunikation, die sich auf die jeweiligen Zielgruppen einstellt, kann die Akzeptanz für das Vorhaben erhöhen und das Thema Gesundheit beim einzelnen Individuum – auf Beschäftigten, Team- und Führungsebene – relevant machen. Hier gilt es, die Besonderheiten und eigenen Sprechweisen der (Unter-)Behörden zu (er-)kennen und aufzugreifen. So haben die Untereinheiten innerhalb der Polizeibehörden oft eine eigene Sprache, die sich unter anderem durch die spezifischen Tätigkeitsbereiche auszeichnet: Beschäftigte der Polizei haben heterogene Arbeitsbereiche (z. B. Einsatz an Bahnhöfen, Flughäfen, bei Demonstrationen oder in der Verwaltung) und Arbeitsbedingungen und somit unterschiedliche Optimierungsbedarfe.

35.5 Lesson learned

- Eine datenbasierte Bedarfsanalyse erleichtert den Start in komplexe Projekte und ist hilfreich, um Führungskräfte (ohne gesundheitsspezifischen fachlichen Hintergrund) in die Prozesse einzubinden.
- Zielgruppenspezifische Kommunikation ist ein entscheidender Erfolgsfaktor. Je besser die Sprache der Polizei(-einheit) gesprochen und in allen Kommunikationskanälen aufgegriffen wird, desto höher ist die Akzeptanz der jeweiligen Vorhaben.
- Die Gestaltung von Maßnahmen ist umso erfolgreicher, je besser sie zu den vorhandenen Strukturen, Prozessen und Charakteristika der Zielgruppe und den Besonderheiten der Behörde passen und sich diese zunutze machen.

Weitere Erfolgsfaktoren sind im „*health.pro.fit*-Handlungsleitfaden für ganzheitliches BGM und wirksame Gesundheitsförderung in Polizeibehörden" nachzulesen (online verfügbar unter www.health-pro-fit.de/startseite/news/).

Literatur

Brandl, S., & Stelzl, B. (2013). *Arbeitsbedingungen und Belastungen im öffentlichen Dienst. Ein Überblick zum Forschungsstand und Forschungsbedarf.* Hans-Böckler-Stiftung.

Bundespolizei. (2024). Bundespolizei – Daten und Fakten. https://www.bundespolizei.de/Web/DE/05Die-Bundespolizei/07Daten-Fakten/Daten-Fakten_node.html. Zugegriffen am 10.06.2024

Kolip, P. (2006). Evaluation, Evidenzbasierung und Qualitätsentwicklung. *Prävention und Gesundheitsförderung, 1*(4), 234–239.

Statista Research Department. (2024). Beschäftigte im Aufgabenbereich Polizei je 100.000 Einwohner nach Bundesländern 2022. https://de.statista.com/statistik/daten/studie/1246865/umfrage/beschaeftigte-im-aufgabenbereich-polizei-nach-bundeslaendern/. Zugegriffen am 10.06.2024.

Die Kommune als Dachsetting der Betrieblichen Gesundheitsförderung: das Healthy Lifestyle Community Program

Heike Englert, Ragna-Marie Weber und Carmen Kettler

36.1 Einführung

„The main challenge for successful NCD prevention is not what to do, but how to implement the needed actions!" (Pekka Puska)

- Ziel: ganzheitliche Gesundheitsförderung zur Prävention von lebensstil(mit)bedingten Zivilisationserkrankungen im kommunalen Setting
- Dauer des Projekts: 4 Jahre
- Branche: Kommune
- Die Lebensstilintervention wurde im Rahmen des Projekts „münster.land.leben" von der FH Münster durchgeführt
- Gefördert wurde das Projekt vom Bundesministerium für Bildung und Forschung (BMBF) und der Gemeinsamen Wissenschaftskonferenz (GWK) im Rahmen des Programms „Innovative Hochschule"
- Weiterführende Informationen: www.gemeinsamgesundleben.de

Vor dem Hintergrund des zunehmenden demografischen Wandels stehen Unternehmen vor großen Herausforderungen. Aktuelle Entwicklungen sind u. a. ein zunehmender Fachkräftemangel, weniger Bewerber*innen für Ausbildungsplätze und eine Abnahme junger

H. Englert (✉) · R.-M. Weber · C. Kettler
FH Münster, University of Applied Sciences, Fachbereich Oecotrophologie • Facility Management, Münster, Deutschland
E-Mail: englert@fh-muenster.de; ragna.weber@fh-muenster.de; carmen.kettler@fh-muenster.de

Arbeitskräfte. Eine geringere Produktivität aufgrund steigender krankheitsbedingter Arbeitsunfähigkeitstage sowie höhere Gesundheitskosten für das Gesundheitssystem gelten als Folgen dieser Entwicklungen (Schönwald et al., 2014). Vornehmlich für Kleinst-, kleine und mittlere Unternehmen (KMU) sind diese Entwicklungen spürbar und stellen sowohl für Arbeitgeber*innen als auch für Arbeitnehmer*innen ein Problem dar (Pfannstiel & Mehlich, 2016).

Die Prävalenzen von durch den Lebensstil beeinflussbaren Zivilisationserkrankungen, kurz NCDs (engl.: Non-Communicable Disease), wie Herz-Kreislauf-Erkrankungen, Diabetes mellitus Typ 2, Adipositas und psychischen Erkrankungen, nehmen weltweit stark zu (Vos et al., 2017). Dies führt sowohl zu starken Einschränkungen für das Individuum, u. a. durch eine verminderte Lebensqualität und Einschränkungen im alltäglichen Leben, als auch zu enormen Kostenbelastungen für die Gesundheitssysteme und Kostenträger*innen (Cortaredona & Ventelou, 2017). Durch einen gesunden Lebensstil lassen sich die NCD-Risikofaktoren sowie die Entwicklungen von bereits bestehenden Erkrankungen positiv beeinflussen. Als wichtige Faktoren gelten dabei eine gesunde, pflanzenbasierte Ernährung (Jayedi et al., 2020), regelmäßige körperlicher Aktivität (Pawlik, 2021), Stressmanagement im Umgang mit hoher psychischer Arbeits- und Alltagsbelastung (Hapke et al., 2013; Herr et al., 2018; Willett et al., 2019) und Gemeinschaftsaktionen z. B. gegen Isolation und Vereinsamung (Beutel et al., 2017; Xia & Li, 2018).

Vor diesem Hintergrund wird es für Unternehmen zunehmend wichtiger, die Arbeit und das Arbeitsumfeld ihrer Mitarbeitenden so zu gestalten, dass die Beschäftigten gesund altern können und eine Erwerbstätigkeit bis zum Renteneintrittsalter ermöglicht wird. Das Thema Gesundheit entwickelt sich immer mehr zu einem erfolgsrelevanten Faktor für Unternehmen. In der Betrieblichen Gesundheitsförderung (BGF) spielen, neben der individuellen Gesundheit der Mitarbeitenden, auch der Erhalt und die Steigerung der Leistungsfähigkeit und Arbeitsmotivation sowie die notwendige Resilienz eine zentrale Rolle für den (wirtschaftlichen) Unternehmenserfolg (Pfannstiel & Mehlich, 2016). Große Unternehmen setzen häufig bereits umfangreiche finanzielle, personelle und strukturelle Ressourcen ein, um auf etablierte betriebliche Gesundheitsmanagementkonzepte zurückzugreifen. In KMU fehlen hingegen nicht selten gezielte und gut strukturierte Maßnahmen zur nachhaltigen Förderung von Gesundheit und Leistungsfähigkeit der Mitarbeitenden (Lange et al., 2022; Pfannstiel & Mehlich, 2018).

In diesem Zusammenhang kann die Kommune, in der die Bürger*innen leben und arbeiten, als Dachsetting eine Schlüsselposition einnehmen und als Nahtstelle zwischen Bürger*innen und KMU fungieren (GKV-Spitzenverband, 2020; Quilling et al., 2021). Im Sinne eines „Dachsettings" wird die Kommune als komplexes System verstanden, in dem unterschiedliche Subsettings wie Unternehmen, Schulen und KiTas, medizinische Einrichtungen, Versorgungseinrichtungen, Initiativen sowie Vereine verankert sind (s. Abb. 36.1). Durch die Verzahnung der einzelnen Subsettings können Maßnahmen zur Prävention und Gesundheitsförderung im kommunalen Dachsetting übergreifend und alltagsnah organisiert und eine Zielgruppengenauigkeit gewährleistet werden (Quilling et al., 2021). Dabei wird u. a. eine hohe Lebensqualität der Bürger*innen, ein gut ausgebautes Netzwerk der lokalen

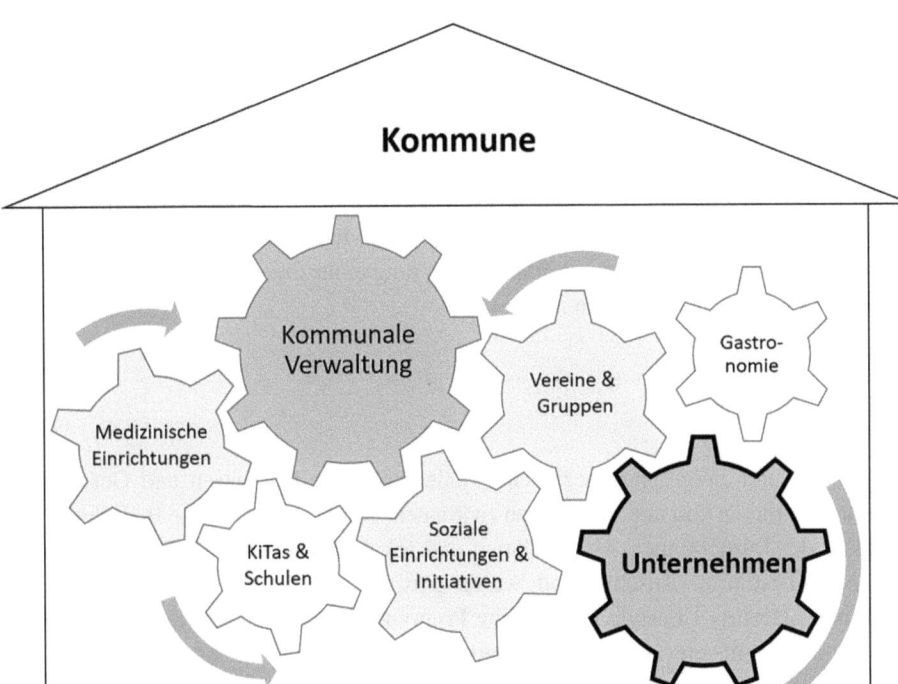

Abb. 36.1 Verzahnung von Subsettings in der Lebenswelt Kommune

Gesundheitsakteur*innen und -angebote sowie die Etablierung gesundheitsförderlicher Versorgungsstrukturen angestrebt, um lebenswerte und zukunftsfähige Wohnorte zu schaffen. Von diesen Bemühungen profitieren lokal ansässige Unternehmen, da die Kommunen durch die Stärkung von Gesundheitsangeboten und -strukturen attraktive Wohnorte für Fachkräfte und Mitarbeitende darstellen und die Gesundheit, Leistungsfähigkeit und Resilienz der Mitarbeitenden auch im privaten Kontext gefördert wird.

Die kommunale Gesundheitsförderung, die Mitarbeitende von lokalen Unternehmen als relevante Akteur*innen in ihre Strategie einbezieht, kann somit einen wertvollen Beitrag für beide Lebenswelten – Kommune und Unternehmen – leisten (Alisch, 2009). Gleichzeitig kann eine Vernetzung der lokalen KMU dazu beitragen, BGF-Maßnahmen zielgerichtet zu bündeln und infolgedessen bedarfsgerecht ausrichten zu können. Durch das daraus resultierende Angebot von BGF-Maßnahmen kann wiederum die Attraktivität des jeweiligen KMU für Mitarbeitende und Fachkräfte gesteigert und eine positive Positionierung in der Kommune erreicht werden (GKV-Spitzenverband, 2020; Sayed & Kubalski, 2016). Gleichzeitig können über kommunale Gesundheitsförderungsangebote Verbindungen zwischen Gesundheitsakteur*innen und den KMU geschaffen werden, die ggf. durch weitere, individuell auf das jeweilige Unternehmen zugeschnittene BGF-Maßnahmen ausgebaut werden können.

Die Arbeitsgruppe „Healthy Lifestyle Communities" an der FH Münster hat sich vor diesem Hintergrund mit der Frage beschäftigt, wie ein umfassendes Lebensstilprogramm zur Prävention und Gesundheitsförderung von NCDs im Dachsetting Kommune, unter Einbeziehung der lokalen Infrastruktur, in der Praxis gestaltet und somit die BGF in Unternehmen gemeinsam gestärkt werden kann. Ein Ziel des Pilotprojekts war es, KMU dabei zu unterstützen, ihr Unternehmen gesund zu entwickeln und die Gesundheit der Mitarbeitenden aktiv zu fördern. Dabei sollten möglichst viele lokale Unternehmen partizipativ in die Maßnahmenplanung und -implementierung einbezogen werden, um eine Vernetzung der Lebenswelten erreichen zu können.

36.2 Intervention

Um setting- und zielgruppenspezifische Maßnahmen zur Prävention und Gesundheitsförderung initiieren und implementieren zu können, wurden zunächst die Bedarfe und Bedürfnisse der Bürger*innen, Unternehmen und lokalen Gesundheitsakteur*innen in der Kommune bestimmt. Anschließend wurde partizipativ das ganzheitliche Lebensstilprogramm „Healthy Lifestyle Community Program" (HLCP) zur Prävention von NCD-Risikofaktoren mit relevanten Stakeholdern entwickelt und in der Kommune umgesetzt. Dabei wurde der sogenannte „Setting- oder Lebensweltansatz" gewählt, über den die Bürger*innen alltagsnah, und nicht unter Laborbedingungen, bei der Stärkung von Gesundheitskompetenzen zielgruppengerecht unterstützt wurden und gleichzeitig gesundheitsförderliche Rahmenbedingungen geschaffen werden konnten (Quilling et al., 2021). Es wurden alle Facetten der Gesundheit, d. h. die mentale, soziale und physische Gesundheit sowie das Wohlbefinden, berücksichtigt. Abb. 36.2 zeigt gesundheitsbezogene Kompetenzen und Ansatzpunkte, die im Rahmen des HLCP adressiert wurden.

Bedarfs- und Bestandsanalyse
Zunächst wurde in der ausgewählten Kommune eine umfangreiche Bedarfs- und Bestandsanalyse auf den nachfolgenden vier Zielebenen durchgeführt: kommunale Gesundheitskultur, gesundheitsorientierte Institutionen und Infrastruktur, gesunde Bürgergemeinschaft und gesunde Bürger*innen (s. Abb. 36.3). In diesem Zusammenhang wurde ein kommunales Reifegradmodell entwickelt, welches eine systematische Einordnung relevanter Faktoren für eine nachhaltige kommunale Gesundheitsförderung und die Ableitung von passgenauen Maßnahmen für Kommunen unterschiedlicher Größe möglich machen konnte. Dabei wurde die gesundheitsbezogene Infrastruktur, u. a. die ansässigen Unternehmen im Gesundheitsbereich und lokale KMU, das Angebot von Gesundheitsdienstleistungen und -akteur*innen untersucht und bereits vorliegende Daten der Gesundheitsberichterstattung genutzt. Zudem wurde eine Umfrage zur Gesundheitssituation der Bürger*innen durchgeführt. Als Zielgruppe für die Intervention wurden erwachsene Bürger*innen der Kommune gewählt, wobei Bürger*innen eine Doppelrolle innehatten und, neben ihrer kommunalen Rolle, in weiteren Lebenswelten, u. a. in lokalen Unternehmen,

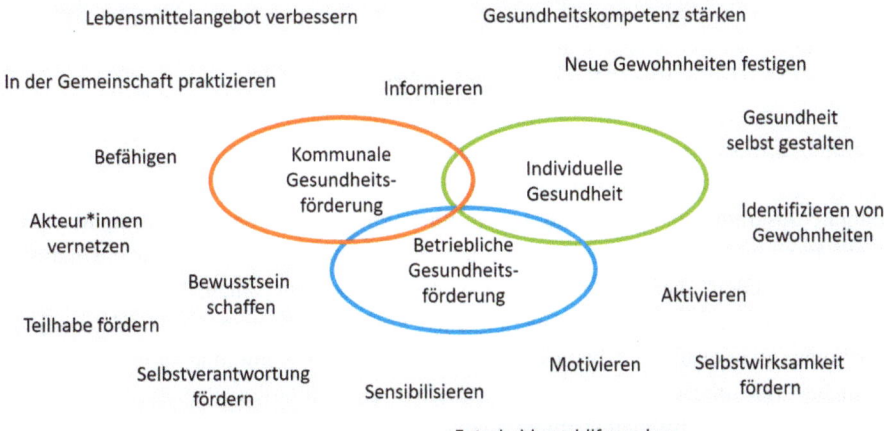

Abb. 36.2 Ansatzpunkte der kommunalen, betrieblichen und individuellen Gesundheitsförderung

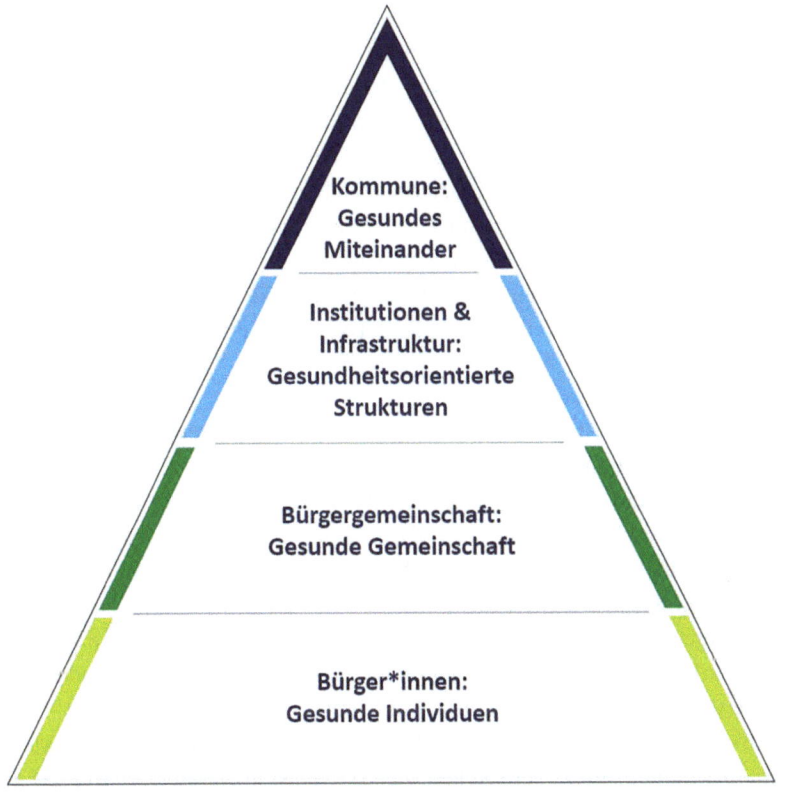

Abb. 36.3 Die vier Zielebenen der Bedarfs- und Bestandsanalyse

arbeiteten. Das Reifegradmodell wurde von der Arbeitsgruppe „Healthy Lifestyle Communities" der FH Münster auf andere Settings, wie Unternehmen oder Behörden, übertragen und wird in Kap. 35 ausführlich beschrieben.

Gesundheitszirkel mit lokalen Akteur*innen
Die Bildung eines Gesundheitszirkels, der die Stakeholder verschiedener Settings aus der Kommune zusammenbringen sollte, nahm eine zentrale Rolle in der partizipativen Bedarfserhebung und Interventionsentwicklung ein. Es wurden u. a. Vertreter*innen aus lokalen Unternehmen, medizinisches Fachpersonal, Therapeut*innen, Sportvereine, Bürger*innen-Initiativen oder Akteur*innen aus der Politik eingeladen, um aus der Sicht der Expert*innen die Gesundheitsbedarfe und -bedürfnisse der Kommune zu bündeln. Dabei wurden bewusst unterschiedliche Positionen, wie Geschäftsführer*innen, Gesundheitsmanager*innen und Mitarbeiter*innen aus verschiedenen Unternehmen einbezogen, um eine möglichst umfassende Perspektive abbilden zu können. Im Rahmen des Gesundheitszirkels wurden zunächst die Hintergründe des zu planenden Projekts zur Prävention und Gesundheitsförderung vorgestellt sowie die bestehenden Angebote der Gesundheitsakteur*innen in der Kommune gesammelt und Lücken in der Gesundheitsförderung identifiziert. Gemeinsam wurde der gesundheitsbezogene Status Quo erhoben und Bedarfe für konkrete Maßnahmen aus verschiedenen Perspektiven zusammengetragen. Zudem wurde besprochen, wie sich die einzelnen Akteur*innen in die kommunale Gesundheitsförderung einbringen könnten (z. B., indem neue Angebote geschaffen werden) und eine gemeinsame Arbeitsgrundlage geschaffen. Neben der partizipativen Bedarfserhebung und Interventionsentwicklung bestand ein zentrales Ziel des Gesundheitszirkels in der Vernetzung von lokalen Akteur*innen und Unternehmen untereinander, wobei sowohl neue Netzwerke aufgebaut als auch bestehende Netzwerke ausgebaut werden sollten. Darüber hinaus wurde die Sicherung der Qualität von Gesundheitsdienstleistungen in verschiedenen Settings angestrebt.

Während dieses Prozesses wurde deutlich, dass es große Unterschiede in Bezug auf die Bereitschaft zur Beteiligung und Offenheit gegenüber einem kommunalen Gesundheitszirkel in der Kommune gab. Unternehmen mit Gesundheitsmanager*innen zeigten grundsätzlich ein größeres Interesse an einer Beteiligung. Ein persönliches Interesse an den Themen „Gesundheit" bzw. „gesunder Lebensstil" vonseiten der Führungskräfte wurde ebenfalls als ein relevanter Faktor identifiziert.

Aus den Ergebnissen der Bedarfs- und Bestandsanalysen und den gemeinsam mit dem Gesundheitszirkel gebündelten Informationen zur Ausgangssituation wurde partizipativ eine ganzheitliche Lebensstilintervention erarbeitet.

Gemeinsam mit Teilnehmenden des Gesundheitszirkels und lokalen Akteur*innen wurde ein Gesundheitsmarkt veranstaltet, der zur Sensibilisierung der Bürger*innen für die NCD-Prävention und Gesundheitsförderung sowie zur Rekrutierung der Teilnehmenden für das Lebensstilprogramm HLCP diente. Dabei wurde der bereits existierende Wochenmarkt in der Kommune genutzt und durch zahlreiche Gesundheitsangebote wie kostenlose Gesundheitschecks, ein begehbares Organmodell und viele kleine Gesundheitsangebote für einen Tag erweitert. Zahlreiche ortsansässige Unternehmen stellten das Thema „Gesundheit" für diesen Tag in den Fokus und gestalteten Angebote, wie Hör- und Sehtests, sowie Verpflegungs- und Bewegungsangebote für alle interessierten Bürger*innen der Kommune.

Die Etablierung des Gesundheitszirkels mit regelmäßigen Treffen innerhalb der Kommune konnte einerseits zu einer Steigerung der Bekanntheit des geplanten Lebensstilinterventionsprogramms beitragen. Andererseits konnten, durch die Einbindung der lokalen und in der Kommune bekannten Akteur*innen, Vertrauen und Anknüpfungspunkte geschaffen und somit die Hürde zur Teilnahme für potenzielle Teilnehmende gesenkt werden.

Das 24-monatige Lebensstilprogramm, eine ganzheitliche Intervention zur Verbesserung des NCD-Risikoprofils fokussierte die Schwerpunktthemen „Ernährung", „Bewegung/körperliche Aktivität", „Stressmanagement" und „Gemeinschaft/soziale Unterstützung" (s. Abb. 36.4). Es bestand aus einer intensiven, zehnwöchigen Seminarreihe und einer anschließenden 22-monatigen Alumni-Phase. Neben den Maßnahmen auf der Verhaltensebene wurden zusätzlich Angebote auf der Verhältnisebene angestoßen, wie Kooperation mit Bio-Supermärkten und Restaurants.

Gesundheitschecks und individuelle Coachings

Allen Teilnehmenden des Lebensstilprogramms wurde während der Studiendauer von zwei Jahren regelmäßige Gesundheitschecks angeboten, bei denen u. a. Blut- und Vitalparameter, anthropometrische Daten sowie gesundheitsökonomische Parameter und Daten zum Ernährungs- und Bewegungsverhalten erhoben wurden. Diese Erhebungen waren nicht nur wichtig, um die Studie wissenschaftlich evaluieren zu können, sondern dienten ebenfalls der Erfassung des individuellen Gesundheitszustands und somit der Motivation für die Teilnehmenden. Zu Beginn des Programms wurden individuelle Gesundheitscoachings angeboten, um die Teilnehmenden bei der Definition ihrer persönlichen Ziele und Bedürfnisse zu unterstützen und eine langfristige Verhaltensveränderung anstoßen zu können. Nach der 10-wöchigen Intensivphase wurde ein weiteres Coaching angeboten, um das Erreichen der Ziele reflektieren und weitere Schritte zur Aufrechterhaltung festlegen zu können. Da sich die Teilnehmenden nicht im beruflichen Kontext befanden, war eine sehr offene Kommuni-

Abb. 36.4 Logo des HLCP mit den vier Themenschwerpunkten

kation möglich, durch die sowohl private als auch berufliche Themen (z. B. zur mentalen Gesundheit oder Work-Life-Balance) adressiert werden konnten.

Interaktive Lebensstilseminare mit praktischen Einheiten und Workshops
Die intensive Lebensstilintervention umfasste 14–15 aufeinander aufbauende, jeweils zweistündige Seminare, die zweimal pro Woche für eine Großgruppe mit ca. 100 Personen angeboten wurden. Dabei wurden die Seminareinheiten bewusst abends, entsprechend außerhalb der gängigen Arbeitszeiten, angeboten. Zu den Themen gehörten u. a. die Ursachen und Entwicklung von lebensstilabhängigen Erkrankungen und deren Epidemiologie, beeinflussbare Risikofaktoren, Merkmale einer optimierten Lebensstilwahl und Verhaltensveränderungen. Gleichzeitig wurden die Themen Selbststeuerung und Resilienz angesprochen. Die evidenzbasierten Inhalte wurden an die Zielgruppe angepasst und durch niedrigschwellige, leicht verständliche Kommunikation anhand von praktischen Beispielen vermittelt (z. B. „Ersetzen Sie ... durch ..."). Die Seminare wurden durch halbstündige Praxiseinheiten (z. B. durch die Vorstellung gesunder, pflanzlicher Gerichte, einfachen Zubereitungstechniken oder kurze Meditations- und Workout-Routinen) ergänzt. Engagierte Teilnehmende sowie Mitglieder des Gesundheitszirkels unterstützten die praktischen Impulse, um den Rückhalt der Gruppe zu stärken und zu zeigen, dass die Anregungen leicht in die Praxis umzusetzen sind.

Die Lebensstilempfehlungen umfassten u. a. mindestens 30 Minuten körperliche Aktivität pro Tag, die Einführung von Stressmanagementstrategien, soziale Unterstützung in der Gemeinschaft und eine gesunde, überwiegend pflanzenbasierte Ernährung. Dabei sollte der Verzehr von Obst, Gemüse, Hülsenfrüchten, Vollkornprodukten und guten Quellen pflanzlicher Omega-3-Fettsäuren, der tägliche Verzehr von ungesalzenen Nüssen und/oder Samen gesteigert werden. Gleichzeitig sollte der Verzehr von Fleisch und Fleischprodukten, Eiern und Milchprodukten sowie von zugesetztem Zucker, Salz und gesättigten Fetten gesenkt werden. Die Teilnehmenden wurden ebenfalls über die Bedeutung des Flüssigkeitshaushalts und über potenziell kritische Nährstoffe in der pflanzenbasierten Ernährung informiert.

Zusätzlich zu den interaktiven Seminaren wurden in der Intensivphase des HLCP zahlreiche Workshops angeboten. In Gruppen von fünf bis 25 Personen nahmen die Teilnehmenden an Kochworkshops, Einkaufstouren, Wandergruppen, Stressbewältigungskursen oder Gruppencoachings zu Themen wie „emotionales Essen" oder „Hindernisse bei der Änderung des Gesundheitsverhaltens" teil. Dabei lernten sie nicht nur praktische Fähigkeiten und Strategien zur Umsetzung eines gesunden Lebensstils, sondern hatten auch die Möglichkeit, Kontakte zu knüpfen, sich gegenseitig kennenzulernen und die Gruppenunterstützung zu stärken.

Die zehnwöchige Intensivphase endete mit einer Abschlussfeier, bei der die lokalen Gesundheitsakteur*innen ebenfalls aktiv einbezogen wurden, um das Erreichen der zu Beginn der Intervention individuell festgelegten Ziele zu zelebrieren und das Gemeinschaftsgefühl weiter zu intensivieren.

Alumni-Phase
Im Anschluss an die Intensivphase wurde eine ca. 22-monatige Alumni-Phase angeboten. Diese weniger intensive Phase umfasste Treffen im Abstand von ca. vier Wochen, bei denen die Gesundheitskompetenzen weiterhin gefördert und Inputs zu ausgewählten Themen gegeben wurden. Darüber hinaus wurde regelmäßig ein Newsletter, u. a. zu verschiedenen Gesundheitsthemen und Rezepten, verschickt. Dabei hatten engagierte Alumni die Möglichkeit, dem Gesundheitszirkel beizutreten und die Gesundheitsförderung in ihrer Kommune weiter voranzubringen.

Übertragung der Maßnahmen in Betriebe
Im Anschluss an das kommunale HLCP wurde eine Ausweitung von gesundheitsförderlichen Angeboten auf die Mitarbeitenden von lokalen KMU mit unterschiedlichen Themenschwerpunkten geplant. Dabei sollten die Maßnahmen partizipativ von Alumni des HLCP geplant und umgesetzt werden. Ideen umfassten u. a. die Einführung von gesunden Mittagsangeboten für Mitarbeitende von KMU oder die Einführung von bewegten Pausen. Aufgrund der Coronapandemie konnten diese Angebote jedoch nicht, wie geplant, implementiert werden.

▶ Auf der Website www.gemeinsamgesundleben.de findet sich ein „Handlungsleitfaden zur bedarfsorientierten Einführung nachhaltiger kommunaler Gesundheitsförderung", in dem die Arbeitsgruppe die Haupterkenntnisse der Maßnahmen zusammengefasst hat.

36.3 Fazit

Das ganzheitliche Lebensstilprogramm weist ein großes Potenzial auf, den Gesundheitsstatus der Kommune zu stärken. Einerseits konnte die individuelle Gesundheit, u. a. in Form von metabolischen Risikoparametern, Stressparametern und gesundheitsökonomischen Parametern, sowie die gesundheitsbezogene Lebensqualität verbessert werden. Andererseits konnte das Thema „Gesundheit" in der Kommune, und somit auch in den lokalen Unternehmen, gezielt und öffentlichkeitswirksam platziert werden. Dabei bedingen sich beide Settings – Kommune und Unternehmen – untereinander und können im besten Fall zu einer Verselbstständigung von Maßnahmen im Bereich der Prävention und Gesundheitsförderung beitragen.

Als größte Stärke des Projekts stellte sich der ganzheitliche und umfassende Ansatz heraus, der durch den Einbezug von lokalen (Gesundheits-)Akteur*innen umgesetzt werden konnte. Der Aufbau einer solchen gesundheitsförderlichen Infrastruktur und Kultur in der Kommune kann Menschen ermutigen, ihre Gesundheit in die eigene Hand zu nehmen und strahlt somit in die verschiedenen Lebenswelten, wie lokal ansässige Unternehmen, aus. Als größte Herausforderung des Projekts galt die Coronapandemie, die die Etablierung der Intervention in den Unternehmen deutlich erschwerte. Daher konnte die Ausweitung der gesundheitsförderlichen Angebote in lokalen KMU nicht stattfinden. Gleichzeitig eröffnete die Pandemie zahlreiche Möglichkeiten, wie die Nutzung von digitalen Angeboten zur Prävention und Gesundheitsförderung.

Der Aufbau und die Nutzung von regionalen Netzwerken für die BGF von KMU sind sinnvoll, um die Unternehmen bei der Gesundheitsförderung von Mitarbeitenden zu unterstützen und personelle sowie finanzielle Ressourcen sinnvoll zu bündeln. Neben kommunalen Netzwerken (z. B. dem beschriebenen Gesundheitszirkel), sind bereits einige digitale Formen solcher Zusammenschlüsse etabliert. Gesundheitstreffpunkte bzw. Gesundheitskioske in der Kommune sind ein aktuell stark diskutierter Ansatz, der diesen strukturellen Rahmen ebenfalls schaffen könnte. Die entstehenden Räumlichkeiten könnten für regelmäßige Treffen zur Vernetzung und zum Austausch von verschiedenen Stakeholdern zur Verfügung stehen. Eine weitere Möglichkeit ist die Schaffung von Betriebspartnerschaften, um lokalen Unternehmen eine Plattform zum Austausch und zur Zusammenarbeit in Gesundheitsfragen zu bieten. Es wäre wünschenswert, dass (kommunale) Gesundheitsmanager*innen die Koordination und Vernetzung dieser Angebote übernehmen würden und somit eine nachhaltige und kontinuierliche Verbesserung der Gesundheitsstrukturen angestrebt werden könnte. Gerade Ökotropholog*innen könnten in diesem Zusammenhang eine wichtige Rolle einnehmen, da sie die verschiedenen Kompetenzen im Gesundheitsbereich vereinen.

> **Lesson learned**
> - Die Implementierung eines gesunden Lebensstils in der Gesellschaft ist ein langfristiger Prozess, der ganzheitlich gedacht werden sollte.
> - Bei der Planung von Maßnahmen zur BGF ist die Verzahnung der Lebens- und Arbeitswelt von Mitarbeitenden zu berücksichtigen.
> - Eine Bündelung von Gesundheitsangeboten im kommunalen Setting kann v. a. für Mitarbeitende von KMU sinnvoll sein, da die Ressourcen für innerbetriebliche BGF-Maßnahmen oftmals nicht ausreichend sind.
> - Eine Vernetzung im Gesundheitsbereich wird von vielen Gesundheitsakteur*innen und Unternehmen befürwortet. Dabei sollten sowohl bestehende Strukturen gestärkt als auch neue Strukturen aufgebaut werden, um den Zugang für Teilnehmende zu erleichtern und eine Vertrauensbasis zu schaffen.

Literatur

Alisch, M. (Hrsg.). (2009). *Beiträge zur Sozialraumforschung: Band 3. Lesen Sie die Packungsbeilage ... ?! Sozialraumorganisation und Gesundheitsinformation*. Verlag Barbara Budrich. http://www.socialnet.de/rezensionen/isbn.php?isbn=978-3-86649-253-0. Zugegriffen am 05.03.2023.

Beutel, M. E., Klein, E. M., Brähler, E., Reiner, I., Jünger, C., Michal, M., Wiltink, J., Wild, P. S., Münzel, T., Lackner, K. J., & Tibubos, A. N. (2017). Loneliness in the general population: Prevalence, determinants and relations to mental health. *BMC Psychiatry, 17*(1), 97. https://doi.org/10.1186/s12888-017-1262-x

Cortaredona, S., & Ventelou, B. (2017). The extra cost of comorbidity: Multiple illnesses and the economic burden of non-communicable diseases. *BMC Medicine, 15*(1), 216. https://doi.org/10.1186/s12916-017-0978-2

GKV-Spitzenverband. (Hrsg.). (2020). *Leitfaden Prävention – Handlungsfelder und Kriterien nach § 20 Abs. 2 SGB V*. https://www.gkv-spitzenverband.de/krankenversicherung/praevention_selbsthilfe_beratung/praevention_und_bgf/leitfaden_praevention/leitfaden_praevention.jsp. Zugegriffen am 05.03.2023.

Hapke, U., Maske, U. E., Scheidt-Nave, C., Bode, L., Schlack, R., & Busch, M. A. (2013). Chronischer Stress bei Erwachsenen in Deutschland : Ergebnisse der Studie zur Gesundheit Erwachsener in Deutschland (DEGS1) [Chronic stress among adults in Germany: Results of the German Health Interview and Examination Survey for Adults (DEGS1)]. *Bundesgesundheitsblatt, Gesundheitsforschung, Gesundheitsschutz, 56*(5–6), 749–754. https://doi.org/10.1007/s00103-013-1690-9

Herr, R. M., Barrech, A., Riedel, N., Gündel, H., Angerer, P., & Li, J. (2018). Long-term effectiveness of stress management at work: Effects of the changes in perceived stress reactivity on mental health and sleep problems seven years later. *International Journal of Environmental Research and Public Health, 15*(2). https://doi.org/10.3390/ijerph15020255

Jayedi, A., Soltani, S., Abdolshahi, A., & Shab-Bidar, S. (2020). Healthy and unhealthy dietary patterns and the risk of chronic disease: An umbrella review of meta-analyses of prospective cohort studies. *The British Journal of Nutrition, 124*(11), 1133–1144. https://doi.org/10.1017/S0007114520002330

Lange, M., Matusiewicz, D., & Walle, O. (2022). *Praxishandbuch Betriebliches Gesundheitsmanagement*. Haufe.

Pawlik, L. (2021). Todesursache: Bewegungsmangel: Die ignorierte Pandemie des digitalen Lebens, der Arbeit und der Bildung [Cause of Death: Lack of Movement]. *Padiatrie und Padologie, 56*(1), 8–14. https://doi.org/10.1007/s00608-020-00859-1

Pfannstiel, M. A., & Mehlich, H. (Hrsg.). (2016). *Betriebliches Gesundheitsmanagement: Konzepte, Maßnahmen, Evaluationen*. Springer Fachmedien. https://doi.org/10.1007/978-3-658-11581-4

Pfannstiel, M. A., & Mehlich, H. (Hrsg.). (2018). *BGM – Ein Erfolgsfaktor für Unternehmen: Lösungen, Beispiele, Handlungsanleitungen*. Springer Gabler. https://doi.org/10.1007/978-3-658-22738-8

Quilling, E., Kuchler, M., Leimann, J., Mielenbrink, V., Terhorst, S., Tollmann, P., & Dieterich, S. (2021). *Koordination kommunaler Gesundheitsförderung Entwicklung eines Aufgaben- und Kompetenzprofils*. https://doi.org/10.17623/GKV-BfG-EB-KkGf-2020

Sayed, M., & Kubalski, S. (2016). Überwindung betrieblicher Barrieren für ein betriebliches Gesundheitsmanagement in kleinen und mittelständischen Unternehmen. In M. A. Pfannstiel & H. Mehlich (Hrsg.), *Betriebliches Gesundheitsmanagement: Konzepte, Maßnahmen, Evaluationen* (S. 1–20). Springer Fachmedien. https://doi.org/10.1007/978-3-658-11581-4_1

Schönwald, A., Kühne, O., Jenal, C., & Currin, A. (2014). *Demographischer Wandel in Unternehmen*. Springer Fachmedien. https://doi.org/10.1007/978-3-658-06521-8

Vos, T., Abajobir, A. A., Abate, K. H., & Abbafati, C. (2017). Global, regional, and national incidence, prevalence, and years lived with disability for 328 diseases and injuries for 195 countries, 1990–2016: A systematic analysis for the Global Burden of Disease Study 2016. *Lancet (London, England), 390*(10100), 1211–1259. https://doi.org/10.1016/S0140-6736(17)32154-2

Willett, W., Rockström, J., Loken, B., Springmann, M., Lang, T., Vermeulen, S., Garnett, T., Tilman, D., DeClerck, F., Wood, A., Jonell, M., Clark, M., Gordon, L. J., Fanzo, J., Hawkes, C., Zurayk, R., Rivera, J. A., Vries, W. d., Majele Sibanda, L., et al. (2019). Food in the Anthropocene: The EAT-Lancet Commission on healthy diets from sustainable food systems. *Lancet (London, England), 393*(10170), 447–492. https://doi.org/10.1016/S0140-6736(18)31788-4

Xia, N., & Li, H. (2018). Loneliness, social isolation, and cardiovascular health. *Antioxidants & Redox Signaling, 28*(9), 837–851. https://doi.org/10.1089/ars.2017.7312

Gesundheitsförderung in Bildungsbereich (Kita, Hort, Schule)

Susan Türpe

37.1 „Kinderleicht gesund"

Dahinter stehen individuell konzeptionierte Präventionsprojekte, die sich – je nach Bedarf der Einrichtungen – mit unterschiedlichen Schwerpunkten rund um das Thema körperliche und psychisch-emotionale Gesundheit an das pädagogische Personal und die Agierenden in Kindertagesstätten und Grundschulhorten richten. Dabei wird sich verschiedener Handlungsfelder für die Kinder und Erzieher*innen, wie 1) gesunde motorische Entwicklung und Bewegungsangebote in der Kita, 2) gesunde Verpflegung und Ernährungspädagogik, 3) kindgerechte Bildung zum Umgang mit Emotionen und Gefühlen sowie 4) Stressbewältigung und Entspannungsmöglichkeiten für Kinder und Erwachsene, gewidmet. Auch der zeitliche Rahmen und die Dauer für eine Zusammenarbeit mit einer Kindereinrichtung richten sich nach den individuellen Voraussetzungen vor Ort – z. B. nach der Größe der Einrichtung, der Anzahl teilnehmender Personen (Zielgruppe), der zur Verfügung stehenden Zeit bzw. der gewünschten Intensität (Turnus und thematische Tiefe). Alle Einrichtungen können einheitlich teilnehmen – egal, ob in öffentlich-kommunaler oder privater Trägerschaft.

Wer sind „wir"? Wir sind projecDo, ein Dienstleistungsunternehmen, tätig in den Bereichen Prävention, Gesundheitsmanagement und Organisationsentwicklung aus Sachsen. Im Folgenden beschreibt Susan Türpe, Diplom-Ökotrophologin (FH) deren Arbeit und Vorgehensweise im Rahmen von Präventionsprojekten in der „nicht betrieblichen Lebenswelt" Kita und Schule.

S. Türpe (✉)
projecDo GmbH, Chemnitz, Deutschland
E-Mail: susan.tuerpe@projecdo.de

37.2 Welches strategisch-konzeptionelle Ziel verfolgen diese Projekte?

Im Rahmen der Gesundheitsprojekte für Kitas und Horte geht es darum, pädagogisches Personal und die zu betreuenden Kinder und deren Familien für verschiedene Handlungsfelder im Rahmen der Prävention zu sensibilisieren, praktisch anzuleiten und mit neuen Ideen und Ansätzen für den Alltag zu versorgen. Dabei wird Wert darauf gelegt, sowohl verhaltens- als auch verhältnispräventiv zu arbeiten und den Beteiligten auf kreative und abwechslungsreiche Art und Weise zu zeigen, wie ein gesunder Tagesablauf und ein gesundheitsförderliches Umfeld gestaltet werden können.

37.3 Kurzbeschreibung des Settings und möglicher Zielgruppe(n)

Das Setting Kita/Schule – als „nicht betriebliche Lebenswelt" (kurz NBL) – ist besonders vielfältig und individuell. Dabei treten oft unterschiedliche, bei der Projektplanung zu berücksichtigende Voraussetzungen in Bezug auf teilnehmende Personenzahl und praktisch anzugehende Themen auf. Mal werden Projekte in kleinen Einrichtungen über einen Verein organisiert und umgesetzt – mal nehmen ganze Träger oder Kommunen mit verschiedenen Einrichtungen unterschiedlicher Größe an den Projekten teil. Dabei wurden schon Einrichtungen mit unterschiedlichen Zielgruppenstärken (von 50 Personen bis 500 Personen) betreut und unterschiedlich viele Menschen ins Projekt eingebunden. Unter „Zielgruppe" ist sowohl das beschäftigte pädagogische Personal (die Hauptakteure und Multiplikatoren in den Einrichtungen, verantwortlich für eine Fortführung und Weiterentwicklung des Projektes) als auch die Kinder des aktuellen Jahrganges und deren Eltern und Geschwisterkinder (als zu sensibilisierende und rückmeldende Zielgruppe) zu verstehen. Darüber hinaus können auch weitere Personen innerhalb einer Einrichtung am Projekt beteiligt werden. Rollen, die sich hierfür eignen, wären beispielsweise Küchenfachkräfte oder Ernährungs-/Qualitätsbeauftragte, Übungsleiter*innen, Fachbereichsleiter*innen als Vertreter*innen des Trägers, Elternratsvertreter*innen oder weitere externe Partner (z. B. Sportvereine, Sponsoren o. Ä.).

37.4 Beschreibung eines Präventionsprojektes im Setting „nicht betriebliche Lebenswelt" mit interdisziplinärem Ansatz

Am Beispiel einer christlich-orientierten, integrativen Kindertagesstätte in Westsachsen soll die Vielfalt und Tiefe eines solchen Präventionsprojektes exemplarisch verdeutlicht werden:

In diesem Fall handelt es sich um ein sehr umfangreiches und weitgreifendes Gesundheitsprojekt mit ganzheitlichem Ansatz. Die Kita hat sich hier dazu entschieden, sich mit allen Strukturen und dem kompletten Team einzubringen und auch weitestgehend alle

Handlungsfelder in das Projekt zu integrieren. Die Schwerpunkte wurden qualitativ auf die Handlungsfelder Bewegung, Ernährung und emotionale Gesundheit gelegt. Bei der Kita handelt es sich um ein Haus inmitten einer Kleinstadt – fußläufig in einem Wohngebiet gelegen – mit vier Kindergruppen im Alter von 2,5 bis 6 Jahren und einer Krippengruppe im Alter von 1 bis 2,5 Jahren. Parallel werden nachmittags hier auch Hortkinder im Alter von 6 bis 12 Jahren betreut. Insgesamt waren rund 110 Kinder mit ihren Eltern und 30 Erzieher*innen beteiligt.

37.4.1 Am Anfang war die Idee ...

Oftmals kommt der Kontakt zu Kita-Leitungen über Eltern oder Krankenkassen zustande. In diesem Fall wurde die Einrichtung über eine gesetzliche Krankenkasse auf uns aufmerksam und lernte uns als Gesundheitsdienstleistende im Rahmen einer Informationsveranstaltung zum Thema „gesunde Kinderkost" kennen. Der damalige Auftrag lautete: „Informieren Sie unser Team zum Thema `gesunde Ernährung im Krippen- und Kita-Alter´ und sensibilisieren Sie uns zu möglichen Stellschrauben im Kita-Alltag". Nach diesem 60-minütigen Fachvortrag war das Interesse geweckt und die Idee geboren, den Schwerpunkt Ernährung im Bereich Qualitätsmanagement (QM) mit einem Präventionsprojekt – gefördert über die Mittel gesetzlicher Krankenkassen – fachlich zu begleiten.

37.4.2 ... dann kam der tatsächliche Bedarf ...

In einem sich anschließenden Gespräch mit der Kita-Leitung, der QM-Beauftragten und stellvertretenden Gruppenerzieher*innen wurde der tatsächliche Bedarf näher beleuchtet. Gemeinsam wurde analysiert, welche gesundheitsrelevanten Themen die pädagogische Arbeit tagtäglich begleiten und wo sich das Team eine fachliche Unterstützung wünscht. Dabei wurde nicht nur die Verpflegungssituation in der Einrichtung und die Ernährungsgewohnheiten der Zielgruppe intensiv betrachtet, sondern auch aktuelle Bewegungsroutinen im Rahmen der dafür notwendigen bewegungsanregenden Verhältnisse in der Kita. An dieser Stelle sei bemerkt, dass stets auf Verhalten und Verhältnisse geachtet werden sollte.

Ein umfangreiches und breites Meinungsbild erhielten wir im Weiteren durch eine Online-Befragung, gerichtet an die restlichen Teamkolleg*innen und die Elternschaft. Durch die rückläufigen Antworten war es uns möglich, die Zielgruppe der Erwachsenen maßgeblich in die konzeptionelle Planungsarbeit mit einzubeziehen. Der Vorteil dieses Vorgehens war das gewonnene Bewusstsein und die dadurch entstandene Transparenz sowie die Mitwirkungsbereitschaft in Bezug auf das Projektvorhaben.

Durch eine zusätzliche Begehung der Einrichtung konnten sich die Fachkräfte sowohl von der Verpflegungsinfrastruktur als auch vom Kita-Garten und den vorhandenen Bewegungsräumen einen entsprechenden Eindruck verschaffen.

37.4.3 … danach stand der Plan fest …

Mit diesem guten Überblick ging es an die inhaltliche und strukturelle Konzeption. Vor allem in Bezug auf verfügbare Ressourcen (Zeit, Dauer, Personal und finanzielle Eigenmittel) musste realistisch geplant werden.

Gemeinsam mit der Kita-Leitung wurde ein Konzeptentwurf erarbeitet, der folgende Aspekte beinhaltete:

- Zeitplan in Bezug auf Projektdauer und Frequenz der externen Begleitung der Projektstunden
- Inhaltlicher Plan hinsichtlich der konkreten Themen innerhalb der Projektstunden und darüber hinaus gehender Projektmodule (z. B. Multiplikatorenschulung, Elternabende, Gesundheitsangebote für das Personal etc.)
- Finanzierungsplan – aufgeteilt in zu beantragende Fördermittel und mögliche finanzielle Eigenleistungen des Trägers bzw. der Einrichtung oder Elternschaft

Dieser Entwurf wurde im Anschluss mit dem Team im Rahmen einer Dienstberatung besprochen, um weitere konstruktive Ideen ergänzt und gemeinsam verabschiedet.

Im nächsten Schritt erfolgte die Beantragung finanzieller Fördermittel bei einer gesetzlichen Krankenkasse durch die Kita-Leitung. Dafür wurde neben der vorausgegangenen Planung auch der Förderantrag eingereicht. Die finanzielle Unterstützung wurde für eine Projektlaufzeit von 1,5 Jahren bewilligt.

37.4.4 … und alles wurde folgendermaßen umgesetzt …

Das Projekt bestand aus verschiedenen inhaltlichen und zielgruppenangepassten Maßnahmen. Im Folgenden wird beschrieben, was alles umgesetzt wurde:

Über einen Zeitraum von 6 Monaten wurden in den Vormittagsstunden mit den Kindern und deren Erzieher*innen zu den beiden Handlungsfeldern „Bewegung/Verbesserung der motorischen Fähigkeiten" sowie „gesunde Kinderkost" wöchentlich altersgerechte Projektstunden durchgeführt. Ziel war es, den Kindern Freude an den beiden Gesundheitsthemen zu vermitteln und den Pädagog*innen vielseitige Stundenbilder zur eigenständigen Durchführung nach Projektende zur Verfügung zu stellen.

In den Kindersportstunden wurde auf verschiedene motorische Kompetenzen eingegangen. Gemeinsam wurde gehüpft, balanciert, gelaufen, gefangen oder gekrabbelt. Ob Ballschule, vielfältige Bewegungsparcours, kleine Wettkämpfe und Staffelspiele, Koordinations- und Gleichgewichtsübungen oder Mannschaftssportspiele zur Förderung der Teamfähigkeit – das Bewegungsthema wurde umfangreich ins Projekt eingebettet.

Die Kinder durften im Ernährungsteil einiges über die Herkunft der Lebensmittel und die Zubereitung von Speisen lernen, Fingerfertigkeiten üben und Erfahrungen mit neuen Rezepten sammeln. Jede Nahrungsmittelgruppe erhielt eine besondere Aufmerksamkeit und ihre eigene Projektstunde. Spezielle Themen, wie z. B. „Essen in anderen Ländern", „Unsere Sinne" oder „Gesund Naschen" wurden ebenfalls in die ernährungspädagogische Projektarbeit integriert. In jeder Ernährungsprojektstunde wurden sowohl kindgerechte Theorie als auch Küchenpraxis angeboten.

Neben den Projektstunden für die Kindergruppen im Kita-Alltag – gemeinsam mit Kindern und Erzieher*innen – wurden auch andere Projektmodule realisiert. Unter anderem wurde für das gesamte Kita-Team ein Gesundheits- und Teamtag organisiert und durchgeführt. In diesem Rahmen konnte an Ernährungsworkshops, rücken- und gelenkfreundlichen Bewegungsangeboten und Stressbewältigungsvorträgen – jeweils bedarfsangepasst auf die Berufsgruppe – teilgenommen werden. In kleinen Übungen und mit Verkostungen wurde direkt Bezug auf den Arbeitsalltag genommen und Praxisbeispiele geliefert. Der teamstärkende Teil wiederum stellte die Zusammenarbeit und das WIR-Gefühl in den Mittelpunkt. Mithilfe von kreativen Teamstationen und gemeinsam zu bewerkstelligenden Teamaufgaben wurden nicht nur Stärken jedes Einzelnen, sondern auch das gute Miteinander herausgearbeitet.

Ein weiterer Schwerpunkt des Präventionsprojekts war die Qualitäts- und Konzeptionsarbeit. Die Einrichtung hatte es sich zur Aufgabe im Bereich QM gemacht, das Verpflegungsangebot und die Ernährungsgewohnheiten in der Kita zu optimieren. So wurde in separaten Steuerkreisen vor allem konzeptionelle Arbeit geleistet. Das Frühstücks- und Vesperangebot wurde überarbeitet und gemeinsam mit den Küchenfachkräften angepasst. Das Mittagessen wiederum wurde gemeinsam mit dem Caterer auf qualitative Verbesserung und Vielseitigkeit überprüft. Besonders der Krippenbereich profitierte von diesen Anpassungen, da die Unter-Dreijährigen nicht aktiv in die Kinderprojektstunden eingebunden wurden.

Auch die Verhältnisse im Kita-Gelände wurden im Zuge des Bewegungsprojekts angepasst und optimiert. Der Krippengarten wurde neu konzeptioniert, mit vorerst vorhandenen Mitteln baulich verändert und um weitere intuitive Bewegungsangebote erweitert.

Die Projekterrungenschaften sowie trainierten Fähigkeiten und Gesundheitskompetenzen der Kinder wurden im Rahmen von Familiennachmittagen präsentiert. Teilnehmende Eltern und Großeltern konnten gemeinsam mit ihren Kindern interessante, spannende und interaktive Stationen bestreiten, gemeinsam aktiv werden, leckere Snacks verkosten und diese auf Alltagstauglichkeit testen.

37.4.5 ... und ergab diese Ergebnisse:

Im Rahmen der Projektlaufzeit wurde viel verändert, optimiert und vorangetrieben. Einiges war messbar – z. B. das Erschaffen neuer Strukturen im Garten oder ein angepasstes Verpflegungskonzept in der Einrichtung. Die Zufriedenheit der Kinder war vor allem im gezeigten Interesse am Thema, der guten Mitarbeit und der Freude auf die Besuche der externen Fachkräfte ersichtlich. Die Kinder präsentierten gern von Projektstunde zu Projektstunde ihr zuletzt erworbenes Wissen und berichteten auch zu Hause ihren Eltern voller

Stolz vom Erlebten. Insgesamt nahmen alle Kita-Gruppen am Projekt teil. Die Zielgruppe der Krippenkinder wurde seitens des Personals ins Projekt integriert. Durch Multiplikatorenschulungen wurden die Pädagog*innen befähigt, niederschwellige Angebote für Kleinkinder in den Betreuungsalltag zu integrieren. Sie setzen seither ebenfalls neue Rezepte für Frühstücks- und Vespermahlzeiten um, wovon die Kinder tagtäglich profitieren.

37.4.6 Wie wurde das Projekt finanziert?

Mit Bezug auf die geteilte Finanzierung durch eigene Ressourcen und beantragte Fördermittel gesetzlicher Krankenkassen war die Umsetzung aller geplanten Projektbausteine unproblematisch und in vollem Umfang möglich. Die finanziellen Mittel haben in jedem Fall gereicht und ermöglichten sowohl die professionelle Begleitung aller Projektstunden und Gesundheitsangebote durch eine externe Ökotrophologin, Soziologin und Sportwissenschaftler sowie verschiedene Investitionen in Sach-, Lebens- und Verbrauchsmittel und bauliche Veränderungen im Gartenbereich. Die Honorarkosten für die zertifizierten Fachkräfte wurden vollständig von einer kooperierenden Krankenkasse übernommen, die Kosten für die Sachmittel wiederum blieben in der Verantwortung des Trägers. Durch diese Kostenteilung konnten alle Vorhaben realisiert werden.

37.4.7 Welche Kommunikationswege haben sich im Projekt bewährt?

Innerhalb der Einrichtung wurde stets über Aushänge, Fotowände oder Gruppenplakate an die Elternschaft kommuniziert. Über „Tür-und-Angelgespräche" wurden ebenfalls Informationen kurzerhand weitergegeben. Die genaue Dokumentation erfolgte parallel in sogenannten Portfolios. In Form dieser kindbezogenen Projektmappen konnten kreative Arbeiten, Rezepte und Projektinhalte archiviert und anschließend an die Familien ausgehändigt werden.

Im Falle wichtiger Hinweise und Informationen wurde auch der Kommunikationsweg über E-Mail bzw. eine Kita-App genutzt. So erhielten die Eltern durchweg flexibel und über verschiedene Kommunikationskanäle konstant Informationen zum Projektverlauf und wurden über Möglichkeiten informiert, sich aktiv ins Projekt einzubringen.

Extern wurde ebenfalls über E-Mails und Telefonate Kontakt zu allen Kooperationspartnern gehalten. Kurze Absprachen vor und nach den Projektstunden ermöglichten einen reibungslosen Ablauf zwischen externen Dienstleistern und dem Kita-Team.

Schlussendlich erhielt die Krankenkasse einen ausführlichen Projektbericht mit detaillierter Beschreibung des Projektverlaufs und -erfolgs.

37.5 Welche Erkenntnisse ergeben sich aus den Präventionsprojekten?

Eine maßgebliche Erkenntnis aus allen bisherigen Kita-Projekten ist, dass weder die ausschließliche Arbeit mit den Kindern noch die alleinige Weiterbildung von pädagogischem Personal Erfolg bringend ist – es ist die Kombination aus beidem. Besonders in Verbindung mit strukturverändernden Maßnahmen, z. B. den angepassten Mahlzeiten oder optimierten Bewegungsverhältnissen, sind die verhaltensverändernden Anregungen besonders nachhaltig. Nicht immer bietet sich ein so optimaler Projektverlauf, weshalb wir hier definitiv von „Good Practice" sprechen können. Es ist in jedem Fall empfehlenswert, nach ca. 6 Monaten noch einmal Kontakt aufzunehmen, um Rückfragen zur Nachhaltigkeit der Interventionen zu stellen oder gegebenenfalls neue Gewohnheiten aufzufrischen und an eine Umsetzung im Kita-Alltag zu erinnern und zu diesen – trotz eng getakteten Abläufen und festen Strukturen – zu motivieren. Weiterhin empfehlenswert ist es, sich regionale Partner zur Unterstützung zu suchen, um die pädagogische Arbeit zu erweitern. Externe Angebote erfrischen nicht nur die tägliche Arbeit der Erziehenden, sondern begeistern auch die Kinder und sorgen für „frischen Wind" und Motivation beim Lernen. Ausflüge sind bei den Kindern ebenso beliebt, wie Besuche von Gästen, die ein spannendes Programm im Gepäck haben. Ob also ein Besuch auf einem nahe gelegenen Bauernhof oder eine Probetrainingseinheit eines ortsansässigen Sportvereins direkt in der Einrichtung – Kinder lieben Abwechslung und neuen Input. Viel Erfolg bei der Suche nach spannenden Kooperationspartnern.

37.5.1 Prozessmanagement für einen guten Ablauf

Wie bereits erwähnt, ist eine gute Absprache zwischen externen Dienstleistern und dem Kita-Team essenziell. Auch die Transparenz gegenüber der Elternschaft ist von Bedeutung für einen guten Projektverlauf. Kommunikation schafft nicht nur einen guten Überblick für alle, sondern auch Motivation, Begeisterung und stetiges Bewusstsein für eine gesundheitsförderliche Lebensweise – nicht zu vergessen der gute Kontakt zu den unterstützenden Partnern (Sponsoren, fördernde Krankenkassen etc.). Es hat sich bewährt, regelmäßig Arbeits- bzw. Steuerkreiskreistreffen für konzeptionelle, organisatorische und vor allem reflektierende Themen einzuplanen. Ein monatliches Treffen für zwei Stunden im Projektteam – bestehend aus externen Fachkräften und integrierten Gruppenerzieher*innen und der Einrichtungsleitung – ist bereits ausreichend, um gemeinsam strategisch und nachhaltig an den Projektschwerpunkten zu arbeiten. Ebenfalls hilfreich ist es, nicht an Projektplänen festzuhalten, wenn man zwischendurch erkennt, dass nicht der gewünschte Erfolg eintritt. Scheuen Sie sich nicht, Projektpläne anzupassen, um das eigentliche Ziel zu erreichen.

37.5.2 Schritt für Schritt zum Ziel

Die Präventionsprojekte können sowohl in ganzheitliche Gesundheitsprogramme eingebettet sein als auch eigenständig und losgelöst relativ niederschwellig parallel zum Kita-Alltag realisiert werden. Das hier beschriebene Projekt wurde in den Qualitätsmanagementprozess über die pädquis Stiftung integriert und ergänzte das Optimierungsvorhaben in den Bereichen Ernährung und Verpflegung sowie Bewegungsförderung im praktischen Sinne durch die Unterstützung von Fachpersonal und Expertise maßgeblich. Um ein solches komplexes Vorhaben nachhaltig zu begleiten, wurde die gemeinsame Zusammenarbeit für einen längeren Zeitraum vereinbart. Allerdings sind kassengestützte Förderprogramme endlich und nicht wiederholbar. Daher lag unser Schwerpunkt auf der praktischen Schulung des pädagogischen Personals zu vielseitigen Aspekten und Inhalten ernährungs- und bewegungspädagogischer Kernthemen. In Form eines Trainings-on-the-Job wurde zusammen mit den Erzieher*innen jede einzelne Projektstunde angeleitet, gemeinsame Elternabende und Familiennachmittage angeboten und im Steuerkreis stets die Verhältnisse qualitativ überprüft sowie am Bedarf und nach vorhandenen Ressourcen weiterentwickelt.

Ein gutes Stichwort: Bedarf. Jedes Präventionsprojekt sollte am Bedarf der Zielgruppe ausgerichtet sein. So ermitteln wir vor Beginn stets die Interessen, Themen und Handlungsfelder einer Einrichtung und der darin betreuten Kinder und arbeitenden Erzieher*innen. Dabei entstehen immer individuelle Projekte mit umsetzbaren, gewinnbringenden, lehrreichen und vorantreibenden Inhalten und Interventionen. Mit der nötigen Konsequenz und Motivation ist das Kita-Team jederzeit in der Lage, Bekanntes und Kennengelerntes mit weiteren Jahrgängen an Kindern zu wiederholen oder abzuwandeln. Diese Verantwortung gilt es jedoch nach Projektende in die Hände der Einrichtung zu übergeben und kann – je nach Vereinbarung mit der Kindertagesstätte – auf Nachhaltigkeit hinterfragt und in einer Art Nachsorge „reaktiviert" werden.

Die *Meilensteine der Projektarbeit* sind beispielhaft in Tab. 37.1 beschrieben und stellen einen grundsätzlich klassischen und sinnhaften Ablauf im Projektgeschehen dar.

Tab. 37.1 Meilensteine im Projektverlauf. (Eigene Darstellung)

Meilensteine	Verantwortliche	Mögliche Arbeitsschritte/Umsetzungsvarianten
Situations- und Bedarfsanalyse	Fachkräfte (Gesundheitsdienstleistende), Kita-Leitung, Kita-Team, ggf. Elternvertretende, Trägervertretende	Beobachtungen der Zielgruppe und Einschätzung des sozioökonomischen Umfelds und der demografischen Ausgangslage Eltern-/Teambefragung (schriftlich, Interviews und Einzelgespräche oder Diskussionsrunde) Begehung der Lebenswelt Ärztliche Untersuchungsberichte/Daten (Schuleingangsuntersuchungen)

(Fortsetzung)

Tab 37.1 (Fortsetzung)

Meilensteine	Verantwortliche	Mögliche Arbeitsschritte/Umsetzungsvarianten
Zielfindung	Fachkräfte (Gesundheitsdienstleistende), Kita-Leitung, Kita-Team, Kinder, ggf. Elternvertretende	Bildung einer Arbeits-/Steuerungsgruppe mit Projektverantwortlichen Diskussion der Projektziele unter Berücksichtigung des ermittelten Bedarfs und vorhandener Ressourcen Befragung der Kinder zu Wünschen und weiteren Ideen
Maßnahmenplanung	Fachkräfte (Gesundheitsdienstleistende), Kita-Leitung, Kita-Team	Erstellung eines Maßnahmenplans Gewinnen von Kooperationspartnern Finanzierungsplan erarbeiten und Fördermittel beantragen
Projektdurchführung	Kita-Team, Fachkräfte	*Am Beispiel Ernährung:* ernährungspädagogische Projektstunden zu verschiedenen Schwerpunkten gesunder Ernährung – gemeinsam mit den Kindern und den Erzieher*innen (z. B. Trinken/gesunde Getränke, Obst & Gemüse, Getreideprodukte, Milch und Milcherzeugnisse, Kartoffel, Kürbis und Co., gesund Naschen, internationale Speisen etc.) Kochworkshops mit Eltern und Kindern (gesunde Familienküche) Themen-Elternabende Erzieher*innen-Fortbildungen/ Multiplikatorenschulung zum Thema gesunde Kinderkost (ergänzend Allergien und Unverträglichkeiten im Kindesalter, kindgerechte Portionen, Kinderlebensmittel, Zucker und gesund Naschen etc.) Steuerkreisarbeit in Form von Teamberatungen (inkl. Küchenfachkräfte und/oder Caterer) Anpassung der Verhältnisse (z. B. Optimierung des Speiseangebots, Anschaffung neuer Küchengeräte, Einrichtung einer Kinderküche) Erstellung einer Projektmappe mit Arbeitsmaterialien, Kopiervorlagen, Rezepten etc.
Projektabschluss	Kita-Team, Kita-Leitung, Elternvertretende, Fachkräfte	Retrospektive (Was hat gut geklappt? Was soll dauerhaft verändert und verstetigt werden? Welche Ressourcen stehen uns für eine Weiterführung zur Verfügung? Wo benötigen wir weiterhin Unterstützung und wo bekommen wir diese her?)
Bewertung und Dokumentation	Projektteilnehmende (Kinder, Pädagog*innen), Kita-Leitung, Fachkräfte	Reflektierendes Abschlussgespräch und Erstellung eines Projektberichts

Sind die Projektfördermittel nach Beantragung bewilligt, stehen sie der Einrichtung gegen Vorlage von Verwendungsnachweisen zweckgebunden für den kommunizierten Projektzeitraum zur Verfügung. Die Höhe der Gesamtförderung ist abhängig von der Förderfähigkeit der beantragten Maßnahmen und den verfügbaren Eigenmitteln der Einrichtung. Eine finanzielle Eigenbeteiligung in Höhe von 10 bis 15 % der Gesamtkosten für das Projekt ist üblich. Je intensiver oder länger die Betreuung durch externe Fachkräfte sein soll, desto mehr finanzielle Ressourcen sollten eingeplant werden oder zur Verfügung stehen. Die Herkunft der Gelder (Träger, Eltern, Sponsoren etc.) ist hierfür irrelevant.

37.5.3 Welche und wie viele Personen sind wertvoll für das Projekt?

Nicht jedes Präventionsprojekt sieht es vor, alle zu Beteiligten zu machen. Manche Projekte sind so konzeptioniert, dass eine Pilot-Kindergruppe mit einer pädagogischen Fachkraft als Multiplikator*in an den Projektstunden teilnimmt und über eine Steuerungsgruppe oder Dienstberatungen Inhalte und praktische Erfahrungen an den Rest der Kolleg*innen verteilt werden. Andere Projekte wiederum beteiligen mehr Kita-Gruppen und damit auch mehr Erziehende, was den Vorteil mit sich bringt, dass sich in Steuerkreisen über gemeinsam und doch unterschiedlich gemachte Erfahrungen ausgetauscht und diskutiert werden kann.

Bezüglich der Gruppenstärke für eine Projekteinheit ist es erfahrungsgemäß sowohl für das Handlungsfeld „Bewegung" wie auch für die Ernährungsangebote ratsam, eine Kinderzahl von maximal 15 Kindern auf zwei Erwachsene (in der Regel eine pädagogische Fachkraft und ein externer Trainer) nicht zu übersteigen. Schließlich braucht jedes Kind Anleitung, Betreuung und Aufmerksamkeit seitens eines Erwachsenen, um den Fokus und die Motivation nicht zu verlieren.

In jedem Fall ist jedoch der Transfer in die Elternhäuser über die Zusammenarbeit und einen offenen Austausch mit den Eltern vorteilhaft. Je mehr Erwachsene eingebunden sind, desto nachhaltiger werden die Kinder mit einer gesunden Lebensweise konfrontiert und wie selbstverständlich damit im Alltag zu Hause wie auch im Kita-Alltag in Berührung gebracht.

Auch thematisch begleitende Kooperationspartner sind wertvolle Projektpartner und sorgen für inhaltliche Abwechslung, Schonung personeller Ressourcen der Einrichtung und Offenheit bei den Kindern.

37.5.4 Welche Rahmenbedingungen und Hilfsmittel wirken unterstützend?

Kinder sind praktisch veranlagt. Lange Phasen des Frontalunterrichts sorgen für Langeweile und Desinteresse. Daher hat es sich bewährt, eine Projekteinheit abwechslungsreich und kurzweilig zu gestalten. Je jünger die Kinder, desto kürzer das Angebot. Je vielseitiger, spannender und praktischer allerdings das Programm ist, desto länger ist auch das Durchhaltevermögen der Kleinen.

Unsere Projekteinheiten dauern durchschnittlich 60 min – ohne Vor- und Nachbereitungszeit – und bestehen im Rahmen eines Ernährungsprojekts meist aus den folgenden Bestandteilen:

- Kindgerechte Theorie – vermittelt über Geschichten, Bilderbücher, „Kleine Experten-Runden", Bewegungsspiele (auch zu Ernährungsthemen) oder gemeinsam durchgeführten Experimenten
- Praktische Zubereitung von leckeren Kostproben – einerseits zum Trainieren von feinmotorischen Fingerfertigkeiten, andererseits zum mutigen Probieren neuer Speisen
- Gemeinsames Erleben von angenehmen Tischsitten und gemütlicher Essatmosphäre sowie gegenseitige Unterstützung beim Aufräumen und Ordnung machen

Mitgebrachte Geräte, Küchenmaschinen und neue Rezepte bereiten den Kindern besonders Spaß. So ist unsere Getreidemühle oder das Bedienen eines Mixers oder eines anderen elektrischen Küchengeräts oftmals das Highlight vieler Kinder. Auch über Lebensmittelmoulagen oder interaktive Ernährungspyramiden freuen sich die Kinder und sind aktiv und begeistert bei der Sache. Je bunter die Requisitenkiste, desto besser.

37.6 Je länger, desto selbstverständlicher

Es wurde bereits angedeutet, dass Präventionsprojekte individuelle Laufzeiten haben können. Wie intensiv eine Einrichtung sich einem speziellen Thema widmen kann, ist meist von den Personalressourcen und weiteren pädagogischen Programmpunkten im geplanten Kita-Jahr abhängig. Der Bildungsauftrag hängt in unserem Bundesland z. B. vom Sächsischen Bildungsplan ab und lässt nur bestimmte Kapazitäten für extern unterstützte Bildungsarbeit offen. Allerdings besteht auch keine Vorgabe, in welcher Frequenz die Projektstunden stattzufinden haben. Wenn ein Projekt besonders lange und nachhaltig nachverfolgt werden soll, kann dementsprechend die Häufigkeit der externen Besuche verringert werden. Somit bleibt noch ausreichend Zeit, sich der mathematischen oder sozialen Bildung oder kreativ-gestalterischen Themen zu widmen. Meist lassen sich diese Schwerpunkte aber auch mit gesundheitsrelevanten Aspekten und der damit verbundenen somatischen Bildung direkt verknüpfen.

Wir haben im Laufe der Jahre festgestellt, dass Projektlaufzeiten von 6 bis 12 Monaten zu einem guten und nachhaltigen Ergebnis führen, weder zu ineffektiv noch zu langwierig sind und für mehr Selbstverständnis gesunder Tagesstrukturen und Gesundheitskompetenzen sorgen.

37.7 Je vernetzter, desto nachhaltiger

Unterstützende und Partner erweitern nicht nur die finanziellen und personellen Ressourcen, sondern vor allem die Perspektive. Was den fachlichen Blick auf ein Thema manchmal einschränkt bzw. Kompetenzen an ihre Grenzen bringt, lösen Kooperationspartnerschaften. Ein gutes Netzwerk zu pflegen, bedarf zwar ein wenig Einsatz und Engagement, lohnt sich aber.

Hinsichtlich finanzieller Unterstützung gibt es unterschiedliche bundesweite Projektförderprogramme verschiedener gesetzlicher Krankenkassen. Selbst die Unfallkasse bietet Unterstützung in Form von Beratung, Arbeits- und Informationsmaterialien und Broschüren zu Themen rund um den Gesundheitsschutz, Sicherheit und Ergonomie von Kindern und Erzieher*innen in Kindertagesstätten.

Doch auch die Erweiterung eigener Ideen, fachlicher und pädagogischer Kompetenzen durch externe Dienstleistende ist durchaus eine Erleichterung und Bereicherung für alle. Dabei vermitteln die Krankenkassen qualifizierte Gesundheitsanbieter, wie Diätassistent*innen und Ökotropholog*innen, Psycholog*innen und Sozialpädagog*innen oder Sportwissenschaftler*innen und Physiotherapeut* innen. Ein Ausflug auf einen Bauern- oder Biohof oder zu einem Sportverein ist für die Kinder allerdings auch ein großes Highlight. Sie planen ein Ernährungs-, Bewegungs- oder Entspannungsprojekt? Dann schauen Sie sich doch einmal in Ihrer Region nach Ausflugszielen und Exkursionspartnern um.

Die beschriebenen Projekte wurden bisher gemeinsam in zahlreichen Einrichtungen im Raum Chemnitz/Erzgebirgskreis/Zwickauer Land/Vogtlandkreis im Zeitraum von 2012 bis 2023 (und andauernd) höchst individuell und bedarfsgerecht geplant und umgesetzt vom Projektpartner projecDo GmbH in Chemnitz.

Weitere Projekt- und Finanzierungspartner sind regionale Vertretende der gesetzlichen Krankenkassen.

Ein gutes Team, zuverlässige Partner und motivierte Kita-Teams sind wichtige Erfolgsfaktoren für eine gute Umsetzung gesundheitsförderlicher Vorhaben.

38

Gesundheitstag – von A wie Anfrage bis Z wie Zahlung

Christina Steinbach

Die Theorie über die Wichtigkeit und Notwendigkeit von Gesundheitstagen in Unternehmen und im Rahmen der Betrieblichen Gesundheitsförderung (BGF) wurde in den vorangehenden Kapiteln ausreichend dargelegt. In diesem Kapitel soll es um die praktische Umsetzung eines Gesundheitstages gehen.

> **Übersicht**
>
> Das Unternehmen Hans Dampf war schon immer bestrebt, seinen Mitarbeitenden das beste Umfeld zu bieten. Als der Vorstandsvorsitzende, Johann Schmitt, vom Trend zum Gesundheitstag in anderen Unternehmen hörte, war er sofort Feuer und Flamme dafür. So etwas hatten sie noch nie umgesetzt.
>
> Johann beschloss, dass sich der Gesundheitstag auf die Ernährung konzentrieren sollte, da eine gesunde Ernährung für eine gute Gesundheit unerlässlich ist. Aber wie sollten sie das anstellen? Deshalb wandte er sich an einen Experten – einen Ernährungswissenschaftler, der ihm helfen konnte, etwas Sinnvolles zu planen, das gleichzeitig Spaß macht.

C. Steinbach (✉)
DR. AMBROSIUS® – Ernährungsberatung, Soest, Deutschland
E-Mail: c.steinbach@dr-ambrosius.de

38.1 Anfrage und Analyse

Nach dem Eingang der Anfrage wird zeitnah ein Termin mit dem Unternehmen vereinbart, um in die detaillierte Planung einzusteigen.

Folgende Punkte sind zu diesem Zeitpunkt wichtig:

Ziele und Zielgruppen definieren: Bevor mit der Planung begonnen wird, sollten Sie überlegen, welche Ziele mit dem Gesundheitstag erreicht und welche Zielgruppen angesprochen werden sollen. Wie ist die Mitarbeitendenstruktur des Unternehmens? Welche Arbeitszeitmodelle sind im Unternehmen vorhanden?

Bereits *umgesetzte Maßnahmen* sollten abgefragt werden, um sich ein genaues Bild des Unternehmens zu machen.

Für eine passende weitere Planung ist es unabdingbar, dass auch das *Budget und die Finanzierungsmöglichkeiten* festgelegt werden. Bevor dieser Punkt nicht steht, kann nicht in die weitere Planung eingestiegen werden.

Nach diesem ersten Termin sollten Sie sich Gedanken machen, wie der Gesundheitstag strukturiert sein kann. Wichtig ist immer ein Mix aus individuellen Anspracheamaßnahmen mit den Mitarbeitenden und Maßnahmen, die für alle niederschwellig zugänglich sind.

Mögliche Maßnahmenkombination wären
- Aktionsstand kombiniert mit einem Workshop
- Aktionsstand mit einer Verkostung und passendem Vortrag
- Vortrag als Kick-Off und anschließende Workshops
- Vortrag als Kick-Off mit anschließender Sprechstunde

> ▶ **Tipp** Erstellen Sie nach dem ersten Termin ein umfangreiches Angebot mit verschiedenen Vorschlägen zum Gesundheitstag. Das Angebot sollte alle Kostenpunkte mit detaillierter Beschreibung enthalten, wie Konzeptionszeit, Durchführung, Materialien, Logistik, weitere Kolleg*innen (falls erforderlich), Anschaffung von Deko- und Anschauungsobjekten.
>
> Gestalten Sie drei Varianten für einen Gesundheitstag mit unterschiedlichem Budget und weisen Sie die Kosten einmal gesamt und dann auch pro Mitarbeitenden aus. So haben Sie einen großen Verhandlungsspielraum mit dem Unternehmen.

38.2 Durchführung

Das Unternehmen hat sich für eine Variante Ihres Angebots entschieden. Jetzt geht es in die detaillierte Planung. Kommunizieren Sie die genaue Timeline, die für die weiteren Schritte notwendig ist. Erstellen Sie sich einen genauen Zeitplan, wann Sie welche Punkte für die Durchführung des Tages erledigen müssen. Denken Sie an Drucktermine, Termine, bis wann die Layouts abgestimmt werden müssen etc.

Falls das Unternehmen sehr viele Mitarbeitende an dem Tag erwartet, ist es sinnvoll, ab 200 Mitarbeitenden eine weitere Kraft einzubinden. Fragen Sie frühzeitig an, wer Sie unterstützen kann.

Sie haben kein eigenes Netzwerk an Kolleg*innen? Dann suchen Sie sich Unterstützung. Geeignete Adressen sind:

- VDOE Expertensuche
- VDD Fachkräfteportal
- Save Nutrition Netzwerk
- Nutrition Hub
- DR. AMBROSIUS Netzwerk
- oder auch lokale Netzwerke von Fachkräften

Die Durchführung

- Stellen Sie sicher, dass genügend Fachkräfte vorhanden sind, um die Maßnahmen durchzuführen und die Besucher zu betreuen.
- Koordinieren Sie die Fachkräfte und stellen Sie sicher, dass jeder über seine Rolle und Aufgaben informiert ist.
- Unterstützen Sie das Unternehmen beim Bewerben der Veranstaltung über Social Media, E-Mail-Newsletter und andere Kanäle, um eine maximale Teilnehmerzahl zu erreichen.
- Stellen Sie sicher, dass alles wie geplant verläuft und die Fachkräfte und die Besuchenden alle Maßnahmen genießen und Spaß daran haben.
- Bleiben Sie flexibel, wenn es Änderungen oder unvorhergesehene Probleme gibt.

Beispiel

Praxisbeispiel: Video zum HAW-Gesundheitstag: https://www.podcampus.de/nodes/Rekko ◄

38.3 Nachbereitung und Evaluation

Eine sorgfältige Nachbereitung und Evaluation des Gesundheitstags im Unternehmen sind genauso wichtig wie die Planung und Durchführung selbst.

- *Erstellen Sie einen Fragebogen:* Erstellen Sie einen Fragebogen, um das Feedback der Mitarbeitenden zu sammeln. Fragen können z. B. sein, wie sie den Tag fanden, welche Aktivitäten ihnen am besten gefallen haben und welche Verbesserungen sie vorschlagen würden.

- *Analysieren Sie das Feedback:* Analysieren Sie das Feedback der Mitarbeitenden, um herauszufinden, welche Bereiche des Gesundheitstags erfolgreich waren und welche verbessert werden müssen. Verwenden Sie diese Erkenntnisse, um den nächsten Gesundheitstag zu verbessern.
- *Bedanken Sie sich bei den Mitarbeitenden:* Bedanken Sie sich bei den Mitarbeitenden für ihre Teilnahme am Gesundheitstag und teilen Sie ihnen mit, welche Schritte unternommen werden, um ihre Vorschläge zur Verbesserung des nächsten Gesundheitstags umzusetzen.
- *Planen Sie den nächsten Gesundheitstag:* Verwenden Sie das Feedback, um direkt den nächsten Gesundheitstag mit dem Unternehmen zu planen und zu verbessern.

Eine sorgfältige Nachbereitung und Evaluation des Gesundheitstags im Unternehmen ist der Schlüssel, um sicherzustellen, dass die Mitarbeitenden von der Veranstaltung profitieren und um weiterhin mit dem Unternehmen in Kontakt zu bleiben.

Machen Sie dem Unternehmen klar, dass ein einzelner Gesundheitstag keine BGF darstellt, sondern in ein kontinuierliches Konzept gegossen werden muss.

▶ Halten Sie regelmäßig Kontakt mit den Unternehmen, bei denen Sie bereits Maßnahmen durchgeführt haben. Machen Sie immer wieder saisonale oder auch innovative neue Angebote, die einen neuen Aspekt der Ernährung hervorheben. So bleiben Sie im Gespräch und können das Unternehmen nachhaltig betreuen.

38.4 Fazit

Die Umsetzung eines Gesundheitstags ist kein Hexenwerk, dennoch sind einige wichtige Punkte zu bedenken (siehe Kap. 13). Oftmals scheitern Gesundheitstage an intransparenten Kostenkalkulationen oder auch unattraktiven Themen. Saisonale und auch Trendthemen können immer wieder als Highlight in ein Konzept eingebunden werden. Stellen Sie sicher, dass das Unternehmen verstanden hat, dass einmalige Aktionen keinen nachhaltigen Effekt für die Mitarbeitenden bringen.

Anlage 37.1: Top-10-Themen
Hier sind 10 mögliche Themen für einen Gesundheitstag zum Thema Ernährung:

1. Die Bedeutung einer ausgewogenen Ernährung: Vermittlung von Kenntnissen über eine ausgewogene Ernährung und die Bedeutung von Nährstoffen für den Körper.
2. Superfoods und deren Wirkung auf die Gesundheit: Untersuchung von Superfoods, wie Chiasamen oder Goji-Beeren, und deren Wirkung auf die Gesundheit.
3. Vegane und vegetarische Ernährung: Vorstellung der Vorteile einer veganen und vegetarischen Ernährung und praktische Tipps zur Umstellung.
4. Tipps für eine gesunde Ernährung am Arbeitsplatz: Vermittlung von Tipps, um eine gesunde Ernährung auch im Arbeitsalltag zu integrieren.

5. Zuckerreduktion und gesunde Süßigkeiten: Tipps zur Reduzierung des Zuckerkonsums und Vorstellung von Alternativen wie z. B. Früchte.
6. Kochworkshops und Rezepte für gesunde Mahlzeiten: praktische Tipps und Anleitungen zur Zubereitung leckerer und gesunder Mahlzeiten.
7. Intervallfasten: Vermittlung von Kenntnissen über Intervallfasten und dessen Auswirkungen auf den Körper.
8. Glutenfreie Ernährung: Vorstellung der Vorteile einer glutenfreien Ernährung und praktische Tipps zur Umstellung.
9. Ernährung bei Stress: Tipps zur richtigen Ernährung bei erhöhtem Stresslevel und Stressbewältigung durch gesunde Ernährung.
10. Nachhaltige Ernährung: Vermittlung von Kenntnissen über nachhaltige Ernährung, z. B. regionale und saisonale Produkte sowie umweltfreundliche Verpackungsmaterialien.

Diese Themen können als Grundlage für einen erfolgreichen Gesundheitstag im Unternehmen dienen und den Mitarbeitenden helfen, ihre Ernährungsgewohnheiten zu verbessern und ein gesünderes Leben zu führen.

Anlage 37.2: Checkliste Materialien
Hier ist eine Checkliste für Materialien, die für einen Gesundheitstag zum Thema Ernährung erstellt werden können:

1. Flyer und Broschüren: Erstellen Sie informative Flyer und Broschüren, die Tipps und Ratschläge für eine gesunde Ernährung bieten. Diese können an Besucher*innen verteilt werden, um ihnen dabei zu helfen, ihre Ernährungsgewohnheiten zu verbessern.
2. Poster und Infografiken: Erstellen Sie aussagekräftige Poster und Infografiken, die die Vorteile einer gesunden Ernährung illustrieren. Diese können auch praktische Tipps enthalten, wie z. B. Portionsgrößen, Lebensmittelgruppen und gesunde Snackoptionen.
3. Präsentationen: Planen Sie Präsentationen von Experten aus der Ernährungsbranche, die Besucher*innen wertvolle Informationen zur Verfügung stellen können. Themen können die Bedeutung von Makronährstoffen, die Vorteile von lokalen Produkten oder die Auswirkungen von Zucker auf den Körper sein.
4. Kostproben: Bieten Sie gesunde Lebensmittelproben an, die den Besuchern zeigen, wie lecker und einfach es sein kann, sich gesund zu ernähren. Dies kann Früchte, Gemüse, Nüsse und andere gesunde Snacks umfassen.
5. Kochvorführungen: Planen Sie Kochvorführungen von Chefköch*innen oder Expert*innen, die zeigen, wie man schnelle, einfache und leckere Mahlzeiten zubereitet. Die Besucher*innen können dann die zubereiteten Mahlzeiten probieren.
6. Aktivitäten: Planen Sie Aktivitäten, die Besucher*innen einbeziehen und ihnen helfen, mehr über gesunde Ernährung zu erfahren. Beispiele sind Quizspiele, sportliche Aktivitäten, wie Yoga oder Tanz, oder interaktive Kochkurse.
7. Giveaways: Erstellen Sie Giveaways, z. B. Kühlschrankmagnete oder Einkaufslisten, die den Besucher*innen helfen, ihre gesunden Ernährungsgewohnheiten fortzusetzen.

Mit dieser Checkliste können Sie sicherstellen, dass Sie alle notwendigen Materialien für einen erfolgreichen Gesundheitstag zum Thema Ernährung haben.

Weitere Checklisten finden Sie hier:

https://www.gesundheitswirtschaft.ihk.de/veroeffentlichungen/merkbl/leitfaden-zur-planung-eines-gesundheitstages-1685196

https://www.bgm-bkk.de/Leitfaden_comp

39 Nudging in der Betriebsgastronomie – systematisch einführen

Ulrike Pfannes und Sibylle Adam

39.1 Einleitung

Seit der Verleihung des Wirtschaftsnobelpreises 2017 an R. Thaler hat das Thema Nudging national und international Fahrt aufgenommen (Rossi et al., 2020) und wird mittlerweile in verschiedenen Feldern eingesetzt (z. B. Ernährung, Gesundheit, Bewegung, Nachhaltigkeit). Auch in der Betriebsgastronomie (BG) kann es ein zweckmäßiger Ansatz sein, um sowohl individuelle als auch gesellschaftlich wichtige Themen voranzubringen. (Adam et al, 2019).

Der nachfolgende Beitrag basiert u. a. auf zahlreichen Projekten, die die Autorinnen ab 2017 mit Praxispartnern durchgeführt haben. Er hat folgende Inhalte:

- Das systematische Vorgehen bei Nudging-Projekten wird dargestellt und damit auch die Essenz der Erfahrungen gebündelt präsentiert.
- Es werden selbst entwickelte, digitale Bildungsmaterialien zum Thema Nudging (auch spezifisch für die BG) vorgestellt. Diese können zu Schulungszwecken in Betrieben der Gemeinschaftsgastronomie (GG) kostenfrei genutzt werden (www.hoou.de).

Grundlagen zu Nudging und Beispiele für Nudging-Maßnahmen wurden bereits im Kap. 30 dieses Buches gelegt und können dort vertieft werden.

U. Pfannes (✉) · S. Adam
HAW Hamburg, Hamburg, Deutschland
E-Mail: Ulrike.Pfannes@haw-hamburg.de

39.2 Entscheidungsarchitektur gestalten – ein Fokus von Nudging und Marketing

Marketing gehört zu den alltäglichen Aufgaben in der BG (Bober, 2001). Beispiele für Marketingaktivitäten sind u. a. Gäste intuitiv dazu bringen, Impulskäufe zu tätigen, Speisen und Getränke so zu positionieren, dass umsatzstarke Produkte besonders nachgefragt werden, attraktive Produkte häufiger anzubieten, die zu einem größeren Gästeaufkommen führen („Renner-Liste"), Speisen und Getränke in der Ausgabe so attraktiv zu platzieren, dass diese zum spontanen Mitnehmen anregen.

Diese Erfahrung in der BG kann ggf. zu der Annahme führen, dass das Thema Nudging schon bekannt sei und Marketing und Nudging in der betrieblichen Praxis „irgendwie" gleichgesetzt würden. Es gilt bei der Einführung von Nudging deshalb deutlich zu machen, was das Spezifische an Nudging ist.

Sowohl Marketing als auch Nudging beruhen auf Ansätzen der Verhaltensökonomie (Adam et al., 2023). Deshalb sollen nachfolgend knapp die Gemeinsamkeiten und Unterschiede dargestellt werden, um Missverständnisse bei der Einführung von Nudging zu vermeiden und deutlich zu machen, dass es sich bei Nudging um einen ethischen Ansatz handelt.

Im Zentrum von Nudging („anstupsen") steht die Gestaltung der Entscheidungsarchitektur (Thaler & Sunstein, 2009; Sunstein, 2014), um das „gute" Verhalten von Menschen intuitiv anzustupsen. Mit Blick auf z. B. den Aspekt Gesundheit ist dies für die Bg ein relativ neuer Ansatz, der im Rahmen der Betrieblichen Gesundheitsförderung (BGF) bzw. dem Betrieblichen Gesundheitsmanagement (BGM) genutzt werden kann. Für Nudging gelten Grundsätze, die zwingend zu berücksichtigen sind. Die nachfolgende Abb. 39.1 illustriert diese grafisch.

Nudging und Marketing sind jeweils Konzepte, die das Verhalten des Gastes intuitiv beeinflussen wollen und auf Erkenntnissen der Verhaltensökonomie (Kahnemann, 2012) basieren. Bei beiden Ansätzen steht die Entscheidungsarchitektur im Mittelpunkt, allerdings mit deutlich unterschiedlichem Anliegen (Adam et al., 2023). Die nachfolgende Tab. 39.1 zeigt auf, dass sich sowohl die Grundsätze als auch die Ziele (auch in der Betriebsverpflegung) deutlich unterscheiden.

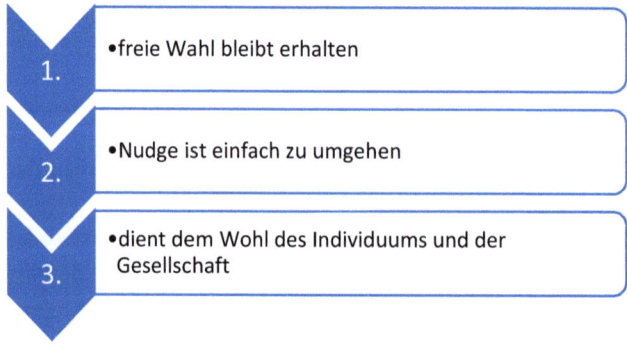

Abb. 39.1 Die Grundsätze des Nudging. (Aus Thaler & Sunstein, 2009)

Tab. 39.1 Nudging und Marketing im Vergleich. (Pfannes et al., 2023)

Kriterium	Nudging in der Gemeinschaftsgastronomie	Marketing in der Gemeinschaftsgastronomie
Grundsätze und Bedingungen	Folgende Grundsätze sind zu berücksichtigen (nach Thaler & Sunstein, 2009): 1. Eine freie Wahl bleibt erhalten. 2. Der Nudge ist leicht zu umgehen. 3. Maßnahmen dienen dem Wohl des Einzelnen oder der Gesellschaft (z. B. Gesundheit), d. h. sie sind ethisch und moralisch vertretbar. Ein Nudge ist ein „Anstupser für das Gute" z. B. Gesundheit und Nachhaltigkeit (d. h. insbesondere Grundsatz 3 ist hier bedeutsam)	Die Kundenorientierung ist das oberste Leitprinzip des Marketings (Adam et al., 2023). a. Am „Point of Sale" dient Marketing & Verkaufsförderung der Erhöhung des Absatzes bzw. Ertrags. b. Eine längerfristige Kundenbindung wird angestrebt. c. Die Einbeziehung langfristiger und gesellschaftlicher Ziele (z. B. Gesundheit, Nachhaltigkeit) haben in der Regel dort ihre Grenzen, wo diesen ökonomische Ziele des Verpflegungsbetriebs im Wege stehen.

Als Schlussfolgerung aus diesen knappen Ausführungen lässt sich für die Umsetzung von Nudging in die Praxis der BG Folgendes ziehen:

▶ Bei der Nutzung des Nudging-Ansatzes ist einerseits eine Auseinandersetzung mit den bisherigen Marketingzielsetzungen in der GG notwendig, da es hier ggf. einer Korrektur bedarf. Andererseits kann bei der Umsetzung aber auch an Bekanntes angeknüpft werden, was die Einführung erleichtern kann, z. B. mit Blick auf die Frage, wie man das Verhalten der Gäste intuitiv beeinflussen und die Entscheidungsarchitektur konkret gestalten kann (u. a. Platzierung, Positionierung, attraktive Warenpräsentation, Licht).

39.3 Voraussetzungen schaffen für die Umsetzung von Nudging-Maßnahmen

39.3.1 Ein gesundheitsförderliches Angebot gewährleisten

Damit Nudging in der BG überhaupt umgesetzt werden kann, ist es notwendig, dass ein gesundheitsförderliches Angebot (Umweltbundesamt [Hrsg.], 2022) vorliegt, z. B. auf der Basis folgender branchenspezifischer (externer) Standards, Gütezeichen und Konzepte:

- DGE-Qualitätsstandard Betriebsverpflegung,
- RAL Gütezeichen Kompetenz richtig Essen (RAL-GZ 110/4),
- Gastronomisches Ampelsystem (GAS)

Auf der Grundlage dieser Konzepte können Betriebe sich auch extern überprüfen und zertifizieren lassen. Damit ist gewährleistet, dass das gesundheitsförderliche Angebot verlässlich vorhanden ist (siehe Kap. 25). Dieses gesundheitsförderliche Angebot stellt eine zentrale Basis für Nudging-Maßnahmen dar.

Die Entscheidung für den Nudging-Ansatz kann auch auf das gesundheitsförderliche Angebot Einfluss nehmen, denn erst, wenn dieses vorhanden ist, kann „angestupst" und das Angebot dadurch weiter gestärkt werden.

39.3.2 Verantwortliche überzeugen

Eine klare Festlegung der Unternehmensleitung bzw. Betriebsleitung des Verpflegungsbereichs „Pro Nudging" ist zwingend notwendig, damit diese mit Engagement beim „Anstupsen" dabei ist und gleichzeitig auch die Grundsätze des Nudgings berücksichtigt (siehe Abb. 39.1).

▶ Man kann pointiert sagen: Zuerst müssen die Verantwortlichen und die BG-Beschäftigten „angestupst" werden. Wenn das gelungen ist, können auch die Gäste „angestupst" werden.

Um Verantwortliche und BG-Beschäftigte von Nudging zu überzeugen, können folgende Argumente angeführt werden:

- weil Gäste das gerne wollen.
- weil der bzw. die Auftraggeber*in/Subventionsgeber*in es möchte.
- weil es gut für das Image ist.
- weil man damit einen gesellschaftlichen Beitrag leisten kann.
- weil sich Gesundheit auch mit „trendigen" Themen, z. B. Nachhaltigkeit, verknüpfen lässt.

Weitere Hilfestellungen sind im kostenfreien digitalen HOOU-Modul „Wann macht Nudging Sinn?" (www.hoou.de) gebündelt. Der nachfolgende Abschn. 39.3.3 gibt hierzu weitere Informationen.

39.3.3 Kompetenzen zu Nudging erwerben – Schulungen anbieten

Eine Schulung der Betriebsleitung und der Beschäftigten in der BG und ggf. auch weiterer Akteure (z. B. der Mitarbeitendenvertretung, BGM) ist hilfreich, damit der Nudging-Ansatz verstanden wird und die Maßnahmen korrekt umgesetzt werden können. Die Schulung kann auch zur Überzeugungsarbeit „Pro Nudging" genutzt werden.

Schulungen können auf unterschiedlichen Wegen erfolgen: Sie können in Präsenz und/oder digital und sowohl von internem als auch externem Personal durchgeführt werden.

Abb. 39.2 Übersicht über die HOOU-Bildungsangebote zu Nudging. (Quelle: www.houu.de)

Nachfolgend werden digitale Unterstützungsangebote vorgestellt, die von der Hamburg Open Online University (HOOU) bereitgestellt werden. Die HOOU fördert die Erstellung innovativer, digitaler Lernangebote in vielen Feldern. Der Content der Bildungsplattform wird von Lehrenden aller Hamburger Hochschulen erarbeitet. Somit ist gewährleistet, dass diese Inhalte fachlich fundiert sind und dem aktuellen Forschungsstand entsprechen. Die Autorinnen dieses Beitrags haben für die HOOU zwei Bildungsangebote im Feld Nudging erarbeitet und stellen diese der Öffentlichkeit zur Verfügung.

▶ Die digitalen Lernangebote der HOOU sind für alle kostenfrei online unter www.hoou.de zugänglich (Abb. 39.2).

Im Lernangebot „Nudging in der Ernährung" (HOOU [Hrsg.], 2021) werden ausführliche Grundlagen zum Thema dargelegt und mittels verschiedener digitaler Materialien vermittelt. Zielgruppe ist eine breite Öffentlichkeit, die sich für das Thema interessiert.

Das Lernangebot „Nudging für mehr Gesundheit und Nachhaltigkeit" (HOOU [Hrsg.], 2023) baut darauf auf. Der Kurs besteht aus sechs Modulen. Für jedes Modul werden diverse Materialien zur Verfügung gestellt, u. a. Video-Clips, Fachtexte, Übungsaufgaben und Quizze.

Folgende Themen werden im Lernangebot „Nudging für mehr Gesundheit und Nachhaltigkeit" ausführlich thematisiert und mit diversen Beispielen illustriert:

- Nudging: Grundlagen und Hintergründe
- Wann macht Nudging Sinn?
- Nudging & Gesundheit
- Nudging & Nachhaltigkeit
- Nudging & BGM
- Nudging in Kitas und Schulen

Es handelt sich um ein Schulungskonzept, das vor allem Multiplikator*innen dabei unterstützen möchte, Nudging als Maßnahme zur Stärkung der Gesundheit und Nachhaltigkeit einzusetzen. Es kann jedoch auch als Selbstlernkonzept genutzt werden.

Somit stehen allen Akteur*innen, die im Feld Nudging & Betriebsverpflegung (BG) aktiv sein wollen, verschiedene, kostenfreie Materialien zur Verfügung, die zu Schulungszwecken genutzt werden können und damit die Einführung und Umsetzung von Nudging erleichtern.

39.4 Nudging-Maßnahmen umsetzen – eine systematische Vorgehensweise

Nudging-Maßnahmen (siehe Kap. 30) in der BG einzuführen, ist als Projekt zu gestalten. Um erfolgreich sein zu können, kommen Tools des Projektmanagements zum Einsatz (z. B. SMARTe-Ziele, Zeitplanung, Budgetplanung, Projektteam). Der Nudging-Ansatz ist also bei der Einführung mit Projektmanagement zu verknüpfen.

Abb. 39.3 illustriert die grundlegende Vorgehensweise für die Einführung von Nudging-Maßnahmen.

a.) *Festlegung von Strategie und Zielen für Nudging*

Während Ziele konkrete Festlegungen über angestrebte Zustände bzw. Ergebnisse darstellen, die mittels Nudging-Maßnahmen erreicht werden sollen, ist die mittel- bis langfristige Entscheidung für Nudging als strategische Ausrichtung einzuordnen. Ein Beispiel für eine strategische Entscheidung und deren Formulierung ist:

Die BG soll einen wesentlichen Beitrag zur Gesundheitsförderung und Prävention der Beschäftigten leisten. Dies bezieht sich einerseits auf das gesundheitsförderliche Angebot und andererseits auf Nudging-Aktivitäten, um Gäste für ein „Mehr" an Gesundheit intuitiv „anzustupsen" Die verpflichtende, schrittweise Einführung von Nudging-Maßnahmen in der Betriebsverpflegung (BG) soll einen wesentlichen Beitrag zur BGF leisten.

Nachfolgend ist ein Beispiel für Ziele und deren Formulierung im Kontext von Nudging dargestellt. Das Ziel sollte den SMART-Regeln genügen (S = spezifisch, M = messbar, A = akzeptiert, R = realistisch, T = terminiert). Um den messbaren Erfolg im Zeitverlauf zu überprüfen, ist für das nachfolgende Beispiel vorab zu klären, welche Speisen und Getränke als gesundheitsförderlich eingeordnet werden und um welche Mahlzeiten es gehen soll (Zwischenverpflegung bzw. Mittagessen). Es gilt, diese zum Startzeitpunkt als eine Basis zu erheben, um später die prozentuale Steigerung ermitteln zu können.

Wir wollen den Abverkauf von gesundheitsförderlichen Speisen und Getränken in einem Jahr um 10 % steigern.

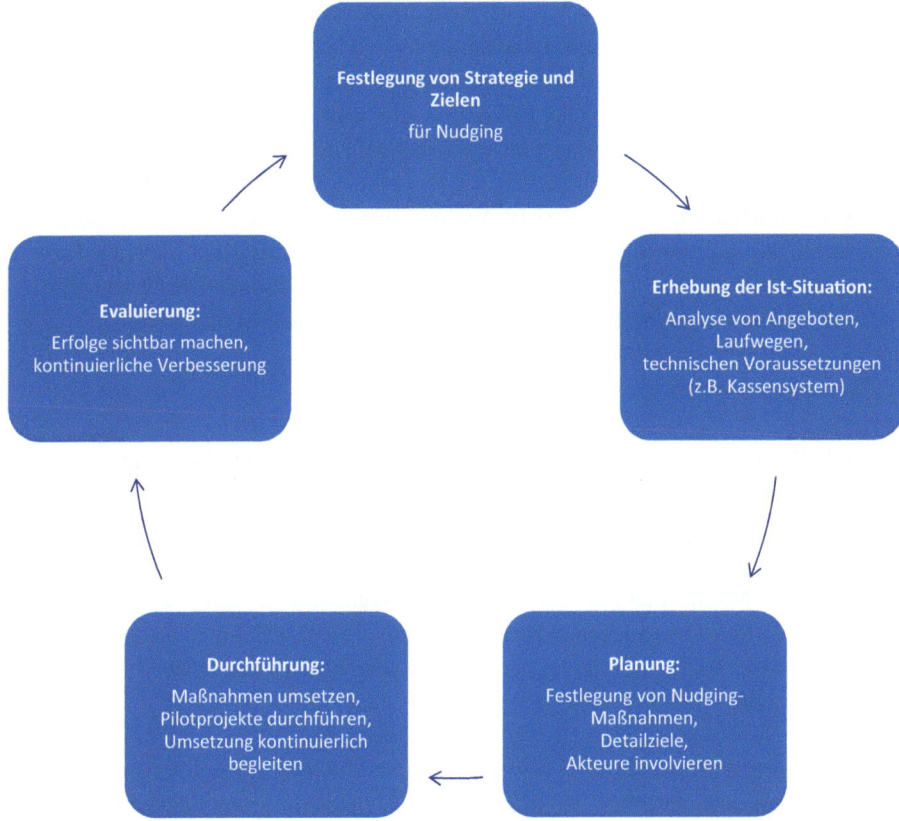

Abb. 39.3 Grundlegende Vorgehensweise für die Umsetzung von Nudging-Maßnahmen. (Pfannes et al., 2020)

b.) *Erhebung der Ausgangssituation (Ist-Situation)*

Die Erhebung der Ist-Situation umfasst unterschiedliche Bereiche, die nachfolgend benannt werden:

- Wenn bisher gesundheitsförderliche Speisen bzw. Gerichte im Warenwirtschaftssystem nicht zu identifizieren sind, ist dies ggf. neu zu implementieren, um auf einer sicheren Datenbasis agieren zu können.
- Es sind weiterhin die räumlichen Gegebenheiten der Speisenausgabe, insbesondere die Laufwege der Gäste (Pfannes et al., 2018) zu erheben und es ist zu ermitteln, wie die Warenpräsentation der gesundheitsförderlichen Gerichte bisher erfolgte. Dafür hat sich die Nutzung einer Checkliste als zweckmäßig erwiesen.

- Weiterhin ist zu prüfen, ob im Kassensystem die gesundheitsförderlichen Speisen (Mittagsverpflegung und Zwischenverpflegung) exakt zu bonieren sind, sodass tagesaktuell ausgewertet werden kann, wie viele dieser Speisen und Getränke von den Gästen genutzt wurden. Sollte das bisher nicht der Fall sein, ist dies neu einzurichten, z. B. durch eine geänderte Tastenbelegung oder durch die zusätzliche Einführung neuer Möglichkeiten.

▶ **Es ist zweckmäßig, sich für diese Ist-Analyse ausreichend Zeit zu nehmen, auch, wenn das ggf. emotional schwerfällt, weil man „durchstarten" möchte. Es schafft eine sichere (Daten-) Basis, auf der die anschließenden Maßnahmen gezielt schrittweise aufbauen und die Ergebnisse beurteilt werden können.**

c.) *Planungsaktivitäten*

Auf der Basis der Ist-Analyse sind Schwachstellen, aber auch Stärken zu identifizieren, Bewertungen vorzunehmen und daraus Nudging-Maßnahmen abzuleiten. Die erhobenen Daten während dieser Phase können als Baseline-Erhebung für den späteren „Vorher-Nachher-Vergleich" (vgl. Punkt Evaluierung) angesehen bzw. genutzt werden. Es gibt eine Fülle von Maßnahmen, die im Rahmen des Nudgings genutzt werden können (s. Kap. 28). Es gilt also festzulegen, welche Maßnahmen ausgewählt und durchgeführt werden können unter Berücksichtigung der betriebsspezifischen räumlichen Gegebenheiten und des Angebots.

▶ **Erfahrungen zeigen, dass es zweckmäßig ist, schrittweise vorzugehen und mit einzelnen, ausgewählten Maßnahmen (z. B. Platzierung von Stückobst im Laufweg) zu starten. Dies ermöglicht, sowohl den organisatorischen als auch den finanziellen Aufwand gering(er) zu halten.**

Zudem ist es leichter, einzelne, schrittweise eingeführte Maßnahmen nachzuhalten und auf Dauer zu implementieren. Bei der Evaluierung lässt sich dann auch eindeutig ermitteln, welche Wirkung eine einzelne Nudging-Maßnahme hat. Hinzu kommt, dass mit einer schrittweisen Planung und Umsetzung im Laufe der Zeit immer wieder neue Impulse gesetzt werden können, um bei Gästen „Gesundheit anzustupsen".

Die Planung sollte auch Schulungsmaßnahmen für die Beschäftigten des Verpflegungsbereichs umfassen. Diese kann der Vermittlung von Wissen und Fertigkeiten zu Nudging, dem Werben um Verständnis für die Notwendigkeit der Veränderung von Alltagsroutinen und auch der Motivation dienen. Die Schulungen können dabei durch kompetentes Personal aus dem Betrieb selbst oder auch durch Externe durchgeführt werden (s. Abschn. 39.3.3).

d.) *Durchführung*

Es bietet sich an, zunächst mit der Schulung des Personals der Betriebsgastonomie (BG) zu beginnen. Die Akzeptanz der Nudging-Maßnahmen bei diesen und weiteren Akteur*innen ist eine wichtige Voraussetzung für die Umsetzung. Damit werden Ausgangsvoraussetzungen geschaffen, die für eine dauerhaft erfolgreiche Umsetzung zweckmäßig sind. Zudem kann dieses Personal, auf der Basis eines soliden Wissens zum Nudging, auch aktiv Vorschläge und Ideen für die weitere, betriebsspezifische Umsetzung einbringen und durch ihre Partizipation zusätzlich motiviert werden.

Die konkrete Umsetzung der Nudging-Maßnahmen durch die Beschäftigten der BG, d. h. die Änderung der Routinen z. B. mit Blick auf die Platzierung von Speisen und Getränken, ist ab einem festgelegten Datum umzusetzen.

Die Durchführung sollte durch die Betriebsleitung kontinuierlich begleitet werden, um zu gewährleisten, dass die Maßnahmen gemäß den Plänen auch dauerhaft umgesetzt werden. Das betrifft sowohl z. B. die Platzierung der Speisen als auch entsprechendes Bonieren im Kassensystem, um eine verlässliche Basis für die Auswertung zu schaffen. Zudem zeigt das Interesse der Leitung, dass das Nudging-Projekt wichtig ist.

▶ Die Durchführung von zeitlich befristeten, kleinen Pilotprojekten zu Beginn kann helfen, Vorbehalte zu minimieren, erste Erfahrungen zu sammeln und Sicherheit im Umgang mit anstehenden Veränderungen zu gewinnen.

e.) *Evaluation*

Die Phase der Auswertung (Erfolgskontrolle und Beurteilung) dient dazu, die Wirksamkeit der Maßnahmen zu messen. Die in der Ist-Analyse erhobenen Daten werden mit den Daten verglichen, die mit der Einführung der Nudging-Maßnahmen erhoben wurden. So können Erfolge festgestellt bzw. ggf. auch notwendige Verbesserungen abgeleitet werden. Auf dieser Basis können dann schrittweise weitere Maßnahmen „zum Anstupsen" für mehr Gesundheit eingeführt werden.

▶ Die Erfahrung zeigt, dass es ideal ist, wenn alle Daten zur Auswertung und Erfolgskontrolle automatisch aus dem Warenwirtschafts- und Kassensystem generiert werden können. Das minimiert den Aufwand und kann eine valide Datenbasis schaffen. Die Voraussetzungen dazu sollten bereits zu Beginn des Projekts verlässlich geschaffen werden.

39.5 Erfolgsfaktoren für die Einführung von Nudging-Maßnahmen

Es lassen sich bei der Einführung von Nudging-Maßnahmen Erfolgsfaktoren benennen, die wesentlich zu einer erfolgreichen Implementierung beitragen (Pfannes et al., 2020) (Abb. 39.4).

Abb. 39.4 Erfolgsfaktoren bei der Einführung von Nudging-Maßnahmen in der GG (Pfannes et al., 2020)

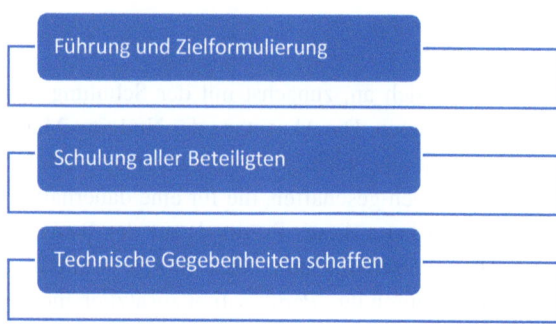

Nachfolgend werden diese Erfolgsfaktoren weiter ausgeführt:

Führung und Zielformulierung: Ein wesentlicher Erfolgsfaktor ist eine klare Positionierung, dass Gesundheitsförderung und Prävention als bedeutsames Unternehmensziel angesehen werden und Angebote bzw. die Warenpräsentation der BG mit einzubeziehen sind. Das heißt dann ggf. auch, diffuse Befürchtungen zu negativen Gästereaktionen zu überwinden und, z. B. mithilfe eines Probelaufs, konkrete Erfahrungen zu sammeln. Man kann sagen, dass die Führung des Bg-Betriebs zuerst „angestupst" werden muss, bevor der Nudging-Ansatz den Gästen zugutekommen kann. Dieser Nudge kann z. B. durch den Bereich BGF erfolgen.

Weiterhin ist eine klare Zielformulierung (SMART-Ziele) ein wesentlicher Faktor, auch, um Erfolge messbar zu machen. Die kontinuierliche Umsetzung der Nudging-Maßnahmen gilt es, durch die Betriebsleitung bzw. Projektleitung zu überprüfen, um zu gewährleisten, dass die neuen Routinen auf Dauer zuverlässig greifen.

Schulung der beteiligten Agierenden: Schulungsmaßnahmen schaffen eine solide Grundlage für die Umsetzung, bieten die Chance, die Beschäftigten des Verpflegungsbereichs zu Beteiligten zu machen, sie aktiv einzubeziehen und eine Identifikation mit dem Anliegen zu ermöglichen. Dies kann auch Unsicherheiten minimieren, die bei Neuerungen nicht selten entstehen.

Technische Gegebenheiten: Die Schaffung von technischen Voraussetzungen, sowohl im Warenwirtschaftssystem als auch im Kassensystem für die Ermittlung z. B. des Abverkaufs der gesundheitsförderlichen Speisen bzw. Handelswaren, bietet die Chance einer automatisierten Datenauswertung und damit eine einfache, systematische und dauerhafte Erfolgsermittlung. Die Durchführung von Probeläufen und das Einüben neuer Routinen, z. B. beim Bonieren an der Kasse, können Fehler minimieren und somit verlässliche Daten schaffen.

39.6 Schlussfolgerung

Die Einführung von Nudging-Maßnahmen in der Betriebsverpflegung (BG) kann Gäste darin unterstützen, ihre Lücke zwischen Wunsch und Handeln beim Thema Gesundheit zu minimieren. In diesem Sinne können Nudging-Aktivitäten als Kundenorientierung angesehen werden, die zu (mehr) Kundenzufriedenheit führen können.

Es kann angenommen werden, dass der BG-Betrieb/Caterer Nudging dauerhaft systematisch umsetzen wird, wenn dies der Erreichung eigener ökonomischer Ziele nicht im Wege steht (z. B. Kostendeckung, Kostenreduktion) bzw. wenn dies auch den ökonomischen Zielen dienen kann (z. B. Umsatzsteigerung, Gewinn, Image). Die ideale Konstellation besteht also in solchen Nudging-Maßnahmen, bei denen der BG-Betrieb seine eigenen (Marketing-)Ziele durch die besseren, also gesünderen und nachhaltigeren Kaufentscheidungen der Gäste erreichen kann (Pfannes et al., 2023) und daher Nudging-Maßnahmen gerne umsetzt.

▶ In der BG könnte z. B. durch die systematische Verknüpfung des Zuschusses des Auftraggebers (Subvention) mit der Höhe des Abverkaufs von gesundheitsförderlichen Speisen und Getränken (Kassenumsatz) die Entwicklung hin zu mehr Gesundheitsförderung unterstützt werden. Der Verkauf gesundheitsförderlicher Produkte könnte weiter verstärkt werden, indem der bzw. die Caterer*in/Betriebsverpfleger*in für diese Produkte Nudges einsetzt (durch eine entsprechende Platzierung z. B. auf Augenhöhe oder zu Beginn der Ausgabetheke und eine zusätzliche grüne Ampelkennzeichnung gesundheitsförderlicher Speisen).

Sowohl der Auftraggeber der Bg als auch der Bereich BGF/BGM können die Leitung der BG motivieren, durch Nudging-Maßnahmen Gäste „für das Gute anzustupsen". Dies ist sowohl im Interesse der individuellen Gesundheit der Beschäftigten des Gesamtunternehmens als auch im Interesse der Unternehmensleitung. Bei der Einführung der Maßnahmen ist es zweckmäßig, systematisch vorzugehen und Erfolgsfaktoren besonders in den Blick zu nehmen.

Literatur

Adam, S., Pfannes, U., & Rossi, C. (2019). Nudging in Ernährungsberatung und Gemeinschaftsgastronomie. Zwischen Verhaltens- und Verhältnisprävention. *Ernährung im Fokus, 04*(2019), 334–339. https://www.bzfe.de/fileadmin/user_upload/eif_1904_praevention_therapie.pdf. Zugegriffen am 20.03.2024.

Adam, S., Pfannes, U., Gorny, A., & Rossi, C. D. (2022). Nudging und die 10 Regeln der DGE: Ernährungsverhalten anstupsen. *Ernährungsumschau, 1*, M34–M40.

Adam, S., Pfannes, U., & Wegmann, C. (2023). Nudging und Lebensmittelmarketing im Zusammenspiel für eine gesunde und nachhaltige Ernährung. In *Zukunftsfähige Agrarwirtschaft – Basis für gesunde Ernährung, Klimaschutz und den Kampf gegen Hunger* (S. 162–186). Verlag W. Kohlhammer.

Bober, S. (2001). Marketing-Management in der Gemeinschaftsgastronomie: Konzepte – Methoden – Erfahrungen. Deutscher Fachverlag.

HOOU – Hamburg Open Online University. (Hrsg.). (2021). Nudging in der Ernährung. https://learn.hoou.de/blocks/course_overview_page/course.php?id=59. Zugegriffen am 20.03.2024.

HOOU – Hamburg Open Online University. (Hrsg.). (2023). Nudging für mehr Gesundheit und Nachhaltigkeit. https://learn.hoou.de/blocks/course_overview_page/course.php?id=654&lang=en. Zugegriffen am 20.03.2024.

Kahnemann, D. (2012): Schnelles Denken, Langsamens Denken. Siedler Verlag.

Pfannes, Ulrike; Adam, Sibylle; Rossi Carolina (2018): „Gäste auf gesunde Wege locken" – Nudging in der Gemeinschaftsgastronomie, in: Ernährungsumschau 6/2018, M338 – M341.

Pfannes, Ulrike / Adam, Sibylle / Christoph Wegmann / Schalay, Alesya / Rohmann, Corinna: Nudging versus Marketing (2023): Entscheidungsarchitektur in der Außer-Haus-Verpflegung bzw. Gemeinschaftsgastronomie zukunftsorientiert gestalten, Poster Nr. 4-3, in: DGE (Hrsg.) Abstractband zum 60. Wissenschaftlichen Kongress der DGE, Bonn 2023, S. 66 (online verfügbar: https://www.dge.de/fileadmin/public/doc/wk/2023/DGE-Proc-Germ-Nutr-Soc-Vol-29-2023.pdf)

Pfannes, U., Adam, S., & Rossi, C. (2020). Hürden und Erfolgsfaktoren bei der Umsetzung von Nudging-Maßnahmen in Gemeinschaftsgastronomie-Betrieben. In Proceedings of the German Nutrition Society – Vol. 26 (2020) – Abstractband zum 57. Wissenschaftlichen Kongress (Hrsg.), v. Deutsche Gesellschaft für Ernährung e. V., 85.

Rossi, C., Pfannes, U., & Adam, S. (2020). *The World of Nudging: Eine Übersicht über historische und aktuelle Entwicklungen von Nudge-Initiativen weltweit.* In: Ernährungsumschau 11/2020: M673–M677.

Sunstein, C. (2014). Nudging: A very short guide. *Journal of Consumer Policy, 37*(4), 583. https://dash.harvard.edu/bitstream/handle/1/16205305/shortguide9_22.pdf. Zugegriffen am 20.03.2024.

Thaler, R., & Sunstein, C. (2009). *Nudge: Wie man kluge Entscheidungen anstößt.* Ullstein Verlag.

Umweltbundesamt. (Hrsg.). (2022). Besser essen in Kantinen und Mensen: Wegweiser für eine umweltverträgliche und gesundheitsfördernde Gemeinschaftsverpflegung. https://www.umweltbundesamt.de/sites/default/files/medien/479/publikationen/uba_fb_besser_essen_bf.pdf. Zugegriffen am 20.03.2024.

40 Digital Health in der Betriebsgastronomie

Kevin Röhl und Jan Wirsam

Projekttitel: Verbesserung der Ernährungsgesundheit von Studierenden
„Digital Health" in der Betriebsgastronomie (BG) ist eine Initiative, die im Sommer 2022 von der Hochschule für Technik und Wirtschaft (HTW) Berlin in Zusammenarbeit mit dem Start-up meala ins Leben gerufen wurde. Mit der Zielsetzung, die Ernährungsgesundheit der Mitarbeitenden zu verbessern, hat das Projekt Pilotmaßnahmen durchgeführt, die den Teilnehmenden ermöglichen, ihre Ernährungsgewohnheiten besser zu verstehen und zu optimieren. Das Pilotprojekt fand mit Studierenden der HTW Berlin statt und nutzte die eigene Mensa als Forschungsort.

40.1 Kurzbeschreibung der Branche und des Betriebs

Die HTW Berlin ist mit ca. 14.000 Studierenden und 500 Mitarbeitenden die größte Hochschule für Angewandte Wissenschaften Berlins und Brandenburgs. Sie bietet eine breite Palette von Studiengängen in verschiedenen Bereichen an und hat sich dem Ziel verschrieben, den Studierenden praxisnahe und zukunftsorientierte Ausbildungsmöglichkeiten zu bieten.

K. Röhl (✉) · J. Wirsam
Hochschule für Technik und Wirtschaft Berlin (HTW Berlin), Berlin, Deutschland
E-Mail: kevin.roehl@HTW-Berlin.de; Jan.Wirsam@HTW-Berlin.de

Verschiedene Gesundheitsangebote, wie Sportkurse, Antistressprogramme, psychologische Beratung, werden ergänzend zum Studium angeboten. Eine nachhaltige und gesunde Ernährung wird durch die Mensa gewährleistet.

Die Meala GmbH ist ein Start-up-Unternehmen, das sich auf digitale Lösungen zur Verbesserung der Ernährungsgesundheit durch Glukosemessungen und personalisierte Ernährungsempfehlungen spezialisiert hat.

40.2 Beschreibung des BGF-Projekts

Das Ziel dieses Projekts war die Nutzung von „Digital Health" in der BG, um ein tieferes Verständnis für die Ernährungsgewohnheiten und den Glukoseverlauf der Mitarbeitenden zu erlangen. Auf dieser Grundlage sollten präventive Maßnahmen zur Verhinderung von metabolischen Erkrankungen entwickelt und umgesetzt werden. Die Erforschung der individuellen Ernährung wurde durch den Einsatz von kontinuierlichen Glukosemesssystemen (CGM – Continuous-Glucose-Monitoring-System) und Mahlzeiten-Tracking-Apps unterstützt. Diese ermöglichen es, gesundheitsrelevante Kennzahlen zu erfassen und auszuwerten.

Eine der größeren Herausforderungen bei diesem Projekt war die Anzahl der Stakeholder: Unternehmen, die BG, Mitarbeitende, der Betriebsrat, Krankenkassen, der Betriebsarzt sowie der Datenschutzbeauftragte waren maßgeblich beteiligt. In dem Projekt waren außerdem mehrere Softwarelösungen involviert. Das Warenwirtschaftssystem der BG, das Kassensystem (Abb. 40.1), die Speiseplan-/Menüsoftware, die App zur Messung des Glukosespiegels sowie die Ernährungstracking-App (Abb. 40.2) zählten zu den Hauptakteuren, um das digitale Projekt erfolgreich durchzuführen. In der Herausforderung lag jedoch auch das Innovationspotenzial. Durch die Implementierung der digitalen Ernährungs- und Gesundheitsmethoden konnten die Mitarbeitenden sich langfristig gesünder ernähren, die BG den Speiseplan optimieren und Unternehmen eine stärkere Bindung zu ihren Mitarbeitenden aufbauen. Ziel war es, die Gäste und Betreiber der BG hin zu einer gesünderen und nachhaltigeren Ernährung zu führen und das BGM stärker in die Prävention von ernährungsmitbedingten Krankheiten wie Diabetes mellitus mit einzubinden.

40.2.1 Vorbereitung

Das Projekt wurde mit einem Workshop initiiert, mit dem Resultat einer Stakeholder-Analyse und Personas aller Beteiligten. Die Personas wurden anhand von Interviews mit Stakeholdern aus unterschiedlichsten Unternehmen erstellt und in einem Design-Thinking-Workshop weiterentwickelt. Beteiligt waren sowohl interne Stakeholder, wie die Studie-

Abb. 40.1 Mitarbeitende beim Bezahlvorgang an der Mensakasse. (© HTW Berlin/Alexander Rentsch)

renden und Mitarbeitenden der HTW Berlin, als auch externe Stakeholder, darunter Firmen aus der Energie- und Automobilindustrie, der Pharmabranche sowie Experten in den Bereichen Datenschutz, Ernährung und BGM.

Daraus leitete sich das Pilotprojekt ab, mit dem Ziel, sowohl organisatorische, technische, datenschutzrechtliche als auch Fragen in Bezug auf die Gesundheitskompetenz und die Auswirkungen hinsichtlich einer gesünderen Ernährung zu klären.

Abb. 40.2 Mahlzeitentracking mit der meala – Ernährungstagebuch App. (© HTW Berlin/Alexander Rentsch)

40.2.2 Analyse

Folgende Aspekte konnten durch das Projekt analysiert werden:

1. Ernährungsgewohnheiten: Durch die Verwendung der Mahlzeiten-Tracking-App meala konnte der Mitarbeitende detaillierte Einblicke in seine Ernährungsgewohnheiten gewinnen.
2. Glukoseverlauf: Durch (CGM-)Systeme wurde der Blutzuckerspiegel der Mitarbeitenden kontinuierlich gemessen. Dies ermöglichte eine Analyse der Reaktion des Körpers auf verschiedene Lebensmittel und Mahlzeiten, um wertvolle Informationen für die Anpassung der Speiseauswahl zu liefern. Im Dialog mit der Kantine konnte dann die Menüauswahl angepasst werden.
3. Fragebögen und kurze Interviews: Die Erhebung von Daten zum Gesundheitszustand, der Ernährung, der Gesundheitskompetenz und dem Wissensstand diente ebenfalls der Analyse.

40.2.3 Planung

Für das Projekt wurden verschiedene Ressourcen genutzt: als Basis die technische Infrastruktur der meala-App und der Glukosesensoren sowie Informationen im Rahmen des begleitenden Seminars.

Folgende vier Kernbereiche waren bei der Planung kritisch:

1. Teilnehmende: Die Studierenden wurden nach bestimmten Kriterien ausgewählt und in der Anwendung der App und der Sensoren gründlich geschult.
2. Technik: Die notwendigen technischen Ressourcen, einschließlich der meala-App und der Glukosesensoren, wurden organisiert.
3. Datenschutz: Ein umfassendes Konzept zur Gewährleistung des Datenschutzes und der ethischen Handhabung der gesammelten Gesundheitsdaten wurde entwickelt und erfolgreich implementiert.
4. Interoperabilität: Da die Interoperabilität des Speiseplans, des Warenwirtschaftssystems und der Smartphone-App nicht 100 % gewährleistet werden konnte, musste eine eigene Lösung entwickelt werden. Es war darauf zu achten, dass die BG weitestgehend digitalisiert war.

40.2.4 Durchführung

Der Pilotversuch im Mai 2023 an der HTW Berlin bot 20 Studierenden zwischen 22 und 30 Jahren die Möglichkeit, die Auswirkungen ihrer Ernährungsgewohnheiten direkt zu beobachten und zu analysieren. Durch das Tragen eines Glukosesensors für 14 Tage konnten die Studierenden ihren Glukosespiegel in Echtzeit verfolgen. Parallel dazu verwendeten sie die meala-Ernährungstagebuch-App, um ihre Mahlzeiten, sowohl in der Mensa als auch zu Hause, detailliert zu dokumentieren. Diese Dokumentation enthielt Informationen über den Ort der Nahrungsaufnahme, den Namen der Mahlzeit, das Datum, ein Foto sowie eine Notiz. Nach der initialen Verknüpfung des Sensors mit der App wurden die Glukosedaten automatisch übertragen, wodurch den Studierenden eine kontinuierliche Überwachung ermöglicht wurde.

Vor Beginn und nach Abschluss der 14-tägigen Periode wurden die Teilnehmer gebeten, einen Fragebogen auszufüllen. Dieser war dazu gedacht, ihre Gesundheitskompetenz zu erfassen und etwaige Veränderungen in ihrem Bewusstsein für gesunde Ernährung und ihr Ernährungsverhalten festzustellen.

Der Prozess der Durchführung des Projekts beinhaltete mehrere Schritte. Zunächst wurde ein Onboarding der Studierenden durchgeführt, welches von meala und der Firma Abbott GmbH organisiert wurde. In dieser Phase erhielten die Teilnehmenden eine Einführung in das Projekt, eine Anleitung zum Gebrauch des Glukosesensors und der meala-Ernährungstagebuch-App und Informationen über die Bedeutung und den Zusammenhang zwischen Ernährung und dem Blutzuckerspiegel.

Nach dem Onboarding begannen die Studierenden mit der Nutzung der meala-Ernährungstagebuch-App. Sie dokumentierten ihre Mahlzeiten in der Mensa und überwachten ihren Glukosespiegel. Während dieses Zeitraums stand das Unterstützungsteam von meala und Abbott GmbH zur Verfügung, um bei technischen Problemen oder Fragen zur Anwendung zu helfen.

Am Ende des 14-tägigen Zeitraums wurden die gesammelten Daten analysiert. Diese umfassten sowohl die Antworten der Teilnehmer*innen auf die Fragebögen als auch die gesammelten Glukosedaten und Mahlzeiteninformationen. Durch die Analyse dieser Daten konnten Einblicke in die Veränderungen der Ernährungsgewohnheiten und das Bewusstsein für gesunde Ernährung der Teilnehmenden gewonnen werden.

40.2.5 Evaluation

Die Auswertung der Befragung vor und nach der 14-tägigen Phase offenbarte viele Erkenntnisse. Die Befragung konzentrierte sich hauptsächlich auf Veränderungen im Bewusstsein für gesunde Ernährung und die Ernährungsgewohnheiten der Teilnehmenden. Zusätzlich wurde auch die technische Umsetzbarkeit und Akzeptanz eines medizinischen Sensors bei Menschen ohne Vorerkrankungen untersucht.

Einer der beachtenswertesten Erkenntnisse war die hohe Akzeptanz der Studierenden hinsichtlich des Tragens eines Glukosesensors und der Nutzung einer digitalen Anwendung zur Nachverfolgung ihrer Ernährung. Es gab jedoch auch einige technische Herausforderungen: Ein Sensor musste aufgrund von leichten Schmerzen während körperlicher Aktivität ausgetauscht werden und ein weiterer Sensor stoppte einen Tag vor dem Ende der Testphase die Datenübertragung. Trotz dieser Probleme betrug die allgemeine Akzeptanzrate der Technologie 90 %, was auf das Potenzial für eine breitere Anwendung in der Zukunft hinweist.

Ein weiterer wichtiger Aspekt, der aus der Befragung hervorging, war die Erhöhung des Bewusstseins der Teilnehmer*innen für ihre Ernährung. Alle Teilnehmer gaben an, dass sie es als aufschlussreich und hilfreich empfanden, sich mit ihrer eigenen Ernährung und den Auswirkungen von Lebensmitteln mit hohem glykämischem Index auseinanderzusetzen. Diese Erfahrung führte nicht nur zu einem erhöhten Bewusstsein für die Auswirkungen ihrer Ernährung auf ihren Körper, sondern veränderte auch die Einstellung vieler Teilnehmer zur gesunden Ernährung nachhaltig.

Zusätzlich zu diesen Auswirkungen auf die Teilnehmer*innen selbst hatte das Projekt auch einen indirekten Einfluss auf ihr soziales Umfeld. Viele Teilnehmenden berichteten, dass sie ihre Erfahrungen aus dem Projekt mit Freunden und Familienmitgliedern teilten. Dies erhöhte das Bewusstsein für gesunde Ernährung und die Auswirkungen von Lebensmitteln mit hohem glykämischem Index auch in ihren sozialen Kreisen (Abb. 40.3).

Insgesamt deuten die Ergebnisse darauf hin, dass das Projekt nicht nur erfolgreich war, um das Bewusstsein und Verständnis der Teilnehmer*innen für gesunde Ernährung zu erhöhen, sondern dass es auch ein hohes Potenzial zeigt, als Instrument zur Gesundheitsförderung in breiterem Maßstab eingesetzt zu werden.

40 Digital Health in der Betriebsgastronomie

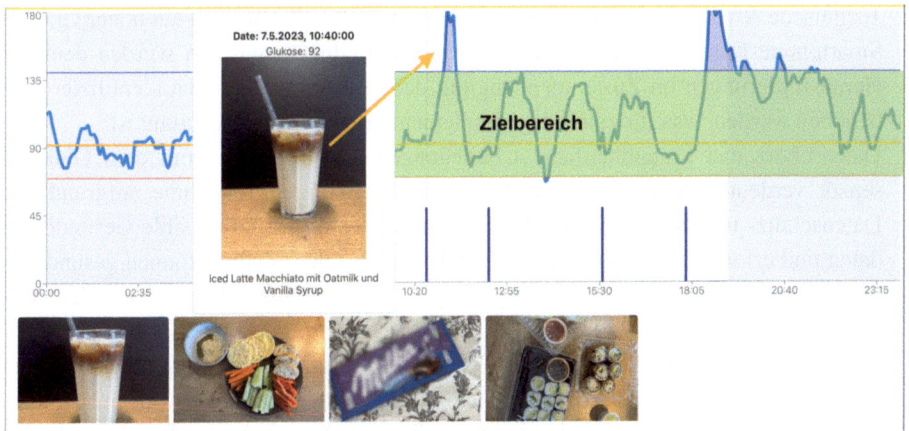

Abb. 40.3 Dashboard: Tagesansicht des Ernährungsprotokolls mit Glukoseverlauf und Zielbereich

40.2.6 Finanzierung

Die Kosten für das Projekt trug die meala GmbH und die Sensoren sowie das Onboarding wurden durch Abbott gesponsort.

40.2.7 Kommunikation

Das Projekt wurde bisher in Fachzeitschriften, Newslettern und über das Netzwerk der HTW kommuniziert. Die Kommunikation mit den Teilnehmenden fand digital via E-Mail und in Präsenz in Form von Veranstaltungen statt. Die Ergebnisse des Pilotprojekts wurden auf dem S&F Symposium 2023 präsentiert. Das S&F Symposium für Gemeinschaftsverpflegung ist ein jährliches Treffen der Spitzenvertreter der GV-Branche, das in Fürstenfeldbruck nahe München stattfindet. Unter dem Leitthema „Zeitenwende" wurden im Jahr 2023 Schlüsselthemen, wie Kundenanforderungen, Generationenwechsel, gesellschaftliche Herausforderungen, Nachhaltigkeit und Digitalisierung, beleuchtet.

40.3 Lesson learned

Die Ergebnisse deuten darauf hin, dass ein erhebliches Interesse an der Optimierung der Ernährungsgesundheit bei Studierenden besteht und digitale Lösungen eine wirksame Strategie zur Förderung gesunder Ernährungsgewohnheiten sein können. Zu den zentralen Erkenntnissen gehören:

- Technische Aspekte: Die Bedeutung technischer Unterstützung und ein hoher Grad an Smartphone-Kompatibilität mit den verwendeten Glukosesensoren wurden deutlich. Herausforderungen im Zusammenhang mit der Technologie konnten identifiziert und behoben werden, was für zukünftige Implementierungen von Bedeutung ist.
- Datenschutz und gesundheitliche Überlegungen: Die Erfahrung mit dem Glukosesensor verdeutlichte die Notwendigkeit einer freiwilligen Teilnahme aufgrund von Datenschutz- und Gesundheitsbedenken. Blutzuckerwerte sind sensible Gesundheitsdaten und erfordern die Einwilligung der Teilnehmenden. Zudem können gesundheitliche Einschränkungen, wie Allergien gegen bestimmte Materialien oder Vorerkrankungen, die Teilnahme beeinträchtigen.
- Bewusstseinsbildung: Die Teilnehmenden gaben an, dass sie durch das Tragen des Sensors zu Ernährungsthemen angesprochen wurden und ihre Erfahrungen mit anderen teilten. Dies deutet auf eine erhöhte Sensibilisierung für die Bedeutung gesunder Ernährung hin.
- Teilnehmererfahrung: Ein Großteil der Teilnehmenden zeigte eine positive Reaktion auf das Projekt und würde erneut einen Sensor tragen.
- Zusammenhang zwischen Glukosewerten und Hunger: Ungefähr die Hälfte der Teilnehmenden bemerkte eine Korrelation zwischen ihren Glukosewerten und ihrem Hungerempfinden, was wertvolle Einblicke für die Gestaltung zukünftiger Ernährungsempfehlungen bietet.
- Leistung und Motivation: Einige Teilnehmende berichteten von einer wahrgenommenen Verbesserung ihrer Leistung und Motivation, was die Relevanz einer ausgewogenen Ernährung für das allgemeine Wohlbefinden unterstreicht.
- Identifizierung von Lebensmitteln mit hohem glykämischem Index: Alle Teilnehmenden konnten spezifische Lebensmittel identifizieren, die einen Anstieg der Glukosewerte verursachten.
- Veränderungen in der Ernährung: Ein Teilnehmer berichtete von Anpassungen seiner Ernährungsgewohnheiten aufgrund der im Projekt gewonnenen Erkenntnisse. Dies unterstreicht das Potenzial solcher Projekte, nachhaltige Verhaltensänderungen hervorzurufen.
- Sport und Glukose: Der Einfluss von intensivem Sport war im Glukosetagesdurchschnitt erkennbar. Auch konnte vereinzelt festgestellt werden, dass der Blutzuckeranstieg von ähnlichen Mahlzeiten bei körperlichen Aktivitäten niedriger war.
- Obst: Der Einfluss von Obst und süßen Getränken bewirkte bei fast allen Teilnehmenden den größten und schnellsten Glukoseanstieg.
- Speisenangebot:
  – Das Speisenangebot in der Mensa ist für Menschen mit einer proteinreichen Diät eher ungeeignet.
  – Unzureichende Nährwertangaben erschweren eine Low-Carb-Diät.
  – Salatschalen wurden als klein und teuer empfunden.
  – Soßen enthalten häufig einen hohen Zuckeranteil.
  – Das gastronomische Ampelsystem und CO_2-Angaben werden kaum in die Speisenauswahl einbezogen.

- Offboarding: Beim Offboarding wurde besonderer Wert auf persönliche Gespräche gelegt. Diese Gespräche waren essenziell, um wertvolle Erkenntnisse und individuelle Ernährungs- und Verhaltensänderungen der Teilnehmenden zu sammeln. Das Potenzial dieser Gespräche wurde jedoch durch eine fehlende Struktur nicht voll ausgeschöpft.

Ablauf/Organisation
Ist das Projekt eine einzelne oder eine sich wiederholende Maßnahme?

Das Pilotprojekt begann ursprünglich als eine einmalige Initiative, doch aufgrund des positiven Feedbacks und der nachweisbaren Auswirkungen auf die Gesundheitskompetenz der Studierenden ist geplant, das Projekt in modifizierter Form erneut durchzuführen. Ziel ist es, das Projekt auf eine größere Gruppe von 100 Mitarbeiter*innen eines Unternehmens auszuweiten.

Dadurch wird ermöglicht, die Auswirkungen des Projekts auf eine größere und vielfältigere Gruppe zu bewerten. Darüber hinaus würde die Ausweitung des Projekts auf ein Unternehmen dazu beitragen, das Bewusstsein für gesunde Ernährung und die Vorteile der Nutzung von Technologien zur Überwachung des Gesundheitsverhaltens in einer beruflichen Umgebung zu erhöhen.

Zukünftig könnte das Projekt zu einem festen Bestandteil des betrieblichen Gesundheitsprogramms werden. Durch die Einbindung in bestehende Gesundheitsprogramme könnten Unternehmen ihre Mitarbeitenden aktiv dabei unterstützen, gesündere Ernährungsgewohnheiten zu entwickeln und ihren Gesundheitszustand besser zu überwachen. Dies könnte nicht nur zu einer verbesserten Gesundheit der Mitarbeitenden beitragen, sondern auch zu einer erhöhten Produktivität und einem allgemein besseren Wohlbefinden am Arbeitsplatz führen.

Zielgruppe, Anzahl der Teilnehmer*innen
Das ursprüngliche Projekt richtete sich an Studierende der HTW Berlin, wobei insgesamt 20 Studierende im Alter von 22 bis 30 Jahren am Pilotprojekt teilnahmen. Der Fokus auf Studierende bot eine einzigartige Gelegenheit, die Auswirkungen des Projekts auf eine Gruppe zu testen, die sowohl mit Technologie vertraut ist, als auch in einem Alter, in dem Ernährungsgewohnheiten und Gesundheitsbewusstsein eine entscheidende Rolle spielen können.

Im nächsten Schritt wird das Projektziel erweitert, um ein größeres und diverseres Publikum zu erreichen. Die HTW Berlin ist in Gesprächen mit einem mittelständischen Unternehmen, um das Projekt mit rund 100 Mitarbeitenden durchzuführen. Die Entscheidung für ein Unternehmen als nächste Zielgruppe eröffnet die Möglichkeit, die Effekte des Projekts auf eine weitere Kohorte zu analysieren. Diese Gruppe dürfte unterschiedliche Ernährungs- und Gesundheitsgewohnheiten aufweisen im Vergleich zu Studierenden. Darüber hinaus könnte diese Gruppe auch unterschiedliche Herausforderungen und Bedürfnisse im Zusammenhang mit Ernährung und Gesundheit haben.

Realisierung bzw. Umsetzungsform/-optionen
Im Rahmen des Projekts wurden verschiedene Materialien und Informationen zur Verfügung gestellt, darunter Broschüren mit Ernährungstipps und Informationen zu gesundem Lebensstil. Zusätzlich wurden Vorträge zu Themen, wie gesunde Ernährung und Bewegung im Alltag, angeboten.

Perspektive (zeitlich)
Zukünftig besteht eine Offenheit für weitere Kooperationen und Partnerschaften, die dazu beitragen können, die Reichweite und den Einfluss des Projekts zu erhöhen und noch mehr innovative und effektive Gesundheitsfördermaßnahmen anzubieten.

Vernetzung (Kooperationspartner, Wissenschaft …)
Die Zusammenarbeit zwischen verschiedenen Akteur*innen ermöglicht das Einbinden unterschiedlicher Perspektiven auf das betriebliche und mitarbeiterbezogene Gesundheitsmanagement. Durch eine gute Kommutation und Planung kann eine Erfolg versprechende Durchführung abgesichert werden.

Die enge Zusammenarbeit zwischen der HTW Berlin, meala und Abbott, erlaubte eine effektive Nutzung der jeweiligen Ressourcen und Expertisen: Die HTW Berlin brachte wissenschaftliches Know-how und eine Plattform für die Studie ein, während meala die technischen Ressourcen und Erfahrung im Bereich digitaler Gesundheitslösungen bereitstellte. Die Kooperation mit den Studierenden, die als Teilnehmende fungierten, war ebenfalls entscheidend. Ihre Bereitschaft, an dem Projekt teilzunehmen und ihre Gesundheitsdaten zur Verfügung zu stellen, war von unschätzbarem Wert für das Gelingen des Projekts.

Stichwortverzeichnis

A
Abbott 458
Achtsamkeit 46, 48, 86, 177
    beim Essen 178
    Definition 178
    Ernährungsgewohnheiten 178
    neutrale Haltung 179
    Training 49
Achtsamkeitstagebuch 180
Ackerpause 323
Adidas 74
agil 73
Agilität 77
Agrarstatistik 111
Akquise 344
Akteur 299
Aktionsplan 59
Aktionsstand 151, 432
Alkoholkonsum 190
Alleinerziehende 250
Allergen 281
allergenfrei 286
Allergenmanagement 282
Alltagsbezug 366
Alumni-Phase 415
Amazon 76
Anforderung 295
Angebot 439
Angst 75
Ansatz
    eigenschaftstheoretischer 37
    führungstheoretischer 37
    interaktionstheoretischer 37
    situationstheoretischer 37
    verhaltenstheoretischer 37
Anthocyan 170
Anwendung
    digitale 22
    mobile (App) 23
App 27
    Beispiel 29
Appetit 183
Appetitlosigkeit 181
AR (Augmented Reality) 319
Arbeitgeber, guter 391, 392
Arbeits- und Gesundheitsschutz 5
Arbeitsbelastung
    physische 398
    psychomentale 398
    psychosoziale 398
Arbeitskreis
    Gesundheit (AK Gesundheit) 8
Arbeitskreis 362, 365
Arbeitssituationsanalyse 359
Arbeitszeit 366
Arbeitszeitgesetz (ArbZG) 187
Arbeitszufriedenheit
    Erhaltung und Steigerung 72
Aspekt, technischer 456
Attention-Interest-Desire-Action-Formel 153
Aus- und Weiterbildungsmöglichkeit 352
Ausbildung über Hochschulmodule 352
Außer-Haus-Gastronomie 225
Außer-Haus-Verpflegung 224, 301, 303, 310, 311, 319, 320
    Pfadabhängigkeit 309

Außer-Haus-Verzehr 250–253
Auskunft, mündliche 282
Avocado 86

B
Basiswissen 343
Bedarf 426
Bedarfsanalyse 411, 426
   partizipative 412
Bedarfsbestimmung 346, 402
Befragungsinstrument 13
Behandlung, individualisierte 39
Behördenstruktur, gesunde 399
BEM (Betriebliches
   Eingliederungsmanagement) 5
Benefit 17
Beratung, zielorientierte 348
Beratungsstunde, betriebsärztliche 75
Bericht, ernährungspolitischer 106
Bestandsanalyse 411
Betriebliche Gesundheitsförderung (BGF) 6, 357, 447
Betriebliches Gesundheitsmanagement (BGM) 3, 42, 232, 357, 399, 400, 441, 447
Betriebsgastronomie 225, 235, 289, 437, 449
   Angebotsmerkmale 248
   einzelner Betriebe 255
   Entscheidung für 254
   Gästekommunikation 241
   Gesundheitsförderung 240
   Handlungsspielräume 253
   Lebenseinstellungen 253
   Nachhaltigkeit 241
   Nudging 329
   Organisation 236
   Prozesskette 242
   Ressourcen 254
   Schnittstellen 239
   soziale Ausrichtung 241
   Struktur 238
   Treibhausgasemissionen 302
   Umfragen 255
   Wirtschaftlichkeit 240
   Zielgruppe 241
   Zielgruppen 245, 255
Betriebshygiene
   Eigenkontrollsystem 275
   Umsetzung 276

Betriebskantine 126, 317
   Fleischkonsum 126
   Speisenauswahl 126
Betriebsklima 391
Betriebsleitung 440
Betriebsrestaurant 289
Betriebsverpflegung 289
Bewertungsinstrumente der
   Nachhaltigkeit 307
Bewusstseinsbildung 456
Beziehungsarbeit 365
BGF-Maßnahme 391, 396
BGM-Prozess 363
BIA (Bioelektrische Impedanzanalyse) 129, 403
BIA-Messung
   Ablauf 137
   Aufklärung 139
   Durchführung im Unternehmen 135
   Ergebnisse 138
   Ernährungsassessment 134
   Ernährungsberatung 144
   Evaluation 135
   Gerätevarianten 131
   Informationen 130
   Kosten 134
   Mitarbeitendensensibilisierung 135
   Vorbereitungen 135
Bildung 441
Bildungsarbeit 429
Bioanteil, prozentualer 287
Biodiversität 321
Bioelektrische Varianzanalyse (BIVA) 130
Bio-Lebensmittel 286
BIVA (Bioelektrische Varianzanalyse) 130
BIVA-Chart 130
Blutzuckerspiegel
   Stabilisierung 166
BMEL (Bundesministerium für Ernährung und
   Landwirtschaft) 97
BMEL-Ernährungsreport 113
BMG (Bundesministerium für Gesundheit) 98
Body-Composition-Chart 130, 138
Branche 293
Broschüre 435
Budget 432
Bundesrahmenempfehlung 379
Bundeszentrale für gesundheitliche Aufklärung
   (BZgA) 380

C

CA (Codex Alimentarius) 273, 275
Caring Leadership 78
Catechin 170
Caterer 293, 447
CGM (Continuos-Glucose-Monitoring-System) 450
Challenge 27, 151, 157, 384
Checkliste 295, 296
Clean Eating 216
Clean Labeling 285
Coaching, individuelles 403, 413
Co-Creating 211
Cook & Chill 195, 230, 242
Cook & Freeze 195, 242
Cook & Hold 242
Cook & Serve 242
Co-Pay-Struktur 60
Corporate Social Responsability (CSR) 212
Cost-Sharing-Struktur 60
COVID-19-Pandemie 76, 84, 309, 416
Crossover-Effekt 44
Curcumin 170

D

Dachgarten 323
Dashboard 455
Daten, gesundheitsbezogene 9
Datenschutz 9, 25, 58, 62, 453, 456
Delta-Prinzip 383
Design-Thinking-Workshop 450
Deutsche Bank 75
Deutsche Gesellschaft für Ernährung (DGE) 297
Deutsche Gesellschaft für Ernährung e. V. (DGE) 439
Deutsches Lebensmittelbuch (DLMB) 279
DGE Qualitätsstandards für die Verpflegung in Betrieben, Behörden und Hochschulen 11
DGE-Beratungsstandard 142
DGE-Qualitätsstandard 99, 239, 295
DHA (Docosahexaensäure) 167
Dialog, offener 391, 393, 396
    Einführung 394
    Evaluation 394
Dienstleistungsmarketing 55
Digital Health 449, 450
Digital Readiness 380
Digitalisierung 21, 84
DIN EN ISO 9001.2015 380

Disruption, zirkadiane 189, 191, 192
Diversity 75
Dokumentation 427
Dopamin 172

E

EAP (Employee Assistance Programm) 75
Eaternity 307
EFQM-Modell 237
EFSA-Votum 167
Eigenbewirtschaftung 230
Einbindung der Mitarbeitenden 378
Einfluss, idealisierter 38
Einkaufscoaching 158
Eisen 167
Elternabend 422
Empfehlung 295
Employer Branding 212
Entscheidungsprozess 262, 305
Entscheidungsumwelt 329
Entscheidungsverhalten 328
Entspannungskurs 76
EPIC-Studie 112
Erfahrungswissen 8
Ernährung 437
    achtsame 178
    als Lebensphilosophie 216
    anthroposophische 216
    Ausgaben nach Haushaltstypen 252
    ayurvedische 216
    bei Schichtarbeit 190, 192
    bei Stress 435
    betriebliche 127
    in der Nachtschicht 195
    Evolution 217
    Geschmack 113
    gesunde in Krippen 421
    gesundheitsfördernde 259
    Gesundheitstag 431
    glutenfreie 435
    im Pflegeberuf 381
    nachhaltige 302, 311, 435
    personalisierte 216, 319
    pflanzenbasierte 213, 318, 408, 414
    pflanzenbetonte 111, 122
    Schichtarbeit 121
    vegane 216, 434
    vegetarische 216, 434
Verhaltensprävention 260

Ernährungs- und Gesundheitskompetenz 397
Ernährungsassessment 134
Ernährungsberatung
   BIA-Messung 144
   Erstgespräch 145
   Essen bei Stress 144
   individuelle 141, 146
   moderne 146
Ernährungsbildung 150, 298
   Kantine 158
   Kochworkshop 156
   zielgruppengerechte 152
Ernährungsgewohnheit 180, 450, 452
Ernährungskommunikation 150
Ernährungskompetenz 11, 160
Ernährungspyramide 123, 124, 126, 429
Ernährungssprechstunde 143
Ernährungsstrategie 299
Ernährungstherapie 142
Ernährungstrend 92, 93
   gesundheitsbezogener 215
Ernährungsumgebung, faire 102
Ernährungsverhalten 246, 332
Ernährungsversorgung 246, 249
Ernährungswende 299, 301, 318, 325
   in der Region 101
Ernährungsworkshop 364
Erschöpfung 392
Erstkontakt 345
Erwachsenenbildung 160
   Food Literacy 161
Essen mit allen Sinnen 184
Essenspause 181
Essensumgebung 229
Essenszuschuss 17
Essgewohnheit 180
Esskultur 13
   gesundheitsförderliche 127
Essprotokoll 145
Essverhalten 91, 149
Evaluation 350, 433, 454

F
Facebook 317
Fachkräftemangel 72
Fähigkeit, vertriebliche 343
Fasten 216
FBDG (Food Based Dietary Guidelines) 122
Feedbackanalyse 434

Fehltage 72
Finanzierungsmöglichkeit 432
Fitness
   körperliche 372
   mentale 372
Fleischkonsum 216
Flyer 435
Food Campus 323
Food Literacy 159–161
   Definition 160
   Erwachsenenbildung 161
   Kompetenzmodell 163
   Übungen 162
   Zielgruppen 161
Food Safety 270
Food Suitability 270
Food-Sharing-Konzept 324
Foodtrend 91
Fördermittel 361, 424, 428
Formalqualifikation einer
               Leistungsfunktion 227
Formular 36 142
Fragebogen 433
Free from 88
Fremdbewirtschaftung 230
Führung
   Definition 35
   gesundheitsförderliche 35
   Rahmenmodell 36
   transaktionale 39, 40
   transformationale 38, 39, 47
Führungserfolg 35
Führungskraft 76
Führungskräfteentwicklung 49
Führungsperson 36
   Aufgaben der 35
   Einfluss der Mitarbeitenden 36
   Vorbildfunktion 44
Führungssituation 36
Führungsverhalten 36
   aufgabenorientiertes 36
   mitarbeiterorientiertes 36
Fürsorge 74

G
g. g. A. (geschützte geografische Angabe) 284
GAS (Gastronomisches Ampelsystem) 297,
       439, 456
Gast 289, 295, 446

Stichwortverzeichnis

Gästekommunikation 259, 262
Gastronomie 225
Gehwettbewerb 74
Gelassenheit 180
Gemeindeverwaltung 358
Gemeinschaftsgastronomie 292
    Nudging 329
Gemeinschaftsverpflegung 211, 223, 290
Genuss 184
    gesunder 372, 374
Genusstraining 184
Gericht 443
Gesamtenergieverbrauch 119
Geschützte geografische Angabe (g. g. A.) 284
Gestaltung einer Projekteinheit 428
Gesundheit 214, 292, 294, 299, 437
    als höchstes Gut 84
    als Meta-Währung 85
    Definition 34
    der Führungskräfte 43
    der Mitarbeitenden 43
    gesellschaftlicher Wert 84
    Nudging 441
    planetare 85
    in Polizeibehörden 399
    psychische 34
    Stellenwert 46
    Trends 87, 88
Gesundheitsbewusstsein 56
Gesundheitsbewusstsein 364
Gesundheitsbildung 298
Gesundheitscoaching 51
Gesundheitserhaltung 72
Gesundheitsförderung 298, 317
    ganzheitliche 397
    partizipative 382
    zielgruppenorientierte 397
Gesundheitskennziffer 298
Gesundheitskiosk 416
Gesundheitskompetenz 259, 382, 415, 423
    digitale 380
Gesundheitsmanagement, ganzheitliches 372
Gesundheitsmarkt 412
Gesundheitsmonat 377
Gesundheitsmonitoring 110
Gesundheitsprogramm 370, 426
Gesundheitstag 431
    Materialien 435
    Themen 434
Gesundheitstage 156

Gesundheitsvalenz 48
Gesundheitsverhalten 49
Gesundheitsvorsorgeuntersuchung 75
Gesundheitszirkel 8, 260, 371, 413, 415
Gesundheitszirkel 365
Getränk 442
Gewinn 447
Ghost Kitchen 317
GHP (Gute-Hygiene-Praxis) 276
Giveaway 435
Global-Burden-of-Disease (GBD)-Studie 113
Glukosesensor 453
Glukosespiegel 454
Gluten 285
glutenfrei 285
Good Practice 425
Google 72, 74, 317
Green Vision Solutions 307
Grundschulhort 419
Grundvoraussetzungen der Aus- und
    Weiterbildung 353
Guidelines Physical Activity 2020 379
Gütezeichen 296

H
Hauptallergen 281
Health Claims 167
Health-oriented Leadership (HoL) 43, 45
Healthy Lifestyle Communities 410
Healthy Lifestyle Community Program
    (HLCP) 410
Hebel 301
Herausforderung 78, 373
Hilfe zur Selbsthilfe 142
holistisch 90
holokratisch 73
Homeoffice 77, 150, 199, 318
Hospitation 355
HTW Berlin 458
Hygiene 270, 292
    Vorschriften 274
Hygienemanagement 275
Hygienerecht 270
Hypoglykämie 166

I
Image 447
Imitat 284

Implementierung 371
Impulsvortrag 152, 155
Index, glykämischer 454, 456
Indikator 305
    für Nachhaltigkeit 306
    Gesundheit 306
    Ökonomie 306
    Soziales 306
    Umwelt 306
Individualgastronomie 252
Individualisierung 214
Infektionsschutz 272
Infoblatt 146
Informationsmaterial 366
Infrastruktur, gesundheitsförderliche 415
Innovationsfeld 319
Intelligenz
    fluide 166, 169–171
    kristalline 166
Interdisziplinarität 378
Internetintervention 23
Interoperabilität 453
Intervallfasten 435
Intervention
    Entwicklung 412
Intervention 361
Interventionskonzeption 384
Intranet 159
Iod 167
Irreführung 279
Ist-Analyse 346, 402, 444
Ist-Situation 380

J
Job&FIT - Mit Genuss zum Erfolg 98

K
Kakaoflavonoid 171
Kaltakquise 345
Kanban 73
Kantine 289
Kantine Zukunft 322
Kantinenrichtlinien 238
Kassensystem 446
Kasten, morphologischer 246
Kennzahl 9
Kennzeichnung von Nahrungsmitteln 212

Kernbotschaft 59
KI (Künstliche Intelligenz) 319
Kick-off-Veranstaltung 360
Kick-Off-Vortrag 432
Kindersportstunde 422
Kindertagesstätte 419
Kiosk 151
Klimateller 307
KMU (Kleine und mittlere Unternehmen)
    Effektivitätserhöhung 67
    Herausforderungen der BGF 66
    Kosteneinsparung 67
    Reichweite 67
    Unternehmenspartnerschaft 66
    Unternehmensreputation 67
Kochworkshop 156
Koffein 173
Kohlenhydratperiodisierung 165
Kommensalität 218
Kommune
    als Dachsetting 407
    als Lebenswelt 409
Kommunikation 376, 394, 395, 425, 455
    Medien 365
    offene 413
    Public 405
Kommunikation 361
Kommunikationskanal 77
Kommunikationskultur 392
Kommunikationsweg 424
Kompetenz
    fachliche 342
    methodische 342
    persönliche 342
    soziale 342
Kompetenz 354
Konzeptidee 344
Konzeptionierung 371
Konzertierte Aktion Pflege 379
Kooperationspartner 365
Kooperationspartnerschaft 429
Körperfett 129
Körperwasser 129
Kostendeckung 447
Kostenreduktion 310, 447
Kreatinin 174
Krisenkommunikation 78
Küchensystem 229
Kultur, gesundheitsförderliche 415

Stichwortverzeichnis

Kundengewinnung 213
Kundenorientierung 212, 214
Kundenpflege 350
Kundenrecherche 345
Kurs, IKT-basierter 25

L

Laktose 285
Leader-Member-Exchange (LMX)-Ansatz 38
Lebensführung, gesunde 22
Lebensmittel
    Auslobung 280
    Bio- 286
    Definition 268
    Imitat 284
    Information 280
    Inverkehrbringen 268, 269
    Kennzeichnung 280
    kennzeichnungspflichtige 282
    lokale 322
    Nährwert 286
    neuartige 269
    Unterscheidung 268
    Zusatzstoffe 283
Lebensmittel- und Futtermittelgesetzbuch
    (LFGB) 270, 279
Lebensmittelabfall 100
Lebensmittelausstellung 158
Lebensmittelhygiene 231, 270
    Schulungspflicht 276
Lebensmittelinformationsverordnung
    (LMIV) 281
Lebensmittelrecht 270
Lebensmittelsicherheit 231, 271
    Vorschriften 274
Lebensmittelüberwachung 267
Lebensmittelunternehmen 274
Lebensmittelverschwendung 320
    Nationale Strategie zur Reduzierung 320
    Smart Bins 320
    Tellerreste-Tracker 321
Lebensstil 400
Lebensstilprogramm 413
Lebenswelt, nicht betriebliche 420
Leistung
    medizinische zur Prävention 7
    steuerbegünstigte 17
Leitfaden Prävention 22, 23, 142

Leitlinie 142
Leitsystem 399
Lerneinheit 354
Lernformat 353
Life-Webinar 395
Literalität 160
Living-lab-Kantine 323
Lösungskompetenz 366
Luch and Learn 157

M

Mahlzeitenmuster 249, 250
Mahlzeitentracking 452
Makrobiotik 216
Management
    betriebliches 232
    by Exception 40
    in der Verpflegung 226
Managementsystem 41
Marketing 290, 438
    vs. Nudging 439
Marketing-Mix 57
    4Ps 59
Maßnahme, präventive 450
Maßnahmenplanung 427
MAT (Mentales Aktivierungstraining) 166
Meal Prepping 126
meala 458
Megatrend 83, 89, 214
    aktueller 91
    Eigenschaften 92
Mehrwegsystem 318
Mehrwegverpackung 321
Mentalpause 168
Menü 297
Methodik des leitfadengestützten
    Interviews 384
Microgreen 323
Microsoft 75, 76
Mikrointervention 404
Mindful eating 12
Mindset 12
Mitarbeitende 36
Mitarbeitendenbefragung 360
Mitarbeitendenberatung 75
Mitarbeitendengewinnung und -bindung 151
Mitarbeitendenvertretung 440
Mitarbeitendenzufriedenheit 317, 325, 392

Mittagsverpflegung 295
Mobile Work 200
Mobilität 74
Moderationskompetenz 343
Motivierung, inspirierende 38
Multiplikatorenschulung 422, 424
Multitasking 181
Muskelmasse 129

N
Nachbereitung 433
Nachhaltigkeit 77, 214, 219, 293, 298, 299, 310, 318, 320, 350, 426, 437
   Bewertungsinstrumente 307
   Ernährungspolitik 102
   Indikatoren 306
   Nudging 441
   soziale 74
Nachhaltigkeit 365
Nachhaltigkeitsdimension 302
Nachhaltigkeitsmanagement 293
Nachtarbeit
   Mahlzeitenverteilung 195
Nachtschicht 187, 261, 398
   Erkrankungen 191
   permanente 188
NAHGAST 321
Nahgast-Rechner 307
Nährwert 286
NAKO Gesundheitsstudie 112
Nationale Reduktions- und Innovationsstrategie für Zucker, Fette und Salz in Fertigprodukten (NRI) 99
Nationale Strategie zur Reduzierung der Lebensmittelverschwendung 100
Nationale Verzehrsstudie II (NVS II) 109
Nationaler Aktionsplan IN FORM 98
NCD (Non-Communicable Disease) 408
Nennung, namentliche 282
Neo-Ökologie 90
Neo-Tribe 219
Nestlé Studie 115
Netzwerk 345
   regionales 416
Neurotrition 166
New Normal 200
New Work 200, 317

Nikotinkonsum 191
Nitrat 172
Norm 293
Notwendigkeitsbescheinigung, ärztliche 143
Nouvelle Cantine 212
Novel-Food-Verordnung 269
Nudge 229, 328, 332
   erfolgreiche (Beispiele) 333
Nudging 11, 262, 295, 298, 312, 324, 327–329, 437, 438
   angebotserweiternde bzw. -einschränkende Ansätze 336
   Arten 263
   in der Ernährung 441
   Durchführung 333
   entscheidungslenkende Ansätze 337
   entscheidungsunterstützender Ansatz 336
   Erfolgsfaktoren 445
   Evaluation 445
   Führung 446
   Gemeinschaftsgastronomie 329
   Grundsätze 438
   Hindernisse 336
   Implementierung 445
   Kompetenzen 440
   Maßnahmen 330
   Personalschulung 445
   Schulungen 440
   Schulungsmaßnahmen 446
   Strategiefestlegung 442
   Umsetzung 443
   vs. Marketing 439
   Zieldefinition 442
   Zielformulierung 446
Nutri Polki 386
nutrient timing 165
nutriRECIPE-Index 307
Nutri-Score 103, 114

O
Obst 456
Offboarding 457
Onboarding 453
Online-Befragung 421
Organisationskultur 237
   externe Rahmenbedingungen 237
Orientierung am Bedarf 364

Stichwortverzeichnis

P
PAL-Wert 119
   nach Berufgruppe 119
Partizipation 264
Pause 151
   bewegte 404, 415
Pausenraum 11
Pausenzeit 11
Persona 58, 450
Pfadabhängigkeit 308
   in der Außer-Haus-Verpflegung 309
   infrastrukturelle 309
   nutzerbezogene 309
   ökonomische 309
   organisationale 309
   rechtliche 309
   technologische 309
Pflegeeinrichtung 379
Pflegepersonal-Stärkungsgesetz (PpSG) 379
PHD (Planetary Health Diet) 213, 324
Planetary Boundaries 306
Planetary Health 86
Planung 444
Planungsphase 348
Plattform, digitale 77
Platz 60
Plogging 74
Podcast 27
Polizeibehörde 397
Portfolio 424
Positionshopping 220
Präferenz, kulturell ausgeprägte 248
Praktik, nachhaltige 320
Präsentationskompetenz 343
Prävention 259
   in Kindertagesstätte 420
Präventionsbericht 6
Präventionsempfehlung 142
Präventionsgesetz 237
Präventionskurs 151
Präventionsprojekt 421
Praxiserfahrung 343
Predictive Analytics 319
Preis 60
Prinzip der bedingten (kontingenten) Belohnung 40
Produkt 60

Produktmonitoring 100
projecDo 419
Projektdurchführung 427
Projektförderprogramm 430
Projektmanagement 343
Promotion 61
Proteinquelle, alternative 324
Prozess, betrieblicher 294
Prozesskette 295
Prozessmanagement 343, 425
Prozessphase 350
Public Health 85, 111
Public Health Action Cycle 401
   Bedarfsbestimmung 401
   Evaluation 404
   Gesundheitsdefinition 401
   Ist-Analyse 401
   Kommunikation 405
   Maßnahmenumsetzung 402
   Maßnahmeplanung 401
   Vorbereitung 401
Purpose 212

Q
QM (Qualitätsmanagement) 291, 299, 423
   Tools 294
Qualifikationsansatz 353
Qualifizierung
   berufbegleitende 353
Qualifizierung 355
Qualität 290, 291
   Definition 290
Qualitätssicherung 231, 233

R
Rahmenbedingung 428
   organisationale 41
RAL 296, 439
Referenzwert für die Nährstoffzufuhr 142
Regionalität 305
Reifegradmodell, kommunales 410
Resilienz 76, 399, 400, 408, 414
   persönliche 381
   regionaler Ernährungssysteme 322
Resistanz 130

Ressource 40
  Auswirkungen 41
  finanzielle 428
  Klassifikation 41
  Manager 40
Return on Investment (ROI) 14, 67
Rezept 146
Rezeptur 296, 297
Rezepturanpassung, nachhaltige 310
Rhythmus, zirkadianer 121, 189, 381
Rohkost 216
Routine 364
Rückstellprobe 276
Ruhe 182
Ruheenergieverbrauch 119

S
Safety first 214
Saisonalität 305
Salutogenese 323
SAP 75, 324
Schichtarbeit 121, 150, 187
  Alkoholkonsum 190
  Arbeitssysteme 188
  Ernährungsgewohnheiten 190, 192, 194
  Ernährungskreis 193
  gemeinschaftliches Essen 195
  gesetzliche Regelungen 188
  körperliche Aktivität 191
  Mahlzeitenverteilung 194
  Nikotinkonsum 191
  Schichtwechsel 188
  Wechselschicht 188
  zirkadianer Rhythmus 189
  Zweischichtsystem 188
Schichtdienst 381
Schlafmangel 189
Schnittstellenmanagement 239, 261
Schulverpflegung 302
Schwachstelle 444
Scrum 73
SDGs (Sustainable Development Goals) 320
Sekundärer Pflanzeninhaltsstoff (SPS) 170
Selbstbeobachtung, wertschätzende 181
Selbstbestimmung 160
Selbstcheck 342
Selbstempathie 178, 179

Selbststeuerung 414
Selbstvermarktung 346
Selbstverwirklichung 218
Selbstwirksamkeit 49
Selbstwirksamkeit 366
SelfCare 43, 50
  der Mitarbeitenden 45
Self-Enhancement 85
Self-Service-Kios 324
Self-Tracking 90
Serotonin 172, 173
Serotonin-Dopamin-Balance 172
Setting 296
SGB V 379
Shell Jugendstudie 115
Shortbout 384
Siemens 72, 74
Situationsanalyse 426
SL (Sustainable Level) 306
Smart Bins 320
Smart Fridge 324
Smart Health 87
SMART-Regel 442
Snack, gesunder 121
Snack- und Getränkeautomat 151
Solltrinkmenge, maximale 169
Sorgfaltspflicht 275
Speise 297, 442
Speisekomponente 297
Speisenangebot 296
Speisenplan 297
Speisenplanung 296
Speisenproduktionssystem 229, 230
Speisenversorgung 296
Speisevorschrift, religiöse 248
Spinnwebmatrix 404, 405
Sporternährung 165
Spotify 73
Spurenhinweis 283
Spurenhinweis 283
StaffCare 42, 43, 45, 50
Standard 295
Stärken- und Ressourcentraining (SRT) 50
Status-quo-Erhebung 241
Steuerkreis 426, 428
Steuerkreis 359
Steuerungsgruppe 365
Stimulierung, intellektuelle 39

Strafrecht 270
Strategieebene 311
    Management 311
    Rezeptur 311
    Speiseplan 311
Stress 75, 181
Subvention 298
Sulforaphan 170
Superfood 434
susDISH/Foodprint4U 307

T
Tattoo, soziales 219
Täuschung 279
TCM (Traditionelle Chinesische Medizin) 216
Team
    crossfunktionales 355, 356
    professionelles 355
Teamaktivität 74
Teamchallenge 74
TeamchVeganuary Workplace Challenge 74
Teamdynamik 77
„Techniker Krankenkasse (TK) 116
Teilverpflegung 225
Teller 297
Tellermodell 124
Tellerreste-Tracker 321
Tellervorlage 125
TIPPME (Typology of Interventions in Proximal Physical Micro-Environment) 330
TIPPME-Schema 330
Tool 294
Tool, demografisches 57
Trainingskonzept, hybrides 23
Trainings-on-the-Job 426
Transfer 428
Transformation 77
Transformationswissen 312
Transitionszyklus 303
    Problemanalyse 303
    Reallaborexperiment 304
    Systemwissen 303
    Visionsentwicklung 304
Treiber 89
Treibhausgasemission 302
    Reduzierung 308

Trinkmenge 169
Tryptophan 172, 173
Tyrosin 172

U
Übergewicht 142
Überlastungsanzeige 5
Überlegung, gesundheitliche 456
Überstunde, unsichtbare 200
Umsatzsteigerung 447
Umsetzung 371
Unilever 77
Unternehmen, lokales 415
Unternehmensansprache 341, 343
Unternehmenskommunikation 153
    interne 153
Unternehmenskultur 378
Unternehmenskultur 360
Unternehmenspartnerschaft 67
Unterstützung, lenkende 328

V
Verbraucherschutz 215, 272, 273
Verbundsystem 321
Vereinbarkeit von Beruf und Familie 75
Verhalten, gesundheitsorientiertes 46
Verhaltensänderung 364
Verhaltensprävention 6, 11, 50, 105, 150–152, 259, 261, 348, 421, 425
Verhältnisprävention 6, 10, 50, 150, 151, 259–261, 348, 421
Verkostung 151, 185
Verpackungslösung, umweltfreundliche 321
Verpflegung 224, 298
    Preisgestaltung 232
Verpflegungsangebot 295
Verpflegungsausschuss 228
Verpflegungskonzept 228, 239
Verpflegungsmanagement 226, 227
Verpflegungssystem
    Bewertung 233
Verwaltungsrecht 270
Verwendungsnachweis 428
Videos on demand 27
Vielfalt 75
Vieraugengespräch 392

Vitamin
  B5 167
  B6 167
Voraussetzung 341
Vorschrift
  horizontale 269
  vertikale 269
Vortrag 151, 155
VUCA-Welt 33

W
Wahrnehmung
  neutrale 179
  wertende 179
Wandel
  demografischer 84
  esskultureller 88
Ware
  lose 280
  offene 280
  unverpackte 280
  verpackte 280
Warenwirtschaftssystem 446
WBAE-Gutachten 102
Wechselschicht 188
Wellbeing 90, 372, 375, 377
Wenn-dann-Plan 183
Werbung 433
Wertschöpfungszentrum, regionales 322
Wohlbefinden 78
Wohlfühlgewicht 179

Work-Life-Blending 200
Workshop 155, 432

X
X 77

Z
Zeit- und Budgetplanung 346
Zeitplan 432
Zertifizierung 296
Ziel 432
Zieldefinition 346
Zielfindung 427
Zielfindungsworkshop 359
Zielgruppe 245, 255, 264, 344, 419, 420, 432
  Bedarf 426
  Beschreibung 255
  Erreichen von 255
  Identifikation 255
  sekundäre 246
  Unterschiede 376
Zielgruppenanalyse 152
Zivilrecht 270
Zu gut für die Tonne! 100
Zusatzinformation 264
Zusatzqualifikationen der Aus- und
    Weiterbildung 353
Zusatzstoff 283
  kennzeichnungspflichtiger 283
Zuschuss 298

MIX
Papier aus verantwortungsvollen Quellen
Paper from responsible sources
FSC® C105338

If you have any concerns about our products,
you can contact us on
ProductSafety@springernature.com

In case Publisher is established outside the EU,
the EU authorized representative is:
**Springer Nature Customer Service Center GmbH
Europaplatz 3, 69115 Heidelberg, Germany**

Printed by Libri Plureos GmbH
in Hamburg, Germany